이슬람 1400년

이슬람 1400년

버나드 루이스 엮음
김호동 옮김

까치

THE WORLD OF ISLAM

edited by Bernard Lewis(Thames and Hudson, 1976)

역자 김호동(金浩東)
1954년 청주에서 태어났다. 1979년 서울대학교 동양사학과를 졸업하고, 1986년 하버드 대학교에서 "The Muslim Rebellion and the Kashghar Emirate in Chinese Central Asia, 1864-1877"로 박사학위를 받고 그해부터 현재까지 서울대학교 동양사학과 교수로 재직 중이다.
저서로는 『한 역사학자가 쓴 성경 이야기』, 『근대 중앙아시아의 혁명과 좌절』, 『황하에서 천산까지』, 『유라시아 천년을 가다』(공저), 『동방기독교와 동서문명』 등이 있고, 역서로는 『역사서설』, 『유목사회의 구조』, 『칭기스한』, 『유라시아 유목제국사』, 『마르코 폴로의 동방견문록』, 『집사』 등이 있다.

편집-교정 한승희(韓承希)

이슬람 1400년

편자 / 버나드 루이스
역자 / 김호동
발행처 / 까치글방
발행인 / 박후영
주소 / 서울시 용산구 서빙고로 67, 파크타워 103동 1003호
전화 / 02 · 735 · 8998, 736 · 7768
팩시밀리 / 02 · 723 · 4591
홈페이지 / www.kachibooks.co.kr
전자우편 / kachibooks@gmail.com
등록번호 / 1-528
등록일 / 1977. 8. 5
초판 1쇄 발행일 / 1994. 9. 20
개역판 1쇄 발행일 / 2001. 11. 30
    9쇄 발행일 / 2025. 6. 30

값 / 뒤표지에 쓰여 있음

ISBN 89-7291-302-2 03900

차례

- 9 일러두기
- 11 서언

서론

- 13 서론
- 13 무하마드
- 17 이슬람 국가의 특징
- 19 최초의 위기 : 칼리프 제도
- 23 아랍인의 쇠퇴
- 27 이란 : 예외
- 28 십자군과 몽골군
- 32 몽골 침입 이후

1. 종교와 민족

- 35 1. 종교와 민족
- 38 이슬람의 다섯 기둥
- 43 신앙의 다양한 입장
- 48 율법의 지배
- 51 자유민, 해방민, 협약민
- 56 노예
- 63 붓을 쥔 사람들
- 67 누가 토지를 소유하였는가

2. 예술과 건축

- 79 2. 예술과 건축
- 81 보편적인 측면
- 84 통합의 힘
- 89 통합의 상징 : 아랍 문자
- 93 조각에 대한 거부감
- 97 모스크 : 기원과 의미
- 106 이란형 모스크
- 109 터키형 모스크
- 112 성묘
- 117 색깔 : 환경에 대한 대응
- 121 먼지, 열기, 정원
- 125 이슬람의 인테리어 : 직물
- 126 문화적인 상호 영향

3. 도시와 시민

- 129 3. 도시와 시민
- 133 시간, 장소, 위상
- 136 주거구역
- 144 신도공동체
- 148 재화
- 151 '국가'
- 155 취향
- 161 이슬람적 도시 : 긴장과 탄력

165 4. 신비주의
166 초기 신비주의
167 고전적 신비주의
170 교리서와 과도기
172 고전시대 이후의 신비주의
175 수피 교단
179 신고전주의적 경향
182 신비주의적 성자숭배
187 동시에 여러 교단에 속하는 현상
189 수피즘과 국가
192 한계집단들
195 수피즘과 문학
199 영향과 유산

201 5. 문학
203 문학 이상의 『코란』
208 사막의 시
211 포도주와 사랑의 시
213 인습과 창조
214 페르시아의 도전
217 대중문학
222 문어와 구어
223 신페르시아어
226 아랍의 운율적 산문

232 막을 내리는 전성기
234 쇠퇴와 부흥

239 6. 음악의 세계
242 대중음악
245 예술음악
246 기법과 표현: 선법
251 악기들
256 종교와 음악
261 이론과 실제
263 이슬람 음악의 여섯 시기

267 7. 과학적 성취
267 고대학문의 수용
272 비판
276 혁신과 전통: 수학
280 응용수학
281 천문학: 이론과 관찰
285 광학
289 안달루시아와 동방

295 8. 전쟁과 무기
298 아랍인의 분출

300	정복의 완성		665-898/1266-1492
303	군대의 구성	363	스페인과 이슬람
306	전술		
309	공성전	365	**10. 이란**
315	노예병 제도	366	이란의 재탄생
319	오스만의 군대	370	사파위 왕조 : 근대 이란의 초석
321	전쟁의 혁명 : 화약	373	군주제의 신비성
324	해상전	375	지역과 주민
		380	이란의 기여 : 종교와 철학
		384	이란의 기여 : 문학, 과학, 예술
329	**9. 무슬림 스페인**	392	이란과 서구
332	스페인 정복 : 93-138/711-755	396	근대 이란
334	우마이야 왕조 : 138-366/755-976		
337	다민족 문화	403	**11. 오스만 제국**
343	알 만수르와 내전 : 366-422/ 976-1031	404	셀주크 왕조의 흥기
347	내전기의 세 작가	406	룸 셀주크
349	무슬림 국가의 붕괴 : 414-483/1023-1091	410	새로운 물결 : 오스만
		416	'정복왕' 메메드
352	알모라비데 왕조의 지배 : 484-540/1091-1145	420	오스만 제국의 구조
		425	술탄의 궁정
355	이븐 쿠즈만 : 무슬림 스페인의 대시인	431	장기간의 쇠퇴
357	알모아데 왕조의 지배 : 540-668/1145-1269	441	**12. 무슬림 인도**
360	그라나다 왕국 :	442	무굴 출현 이전의 시대

444 무굴 제국 : 번영과 쇠퇴
449 군주와 궁정
453 사회계층
456 건축의 유산
462 세밀화
466 이슬람 과학의 황금기
471 서구의 충격
473 새로운 종합

13. 근대세계와 이슬람

480 위협과 저항
484 '필요한 개혁'
490 계속되는 폭정
492 '계몽주의'와 전통
498 진보를 추구하는 무슬림 지식인
502 이슬람과 공산주의 러시아
504 인도 : 분할과 역설
506 이슬람 : 신앙인가 사회체제인가

511 에필로그
517 제1판 역자 후기
520 개역판 역자 후기
522 이슬람 연표
525 참고 문헌
535 인명 색인

일러두기

　아랍어, 페르시아어, 투르크어를 아랍 문자로 표기한 것을 전사(轉寫)하는 문제는 구미 학계에서는 물론이지만 우리나라에서도 아직 공통된 원칙이 없는 실정이다. 이 책 원본에서는 장모음 표시(¯), ~ayn(ʻ), hamza(ʼ)를 제외하고는 일체의 표점(標點)을 사용하지 않고 있는데, 이는 일반 독자들에게 읽는 데 부담을 주지 않도록 하려는 것으로 보이나, 학술적인 글에서는 원래의 문자를 정확하게 복원할 수 있도록 보다 복잡한 표음을 첨가하는 것이 일반적이다. 옮긴이도 원서 편집자의 의도에 따라서 위의 세 가지를 제외한 표점은 일체 생략하였다.

　그러나 문제는 한글로 음을 다는 것인데, 한글의 특성상 음사(音寫 : transcription)의 원칙이나 자사(字寫 : transliteration)의 원칙 가운데 어느 쪽을 따르기도 힘든 형편이기 때문에 여기에서는 교육부 규정의 외래어 표기원칙을 따랐다. 번역의 초판에서는 두 가지 원칙을 절충한 방식을 채용하였으나, 이 개역판에서는 일반 독자의 사전 사용의 편의를 위해서 교육부 표기원칙을 우선으로 하여 번역자 나름의 표기를 하기도 하였다.

서언

　기독교 세계가 이슬람을 하나의 독특한 종교적, 역사적 사실로서 받아들이기까지는 오랜 세월이 필요하였다. 수세기 동안 기독교도들은 무슬림을 그저 신앙이 없는 사람들로 치부하거나, 혹은 보다 특정한 명칭으로 불러야 할 필요가 있을 때는 '사라센' '무어인' '투르크인' 등 민족의 이름을 사용해 왔던 것이다. 심지어 이슬람으로 개종한 사람에 대해서 '투르크인이 되었다'라고 말하기도 하였다. 마침내 유럽의 기독교 세계가 이 거대한 이웃들에게 하나의 종교적인 명칭을 부여하게 되었지만, 무슬림들에게 무하마드는 마치 기독교도들의 그리스도나 마찬가지라는 잘못된 유추에 근거하여 '모하메드교' 혹은 '모하메드 교도'라는 말을 고안하였던 것이다.

　그러나 르네상스 이래 유럽의 학자들은 무슬림의 사용하는 언어들을 익히고 그 종교와 문화를 이해하고 해석하기 위해서 진지한 노력을 기울여 왔기 때문에, 오늘날에는 이슬람의 신앙, 역사, 문화와 관련된 다양한 측면에서 놀랄 만한 업적이 축적되기에 이르렀다. 이 책에서 독자들은 그러한 여러 측면이 어떠한 것인지, 그리고 이슬람 세계가 이룩한 독특한 특징과 성취가 무엇인지에 대하여 소개받을 것이다.

　이 책은 이슬람이라는 신앙과 그것을 받아들인 사람들을 개괄적으로 소개하는 '서론'에서 시작하여, 이슬람의 위대성이 가장 잘 나타난 시대와 중심지역, 즉 7세기 이슬람의 출현에서 13세기 몽골인들의 정복 이후 시기에 이르기까지 중동과 북아프리카를 중점적으로 다루는 장들로 이어진다. 그 뒤에 정부구조, 예술, 신비주의, 문학, 음악, 과학, 전쟁 등에 관한 장들이 나오고, 다음 네 장은 스페인, 이란, 오스만, 인도(마지막 세 지역은 주로 몽골 정복 이후 시기)의 네 지역을 각각 취급하고 있다. 마지막 장은 18세기 이후 이슬람 세계가 서구로부터 받은 충격과 그에 대한 대응과 저항의 양상을 살펴보고 있다.

　이슬람 문명이 이룩한 눈부신 성취들은 특히 예술을 통해서 나타났다. 이방인들은 바로 그 예술작품을 통해서, 오랜 기간의 힘든 언어적 훈련을 거친 뒤에야 비로소 이슬람에 대한 깊은 이해를 획득할 수 있다. 따라서 이 책에서 다루고 있는 다양한 주제를 제시하고 설명하기 위해서 많은 도판을 삽입하였다.

연대는 '548/1153년'과 같이 회력(回曆)을 먼저 표기하고 그 뒤에 상응하는 서력(西曆)을 첨가하였다. 회력 1년은 서력으로 622년 7월 16일에 시작하는 것으로 여겨지는데, 이는 무하마드와 그의 추종자들이 메카에서 메디나로 이주하여 새로운 종교의 중심지를 건설하려고 했던 히즈라(hijra)를 실행한 해의 첫날에 해당한다. 그런데 회력에서 한 해는 서력에 비해서 약간 짧기 때문에 1년 단위로 서로 처음과 끝이 맞아떨어지는 적은 없지만, 사건이 일어난 정확한 날짜를 회력이나 서력 중 어느 하나만 알면 다른 것으로 전환하는 것은 가능하다. 만약 정확한 일자가 알려져 있지 않은 경우에도 이 책에서는 가장 근접한 연도 하나만 제시하였다. 최대 1년까지 오차가 생길 수 있지만, 오차를 없애기 위해서 회력마다 서력을 두 개씩 첨부하는 것(예를 들면 548/1153-1154)은 너무 거추장스럽게 보이기 때문이다.

세기는 '1/7세기'와 같이 가장 많이 겹치는 것으로 일치시켰다. 회력과 서력의 세기는 처음에 약 20년 정도의 차이가 있다가(예를 들면 회력 81년=서력 700년) 회력 700년이 되면 정확히 서력 1300년이 되어 그 차이가 없어진다. 그 이후로는 다시 차이가 반대로 생겨나게 된다(522-523쪽의 연표를 참조하라). 또한 일반적인 관행에 따라서 19-20세기에 일어난 사건들은 모두 서력으로만 표시하였다.

이 책은 여러 사람들과 기관의 관대한 지원이 없으면 불가능하였을 것이다. 편집자와 발행자, 특히 삽화에 많은 도움을 준 욜랑드 크로(Yolande Crowe) 박사와 아랍어의 전사(戰寫)를 책임진 보스워스(E. Bosworth) 교수에게 감사드린다. 도판은 전적으로 발행자의 책임하에 이루어진 것이지만, 필자들도 도움과 조언을 아끼지 않았다. 또한 에팅하우젠(Ettinghausen) 교수는 자신이 집필한 부분 이외에 다른 사람들의 글에 대해서도 조언을 해 주었다. 그밖에 이스탄불의 누르한 아타소이(Nurhan Atasoy) 교수, 입시르오글루(M. S. Ipsiroglu) 교수, 케말 직(Kemal Cig) 박사, 런던의 콜린 헤이우드(Colin Heywood) 박사와 만지예 바야니(Manijeh Bayani) 양, 노라 티틀리(Norah Titley) 양, 파리의 히르쉬코프(M. Hirschkopf) 부인 등에게도 감사를 표하는 바이다.

서론

무하마드

무하마드가 부름을 받은 것은 그의 나이 마흔 살이 다 되어 갈 무렵이었다. 예언자에 관한 무슬림들의 전통적인 전기에 의하면, 라마단(Ramadān) 달의 어느 날 밤 그가 히라 산중에서 외로운 잠에 빠져 있는 사이에 천사 가브리엘이 나타나서 그에게 "읊으라"라고 말하였다고 한다. 무하마드는 망설였지만 천사는 세 차례에 걸쳐서 그의 목을 압박하였고, 마침내 그가 "무엇을 읊으라는 말입니까"라고 묻자, 천사 가브리엘은 "창조주인 주님의 이름으로 읊으라. 그 분은 인간을 핏덩이에서 만들어 내셨다. 너의 주님은 가장 관대하시고 글로써 가르치시며 인간이 알지 못하는 것을 깨우쳐 주시기 때문이니라"라고 말하였다고 한다.

이 말은 바로 『코란』(*Qur'ān*)(쿠란으로 표기하는 것이 원음에 충실하지만, 이 책에서는 사전 표기를 따랐다/역주) 제96장의 최초의 4행을 이루고 있다. 코란이라는 아랍어는 '읽다' 혹은 '읊다' 라는 의미를 가지는 동시에, 신이 무하마드에게 건네 주었다고 무슬림들이 믿고 있는 계시가 담겨 있는 책의 이름이기도 하다. 이 최초의 계시가 있은 뒤에도 무하마드는 여러 차례 더 계시를 받았고, 그는 이 말을 고향 사람들에게 전해 주면서 우상에 대한 믿음을 버리고 유일하고 보편적인 신을 믿으라고 권유하였던 것이다.

무하마드는 아라비아 서부의 히자즈라는 지역에 위치한 메카라는 오아시스 도시에서 서력 571년경에 태어났다. 당시 아라비아 반도는 문명세계의 변두리에 있으면서 비잔틴과 페르시아와 같은 제국들과 접촉을 가졌지만 아무데도 복속하지는 않았다. 서남쪽으로는 물이 풍부한 계곡이 있어서 이미 고대부터 농업과 도시가 번영하고 있었다. 그러나 아라비아의 대부분은 건조한 초원과 사막으로 이루어져 있었고, 드문드문 널려진 오아시스와 얼마 안 되는 대상로(隊商路)만이 그 단조로움에 안식처가 될 뿐이었다. 거의 모든 주민은 가축을 키우면서 다른 부족이나 오아시스에 사는 사람들을 약탈하며 살아가는 유목민이었고, 일부만이 농사가 가능한 곳에서 밭을 갈며 살아가고 있었다. 물론 외부세계에서의 변화가 아라비아를 가로지르는 교역로를 활성화시키게 되자 상업을 통해서 생계를 꾸려 가는 사람들도 있었다. 비잔틴과 페르시아 사이에는 약 1세기 동안의 평화가 계속되다가 다시 갈등이 재개되면서 중동에서 서로 대립하게 되었고, 6세기경에는 아라비아를 중심으로 서로 다투기 시작하였다. 몇몇 도시들은 지중해 세계와 동방 간의 교역로가 아라비아를 거쳐 지나갔기 때문에 그 혜택을 받게 되었고, 그중의 하나가 메카였다. 이곳은 원래 남부 아라비아인들의 거주지였으나 후에 쿠라이시(Quraysh)라고 일컬어지는 아랍 부족이 차지하였다.

아라비아 반도의 주민인 아랍인들이 공유하였던 언어와 풍부한 시문학은 그들이 공통의 의식을 가지는 데 큰 도움을 주었지만, 정치적 질서는 분열되어 있었고 종교적으로도 알라(Allāh)라는 최고 신의 휘하에 있는 것으로 믿어졌던 수많은 신들을 숭배하였기 때문에 여전히 우상숭배의 단계에 머물러 있었다. 다른 종교에 대해서도 몰랐던 것은 아니다. 아라비아에는 기독교와 유대교 신자들의 거류지가 있었고, 심지어 일부 아랍인들은 그러한 종교로 개종하기도 하였다. 또한 자신들의 전통적인 우상숭배에도 혹은 기독교나 유대교에도 만족을 느낄 수 없었던 사람들도 있었으니, 당시에 하니프(hanīf)라고 불렸던 사람들이다.

무하마드는 메카에서의 전교를 통해서 처음에는 그의 가족들에게서 시작하여 점차 더 많은 개종자들을 얻기 시작하였다. 그러나 얼마 후 메카에 있던 지도적인 가문들은 그의 가르침이 자신들의 종교는 물론 세속적인 이해에도 위협이 된다고 생각하여 반대하기 시작하였다. 그로부터 추종자들을 떼어 놓기 위해서 물리적인 폭력까지 포함한 여러 종류의 압박이 가해졌고, 예언자와 그의 동족들 사

물은 생명의 원천: 이곳 바그다드 부근에서 티그리스 강은 풍요한 농경을 가능케 해 준다. 범람과 토사는 비옥한 최상의 토지를 준비하고, 강가에 있는 전답은 복잡한 관개망을 통해서 경작된다. 티그리스와 유프라테스는 모두 아나톨리아 지방에서 발원한다. 산간의 눈이 녹아서 시작된 강물은 풍부한 수량을 유지하면서 천마일이 넘게 여행하다가 페르시아 만으로 들어간다.

이의 관계는 점점 더 악화되어 결국 일부 추종자들은 에티오피아로 피난을 갈 수밖에 없었다.

그러다가 포교를 시작한 지 13년이 지난 해인 622년, 무하마드는 메카에서 북으로 450킬로미터 떨어진 야스리브라는 도시에서 온 대표와 만나, 야스리브 시민들이 그를 받아들이고 그의 추종자들을 보호해 주는 대신 도시 안에서 일어나는 분쟁을 조정해 주는 역할을 해달라는 요청을 받아들이기로 하였다. 무하마드는 그를 믿고 개종한 60여가를 몇 차례에 나누어 메카에서 야스리브로 보냈고, 그해 9월 마침내 그 자신도 이들을 따라서 이주하였다. 이렇게 해서 야스리브는 새로운 신앙과 신도들의 중심지가 되었고 메디나(Medina : al-Madīna, '도시')라고 불리게 되었다. 무하마드와 그의 추종자들이 메카에서 메디나로 이주한 사건, 아랍어로 '히즈라'(hijra)라고 일컬어지게 된 이 사건은 예언자의 포교활동에서 하나의 결정적인 계기를 이룬 것으로 여겨졌고, 이로써 622년부터 회력 1년이 시작되는 것으로 정하였다.

메카에서 무하마드는 지배집단의 무관심과 적대감과 맞싸우며 새로운 신앙을 포교하는 한 개인에 불과하였지만, 이제 메디나에서 그는 정치군사적 종교적인 권위를 행사하는 지도자이자 동시에 군주가 된 셈이었다. 이와 같은 새로운 역할은 무하마드 자신의 가르침과 행동, 그리고 신도들을 통솔하는 것과 관련된 여러 계시들 속에 반영되어 있다. 즉 『코란』에 있는 메카 시대의 장들은 주로 교리와 도덕에 관한 사항들인 반면, 메디나에서의 계시들은 무슬림 공동체 안의 일상생활에서 일어나는 문제들과 관련된 법적 정치적인 사항들을 포함하고 있다. 히즈라 이후 10년 동안 예언자는 전쟁과 평화 양면에서 모두 무슬림 공동체를 영도하면서 그들에게 이슬람이라는 신앙을 주입시켰다. 그의 영향력은 설득과 무력에 의해서 확대되었고, 9/630년에는 마침내 메카가 정복되어 무슬림의 손 안에 들어오게 되었다.

632년 6월 8일 예언자는 마침내 사망하였다. 그의 업적은 거대한 것이었다. 서부 아라비아의 주민들에게 그는 유일신 종교와 윤리적인 교리들을 가져다 줌으로써 과거 우상숭배 시대와는 비교가 안 될 정도로 높은 단계에 서게 하였다. 그는 뒤에 올 수없이 많은 신도들에게 사상과 믿음과 행동의 지표가 될 계시의 책을 남겨 주었다. 그러나 그것이 전부는 아니었다. 그는 잘 조직되고 훌륭하게 무장된 새로운 공동체와 새로운 국가를 건설하였고, 그것은 그 힘과 권위로 말미암아 아라비아에서 중요한 역할을 수행하게 되었다.

이슬람 국가의 특징

일반적으로 '이슬람'(islām)이라는 말은 무슬림들에게는 신에 대해서 신자가 '항복한다'는 의미를 지닌 것으로 이해되고 있고, 그 분사형인 '무슬림'(muslim)은 그러한 항복의 행위를 취하는 사람을 뜻한다. 그러나 이 말은 아마 처음에는 약간 다른 의미, 즉 '전일성'(全一性)의 뜻을 포함하였던 것으로 보이며, 그런 의미에서 무슬림은 어느 다른 존재가 아니라 '오로지' 신에게 자신을 내맡기는 사람이며, 따라서 예언자가 출현할 당시의 다신주의자들과 대비되는 유일신주의자를 뜻하는 것이었다.

그러한 의미에서 무하마드와 그의 추종자들이 이슬람이라는 것을 다신주의와 유일신주의 사이에 일어났던 과거의 오랜 투쟁에서 새롭고도 최종적인 단계로 생각하였고, 따라서 혁신이 아니라 지속으로 이해하였음에는 의심의 여지가 없다. 그러한 투쟁의 과정에서 무하마드에 선행하여 출현하였던 많은 유일신을 신봉하는 예언자들 역시 모두 무슬림이었고, 이슬람이라는 말은 절대신이 지명한 모든 사도들이 가르쳐 준 참된 믿음을 지칭하는 것이었다. 그렇기 때문에 유대교와 기독교 역시 출현 당시에는 참된 종교였고, 신의 계시라는 일련의 과정 중에서 초기 단계에 해당하는 것이었다. 그러나 무슬림들의 관점에 의하면 그것들은 무하마드의 전교에 의해서 마침내 극복되었고, 그 가운데 진실한 내용은 예언자의 계시 속에 포괄되었으며 만약 포괄되지 않은 부분이 있다면 그것은 진실하지 못하거나 후일 왜곡되었기 때문이다.

따라서 종교적으로 이슬람은 하나의 완결이지만 역사적으로는 하나의 시작, 즉 새로운 종교, 새로운 제국, 새로운 문명의 초석으로 여겨지고 있다. 무하마드의 경력에서 예수나 그에 앞선 다른 선지자들과 가장 큰 차이가 있다면 그것은 그가 생전에 세속적인 의미의 성공을 거두었다는 점이다. 그 역시 다른 선지자들처럼 처음에는 비천하고 박해받는 교사에 불과하였으나, 궁극적으로 순교자가 아니라 군주가 되었기 때문이다.

예언자이자 개창자인 무하마드의 활약을 통해서 이슬람은 처음부터 정치적인 권력과 결부되었다. 메디나의 무슬림 공동체는 단순한 공동체에 머물렀던 것이 아니라 국가이기도 하였고, 그후의 사건의 경과로 인해서 제국의 핵심을 이루게 되었다. 무슬림들은 최종적인 권위의 소재야말로 오로지 신에게만 있고, 신을 통해서 예언자는 비로소 그 권위와 율법을 부여받은 것이라고 본다. 예언자는 신의 계시를 받드는 존재, 신이 목적하는 바를 전달하는 사도이자 동시에 신을 대신하여 신도들을 이끄는 군주였다. 예수는 기독교도들에게 카이사르의 것은 카이사르에게로, 신의 것은 신에게로 돌리라고 가르쳤고, 3세기에 걸친 투쟁과 박해 속에서 이러한 종교와 세속의 구분은 기독교 교리 안에 확고히 자리잡았다. 기독교는 국가와는 구별되는 독자적인 제도적 기구, 즉 기독교 교회와 법과 서열적 구조를 만들었던 것이다. 그러나 로마의 황제 콘스탄티누스의 개종으로 거대한 변화가 초래되었고, 교회와 국가 사이의 어색한 연결이 시작되었다.

이슬람 안에는 이처럼 두 세력의 분열이라는 현상이 전혀 존재하지 않는다. 실제로 고전 아랍어에서는 '세속과 종교' 혹은 '정신적인 것과 현세적인 것'이라는 한 쌍을 이루는 단어 자체를 발견할 수 없다. 로마에서 카이사르는 신이었고, 기독교권에서는 신과 카이사르가 권력을 나누어 가졌지만, 이슬람에서는 신이 곧 카이사르이고 무슬림 공동체의 우두머리는 지상으로 파견된 그의 대리인인 셈이었다.

무하마드가 죽었을 때 예언자로서의 그의 사명은 완료되었다. 그의 사명이란 앞선 예언자들이 가르쳐 준 진정한 유일신주의가 후일 왜곡되고 전복된 것을 원래의 상태대로 되돌려 놓고, 우상을 파기하고 진정한 종교와 율법을 나타내는 신의 계시를 알려 주는 것이었다. 이것을 그는 생전에 성취하였다. 무슬림들은 그가 최후의 예언자라고 믿고 있다. 11/632년 그가 죽었을 때 인류를 향한 신의 계시는 모두 완결된 것이며, 그뒤로는 더 이상 예언자도 계시도 있을 수 없는 것이다. 따라서 영적인 기능은 끝났지만 종교적인 기능은 남아 있었다. 즉 어떻게 신이 내려 준 율법을 유지하고 보호하며 동시에 인류의 다른 집단들에게 전해 주느냐 하는 것이다. 이러한 종교적 기능을 효과적으로 달성하기 위해서는 역시 정치적 군사적인 힘, 즉 국가와 그것의 체현으로서 군주권이 필요하였다.

최초의 위기 : 칼리프 제도

예언자의 죽음은 이슬람에 최초의 위기를 가져왔다. 무하마드는 한번도 자신이 유한한 목숨을 가지는 인간 이상의 어떤 존재라고 주장한 적이 없다. 단지 자신은 신의 말씀을 전달하는 사람이자 신의 백성들의 지도자였다는 점에서 보통 인간과 차이가 날 뿐, 결코 불멸의 존재도 신적인 존재도 아니라고 생각하였다. 『코란』(제3장 138절)은 "무하마드는 사도 이외의 아무것도 아니고, 그에 앞서 다른 사도들도 죽었다. 만약 그가 죽거나 살해되면 너희들도 돌아서 버릴 것인가?"라고 하였다. 그러나 무하마드는 누가 그의 뒤를 이어 이슬람 공동체와 이슬람 국가의 지도자가 될 것인지 아무런 명확한 지시를 남기지 않았고, 이슬람 출현 이전의 아라비아의 정치적 경험이 그들에게 가르쳐 주는 것 역시 거의 무에 가까웠다.

예언자는 죽었고 더 이상 아무도 나타날 수 없었다. 공동체의 지도자가 사라졌기 때문에 누군가가 그를 대신하지 않으면 안 되었다. 이러한 긴박한 상황에서 그와 가까웠던 제자들은 가장 먼저 무슬림이 되었고, 또 모두에게 존경받던 아부 바크르를 선택하여, 아랍어로 후계자와 대표자라는 의미를 동시에 내포하는 '할리파'(khalīfa)라는 칭호를 부여하고 그를 추대하였다. 말하자면 이러한 응급처치로부터 칼리프 제도라는 것이 탄생되었고, 아울러 보편적인 합의에 의해서 칼리프를 선출하는 원칙이 생겨난 것이다.

물론 세습의 원칙이 아랍인들에게 생소한 것은 아니었다. 아라비아의 북방에 있던 두 개의 거대한 제국, 즉 발달된 문명을 표상하던 비잔틴과 페르시아는 왕조적 군주들의 지배하에 있었고, 서남 아라비아의 정주국가들 역시 얼마 전까지만 해도 세습적인 왕들이 다스리고 있었다. 심지어 새 종교를 최초로 지지하였던 북부 아랍인들 사이에서도 비록 확정된 계승원칙이 있었던 것은 아니었지만 한

귀족 가문에서 선출하는 일종의 적통 관념이 존재하였다. 그러한 가문은 보통 고귀한 성자의 후예들로 이루어졌고, 그들은 대대로 사당이나 성물을 관리하는 권리를 가지고 있었다. 유대교와 기독교 역시 다윗 왕의 가문이 메시아의 출현을 통해서 궁극적인 승리를 거두리라고 확신하고 있었고, 조로아스터교도 세상의 종말에 조로아스터의 성스러운 후손들 중에서 사오시안스라는 구세주가 출현할 것이라고 믿었다.

아랍인들 역시 왕정을 알고 있기는 하였으나 별로 탐탁하게 여기지 않았고, 이슬람 이전 시기에 왕권에 대한 언급은 흔히 악의에 찬 것이었다. 새로운 부족장의 선출이 비록 한 가문으로 한정되어 있었다고 할지라도 어떤 특정한 계승의 원칙에 의해서 규율되던 것은 아니었다. 선택은 개인적이었고 개인적인 자질, 즉 충성심을 발동시키고 지탱할 수 있는 능력에 따라서 이루어졌다. 이슬람의 출현과 함께 이러한 기존의 반왕조적 경향은 반귀족적 감정에 의해서 더욱 강화되었고, 그것은 신도들 사이의 평등성과 형제애에 대한 신념과, 종교적 혹은 개인적 자질을 제외한 어떠한 특권에 대한 거부로 표현되었다.

최초의 두 칼리프인 아부 바크르와 우마르는 모

칼리프들은 선행하였던 비잔틴과 사산 왕조로부터 권력과 호사를 과시하는 상징을 물려받았다. 히르바트 알 마프자르에서 발견된 스투코 칼리프 입상의 기단에 부조된 사자들은 고대 페르시아로까지 소급된다. 여인상 역시 같은 궁전에서 출토된 것인데, 둘 다 칼리프 알 왈리드 2세(125-6/743-4) 시대에 속한다.

두 메카에서 그다지 중요하지 않은 가문 출신이었다. 그러나 세번째 칼리프인 우스만은 달랐다. 그는 메카에서 최대의 가문인 우마이야(Umayya) 출신이었다. 그의 계승은 메카 귀족계층으로서는 하나의 승리였고 그 기회를 잘 활용하는 데도 성공하였다.

변경에서 전쟁이 당분간 멎자 부족민은 자신들의 고통을 돌이켜볼 시간을 가지게 되었고, 동시에 새로 탄생한 거대한 제국이 주는 긴장과 압박에 대해서도 눈을 돌리기 시작하였다. 이렇게 해서 생겨난 갈등과 대립은 파멸적인 내란으로 폭발하게 되었다. 그러한 최초의 내란은 36/656년 우스만의 암살과 예언자의 조카이자 사위인 알리의 계승으로 시작되었다. 무슬림의 지도자가 무슬림에 의해서 처음으로 살해된 셈이었고, 무슬림들끼리의 싸움이 뒤따랐다. 그러한 와중에서 알리 역시 살해되었고, 이로써 선출에 의한 칼리프제는 종언을 고하고 우마이야 가문을 중심으로 하는 새로운 칼리프제가 명확히 왕조적인 원칙을 기반으로 부상하게 되었다. 그들이 수도를 아라비아에서 시리아, 즉 고대 중동 제국들의 정치적 행정적 전통을 깊이 간직하고 있던 새로운 정복지로 옮긴 것도 결코 우연은 아니었다.

이 복잡한 싸움에서 알리를 추종하는 집단이 매우 특별한 중요성을 가지게 되었다. 예언자의 딸인 파티마의 남편이자 동시에 그의 조카인 알리가 계승에서 남다른 권리를 주장할 이유는 없었다. 일부다처제의 사회에서 그러한 관계는 특별할 것이 없었기 때문이다. 그러나 이슬람 이전 시기 아라비아의 통념에 따라서 무하마드의 친족으로서 예언자의 정치적, 종교적 권위에 대해서 부분적으로 계승권을 주장할 수는 있었던 것이다. 그는 개인적으로 탁월한 자질과 권위를 바탕으로, 이제 선출에 의해서 칼리프제가 중단된 이상 예언자의 친족을 통해서 이슬람의 진정한 복음을 회복해야 한다고 믿었던 많은 사람을 추종자로 얻게 되었다. 이들은 '알리의 무리,' 즉 시아트 알리(Shī'at 'Alī) 혹은 간단히 '시아'(Shī'a)라고 불리게 된 것이다.

우마이야 칼리프 왕조는 끊임없는 타협과 잠정적 조치를 통해서 이슬람 사회의 통일성을 유지하려고 애쓰면서 거의 1세기를 지속하였으나, 그 대가로 비아랍인들(무슬림이 된 사람도 포함하여)에 대한 아랍 귀족들의 우위의 확립과 유지, 이슬람

카스르 암라, 므샷타, 히르바트 알 마프자르, 안자르 등 사막 가운데 세워진 궁전들은 우마이야 칼리프들이 향유하던 호화스러운 생활의 일면을 보여주고 있다. 2/8세기에서 3/9세기 사이에 처음 건설되었다가 후일 부분적으로 개수된 이 안자르의 궁전은 당시 초기 기독교나 비잔틴식 건물들과 동일한 건축양식을 사용하고 있다.

출현 이전에 존재하였던 제국들의 통치조직과 방법과 인원들의 차용이라는 결과를 초래하였다. 이러한 변화에 저항하였던 사람들도 많았다. 그중의 하나가 '하리지' (khārijī : '밖으로 나간 사람들')라고 일컬어지던 집단으로 처음에는 알리를 지지하였으나 곧 그에게서 등을 돌렸고, 나아가 우마이야 왕조와 그 계승자들에 대해서도 완강한 저항을 계속하였다. 그들은 자신들의 자유의사를 가지고 인정하지 않은 어떠한 권위도 거부하고 설령 한번 부여한 권위도 언제든지 철회할 수 있으며, 신자들의 합의에 근거하기만 한다면 어떤 출신이라도 칼리프가 될 수 있다고 믿었기 때문에, 가장 극단적인 부족적 무정부주의를 표방하였다고 할 수 있다. 반면 끝까지 알리를 추종하던 시아파는 예언자의 가문에 속한 사람들에게 충성을 맹세하였고, 우마이야 왕조를 무너뜨리고 새로운 정권을 세우려는 지도자들을 지원하였던 것이다.

두번째 내란은 사소한 소요로부터 시작되었다. 사소하다는 것은 그것이 미친 직접적인 군사정치적 영향이라는 면에서 그러할 뿐, 종교적 역사적인 측면에서는 대단한 중요성을 가지는 사건이었다. 61/680년 알리의 아들이자 예언자인 외손자인 후사인이 우마이야 정권에 대해서 반란을 일으켰으나, 무하람(Muharram) 달 제10일에 이라크의 카르발라에서 우마이야 군대와 부딪쳐서 그를 비롯하여 그의 가족과 추종자들이 모두 죽음을 당하고 말았다. 전승에 의하면 약 70명 정도가 전투에서 사망하였고, 생존한 것은 후사인의 아들로서 알리라는 이름을 가진 병든 어린 아이 한 명에 불과하였다고 한다. 예언자의 후손들이 당한 이와 같은 극적인 순교, 그리고 그것이 불러일으킨 고통과 참회의 파문은 희생과 죄의식과 속죄라는 커다란 문제와 결부되어 그뒤 시아파 운동에 새로운 활력이 되었다. 카르발라에서 흘린 희생자의 피는 시아파를 단순한 집단에서 교단으로, 그리고 당파에서 종교로 변용시켰던 것이다. 이 두번째 내란으로 말미암아 칼리프 왕조는 다시 한번 더 격렬한 투쟁의 소용돌이에 휘말렸지만 결국 아브드 알 말리크라는 또다른 우마이야 가문에 속한 사람의 계승과 왕조적 원칙의 회복과 재확인으로 막을 내리게 되었다.

그러나 그의 승리가 가져다 준 휴식은 짧았다. 세번째의 내란은 결국 우마이야 왕조의 붕괴와 예언자 가문의 한 분파인 아바스 집안의 등장이라는 결과를 낳았다. 이는 흔히 '아바스 혁명'이라고 일컬어지듯이 여러 가지 변화를 몰고 왔다.

우선 왕조의 교체가 그것이고, 그 다음으로는 수도가 시리아의 다마스쿠스에서 이라크의 바그다드로 옮겨진 것이다. 이와 함께 아랍인의 민족적 우위가 점차적으로 힘을 잃어 갔고, 그 대신 아랍어를 공용어로 하면서도 이슬람을 공통의 유대와 지표로 하는 새로운 범민족적인 지배집단이 출현하게 되었다. 194/809년 아바스의 칼리프인 하룬 알 라시드의 사망과 함께 그의 아들인 알 아민과 알 마문 사이의 분쟁으로 시작된 네번째 내란은 다시 사회적 민족적 지역적 이해관계를 첨예하게 드러냈다.

아랍인의 쇠퇴

초기 수세기 동안 몇 가지 중요한 변화가 나타났다. 우선 정복의 중단을 들 수

(왼쪽) 이슬람에서 모든 종족은 평등하다. 『코란』에 의하면 차등은 오로지 신자와 비신자, 남자와 여자, 주인과 노예 사이에서만 존재한다. 그러나 실제 상황은 그렇게 간단한 것만은 아니었다. 초기에 모든 중요한 직책은 아랍인들이 차지하였고, 아랍이라는 혈통을 보유한다는 것은 곧 사회적 권위로 받아들여졌다. 7/13세기 중반에 제작된 알 하리리의 『마카마트』에 삽입된 아랍 왕공과 그를 옹위한 사람들의 모습.

(오른쪽) 투르크인들은 이미 초기부터 군인으로 이슬람권에 들어왔고 곧 지배자로 부상하였다. 위의 그림과 함께 알 하리리의 『마카마트』의 표지를 장식하는 양면 삽화 가운데 하나로, 아랍인의 동료로서 투르크 군지휘관의 모습이 묘사되어 있다.

있다. 3/9세기 초에 아랍인들의 거대한 팽창 물결은 한계에 다다랐다. 동으로는 인도와 중국의 변경지역까지, 서로는 대서양 연안과 스페인에까지 이르른 것이다. 처음에는 이슬람의 그러한 팽창에 끝이 없고 전 세계가 아랍인과 이슬람의 지배하에 들어갈 때까지 계속될 것처럼 보였다. 그러나 곧 그렇지 않음이 분명해졌고, 최후의 정복과 이슬람화는 메시아의 출현 때까지 연기되고 말았다. 아바스 왕조는 정복전이 사실상 종식되었다는 것을 인정하고, 그런 대로 항구적으로 정해진 국경 안에 머물며 그 너머의 비무슬림 국가들과 공존하지 않을 수 없었던 것이다. 이슬람의 확장을 위해서 국가와 공동체가 지속적으로 수행해야 할 '성

바스라에서 오만으로 항해하는 배 안에 있는 선원들은 분명히 인도인이지만 승객들은 아랍인이다. 『마카마트』에 삽입된 이 그림은 사회적 역할의 분담을 보여 줄 뿐 아니라 아랍인들의 활동범위를 말해 주고 있다. 마르코 폴로도 아랍인 거류지가 쿠빌라이 칸 치하의 중국에도 번영을 누리고 있었다고 기록한 바 있다.

전'(jihād)이라는 종교적 의무가 이슬람의 율법과 전통 속에 담겨져 있기는 하였지만, 이제 보다 더욱 방어적인 것이 되었고 군사적인 색채도 더욱 엷어지게 되었다.

또다른 변화로는 칼리프 권력이 영역적으로나 정치적으로 여러 조각으로 나누어지게 되었다는 점을 들 수 있다. 여태까지는 이슬람의 땅에 대해서 한 사람의 칼리프가 명실상부한 지배권을 행사하였지만, 이제 각 지방은 실제로 독립적이고도 세습적인 지배자들에 의해서 통치되기 시작하였다. 그리고 얼마 안 있어 심지어 수도 바그다드에서조차 칼리프는 독자적인 통치권을 상실하고 군지휘관들의 조종을 받게 되면서 마침내 전혀 별개의 정치제도, 즉 기원이나 방법상으로 보다 공공연히 군사적인 성격을 가지는 술탄제(sultanate)가 탄생하게 되었다. 그러나 이념적인 측면에서 이슬람의 통합성은 유지되었고, 그것은 언어, 문화, 종교, 제도, 예술 등의 여러 부문에서 동질성의 심화라는 것을 통해서 표현되었다. 칼리프제도 역시 그 쇠퇴와 약화의 시기에서조차 통합성을 부여하는 힘을 발휘하였다.

이슬람이라는 종교가 힘에 의해서 강요되었다는 말을 흔히 하는데, 이는 사실과 다르다. 물론 이슬람과 아랍주의의 팽창이 상당 정도 정복과 식민지의 건설이라는 과정과 병행하여 이루어진 것은 사실이다. 예언자가 11/632년 죽었을 때 이슬람은 아라비아 반도에서나 알려진 상태였고, 그로부터 새로운 종교를 받아들인 아랍인들, 또 그의 계시가 표현된 아랍어는 여전히 아라비아 반도와 '신월의 옥토'(Fertile Crescent)의 변경지역에만 한정되어 있었다. 그러나 1세기가 지난 뒤 아랍인들은 방대한 제국과 수많은 지역과 민족을 지배하게 되었고, 무하마드의 후계자들이 다스리는 이 제국에서 이슬람과 아랍어는 매우 빠른 속도로 다른 언어를 대체하여 곧 행정, 상업, 교육의 주된 수단이 되었다. 이슬람을 받드는 국가의 보호 아래 아랍어의 풍부함과 새로운 신앙의 영감은 싱싱하고 독창적인 문화를 탄생시켰으며, 그것이 비록 서로 다른 민족과 종교의 배경을 가지는 사람들에 의해서 만들어졌지만 모두 아랍적 전통과 표현양식, 그리고 이슬람적 가치와 기준이라는 공통의 낙인을 지니게 되었다. 정복귀족들의 언어가 가지는 권위, 행정과 상업의 언어로서의 실제적인 효용성, 제국의 문명이 가지는 다양성과 기회, 그리고 무엇보다 이슬람의 계시가 담겨지고 또 설명되어 있는 성스러운 문장들에 부여된 경외감, 이러한 것들이 모두 서로 다른 방식으로 상호간의 동화와 아랍화를 추진하는 데 도움을 주었다.

　수세기가 흐른 뒤 아랍의 주도권은 점차 상실되어 갔고, 아랍인들은 처음에 자신들이 건설한 제국을 남과 함께 공유하게 되었고 나중에는 그것 자체를 포기하지 않으면 안 되었다. 그러나 비록 다른 민족들이 정치군사적인 힘을 가지게 되었다고 하더라도 그들의 언어, 그들의 신앙 그리고 그들의 율법은 무너질 수 없는 기념비로 남게 된 것이다. 또한 아랍의 정치적 주도권 상실이 아랍화의 과정을 중단시키지는 못하였고, 제국의 대부분 지역에서 과거에 존재하던 언어와 고유한 특징들은 거의 남지 않게 되었다. 아랍인들이 1/7세기에서 2/8세기에 걸쳐서 정복한 지역들 가운데 오로지 유럽의 스페인과 포르투갈과 시칠리아만이 이슬람을 버리고 기독교 신앙과 라틴 문명으로 되돌아갔을 뿐이며, 심지어 그곳에서도 무슬림 지배는 많은 흔적을 남기고 있다.

이란 : 예외

그러나 아랍인들의 정복과 그로 인한 이슬람으로의 개종에도 불구하고 예외적으로 자신의 민족적 고유성을 유지하던 한 나라가 있다. 그 예외가 바로 이란이었다. 아랍 제국의 다른 복속민족들처럼 페르시아인들 역시 자기들의 고대 언어와 문명을 가지고 있었지만, 아랍인에 의해서 정복되기 직전까지 거대한 제국을 가지고 있었다는 점은 특이하다. 페르시아의 지배를 받던 이라크, 비잔틴의 지배를 받던 시리아, 팔레스타인, 이집트, 북아프리카는 모두 고대의 영광을 잃어버리거나 망각하고 새로운 제국을 주인으로 맞이하였다. 비잔틴은 많은 지역을 상실하였으나 중심부와 수도 콘스탄티노플을 보전할 수 있었다. 그러나 이란은 아랍인들에 의해서 완전히 짓밟혔고 하나의 독립적인 정권은 존재하지 않게 되었다.

그 지배계급 중 일부 인도로 피신한 사람들을 제외하고는 대부분 새로운 체제 안에 머물며 변신하기 위해서 노력하였다. 그들이 가지고 있던 뛰어난 기술과 경험은 그들로 하여금 이슬람 문화와 사회, 지배와 반란, 심지어 종교 그 자체의 발전에 대해서까지 거대한 공헌을 하게 하였고, 점점 더 많은 수의 페르시아인들이 패배와 절망에서 벗어나서 안식을 찾게 되었다.

페르시아인 무슬림들은 이슬람이 중앙 아시아로 확장하는 데도 상당한 역할을 하였다. 그들은 이슬람 문화와 아랍어 문학에도 커다란 기여를 하였지만 동시에 자신들의 언어를 간직하였고, 일정한 기간이 지난 뒤 아랍의 문자와 아랍어로부터의 많은 차용어를 포함한 새로운 형태의 언어, 그러나 분명히 이란적인 언어를 탄생시켰다. 이는 노르만인들이 영국을 정복함으로써 가져온 고통과 변화에도 불구하고 영어는 프랑스어가 아니고 영어일 뿐인 것과 마찬가지라고 할 수 있다.

칼리프 왕조 세력의 약화는 새로운 기회를 열어 주었다. 3/9세기에서 4/10세기에 이란은 정치무대에 다시 등장하였다. 페르시아인에 의한 왕조들이 그 대부분의 지역을 지배하게 되었고, 이슬람이라는 틀 안에서 페르시아인들의 감각을 반영하고 또 일깨우며, 또한 그들의 궁정과 후원자들의 구미에 알맞는 새로운 페르시아 문화가 생겨나게 된 것이다. 이때부터 페르시아어는 아랍어에 버금가는 이슬람의

멀리 떨어진 곳에서 활약하는 학자들은 많은 경우 아랍인이었다. 『마카마트』에 삽입된 이 그림은 인도양의 '동쪽 군도'에 사는 한 왕공을 묘사하고 있다. 그의 좌우에 있는 두 명의 아랍인 점성가들이 이제 갓 태어난 왕공의 아들의 별자리를 측정하고 있다.

언어로 인정받게 되었다. 그전까지 아랍어는 마치 중세 유럽에서의 라틴어처럼 이슬람권에서의 유일한 문학어였고, 그후로도 특별히 종교적 법적인 목적과 관계되었을 경우에 그리고 아랍어를 말하는 지역에서 보다 광범위하게 사용되었다. 그렇지만 이란이나 이란적인 문화가 미치는 동부지역에서는 페르시아어가 주된 언어였고, 페르시아인들의 고전이 교육의 기본을 이루고 문학의 규범을 이루게 되었다.

십자군과 몽골군

5/11세기에 무슬림 세계 전역은 위기를 맞이하였다. 그 취약성은 연이은 침입, 즉 동쪽에서는 투르크인, 북쪽에서는 카프카스인, 남쪽에서는 베두인과 베르베르족, 서쪽에서는 프랑크인들이 침입하기 시작하였다. 기독교도들에 의한 스페인의

7/13세기 몽골군의 침입에 대해서 이븐 알 아시르는 "전대미문의 대재난이 온 세상을 덮쳤고 특히 무슬림들을 강타하였다"고 기록하였다. 이 삽화가 있는 라시드 앗 딘의 『집사』(集史)(8/14세기) 역시 동일한 관점을 취하고 있다. 그러나 장기적인 역사의 관점에서 볼 때 칼리프제는 이미 허울만 있을 뿐이었기 때문에, 새로운 '팍스 몽골리카'는 여러 면에서 구질서에 비해서 진전된 것이었다.

재정복과 십자군의 팔레스타인 공격이 무슬림 역사가들의 주목을 받게 된 것도 이러한 상황에서 비롯된 것이다.

십자군의 동방원정은 몇 가지 항구적인 결과를 가져다 주었다. 가장 중요한 것은 지중해를 통한 이슬람 세계와 서구와의 교역 증대였다. 이러한 교역은 그전에도 이미 있었지만 소규모에 불과하였을 뿐인데, 십자군이 레반트 지역을 장악한 뒤 크게 번성하게 되었고, 십자군이 물러간 뒤에도 무슬림 지도자들이 교역에서 생기는 많은 이점을 깨달았기 때문에 교역은 계속되었다. 또다른 결과는 무슬림 치하에서 비무슬림 소수집단의 처지가 영구적으로 악화된 것이다. 십자군이 시리아와 팔레스타인에 소국가들을 건설하게 되자, 그곳에 원래부터 살던 기독교도들

서론 29

조차 이슬람의 적과 내통하거나 동정적인 것으로 의심받았다. 박해의 예는 드물지만, 무슬림들이 과거 위험한 외적에 대해서 함께 힘을 합해서 대항할 수 있는 연맹자 혹은 적어도 중립적인 복속민 정도로 여기던 사람들과 무슬림 사이의 관계는 악화될 수밖에 없었다.

중세에 이슬람 세계를 침범한 여러 예들 가운데 십자군이 가장 널리 알려지기는 하였지만, 이슬람권의 관점에서 사실 그보다 더 중요한 것은 북방으로부터의 초원민의 출현이었다. 이중 가장 거대한 규모를 이룬 것이 투르크인들이었는데, 그들은 주도권을 장악하고 이슬람권의 팽창이라는 면에서 두번째의 위대한 시대를 개막시켰다. 즉 정복전을 통해서 성전을 수행하였고, 아시아와 유럽의 방대한 영역을 개종시키거나 식민지로 만들었다. 처음에는 중앙 아시아로부터 노예로 붙잡히거나 팔려 와서 교육받고 개종된 뒤 이슬람 군대에 편입되는 개인적 형태의 유입이었다. 이러한 노예병사는 '맘루크'(mamlūk)라고 불렸고, 아랍어로 '소유물'을 뜻하였다. 그러다가 곧 자유로운 투르크 부족민들이 수령들의 지휘 아래 집단을 이루어 이슬람권으로 이주하였고, 그 종교를 받아들인 뒤 이슬람의 가장 뛰어난 보호자로 변신하게 된 것이다.

동부에서는 5/11세기에 가즈나 출신의 투르크 장군인 마흐무드가 변방군인들과 정주민을 이끌고 인도로 들어갔는데, 이들이 그곳에 심은 씨앗은 인도 대륙에 눈부신 이슬람 문명을 꽃피웠다. 서부에서도 같은 세기 후반에 셀주크 투르크가 비잔틴으로부터 소아시아의 땅들을 빼앗아 이주와 정착과 동화의 과정을 시작하였고, 결국 그곳에 터키라는 이름의 나라를 낳게 한 시초를 이루었다. 그뒤를 이은 오스만 왕조의 투르크인들은 유럽 깊숙이 진출하여 500년을 버틴 대제국을 건설하였다. 또한 다른 투르크인들도 유라시아 초원, 카스피 해와 흑해 북방을 개척하였고, 북방과 서방으로는 핀란드와 폴란드까지 진출하였다.

몽골족의 침입과 정복으로 중동의 역사는 전혀 새로운 단계로 돌입하였다. 동부 아시아에서 출현한 이들은 7/13세기에 이슬람 세계를 유린하고 바그다드에 있던 칼리프 왕조를 파괴하고 말았다(651/1258). 이는 커다란 충격이었고 당시의 무슬림들은 이슬람의 역사에서 하나의 전기를 이루는 사건이라고 생각하였다. 몽골인들은 중동에 새로운 국가를 건설하여 처음에는 몽골과 베이징의 대칸(great

몽골인들은 이슬람을 받아들였고, 비록 중국에 있는 대칸에게 명목적으로는 종속되어 있었지만 7/13세기 말까지는 실제적으로 독립하게 되었다. 그들의 국제주의적 입장은 이슬람 역사에 새로운 시대를 열어 주었다. 그러나 9/15세기 초 새로운 정복자, 즉 투르크-몽골계의 티무르(태멀레인)가 출현하였고, 그가 건설한 티무르 왕조는 한동안 터키와 페르시아와 인도의 제국들을 지배하였다. 이 사진은 사마르칸트에 있는 티무르의 묘지로, 원래는 티무르가 자신의 조카를 위해서 준비한 것이었다.

khān)의 종주권을 인정하였으나, 이들 역시 곧 이슬람에 동화되고 말았다. 그들은 이슬람으로 개종하고 그 군대와 주민들은 투르크화하였고, 국가조직에서도 여러 새로운 요소가 도입되기는 하였지만 이슬람적인 형태가 자리잡게 되었다.

유목민의 주도권은 다음 단계에서 희대의 정복자 티무르의 출현으로 이어졌다. 서구에서는 '태멀레인'이라는 이름으로 더 잘 알려진 이 인물의 놀라운 원정은 8/14세기에 거대한, 그러나 단명한 제국을 탄생시켰다. 10/16세기에는 우즈베크인들이 새로운 강역을 정복하였고, 그뒤 북방 유목민들의 대규모적인 정복은 그치게 되었다. 예언자의 시대 이래 무슬림들의 심장부가 한번도 이교도들의 지배를 받아 본 적이 없었기 때문에, 몽골족의 침입은 이슬람의 파멸적인 패배를 의미하였고 하나의 극적인 전환점을 이룬다고 할 수 있다. 그러나 그것은 그뒤 이슬람 문명을 변모시키게 만든 수많은 과정 중에서 하나의 봉오리에 불과할 뿐이었고, 이슬람은 새로운 길을 모색하지 않으면 안 되었다.

몽골 침입 이후

몇 가지 새로운 요소들이 드러나기 시작하였다. 하나는 투르크인들이 광범위하게 정치군사적인 주도권을 장악하게 되었다는 점이다. 이집트에서 인도 및 중앙아시아에 걸쳐서 군주와 장군과 장관 등 지배층은 투르크인들이었다. 그래서 전쟁하고 지배하는 일은 투르크인들에게만 맡기는 것이 자연스럽게 여겨질 정도였다. 또다른 점으로는 지역적인 단위와 제도적인 기구들이 새삼 안정을 얻게 되었음을 지적할 수 있다. 유목민들은 무엇보다도 술탄제라고 하는 새로운 형태를 만들어냈는데, 이는 종교적 법적인 문제에 주로 국한된 칼리프제와는 구별되면서도 동시에 그것을 보충하는 정치적 군사적인 권위를 가지는 것이었다. 투르크인들의 도래는 이슬람에 새로운 활력을 불어넣어 십자군과 맞서 싸우고 마침내 물리치게 하였으며, 유럽의 심장을 향해서 무슬림 군대를 향하게 하였다. 다양한 형태의 투르크어는 출현시기로 볼 때 아랍어와 페르시아어의 뒤를 이어서 이슬람권 제3의 언어이지만, 정치적인 중요성으로는 제1의 언어가 되었다.

몽골 이후 시기에 이슬람 세계에는 네 개의 세력 중심이 존재하였다. 하나는 이집트를 근거로 시리아 대부분을 포괄하는 맘루크 술탄국이었다. 맘루크 왕조는 비록 투르크인과 시르카시아인들이 지배층을 이루고 아랍어를 사용하는 토착민들이 그 아래에 있었지만 전통적 아랍 문화의 굳건한 수호자였다. 페르시아어나 투르크어보다는 아랍어가 행정, 상업, 교육, 저작 등 여러 분야에서 유일한 언어로 사용되었다. 아랍 문화사라는 측면에서 맘루크 왕조는 제2의 황금기를 이룬다. 북방의 투르크나 몽골과 같은 새로운 물결에 대해서 과거의 문화전통을 지키는 보루였다는 점에서 맘루크는 아랍 세계의 비잔틴이었다고 할 수 있을 것이다.

두번째 중심은 페르시아에 있었다. 처음에는 일 한국이, 그뒤에는 몽골과 투르크 계통의 여러 왕조들이 흥망을 거듭하였다. 그중 티무르 왕조가 가장 유명하지만, 이 역시 무너지면서 혼란기가 뒤따랐고 9/15세기에서 10/16세기로 넘어갈 때 사파위라는 새로운 왕조의 출현으로 정리되었다. 이는 시아파를 신봉하는 매우 강한 종교적 성격을 띠었고 그뒤 이란은 시아파로 남게 되었다. 사파위 왕조는 후일 약간의 변화가 가해지기는 하였지만 기본적으로 현재까지도 지속되고 있는 이란이라는 영역을 창조한 셈이었다.

그보다 더 서쪽의 아나톨리아가 세번째 중심이었다. 셀주크 왕조가 붕괴된 뒤 그곳은 수많은 소왕국들로 분할되었고 그중 가장 중요한 것이 오스만 왕조였다. 처음에 서부 아나톨리아에 있던 조그만 국가 오스만 왕조는 다르다넬스 해협을 사이에 두고 아시아와 유럽 양쪽으로 정복전을 펼쳐서 거대한 제국으로 성장하였다. 오스만 왕조는 몇 단계를 거쳐서 발전하였는데, 처음에는 변경지역의 전사들로 이루어진 소왕국이었다가 룸 셀주크를 계승한 이슬람 국가로, 마지막에는 이슬람권의 칼리프와 로마의 황제를 통합 계승한 이슬람의 보편 군주국가로 변신하였다. 술탄 메메드 2세는 1453년 5월 29일 즉위 2년 만에 콘스탄티노플을 점령하여 수도로 삼았고, 이로써 그는 두 대륙의 두 가지 상이한 전통을 통합하였다. 유럽은 이제 막 중세의 터널에서 빠져 나왔고, 이슬람권은 오스만 제국의 새로운 시대를 개막한 것이었다. 오스만과 사파위는 한동안 중동에서의 주로권을 두고 서로 경쟁을 벌였으나 오스만의 승리로 끝났다. 이어 오스만은 관심을 이집트의 맘루크 왕조로 돌려 큰 어려움 없이 그것을 무너뜨리고 이집트와 시리아, 그리고 서부 아라비아를 제국 속에 편입시켰다. 924/1517년 이후 20세기 초에 이르기까지 중동에서는 터키와 이란만이 독립된 국가로 지속할 수 있었다.

마지막으로 네번째 중심지는 북부 인도였다. 가즈나 출신의 마흐무드에 의해서 정복된 이래 이 지역은 투르크 계통 술탄들의 지배를 받았고 '델리 노예 왕조'라고 일컬어지고 있었다. 이 왕조는 후일 붕괴되어 티무르의 후예인 바부르에 의해서 건설된 강력한 제국에 의해서 대체되었다. 그는 10/16세기 초에 인도를 정복하여 무굴 제국을 세웠다.

이 네 개의 거대한 제국 이외에도 북부 및 적도 아프리카, 중앙 아시아, 동남 아시아 등지로 이슬람권이 확대되어 여러 무슬림 국가들이 생겨났다. 이슬람의 진출이 중지되고 나아가 후퇴하지 않을 수 없었던 곳은 단지 남부 유럽, 이베리아 반도와 지중해 중부와 서부의 도서지역이었다. 그러나 이러한 역전도 빈 성벽까지 미친 오스만의 유럽 진출, 이슬람화된 몽골인들의 러시아 지배, 인도 중심부로의 이슬람 세력 확장 등에 비하면 극히 미미한 것에 불과하였다.

그러나 네 개의 거대한 무슬림 제국들의 위용은 외면적인 것이었을 뿐, 그 속에는 이슬람권과 기독교권 사이의 관계에 일어난 근본적인 변화가 은폐되어 있다. 9/15세기 말 이래 유럽은 전 세계를 유럽의 힘과 문명의 틀 속으로 끌어들이게 한 발견과 정복의 거대한 발걸음을 내딛고 있었다. 두 방향을 통한 유럽의 팽창, 즉 서구인들의 바다로의 진출과 러시아인들의 내륙으로의 진출은 모두 남과 북에서 이슬람 세계 속을 파고들었다. 크림, 돈, 볼가, 중앙 아시아 등지에 있던 무슬림 정권들은 러시아의 수중에 들어갔고 중동, 인도, 동남 아시아는 서구세력에 의해서 정복되었다. 몽골의 침입 이래 두번째로 이슬람의 심장부는 이교도들의 지배를 받게 되었고, 이것이 가져다 준 충격과 무슬림들의 대응, 그리고 무슬림 사회의 점진적인 변용은 이슬람 세계의 근현대사에서 가장 중요한 테마를 이루게 되었다.

1. 종교와 민족

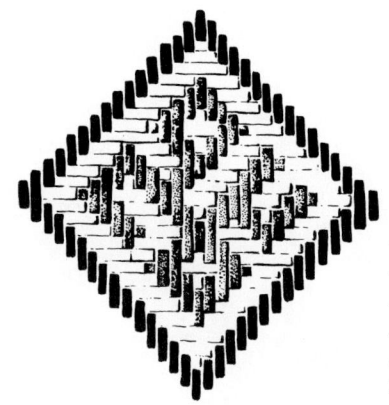

'무하마드'라는 이름을 아랍어로 꾸며서 벽돌을 끼워 맞춘 것으로 사마르칸트의 티무르 묘지 벽면 장식이다.

이슬람이라는 말은 몇 가지 서로 다른 의미를 내포하고 있다. 전통적으로 무슬림들에게 그것은 여러 예언자들이 각자의 계시의 글을 통해서 인류에게 전달한, 오직 하나뿐인 진정한 신을 믿는 종교를 의미하였다. 예를 들면 『토라』(Torah), 『시편』, 『복음서』는 각기 모세와 다윗과 예수가 남겨 준 것이었다. 무하마드야말로 최후의, 그리고 가장 위대한 예언자이고, 그가 전해 준 『코란』은 이전의 모든 계시들을 완결짓고 초월하는 것이다. 이렇게 볼 때 예수 출현 이전의 유대 예언자들과 영웅들, 그리고 무하마드 출현 이전의 기독교도들은 그 계시를 타락시키고 딴 길로 가 버린 사람들을 제외한다면 모두 무슬림인 셈이다.

보다 일반적으로는 이슬람이라는 말을 일련의 계시들 가운데 최종의 단계 — 즉 무하마드와 『코란』 — 로만 국한하고 있다. 그러나 여기에도 다양한 의미가 존재하고, 그 차이가 반드시 명확히 구분되어 인식되고 있지는 않다. 우선 이슬람은 무하마드 자신이 『코란』과 그의 언행으로 가르쳐 준 종교를 의미한다. 나아가서 그것은 이를 바탕으로 후일 첨가된 교리와 율법과 관습의 전 체계를 의미하기도 한다. 역사가들, 특히 무슬림이 아닌 역사가들은 이슬람을 더 광범위한 의미로 기독교나 기독교권에 대비되는 것 혹은 무슬림 제국들의 보호 아래 성장한 풍부한 문명 전체를 가리키는 것으로 받아들이고 있다.

『코란』의 기본적인 가르침은 이미 예언자가 메디나로 이주하기 전에 메카에서 계시된 내용 속에 잘 드러나고 있다. 그것은 전지전능하고 모든 존재물의 창조자

지브라일(가브리엘) 천사가 무하마드에게 "읊으라"라고 말하였는데, '읊다' 혹은 '읽다'라는 뜻을 지닌 아랍어 코란(qur'ān)은 후일 무하마드가 받은 계시들을 모은 경전의 이름이 되었다. 이 그림은 8/14세기 초 이집트나 시리아에서 만들어진 세밀화로서 천사장 지브라일을 묘사하고 있다.

인 단 하나의 신만이 존재하고, 신의 의지에 완전히 복종하는 것이 인간의 의무이며, 신이 보내 준 예언자를 거부하고 계속 미신에 빠져 헤매는 사람들은 이승과 저승에서 모두 형벌을 면할 수 없다는 사실, 또한 선한 자가 축복을 받고 악한 자가 징벌을 받는 천국과 지옥이 존재하며, 시간과 세상의 종말에는 육신의 부활과 최후의 심판이 있을 것이라는 내용이다.

신도들을 인도하는 자료로서, 『코란』을 보충하는 것으로 예언자의 언행에 관한 보고를 지칭하는 『언행록』(Hadīth)이 있다. 이것은 처음에 구전으로 내려오다가 후일 글로 모아져서 『코란』 다음가는 권위를 무슬림들에게 지니게 되었다. 그러나 이미 중세에 무슬림 학자들은 이 『언행록』의 내용 가운데 상당수에 대해서 신빙성에 회의를 가졌고, 서구의 학자들 역시 보다 과격한 형태로 비슷한 의문을 제기하였으나, 이것은 여전히 무슬림들에게는 부동의 권위를 유지하고 있다.

『코란』과 『언행록』은 샤리아(sharī'a), 즉 '율법'의 기초를 이룬다. 후대의 법학자들과 신학자들에 의해서 꾸준히 보충되어 방대한 내용을 가지는 이 율법 —— 율법은 신에 의해서 제정되고 예언자에 의해서 선포된 것으로 여겨진다 —— 은 이슬람의 가장 중요한 지적인 성취이자 여러 가지 면에서 이슬람 문명이 지니는 특징과 독창성의 가장 훌륭한 표현이기도 하다. 이슬람 율법이 다른 법률체계와 구별되는 점은 그것이 이슬람 공동체를 지배하였던 예언자와 그의 계승자들의 결정에 의해서 이루어진 것이지만, 기본적으로 정부의 법 제정에 근거를 둔 것이 아니라는 사실이다. 무슬림들은 율법의 근원이 『코란』과 『언행록』을 통해서 드러나고, 또 법학자들의 작업을 통해서 해석되고 확대된 계시에 있다고 생각하였다. 율법학자들은 국가의 관리가 아니라 시민에 불과하였고 그들의 결정이 공식적인 구속력을 가지는 것도, 또 만장일치로 이루어지는 것도 아니었다.

율법은 무슬림들의 집단적 혹은 개인적 생활의 모든 방면을 포괄하고 있다. 재산, 혼인, 상속과 같이 개인적인 문제에 관한 조항들은 규정적인 성격을 가지고 있어서 신자들이 그것에 복종하고 사회는 그렇게 되도록 강제 수단을 동원하였지만, 정치적인 측면에 관한 조항은 인간과 사회가 그 성취를 위해서 열망하고 노력해야 하는 이상론과 같은 것이기도 하였다. 무슬림 학자들은 율법을 크게 두 부분으로 나누어, 하나는 신도들 자신의 정신과 마음에 관련된 것으로서 신앙의

어떤 곳에서도 메카 방향을 찾아낸다는 것은 상당한 과학적 전문지식을 필요로 한다. 12/18세기에 터키에서 나온 이 원판은 지도상의 메카에 고정된 회전식 바늘을 가지고 있다. 바늘을 자기가 있는 장소로 향하게 함으로써 키블라(qibla) 벽 — 기도할 때 얼굴이 향하는 쪽을 나타내는 벽감이 설치되는 곳 — 을 어디에 두어야 할지 확인할 수 있다. 원판의 뒷면은 주랑으로 둘러싸인 카바 성전이 있는 메카를 묘사하고 있다.

덕목과 개인적인 윤리를 취급하는 것이고, 다른 하나는 신과 다른 인간에 대한 외면적인 관계에 관련된 것으로 종교집회와 민법, 형법 등을 포함하고 있다. 이처럼 두 부분으로 이루어진 율법의 목적은 신도로 하여금 이 세상에서 정의로운 생활을 영위하고, 그럼으로써 내세를 대비하는 데 필요한 의무를 수행하도록 하려는 데 있다.

이슬람의 다섯 기둥

무슬림으로 수행해야 할 그러한 의무 가운데 다음 다섯 가지는 가장 중요하고도 핵심적인 것으로 여겨진다. 첫번째 기둥은 샤하다(shahāda), 즉 '증언'이라는 신앙 고백으로서 '알라 이외에 다른 신은 없고, 무하마드는 알라의 사도이다' 라

"알라 이외에 다른 신은 없고, 무하마드는 그의 사도이다"라는 구절을 선언하는 것은 이슬람이 요구하는 다섯 가지의 기본 의무 가운데 첫번째 항목이다. 설교단에 장식되어 있던 11/17세기의 터키제 타일에서 이 구절은 생동감 있는 꽃무늬 장식으로 둘러싸여 있다.

고 언표하는 것이다. 이러한 신의 유일성과 무하마드의 사명에 대한 확신은 이슬람의 가장 기본적인 교리이고, 대부분의 이슬람 신학자들은 누구라도 그 점을 인정하면 곧 무슬림으로 간주될 수 있다고 생각한다. 후일 시대와 장소에 따라서 학식이 많은 사람들이 이보다 더 길고 더 철학적이며 종교적으로도 오묘한 문구를 고안해 내기도 하였지만, 이 간명한 말은 여전히 스스로 무슬림이라고 생각하는 어떠한 사람이라도 인정해야 하는 가장 최소한의 신조로 남아 있다.

두번째 기둥은 '기도'이다. 여기에는 두 종류가 있는데, 하나는 두아(du 'ā')라고 불리는 개인적이고 즉흥적인 기도로서 아무런 규칙이나 의례에 얽매이지 않는 것이고, 다른 하나는 살라트(salāt)로서 하루 가운데 새벽, 정오, 오후, 저녁, 밤중 등 다섯 차례에 걸쳐서 정해진 문구와 동작을 하면서 올리는 기도이다. 이것은 질병으로 불가능한 사람을 제외하고는 모든 무슬림들이 수행해야 할 종교적 의무이다. 기도를 올리는 사람은 종교적으로 정결한 장소에서 정결한 심신으로 예언자가 태어난 메카를 향해서 의식을 치른다. 기도 그 자체는 신앙 고백과 『코란』에 나오는 몇 구절을 외우는 것으로 이루어져 있다. 기도시간은 아단(adhān)이라고 지칭되는 사람이 모스크의 미나레트(첨탑) 꼭대기에 올라가 소리침으로써 알려진다.

집단기도는 금요일 정오 모스크에서 이루어진다. '모스크'라는 말은 아랍어의 마스지드(masjid : 원뜻은 '엎드리는 곳')에서 나온 말인데, 기독교의 교회나 유대교의 시나고그(synagogue)와 똑같은 것으로 생각한다면 오해이다. 물론 일주일에 한 번 사람들이 모여서 기도를 올리는 곳이라는 의미에서는 서로 통하지만, 동시에 로마의 포룸(Forum)이나 그리스의 아고라(Agora)와 같은 장소이기도 하여 무슬림 사회의 중심을 이루는 곳이다. 정복 후 그들에 의해서 건설된 신도시의 경우에는 더욱 그러하였다. 모스크 안에는 민바르(minbar)라고 일컫는 설교단이 있어서 관리의 임면(任免), 새로운 군주나 총독의 소개, 정책의 설명, 전쟁과 정복에 관한 소식 등 중요한 결정이나 공지사항이 선포되는 곳이기도 하였다. 초기의 이슬람 도시에서는 정부의 관청과 군대 막사와 모스크가 모두 중앙의 성채 안에 모여 있었고, 설교단에서 중요한 사항을 공시하는 것도 군주나 총독이었다. 설교단에 올라선 사람은 칼이나 활 혹은 지팡이 등을 손에 드는 관습이 있었는데, 이는 주권과 이슬람의 권위를 상징하기 위함이었다.

국가의 기능이 점차 복잡해지면서 모스크가 가지던 정치적 역할도 그에 따라서 축소되었지만 완전히 사라지지는 않았다. 새로운 칼리프의 즉위와 같은 일은 여전히 교단에서 선포되었고, 특히 후트바(khutba)라고 불리는 설교에서는 군주나 총독의 이름과 함께 기도가 올려지고 있어서 정치적으로 매우 중요한 의미를 가졌다. 그것은 이슬람 세계에서 군주권의 정통성을 인정받는 하나의 지표였다. 모스크는 공식적인 기도시간에만 개방된 것이 아니라 명상과 학업, 혹은 개인적인 기도와 기타 다른 일들에도 항시 열려 있다. 이슬람의 율법은 신성한 것이고 율법과 종교는 불가분하기 때문에, 처음에는 모스크가 일종의 법정이 되는 경우도 많았다. 그밖에도 공부를 하는 학교로 이용되기도 하였고, 『코란』뿐 아니라 다른 학문 분야에 대한 강습도 이루어졌다. 매우 오래 전부터 대부분의 모스크에는 학

이슬람에는 '교회'와 '국가'라는 것이 따로 없었고, 세속권력과 영적권위 사이에는 구분이 없었다. 모스크는 기도를 할 때뿐 아니라 각종의 공적 선포를 위해서 이용되는 회합장소였다. 8/14세기의 이 세밀화는 칭기즈 칸이 비록 무슬림이 아니면서도 설교단에 올라가서, 부하라 시민들에게 자신은 그들을 징벌하기 위해서 신이 보낸 인물임을 선포하는 장면을 그리고 있다.

교가 부설되어 있었고, 이를 운영하기 위해서 와크프(waqf)라고 하는 기진재(寄進財)를 희사하는 제도가 출현하였다.

모스크의 내부는 단순하고 엄숙하다. 제단도 성소도 찾아볼 수 없는데, 이는 이슬람교가 하등의 성물이나 이적 혹은 사제들을 가지지 않기 때문이다. 단지 기도를 주재하는 사람으로 이맘(imām)이 있지만, 기도와 의식을 아는 사람이라면 어떠한 신자라도 그 기능을 수행할 수 있다. 따라서 기도가 이루어지는 건물과 장소라는 의미에서는 기독교 교회와 모스크를 동일시할 수 있겠지만, 제도로서의 교회와 모스크는 아주 다른 것이라고 할 수 있다.

이슬람의 세번째 기둥으로 흔히 하즈(hajj)라고 불리는 '성지순례'를 꼽고 있다. 모든 무슬림은 메카에서 메디나로 이주한 예언자의 행적을 재현하기 위해서 적어도 생전에 한 번은 두 성스러운 도시에 순례여행을 가야 한다. 여자는 남편의 허락과 안전한 호위를 전제로 갈 수 있고, 자신이 갈 수 없는 사람은 대신 다른 사람에게 위탁할 수 있다. 순례는 '둘 히자'(Dhu'l Hijja)라고 일컫는 달의 7일에서 10일 사이에 이루어져야 하며, 이는 대제(大祭)라고 하는 희생의 축제로 그 절정을 이룬다. 해마다 이루어지는 성지순례는 세계 여러 지역에서 온 많은 무슬림들을 공통의 숭배의식으로 묶어 놓기 때문에 이슬람권의 통합요소로서는 매우 중요한 의미를 가지고 있다. 신앙의 의무를 수행하기 위해서 이슬람권 각지에서 상이한 민족과 계층에 속한 남녀들이 길고 험한 여행길에 올랐고, 이는 고대나 중세에서 우리가 흔히 볼 수 있는, 목적 없는 집단적 이주와는 전혀 성격이 다른 것이었다. 즉 그것은 개인적인 결단과 행동에 의해서 이루어는 것이며 그들에게 폭넓은 개인적 경험을 가져다 주었다.

이러한 형태의 신체적 이동은 전근대 사회에서는 거의 유례가 없는 것으로, 중세 이슬람의 역사에 중대한 사회적 경제적 그리고 지적인 파급효과를 가져다 주었다. 만약 순례자가 부유하다면 많은 수의 노예를 동행시켰고, 마치 여행자 수표처럼 도중에 경비를 마련하기 위해서 팔기도 했다. 만약 그가 상인이었다면 순례와 장사를 동시에 수행하며 자신이 통과하는 이곳저곳에서 물건을 매매하거나 혹은 새로운 시장, 물품, 상인, 관습 등에 관한 정보를 획득하기도 하였다. 만약 그가 학자였다면 순례여행을 이용하여 다른 학자들을 만나거나 책을 구입함으로써 지식과 사상의 확산 및 교류를 이룩하였을 것이다. 또한 성지순례를 원활하게 하기 위해서는 이슬람권 각지의 교통망이 잘 정비되어야 했다. 순례자들은 머나먼 지역에 관한 유용한 기록을 담은 여행기를 풍부하게 남기기도 하였다. 이러한 모든 것들이 무슬림들로 하여금 단일하고 거대한 전체 속에 속해 있다는 느낌을 가지게 하였고, 이러한 의식은 메카와 메디나에서의 축제에 함께 참여함으로써 더욱 강화되었던 것이다.

네번째의 기둥은 사움(sawm), 즉 '금식'이다. 무슬림 달력으로 아홉번째 달인 라마단 기간 동안에 행하는 금식이 그것인데, 노약자를 제외한 모든 성인 남녀가 참여하도록 되어 있다. 단 여행중인 사람은 금식을 연기할 수 있다. 라마단 한 달 동안 신자들은 해뜰 때부터 해질 때까지 음식과 음료수 그리고 성관계를 멀리해야 하며, 밤에는 특별한 기도를 드린다. 새 달을 맞이하면 금식은 끝나고 이드 알피트르(Id al-Fitr)라고 하는 사흘에 걸친 축제가 열린다.

다섯번째이자 마지막 기둥은 자카트(zakāt)라는 희사(喜捨)로서, 사회나 국가에 대한 재정적 지원과 헌납을 의미한다. 원래는 구휼의 목적으로 신자들이 기부하던 것이 후일 이슬람으로 개종하고 국가의 권위를 인정하기로 하였음을 공식적으로 표현하는 한 방법으로서 공납이나 세금의 일종으로 거두어지게 되었다.

신앙의 다양한 입장

오늘날의 이슬람 연구자들은 이슬람 신앙의 주된 흐름과 그로부터의 일탈을 구별하기 위해서 '정통'이니 혹은 '이단'이니 하는 표현을 사용하지만, 이는 적절한 것이 되지 못한다. 왜냐하면 그러한 것들은 기독교의 역사와 제도로부터 비롯된 말이며 이슬람에는 그에 상응하는 것이 존재하지 않기 때문이다. 고전적인 형태의 이슬람에서는 사제층도 혹은 교회의 권위라는 것도 없었고, 합의된 교리를 만들어내는 평의회나 종교회의도 없었으며, 공식적으로 인정된 진실을 선포하는 교회에 상응하는 기구도 없었다. 정통이라는 것이 존재하지 않기 때문에 권위적으로 규정된 진실로부터의 일탈을 의미하는 이단이라는 것도 있을 수 없다.

사제층에 가장 근접하는 것을 이슬람에서 찾는다면 울라마('ulamā': 알림('ālim〕의 복수형), 즉 '학자들'이 있는데, 이는 개인적으로 혹은 학파를 구성하여 교리를 짜내고 성서를 해석하는 신학자와 법학자들에 불과할 뿐, 정통적인 교리와 해석을 제정하는 교회적 권위를 이루고 있었던 것은 아니었다. 따라서 규정된 교리를 강요하는 교회나 여타의 기구가 없었고 국가도 그러한 일을 하려고 한 예는 거의 없었을 뿐 아니라, 설령 한다고 해도 성공하는 경우는 매우 드물었다.

보편적으로 받아들여진 올바른 믿음은 이즈마(ijmā')라고 부르는데, 이는 신도들의 '합의'를 의미하며 오늘날의 개념으로 말하자면 학자들과 권력자들 사이에 전반적으로 공유되는 의견이나 입장에 가까운 것이다. 그러한 합의는 딱히 꼬집어 말할 수 있는 것도 불변의 것도 아니며, 시간과 장소에 따라서 변할 수밖에 없다. 초기 이슬람에서는 그것이 현실이었고, 광범위한 분야가 인간의 이성적 판단과 개인의 견해에 맡겨져 있었다. 그러나 시간이 흐르면서 그러한 입장의 차이는 상당히 줄어들었고, 궁극적으로 사소한 문제나 특정한 지방에만 국한된 것 혹은 새로운 문제들에 관해서만 이견이 존재하게 되었다. 이렇게 해서 올바른 행동과 믿음 —— 이슬람 율법과 신학의 핵을 이루는 —— 에 관한 방대한 규칙이 탄생하게 되었고, 그것의 형성과정에서 주도적인 원칙은 바로 전통, 즉 수나(sunna)에 대한 존경이었다. 고대 아라비아에서 이 말은 조상들의 선례 혹은 부족의 관습을 의미하는 것이었는데, 이슬람 초기에는 예언자와 초대 칼리프들의 행동과 정책에 의해서 형성되기 시작한 공동체의 전통을 뜻하게 되었다. 2/8세기에는 훨씬 경직된 전통 중시적 관점이 우세하여 수나는 신자들에게 알려진 예언자의 행동과 가르침과 동일시되었고, 신빙성 있는 『언행록』을 전해 주는 사람들에게 그것은 『코란』 그 자체를 제외한 다른 모든 것에 대해서 우위를 점하는 것으로 받아들여졌다. 이러한 견해가 전반적으로 받아들여지고, 또 『언행록』의 내용에 관한 합의가 이루어지면서 개인적인 의견이나 합의가 차지하는 비중은 완전히 사라진 것은 아니었지만 자연히 감소될 수밖에 없었다. 이렇게 해서 보편적으로 받아들여지는 전통적인 교리와 규범에 관한 핵심적인 부분이라는 의미에서 이슬람적인 정통이 생겨나게 된 것이고, 그로부터의 이탈은 비난받아 마땅하고 경우에 따라서는 죄악과 범죄로 여겨질 수도 있게 된 것이다. 이러한 정통을 받아들이는 사람들을 '수니'(Sunnī)라고 불렀으며, 이는 교회권위에 대한 믿음과 복종을 의미하는 기독교적인 정통이라기보다는 차라리 공동체에 대한 충성심과 그 전통의 수용을 의미하는 것이라고 할 수 있다.

기독교의 이단이라는 개념에 가장 근사한 것을 이슬람에서 찾는다면 아마 비다(bid'a), 즉 '혁신'이 될 것이다. 전통의 준수는 옳은 것이고 바로 그 여부에 따라서 수니 이슬람이 정의되었기 때문에, 그로부터의 이탈은 '비다'이며 그것이 특별히 옳은 것임이 증명되기 전에는 나쁜 것이다. 이처럼 매우 전통주의적인 견해는 "가장 나쁜 것은 새로운 것이다. 모든 새로운 것은 혁신이며 모든 혁신은 잘못이고 모든 잘못은 지옥불로 연결된다"라고 한 예언자의 말 속에 가장 잘 반영되고 있다. 따라서 어떠한 교리를 '비다'라고 비난하는 것은 무엇보다도 먼저 그것이 잘못되었다는 것이 아니라 새롭다는 것을 의미하며, 즉 무하마드의 계시의 종결적 성격을 확고히 믿는 무슬림들이 존경해 마지않는 전통과 배치되는 것으로 간주되었던 것이다.

따라서 기독교의 이단과 이슬람의 비다 사이에는 매우 중요한 차이점이 있다.

이단은 신학적인 오류, 즉 교리상으로 잘못된 판단이나 강조에서 생겨난 것인 반면, 비다는 신학적이라기보다는 사회적인 오류인 것이다. 이런 점에서 굴루우(ghuluww : 아랍어로 '지나치게 멀리 쏘는 것', 즉 한도를 넘는 것을 의미한다)라는 표현으로 불리는 과도(過度) 또한 마찬가지이다. 물론 공동체 안에서 아무런 해악이 없고 심지어 유익하다고까지 간주되는 다양한 의견이 존재할 수 있고, 각기 독자적인 원칙과 해석서를 가지는 네 개의 율법학파가 서로를 용인하며 공존하고 있다. 또한 상당히 중요한 교리에 관해서도 서로 의견이 다를 수 있다. 그러나 이러한 견해 차이를 '과도함'의 단계로까지 끌고 가는 사람들은 굴라트(ghulāt : 단수형은 갈리(ghālī)라고 불리어 무슬림이 아닌 것으로 간주되었다. 따라서 수니 신학자들이 어디에다 선을 긋느냐에 대해서 반드시 견해가 일치하는 것은 아니지만 분명히 그러한 선은 존재하고, 따라서 그 선을 넘어선 사람은 이단자가 아니라 이교도였던 것이다.

어쨌든 무슬림 신학자들로서는 동의하기 힘든 교리에 대해서 혁신이나 일탈 혹은 과도 등의 낙인을 찍고 비판할 수 있는 이론적인 준비가 충분히 되어 있었던 셈이지만, 보통 그렇게 극단적인 방법을 취하지는 않았다. 이슬람 신학이나 율법에서는 이단이나 이단자라는 특수한 카테고리를 인정하지 않고 있다. 어떠한 교리를 이슬람의 원칙과 맞지 않는다고 거부하는 것은 곧 스스로 무슬림이라고 천명한 사람을 배교자로 만드는 셈이고, 그렇게 되면 그는 율법상으로 극형에 처해져야 하기 때문이다. 따라서 일부 교파들이 비록 이슬람의 주류를 이루는 합의에서 잠정적으로 이탈하였다고 하더라도, 그 소속원들은 여전히 무슬림 사회 내에서 재산, 혼인, 상속, 증언, 관직 등에 관한 지위와 특권을 인정받았다. 그들이 심지어 전쟁이나 반란을 일으켜서 포로로 잡힌다고 하더라도 여전히 무슬림으로 취급받았고, 집단적으로 유배되거나 노예로 전락되지도 않았으며 그들의 가족과 재산도 법의 보호를 받았다. 비록 죄를 지은 사람이기는 하지만 이교도는 아니고 저승에서 구원까지 받을 수 있다고 생각하는 것이다. 사실 더 중요한 차별은 수니와 분파주의자들 사이가 아니라 분파주의자들과 배교자들 사이에 있는 것으로 보았다. 배교야말로 범죄였고, 배교자는 이승과 저승에서 모두 저주받을 수밖에 없다. 그가 범한 죄는 그가 속하고 또 그가 마땅히 충성을 바쳐야 할 공동체를 배반한 반역행위이다. 그의 생명과 재산은 박탈당하였고, 마치 절단되어야 할 썩은 사지와 같은 존재로 인식되었던 것이다.

그러나 배교의 낙인을 찍는 예가 없었던 것은 아니다. 초기 이슬람의 종교서적에서 믿지 않는 자 혹은 배교자라는 표현은 흔히 발견된다. 예를 들면 알 자히즈(256/869년 사망)는 "신학자의 성실성은 불만분자를 믿지 않는 자로 선포함에 주저하지 않는 데서 나타난다"라고 하였고, 알 가잘리(505/1111년 사망)는 '신의 드넓은 자비를 자신의 추종자들로만 제한하고 천국을 소수 신학자 집단의 전유물로 만드는 사람들'에 대해서 경멸감을 표시하였다. 그러나 이러한 비난이 하등의 실질적인 효과를 가지는 것은 아니었다. 그 희생자들은 대부분 아무런 불편함도 느끼지 못하였고 국가의 고위직에 오르기도 하였다. 후일 율법의 처벌과 규정이 체계화되면서 배교라는 이름으로 남을 공격하는 일은 점차 드물게 되었다. 자신의 생각과 다르다고 하여 남을 배교자로 처벌해야 한다고 주장하는 신학자들도 거의 없었다. 단지 반대가 격렬하고 집요하며 또한 공격적일 때에만 그 반대파를 이슬람 공동체의 울타리 밖으로 쫓아냈던 것이다

이슬람에서 단 하나의 교조적인 정통이 존재하지 않았던 것은 수니 무슬림들이 자신들의 종교가 가지는 우수성에 어울리지 않는, 또 공동체의 이해에도 위험한 편협한 태도를 지양하려고 한 데서 비롯된 것이기 때문에, 단순한 결핍이 아니라 고의적인 거부였다고 할 수 있다. "종교에는 강제가 있을 수 없다"라고 『코란』(제2장 257절)은 지적하였고, 예언자도 "나의 공동체 안에서 의견의 차이는 신의 자비의 표현이다"라고 말하였다고 한다. 궁극적으로 이슬람의 일원이 되느냐 아니냐 하는 것은 선택의 문제이지 신조의 문제는 아니었고, 그 시금석은 믿음이 아니라 충성이었다. 끈질기고 무력적인 형태의 일탈과 비행만이 믿음이 없는 것으로 단죄되었고, 그러한 죄를 범한 사람일지라도 일단 참회의 기회를 부여하고 그것마저도 거부할 경우에 비로소 죽음에 처하였다.

물론 그렇다고 이슬람에서 분파주의에 대한 종교적 박해가 없었다는 것은 아니다. 이따금 특이한 믿음을 주장하는 사람들이 붙잡혀서 재판을 받고 투옥되거나, 육체적인 처벌과 사형에 처해지기까지 하였다. 종교재판이라는 것이 거의 드물었지만, 일반 이슬람 법정도 종교적인 과오를 찾아내어 처벌하고 탄압할 수 있었다.

그러한 처벌에서 하나의 변하지 않는 기준이 있다면 모반이었다. 어떤 교파의 교리와 의식이 국가나 사회구조 혹은 상식적인 기준을 위협할 경우 그것은 불법으로 간주되어 박해받았다. 그렇지만 않다면 사회의 골간을 이루는 전통에서 아무리 멀리 벗어나 있다고 할지라도 관용으로 받아들여지고 무슬림이라는 이름과 지위가 허용되었다.

몇 세기가 지나는 동안 많은 종교집단들이 이슬람 내에서 자라나게 되었고, 그것은 기독교적인 의미에서의 교파라고 불러도 무방한 그러한 것들이었다. 그 일부는 교리와 의식상으로 아주 사소한 부분에 대해서만 공동체적으로 합의된 내용과 차이를 보이지만, 경우에 따라서는 주류와는 매우 거리가 먼 외래적인 기원을 가지는 교리를 주장하는 것도 있었다. 그렇지만 이슬람 역사에서 종교집단들간의 중요한 차이는 신앙이나 관습 혹은 의식에 있는 것이 아니었다. 물론 이러한 측면에서의 차이도 때로는 갈등과 비방을 야기시켰다. 격렬한 투쟁과 지속적인 반목을 불러일으키게 한 가장 중요한 차이는 공동체, 즉 칼리프 체제의 지도자 문제를 둘러싸고 벌어진 것이었다. 다시 말해서 문제의 핵심은 종교적이라기보다는 정치적이었다고 할 수 있다.

무슬림의 대다수는 과거에나 현재에도 수니라고 불리는 주류에 속해 있다. 이와 상반되는 가장 큰 규모의 반대파는 시아라고 일컬어졌고, 이는 다시 몇 개의 더 작은 집단으로 나누어진다. 그중 가장 중요한 것이 '12대' 시아파인데, 이러한 이름은 그 추종자들이 예언자의 뒤를 이어 알리와 그의 후손들로 이루어진 12명의 '이맘'(Imām)이 있었으며 열두번째 이맘이 죽지 않고 사라졌다가 최후의 날에 다시 돌아올 것이라고 믿기 때문에 붙여진 것이었다. 이 12대 시아파는 현재 이란의 국교이며, 이라크, 인도, 파키스탄 등지에도 분포되어 있다. 이보다는 더 작은 규모의 집단이 '이스마일리'(Ismāʿīlī)인데, 이들은 중세 때 이집트에 파티마(Fatima) 왕조를 건설한 장본인이었고, 또 정치적 암살집단으로 이름이 높아서 영어에 '어새신'(assassin)이라는 말을 파생시킨 사람들이기도 하였다.

율법의 지배

　독실한 무슬림들에게 이슬람 국가는 성스러운 율법으로 성립된 종교적인 정치체제를 의미하였다. 따라서 그 주권의 원천은 신이고 주권자, 즉 칼리프의 일차적인 임무는 이슬람을 지탱하고 전파하는 데 있었다. 그 율법은 신에 의해서 계시된 성스러운 법률이고 공인된 해석자들에 의해서 확충된 것이다. 그것은 단지 신앙과 의식과 종교적 행위에만 국한된 것이 아니라, 형사적인 문제는 물론 가족과 상속과 같이 다른 사회에서는 세속적인 권력에 의해서 처리되어야 할 것까지도 포함하였다. 고전적인 이론에 의하면 세속권력이라든가 세속법률과 같은 것은 존재할 수 없고, '교회'와 국가는 칼리프를 정점으로 하나로 통합되었다. 칼리프의 존재 이유는 율법을 받드는 것이고, 율법은 인간활동의 모든 범주를 규제한다. 군주와 그의 지배를 받는 대중들 사이의 관계에도 역시 종교적인 것과 정치적인 것이 함께 용해되어 있다. 따라서 정치적인 항의도 종교적인 표현으로 나타나고, 종교적인 불만은 정치적인 의미를 함께 띨 수밖에 없었다.
　이슬람에서는 종교적인 불만이 반란으로 표출된 많은 예들이 있다. 이슬람의 출현 자체가 새로운 국가, 새로운 사회조직, 새로운 교리로써 기존의 제도와 이념을 대체하였다는 점에서 하나의 혁명적인 변화였다. 초기의 무슬림들은 이슬람 안에서는 교회도 사제도 없고, 제왕도 귀족도 없으며, 계급과 계층도 없어서 단지 하늘이 내려 준 새로운 섭리를 받아들이는 사람이 그렇지 못한 사람들에 대해서 가지는 당연한 우위만이 있을 뿐이라고 생각하였다. 그러나 이러한 혁명적인 변화도 완전무결한 것은 아니었다. 과거의 제도로부터 물려받은 부분적인 불평등 —— 예를 들면 여자와 노예의 지위 —— 은 새로운 체제 안에서도 그대로 유지되었다. 물론 이슬람에 의해서 그 정도가 약화된 것은 사실이다. 노예는 더 이상 물건이 아니었고 법적 윤리적 권리를 소유한 인간으로 취급받았으며, 여자의 경우도 여전히 일부다처제와 축첩제가 잔존하였지만 재산을 비롯한 제반 문제에서 상당한 보호를 받게 되었다. 사회적 도덕적 기준으로 볼 때 당시의 노예제나 여성 차별이라는 것이 결코 마땅히 타개되어야 할 그런 것은 아니었다. 이슬람 국가 안에 있는 이교도들 역시 비록 제한적이고 열등한 지위로 떨어진 것은 사실이지만, 그러한 지위를 받아들이고 보호를 받음으로써 상대적인 이익을 얻기도 하였다.

중세 이슬람 사회를 흔들어 놓은 긴장과 갈등은 이슬람이 인정한 형태의 불평등과 차별로부터 비롯된 것이라기보다는, 이슬람이 금지하였던 혹은 그 원칙과 정면으로 위배되는 측면들이 계속 남아 있었기 때문이었다. 심지어 무슬림이 소수 지배층에 불과하고 대다수가 이교도들이었던 제국시대 초기에서조차 저항은 무슬림 공동체 안에서 터져 나왔고, 그것은 이슬람에 의해서 마땅히 주어져야 할 권리와 지위가 거부되고 따라서 국가가 그 기본 원칙을 무너뜨리고 포기하였다고 생각하는 사람들의 목소리였다. 이슬람으로 개종한 비아랍인들은 지배층의 종교로 개종한 뒤에도 지배자들과 동등한 대우를 받지 못함을 깨닫게 되었고, 심지어 아랍 정복자들 사이에서도 불평등과 갈등이 생겨나서 격렬한 투쟁을 낳고 말았다.

서구세계에서도 기독교의 전파와 게르만족의 침입이 있었지만, 이슬람의 출현과 아랍의 정복이 가져온 국가와 사회의 혁명적인 변화와 같은 것은 없었다. 후자의 경우는 분명히 서구의 개종과 이주에 비해서 훨씬 신속하였다. 기독교는 3세기에 걸친 박해를 거쳐서 드디어 로마 제국의 종교로 공인받았고 게르만족의 이동은 점진적이었기 때문에, 그 과정에서 기독교와 로마 제국을 받아들여서 자신들의 필요와 방식에 맞게 적응해 나갔다. 이에 비해서 1/7세기에 아라비아에서 외부로 나온 아랍 정복자들은 자신의 종교와 국가를 가지고 온 셈이었다.

원칙적으로 이슬람 국가는 이슬람교의 보호와 확산을 위해서 건설된 것이다. 그러나 당시 많은 비판자들은 그것이 소수의 야망에 찬 사람들의 이익을 옹호하고, 점점 더 페르시아와 로마 제국에서나 통용되던 방법을 도입하였다고 지적하였다. 신앙심이 깊은 아랍인들은 불만에 찬 비아랍인들과 합세하여 칼리프를 참된 종교의 타락자요 세속적 독재자라고 비판하였고, 다양한 비판과 야심을 동기로 하여 반란에 가담하였다. 이로써 일련의 내란이 발생하였고, 결국 이슬람 공동체와 국가를 흔들어 놓은 것이다.

가장 큰 문제의 초점은 칼리프 그 자체였다. 누가 합당한 칼리프인가. 그는 어떠한 방법으로 권좌에 오를 수 있으며 권력을 어떻게 행사하여야 하는가. 반란을 일으킨 사람들은 찬탈자와 독재자를 넘어뜨림으로써 정당한 이슬람을 회복시키려는 것뿐이라고 주장하였다. 그러나 사실 어느 편이 승리하든 이러한 투쟁은 국가권력의 재강화와 중동형의 중앙집권적이고 전제적인 제국의 출현에 한걸음 더 다가선 결과를 낳았다. 무슬림 사회는 일종의 자기모순에 빠지게 되었다. 공동체의 고유성과 결속력은 국가권력의 강화를 통해서만 이루어지지만, 동시에 그것이 강화되면 될수록 최초 이슬람의 계시 속에 포함된 사회적 도덕적 이상으로부터는 점점 더 멀어지기 때문이다. 심지어 이러한 과정을 우려하여 반란을 일으키고 그들이 권력을 장악하여도 결국 과거와 똑같은 길을 다시 걷지 않을 수 없었기에, 그러한 저항은 아무런 소용이 없었다.

이러한 투쟁을 통해서 교리나 후원자들의 성격을 서로 달리하는 일련의 종교집단들이 출현하게 되었는데, 모두 다 정통의 원시 이슬람 기본 정신을 회복하려는 목적을 지향하였다는 점에서는 일치하였다. 초기에는 아랍인이라는 것과 무슬림이라는 것은 대체로 같은 말이었고, 종교적인 투쟁은 아랍인들끼리의 내분이었다. 그러나 개종에 의해서 점점 더 많은 수의 비아랍인들이 이슬람의 품안으로 들어오면서 이 새로운 개종자들, 특히 페르시아인들이 커다란 역할을 하게 되었다. 이슬람 제국에서 일어난 모든 종류의 반대운동이 이슬람에 대해서가 아니라 이슬람 안에서 벌어졌고, 그 목적도 이슬람을 전복시키려는 것이 아니라 그것을 정화하고 강화하려는 데 있었다는 사실만큼 이슬람이 가지는 종교적 힘을 더 잘 말해 주는 예는 없을 것이다.

엄숙과 현학을 특징으로 하는 학자들의 신앙체계와 대부분의 무슬림, 특히 일반 민중의 종교적 생활과의 사이에 커다란 간격이 존재하였다. 이러한 상황은 중세 후기에 들어와서 학자들이 점점 더 국가와 유착하고 그만큼 민중으로부터 멀어지면서 악화되어만 갔다. 거기에서 생긴 불만은 시아파나 다른 분파의 주장 속에서 위안을 얻기도 하였지만, 7/13세기 몽골족의 침입시기에 이르기까지 시아파는 주된 활력을 상실해 버렸다. 비록 이곳저곳에 소규모의 시아파 집단들이 자신들의 교리를 주장하고 또 전파하기도 하였지만, 십자군과 몽골군의 침입이라는 이중의 충격을 받은 중동 이슬람권의 신학자들과 민중들은 모두 수니를 추종하게 되었다. 지역과 집단에 따라서 의식이나 조직 등에서 약간의 차이가 있었으나, 근본적으로 수니파의 중심교리는 모두 인정하였던 것이다.

6/12세기와 7/13세기에 이슬람 세계는 한쪽으로는 십자군, 또다른 쪽으로는 몽골의 침공에 직면해 있었다. 십자군과 싸웠던 사람들 가운데 가장 유명한 인물은 살라흐 앗 딘이었다. 서구에 살라딘이라는 이름으로 알려진 그는 564/1169년부터 589/1193년까지 이집트와 시리아를 통치하였다. 그는 아이유브 왕조의 실질적인 창건자가 되었고, 이 왕조는 파티마 왕조를 대체하였다. 주목할 만한 사실은 그가 아랍인이 아니라 원래 북부 메소포타미아 출신의 쿠르드인이었다는 것이다.

그러나 수니의 합의를 보편적으로 받아들였다는 사실이 반드시 과거부터 있어 왔던 공식적인 종교와 서민적인 종교 사이에 존재하는 간격이 사라졌음을 의미하는 것은 아니다. 7/13세기 이후 그러한 분열은 율법적 교리적인 종교와 신비주의와의 대결과 상호 관계로 표현되었다. 이 두 입장을 하나로 통합하려는 시도가 끊임없이 시도되었지만 양자는 여전히 별개의 것으로 남아 있었다. 때로는 연합을 하기도 하지만, 때로는 갈등과 불편한 교섭을 이루면서 상호 영향을 주고받으며 지냈다. 그러나 점점 더 많은 사람들이 신비주의(Sūfism)에 경도되었고, 그것은 형제애, 신비적이고 자아 몰입적인 신앙, 지방의 성자와 지도자에 대한 숭배, 그리고 기존 질서에 대한 묵시적인 비판 등을 특징으로 하였다. 따라서 신비주의자(sūfī)가 비록 형식적으로는 수니에 속하고 정치적으로도 침묵을 지켰으나, 국가나 학자들은 항상 의심에 찬 눈으로 그들을 바라보았던 것이다.

자유민, 해방민, 협약민

무슬림 사회는 역사적으로 우리가 알고 있는 대부분의 다른 사회들이 그러하듯이 두 개의 집단, 대강 상층과 하층이라고 부를 수 있는 집단으로 나누어져 있었다. 전자는 교육과 권위의 독점은 물론 경제적인 부까지 장악하는, 그리고 역사적인 기록에서 관심의 대상이 되어 온 그러한 계층인 반면, 후자는 얼굴도 이름도 소리도 없는 대중들로 구성되어 있다. 이슬람에서는 이들에게 각기 하사(khāssa)와 암마('āmma)라는 특수한 용어를 부여하였다.

율법이 평등주의적 원칙에서 벗어나서 일정한 형태의 특권과 지위의 차별을 인정하였지만, 양자의 차이가 결코 법적인 성격에만 국한된 것은 아니었다. 그렇다고 경제적인 차이라고도 할 수 없다. 이슬람 고전시대에는 가난한 귀족이나 부유한 천민에 관한 이야기도 자주 등장하기 때문이다. 배경, 출생, 교육, 지위, 직업, 재산 등이 모두 양자를 구별하는 요소로 작용하며, 그 영향의 비중은 시대와 지역에 따라서 달랐다. 다른 사회에서와 마찬가지로, 이슬람에서도 사회적인 차별이 때로는 바로 그것을 낳게 한 경제적 정치적 차별보다 더 오래 가는 경우가 많았다. 권력과 재산은 사라져도 거만함은 남는 것이다.

이러한 상층 집단들에게 보이는 몇 가지 공통적인 특징이 있다. 그들은 대체로 지역적인 한계를 넘어서 제국적 혹은 보편적인 성격을 가지고 있었다. 이슬람의 하사는 공통의 지표와 자의식을 소유하면서 전 지역으로 분포되어 있었다는 점에서, 프랑스 혁명 이전 유럽의 상층 계급과 유사하다고 할 수 있다. 중동, 북아프리카, 인도, 중앙 아시아에 걸친 이슬람 세계에는 단지 두세 가지의 언어 —— 아랍어, 페르시아어, 투르크어 —— 만이 존재하였고, 하사들은 이러한 제한된 언어를 공통으로 사용하면서 동시에 그 속에 표현된 문화를 공유하고 있었다.

이슬람 사회를 더욱 세분하는 또다른 방법들이 있다. 율법은 이론상으로나 실제적으로 제국 안의 주민들을 법적으로 규정된 상이한 권리와 의무를 가지는 네 개의 집단으로 구분하고 있다. 첫번째 집단은 무슬림 '자유민'(hurr)으로서, 이때 '자유'라는 의미는 정치적인 것이 아니라 법적인 의미를 지닌다. 이들은 다시 말해서 사회의 완전한 성원이라고 할 수 있다. 초기에는 대부분의 아랍인을 포함하였지만, 정복전에 의해서 형성된 귀족이었기 때문에 수적으로는 얼마 되지 않았다. 이들은 모든 고위직을 독점하고 국가의 군대를 구성하였으며, 세금은 적게 내는 대신 국가로부터 봉급을 받았다. 그러나 개종에 의해서 또 인구의 자연증식에 의해서 무슬림의 숫자가 급격히 증가하게 되자, 과거에 무슬림 자유민에게만 국

6/12세기경 메카와 메디나에서 발행된 '성지순례 확인증'으로, 순례자가 오래고 고된 순례를 완수하였음을 증명하였다.

한되었던 기능들이 '해방민', 심지어 노예들에게까지 전가되었고, 특히 군대가 이들에게 맡겨짐으로써 조만간 군대와 정부가 모두 노예나 해방노예들에 의해서 장악되었다. 따라서 자유민은 비록 법적인 지위에서 아무런 변화를 겪지 않았지만 과거의 권위를 많이 상실할 수밖에 없었다.

두번째 집단은 마왈리(mawālī : 단수형은 마울라(mawla))라고 불리는 해방민 혹은 피보호민이었다. 중세 이슬람에서 마왈리의 지위는 두 개의 상이한 전통의 통합 속에서 이루어졌다. 즉 한편으로는 로마법상의 해방민의 지위였고, 다른 한편으로는 아랍 부족 안으로 입양된 사람들의 지위였다. 칼리프 왕조 초기에는 이슬람과 아랍주의가 서로 구별이 안 될 정도로 긴밀하게 얽혀 있어서 이교도가 무슬림이 된다는 것은 마왈리, 즉 아랍인으로 귀화하거나 입양된 것으로 간주되었던 것이다. 이러한 비아랍계 무슬림 개종자들은 사회적으로나 법적으로 아랍인들에 비해서 열등한 지위에 놓여 있었고, 이것이 매우 심각한 문제를 불러일으켰다. 고대 아라비아에는 두 가지 종류의 마왈리가 있었는데, 노예인 어머니와 자유민인 아버지 사이에서 태어난 자식들로서 출생에 의해서 규정되는 경우와, 부족의 보호를 받기 위해서 자신의 선택에 의해서 피보호자가 된 경우가 그것이다. 그들은 부족의 자유민과 자유롭게 혼인할 수 없었으며 여러 가지 제약이 가해졌다. 따라서 아랍인들의 정복이 있기 전에는 거의 모든 마왈리가 아랍인들이었고, 우마이야 왕조 시기까지도 아랍 출신의 마왈리가 존재하였다. 그러나 그 숫자는 점차 줄어들었고, 그 의미도 정복자가 소유하였던 비아랍계 해방노예로 바뀌었다. 그들과 전 주인과의 관계는 여러 측면에서 혈연관계와 비슷하였다. 마왈리는 전 주인이 속한 부족의 일원이 되고, 그 자격은 대대로 세습되었다. 일부 법학파에서는 그들이 전 주인의 재산까지 상속할 수 있다고 해석하지만, 대부분의 학자들은 이를 인정하지 않았다. 그들은 여전히 일정한 경제적 사회적 불이익을 받고 있었고, 이름이나 혼인에서 그러한 예들이 나타나고 있다. 그러나 궁극적으로 그들은 다음 두 가지의 변화에 힘입어서 완전한 평등을 성취할 수 있었다. 하나는 노예들의 권력이 강화되어 자유민과 해방민 사이의 차이를 무의미하게 만든 것이고, 다른 하나는 이민족의 지배로 인해서 아랍인과 비아랍인의 차이가 해소된 것이다. 결국 마왈리라는 용어 자체가 쓸모 없게 되어 더 이상 사용되지 않았다.

세번째 집단은 딤미(dhimmī) 혹은 아흘 알 딤마(ahl al-dhimma)라고 불리는 '협약민'으로서, 이는 무슬림 국가의 보호를 받는 비무슬림 주민들을 가리키는 용어였다. 이들은 기독교도와 유대교도, 그리고 동방에서는 조로아스터 교도를 포함하였으며, 국가 안에서 그 존재가 용인되었고 법적으로도 분명한 지위가 부여되었다. 그와 같은 지위는 무슬림 공동체와 비무슬림 공동체 사이에 존재하는 것으로 여겨진 딤마(dhimma), 즉 '협약'에 의해서 결정되었고, 양자의 관계는 기본적으로 계약적인 것으로 간주되었다. 즉 그 협약의 근간은 비무슬림 공동체가 이슬람의 우월성과 이슬람 국가의 지배를 받아들임으로써 종속적인 지위를 인정하고 그 표시로 사회적 제한과 인두세의 부과를 감내하는 대신, 자신들의 생명과 재산의 안전과 외적의 공격으로부터의 보호, 그리고 신앙의 자유와 공동체 내부에서 일어나는 일에 대한 자주권의 행사 등을 보장받는 것으로 되어 있었다. 딤미들은 노예보다는 더 많은 권리를 가지지만 무슬림에 비해서는 더 많은 세금의 부담과 무장의 원칙적 금지라는 면에서 열등한 지위에 있었던 셈이다.

그러나 사회적 상황과 법률적 상황은 달랐고, 법의 엄격한 적용이 제대로 이루어지지 않은 관계로 딤미의 지위는 규정된 것보다는 더 나았던 것 같다. 이것은 그들에게 엄격한 법 적용을 관철해야 한다는 칙령이 빈번히 내려지고 있는 데서도 알 수 있다. 처음에는 그들이 아라비아 반도를 제외하고는 이슬람 제국 전역에 걸쳐서 압도적인 다수를 점하고 있었다. 만약 누군가 유대교나 기독교처럼 공인된 종교를 믿는 사람이라고 한다면 이슬람으로 개종하라는 하등의 압력을 받지 않았으며 —— 가끔 예외적으로 광신적인 공격의 대상이 된 경우는 있었지만 —— 실제로 국가 재정수입의 감소와 지출의 증대를 우려하여 도리어 개종을 억제하기조차 하였던 것이다. 그럼에도 불구하고 개종은 줄기차게 계속되었고, 지역간의 차이로 인해서 정확히 시기를 못 박을 수는 없지만 중동과 북아프리카의 주민들 대다수가 무슬림으로 바뀌었다. 동방의 이집트나 팔레스타인, 시리아 등지에서는 기독교도들이 비록 소수이지만 계속 존재하였고, 이라크에서는 약간의 유대교도들도 남아 있었다. 서부지역인 북아프리카에서 기독교는 사라졌지만 유대교는 상당한 힘을 가지고 존속하였고, 이란의 조로아스터교는 5/11세기나 6/12세기경이 되자 거의 사라지고 말았다.

그러나 유대교도와 기독교도는 이슬람 국가들 안에서 꽤 중요한 역할을 계속해서 맡았고, 특히 행정 분야에서는 더욱 그러하였다. 행정 계통에서 이들 딤미를 고용하는 것에 대해서 특별한 거부감은 없었던 것 같다. 이들이 과도할 정도로 권력을 축적하고 행사하기 전에는 이들에 대한 격렬한 집단적 폭력은 가해지지 않았다. 이처럼 그들이 상당 정도의 관용으로 이슬람 사회 안에 받아들여졌지만, 그렇다고 그 낮은 신분에 대해서조차 완전히 눈감아 준 것은 아니었다. 그들이 제출하는 증거는 무슬림 법정에서 효용이 없었고, 피해 보상시에도 그들은 무슬림들보다 적은 액수를 받았다. 그들은 무슬림 여인들과 자유로이 혼인할 수 없었고, 의복이나 주거 혹은 이주 등에서도 일정한 제약을 받는 경우가 많았다. 그들은 보통 경제적으로 상당한 능력을 가지고 있음에도 불구하고 그에 상응하는 사회적 정치적 혜택을 누릴 수 없었기 때문에, 영향력을 행사하기 위해서 가능하다면 음모나 책략의 방법을 쓸 수밖에 없었고, 이는 그들이 속한 공동체는 물론 이슬람 사회와 국가에 대해서도 유해한 결과를 가져다 주었다.

노예들도 비록 제한적이기는 하지만 권리가 있었다. 의료, 구휼, 양로 등의 보호를 받고 일정한 재산도 소유할 수 있었다. 법적으로 어떤 사람을 노예로 삼을 수 있는 것은 출생이나 포획을 통해서만이지만, 실제로는 공납물의 상납이나 중앙 아시아와 아프리카 등지로부터의 구입을 통해서 노예를 얻기도 한다. 예멘의 자비드에 있던 노예시장의 모습. 635/1237년경의 『마카마트』의 삽화.

노예

마지막 집단이 바로 노예들이다. 노예제는 이슬람 이전의 아라비아에도 존재하였고, 그들은 전쟁에서 붙잡힌 포로들이거나 아프리카(특히 에티오피아와 그 주변지역)에서 수입된 자들이었다. 그 당시에는 노예를 보호하는 하등의 법적 장치가 없었고 완전히 주인의 처분에 맡겨졌었다. 이슬람은 노예제를 인정하기는 하였지만 그것을 규제하고 제한하였다. 주인이 노예에 대한 소유권을 가지기는 하였지만, 친절하게 대해 주고 가능하다면 그를 자유롭게 풀어 주거나 아니면 적어도 스스로 금전으로써 자유를 되살 수 있는 기회를 주도록 권장하였다. 노예가 법적으로 열등한 존재인 것은 사실이나, 만약 그가 무슬림이라면 자유민과 하나의 형제로서 종교적으로 동등하다고 생각하였다. 초대 칼리프들은 무슬림을 노예로 삼는 것을 억제하였고 율법학자들은 그러한 행위를 불가능한 것으로 규정하였다. 그렇다고 노예가 개종하여 무슬림이 되었다고 해서 그를 노예신분에서 벗어나게 할 수는 없었다. 변제능력이 없는 채무자를 노예화하는 것도, 또 자신이나 아이들을 노예로 파는 것도 금지되었다. 율법학자들은 인간의 자연상태는 자유이고, 노예는 노예 어머니에서 태어난 자나 전쟁에서 붙잡힌 이교도에만 국한되어야 한다고 보았다.

그러나 이처럼 노예에 대한 이슬람의 인간적인 입장은 두 가지의 변화에 의해서 상쇄되었다. 즉 로마법이 통용되던 지역을 정복함으로써 그곳의 관행이 주는 영향과, 정복과 구입에 의한 노예 숫자의 급증이다. 노예는 법적인 불이익을 안고 있었다. 예를 들면 그들은 사법과 관련된 직책을 수행할 수 없고, 증거 제출의 능력도 인정받지 못하였으며, 동일한 범죄에 대한 처벌도 자유민에 비해서 두 배로 감수해야 하였다. 재산과 상속 등 민사법적인 부문에서도 권익을 거의 인정받지 못하였다. 그러나 의료적 혜택, 식량의 공급, 노후의 보호 등을 받을 권리는 있었고, 만약 노예주가 이러한 의무를 제대로 수행하지 못할 경우 판관(qādī)은 노예를 해방시키라는 명령을 내릴 수 있었다. 주인은 노예를 과도하게 부릴 수도 없었다. 노예는 주인의 허락을 받고 혼인할 수 있으며, 이론적으로는 자유민인 여자와도 혼인할 수 있지만 그러한 경우는 드물었다. 주인이 노예여자와 혼인하기를 원한다면 그녀를 해방시켜야만 하였다. 노예가 해방되는 절차와 방법은 율법에 의해서 상세하게 규정되었다.

율법에 따른다면 노예의 획득에는 이론적으로 두 가지 방법, 즉 출생과 포로에 의한 것이 있었다. 그러나 실제로는 이외에도 공납과 구입이라는 방법이 널리 이용되었고, 이는 물론 무슬림 국가가 관할하는 지역 바깥에서 유입되는 것이어야 했다. 이슬람 역사의 초기에는 대규모 정복전이 수행되었기 때문에 포로야말로 가장 중요한 노예 공급원이었으나, 시대가 지나가면서 그 숫자는 점점 줄어들게 되었다. 변경이 확정되고 '성전'이 더 이상 노예에 대한 수요를 충족시켜 주지 못

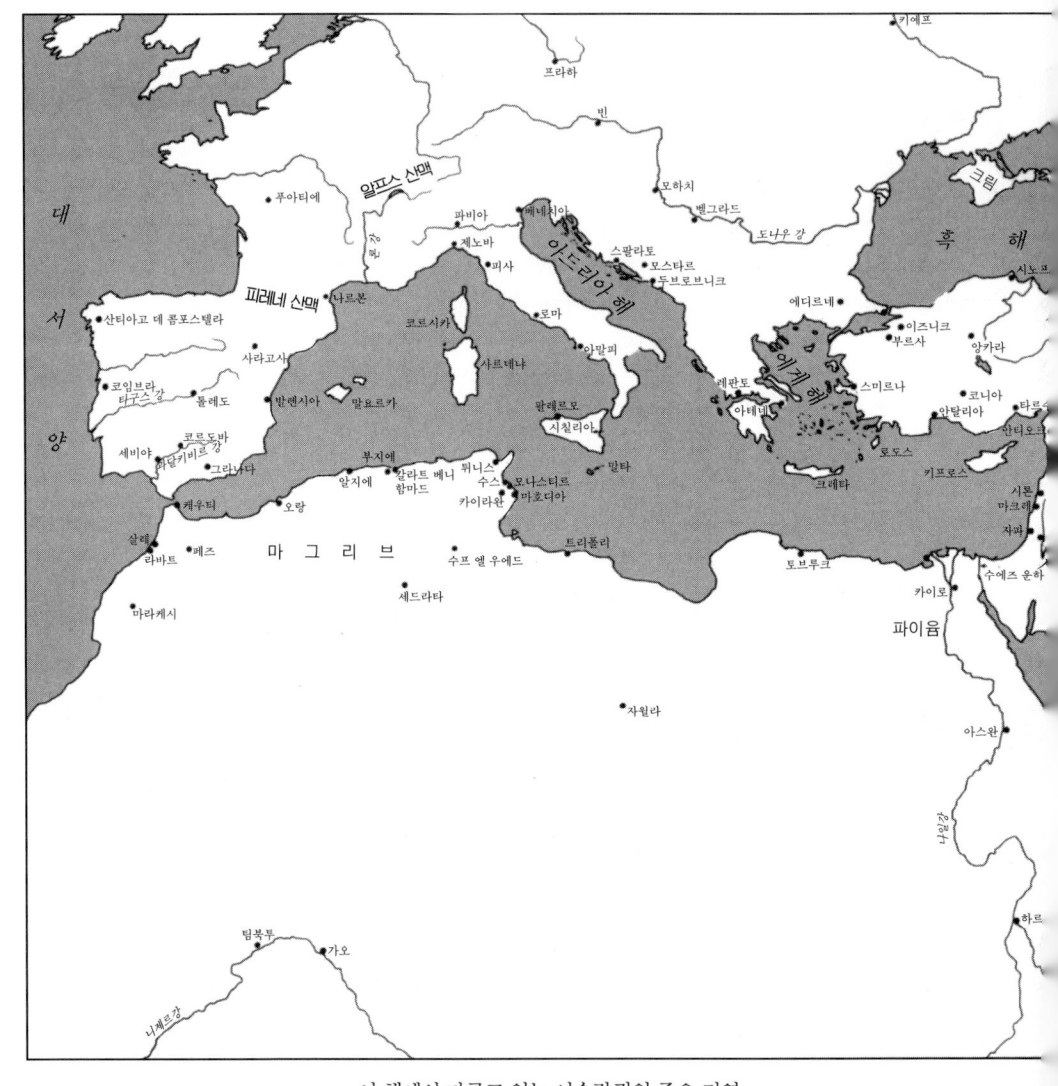

이 책에서 다루고 있는 이슬람권의 주요 지역.

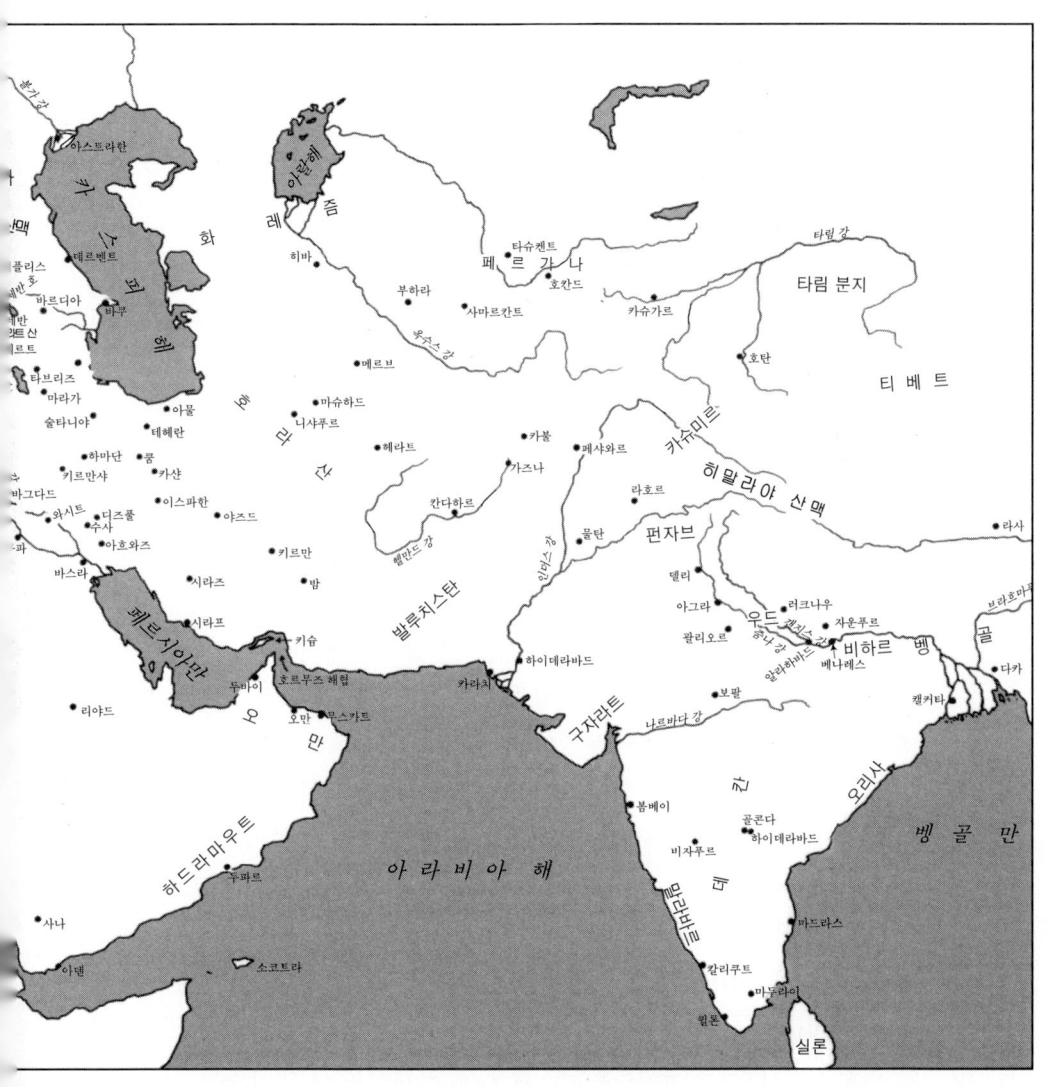

하였다. 물론 변경지역에 대한 약탈전을 통해서 노예를 획득하기는 하였지만, 그 대부분은 무슬림 포로들과의 교환으로 인해서 되돌려보내졌다. 지중해에서 활동하던 무슬림 해적들이나 아프리카, 인도, 중앙 아시아 변경지역에서의 전쟁과 약탈이 노예를 가져다 주기는 하였으나, 이슬람교가 점점 더 확대되면서 붙잡힌 적의 포로도 대부분 무슬림이었고 따라서 노예로 만들기도 힘들어졌던 것이다.

무슬림들의 전승에 의하면 31/651-652년경 이집트에 주둔한 아랍군이 누비아를 공격한 뒤 양측이 서로 약탈하지 않기로 협약을 맺었는데, 그 내용은 누비아가 해마다 일정한 수의 노예를 아랍측에 보내 주는 대신 아랍은 누비아에 고기와 콩을 공급해 준다는 것이었다. 이렇게 해서 누비아로부터 공급되는 노예는 매년 360명이었다는 기록이 있는가 하면, 추가로 40명의 노예가 무슬림 총독 개인에게 보내졌다는 기록도 있다. 이러한 협약이 실제로 있었던 것으로 보이지는 않지만, 대부분의 율법학자들은 그러한 사실을 인정하면서 누비아를 이슬람권 외부에 위치하지만 조공국으로 분류하는 근거로 삼았다. 율법은 노예화와 신체의 절단을 억제하였기 때문에 노예와 환관의 공급은 제한될 수밖에 없었다. 그러나 이 두 부류의 사람들을 이슬람권 외부에서 들여오는 것은 허용되었고, 이때 누비아가 매우 편리한 통로를 제공하게 된 것이다.

후일 노예를 획득하는 가장 중요한 방법으로 등장한 것이 구입이었다. 상인들이 변경지방의 국가로 가서 거기에서 노예를 구입하여 내지로 들여오는 방법이다. 북아프리카와 이집트와 남부 아라비아는 아프리카 출신의 노예를 들여오는 창구가 되었고, 데르벤트, 알레포, 모술, 부하라, 사마르칸트 등은 유럽과 초원으로부터의 노예를 들여오는 창구가 되었다. 노예가 이처럼 이슬람 제국의 모든 변경지역에서부터 들어오기 때문에 출신성분은 매우 다양할 수밖에 없었다. 슬라브를 비롯한 백인노예는 유럽으로부터 볼가 강-흑해-카스피 해 루트를 거치거나, 비잔틴 제국 혹은 지중해를 경유하여 들어왔다. 또다른 노예들이 카프카스 지방과 인도로부터 들어왔다. 그러나 노예들 가운데 가장 중요한 부류는 역시 북방의 유라시아 초원지대에서 온 투르크인들과 남방의 사하라 이남에서 온 흑인들이었다. 이들은 모두 이슬람권의 바깥에 위치하고 있었기 때문에 잡히기만 하면 노예로 만들어도 아무런 위법사항이 되지 않았고, 이들이 이슬람권 노예의 대다수를 점유하게 되었다.

노예들은 여러 가지 목적으로 이용되었다. 그리스, 로마의 경우와 달리 이슬람 세계는 노예들의 생산에 근거한 경제는 아니었다. 농경은 대체로 자유 혹은 반(半)자유 농민에 의해서 이루어졌고, 수공업 역시 자유로운 신분의 장인들 일이었다. 그러나 여기에 예외적인 부문이 있었다. 주로 아프리카 출신의 흑인노예들이 남부 이라크에서 소금에 덮인 땅바닥을 정리하는 것과 같은 대규모 사업에 동원된 예가 아주 초기부터 기록되고 있다. 그들의 처지는 매우 열악하여 잇따른 노예반란을 야기시켰고, 그중 3/9세기에 일어난 한 반란은 제국의 수도를 위협할 정도였다. 이집트 북부나 수단의 금광, 사하라 지역의 염광 등에서도 흑인노예를 부렸다.

그렇지만 노예들은 주로 가내적 혹은 군사적 목적으로 이용되었다. 집안이나 상점 혹은 모스크에서 일하는 노예들은 주로 아프리카 출신들이었고, 노예로 구성된 군대는 후기로 갈수록 중요성을 더해 가서 결국은 노예들이 군지휘관과 군주가 되었다. 이러한 군인노예의 경우는 주로 투르크인들이었다. 시르카시아인들도 약간 있었고, 이집트나 북아프리카에서는 흑인노예도 활약하였다.

다양한 민족적 배경을 가진 많은 여자노예들이 '하렘'(harem)에 들어와서 첩이 되거나 집안의 허드렛일을 맡아 보았다. 그들 중에는 교육을 받아 아랍 문학사에 이름을 남긴 사례도 있었다. 또한 무희나 가수 혹은 악사와 같은 예능인으로 훈련받기도 하였는데, 더러는 자유의 신분이 되어 명성과 행운을 얻는 경우도 있었다.

여성은 그 자체가 법적으로 하나의 신분집단을 구성하였고 위에서 열거한 네 가지의 집단 내부에 각각 귀속되었기 때문에 신분상의 차이도 존재하였다. 특히 자유민 여성의 경우 이슬람의 출현으로 말미암아 그 지위는 현저하게 개선되어 재산권을 비롯한 권리들이 부여되었고, 혼인 후 남편에 의한 부당한 처사로부터 보호받을 수 있도록 하는 조치들도 취해졌다. 이슬람 이전 아라비아에서 관습적으로 인정되던 여아 살해는 금지되었다. 그렇지만 여성의 지위는 여전히 낮았고, 특히 이슬람의 출현이 가져온 자극이 퇴조하고 기존의 태도와 관습이 다시 영향력을 강화하면서 그 지위는 더욱 약화되었다. 일부다처제는 합법적인 것으로 인정되었지만, 지배집단을 제외하고는 널리 실행된 것 같지는 않다. 축첩제도 흔히

종교와 민족 61

보였는데, 결혼하지 않은 여자노예는 그 남자 주인이 자유로이 처분할 수 있었다. 물론 그렇다고 남자노예를 소유한 여자 자유민이 그를 마음대로 하는 것이 허용된 것은 아니다. 사회에서의 여성의 지위는 독자적인 방식에 의해서가 아니라 기본적으로 가정 안에서의 기능, 즉 딸로서 부인으로서 혹은 어머니로서의 역할에 따라서 규정되었다. 반면 보상도 있었다.

어떤 재산에 대해서는 남자와 동등한 권리를 가졌고, 종교적으로 법을 어겼을 경우, 예를 들면 배교행위를 하였을지라도 처형이 아니라 투옥과 매질 정도로 그쳤던 것이다. 그러나 그것은 특권이 아니라 열등함의 표지였다. 딤미와 같이 사회적으로 불리한 신분에 처해 있던 사람들처럼, 여성도 법적으로 열등한 지위를 보여 주는 낙인을 가지고 있었다. 즉 상속, 법정에서의 증언, 피해 보상 등에서 남자의 절반의 가치로밖에 인정받지 못하였던 것이다.

이상에서 설명한 것처럼 자유민, 해방민, 협약민, 노예의 네 집단으로 나누는 공식적이고 법적인 분류방식 이외에도, 사회경제적인 혹은 기능적인 차이에 따라서 상이한 집단을 나눌 수도 있다. 이러한 분류도 그에 못지않게 중요하며 때로는 율법에 의해서 인정되기도 하였다. 출생과 혼인의 동등성을 지칭하는 카파아(kafā'a)라는 원칙이 그 일례이다. 자유로운 무슬림 여성은 혼인의 자유가 있지만 남편은 그녀와 사회적으로 동등한 신분에 있어야 했다. 물론 불균등한 신분 사이의 혼인도 있었지만, 여자의 아버지나 보호자는 그것을 구실로 사전 허락 없이 이루어지는 그러한 혼인을 반대하거나 취소시킬 권리를 가졌다. 율법학자들은 이 경우 남자의 신분을 판정하는 기준들에 대해서 상당한 양의 글을 남기고 있다. 신앙의 독실함, 인격의 수준, 재산, 자유, 이슬람, 출신, 직업 등이 그러한 기준에 포함되었다. 여기서 뒤의 네 가지는 분명히 사회적인 지위와 관련되는 것이다. 법적으로 무슬림 남자노예는 자유로운 무슬림 여자와 혼인할 수는 있지만 실제로는 매우 드물었고, 협약민은 무슬림 여자와 혼인할 수 없으나 반대로 무슬림은 협약민 여자와 언제든지 혼인할 수 있었다. 위에서 '자유'와 '이슬람'이라는 요구조건은 해방민과 개종자를 가리키는 것으로, 본인으로부터 3대 후손까지 적용되었다. 그 이후는 모두 똑같이 자유민이고 무슬림인 것으로 취급되었다. 만약 3대가 경과하지 못하였다면 처음 해방민이 되었거나 개종자가 된 선조와 본인 사이에 몇 세대의 거리가 있느냐에 따라서 카파아가 결정되었다. 출신과 직업은 분명히 사회적인 기준이라고 할 수 있다. 또한 출신민족에도 서열이 있었는데, 예언자가 속하였던 쿠라이시 부족이 첫번째이고 그 다음이 여타 아랍인, 마지막이 비아랍인이었으며, 이러한 집단들은 다시 세분되었다.

붓을 쥔 사람들

전통적으로 중세의 작가들은 무슬림 사회의 주요 구성을 '붓을 쥔 사람들'과 '칼을 쥔 사람들'로 나누었다. 후자는 여러 종류의 군인들이었고, 전자는 행정관료와 종교인을 모두 포함하는 개념이었다. 중세 이슬람이 중세 기독교와는 달리 교회와 국가를 전혀 구분하지 않았으면서도, 서구가 종교인과는 엄연히 구분되는 세속적인 문인계층을 만들지 못한 반면 이슬람이 그럴 수 있었다는 사실은 매우 역설적이라고 할 수 있다. 이슬람 국가의 관료제는 비잔틴과 이란에 선행하였던 제도를 그대로 계승한 것이며, 초기 칼리프들의 시대에는 문자 그대로 동방에서는 페르시아인이, 서방에서는 기독교도가 관료로 기용되어 과거와 똑같은 방식으로 세금을 징수하였고, 단지 그것을 바치는 상대가 아랍인으로 바뀌었을 뿐이었다. 심지어 행정에 사용되는 언어도 여전히 동방에는 페르시아어, 서방에는 그리스어였다. 그러나 시간이 흐르면서 과거의 언어들이 사용되지 않게 되고 아랍어가 그 자리를 차지하였으며, 통일적인 행정체계가 제국 전역으로 확대되었다. 출신배경이 다양한 협약민들은 행정상으로 중요한 역할을 계속하였고 후기에 무슬림들에 의해서 우위를 빼앗기게 되지만, 그 가운데 상당수는 페르시아인과 콥트인을 비롯한 비아랍계 출신들이었다. 심지어 기독교도나 유대교도들이 공직에서 중요한 역할을 담당한 예들도 있다.

행정관료는 보통 '서기'(kātib)라고 불렀다. 서기는 이슬람 사회에서 수도 많고 매우 큰 중요성을 가지는 막강한 집단을 이루었다. 그들은 외관상으로 다라아(darrā'a)라고 하는 외투에 의해서 쉽게 식별되었다. '재상'(vazir)이 그들의 우두머리였고 군주의 아래에서 민정을 관장하는 총책임자이기도 하였다. 그들은 독특한 교육배경을 공유하면서도 비종교적인 성격을 지닌 지식인 집단이었으며, 아랍어로 된 상당량의 고전문학도 바로 이 서기계층이 만든 것이었다. 일에 대한 보수로서 현금으로 봉록을 받았고, 고위직의 경우에는 그 액수도 상당히 많았지만 후일 화폐경제가 쇠퇴하면서 토지를 사여받거나 세금수입의 일부를 할당받는 경우가 많아졌다.

중세의 전성기에 들어와서 군사정권이 등장하면서 행정관료의 지위는 저하되었지만, 여전히 통치하는 데는 긴요하였기 때문에 중세 이슬람 국가들이 연속성과 안정성을 유지하는 데 많은 기여를 하였다. 예를 들면 이집트에 들어선 맘루크 왕조가 7/13세기 중반부터 10/16세기 초에 걸쳐서 장기간 존속할 수 있었던 것도 투르크나 시르카시아 계통의 노예병사들뿐 아니라 이집트나 시리아 출신 문관들의 공헌이 컸기 때문이었다. 이러한 행정관료들은 토착민이나 그곳의 수령들 가운데 이슬람으로 개종하거나 아랍화한 사람들로부터 충원되었는데, 이들은 맘루크 왕조의 특이한 체제로 인하여 군사적인 지배 엘리트로부터는 소외되어 있던 부류였다. 그들 중 상당수는 대대로 같은 직종에 종사하는 거대한 관료가문을 이루기도 하였다.

이슬람에서 신자들과 신 사이를 매개하는 성직자가 존재하지 않고 사제들이 직무를 수행하기 위해서 하등의 성물을 필요로 하지도 않았으며 독립적으로 조직된 사제층이 존재하지 않았다는 것은 이미 설명한 바이지만, 그것은 신학적인 의미에서 사제층이 없다는 말이며 사회학적인 의미의 전문적인 종교계층이 없다는 말은 아니다. 학자들은 무슬림 사회 안에서 독특하고 확연히 드러나는 계층을 구성하였고, 여기에는 종교에 관한 사항을 가르치는 교사, 모스크에서 기도를 주재하는 이맘들, 율법을 연구하는 전문적인 신학자와 법학자들이 포함되었다.

그러나 학자들에게 특정한 위계질서나 서품 수여와 같은 제도가 있었던 것은 아니기 때문에 알림('ālim: '학자')이라는 말의 의미도 유동적이었고 애매 모호하였다. 아주 초기에는 일반적인 평판 같은 것에 의해서 학자로 인정받았던 것으로 보이나, 후기에 가면 기성 학자가 자기 밑에서 공부와 수련을 쌓아서 만족할 만한 단계에 이른 제자에게 이자자(ijāza)라고 하는 증서를 줌으로써 인정받았다. 그러다가 결국 4/10-5/11세기부터 이슬람권 전역으로 확산된 신학교, 즉 마드라사

(madrasa)에서 공부를 마친 사람들이 학자로 인정받게 되었다.

서기와 마찬가지로 학자들도 터번에 의해서 외관상 구별되었다. 이미 우마이야 시대부터 그들은 매우 높은 사회적 지위를 차지하였던 것으로 보이며, 칼리프들이 주로 정치적인 문제에 관심을 쏟고 좁은 의미의 종교적인 문제는 히자즈나 이라크 지역의 학자들에게 맡길 수밖에 없게 되면서, 처음부터 의도한 것은 아니지만 종교적 권위와 정치적 권위의 분리라는 결과가 생겨났다. 아바스 왕조가 들어선 뒤에 학자들을 국가의 공식적인 감독을 받도록 하려는 시도가 있기는 하였지만 학자들은 국가로부터 더 유리되어 갔고, 심지어 권력에 봉사하는 것을 수치스럽게까지 생각하였다.

국가와 학자들 사이의 이와 같은 비공식적인 분리는 종교인들로 하여금 율법에 관한 분야에서 배타적인 권위를 가지게 하였고, 나아가서 권력으로부터의 거리는 그들에게 엄청난 도덕적 권위를 부여하여, 사실 이론상으로는 아니라고 할지라도 실제적으로는 독자적인 사제계층을 구성하게 된 것이다. 이슬람에서 율법이라는 것은 서구에서의 그것과 비교될 수 없다. 즉 그것은 거의 모든 사회적 개인적 관계를 규율하였고, 그렇기 때문에 율법을 관장하는 사람들에게 대단한 역할이 부여되었다. 대중들은 재산, 혼인, 이혼, 상속 등의 문제에 관해서 학자들의 지침에 의존하지 않을 수 없었고, 자연히 그 영향력도 커질 수밖에 없었던 것이다.

이론상으로 볼 때 수니 학자들과 시아 학자들 사이에는 중요한 차이점이 존재한다. 수니파의 견해에 의하면 추론과 개인적인 판단에 근거하여 율법에 대한 해석을 내리는 것이 이슬람 출현 이후 약 250년 동안은 용인되었고, 이즈티하드(ijtihād)라고 불리는 그러한 판단은 어떤 특정한 문제에 대해서 『코란』과 『언행록』이 아무런 도움을 주지 못할 때 그것을 보충하는 것으로 여겨졌다. 회력 4세기 초(서기 10세기 초), 즉 서기 900년경 수니파에 속하는 법학파의 학자들은 모든 중요한 문제들에 대해서 이미 결정이 내려졌고 합의가 이루어졌다고 생각하였고, 더 이상의 개별적인 판단이 필요 없다고 보았다. 따라서 율법상의 용어를 빌리자면 '이즈티하드의 문'은 닫히게 되었고, 그뒤 모든 무슬림을 포함하여 율법학자들은 기존 학파들에 의해서 확립된 교리에 대한 무조건적인 순응, 즉 타클리드(taqlīd)를 행하도록 규정되었다. 그러나 시아파는 이즈티하드의 문이 닫혔다는 수니파의 주장을 받아들이지 않고 계속 개인적인 해석과 판단을 내릴 수 있다고 생각하였다. 실제로 시아파에 속하는 학자들은 알림이라고 불리지 않고 무즈타히드(mujtahid), 즉 '이즈티하드를 행하는 사람'이라고 불렸던 것이다. 그렇지만 수니와 시아 사이의 이러한 견해 차이는 이론상의 문제에 불과하였다. 실제로 시아파 학자들도 수니파에 못지않게 보수적이었을 뿐 아니라, 수니파 학자들도 개별적인 판단을 내리는 경우가 있었기 때문이다. 양쪽 파 사이의 가장 큰 이론적 차이라고 한다면 수니 학자들이 합의의 교리에 의해서 기존의 정치질서를 받아들이지 않을 수 없었던 반면, 시아 학자들은 기존 정권을 찬탈로 보아야 한다는 교리에 묶여 있었다는 점이다. 그러나 이것조차 현실적으로는 큰 차이가 없었다.

　종교인(수니와 시아를 불문하고)과 국가의 상호 관계는 매우 흥미로운 문제를 던져 준다. 아라비아에 있던 초기 원칙주의자들의 비타협적인 입장은 지나치게 이론적이어서 정치적으로는 도저히 실현 불가능한 권리와 의무 조항들을 주장하였고, 그들의 지지를 얻으려는 군주들에게 신성화 혹은 전설화된 과거의 이상적 제도를 실행하도록 요구하였다. 따라서 양자간의 조화될 수 없는 간격으로 인해서 학자들이 정치와 결별하는 결과가 빚어지고 말았지만, 결국 양측이 모두 공존할 수 있는 타협점이 마련되었다. 즉 세속권력은 율법을 원칙적으로 인정하고 의식이나 사회적 윤리와 관련된 규정에 대해서는 가능하면 충돌을 피하려고 하였으며, 이러한 문제에 관해서 때때로 학자들과 협의를 하거나 그들을 높은 지위에 앉히기도 하였다. 이에 대해서 학자들은 지나치게 권력과 밀착하는 것을 피하였다. 관직을 받아들일 때는 마지못해서 해야 하고, 그것을 거부하는 것이 더 바람직한 일로 여겨졌다. 가장 뛰어난 신학자 중의 한 사람인 알 가잘리는 그 이유를 이렇게 설명하고 있다. 즉 국가의 세금은 억압과 착취에 의해서 거두어지기 때문에 죄악이고, 그러므로 국가로부터 봉급을 받는 지위에 앉는다는 것은 억압과 착취에 동참하며 죄악을 범하는 것을 의미하기 때문이다. 경건한 학자들은 일반적으로 국가란 그들이 피해야 할 더러운 오염물이라고 생각하였다. 따라서 국가에 의해서 임명되는 판관은 학자들로부터 불신의 눈초리를 받았다. 실제로 판관들에 대한 경멸과 그 지식과 성실성에 대한 불신을 풍자하는 속담이 많은 것이나, 반란이 일어날 때 학자들이 이를 지원하는 사례가 있었던 것 등은 그러한 관계를 잘 말해 준다.

국가와 학자들 사이의 이와 같은 특이한 관계로 말미암아서 학자들 자체는 두 개의 집단으로 나누어지는 경향이 있었다. 하나는 엄격함과 경건성을 유지하며 동료나 일반 대중으로부터 진리의 수호자로 여겨지면서 존경을 한몸에 받거나, 아니면 적어도 국가권력과는 일정한 거리를 유지하는 부류이다. 다른 하나는 국가와 권력에 봉사하는 타협적 혹은 현실적 입장을 취하는 사람들로서, 보통 도덕적인 권위는 상실하게 마련이었다. 이처럼 덜 양심적인 학자들이 공직에 나아가고 경건한 학자들이 이를 피하게 되는 체제는 결국 이슬람의 국가나 종교에 모두 해로운 영향을 남기게 되었다. 일반 대중들은 권력으로부터 유리된 사람들에 대해서 공감하였다.

시간이 흐르면서 학자들로부터 서서히, 그리고 눈에 띄지 않는 사이에 하나의 독립적인 집단이 생겨나게 되었고 그 속에 위계와 층위가 생겨났다. 이러한 과정은 비잔틴의 영향을 강하게 받은 오스만 제국 시대에 완결되었고, 학자들은 국가 기관의 한 부분이 되어 버렸다. 그들이 권력에 근접하게 되면서 자연히 대중들로부터는 멀어져 갔고, 다른 부류의 학자들에 비해서 상대적으로 영향력을 상실하게 된 것이다. 국가를 위해서 일하는 학자들은 봉급이나 현금 이외의 다른 형태의 사여를 받았다. 그러나 관직에 나아가지 않은 더 많은 수의 학자들은 전혀 다른 방법으로 생계를 유지하지 않으면 안 되었다. 일부는 수공업과 상업에 종사하게 되면서, 더러는 상인계층에 속하는 것처럼 보였고 외모나 생활윤리도 그들과 닮아 갔다. 그러나 나머지 대다수는 와크프라는 토지 혹은 다른 형태의 재산을 희사받아서 살아갔다. 학자들은 흔히 이러한 희사 재산의 수혜자이자 그 관리자였고, 그 재산은 보통 상당한 규모에 달하여 경제적으로도 중요한 의미를 가지게 되었다.

누가 토지를 소유하였는가

'붓을 쥔 사람들'과 '칼을 쥔 사람들'은 그들이 수행하는 기능에 의해서 구분되었는데, 모두 봉급이나 다양한 형태의 사여를 통해서 생계를 유지하였다. 그러나 국가권력이 과도하게 강력하고 개인의 재산이 매우 불안정한 사회에서 소유권이나 직업과 같은 경제적인 특징에 의한 분류는 상당히 까다롭다. 분명히 농경사회로서의 성격이 두드러진 사회에서 토지의 소유와 사용이 무엇보다도 큰 중요성을 가진다는 것은 두말할 필요도 없다. 실제로 이슬람 고전시대에 지주는 중요한 사회계층을 구성하였다. 그러나 여기에서 '지주'라는 말은 보다 명확한 정의를 필요로 한다. 다른 사회에서 존재했던 독립 자영 소농민이 중동에도 있었던 것은 사실이지만, 매우 드물고 예외적인 현상에 불과하였다. 그러한 형태의 토지 소유는 주로 인공적인 관개에 의존하고 따라서 중앙정부로부터의 감독과 통제에 의존할 수밖에 없는 사회에서는 쉽게 발달할 수 없다. 때문에 대토지 소유가 보다 일반적이었고, 그것은 다시 몇 가지의 유형으로 나누어졌다. 중동의 경제사를 연구하는 사람들은 흔히 '봉건적'(feudal)이라든가 '봉읍'(fief : 封邑)이라는 용어를 사용하는데, 이는 서구역사에서 특정한 의미를 가지는 말이기 때문에 중동의 사회 경제적 현상을 나타내기 위해서 사용할 때 그것은 잘해야 개괄적인 유사성을 보여 주고 잘못하면 오해를 불러일으킬 소지가 있다.

대토지를 소유하거나 점유할 수 있는 방법이 몇 가지가 있는데, 우선 밀크(milk)라는 것을 들 수 있다. 이는 자신이 토지의 소유권을 가지는 것으로 주로 도시에서 나타나는 현상이며, 그 대상은 건물이 붙은 토지, 포도원, 과수원, 채마지 등이었고, 농촌지역에서는 매우 드물게 보였다.

대부분의 농토는 국가로부터 그것을 사여받은 대토지 소유자에 의해서 점유되었다. 그 최초의 형태는 아랍인들이 정복전의 결과 획득된 국가 소유의 토지를 칼리프에 의해서 사여받는 것이었는데, 여기에는 정복 이전에 페르시아나 비잔틴 제국의 소유였던 토지와 개인 소유주가 버리고 도망간 토지 등의 두 가지 종류가 있었다. 아랍인들이 시리아, 팔레스타인, 이집트, 북아프리카를 정복하였을 때 비잔틴 제국의 대지주들이 자기 재산을 버리고 도망갔고, 이것이 이슬람 국가가 소유하는 토지로 바뀌었다. 이외에 개간되지 않거나 사용되지 않고 있던 소위 '죽은 땅'을 사여받는 경우도 있었다.

이처럼 원래 국가의 소유였다가 개인에게 주어진 토지는 사실상 영구적이고 철회할 수 없는 성격의 사여라고 할 수 있다. 한번 주어지면 그것은 평생 유효한 것이고 처분과 상속이 가능하며, 국가에 대해서 봉사나 근무를 해야 한다는 조건이 없는 것이었다. 그러나 그러한 토지를 받은 사람은 생산물의 10분의 1을 국가에 납부해야 하며, 그가 거두어들이는 이익은 직접 경작자로부터 수취하는 것에서 국가에 납부하는 것을 제한 나머지가 되는 셈이다.

이러한 제도는 당분간 계속되다가 정복전의 중단과 함께 점차 쇠퇴해 갔고 다른 형태의 사여, 즉 토지가 아니라 토지에 대한 국가의 징수권을 양도해 주는 방식으로 대체되었다. 국가는 보통 개인의 봉사(특히 군사적인)에 대한 대가로 국고에서 봉급을 주는 대신 징세권을 준 것이다. 원칙적으로 관리들은 현금으로 봉급을 받도록 되어 있었으나, 현금화폐가 점차로 부족하게 되자 그 대신 이와 같은 사여를 받은 것이다. 그리고 사여받은 당사자는 보통 자신이 받은 토지에서 직접 세금을 징수하였는데, 그는 자신의 노력에 대해서 국가가 진 빚을 그것으로 대신 받은 것이기 때문에 별도로 국가에 세금을 내지는 않았다.

이러한 형태의 사여는 기본적으로 봉사에 대한 대가로 주어지는 것이기 때문에 사여받은 사람이 더 이상 봉사를 못하게 되면 징세권은 다시 반환되었고, 따라서 앞의 경우처럼 항구적이거나 회수 불가능한 것이 아니라 잠정적이고 제한적이며 동시에 회수 가능한 것이었다. 동시에 사여는 그것을 받은 당사자에게만 국한되어 처분과 상속이 불가능하였다. 그러나 이러한 권리를 남용하여 더 이상 국가에 봉사하지 않으면서도 징세권을 항구적으로 보유하거나 처분 혹은 상속하는 경우도 많았다. 바로 이런 점에서는 중세 서구의 봉건제도와 유사하다. 그렇지만 장원의 영주가 가지는 권리가 결여되어 있다는 점에서는 차이가 있다. 즉 사여받은 사람은 그 토지에 거주하는 사람들에 대해서 징세권 혹은 징세를 위해서 강제 수단을 동원할 수 있는 권리를 제외하고는 아무런 다른 권한을 가지지 못했다. 또한 서구의 영주처럼 재판권을 행사하거나 다른 사람에게 더 적은 규모의 토지를 다시 나누어주거나, 혹은 자기 가신들로 구성된 사적인 군대를 유지할 수도 없고, 사여받은 영토 안에 살았던 것도 아니었다.

토지 소유의 또다른 형태로 들 수 있는 것은 사여라기보다는 차라리 계약에 더 가까운 것이 있다. 즉 국가가 특정한 지역이나 집단으로부터 거두어야 할 세금을 개인에게 넘겨주는 대신 그로부터 합의된 일정한 액수를 받는 방식이다. 이러한

주전은 우마이야 왕조 때부터 시작되었다. 앞에서 설명한 것처럼 화폐는 처음에 페르시아나 비잔틴 형식에 근거하였고, 따라서 이슬람적 사고방식에는 생소한 인물 묘사가 보이기도 하였다. 그러나 후일 화폐에는 점차 문자들만이 새겨지게 되었고, 그런 것 자체가 독자적인 예술형태를 이루게 된다. 위의 화폐들은 차례로 (1-2) 우마이야 왕조 시대 호라산 지역에서 주조된 은화로 사산 왕조의 양식을 모방한 것, (3) 132/750년 주조된 아바스 시대의 은화, (4-5) 3/9세기에 주조된 은화, (6) 387/997-420/1029년 사이에 주조된 부이 왕조의 금화, (7) 5/11세기에 주조된 파티마 왕조의 금화.

계약을 맺으면 국가는 징세리를 철수시키고 더 이상 그 지역의 세액 산정과 징수에 관심을 두지 않았다. 흔히 부족의 수령, 종교적 공동체의 우두머리 혹은 자본가 등의 중간집단이 계약에 의해서 징세 청부권을 획득하였고, 국가와 그러한 계약을 맺은 당사자는 일년에 일정한 액수를 국고에 넣어야 했다. 그리고 나서 그가 얼마의 세금을 더 거두어들이든 그것은 오로지 그의 관심사였던 것이다.

사여된 토지의 크기는 언제나 점점 커지게 마련이었다. 그 이유는 여러 가지가 있다. 예를 들면 어떤 대규모의 토지를 가지고 강력한 권력을 가지는 소유자가 혼란한 시기에 자신을 돌보기 힘들어진 이웃의 보다 소규모의 토지 소유자에 대해서 보호권을 행사하고, 이 보호권이 점차 실질적인 소유권으로 굳어지는 경우를 들 수 있다. 이러한 일은 소토지 소유자들이 내란이나 외적의 침입 혹은 치안

토지를 경작하는 농민들은 궁극적으로 이슬람 사회의 근간을 이루었다. 그러나 다른 대부분의 발달된 문명에서와 마찬가지로 그들의 역할은 대체로 특별히 주목받지도 부각되지도 못하였다. '사이비 갈레노스'의 『해독제의 책』(Book of Antidotes, 595/1199)의 아랍어본에 실려 있는 이 장면은 곡식을 추수하고 타작하고 키질하는 모습을 보여 준다. 일꾼들의 점심을 들고 오는 모습이 왼쪽 윗편에 그려져 있다. 이슬람권의 농경은 중세 유럽에 비해서 대체로 더 집약적이었는데, 그것은 경작이 가능한 토지가 비교적 적었고 물도 더 귀했기 때문이다. 관개기술이나 각종 농작물에 관해서 무슬림 농민들은 기독교권의 농민들보다 더 많은 지식을 가지고 있었다. 그들은 또한 겨울을 넘기거나 원거리 수송도 가능한 건과 — 살구, 피망, 무화과, 포도 등 — 를 만드는 데에도 전문가였다.

질서 붕괴와 같은 상황에서 자위의 능력을 가지지 못하게 되자, 자발적인 결정을 통해서 자신이 가지고 있던 토지에 대한 권리를 양도해 주고 그 대신 일정한 수입을 보장받으려고 할 때 흔히 일어나는 현상이었다. 가끔 반란이나 침입에 의해서 정권이 교체되면 과거의 지주들은 쫓겨나고 새로운 지주들이 등장하여 기존의 토지 구분이나 징세단위들이 유지되기도 하고, 또는 아예 국가에서 모두 몰수하여 전혀 다른 방식으로 재분배하는 경우도 많았다.

'봉건제'라는 말처럼, '신사층'이나 '귀족층'이라는 말들도 고대 무슬림 사회에 적용하게 되면 매우 모호한 의미를 띤다. 그렇지만 어떠한 형태의 토지 소유이건 —— 개인적 소유, 임대, 사여 등 —— 부자간의 상속을 통해서 세습적인 지주계급이 형성되었음을 알 수 있다. 물론 국가는 이러한 경향을 억제하거나 가능하다면 역전시킴으로써 모든 권력과 재산과 권위가 오로지 국가로부터 출발하도록 노력하였다. 따라서 상속된 재산에 의거하는 지주들이나 대중적인 지지와 공인에 의거하는 학자들 혹은 지방의 유력자들과 같이 국가에 의존하지 않는 요소들을 파괴하거나 뿌리 뽑으려고 거듭거듭 시도하였다. 이러한 세습집단은 중앙권력이 약해질 때 형성되거나 뿌리를 내리고, 중앙권력이 강해지면 특히 새로운 정복이 있은 뒤에는 파괴되거나 대체되곤 하였다. 이러한 투쟁은 이슬람의 역사를 통하여 줄곧 나타나는 현상이었다. 그러나 근대적 기술, 무엇보다도 근대적 통신과 무기의 도입은 전제적 국가에 결정적으로 유리하게 작용하였고, 그 결과 이제까지 국가의 전제적 권력을 제한해 오던 중간집단의 세력은 소멸할 수밖에 없었다.

하사에 속하는 다른 그룹으로는 상인과 수공업자를 들 수 있는데, 이들 중 상층은 도시에서 일종의 장로집단과 같은 역할을 하였다. 이외에 특수한 직종으로서 의사, 점성술사, 교사, 건축기사, 농경 연구가 등이 있었다. 이들은 대부분 국가에 의해서 봉급을 받거나 보호를 받으면서 활동하였으며, 무슬림 사회에서 일정한 역할을 하였다.

암마라고 일컬어졌던 평민들에 대해서 우리가 아는 것은 거의 없다. 그 대부분은 물론 농민이었고, 우리가 유일하게 의존하다시피 하는 기록들은 중세 이슬람의 역사에 관해서 침묵하고 있다. 가끔 농민 출신이 사회적인 신분 상승을 이룩하여 상인, 학자, 지주, 장관 혹은 군인이 되는 예도 있었지만, 그럴 경우 그

대상숙소(카라반사리)는 사막이나 도회지를 경유하는 장거리 여행의 중간중간에 꼭 필요한 유숙지였으며, 시장과 가까운 곳에 위치하였다. 그중 일부는 아직도 그런 전통적인 기능을 수행하고 있다. 11/17세기 이래 설립된 다마스쿠스 소재 아사드 파샤(As'ad Pasha) 대상 숙소. 1900년 이전에 촬영된 사진.

들은 농민의 입장을 더 이상 반영하지 않게 되었다. 심지어 오늘날 민중적인 이념으로 무장하고 근대적인 통신수단을 동원하여 그러한 의문을 풀어 보려고 해도, 중동의 시골 농부들이 현재 과연 어떤 생각들을 하고 있는지 안다는 것은 매우 어려운 일이다.

이에 비해서 노예들에 대해서는 조금 더 잘 알고 있는 편이다. 그들 중 일부는 하사와의 접촉을 통해서 무명의 민중 속에서 자기 얼굴을 드러내는 경우가 있기 때문이다. 그 예가 노예군인 가운데 역사적으로 알려진 인물, 하렘의 여자노예 가운데 군주의 총애를 받고 은밀히 영향력을 발휘한 인물, 권세가의 집에서 일 하던 가내노예 가운데 우연히 문헌기록에 남는 인물 등이다.

도시나 농촌에 살던 수공업자에 대해서도 비교적 많이 알고 있다고 할 수 있다. 그들이 구성한 동업조직 안에서 쓰여진 참고서나 교본 등에서 혹은 그들 중

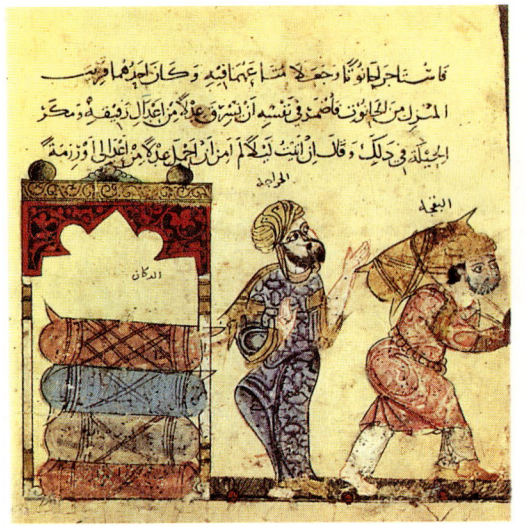

'업을 가진 사람들'(men of affairs) 가운데에는 도시생활에서 빠질 수 없는 중요한 역할을 수행하며 이슬람 사회에 안정을 가져다 주는 요소가 되는 사업가들이라든가, 수많은 대중적 이야기 속에 등장하는 상인들이 포함되어 있었다. 알 하리리의 『마카마트』에는 일련의 독특한 초기 삽화들이 실려 있다. 식량은 원거리에서 운송되어 오는 경우도 많았고 때로는 기독교권 유럽으로 수출되기도 하였다. 시칠리아, 트라키아, 이집트 등지는 로마 시대 이래로 줄곧 지중해 세계의 중요한 곡창지대였다.

(아래) 무하마드 시대의 아라비아에는 화폐라는 것이 거의 존재하지 않았다. 다른 경우에도 그러하였듯이 아랍인은 자신들보다 더 세련된 피지배민으로부터 화폐를 도입하였다. 오른쪽에 있는 디르함(dirham) 은화는 그 원형이 비잔틴에서 왔고, 71/690년 이전에 만들어진 왼쪽의 시리아제 디나르(dinar) 금화는 사산 왕조 화폐를 그대로 모방하면서 아랍 문자만 추가한 것이다. '디르함'이라는 말은 그리스어의 드라크마(drachma)에서, '디나르'라는 말은 라틴어의 데나리우스(denarius)에서 기원하였다.

이슬람권 국가들에서 소매영업은 천년의 전통을 지금도 유지하고 있다. 수크(sūq)는 햇볕을 차단하기 위해서 천정이 덮여 있는 넓은 시장으로, 상품의 종류에 따라서 무리를 이루는 상점들로 들어차 있다. 전체 건물은 서로 경쟁하는 다수의 영업부를 가지고 있는 거대한 백화점과도 같고, 민간단체나 공동체의 감독 아래 상행위를 한다. 여기에 보이는 알레포의 시장에 있는 직물 판매구와 같은 장면은 아마 중세 이래 기본적으로 변화하지 않았던 것 같다.

(위) 평민들의 생활은 제3장에서 상세하게 묘사되어 있다. 여기에 실린 세밀화들은 10/16세기 초의 페르시아어 사전에 실린 것들이다. 기술적인 작업과정은 정확하게 묘사되어 있으나, 배경을 이루고 있는 전원적 모습은 물론 인위적이다. 물소를 이용하여 밭을 가는 장면. 농부는 오른손에 몰이막대를 들고 있다.
(가운데) 곡식을 빻는 장면.
(아래) 망치와 끌로 맷돌을 다듬는 장면.

네 장의 세밀화는 면화를 처리하는 장면을 나타내고 있다. (1)면화를 체질 하여 걸러내고, (2)가닥을 고르고, 빗질하고, (4)실을 잣는다. 한 손으로는 손잡이를 돌리고 다른 손으로는 실패를 잡고 있다.

...책. 이와 유사한 항아리들은 아직도 무슬림 도시에서 ...되고 있다.

금실의 제조. 물레에서 집게로 실을 뽑아내고 있다.

상당수가 종교적 사회적인 필요성에서 공감을 느꼈던 신비주의의 글들에서, 무엇보다도 그들의 손으로 만들어져서 남겨진 작품들을 통해서 우리는 그들의 세계를 어렴풋이 느낄 수 있는 것이다.

뛰어난 이슬람 연구자인 S. D. 구아탱은 일찍이 이슬람을 '중간문명'(intermediate civilization)이라고 하였는데, 이는 매우 정확한 표현이다. 시간적인 맥락에서 이슬람의 황금기는 중동과 헬레니즘 세계에서 출현한 고대문명들과 근대 여명기의 중간에 위치하여 과도기를 이루고 있다. 공간적으로 이슬람은 지중해 세계에서 멀리 아시아, 아프리카의 문화에까지 영향을 미쳤는데, 한쪽으로는 공동의 유산과 성취라는 끈에 의해서, 다른 쪽으로는 군인, 상인, 예술가, 장인, 학자, 성자들의 활동에 의해서 연결되어 있었다. 이처럼 여러 다양한 전통으로부터 젖줄을 받고, 많은 민족들에게 활력을 불어넣고 또 그들로부터 받으면서, 이슬람은 그들 모두에게 독특한 낙인을 찍어 주었을 뿐 아니라 인류의 과학과 예술에 대해서 참으로 독창적이고 의미 있는 기여를 한 것이다.

2. 예술과 건축

4/10세기 이라크의 접시에 그려져 있는 깃발을 든 기사. 이슬람의 형상예술에서는 대상물이 양식화되어 단순한 실루엣으로 처리되는 경우도 많았다.

이슬람 예술에 관한 설명은 "이슬람 예술, 즉 이슬람 문명의 총체적 특징으로서의 예술이라는 것이 과연 존재하는가"라는 질문에서부터 출발하지 않으면 안된다. 이슬람 예술의 특징을 하나의 '전체'로서 어떤 납득할 만한 설명을 제시한다는 것 자체가 아마 불가능할는지도 모르겠다. 그것이 어려운 이유는 여러 가지이다. 우선 이슬람의 예술전통은 양식상의 다양성을 내포하면서 엄청나게 긴 시기, 즉 고대 말기인 1/7세기에서 민족 이동기를 거쳐서, 12/18세기 말에서 13/19세기 초에 걸쳐 서구적 개념의 도전을 받을 때까지 발전해 왔다. 지역적으로도 서쪽에서는 스페인과 모로코에서부터 동쪽에는 중앙 아시아와 인도에 이르기까지 확산되어 있었다. 그 안에는 매우 개성적인 특징을 가지는 여러 문화적 중심지들이 포함되었는데, 3/9세기와 4/10세기 칼리프 체제가 동요하여 여러 독립적인 정권들로 분열되면서 그 특징들이 더욱 현저해졌고, 서로 다른 예술적 지향을 가지는 군주들의 지배하에 들어가면서 날카로운 대립을 보이기도 하였다. 656/1258년 칼리프 체제가 최종적으로 붕괴되자 이러한 경향은 더욱 심해졌다. 이처럼 광범위한 이슬람권 안에는 아랍인, 이란인, 베르베르인, 투르크인, 인도인 등 다섯 가지의 큰 종족집단들이 살고 있었고, 이들은 다시 작은 단위로 세분되었다. 예를 들면 북부 인도, 카슈미르, 벵골, 데칸 고원에 사는 무슬림들은 서로 현격한 구별을 보였다. 더구나 처음부터 이슬람권에는 동방 기독교도나 유대교도와 같은 비무슬림들도 다수 포함되었다.

이슬람의 예술은 사회적 계층의 차이에 따라서 구별될 수도 있다. 사치품을 선호하는 궁정, 교육을 받고 동시에 교역이나 수공업에 관심을 가지고 있는 도시 중산층, 사방에 널려진 유목부족들, 뿐만 아니라 비록 제한된 상황이기는 하지만 집기둥의 조각이나 소박한 카펫과 장식이 된 그릇 등을 소유하며 나름대로의 미적 감각을 보였던 서민들, 또한 예술품이나 사치품에 대해서 서로 판이한 태도를 가지고 있던 여러 종교집단, 신비주의 교단, 율법학파 등도 있었다. 예술적 표현의 다양성은 이슬람 세계 전체를 포괄하는 예술가나 직인들을 위한 공통의 규정 같은 것이 없었기 때문에 더욱 심화될 수밖에 없었다. 고도의 문자전통을 가지는 무슬림 사회였지만 예술적 창조과정에 대한 개념화도 전혀 이루어지지 않았다. 이와 같은 결함은 물품의 제작에서, 단순한 효용성을 넘어서 예술적인 형태로 승화시키려는 것에 대한 무관심과 냉담에 의해서 더욱 심화되었다. 예술작품들이 지역적 혹은 국제적 교역에서 긴요한 품목을 이루기 때문에 민간인들 사이에서 중시되었던 것은 사실이나, 역시 행정, 군사, 종교, 율법, 문학 등의 분야에 대한 관심에 비해서는 훨씬 미치지 못하였다.

따라서 이슬람 예술은 전체적인 유사성을 거의 찾아볼 수 없는 요소들이 느슨하게 결합되어 이루어진 문명을 그 기본 조건으로 하고 있는 것이다. 이슬람권의 여러 지역에서 만들어진 건축물이나 예술작품들을 간단히 훑어 보면 이 점을 확인할 수 있다. 예를 들면 미나레트의 장식만 보아도 그것이 언제 어디서 만들어졌는지 알 수 있을 정도이고, 도자기는 나라간의 차이는 말할 것도 없지만 심지어 도시와 도시 사이에도 차이를 보이고 있다. 이러한 지역적 시기적인 차이는 서체(書體)에서도 드러나고, 그것은 저 유명한 '쿠파체'(Kufic script)나 다른 '흘림체'(cursive script)에서도 마찬가지였다.

이슬람 문명권 안에서 발견되는 민족적인 복합성과 교파적인 다양성은 예술에 대해서도 영향을 미쳤다. 이 점은 3/9세기 후반 이흐완 앗 사파(Īkhwān as-Safā')라고 불리는 철학파들에 의해서 쓰여진 다음 구절을 통해서 확연하게 드러난다. "이념이나 도덕의 면에서 완벽한 사람은 동부 페르시아인의 핏줄을 잇고, 아랍인의 종교를 가지며, 이라크의 교육을 받고, 히브리인과 같은 기민성, 예수의 제자들 같은 행동, 그리스의 승려와 같은 경건함을 지녀야 하며, 과학에서는 그리스인, 신비주의에 대한 해석에서는 인도인과 같이 되어야 하고, 마지막으로 특히 영적인 생활에서는 '수피'(ṣūfī)와 같아야 한다." 그러나 물론 이러한 분리적인 경향을 억제하고 보편적이고 통일적인 성격을 지니는 예술을 가능케 하려는 힘들도 존재하였다.

보편적인 측면

건축에서 그러한 통합의 힘이 어떻게 작용하였는지를 보여 주는 아주 좋은 예가 '에이반'(eyvan : 아랍어의 리완(liwan))이라고 할 수 있다. 이것은 보통 건물의 중앙에 높은 아치형의 천장을 가지는 큰 방(그 정면은 연접한 정원을 향해서 열려 있다)으로 이루어져 있다. 이러한 건축양식은 파르티아 서부와 사산 왕조에서 유래된 것으로 중세, 특히 중세 후기에는 이란 지역에서 발달하였고, 그로부터 시리아, 아나톨리아, 이집트, 모로코 등지로 퍼져서 13/19세기까지 계속되었다. 또다른 예로 들 수 있는 것이 8/14세기와 9/15세기의 공동묘지에서 나타난 양식인데, 이는 참외 같은 모양을 한 돔으로 덮인 네모난 상자 모양 구조물들의 집합으로서, 멀리 사마르칸트에서 카이로에 이르기까지 분포되어 있다. 만약 장인들의 예술품으로 눈을 돌려 보면 무엇보다도 무슬림 세계 전역에서 엄청난 양으로 생산된 카펫을 주목하게 되는데, 터키와 중앙 아시아 사이의 지역에서 특히 많이 만들어졌고 기타 이집트, 북아프리카, 발칸 반도 등지에서도 생산되었다. 카펫 제조의 전통이 얼마나 강력했는지는 스페인과 발칸 지역이 기독교도들에 의해서 재정복된 뒤에도 계속되고 있음에서 확인할 수 있다. 또다른 예로, 정원이나 분수에 장식을 하기 위해서 역(逆) V자 형의 갈매기 문양으로 조각된 대리석으로 만들어진 샤디르반(shādirvān : 인도의 차다르(chadar))이라고 불리는 가림벽을 들 수 있다. 이것 역시 오랜 전통을 가지고 있고 지역적 분포도 광범위하다. 가장 이른 것이 5/11세기에 건축된 알제리의 한 궁전에서 발견되었지만, 그 기원은 그보다 훨씬 전으로 거슬러 올라가서 스페인이나 모로코에서 시작된 것으로 보인다. 그리고 6/12세기경 시칠리아에 있던 아랍인의 한 별장에서도 발견되며, 그뒤 11/17세기 인도의

투르크석 채색 타일로 장식된 중앙 아시아의 잠에 위치한 미나레트. 6/12세기에 건설. 미나레트 전체는 『코란』에 있는 구절들로 덮여 있으며, 쿠파체 글자들은 4-5세기 이전과는 변형된 모습을 보여 준다. 투르크석 색깔은 이슬람권에서 채색 타일을 만들 때 일차적으로 또 가장 널리 사용된 색이었다.

무굴 제국에서 정원 조경의 중요한 양식을 이루고, 끝으로 13/19세기 이란의 정원에서도 나타났다.

이와 같은 동질성은 우선 세속적 측면과 종교적 측면의 구분이 존재하지 않았던 데에서 유래한다. 즉 에이반 양식으로 꾸며진 건물은 중앙의 마당을 중심으로 사각형으로 건축되었는데, 모스크와 신학교는 물론이지만 동시에 궁정과 대상관(隊商館)과 병원 등이 모두 같은 양식으로 만들어졌다. 마찬가지로 촛대가 발견되면 그것이 어느 성자의 묘지에서 쓰던 것인지 아니면 군주의 궁전에서 사용되던 것인지 전혀 구별할 수 없고, 카펫도 모스크에서 기도할 때 쓰던 것인지 그저 평범한 목적으로 쓰던 것인지 알 수 없는 것이다.

동질성이 나타나게 된 또다른 원인은 어떤 특정한 기술과 양식이 하나의 소재에서 다른 소재로 쉽게 전이되어 적용되었던 데에서 찾을 수 있다. 예를 들면 비스듬한 사선들로 꾸며진 추상적인 입체문양은 최초에 3/9세기경 이라크에서 돌이나 스투코 혹은 나무를 조각할 때 사용되었고, 곧 이집트, 이란, 중앙 아시아로 전파되었다. 그러나 이란에서는 그와 같은 양식이 은 세공에서 요철을 드러낼 때나 석고를 이용해서 주물을 만들 때 혹은 토기 표면에 평면적으로 문양을 그려 넣을 때 사용되기도 하였다. 뿐만 아니라 이러한 문양은 원래 추상적인 형태를 표현할 때 가장 적합하였지만, 거기에만 국한되지 않고 동물을 표현할 때도 사용되었다. 마찬가지로 별 무늬나 십자 무늬 혹은 육각형 무늬 등은 원래 기둥의 아래 부분에 있는 사각 받침대를 장식할 때 쓰기 위해서 개발된 것이었으나, 토기나 금속제 그릇의 표면처럼 둥그렇게 튀어나와 그 무늬를 사용해도 효과가 떨어지는 경우에도 그대로 사용하였다. 또한 책을 장식할 때 쓰는 문양들도 토기, 타일, 유리, 붓통, 장농 등에 그대로 사용되었고, 심지어 카펫과 옷감에서도 쓰였다.

　예술작품에 기본적으로 창작자의 이름을 밝히지 않는 관습도 그러한 동질성을 강화하는 요인으로 작용하였다. 물론 유명한 예술가들의 경우 자신의 서명을 넣기도 하였지만 그것은 매우 드물었고, 대체로 예술품의 생산은 익명적인 특징을 띠고 있었다. 예술품이 가지는 뛰어난 질적인 수준은 공동체 내의 비무슬림들의 이질적인 특징까지도 그 속에 흡수하였기 때문에, 종교적 혹은 종족적 소수집단의 예술작품은 이슬람 예술의 기본 골격을 변화시키지 않으면서 일정한 기여를 할 수 있었다. 예를 들면 2/8세기 초 예리코 근처의 히르 바트 알 마프자르라는 곳에서 발견된 궁전에서 히브리 문자가 기록된 대리석판이 발견되었지만, 궁전의 구조나 풍부한 장식은 유별나게 유대교적인 특징을 보이지 않았다. 또한 아르메니아 문자가 새겨진 10/16세기와 11/17세기의 그릇들이 발견되었는데, 거기에서도 하등의 아르메니아적인 특징을 찾아볼 수 없다. 기타 히브리나 아르메니아 문자가 새겨진 카펫들(아나톨리아와 카프카스에서 발견되었다)도 마찬가지였다.

　반면 이들 무슬림이 아닌 종교공동체의 예술품에서 이슬람권의 환경의 영향을 받고 있음을 공통적으로 발견할 수 있다. 890년경 티베리아스에서 쓰여진, 선지자들에 관한 이야기를 담은 책의 장식은 당시 『코란』의 겉표지를 꾸미는 방식과 상당한 유사성을 보이고 있다. 또한 푸스타트 근처에 있는 콥트인들의 사원 데이르 알 바나트에서 발견된 나뭇조각이나 카이로에 있는 벤 에즈라 유대교 사원의 나무로 된 문 등은 현재 그 도시에 남아 있는 파티마 왕조 시대의 궁전에서 우리가 찾아볼 수 있는 양식과 거의 동일하다. 이들 '경전을 가진 민족들'은 단지 종교적인 의례와 관련된 것, 특히 경전을 장식하는 종교적 회화 같은 데에서는 자신들의 전통을 고집하였지만 거기에서도 주변의 무슬림 문화가 주는 영향의 흔적을 찾아볼 수 있다.

수많은 건축물과 예술작품들의 바로 이와 같은 유사성으로 말미암아, 만약 특정한 지표가 함께 발견되지 않는다면 그것이 만들어진 시기나 장소를 도저히 파악할 수 없게 된다. 동북부 이란의 투스에 있는 거대한 성묘의 건축연대에 대해서 5/11세기에서 8/14세기에 걸쳐 다양한 견해가 제기되는 것도 이 때문이다(보통 위대한 신학자 알 가잘리의 무덤으로 추정된다). 설사 서체와 그림 장식을 통해서 도움을 받을 수 있다고 하더라도, 3/9세기와 4/10세기경에 만들어진 것으로 보이는 『코란』 필사본들의 경우처럼, 그 이상의 정확한 연대나 제작된 특정 지역을 확인할 수 없게 된다. 수정 조각품의 경우도 좋은 예이다. 알 비루니의 기록에 의하면 수정을 조각하는 기술은 4/10세기와 5/11세기 이집트와 이라크에서 유행하였다고 하는데, 학자들은 현재 어느 것이 이라크에서 제작된 것인지 전혀 분간하지 못하고 있다. 마지막으로 카펫을 예로 들 수 있다. 최근까지만 해도 10/16세기에 이란에서 만들어진 것으로 여겨져 온 카펫들이 있었는데, 지금은 13/19세기 터키에서 만들어진 것으로 생각하고 있다. 이처럼 새로운 연대를 확인하게 된 것도 그 양식상의 특징이 아니라 기술적인 측면들을 고려하였기 때문이었다.

그렇다면 무슬림 세계 전체를 통해서 유지되는 이러한 내적인 일관성을 낳도록 한 그 힘은 무엇인가.

통합의 힘

아마 세 가지의 상호 관련된 중요한 조건들을 생각할 수 있을 것이다. 하나는 물론 문명 전체의 근간이 되고 있는 이슬람의 규정성이다. 이슬람이라는 종교가 예술에 미친 영향은, 공식적으로 그것을 표방하고 강조하였기 때문이라기보다는 보편적으로 인정되는 공통의 생활방식과 태도가 형성되었기 때문에 이루어졌다고 보아야 할 것이다. 움마(umma), 즉 무슬림 공동체에 속한다는 강한 의식과, 의례와 믿음을 공유함으로써 생겨나는 공통의 지향이라는 것이 존재하였다. 여기에는 『코란』에 담긴 계시의 내용에 대한 굳건한 믿음, 무슬림으로서 져야 할 기본 의무의 수용, 우주 전체에 대한 공통된 인식 등이 포함되어 있다. 이것은 다시 종교적인 건축물에 반영되었고, 신의 계시의 매개물인 아랍어와 아랍 문자의 압도적 사용, 회화의 범주와 특징, 장식물의 표현 등에 나타났던 것이다. 무슬림은 적어도 이념적으로는 종교와 정부가 하나로 통합된 체제에 속해 있었고, 이러한 사실은 신앙과 현실의 전반적인 조화를 유도하였다. 종교적으로 이는 이즈마(ijmā')의 원칙, 즉 신학적으로 합의된 것을 받아들이려는 태도에서 기인하였다. 또한 '백성은 왕의 종교를 따른다'는 원칙에 의해서도 그러한 동일성은 더욱 강조되었다.

   통합성을 이루게 한 두번째 조건은 아라비아를 제외한 이슬람권의 핵심부가 수세기 동안 하나의 거대한 정치 문화적인 단위, 즉 로마 제국 혹은 보다 광범위하게 지중해 세계 속의 한 부분을 이루어 왔었다는 사실이다. 이란이나 인도 혹은 남부 아라비아처럼 외곽에 위치한 지역도 최소한 그 영향을 받고 있었다. 이러한 공통의 유산이 예술에 끼친 영향이란 비록 제한적이고 간접적인 형태이기는 하였지만, 적어도 동일한 심리적 분위기를 만들었고 예술에서 보편화의 경향을 촉진시키는 데 도움을 주는 태도를 가지게 하였던 것이다.

   마지막으로 들 수 있는 조건은 무슬림 사회가 가지던 매우 높은 사회적 이동성이었다. 현재도 이슬람권 대부분의 지역에 잔존하고 있는 유목부족들에 대해서는 두말할 필요도 없지만, 그외에도 크고 작은 집단과 개인들의 이동하며 원래 출신 지역에서 멀리 떨어진 곳에서 창조적 활동을 하였던 사실에 주목할 필요가 있다. 집단적인 이주의 사례 가운데 가장 충격적인 것은 아마 5/11세기 셀주크족의 이동일 텐데, 이로 말미암아 이란과 '실월의 옥토' 지역이 영향을 받은 것은 물론이지만, 그들은 아나톨리아 고원으로도 진출하여 이슬람 예술을 확산시키고 후일 오스만 제국 형성의 기초를 닦았다. 또다른 이동의 예로는 알모라비데

(Almorávide) 왕조와 알모아데(Almohade) 왕조[1]가 베르베르족을 이끌고 스페인으로 들어간 것, 혹은 몽골족이 시리아와 팔레스타인 동쪽의 서남 아시아 전역에 걸쳐서 이주한 것 등을 들 수 있다.

이러한 집단이주 외에도 여러 지역에서 이민족 출신의 군주가 지배하였다는 점도 중요하다. 2/8세기에서 4/10세기까지 마그리브는 우마이야(Umayya) 왕조, 이드리스(Idrīs) 왕조, 루스탐(Rustam) 왕조, 아글라브(Aghlab) 왕조, 툴룬(Tūlūn) 왕조, 이흐시드(Ikhshīd), 파티마(Fātima) 왕조 등 수많은 외래 왕조들에 의해서 지배를 받았고, 이란에서 그러한 상황은 더욱 심하여 3/9세기에서 4/10세기에 걸쳐서 이란계 사만(Saman) 왕조의 지배를 받던 시기가 오히려 '이란인의 간주곡'(Iranian intermezzo)이라고 불릴 정도이다. 이집트와 인도도 마찬가지였다. 사실 왕과 술탄이 평민들과 전혀 다른 언어를 사용하는 것도 흔히 있는 일이었고, 설사 평민들의 언어를 안다고 하여도 자신들의 언어를 더 선호하였다. 그럼에도 불구하고 그들의 궁정에서는 높은 수준의 예술이 꽃피었고, 거기에 토착민의 전통적인 것과 외래 양식 사이의 상호 작용이 적지 않은 기여를 한 것이다.

중산층 역시 지리적으로 매우 유동적이었다. 게니자(Geniza) 문서에 의하면 이집트와 북아프리카에는 391/1000년 직전 이란, 이라크, 시리아 등지로부터 상당수의 상인들이 유입되었으나, 그후 정치 경제적 압력으로 인해서 정반대로 동쪽으로의 이동이 시작되었음을 알 수 있다. 이러한 도시 중산층의 이동이 가져다 준 예술상의 영향은 이집트에서 발견되는 이란식의 가옥이나 푸스타트에서 출토되는 4/10세기경의 이라크(혹은 이란) 양식의 토기들에서 찾아볼 수 있다. 동서간의 이러한 이동이 남긴 또다른 미술적인 증거로, 248/862년 건축된 카이라완의 대모스크의 화려한 타일들이 분명히 바그다드에서 수입된 것으로 보인다는 사실, 카이로에 있는 이븐 툴룬 모스크의 건축기법이나 장식이 확연히 이라크 양식이라는 점 등을 들 수 있다.

건축가나 장인들의 이동은 그 동기가 경제적으로 보다 좋은 조건을 찾기 위해서

---
[1] 스페인 역사에서는 알모라비드 왕조라고 부르는데, 아랍 원어대로 표기하면 알무라비트(al-Murābit)이다. murābit 혹은 murābitūn은 'rabāt(변경의 거점)를 근거로 활동하는 전사'를 의미한다. 알모아데도 알무와히드(al-Muwahhid)라는 아랍어를 스페인 식으로 옮긴 것인데, muwahhid는 'tawhīd(神의 唯一性)를 신봉하는 사람'을 의미한다.

이든 혹은 예술적 취미를 가지는 군주의 초대에 의한 것이든, 결국은 예술적인 관념들을 확산시키는 데 기여하였다. 건물에 새겨진 글자들, 금속제품이나 토기 혹은 타일 등에 보이는 명문(銘文), 책의 표지장식 등에서 모두 상호 교류 증거를 찾아볼 수 있다. 수많은 예들이 있지만 카이로에 있는 세 개의 건축물을 지적하는 것만으로도 충분할 것이다. 즉 267/861년 중앙 아시아의 페르가나 출신의 한 수학자이자 천문학자가 고안한 나일 강의 수위 측정계, 유프라테스 상류에 위치한 우르파(에데사) 출신의 전문가에 의해서 480/1087년에 만들어진 성문, 그리고 730/1329년 이란의 타브리즈 출신 건축가가 세운 아미르 쿠순 모스크에 있는 두 개의 미나레트가 그것이다. 경우에 따라서 어떤 기술의 이전은 결과에 의해서만 추정할 수 있는데, 스페인에서 비단산업이 크게 번성한 것은 아마 동방(특히 시리아)에서 이주해 온 직인들의 영향 때문인 것으로 보인다. 그러나 당대의 작가들에 의해서 그러한 이동이 기록되는 경우도 있는데, 일례로 8/14세기에 이븐 할둔은 "나라의 강역이 넓고 여러 지방과 백성들을 포괄하게 되면, 온 사방에서 장인들을 초청하여 불러 모으고, 그 결과 사회조직과 작업기술도 매우 높아지게 된다"고 하였다.

자발적인 의사에 의한 것이 아닌 장인들의 이주, 즉 망명이나 징발 등의 방식을 통한 이주 역시 관념의 전파를 가져왔다. 강제 노동은 이미 우마이야 왕조 시기부터 존재하였다. 88-90/707-709년 칼리프 알 왈리드의 명령에 의해서 시리아, 이집트 등지에서 그리스나 콥트족 계통의 장인들이 징발되어 메디나의 모스크를 보수하도록 동원되었고, 87-96/706-714년 사이에는 다마스쿠스에 모스크를 건축하기 위해서 이집트의 기술자들을 강제적으로 징발하였다. 아바스 왕조는 기록적으로 빠른 시간 안에 사마라에 새로운 수도를 건설하였는데 이때도 마찬가지였다. 아마 장인들을 징발한 가장 좋은 예는 티무르였을 것이다. 스페인의 사신 클라비호의 기록에 의하면 티무르는 시리아나 소아시아에서 옷감을 짜는 사람들, 활을 만드는 사람들, 갑옷을 제작하는 사람들, 유리와 도자기를 굽는 사람들, 총포 제작자, 은 세공인, 목수 등 여러 종류의 기술자들을 데려와서 자신의 수도 사마르칸트에서 일을 시켰다고 한다.

경우에 따라서는 장인이 아니라 예술적인 재주를 가지고 있는 군주들이 망명을 갔다가 우연히 새로운 기술을 전파시키기도 하였다. 예를 들면 2/8세기 중반 시리아 미술에 심취하였던 우마이야 왕조의 아브드 알 라흐만이 스페인으로 도망갔는데, 그 결과 무어인들의 건축에 시리아 양식이 깊은 영향을 남기게 되었다. 그 대표적인 건축물이 코르도바에 있는 대모스크인데, 말발굽 형의 아치, 붉은색과 흰색 돌의 배합, 평행을 이루는 박공으로 된 지붕 등에서 그 영향을 발견할 수 있다. 또한 1540년대 무굴 제국의 군주 후마윤이 이란으로 망명해 있는 동안 페르시아 세밀화에 심취하였는데, 이것이 후일 인도 무슬림들의 회화에 이란적 요소가 들어가게 된 중요한 계기가 되었다.

이상에서 여러 경우들을 예시하였는데, 무엇보다도 가장 광범위한 예술적인 상호 작용을 초래한 것은 아마 상업적 교류였을 것이다. 구아탱의 게니자 문서 연구는 바로 이 점을 잘 보여 주고 있다. 예를 들면 카이로에 살던 한 상인은 해로나 육로를 통해서 쉽게 서쪽으로는 북아프리카, 시칠리아, 스페인으로 여행하였고 동쪽으로는 시리아, 팔레스타인, 아덴, 인도 등지로 여행할 수 있었다. 국경도 하등의 장애가 되지 않았고, 선박의 좌초나 해적의 위험도 상인들의 이동을 막지는 못하였다.

이외에도 이동을 촉진시킨 네 가지의 요건들을 더 열거할 수 있다. 첫째, 바자(시장)에서 상품의 생산과 판매를 엄격히 구분하지 않았다. 둘째, 상품을 외국으로 가져가서 판 다음 현금을 가지고 돌아오는 것이 아니라 다른 물품을 가지고 와서 다시 파는 것이 교역의 관행이었다. 셋째, 상인들은 지역적으로 광범위한 연락망을 통해서 정치적으로도 커다란 영향력을 행사하였고, 실제로 때로는 대상인이 재상보다 더 큰 세력을 가지기도 하였다. 넷째, 모든 무슬림이 적어도 일생에 한 번은 성지순례를 해야 한다는 규정이 있었다.

값이 비싸고 최신 유행인 물품을 지방에서 모방하여 만드는 것도 외래양식과 토착양식을 혼합시키는 데 도움을 주었다. 특히 직물의 경우는 원거리일지라도 쉽게 수송이 가능하고 고객의 구미에 따라서 간단히 변형될 수 있었기 때문에 더욱 그러하였다. 튀니지의 카이라완에서 온 사람들이 이란에서 만들어진 옷을 입고, 이라크산 비단이 알렉산드리아에서 매매되었으며, 시칠리아에서 이집트로 수출하는 물건 가운데는 서남부 이란의 한 도시 투스타리에서 만들어진 겉옷이 포함되어 있었다. 시칠리아 양식으로 된 루미(Rūmī) 손수건은 나일 강 하류의 티니스에서도 제조되었다. 수출과 각지의 모방 생산은 결국 물품의 가격을 인하시키고 그 사용범위를 넓혔다. 그 한 예가 이란 북부 타바리스탄이라는 곳에서 만들어지는 특수한 옷인데, 8세기 후반에는 칼리프나 겨우 입을 수 있을 정도로 희귀한 것이었다. 그러나 391/1000년경이 되면 그 명성이 매우 높아져서 이를 구하려는 상인들이 이라크, 시리아, 호라산, 인도와 중앙 아시아 변경지역에서 타바리스탄의 중심도시인 아물로 모여들었다. 이집트로도 이것이 대량으로 수입되어 4/10세기에는 카이로의 부자들이 딸을 시집 보낼 때 혼수품목 속에 포함시킬 정도였고, 결국 이 타바리(Tabarī) 옷은 각 지방에서 모조 생산되기에 이르렀다.

국제교역의 대상이 되는 다른 종류의 품목들도 많았다. 특히 인도와 중동을 잇는 교역망은 아주 광범위하였고 또 수익성이 높았다. 게니자 문서들에 의하면 인도는 청동과 놋쇠로 만든 그릇, 비단, 면직물과 가죽제품을 수출하였고, 직물, 의류, 은기와 장식품, 유리, 카펫 등을 수입하였던 것으로 보인다. 고고학적인 발굴도 비록 제한적이기는 하지만 그러한 기록을 뒷받침하고 있다. 이집트에서의 발굴 결과 많은 수의 인도산 면직물 조각이 나왔고, 7/13세기 전반 이라크에서 만들어진 그림은 당시 인도에서 특유하게 보이는 모티프 —— 이를테면 튀어나온 눈 —— 를 나타내고 있다. 물품의 유통은 이슬람권의 가장 서부지역에까지 미쳐서, 두 마리의 스핑크스가 원형 문양을 이루고 있는 6/12세기에 제작된 비단 조각이 스페인에서 발견되었는데, 거기에는 바그다드에서 만들어졌다는 글이 분명히 새겨져 있어서 학자들도 처음에는 모두 그렇게 생각하였다. 그러나 제조기술이나 색깔, 그리고 흔한 단어의 철자 표기법 등에서 사실은 바그다드산이 아니라 스페인에서의 모조품이라는 것이 밝혀졌다.

통합의 상징 : 아랍 문자

아마 가장 전형적이고 광범위한 이슬람의 예술양식은 아랍 문자로 이루어진 서예일 것이다. 이는 고대부터 최근까지 서로는 스페인에서 동으로는 인도에 이르기까지 퍼져 있었다. 처음에는 간단한 형태였으나 3/9세기부터 점점 장식성을 더

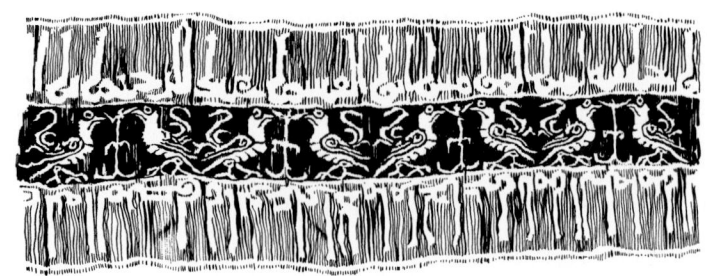

이집트 파티마 왕조의 칼리프 알 하킴(386-411/996-1021)의 이름이 새겨진 비단. 3단으로 된 장식 가운데 하나는 새들의 형상을 넣었고, 상하단은 '쿠파체'의 문자를 새겨 넣었다.

해 갔고 추상화되어 갔다. 이러한 발전의 이면에는 이슬람의 예언자와 그의 예언이 가지는 특이성이 존재한다. 즉 무하마드는 자신이 신에 의해서 사도로 지명된 평범한 한 인간에 불과하다고 하였고, 따라서 이슬람은 예수의 예외적인 체험과 이적 그리고 순교를 바탕으로 하는 기독교와는 같을 수 없었다. 대신 성스러운 경전인 『코란』과 그 속에 담긴 신의 계시가 일차적인 중요성을 가지는 것이었고, 경전의 내용을 문자로 표시하는 서예가 다른 종교에서 흔히 보이는 성화(聖畵)를 대체하게 된 것이다.

아랍의 서예는 이슬람 건축물 가운데 현재 남아 있는 가장 오래된 것인 예루살렘의 '바위 위의 성전'에서부터 보이기 시작한다. 이 성전은 72/691년 칼리프 아브드 알 말리크의 명령에 의해서 이슬람의 우월성과 유일신 사상을 상징하고 동시에 비잔틴 제국과 이란의 사산 왕조에 대한 승리를 기념하기 위해서 건축되었다. 그러나 그것은 곧 그곳에서 무하마드가 하늘로 승천한 사실을 기념하기 위해서 만들어진 것이라고 해석되었다. 청색 바탕에 금색 모자이크로 되어 있는 육면체의 구조물 위에 새겨진 240미터에 달하는 명문은 특히 중요한 의미를 가지는 것으로 인식되었고, 그 외양은 분명히 장식적인 기능을 나타내고 있다. 이처럼 장식적인 명문을 만드는 전통은 초기의 건축물에서는 물론이지만 후기의 수많은 예에서도 분명히 드러난다. 앞서 말한 성전의 명문에는 건물의 용도를 알려 주는 『코란』의 구절들이 나오고 칼리프의 이름(후에는 아바스 왕조의 알 마문으로 바뀌었다)과 연대로 끝나고 있다. 후기의 명문들 역시 건물의 용도를 『코란』에 나오는 적절한 구절이나 운문 혹은 산문과 같은 형식을 통해서 밝히고, 이어 군주(혹

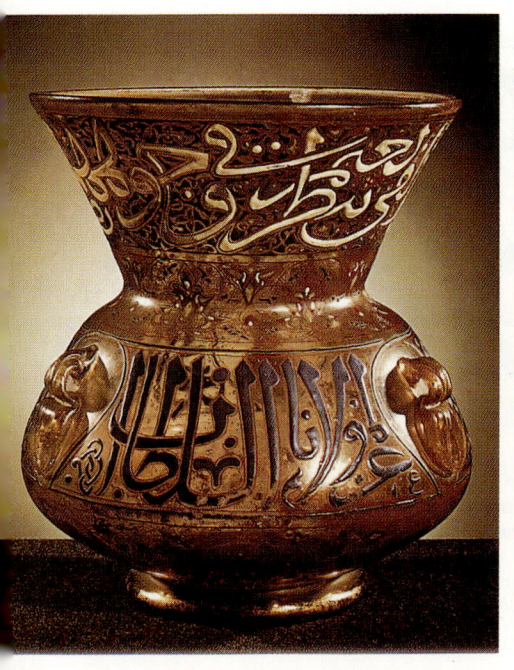 

(왼쪽) 8/14세기 시리아에서 발견된 모스크용 램프로서, 가운데 잘록한 부분의 연꽃 모양은 바로 그 전 세기부터 수입되기 시작한 중국산 직물의 영향을 보여 준다.
(오른쪽) 7/13세기 카샨에서 발견된 타일로서, 『코란』의 문구로 장식되어 있고 아울러 벽감과 그 가운데에 달려 있는 램프의 존재를 보여 준다.

은 후원자)의 이름과 연대를 적었다. 경우에 따라서 건축을 책임진 관리나 건축가, 장식가, 서예가 등의 이름이 나오기도 한다. 예루살렘의 성전에 있는 명문은 이슬람 문화가 가지는 실용적인 측면을 잘 표현하고 있다. 그러한 명문은 흔히 건축물의 가장 중요한 요소인 돔의 아래에, 혹은 벽감 주위에, 아니면 출입구의 주변에 새겨지곤 하였다.

예루살렘 성전의 명문이 서로 다른 글자를 구별하는 데 필요한 표점(標點)들을 최소한으로 생략한 '쿠파체'로 쓰여졌고, 따라서 판독을 하기가 매우 힘들다는 사실에 주목할 필요가 있다. 더군다나 그리 크지 않은 글자들이 벽 높은 곳에 새겨져 있기 때문에 더욱 그러하다. 후기의 다른 건물에서는 그러한 경향이 더욱 강화되어 명문은 꽃무늬나 꼬인 형태로 점점 더 장식되고, 다른 명문과 결합되거

페르시아의 나탄즈 사원의 전면으로, 두 가지 상이한 서체를 나란히 보여 주고 있다. 위에는 흘림체이고 아래는 각이 진 쿠파체이다. 나탄즈는 725/1324-1325년에 건설되었다.

나 배경을 이루는 문양과 섞여서 나타난다. 아랍어로 된 복잡한 문자들을 해독하기 어려운 사정은 아랍어가 구어로 널리 사용되지 않던 지역에서는 더욱 심할 수밖에 없었다. 따라서 그러한 명문이 처음 출현한 이래 그 목적은 하나의 상징이며, 인간이 아니라 신에게 향해진 것임을 알 수 있다. 그 기능은 신앙을 심미적인 형태로 확인하는 데 있었던 것이며, 결코 신도들이나 지나쳐 가는 행인들이 한 글자 한 글자 읽을 수 있게 하기 위함은 아니었다.

특수한 기술적인 측면에서도 아랍 서예가 가지는 상징적 특징을 찾아낼 수 있다. 7-8/13-14세기에 만들어진 이란의 많은 모스크 안에는 메카를 향한 쪽의 벽에 벽감이 두어졌고, 그 아치를 장식한 타일들 위에는 흔히 『코란』의 시구들이 코발트블루의 짙은 남색으로 부조되어 있다. 따라서 이 글자들은 어느 각도에서 보아도 분명히 식별이 가능하다. 반면 그 글자의 배경은 소용돌이나 아라베스크식의 복잡한 문양으로 항상 광택이 나게 꾸며져 있고, 그 문양은 보통 황금빛 바탕에 흰색으로 이루어져 있다. 어디서든 잘 보이는 청색 글자와 대조적으로 광택이 나는 표면은 각도에 따라서 보이는 부분이 바뀌는 변화성을 지니고 있다. 따라서 보는 사람이 위치를 바꾸거나 시점을 다른 곳으로 옮기면, 보이던 문양이 갑자기

사라지고 다른 부분이 눈에 들어오게 된다. 잘랄 앗 딘 루미와 같은 신비주의 시인은 이에 대해서, 신의 말씀은 영원히 남지만 인간과 인간의 작품은 쉽게 스러지는 존재일 수밖에 없다는 해석을 내렸던 적이 있다.

79/698-699년 이후 이슬람의 금속화폐에 거의 예외 없이 명문이 새겨지게 되었다는 사실에서도 문자가 가지는 상징적인 목적이 드러난다. 예루살렘 성전의 명문처럼, 여기에도 『코란』의 구절이나 다른 종교적인 문구, 현존하는 칼리프에 관한 정보, 주조한 지배자의 이름과 주조 연대 및 장소가 밝혀져 있다. 또 한 가지 흥미로운 현상은 존귀한 인물에게 명예의 외투(khil 'a)를 내려 주는 관습인데, 그 외투에도 칼리프의 이름과 칭호, 제조한 곳의 특징과 그 감독관의 이름, 제조한 시기와 장소가 쿠파체(후에는 흘림체)의 아랍 문자로 새겨졌다. 그 글의 내용을 해독하기 위해서는 특별히 훈련된 전문가가 필요하였다. 사실 그 기법은 극히 비밀에 싸여 있었고 장식적인 요소들과 서로 뒤섞여 있어서 뛰어난 서예가들조차 해독하는 데 어려움을 느끼는 것이 보통이다. 아마 그것을 소유하였던 사람도 무슨 의미인지 몰랐겠지만, 그렇다고 하더라도 그것이 가지는 상징적 기능은 의심할 수 없을 것이다.

조각에 대한 거부감

이슬람에 공통되는 또 하나의 예술적 특징(비록 부정적인 것이기는 하지만)이 무엇인지는 이슬람 예술품을 전시하는 어느 박물관에 가 보아도 금세 드러난다. 그것은 조각품의 거의 완전한 부재현상이다. 물론 우마이야 시대 이래 커다란 규모의, 때로는 둔중한 느낌을 주는 사람의 입상이나 동물 모습이 돌이나 스투코로 조각되었지만, 이것은 전 시대로부터의 유산, 즉 헬레니즘 예술의 동방 유파의 영향에 불과하다. 또한 셀주크 후기와 몽골 시대에 들어오면 중국의 영향이 나타나서 극동인의 얼굴형을 한 스투코 조각도 출현하였다. 그밖에도 아나톨리아나 카프카스와 같은 변경지역에서 사람의 모습을 돌로 조각한 것이 보이지만 이것 역시 이슬람 문명 전체로 볼 때는 예외적이라고 할 수 있다.

청동으로 아주 섬세하게 만든 모스크용 등잔은 빠르면 4/10세기 혹은 5/11세기에는 만들어졌다. 이 사진에서 보는 것처럼 많은 구멍이 뚫려 있는 표면 사이로 쿠파체 글자들이 드러나도록 고안되었다.

조각품의 부재와 관련하여 보다 더 큰 문제로 떠오르는 것이 이슬람 사회에서의 구상예술의 효용성이다. 우리가 유럽이나 미국의 미술관에서 인물이나 동물을 묘사한 이슬람 회화를 상당히 많이 볼 수 있는 것은 어떤 면에서는 오해를 낳기 쉽다. 왜냐하면 서구에서는 구상화가 예술품을 평가하는 초석을 이루기 때문에, 서구의 이슬람 예술품 수집가들은 그동안 주로 그 방면의 작품들을 모으는 데 온 신경을 집중하였지만, 사실 그것이 이슬람 예술 전체에서 차지하는 비중은 미미하다고 해야 할 것이다.

구상예술에 대한 거부감이 처음부터 분명히 규정되었던 것은 아니지만, 『코란』이라든가 이슬람 출현 직후 최초 몇 세기 동안 만들어진 작품들을 통해서 충분히 그러한 태도를 읽을 수 있다. 예를 들면 『코란』의 구절들(제5장 92절, 제6장 74절)은 무하마드가 조각상을 이교도의 우상과 연관시켰음을 분명히 보여 준다. 알라만이 참된 의미의 '제작자'(musawwir : 『코란』 제59장 24절)이고, 그는 인간 제작자(보통 화가)와는 달리 자신의 창작품에 생명의 숨결을 불어넣을 수 있다(『코란』 제3장 43절). 2/8세기의 『언행록』은 이 점을 더욱 발전시켜서 최후 심판의 날에 신은 오만한 마음으로 형상들을 창작한 예술가들을 불러들여서 거기에 생명을 불어넣으라고 명령하지만 당연히 그들은 그렇게 할 수 없어서 처벌을 받게 된다

구리와 은이 상감된 이 청동제 필통은 7/13세기 초 모술에서 만들어진 것이다. 내부는 펜과 잉크와 가습판(damp pad)을 넣을 수 있도록 나누어져 있다. 뚜껑 안쪽에는 넝쿨 숲 사이로 『코란』의 구절들이 새겨져 있고, 바깥에는 12궁을 나타내는 문양이 돌아가며 그려져 있다.

는 이야기를 전하고 있다. 이와 같은 형상 제작에 대한 거부는 『코란』의 필사본을 만들 때도 그대로 적용되었다. 물론 예언자 무하마드나 성서 시대의 인물들에 관한 이야기가 나올 때는 인물이 그림으로 묘사되기도 하는데, 그것은 그러한 성자들이 종교적인 인물로서라기보다는 역사적인 인물로서 취급되었기 때문이었다. 형상을 구상적으로 표현하는 것은 모스크의 벽면장식이나 벽화 혹은 모자이크 등에서도 배제되었다. 우마이야 왕조 시기에 건축된, 므샤타에 있는 사막의 성채에서 보듯이 모스크 전면에는 동물의 모습을 그려 넣지 않았다. 이러한 관념 때문에 형상을 창작하는 예술가들의 사회적인 지위도 신학적인 측면에서는 가장 낮았고, 고리대금업자, 문신을 새기는 사람, 개들을 사고파는 사람 등과 같이 취급받았다. 11/17세기 이스탄불에서 화가들의 동업조직은 심지어 수호성자를 가지는 것조차 금지될 정도였다.

이러한 태도로 말미암아서 3/9세기부터 유럽의 입체화법이 도입될 때까지 형상예술을 추구하던 이슬람권의 예술가들은 동물의 모습을 묘사할 때 그 신체적인 부분들이 잘 드러나지 않도록 실루엣 방식으로 처리하거나, 그 그림자 혹은 상징물 등으로 나타낼 수밖에 없었다. 그들은 후일 카펫 위에 동물이나 사람을 사실적으로 묘사할 때 흔히 매우 복잡한 풍경 속에 숨기는 방법을 쓰기도 하였다. 또한 『언행록』이나 율법 해석에서 받아들여지던 통념으로 인해서 앉거나 올라타는 데 사용되는 동물은 천한 것으로 여겨졌다.

  형상 묘사에 대한 이와 같은 부정적인 태도는 보다 무해한 양식을 발전시키는 결과를 낳았다. 즉 공적인(혹은 종교적인) 분야와 관련된 이슬람 예술에서는 식물, 기하학적 문양, 서예를 이용한 장식, 혹은 인물이 없는 풍경 등이 자주 사용될 수밖에 없었다. 다른 문화에서 광범위하게 존재하던 창조적인 잠재력은 이슬람의 경우 이른바 장식을 위주로 하는 '작은 예술'에 집중되었다. 또한 신자들이 모스크에서 의식상의 도구들을 거의 필요로 하지 않았기 때문에 예술의 형태도 세속적인 것이 압도할 수밖에 없었다. 설령 종교적인 예술품이 있다고 해도 그것은 서구의 경우처럼 다양하지 못하였다.

  위와 같은 문제점에도 불구하고, 비록 제한되기는 하였지만 형상을 묘사한 벽화들과 책 속에 들어간 많은 삽화들이 남아 있다. 어떻게 이것이 가능하였을까. 아마 두 가지 측면에서 생각할 수 있을 것이다. 우선 이슬람 출현 이전에 존재하였던 회화의 전통이 간헐적이나마 계속 영향을 미쳤다는 점이다. 그러한 전통의 한 줄기는 생동감 있는 헬레니즘 미술과 극도로 양식화된 비잔틴 전통이었다. 다른 줄기는 군주권을 표상하는 주제를 중심으로 하던 사산 왕조 예술이었고, 이외에 중앙 아시아 혹은 인도의 예술도 영향을 남기고 있다. 이들 전통의 영향력은 상당히 강하였기 때문에 시간적으로도 고전시대를 거쳐서 8/14세기에 이르기까지 지속되었을 뿐 아니라, 다른 지역으로 전파되어 새로운 형태와 활동을 가능하게 만드는 자극제가 되었다. 시리아에서 유행하던 비잔틴 양식의 아랍 회화가 마그리브로 전파되었고, 시칠리아에는 고전적인 것과 이란적인 것이 혼합된 양식이 출현하였다. 잠재력이 강하고 또 적응력도 뛰어난, 후기의 발달된 이란적 기풍은 소아시아와 인도로 전해져서 토착적인 특징과 쉽게 어우러졌다. 이란식 화법도 극동지역으로부터 외래적 자극을 받았는데, 처음에는 몽골 침입의 여파로, 후기에는 외교적 접촉과 교역관계를 통하여 주입되었다. 유럽의 영향도 오스만 제국의 회화에 9/15세기부터 나타나기 시작하였고, 인도의 무굴 제국에서는 9/15세기

말부터, 이란에서는 11/17세기 중반경부터 강하게 보이기 시작하였다

형상 묘사를 조장한 또 한 가지 측면은 삽화를 필요로 하는 특정한 주제들이 있었다는 점이다. 예를 들면 과학서적들은 세밀화를 절실히 필요로 하였다. 이미 번역되어 나온 그리스 서적들에 있는 삽화에 자극을 받아서, 5/11세기에서 11/17세기에 걸쳐서 만들어진 천문학, 식물학, 동물학, 의학, 역학 등에 관한 서적에는 이해를 돕기 위한 그림들이 삽입되었고, 그중에는 물론 인간과 동물도 포함되었다. 그리고 이러한 구상예술이 일단 뿌리를 내리고 그 묘미를 알게 된 뒤에는 종교적인 비판에도 불구하고 쉽사리 사라지지 않았다. 후원자들은 삽화가 든 서적들을 자기 집의 밀실에 보관하였고, 군주들도 아무런 제재를 받지 않고 그와 같은 서적들의 편찬사업을 추진할 수 있었다. 사실 군주들이야말로 예술의 주된 후원자였다. 이란적 전통을 이어받아서 벽화나 서적에 삽입된 전쟁을 묘사한 그림은 군주의 권력과 영광을 표시하는 것으로 여겨졌고, 마찬가지로 사자, 독수리 혹은 신비로운 새들도 왕권의 상징으로 이용되었던 것이다.

따라서 형상미술이 공적인 종교집단들 사이에서는 끝까지 받아들일 수 없는 것으로 남아 있었지만, 그러한 경직된 태도도 시간이 흐름에 따라서 눈에 띄게 약화되어 갔다. 사디와 같은 작가는 동물의 형상 묘사를 더 이상 불경스러운 것으로 생각하지 않았고, 다른 존재들과 마찬가지로 신의 창조물로 여겼다. 위대한 신비주의 시인 잘랄 앗 딘 루미는 여기에서 한걸음 더 나아가서 『코란』에 등장하는 유명한 유수프(Yūsuf), 천국의 미녀, 지옥의 마귀 등의 형상을 묘사하는 것이 그릇되지 않을 뿐 아니라, 심지어 교육적인 가치도 있고 영적인 명상에도 유용하다고 생각하였다. 서기들이 사용하는 도구이자 동시에 『코란』도 칭송하는(제68장 1절, 제96장 3-4절) 천상의 지식의 전달체인 갈대로 만들어진 펜(qalam)과 마찬가지로, 화가들이 사용하는 붓도 마침내 경이의 대상으로 받아들여지게 된 것이다.

모스크 : 기원과 의미

무슬림 세계에서 종교생활의 중심은 마스지드(masjid : '엎드리는 곳')라고 불리

코니아에 있는 알라에딘 모스크로서, 셀주크 시대의 모스크 내부를 보여 준다.

모스크의 내부는 기본적으로 보통 방을 확대한 형태이다. 튀니지의 카이라완에 있는 모스크로 초기 양식에 속한다.

대형 모스크에는 신도들이 모일 수 있는 넓은 공간과 세정을 행할 수 있는 연못이 설치되어 있었다. 카이로의 알 아자르 모스크의 안뜰.

카이로에 있는 술탄 하산 모스크의 내부로서 미흐라브(벽감)와 민바르(설교단)의 모습을 보여 준다.

는 모스크였다. 도시에 있는 대사원은 자미(jāmi ': '집회') 혹은 마스지드 알 주마(masjid al-jum'a : '금요일의 모스크')라고도 불렸다. 그러나 보편적으로 받아들여진 구조는 존재하지 않았고 따라서 '이슬람식 모스크'라고 부를 만한 것도 없었다. 단지 아랍형, 이란형, 터키형과 같은 지역적 변형들이 있을 뿐이다. 아마이 세 가지 주요 유형에 무굴형, 카슈미르형, 중국형을 추가할 수도 있을 것이다. 처음에는 아랍형 모스크가 거의 전반적으로 받아들여졌으나 각 지역의 전통적인 토착 건축기법이 반영되면서 달라졌고, 그 형태들은 이슬람 이전의 건축관념과 특수한 기술적인 측면들의 영향으로 더욱 풍부하게 되었다. 모스크 건축의 이러한 발전과정에서 종교적인 요구가 미친 영향은 극히 적었고, 건물 자체가 이슬람 이전 시기의 것과 차이가 있다면 더욱 정치(精緻)해졌다는 것뿐이다. 즉 이전부터 존재하였던 건축양식의 최종적 발전형태라고 할 수 있을 것이다.

아랍형 모스크의 원형은 햇빛에 말린 흙벽돌로 지어진 간단한 도시가옥이었고, 보다 구체적으로 말하자면 메디나에 있던 무하마드의 집이었다. 역사문헌들을 토대로 재구성해 보면 그것은 넓은 마당과 여러 개의 입구로 이루어져 있었다. 한쪽에는 전면에 걸쳐 앞이 탁 트인 현관이 있고, 그 아래에는 지붕을 받치는 기둥이 두 줄을 이루며 나와 있었다. 이곳이 무하마드가 살던 집의 주실부(主室部)였고 거기서 그는 신도들과 만났다. 그 반대쪽에도 비슷한 현관이 있는데, 길이도 반 정도에 불과하고 앞으로 돌출한 것도 기둥 한 줄의 넓이에 불과하였다. 이곳은 새로 개종한 가난한 사람들이 쉬는 장소로 사용되었다. 내실부(內室部)는 이 주실부에 붙어 있었고, 그의 부인들이 기거하는 조그만 방들로 이루어졌다. 그의 집 가운데 공개된 부분이 결국 모스크가 되었고, 그 구조도 모스크 건축의 전형이 되었다. 전면의 현관 부분이 모스크의 중심부를 이루는 성전(聖殿)이 되고, 후면의 조그만 안식처가 확대되어 마당 전체를 둘러싸면서 햇빛을 피하고 의식이 끝난 뒤 신도들이 만나서 이야기를 나누기도 하는 휴식처로 바뀌게 되었다. 이러한 공간적인 배치(특히 성전의 구조)에서는 기둥들이 늘어서 거추장스럽게 보이기는 하였지만 많은 신도들이 예식을 올리기에 적합하였다. 모든 모스크는 이슬람에서 가장 중심되는 성전인 메카의 카바를 향하도록 지어졌다. 신도들은 마치 군대에서처럼 메카를 향해서 횡으로 길게 도열하여 예식을 올리는데, 그러한 배치는 가능하면 메카를 향한 벽면으로 가깝게 자리잡으려는 욕구의 반영이라고 할 수 있다. 자연적으로 앞뒤가 짧고 옆이 긴 구조를 가지는 모스크들이 많이 건축될 수밖에 없었다.

　복잡한 구조를 가지지 않고 여러 개의 기둥들로 이루어진 무하마드의 집은 그런대로 기도장소로는 충분하였지만, 제국으로 성장한 뒤 그 종교적 사회적 중심은 보다 거대한 양식을 요구하게 되었다. 이러한 변화는 정치적 군사적 상황에 의해서 더욱 촉진되었다. 아랍 군에게 저항하지 않고 투항한 도시의 경우에는 그 곳의 기독교도, 유대교도, 조로아스터 교도들에게 고유의 사원을 운영하도록 허락하였지만, 그렇지 않을 경우에는 사원들을 몰수하여 모스크로 만들었다. 특히 시리아에서 이러한 변형이 많이 일어났다. 실제로 이것은 동쪽을 향해서 폭이 좁고 길쭉한 형태로 지어진 거대한 교회당이 남쪽의 메카를 향하도록 바뀌는 것을 의미하였고, 따라서 그 긴 종축이 좁은 횡축으로 바뀌게 된 것이다. 결과적으로 새로운 모스크도 무하마드의 집의 구조를 기본적으로 유지한 셈이었다. 그러나 건물의 높이를 늘이고 대리석으로 기둥을 세우거나 기둥머리 부분을 화려하게 장식함으로써 이슬람 신앙의 중심지에 걸맞는 위용을 갖추게 되었고, 특히 기독교도들이 사는 도시에서는 그들을 압도하기 위해서 더욱 규모를 크게 하였다. 정복지에서 그와 같은 손쉬운 변형이 불가능할 경우에도 교회당이 가지는 전반적인 특징을 그대로 복사하여 모스크를 건축하였다. 오래된 사원과 교회는 기둥과 기둥머리에 필요한 석재를 충당하기 위해서 파괴되었는데, 동시에 이슬람의 승리를 구가하려는 목적으로 파괴가 자행되기도 하였다. 대리석 기둥을 조달하기 힘들었던 시리아 이동지역에서는 교각(橋脚)을 석고로 발라서 지붕을 받치는 데 사용하였고, 이는 결국 신자들이 기도를 올리는 공간을 축소시켰다. 그러나 수많은 열을 이루어 늘어선 기둥들은 특히 비스듬한 방향에서 바라보았을 때는 매우 강렬한 인상을 주었다.

　몇 가지의 새로운 요소들이 도입되면서 기존의 구조물에 모스크로서의 특징과 그 방향성이 부여되었다. 그 하나가 '미흐라브'라고 불리는 벽감(壁龕)으로서 메카를 향한 벽면(소위 '키블라 벽')에 파 놓은 조그만 공간이다. 이것은 신도들이 기도를 올릴 때 메카 쪽의 벽이 어느 것인지를 알려 주기 위해서 만들어진 것인

(맞은편, 위) 이란의 모스크는 안뜰의 거대한 확장이 가장 특징적이다. 각 변의 중앙에는 높은 에이반이 두어지고, 그곳으로 들어가는 깊숙한 입구는 마침내 정교한 벌집형 천장(muqarnas)로 장식되었다. 이런 모스크 가운데 가장 웅장한 것은 아마 이스파한에 있는 마스지드 알 주마(금요일의 모스크)일 것이다.

(맞은편, 아래) 아랍의 모스크의 기원은 메디나에 있던 무하마드 자신의 집으로까지 소급된다. 모든 모스크는 메카를 향해 있고 신도들은 통상 키블라 벽쪽을 향해서 횡대를 이룬다. 따라서 초기의 모스크들은 폭이 넓고 길이는 짧은 편이었다. 코르도바에 있는 이 모스크는 공간이 확대되어 가면서 키블라 벽과 벽감이 점차로 뒤로 밀려서, 일종의 기둥의 숲과 같은 형태를 이루게 되었다.

(위) 터키의 모스크는 아나톨리아의 초기 돔 형 기도소에서 발전하였다. 오스만이 콘스탄티노플을 점령한 뒤 이와 같은 발전은 아야 소피아(Aya Sofya) 교회에 의해서 더욱 자극을 받게 되었고, 10/16세기의 건축가 시난은 중앙의 거대한 돔과 그를 받쳐 주는 부차적 돔들로 이루어진 대칭형 모스크의 형태를 완성시켰다. 이러한 구조의 목적은 시야가 가로막히지 않는 내부의 중앙 공간을 만들기 위해서였다. 사진은 위스퀴다르에 있는 이스켈레 자미(Iskele Jāmi')이다.

데, 대부분의 신자들에게 잘 보이지 않을 정도로 작은 규모여서 실질적인 의미보다는 상징적인 의미를 가진다고 할 수 있다. 심지어 코르도바의 대모스크의 경우처럼 그것이 작은 방을 이룰 정도의 비교적 큰 규모일지라도 사정은 마찬가지이다. 벽감 옆에 있는 화려하게 장식된 마크수라(maqsūra)라는 공간은 보통 왕족들이 앉는 곳인데, 그 위에는 마치 우산 모양의 조그만 돔이 있고, 앞에는 화려하게 조각된 나무 난간으로 울타리가 쳐져 있다.

지금은 벽감의 내부에 아무것도 없지만, 과거에는 그 꼭대기에 아마 유리로 만든 등잔이 걸려 있었던 것으로 추정된다. 이는 7/13세기 이란과 9/15세기 아나톨리아에 있던 벽감을 묘사한 타일 장식을 통해서 알 수 있다. 만약 그것이 사실이라면 "알라는 하늘과 땅의 빛이요, 그의 빛은 마치 벽감에 걸어둔 등잔의 불빛과 같다. 등잔은 유리로 되어 있어, 그 유리는 마치 축복받은 올리브 사이에 밝게 빛나는 별과 같다"라고 한 『코란』(제24장 35절)의 구절에서 유래된 것일지도 모른다.

벽감의 장식은 대개 지역과 시대에 따라서 모양을 달리하였다. 돌이나 스투코에 조각을 새겨 넣거나, 유약을 발라서 구어낸 타일을 사용하기도 하고, 장식적인 그림을 넣기도 하고, 모자이크와 같은 '부분결합'(opus sectile) 방식을 이용하기도 하였다. 혹은 아예 아무런 장식을 하지 않기도 하였다. 11-12/17-18세기 터키의 벽감은 메카의 카바를 본떠서 만들었다. 또는 벽감 내부나 그 옆에 두 자루의 촛대를 두기도 했다. 벽감은 결코 사치스럽지는 않으나 모스크에서 가장 풍부한 장식이 꾸며지는 장소였다. 벽감의 중요성을 강조하기 위해서 통상보다 넓고 약간 높은 중앙통로가 모스크의 입구로부터 연결되도록 만들어지는 경우도 있었는데, 다마스쿠스의 대사원이 그 좋은 예이다. 3/9세기에 아바스 왕조의 수도였던 사마라에서 발달된 T자 형의 모스크는 키블라 벽을 강조하기 위해서 그 벽을 따라 나있는 통로를 넓히기도 하였다.

모스크가 가지는 또다른 특징은 민바르라고 불리는 설교단이다. 이것은 벽감 바로 오른쪽에 위치하며, 회중의 지도자가 금요일의 의식에서 설교를 행하고 칼리프에 대한 충성을 맹세하는 곳이었다. 설교단은 계단을 옆에서 받쳐 주는 화려한 장식으로 꾸며진 삼각형의 나무판이나 돌판, 그리고 그 위에 돔이나 피라미드 모양의 덮개를 갖춘 공간, 이 두 부분으로 구성되어 있다.

정원(sahn)은 실제적이고 심미적인 기능을 동시에 가지고 있다. 보통 그곳에는 신도들이 기도를 드리기 전에 반드시 몸을 씻어야 하기 때문에 커다란 물통이 놓여 있다. 상당히 널찍하고 실외이기 때문에 복잡한 도시민에게는 편안한 느낌을 주었고, 또 신도들끼리 만나서 이야기를 나누는 장소이기도 하였다. 카이로의 알아자르 모스크와 같이 이 부분이 확장되어 회랑에서 교육을 행하는 경우도 있었고, 카이로의 술탄 하산 신학교나 알레포의 대사원처럼 정원의 바닥을 대리석이나 모자이크 방식의 기하학적인 문양으로 장식하기도 하였다. 정원이 차지하는 면적은 일정치 않았다. 마그리브와 스페인에서는 정원이 성전에 비해서 작은 편이었지만, 라바트에서 발견된, 지금은 폐허가 된 큰 모스크는 성전 전면에 위치한 정원 이외에 그 옆으로 두 개의 넓은 회랑을 두기도 하였다. 7/13세기 아나톨리아에서는 아랍형 모스크의 정원이 내실화(內室化)되어 지붕으로 덮여 있었음을 알 수 있다. 7-8/13-14세기에는 기독교 교회를 본떠서 아예 정원을 두지 않은 투르크인들의 모스크도 있었다.

이방인이나 여행객들이 어떤 건물이 모스크임을 확인하게 될 때 가장 먼저 눈에 들어오는 것이 첨탑(미나레트)이다. 그 꼭대기에서 '무에진'(muezzin)이 하루 다섯 차례 기도시간을 알리는 소리를 지른다. 시리아, 스페인, 북아프리카에서는 (초기에는 이란과 이라크에서도) 기독교 교회의 것을 모방하여 사각형이었으나, 사마라와 푸스타트에서는 사산 왕조 양식을 개발한 나선형 첨탑이 만들어졌고, 이란, 이라크, 아나톨리아에서는 가는 원통형의 첨탑이 유행하였다. 그러나 맘루크 왕조 치하의 이집트에서는 여러 가지 형식이 복합적으로 이용되었고, 사실 어느 형태를 의무적으로 채용해야 한다는 규정은 없었다. 아나톨리아, 이집트, 이란 등지에서는 지붕 위에 조그만 구조물을 세우고 그것을 첨탑으로 이용하기도 하였다. 또한 첨탑을 모스크의 어디에 세우느냐 하는 것도 규정이 없었다. 다마스쿠스, 카이라완, 코르도바처럼 모스크에 붙어 있을 수도 있고, 사마라, 푸스타트 혹은 셀주크 시기의 이란에서처럼 모스크 건물과 떨어져 그 근처에 세워질 수도 있었다.

셀주크 시대(7/13세기 후반경)에는 모스크 입구의 양옆에 두 개의 첨탑이 세워지는데 처음에는 코니아의 모스크에, 그리고 뒤에는 아나톨리아의 여러 신학교에 그러한 구조가 나타났다. 이러한 양식은 아마 이란 지역의 형식에서 발달한 것으로 보이는데, 어쨌든 이란에서는 몽골 제국, 티무르 왕조, 사파위 왕조 시기에 한 쌍의 첨탑이 널리 채용되었고, 오스만 시대에 오게 되면 3-4개의 첨탑이 세워지고 상당히 큰 모스크에는 심지어 6개의 첨탑이 세워지기도 하였다. 그 외면적 특징이나 의식상의 기능으로 인해서 첨탑은 이슬람 특유의 성격을 나타내게 되었고 사실상 그 상징물이 되다시피 하였다. 또한 첨탑은 중요한 모스크의 경우에 전시적인 효과를 가지기도 하였다. 오스만의 술탄 아흐마드 1세가 이스탄불에 있는 자신의 모스크에 6개의 첨탑을 세우려고 결정하였을 때(1018-1025/1609-1616) 메카의 성전에 있던 6개의 첨탑은 7개로 증설되지 않으면 안 되었다.

우리가 주목해야 할 점은, 모스크가 비록 이교도나 기독교적인 원형으로부터 출발하였으나 역시 아랍적인 뿌리를 가지고 있다는 사실이다. 알라의 성전은 그 공적인 부분들에도 불구하고 아랍인들의 가옥을 연상케 한다. 벽감은 이슬람 출현 이전 아랍 문학에서 사용되던 말이었고 아라비아에는 아직도 그 예들이 남아 있었다. 설교단은 부족의 판관이나 수령이 결정을 공포하는 단상을 반영하고 있다. 또한 모스크의 지붕을 이루는 돔(qubba) —— 다마스쿠스, 카이라완, 카이로, 코르도바의 모스크들에서 잘 드러난다 —— 은 일부 학자들에 의하면 이슬람 출현 이전에 낙타 등 위에 싣고 다니던 조그만 가죽 텐트를 의미하였고, 어떤 부족은 그 속에 신성한 돌을 넣어 두기도 하였다고 한다. '쿱바의 주인'이라고도 불렸던 부족의 수령들은 그것을 평시나 전시에 신탁을 받는 데 사용하였다. 따라서 이슬람의 출현 이전이나 이후에도 돔 모양의 성전은 모두 신성한 물건과 지도자적 권위와 관련된 것이었다고 할 수 있다.

이란형 모스크

아랍형 모스크가 이란에서도 처음에는 상당히 광범위하게 퍼져 있었음은 담간(2/8세기)과 나인(4/10세기)에 아직도 서 있는 모스크들과 수사에서 발굴된 모스크가 입증해 준다. 그것은 상당히 최근까지 계속되었고 동북부 이란의 마라가에서 발견된 13/19세기의 모스크를 통해서 확인된다. 그러나 그와는 구별되는 이란형 모스크, 흔히 '키오스크형'이라고 불리는 것들도 아랍형과 병존하였던 것이다. 그것은 차하르 타크(chahār tāq)라고 불린 불의 성전, 즉 높은 돔에 의해서 덮여지고 네 개의 넓은 아치형 입구로 구성된 건물의 형태를 계승한 것이다. 이러한 형태는 정원이 없고 규모도 제한되어 있었기 때문에 주로 소도시나 촌락에 세워졌다. 이러한 결점을 보완하기 위해서 주랑(柱廊)이 건물 옆에 첨가되는 경우도 있었으나, 세월이 흐르면서 그것은 쉽게 풍화되거나 파괴되어 남아 있지 않게 되었다.

셀주크 시대에 들어와서 이란형은 새로운 발전을 보여, 돔으로 된 건물과 주랑과 정원을 결합한 형태가 출현하였다. 정원의 사방 벽 중간에는 '에이반'이 설치되었는데, 첫번째는 입구를 이루고 두번째와 세번째는 좌우 양측의 중앙에 두어지고, 마지막으로 네번째는 입구 맞은편에 위치하며 돔으로 된 성전으로 연결되어 있었다. 이러한 형식의 결합이 처음 나타난 것은 5/11세기 말경으로 추정되나, 현재 남아 있는 것 가운데 가장 이른 것은 자바레라는 작은 도시에서 발견된 것으로 530/1135년에 건축된 것이다. 이런 형태로 가장 규모가 크고 위용이 있는 것은 이스파한에 있는 대모스크이고, 이 건물은 부이 왕조 때 처음 시작되어 그 뒤 여러 차례 보수작업이 가해진 것이다. 또 다른 훌륭한 예들이 바라민(8/14세기), 마슈하드(9/15세기), 이스파한(9/17세기초) 등지에서 보이고, 다른 곳에서도 13/19세기까지 이러한 형식이 계속되었다.

이처럼 에이반을 지닌 건축형식은 이란의 전통적인 가옥을 모델로 한 것이다. 고고학 발굴에 의해서 하나나 둘 혹은 네 개의 에이반을 가지는 가옥이 이미 파르티아 시기부터 발견되는데, 그 규모가 제법 큰 것으로 보아서 단일가옥이 확대된 형태로 보인다. 셀주크 시대에 들어와서 네 개의 에이반을 가지는 건물형식은 국가의 장려 아래 수니파 교리를 가르치던 신학교를 지을 때 특히 많이 채용되었다. 따라서 이런 형태의 양식은 큰 영향력을 가지고 광범위한 지역으로 전파되었다. 신학교에서 규모가 큰 에이반은 강의실로도 사용되었고, 학생들의 방은 벽면에 달린 일층 혹은 이층 건물에 위치해 있었다. 에이반과 돔으로 덮인 벽감의 이와 같은 결합양식은 또다른 이란적 원천인 왕궁의 구조에서 영향을 받은 것이기도 하다. 즉 사산 왕조의 예들이 보여 주듯이, 왕궁은 입구를 이루는 에이반과 돔으로 덮인 왕좌를 중심으로 이루어졌다. 한 가지 주목할 만한 점은 신학교가 가지는 건축상의 중요성이다. 8/14세기 전반에 쓰여진 이란에 관한 모든 지리서와 여행기는 모스크보다는 주로 신학교에 대해서만 언급하고 있고, 술탄 후세인이 1118-1126/1706-1714년 이스파한에 건설한 차하르 바크와 같은 신학교는 사실 셀주크 시대나 그후의 대규모 모스크와 형태상 전혀 구분이 되지 않는다.

이란형 모스크가 가지는 특징으로 입구 양쪽에 세워진 첨탑을 꼽을 수 있는데, 후일에는 각각의 에이반 옆에 그러한 첨탑이 세워졌다. 또다른 특징이 무카르나(muqarna)라고 불리는 매우 장식적 성격이 강한 것인데, 이를 '벌집형 천장'(honeycomb vault)이라고 번역하는 것은 적합하지 못한 듯하다. 이것은 처음에는 벽감이 위치한 사각의 방과 그것을 덮고 있는 둥근 천장 사이의 공간에다 일종의 강조적 요소로 삽입한 데서 시작된 것으로 보인다. 이것은 아랫줄에 반씩 파인 공간들이 늘어서고 그위에는 돌출된 부분부터 다시 똑같은 모양의 공간을 파서, 위로 올라갈수록 그 파인 공간의 숫자가 적어져 마치 원추를 반으로 잘라 놓고 그 내부를 기하학적으로 파 놓은 것과 같은 모양을 하고 있다. 현재 가장 이른 형태의 것은 우즈베크 공화국의 팀이라는 곳에 있는 아랍 아타의 성묘(367/977-978년)이며, 이러한 형식은 이란뿐 아니라 이슬람 세계 전역으로 확대되어 종교적인 건물은 물론 일반 건물에도 적용되었다. 에이반의 꼭대기 부분과 같이 아치형 구조물의 공백 부분은 대개 이러한 무카르나 양식으로 꾸며졌고, 만곡을 이루는 표면에도 적용되었다. 시리아와 아나톨리아의 신학교들의 입구, 이집트에 있는 성묘의 전면, 특히 마그리브의 페즈에 세워진 6/12세기경의 카라위인 모스크 등이 그 대표적인 예이며, 그라나다에 있는 8/14세기의 알람브라 궁전도 마찬가지이다. 특히 후자는 무카르나 양식을 더욱 변형시켜서 천장에 파인 부분들로부터 수직으로 구조물을 내려뜨리는, 소위 '종유동굴형 천장'(stalactite vault)이라고 불리는 양식을 보여 주고 있다.

이란형 모스크가 보여 주는 참신하고 복합적인 특징은 정말로 인상적이라고 할 수 있다. 규모를 확장시킨 에이반은 현관 모양의 단조로움을 극복하는 강조점이 되었고, 거대한 돔 형식의 성전은 수많은 기둥으로 인해서 키블라 벽의 위치가 어디인지 잘 알 수 없었던 결점을 보완하였다. 그러나 그에 따른 문제점도 있었다. 왜냐하면 태양의 위치 변화에 따라서 그늘이 지는 에이반은 신도들이 몰려서 지나치게 혼잡해지고 그렇지 않은 곳은 비어 버리는 결과가 생겼기 때문이다. 또한 입구가 있는 벽과 그 양쪽의 벽면에 두어진 방들은 주로 숙사로 사용되어 사실 모스크가 유지해야 할 종교적인 기능과는 전혀 무관한 것이 되어 버렸다. 거대한 돔을 받치기 위해서 굵은 기둥들을 세워야 하였기 때문에 성전의 양옆에 늘어선 신도들을 벽감으로부터 분리시키는 결과가 초래되었다. 그리고 후일 기도, 명상, 교육, 손님 접대 등을 위한 공간들이 첨가됨으로써 모스크는 공간적인 단순성을 상실하고 분할되어 버렸다. 그럼에도 불구하고 그 극적인 구성과 다양한 용도는 이란인들의 취향에 잘 맞았고, 모스크나 신학교의 가장 보편적인 형태가 되었다. 마찬가지로 이란의 가옥에 기원을 두었던 대상관이나 병원 등의 건물이 그러한 구조를 가지게 된 것 역시 당연한 결과였다.

터키형 모스크

여러 개의 기둥으로 된 아랍형 모스크와 네 개의 에이반으로 구성된 이란형 모스크가 곧 표준적 형태를 정비해 나간 것에 비해서, 아나톨리아와 이스탄불(6/12세기에서 9/15세기까지)의 모스크들은 매우 다양한 양상을 보이다가 10/16세기에 들어와서야 비로소 오스만 제국 전역에 걸쳐서 보편적으로 받아들여진 기본 개념이 정착되었다.

463/1071년 아나톨리아 정복 이후 다주형(多柱形) 모스크는 널리 퍼졌지만 에이반형 모스크는 그다지 환영받지 못하였다. 투르크적 특징을 보이는 두 가지 변형이 나타났는데, 하나는 사각형 건물을 하나의 돔으로 덮어 씌운 것이고 다른 하나는 기독교 교회를 모방하여 종으로 길게 뻗은 건물과 회랑을 가지는 것이었다. 이들이 보여 주는 공통점은 돔이 특별히 강조되고 있다는 것이다. 매우 커다란 하나의 돔이 사용되기도 하고, 경우에 따라서는 여러 개의 돔이 이어지기도

하였다. 이처럼 아나톨리아에서 돔을 독특하게 사용한 것은 두 가지 사례에서 잘 드러난다. 하나는 7/13세기 셀주크 시대에 건축된 네 개의 에이반을 가지는 신학교 건물들로서 그것은 거대한 돔으로 덮여졌다. 오스만 시대로 들어가면서 부르사에 있는 건물이 보여 주듯이 이러한 돔 형식이 더욱 발전하여, 사각형의 성전 위에 첫번째 돔을 씌우고 그 바깥에 위치한 사각형의 정원 위에 두번째 돔을 씌우게 된다.

돔을 사용하게 된 직접적인 자극은 기술적인 측면에서 볼 때 비잔틴 건축에서 온 것이 확실하다. 그러나 이러한 형식을 쉽게 수용하게 한 심리적인 요인이 투르크인들의 전통 속에 있었으니, 다른 민족의 모스크 양식도 그러하지만 투르크의 경우에도 역시 궁극적으로는 자신들의 전통적인 고유 가옥으로 소급될 수 있고, 이 경우 돔과 같은 모양을 한 천막(yurt)이 그것이었다.

857/1453년 오스만이 콘스탄티노플을 점령한 뒤 돔에 대한 강조는 더욱 심해졌는데, 특히 그곳에 있던 하기아 소피아(Hagia Sophia) 대성당의 건축이 준 자극 때문이기도 하였다. 정복 직후 관례에 따라서 대성당은 모스크로 개조되어 이름도 아야 소피아(Aya Sofya)로 바뀌었고, 벽감이 만들어지고 첨탑도 세워졌다. 하늘을 향해서 치솟은 돔과 거기에 붙은 두 개의 반쪽 돔, 그리고 여러 가지 부대시설의 아름다움은 정복자들의 눈을 현란하게 하였다. 당시 관리이자 작가인 투르순 벡은 다음과 같은 이행시로 그 느낌을 적고 있다.

오, 구도자여, 만약 그대가 천국을 찾고자 한다면
가장 높은 하늘은 바로 아야 소피아라네.

그리고 이어서, "하늘의 아홉 영역에 견줄 만큼 아름다운 돔. 여기서 완벽한 장인은 건축의 모든 기술을 발휘하였다. 반쪽의 돔들이 서로를 머리에 이었고, 때로는 예리하고 때로는 둔중한 각도를 유지하며, 마치 환희에 찬 소녀의 굽은 눈썹처럼 비할 데 없이 아름다운 천장과 종유석 같은 장식들. 그는 이로써 5만 명이 들어갈 수 있는 거대한 성전을 세운 것이다"라고 덧붙였다. 소피아 사원의 특징은 그 정도로 많은 신도들을 수용할 수 있었을 뿐 아니라 ── 사마라와 코르도바의 모스크들도 이 점에서는 마찬가지이다 —— 성전 안에 거추장스러운 기둥들을 일체 세우지 않고서도 그것을 이룩하였다는 점에 있다. 모든 신도들은 처음으로 아무런 방해 없이 거대한 벽감을 바라볼 수 있게 된 것이다.

907/1501년에서 983/1575년에 이르기까지 오스만 제국에서의 모스크의 발전은 바로 이 강력한 주제의 변주에 불과하였다. 그 목적은 적어도 아야 소피아 사원의 중앙 돔의 직경인 33미터의 수준에 —— 설사 그것을 넘지는 못한다고 해도 —— 도달하려는 것, 작은 돔과 반쪽 돔을 이용하여 부속건물을 중앙의 성전과 결합시키는 것, 또 가능하다면 그러면서도 비잔틴 양식이 강조하는 종적인 구조가 아니라 무슬림이 전통적으로 선호하는 횡적인 구조로 전환하는 것, 이 모든 목적을 달성하면서도 동시에 하늘을 찌르는 중앙 돔의 위용과 균형잡힌 구성을 잃지 않는 것 등이었다. 불후의 건축가 시난(996/1588년 사망)은 이러한 의도를 가지고 955/1548년과 963/1556년에 각각 셰자데 모스크와 쉴레이만 1세 모스크를 건설하였는데, 그 규모는 더 커졌지만 균형을 잃고 말았다. 그러다가 결국 에디르네에 셀림 2세 모스크를 건축(977-983/1569-1575)함으로써 최후의 성공을 거두었다. 이 사원의 외벽은 아무런 장식이 없는 회색빛 돌로 만들었고, 작은 돔과 반쪽 돔들로 하여금 중앙에 치솟은 마치 산과 같은 돔을 지탱케 하였다. 또한 대지를 끌어안는 듯한 모양의 육중한 사원이, 마치 하늘을 향해서 날아가는 투창처럼 가냘프고 예리한 첨탑들과 대조를 이루는 효과를 낼 수 있도록 설계되었다. 이처럼 거대한 돔으로 구성된 건물의 모방이 —— 비록 그 수준에 미치지는 못하였지만 —— 제국 전역에 수도 없이 생겨난 것도 당연한 일이었다. 코니아, 다마스쿠스, 카이로와 같은 도시의 스카이 라인을 장식하는 것은 토착적 전통에 의해서 세워진 건물들이 아니라 바로 이 오스만 제국 시기에 세워진 모스크들이다.

이란형 모스크는 사원과 신학교라는 두 가지 기능을 수행하였고, 때로는 여행자들의 숙박소로도 사용되었다. 중세 시리아와 아나톨리아의 신학교들도 교육의 장소이자 동시에 건축자와 그 가족의 묘역이라는 이중의 기능을 수행하였다. 모스크가 가지는 공적인 기능이 이즈니크나 부르사와 같은 아나톨리아의 도시들에서도 강조되었다. 예를 들면 무라드 1세(767-787/1366-1385)가 세운 모스크는 사원, 신학교, 여관 혹은 은거처(zāwiya)로 모두 사용되었다. 그러나 사회적인 요구가 점차 증대하게 되자, 한 건물에 여러 가지 기능을 모두 포괄시키기는 힘들어졌다. 이에 대한 대응으로 나온 것이 퀼리예(külliyye)라고 부르는 복합건물이며, 8/14세기 이후 나타나기 시작하였다. 바예지드 1세는 802/1399년 부르사에 엄청난 규모의 복합건물들을 짓도록 명령하였고, 이 복합건물들은 그가 죽은 뒤인 806/1403년에 완성되었다. 벽으로 둘러싸인 구역에는 두 개의 문이 나 있고, 안에는 모스크와 신학교, 왕족의 묘지, 분수, 빈자를 위한 주방('imāret) 그리고 공중 목욕탕(hammam), 수로, 궁전 등이 두어졌다. 또 근처에는 병원과 수도자들의 도장, 대상관 등이 건설되었다. 이러한 형식은 후일 부르사와 이스탄불의 다른 큰 규모의 모스크들에 의해서 계승되었다.

특별한 내적 질서가 없었던 퀼리예는 메메드 2세(867-875/1462-1470) 때부터 균형 있는 설계에 의해서 건설되기 시작하여, 넓은 광장의 중앙에 모스크가 들어서고 양쪽에 네 개씩의 신학교가 부설되었다. 반면 892/1486년 에디르네에 세워진 바예지드 2세의 퀼리예는 모스크의 한쪽 옆에 병원과 의학교가 부설되고 다른 쪽에는 식당, 부엌, 빵집 등이 설치되었다.

聖墓

정통의 교리와는 배치되지만 이슬람권 전역에서 널리 호응을 받던 독특한 종교적 표현이 있었는데, 그 까닭은 분명히 종교적인 갈증을 충족시켜 주고 이슬람 이전의 신앙적인 형태와도 연결되기 때문일 것이다. 건축상으로 그 가장 대표적인 예가 성묘(聖墓)의 발달이었다. 예언자 무하마드는 자신을 이적을 행할 수 없는 평범한 인간으로 생각하였고, 『코란』(제9장 31절)도 성자에 대한 숭배를 금지하고 있다. 집단으로 모여서 기도를 올릴 때 누구에게도 특별한 좌석이 배정되지 않은 것처럼(단 신체적 안전을 고려하여 군주는 예외였다) 초기 이슬람에서 매장지를 특별히 장식하는 예는 없었다. 66/685년 알 발라두리가 인용한 한 시구처럼 '부자의 묘지와 빈자의 묘지는 똑같다'고 할 수 있었다. 그러나 시간이 흐름에 따라서 이와 전혀 반대되는 현상들이 출현하게 되었다

최초의 변화는 성자의 묘지에 대한 경배로부터 일어났다. 그라바르와 같은 학자는 이러한 변화로 말미암아 3/9세기 말과 4/10세기에 이르는 시기에 특히 시아파 성자들의 묘지 위에 기념건물들이 들어서는 과정을 잘 보여 주고 있다. 얼마 지나지 않아서 이란과 중앙 아시아와 같은 주변지역이나 혹은 반독립적인 지역을 지배하던 흔히 비수니파 계통을 따르던 군주들의 묘지에 기념관이 세워졌고, 지위의 상징이자 세속권력의 과시로서 그러한 건물들은 의도적으로 크게 만들어졌다. 반면 지방에서나 이름이 알려진 성자들의 것은 보다 간단한 형태였지만, 어쨌든 서민들의 종교적인 열망을 충족시켜 주기에는 손색이 없었다. 또한 성서에 나오는 인물들이나 무하마드의 동료들, 학자, 대중적인 영웅들, 변방지역의 성전사(ghāzī)를 기념하는 건물들도 세워졌다. 그러나 당시 이렇게 숭배를 받던 성자들의 상당수는 그후 잊혀져 버리고, 현재 남아 있는 성묘들의 주인공이 누구인지조차 확인할 길이 없거나 전설적인 막연한 인물로 추정되는 경우가 많다. 4-5/10-11세기부터는 이슬람권 전역에 걸쳐서 성묘가 확산되었고, 현대에 들어와서도 이란의 파흘라비 국왕, 터키의 아타튀르크, 인도의 진나 등의 묘지에는 거대한 건물이 조영되었다.

성묘에는 기본적으로 두 가지 형태가 있는데, 하나는 원통형의 탑과 같은 모양을 한 것이고, 다른 하나는 좀더 거창한 사각형 혹은 다각형을 이룬 것이다. 이것들은 돔이나 원추형 뚜껑 혹은 피라미드형의 지붕으로 덮여졌다. 때로는 성묘 주위에 다른 건물들이 들어서기도 하였는데, 코니아에 있는 잘랄 앗 딘 루미의 성묘나, 비스탐에 있는 바예지드의 성묘(713/1313)가 그 예이다. 왕족들의 성묘가 지니는 또다른 특징은 한 지역에 여러 개가 집중되어 있다는 점인데, 사마르칸트에 8/14세기 말에서 9/15세기에 걸쳐서 만들어진 티무르 왕조의 샤히 진다 성묘군이라든가 카이로에 있는 맘루크 왕조의 묘지들, 혹은 라바트 근처 첼라에 있는 7-8/13-14세기 마린(Marīn) 왕조의 성묘군이 그 좋은 예이다.

현재 남아 있는 성묘들 가운데 가장 시기적으로 이른 것은 시아파 계통에 속하는 것으로, 쿰에 있는 파티마(이맘 알리 알 리다의 여동생)의 성묘와 나자프에 있는 칼리프 알리의 성묘이다. 이들은 각각 3/9세기 말과 4/10세기 초의 것으로 추정되고 있다. 초기 왕족들의 묘지는 보존상태가 더 좋은 편이어서 그 원래의 특징을 보다 명확하게 보여 주고 있다. 그 최초의 예가 사마라에 있는 아바스 왕조의 칼리프 알 문타시르(248/862년에 매장)의 것으로, 그의 후계자인 알 무타즈와 알 무흐타디와 함께 묻혀 있다. 이 묘지는 돔으로 덮인 사각형 건축물로 그 주위는 회랑이 팔각형을 이루며 둘러처져 있다. 부하라에 위치한 사만 왕조 시대의 한 성묘는 흔히 '이스마일의 묘'로 알려져 있는데, 332/943년 이전에 건축된 것이며 사각형 건물을 중앙의 큰 돔이 덮고 있고 그 주위를 조그만 네 개의 돔들이 받치고 있는 모양을 하고 있다. 특징적인 것은 각 부분별로 독특한 문양을 내기 위해서 벽돌을 사용하였다는 점이다.

무슬림권 전역에 걸쳐서 현재 수천 개의 성묘들이 잔존해 있다. 초기의 건축형태 가운데 가장 주목할 만한 것은 지야르(Ziyār) 왕조의 샴스 알 마알리 카부스의 묘지이다. 구르간에 있던 그의 궁정에는 이란 출신의 명사들인 이븐 시나, 알 비루니, 앗 사 알리비 등이 활동하였던 것으로 유명하다. 구운 벽돌로 만들어진 그의 묘지는 397/1006-1007년경에 완성되었고, 약간 뾰족한 탑과 열 개의 지주, 그리고 원추형 지붕으로 구성되어 있다. 장식적인 요소라고는 건축한 사람의 이름과 건축의 목적 및 연대를 적은 평이한 쿠파체로 쓰여진 두 개의 명문이 전부이다.

자신의 업적을 과시하기 위해서 지어진 묘지들 가운데는 일 한국의 군주 올제이투의 것이 가장 거창하다. 그곳은 원래 칼리프 알리와 이맘 후세인의 유적이 있어서 순례객이 자주 찾는 곳이었는데, 그는 이곳을 자신의 영원한 안식처로 정하여 710/1310년에 건축을 시작하였다. 거대한 팔각형 본체 위에 무카르나 장식을 머리에 이고 있는 천장이 있고, 거기에서 직경 2.6미터의 거대한 중앙 돔이 뻗어나와 있다. 건물의 둘레에는 팔각형의 각 부분에 여덟 개의 첨탑이 세워졌다. 건물의 안팎은 화려한 장식적 요소들로 가득 차 있고, 여러 가지 색깔의 유약을 칠한 벽돌, 조각된 스투코, 벽화들, 서예장식, 그리고 이란에서는 처음으로 사용된 전면을 뒤덮는 채색 타일의 모자이크 등으로 꾸며져 있다. 세속군주의 묘지 가운데 또 손꼽을 수 있는 것은 806/1403년 사마르칸트에 세워진 티무르의 묘지이다. 가장 큰 특징은 참외 같은 모양의 지붕이 내부 천장에서 무려 20여 미터나 더 솟아 있어서 건물 전체의 높이가 30여 미터에 이른다는 점이다.

아나톨리아에서는 묘실의 천장부가 피라미드 형태로 덮여 있는데, 이는 아마 반 호수 주변에 있던 아나톨리아식 건축물의 영향을 받은 것으로 보인다. 이 성묘는 서쪽 호반에 위치한 아흘라트라는 곳에 있는 것으로 8/14세기에 세워진 이와 유사한 성묘들 가운데 하나이다. 사각형의 밑부분은 모서리를 깎아내서 8각형으로 만들어졌고, 다시 그위에는 12각형의 구조로 바뀌었다. 내부의 방에는 비석만 있고, 실제 묘는 그 아래에 안치되었다.

죽은 자를 위하여 화려한 묘지를 지어도 좋다고 『코란』이 허용한 것은 아니지만 이슬람권 전체를 통해서 그런 묘지는 매우 보편적이었다. 아주 초기에는 성자의 시신을 묻고 세웠지만, 얼마 지나지 않아서 통치자의 가족들도 그런 것을 만들게 되었다. 이것은 사만 왕조 시대의 성묘로 부하라에 있다. 사각의 건물을 반구형 돔으로 덮는 형식은 광범위하게 사용되었지만, 벽돌을 정교하게 조합하는 방식은 그리 흔하지 않았다.

이와는 상당히 다른 전통 속에서 만들어진 무굴 제국 시기의 네 개의 성묘가 있고, 모두 큰 정원 안에 세워졌다. 그중 두 개는 거대한 돔으로 덮여 있는데, 델리에 있는 붉은색 사암과 흰색 대리석으로 만들어진 후마윤(963/1556년 사망)의 묘지와, 샤 자한이 사랑하는 아내 뭄타즈 마할을 위해서 1042/1632년 아그라에 건설한 유명한 타지 마할이다. 이 타지 마할은 흰색 대리석에 경석(硬石 : pietra dura)을 박아 넣어서 장식한 것으로, 묘지 자체는 붉은 사암으로 지어진 조그마한 모스크와 집회당과 함께 일체를 이루고 있다. 이에 비해서 시칸드라에 있는 악바르(1014/1605년 사망)의 묘지는 붉은 사암으로 된, 위로 올라갈수록 폭이 좁아지는 3층 구조물과 그위가 흰색 대리석의 기념비로 덮인 모양을 하고 있다. 라호르에 있는 그의 아들 자한기르(1037/1627년 사망)의 묘지는 나지막한 건물과 주변에 네 개의 높은 첨탑으로 이루어져 있고, 마찬가지로 붉은 사암과 흰색 대리석으로 만들어졌다.

이러한 성묘 숭배처럼 일반 무슬림들에게 큰 호소력을 가지고 있었던 것이 점성술이었고, 양자 모두 『코란』의 가르침과는 배치되지만 매우 널리 퍼져 있었다. 천문학에 관한 여러 측면들은 이 책 제7장에서 사브라 교수가 이슬람의 과학을 다루면서 상세히 설명하고 있기 때문에, 여기서는 예술 속에 반영된 점성술이라는 문제만을 간략하게 언급하겠다.

일곱 개의 행성과 별자리의 모양은 예술작품 가운데 매우 자주 나타나고 있다. 현재 발견된 것 가운데 별자리가 가장 먼저 그려진 예는 5/11세기 가즈나 왕조 시기에 만들어진 금속제 그릇이며, 그뒤 청동이나 구리로 만들어진 물품들, 혹은 서적이나 토기 등에서 수없이 보이고 있다. 셀주크와 몽골 시대에 들어오면 별자리 모양이 금속화폐에까지 새겨질 정도였다. 중세 이슬람과 같이 상업적 경향이 강한 사회에서는 장거리 교역이 처한 위험, 즉 강탈의 위험, 예측할 수 없는 풍향, 선박의 좌초와 해적과 같은 것에 대해서 깊은 우려를 가지지 않을 수 없었고, 점성술의 도움을 받는 것도 당연하였다. 별의 고도를 측정하는 천체 관측기와 천궁도(天宮圖)는 2/8세기경부터 제작되었고, 현재 남아 있는 가장 오래된 기구는 348/959년에 만들어진 것이다. 이러한 기구를 만드는 기술은 상당히 정비되었으며, 그것을 만드는 사람도 아스투를라비(astūrlābī)라는 특정한 이름으로 불리게 되었다.

색깔 : 환경에 대한 대응

이슬람이 퍼진 지역은 대서양에서 중국의 해안지역에 이르기까지 실로 광대하였지만 어디에서나 발견되는 공통된 특징이 있었다. 대부분의 풍경은 단조로운 색채에 매우 황량한 모습이었고 눈에 띄는 특별한 변화를 보이지 않는다. 거의 대부분의 지역은 사막이거나 나무 한 포기 없는 산지, 그리고 끝없이 뻗어 있는 단조로운 지평선뿐이었고, 낮에는 작열하는 태양과 뜨거운 바람이 형벌처럼 몰아치고 밤이 되면 살을 에는 추위가 생존의 가혹함을 느끼게 한다. 인간이 비록 이러한 상황을 피할 수는 없었지만, 조용히 이 조건을 받아들임으로써 적응할 수는 있었다.

자연환경이 어떠한 조건을 부여하였는지는 촌락과 도시의 외면적인 단조로움에서도 확인할 수 있다. 일반인들의 가옥은 햇빛에 말린 진흙 벽돌로, 혹은 보다 내구성을 요구하는 건물은 구운 벽돌로 지었고, 사회적으로 중요한 기능을 수행하는 건물의 경우에는 회색 혹은 붉은색의 사암으로 만들어졌다. 19세기 다마스쿠스를 방문하여 잘사는 사람들이 밀집해 있는 구역을 본 유럽의 한 여행자는 "거리에는 일종의 귀족이라고 할 수 있는 아가(aga)의 대궐 같은 집이 즐비하였고, 대로에 면한 그 집들의 담은 흡사 회색 진흙으로 쌓은 감옥이나 병원의 긴 담처럼 보였다"라고 회고하였다. 이란이나 북아프리카의 경우에도 사정은 마찬가지였으나, 후자의 경우에 담이 훨씬 밝은 빛이라는 차이만 있을 뿐이다.

이처럼 지극히 단조로운 주변환경과 도시의 경관은 무엇인가 심리적인 기분 전환을 요구하였고, 그것은 우선 의복과 일상용품의 색깔, 그리고 가옥이나 다른 건물들의 장식적 분위기에서 찾을 수밖에 없었다. 5-6/11-12세기의 의복이나 다른 옷감이 어떠하였는지는 구아탱의 게니자 문서 연구를 통해서 어느 정도 드러난다. 즉 "오늘날 사람들은 보통 회색, 황색, 청색, 흑색과 백색을 띤 의복을 좋아하지만, 중세인들은 마치 적도의 새들처럼 녹색, 적색, 강한 황색, 그리고 무엇보다도 각종의 '번쩍거리고' '윤이 나는' 무지개 무늬, 줄 무늬, 파도 무늬를 좋아하였다. 방안을 장식하는 카펫, 소파, 벽걸이에도 의복과 마찬가지로 다채로운 색깔과 무

늬가 사용되었다"는 것이다. 그는 또한 신발과 같이 비교적 두드러지지 않은 부분
도 다른 의복의 색깔과 조화가 되도록 노력하였다는 사실을 지적하고 있다. 7-
8/13-14세기 아랍 지역에서 만들어진 세밀화에 등장하는 남녀의 의복을 자세히
관찰하면 그와 같은 사실을 쉽게 발견할 수 있다. 구아탱이 당시의 시대를 가리켜
서 '색깔에 도취된 사회'라고 말한 것도 전혀 무리가 아니라고 할 수 있다.

색깔에 대한 이와 같은 극도의 예민함은 책을 만들 때 어떻게 하는가에 대해서
튀니지의 지르(Zir) 왕조의 군주 알 무이즈 이븐 바디스(406-453/1016-1061)가
지었다고 하는 안내서에서도 확인할 수 있다. 이에 의하면 필사를 할 때 사용하
는 잉크는 현재 우리가 보통 사용하는 검은색, 청색, 적색에만 한정되어 있지 않
았다. 즉 공작과 같은 청록색, 장미와 같은 붉은색, 피스타치오나 살구와 같은
색, 루비와 같은 색, 자주색, 녹색, 황색, 백색 등은 물론이고, 이외에 무엇이라고
형언하기 힘든 특수하고 신비로운 색깔을 준비하여 사용하였던 것이다.

구아탱이 주목한 바 있는 중세 이집트의 카펫은 주로 문헌사료를 통해서 우리
에게 알려져 있는데, 그가 내린 결론은 7/13세기 터키의 카펫들과 그후 다른 지
역에서 만들어진 것들 가운데 현재까지 잔존해 있는 것들을 통해서 충분히 확인
할 수 있다. 뿐만 아니라 고객들이 동물의 털을 구입할 때도 백색이나 흑색 혹은
황색과 같은 자연색에 만족하지 않고 가능하면 최고로 화려한 색깔과 무늬로 된
것을 찾았다.

이러한 색채감각은 도자기에서도 찾아볼 수 있다. 3/9세기 이후 고전시대와 사
산 왕조 시대의 도자기에 사용되는 제한된 색채는 후일 훨씬 다양한 유약과 색채
로 보충되었다. 이집트의 직물에 나타난 '번쩍거리고' '윤이 나는' 무늬에 비견할
만한 것이 도자기나 타일에도 나타났는데, 백색 유약 위에 얇고 빛나는 금속 막
을 입힌 뒤 다시 구워냄으로써 그러한 효과를 얻었던 것이다. 이러한 기법은 이
집트, 이라크, 이란, 시리아, 스페인 등지에서 광범위하게 사용되었다. 이슬람 세
계의 다양한 도자기 제작법은 기술적으로나 예술적으로 하나의 절정을 이루었고,
이러한 기술이 이슬람권을 넘어서 비잔틴이나 이탈리아로 전파되어 간 것도 당연
하였다.

색채가 강조된 또다른 예가 있다. 5/11세기가 되면 유리 제작은 음각과 양각에

서 매우 높은 기술수준에 도달하게 되었다. 처음에 유리는 일종의 인공적인 수정과 같은 것으로 생각하였고, 따라서 수정을 장식하듯이 색채를 사용하지 않는 장식법이 그대로 적용되었다. 그러나 3/9세기에 '카메오식 세공' 유리(cameo-cut glasses)에서 색채가 들어가기 시작하여, 7-8/13-14세기가 되면 드디어 금박과 유색 에나멜로 장식하는 기술이 시리아와 이집트에서 완전히 자리잡게 되었다. 베네치아의 장인들을 자극하여 이를 모방한 제품들을 만들게 한 것도 바로 이러한 장식기술이었다.

금속은 색깔로 장식하기에 적합한 소재는 아니었으나, 이미 비잔틴 시대에 청동에 은을 박아 넣음으로써 색채와 소재를 복합적으로 구사하는 기법이 사용되었다. 사산 왕조의 장인들도 그와 유사하게 은에다 니엘로(niello : 黑金)를 넣는 기법을 알고 있었다. 이 두 가지 기술이 모두 이슬람 시대로 계승되었다. 은에다 니엘로를 넣는 방법은 2/8세기에서 9/16세기에 이르기까지 이란에서 제한적으로 사용되었으나, 놋쇠나 청동에 다른 금속을 박아 넣는 기술은 6/12세기 중반부터 8/14세기에 걸쳐서 이란, 모술, 시리아, 이집트 등지에서 정말로 화려한 꽃을 피웠다. 금, 은, 동과 같은 금속에 검은색의 물질(현재까지 확인되지는 않고 있으나 파스테(paste)나 니엘로가 아닌가 추측된다)을 덧붙여 최대 네 가지의 색깔까지 만들어냈다. 금속을 장식하는 기법 가운데 아마 가장 다채로운 방식이 '칠보 에나멜 장식'(cloisonné enamelling)일 것이다. 그러나 용도는 상당히 제한되어 있었고, 이집트의 파티마 왕조, 우마이야 왕조와 나시르 왕조 지배하의 스페인에서 값비싼 장신구나 마구 혹은 무기를 만들 때나 사용되었다. 아마 채색유리를 사용한 모자이크처럼 이 칠보 에나멜 기법도 적국인 비잔틴과 너무 밀접한 관련을 맺고 있어서, 무슬림 후원자들에게 큰 매력을 주지 못하였기 때문이었는지도 모르겠다.

9-10/15-16세기 이란과 10-12/16-18세기 터키에서 만들어진 세밀화들도 색채에 대한 무슬림들의 예민성을 보여 주는 예이다. 책의 각 페이지에 있는 제한된 공간에 여러 종류의 원색과 약간의 이차색을 그처럼 집중적으로 사용한 것도 거의 유례를 찾기가 힘들 정도이다. 이와는 대조적으로 선(線)이나 음영을 이용하여 형체를 그려내는 방식은 초기에 거의 사용되지 않았고 뒤에 소위 '중국 취향'이 유행하면서 나타났을 뿐이다. 10/16세기 중반 이후, 특히 11/17세기에 들어와

서 그러한 새로운 기법이 활기를 띠면서 부쩍 늘어나게 되었는데, 이러한 변화는 결국 이슬람 예술의 쇠퇴를 가져오게 되었다.

건축에서 색채를 사용하는 것 역시 이슬람 특유의 면모를 보여 주며, 서구의 건축물에서 색채적 표현이 극히 자제되어 있는 것과는 대조적이다. 이란을 여행해 본 경험이 있는 사람들은 누구나, 누런 진흙집으로 들어찬 마을이나 도시로 들어갈 때 이곳저곳에 있는 성자의 묘지와 모스크를 목격하게 되고, 그 지붕들(돔형이나 원추형)이 남색 혹은 청색의 타일로 장식된 것을 보고 신선한 느낌을 받았을 것이다. 이러한 시각적인 충격은 건물의 내부와 외부가 온통 채색 타일로 덮여 있기 때문에 더욱 고조된다. 채색 타일들은 최대의 광도를 낼 수 있도록 가마에서 구워졌고, 일정한 문양이 나타나도록 그것들을 박아 넣음으로써 소위 '채색 타일 모자이크'(faience mosaics)라는 기법을 만들어냈다. 이러한 기법은 6-7/12-13세기에 이란에서 불안정한 실험이 이루어지다가 호라산 지방의 투스 출신의 한 장인이 이를 완성하여, 이러한 기법을 이용하여 640/1242년 소셀주크의 수도인 코니아에 시르잘르 신학교를 건축하였다. 8-9/14-15세기에 들어와서 이란에서는 건물의 안팎을 채색 타일로 장식하는 이러한 기법이 더욱 발달하여, 현재 헤라트와 사마르칸트에 있는 티무르 왕조 시대의 건물들이 그 절정의 모습을 보여 주고 있다. 10/16세기 후반과 11/17세기 초 사파위 왕조의 샤 아바스가 수도로 삼았던 이스파한의 건물들은 이 기법의 최후의 단계를 이룬다. 마스지디 샤와 마스지디 셰이크 루트프 알라가 가장 뛰어난 예이며, 1118-1126/1706-1714년 건축된 소위 마드라사이 마다리 샤는 그러한 기법이 상당히 오랫동안 지속되었음을 입증하고 있다. 오스만 제국은 그 절정기인 10-11/16-17세기에 타일 제작의 두 번째 흥륭기를 맞이하였다. 예루살렘에 있는 '바위의 성전'의 윗부분 외벽은 채색 타일로 장식되었고, 이스탄불의 루스템 파샤 모스크 역시 안팎이 화려한 타일로 덮여졌다.

다른 지역에서는 건축의 외부장식에서 이란, 터키, 중앙 아시아가 보여 준 이러한 화려함을 능가하지 못하였지만, 건축에서 색채를 가미하려는 시도가 없었던 것은 아니다. 이집트의 맘루크 왕조 역시 채색 타일을 시도하기는 하였으나 다른 방식으로 색채효과를 내는 데 더 주력하였고, 무굴 제국의 모스크나 궁전 혹은 성묘에서도 주로 흰색 대리석과 붉은 사암의 결합, 혹은 여러 색깔의 보석에 가까운 돌을 박아 넣는 방식을 많이 사용하였던 것이다. 또다른 지역에서는 건물의 외부보다는 내부의 색채장식에 더 신경을 많이 썼다. 3/9세기부터 이라크와 이란에서는 스투코 판을 조각하거나 색칠하여 벽에 붙이는 것이 유행하였다. 스페인과 북아프리카에서도 유약으로 구운 채색 타일을 사용하였지만, 천장을 무카르나 방식으로 장식하는 것이 주류를 이루었다. 6/12세기 이후 이란의 기술자들은 채색 타일들을 결합하여 팔각형의 별 모양, 짙은 청색이나 남색의 십자 문양 등을 만들어서 장식으로 사용하기 시작하였다. 맘루크 왕조의 궁전, 목욕탕, 개인 가옥, 신학교, 모스크의 키블라 벽 등에도 유색 대리석을 이용하여 '부분결합' 방식으로 기하학적인 문양을 만들어 넣었다. 13/19세기까지 시리아의 고관들 집에서는 분수대나 마루를 꾸밀 때 이러한 방식이 애용되었다. 반면 모로코의 귀족들은 집의 마루에 유약을 바른 채색 타일을 깔았다.

먼지, 열기, 정원

험악한 환경과 가혹한 기후는 이슬람 예술에 또다른 분야를 탄생시켰는데, 그것이 바로 정원이다. 정원은 종교적인 상상력에 의해서 천국이 땅 위에 반영된 것으로 여겨졌다. 정원예술의 발달이 5/11세기에서 13/19세기에 이르기까지 지속되었고 스페인, 이란, 중앙 아시아, 인도 등지에서 유사한 형태의 정원들이 만들어졌다는 사실은, 이것이 단지 환경에 대한 동일한 대응이라는 측면 이외에도 이슬람 예술이 가지는 보편성을 보여 주고 있다. 건조하고 끝없는 주위 경관에 대한 대응으로 무슬림들은 정원을 만들 때 세밀하게 기하학적으로 설계하여 보도와 수로, 그리고 나무와 꽃이 어디에 배치될 것인가를 결정하였다. 스페인에서 그러한 중세 전기 정원의 한 전형이 발굴되어 복원된 바 있다. 11-12/17-18세기에 만들어진 여러 정원들이 지금도 모로코, 인도 등지에 남아 있다. 이란에 남아 있는 정원들은 11-13/17-19세기에 속하는 것이다.

이처럼 규모도 크고 귀한 물을 아낌없이 쓰는 정원들은 대개 도시 근교에 만들

먼지와 열기를 잊게 해 주는 정원은 이슬람에서 가장 강렬한 예술적 표현형태가 되었다. 정원은 건조한 주변환경과 대비되는 푸른 싱싱함이요, 우중충한 단조로움 속에서 빛나는 색깔의 세계이며, 무형 속에서 돋보이는 형태의 공간이기도 하다. 진정한 의미의 정원은 이제 거의 남아 있지 않으나, 그 특징은 세밀화나 카펫 문양 속에서 발견할 수 있다. 오른쪽은 바부르가 정원일을 감독하는 장면을 나타내는 무굴 왕조의 세밀화. 아래는 고전 이슬람 시대의 정원 가운데 유일하게 보존되어 있는 것으로 그라나다의 알람브라 궁전에 있는 미르틀레스(Myrtles) 정원의 모습으로 8/14세기에 건축된 것이다.

천국과 같은 정원의 모습은 페르시아의 사파위 왕조 대에 만들어진 최상급 카펫에서 재현되고 있다. 길이 5미터, 폭 4미터에 달하는 이 카펫에서 H자 수로가 정원을 가로 지르고 있으며 이를 따라서 물고기가 헤엄쳐 다닌다. 중앙의 연못에는 오리들이 헤엄치며 놀고 있다. 둑을 따라서 다양한 나무와 관목과 꽃들이 자라고 있고 그 그늘 아래로는 각종 동물과 새들이 지나 다닌다. 이 카펫은 11/17세기에 직조된 것이다.

어졌고, 군주나 지배층의 재산과 권위의 상징이었다. 그러나 그처럼 부유하지 않은 사람들도 집안의 정원 가운데 분수를 세우고 그 둘레에 조그만 나무들, 덤불, 포도나무, 화초를 심어 놓음으로써 자연과의 사이에 최소한의 연결을 유지하려고 하였다. 이것이 비록 작은 것이기는 하지만 그런대로 그들에게 집안에서 숨을 돌리고 기쁨을 느끼게 하는 공간을 이루었다. 귀족들의 정원과 마찬가지로 서민들의 조그만 정원 역시 이슬람권 전체에 공통되는 특징이라고 할 수 있다.

정원에 대한 집착은 장식예술에도 영향을 미쳤다. 초기의 정교한 정원들의 모습은 10/16세기 카펫에 동일한 문양으로 복사되고 있고, 이처럼 카펫을 통해서 정원의 문양을 재창조하려는 노력은 이란 서북부에서 그후로도 한동안 계속되었던 것으로 보인다. 중산층에게 이러한 전통은 방안에서 밤이나 낮이나 사철을 불문하고 즐길 수 있는, 말하자면 실제 정원의 대용품이었던 것이다. 10/16세기에 들어와서 터키의 예술이 보다 더 사실적인 측면을 보이기 시작하고 11/17세기에 이란과 인도에서도 유사한 움직임이 나타났을 때, 도자기나 타일, 직물이나 카펫, 혹은 책이나 화첩의 가장자리에 여러 가지 무늬의 꽃을 그려 넣음으로써 정원의 효과를 더욱 확대시키려고 하였다.

세속적인 혹은 종교적인 건축물들은 환경과 기후의 가혹함에 대한 대응으로 만들어낸 화려한 측면들 이외에, 보다 소박한 방식을 고안하기도 하였다. 7/13세기의 아나톨리아에서는 모스크에 물이나 분수를 도입하여 변화를 주었고, 이집트와 시리아의 개인 집과 신학교 혹은 모스크 등에서는 특수한 통풍장치를 사용하였다. 7/13세기 이라크의 세밀화를 통해서 알 수 있듯이 착탈식 지붕이 있었고, 적도에 가까운 지역에서는 깔대기 모양의 높은 풍탑(風塔)이 세워졌다. 건물의 천장은 높이 만들어졌고, 바닥에는 대리석은 아닐지라도 돌을 깔아서 더위를 줄이는 방법을 사용하였다. 이집트와 팔레스타인처럼 더운 지역에서는 짚으로 만든 시원한 돗자리를 썼지만, 추운 지역에서는 양털로 짠 카펫을 사용하였다.

마시는 것, 씻는 것, 목욕하는 것은 열기와 먼지와의 일상적인 싸움에서 큰 의미를 가진다. 집마다 유약을 발라 굽지 않은 수병(水甁)이 있는데, 그것은 증발을 통해서 물의 시원한 온도를 유지하려는 까닭에서였다. 6-7/12-13세기 이라크에서 사용되던 수병의 예를 통해서 알 수 있듯이, 이들의 표면은 글자나 문양 혹은 구체적인 형상으로 장식되었고, 그중 훌륭한 것은 무엇인가로 찍어누르거나 혹은 점토를 갖다 붙이는 방식의 바르보틴(barbotine) 기법을 사용하여 만들어졌다. 이들 수병의 대부분은 중산층을 위해서 만들어진 것이기 때문에, 그들의 취미와 요구가 어떤 것이었는가를 말해 주는 좋은 자료가 된다. 물을 마실 때 사용하던 그릇은 종류도 많고 모양도 다양하였는데, 특히 궁전에서 포도주를 따르던 주전자는 매우 화려하였다. 그 한 예로 6/12세기 이란에서 제작된 것이 있는데, 이것은 유약을 발라서 구운 채색토기이다. 같은 시기 시리아에서는 에나멜을 칠한 유리병이 사용되었고, 이러한 형태가 무슬림권에 널리 퍼져 있었다.

씻을 때 사용하는 용기로는 물항아리, 대야, 원통형 물통 등이 있었는데, 값비싼 것들은 표면을 파내어 그 안을 장식하는 방법으로 만들어졌다. 함맘이라고 불린 공중 목욕탕은 로마의 목욕탕에서 기술을 빌려온 것으로, 예를 들면 물을 데우는 방법이나 네 개의 방(탈의실, 냉욕실, 온욕실, 열욕실)으로 구성된 방식이 그러하다. 천장의 돔에는 유리를 끼워 넣어서 태양광을 받도록 고안되었다.

이슬람의 인테리어 : 직물

이슬람 세계에는 나무로 된 가구라는 것이 거의 존재하지 않았다. 장롱, 침대, 책상, 걸상과 같은 것은 없었고, 단지 조그마한 보관함 같은 것이 있었음을 이집트에서 발견된 2-3/8-9세기경의 실물이나 혹은 7/13세기 이란의 세밀화를 통해서 알 수 있다. 사람들은 보통 등걸이가 없는 의자나 긴 벤치 혹은 직물로 덮인 소파에 앉고, 바닥에서 먹고 잤으며, 카펫이나 긴 베개 혹은 매트리스 위에서 휴식을 취하였다. 책이나 다른 물건은 벽장 속에 넣어 두었는데, 이 벽장의 형태는 다양하였다. 옷과 이불은 찬장이나 보관함 위에 올려 두거나 방 한구석에다 쌓아 두었다. 따라서 목수들이 작업할 수 있는 부분으로 남겨진 것은 문, 문고리, 천장의 서까래, 창틀 정도에 불과하였다.

이러한 이유로 이슬람권에서의 직물산업은 오늘날 우리 사회에서 철강업이 차지하는 비중만큼이나 중요했다. 직물업에 의해서 의복, 커튼, 이불, 소파 덮개,

베개, 카펫, 천막, 정원의 장막 등이 공급될 수 있었다. 게니자 문서를 비롯한 사료들이 대부분의 일하는 사람들이 직물업 분야에 종사하였음을 입증하고 있는 것도 이상한 일은 아니다. 직물업은 대도시뿐만 아니라 조그만 도시나 심지어 부족민들이 사는 곳에서도 이루어졌고, 부족민들이 만들어낸 켈림(kelim)이라고 하는 벽걸이 카펫은 유명하였다.

예술적인 취향 역시 직물업의 영향을 받지 않을 수 없었다. 직물은 부숴지지 않고 운반이 용이하였기 때문에, 광범위한 교역망은 이슬람권 전역에 문양의 전파와 교환을 가능하게 만들었다. 또한 직물과의 친근성은 평면적이고 무한히 반복되는 문양을 다른 물체에다 적용하는 것을 용이하게 하였다. 예를 들면 건물에 장식을 하는 것은 흔히 '옷을 입히는 것'으로 여겨졌고, 이 점이 바로 건축물의 장식이 가지는 '직물적인' 성격을 설명해 준다. 건물의 표면에만 장식을 하는 전통은 이미 비잔틴 건축에서 존재하였고, 따라서 예루살렘의 '바위의 성전' (72/691년 건설)과 같은 초기 이슬람 건축에서도 그 영향이 보인다. 그러나 이슬람 예술이 발전하면서 이러한 '직물적인' 특징이 더욱 현저하고 광범위해졌고, 특히 후대로 내려올수록 심해졌다. 마찬가지로 금속 가공도 삼차원적인 장식은 거의 이루어지지 않고, 단지 물체의 표면에 약간의 요철만을 가하는 평면적인 장식으로 그쳤던 것이다. 6-7/12-13세기에 이란에서 만들어진 제품들에는 사산 왕조와 셀주크 왕조의 직물 전통의 영향을 받은 문양들이 반영되었고, 스페인과 터키의 타일 문양 역시 그러하였으며, 9-11/15-17세기 이란에서 만들어진 책들의 표지장식은 카펫을 연상시킨다.

문화적인 상호 영향

중동의 예술에서 전형적으로 이슬람의 특징을 가진다고 생각되는 많은 것들이 사실은 무하마드 이전 시기로 소급된다. 『코란』과 이슬람 신학이 그 이전의 종교에 대해서 많은 언급을 하고 있듯이, 예술에서도 이제 막 태동한 이슬람 문명이 독자적인 전통을 가지지 못하였기 때문에 그에 앞선 전통으로부터 빌려 올 수밖에 없었다. 우리가 이미 살펴보았듯이 모스크의 구조는 이슬람 이전 시기의 건축 관념에서 비롯되었고, 공중 목욕탕은 로마로부터 원형을 빌려 왔다. 장식예술에서 포도 문양이나 경사 문양 혹은 원형의 이용 등도 이슬람 이전 시기로 거슬러 올라간다. 청동에 은을 박아 넣는 것이나 은에 흑금을 박아 넣는 등의 기술적인 측면도 마찬가지이다. 심지어 카펫을 만드는 기술, 즉 색깔이 있는 실을 옆에 있는 날실에 묶어 나가면서 만드는 기술도 이미 이슬람이 출현하기 천여 년 전 이란에서 사용되던 기법을 그대로 따른 것에 불과하며, 지금도 똑같은 방식으로 카펫을 짜고 있다.

회화 분야에서 초기 700년 정도는 동방화된 헬레니즘 문명이나 비잔틴 전통의 영향을 받고 있음을 알 수 있다. 그러나 성화에 대해서는 재해석이 내려지고 변화가 일어났다. 성서에 나오는 장면들에 대해서 새로운 의미가 부여되었다. 반면 별자리에 대한 묘사는 근본적인 변화가 없었으나 원래의 신화적인 의미가 잊혀지고 그 이름도 바뀌어졌다. 헤라클레스좌는 '춤추는 사람'으로, 카시오페이아좌는 '앉아 있는 여자'로, 안드로메다좌는 '남편이 없는 여자' 등으로 개명되었던 것이다.

이슬람이 다른 문명에 끼친 예술적인 영향이 있었던 것은 사실이지만, 그 기법 가운데 이슬람 출현 이후 중동에서 새로이 만들어진 것은 거의 없었다. 여기에서 예외라고 할 수 있는 것이 토기에 채색과 유약을 발라 굽는 방식과 채색 타일을 이용한 모자이크 기법이다. 이외에도 토기 표면에 광택이 나는 색깔을 칠하는 기법도 유럽에 영향을 주었다. 문양 가운데에서 우아한 아라베스크도 그러한 예이지만, 사실 이것도 거슬러 올라가면 비잔틴 예술에서 그 원형을 찾을 수 있다. 그러나 이를 완벽한 형태로 만든 것은 무슬림들이었고, 그것이 10/16세기 유럽에서 크게 유행하였다.

이러한 몇 가지 사례들은 문화적인 상호 연관성이라는 측면을 보여 주기에 충분하다고 생각한다. 또 그러한 연관성이 이슬람 문명을 서구역사의 중요한 흐름과 밀접한 관계를 맺게 한 것이고, 그 예술적 가치가 중세의 성당에서부터 현대의 미술관에 이르기까지 서구에서 인정을 받고 찬탄을 불러일으키게 하는 중요한 원인이 되기도 하였다.

한 가지 의문이 남는다. 과연 이슬람에서도 서구의 르네상스에 비견될 만한 무엇인가가 있었는가 하는 점이다. 그러나 그 대답은 이슬람권 대부분의 지역을 고려해 볼 때 부정적일 수밖에 없다. 단지 이란은 예외라고 할 수 있다. 4/10세기 이후 나타난 강력한 민족적 자각의식으로 인해서 이슬람 이전 시대의 예술적인 이상으로 회귀하려는 욕구가 나타났다. 특히 피르도시가 완성한 이란인의 서사시 『제왕의 서』(Shāh-nāma)가 그 좋은 예인데, 그는 여기에서 순수한 페르시아어를 사용하여 이슬람 이전의 페르시아 역사를 시로 노래하였다. 이러한 정치적 문학적인 재흥의 움직임이 있은 직후 파르티아와 사산 왕조의 건축양식이 모스크를 지을 때 다시 도입되고, 과거의 군주와 관련된 이란적 모티프가 다시 등장하였다. 이러한 문화적인 방향 전환으로 말미암아 5-7/11-13세기에 걸쳐서 이슬람 예술은 새로운 절정을 이루게 되었다.

7/13세기에서 11/17세기에 걸쳐서 이집트, 스페인, 이란, 터키, 인도 등은 모두 고도의 예술적인 수준을 이룩하였다. 그러나 1650년 이후 그 수준은 점차 저하되기 시작하였고, 12-13/18-19세기에 들어와서 그 쇠퇴는 가속적으로 진행되었다. 카자르(Qājār) 왕조 지배하의 이란을 제외하고 그 시기의 이슬람 예술이 서구의 영향을 깊이 받게 되었다는 것은 일종의 불행이었다. 그러나 최근에 나타나고 있는 전통적인 형태와 새로운 관념 및 기술의 결합은 특히 건축 분야에서 오래 전부터 존재해 온 창조적 힘이 아직 살아 있을 뿐 아니라, 앞으로도 놀라운 작품들을 창조할 가능성이 충분함을 보여 주고 있다.

3. 도시와 시민

이슬람 도시의 스케치. 10/16세기경 나수흐 알 마트라키의 『여행기』에 나오는 오스만의 도시 비틀리스의 모습.

카이로에 있는 '이슬람-아랍 예술 박물관'에는 402/1011-1012년에 쓰여진 명문(銘文)이 있는데, 신에 대해서 찬양을 드리고 『코란』의 구절을 인용한 뒤 다음과 같은 내용의 글이 이어지고 있다. "이 축복받은 모스크는 실실라의 아들 무하마드, 그의 아들 아브드 알라, 그의 아들 후사인, 즉 신과 저승에서 안식을 찾고자 하는 옷감장수에 의해서 건축된 것이다. 누구라도 그를 위해서 기도를 올리는 사람에게는 살아 있을 동안, 또 죽은 뒤에도 신의 자비가 있으리라. 모스크 안에 있는 종려나무는 무슬림들을 위한 식량이 될 것이니 어느 누구도 이것을 팔거나 사지 말지어다."

이 명문이 어디에서 출토되었는지 아는 사람은 아무도 없다. 따라서 이 모스크가 어느 곳에 있었던 것인지, 혹은 이 옷감장수가 누구였는지도 모른다. 그러나 모스크의 정원 가운데 서 있는 한 그루의 종려나무 속에 배어든, 그의 소박한 경건함으로 가득 차 있는 이 글은 여러 지역을 정복, 통치하고 그곳에 궁정을 지어 아첨하는 부하들에게 금화와 화려한 예복을 나누어주던 왕공들이나 장군들의 세계로부터 우리를 또다른 세계로 이끈다. 그곳은 지성을 중시하는 근엄한 사상가의 세계도 아니요, 그렇다고 보다 더 심오한 진실을 추구하던 신비주의자들의 세계도 아니다. 물론 이러한 여러 세계들이 육체적 정신적 필요에 의해서 서로 얽혀 있었던 것은 사실이지만, 그래도 여전히 위의 명문은 우리로 하여금 고전시대의 무슬림 사회에 존재하던 현실적이고 현세적이면서도 신을 경외하던 세계를 느끼게 해 준다. 이집트의 어느 조그만 도시에서든 아니면 카이로의 어느 한 골목에서든, 모스크는 그 첨탑이 보이지 않는 곳에서는 아무런 의미가 없었을 것이다. 또한 명문을 남긴 옷감장수는 종려나무의 열매를 필요로 했었을 빈자가 아니라 분명히 '유복한' 생활을 누리던 사람이었을 것이다.

이러한 카이로의 명문이 우리에게 아브드 알라의 아들 후사인과 같은 사람들의 세계를 엿보게 해 주는 유일한 자료는 아니다. 바그다드에 살았고 한발리(Hanbalī) 법학파에 속하였던 이븐 알 반나라는 사람이 461/1068년 8월부터 462/1069년 9월에 이르기까지 일년 남짓한 기간 동안 기록한 일기가 남아 있는데, 거기에는 어린아이의 출생에 관한 이야기, 꿈에 관한 해석들, 죽은 자에 대한 기도 등 자신의 주변에서 일어나는 일들에 관해서 직접 보고들은 것을 기록한, 말하자면 제국의 수도에 사는 '시민'이 겪어 가는 일상생활의 여러 가지 흥미로운 모습들이 담겨져 있다. 예를 들면 그는 모스크에서 기도하던 사람들과 투르크 병사들 사이에 충돌이 벌어진 직후인 462/1069년 1월 31일에 일어난 폭동에 관한 일화를 기록하고 있다. 분쟁을 가라앉히기 위해서 대표단이 중앙관청(Dīwan)에 파견되었는데, 그 대표단은 법학자(fuqahā'), 귀족(sharaf), 상인(tujjār), 명망가(amāthil)로 구성되어 있었다. 몇 차례의 회의가 소집되면서 어떤 사람들은 『코란』을 처음부터 끝까지 낭독하는가 하면 어떤 사람들은 모금활동에 열을 올렸고, 또 민중들을 진정시키기 위해서 옷과 음식이 분배되기도 하였다. 그의 일기 곳곳에서 드러나듯이, 이러한 사건이 벌어졌을 때 정치적으로나 종교적으로 적극적인 역할을 담당하였던 장본인은 어느 한 개인이 아니었다. 그것은 바로 공적인 권력을 장악하지도, 도시폭동에 참가하지도 않았던 계층이었다.

마지막으로 다마스쿠스에서 발견되어 최근에 간행된 4/10-5/11세기의 매매 계약서와 희사 문서들은 우리에게 알 후사인 이븐 우바이드라는 이름의 또다른 옷감장수를 소개하고 있다. 그는 어느 유대인으로부터, 그리고 어느 부자의 두 딸들로부터 상당한 농사수입이 보장되는 거대한 장원을 사들인 것으로 확인된다.

이처럼 무슬림 세계를 직접 통치하지는 않았어도 그 재산과 활동의 상당 부분을 주도하였던, 그리고 이념과 문화의 창조자라기보다는 소비자라고 할 수 있었던 그러한 계층에 속하였던 남녀들의 생활과 활동의 면면을 보여 주는 구체적인 실례들을 열거하는 것은 그리 어렵지 않다. 그들은 과거에 귀족이라고 불리기도 하였고 최근에는 유력자라고도 불렸는데, 아마 이러한 계층이 가지는 여러 가지 다양한 성격을 포괄하기 위해서는 '부르주아'라는 상당히 모호한 표현이 적절할 것이다.

무슬림 부르주아 계층의 가장 특징적인 면으로 다음과 같은 세 가지를 지적할 수 있다. 첫째, 상인들(특히 의류상)이 차지하는 비중이다. 중동의 지리적 여건, 그리고 메카와 메디나라는 상업도시를 기반으로 하였던 초기 이슬람 지도자들의 사회적 이념적 근거라는 면을 생각하면 상인들의 이러한 주도적인 역할은 충분히 이해할 만하다. 둘째, 부르주아 계층과 이슬람 내부의 이단적 운동과의 지속적인 연관성이다. 부르주아는 정통교단 내부의 변화나 새로운 방향의 모색과도 연결되어 왔다. 사실 시아파, 한발리파, 신비주의 등과 같은 종교적인 움직임의 성장은 부르주아의 적극적인 지원이나 참여 없이는 불가능하였을 것이다. 셋째, 하나의 사회계층과 그를 둘러싼 세계, 그리고 재산과 권력의 획득에 대한 태도와 관련된 것이다. 구아탱도 지적하였듯이 "초기 이슬람은 보통 자본의 축적이나 사치와 같은 경제적 활동에 대해서 긍정적이거나 적어도 관용적인 입장을 취해 왔던 것"이 사실이지만, 반대로 수많은 신비주의자들이나 4/10세기의 이븐 미스카와이와 같은 사람은 부당한 부의 획득, 특히 사치스러운 개인 재산의 축적에 대해서 비판적이기도 하였다. 물론 각자 나름대로의 논리는 있고, 그 논리에 따라서 재산에 대해서 상이한 입장이 생겨나는 것이다. 최근에 들어와서 보다 자주 논의되는 것은 이슬람 상업주의의 제도적인 측면인데, 즉 길드와 같은 조직이 있었음에도 불구하고 서구에 비견될 만한 도시 내부의 상업조직을 창조하지 않은(혹은 못한) 이유들이 문제시되고 있다. 이러한 모든 문제들은 아직 분명히 포착되지 않고 있는 이슬람 부르주아 계층의 기본 성격, 그리고 도시나 도시를 중심으로 하는 질서와 이 계층과의 현실적 연관성 등이 밝혀질 때 저절로 해명될 것이다.

무슬림은 신자들의 공동체 —— 예언자의 계승자인 칼리프가 지배하는 '이슬람의 땅'(Dār al-Islām) 안에 거주하는 신자들의 총체 —— 라는 매우 광범위한 범주에 속하였지만, 이를 넘어서 그에게 지속적인 소속감을 부여해 준 것은 어느 왕조나 지방이 아니라 그가 살고 있는 도시였다. 따라서 중세 이슬람의 역사서는 보통 보편적인 역사이거나 아니면 도시의 역사 둘 중의 하나였다. 아랍어로 '타리흐'(tā' rīkh : 역사)라는 말이 있는데, 이것도 도시의 발전을 연대기적으로 서술한 것은 아니었다. 물론 거기에는 저자 생존 당시 그 도시에 관한 지형적인 묘사가 삽입되기도 하지만, 도시에 살던 중요한 인물들의 전기와 그 장황한 나열이 대부분을 차지하고 있다. 그야말로 수천을 헤아리는 이 전기들에 관한 체계적인 연구가 있는 것은 아니지만, 그들의 대부분은 부르주아로 분류될 수 있다. 이러한 사례들은 무슬림들이 도시를 하나의 '물리적인 구조물'이라기보다는 중요한 가문에 속한 탁월한 사람들의 활동과 생애의 총화로 보고 있었음을 반증한다. 그러나 6/12세기부터는 도시에 거주하는 사람을 위주로 한 것이 아니라 '물리적인 구조물'로서의 도시, 혹은 도시가 지니는 특수한 성격을 다루는 자료들이 나오기 시작한다. 예를 들면 9/15세기 중반에 저술된 알 마크리지의 『히타트 미스르』(*Khitat Misr*)라는 작품은 당시 이슬람권 최대의 도시 가운데 하나를 매우 상세하게 다룬 것이지만, 불행하게도 다른 도시에 관해서는 그러한 기록이 남아 있지 않다.

  도시 부르주아에 대해서 관심을 표명하는 또다른 이유는 이슬람권이 특히 그 초기에 구도시를 발전시키고 신도시를 건설하는 데 엄청난 노력을 기울였다는 사실 자체에서 찾을 수 있다. 도시 이외에 그만큼 재화와 노력의 지속적인 투자를 요구하는 것은 없었다. 그러나 글로 쓰여진 것만으로는 막연한 일반론 이상으로 도시생활의 구체적인 모습을 재현하기 힘들다. 간혹 연대기나 문학작품 속에 삽입된 일화를 통해서 개별 도시의 특징이 부분적으로 포착되기는 하지만, 역시 중세 이슬람 도시들의 실상을 여실히 보여 주는 것은 문헌자료보다는 고고학 발굴의 결과일 것이다 푸스타트, 남부 이란의 시라프, 시리아 동부의 카스르 알 하이르 등지에서 진행된 발굴이 그 예인데, 뒤의 두 곳은 이슬람권의 중심부라고 하기 어렵기 때문에 고고학적 자료가 마땅히 가져야 할 유용성이 문제가 된다.

  부르주아를 규정하는 데 도움이 되는 고고학적 혹은 기타 시각적 자료들 가운데 다음 두 가지도 고려할 필요가 있다. 하나는 부르주아를 둘러싸고 존재하였던 물건들인데, 이에 대한 연구에는 통계학에서 예술사에 이르기까지 여러 다른 분석방법이 동원되지 않으면 안 된다. 또 하나는 시각적 자료로서, 오스만 시대에 이르기까지는 도시의 지도, 청사진, 그림 등이 많이 제작되지 않았지만, 예를 들면 알 하리리의 『마카마트』에 들어가 있는 삽화들 —— 아직 그 전부가 출판되지 않고 있다 —— 은 7/13세기 부르주아들의 생활과 활동을 잘 보여 주고 있다.

필자는 여기에서 어떻게 하면 도시의 물리적 특징과 도시 엘리트의 생활, 활동, 제도 등을 연관시켜서 설명하느냐에 큰 관심을 두고 있으며, 시기적으로는 이슬람 상업적 부르주아의 전성기라고 일컬어지는 800-1300년에 초점을 맞추려고 한다.

시간, 장소, 위상

무슬림 도시를 평가하고 설명하는 데는 항상 다음과 같은 세 가지 변수를 염두에 두어야 하는데, (1)도시의 규모와 중요성, (2)분석의 대상이 되는 정확한 시점, (3)그 지리적 범위가 그것이다. 이에 대해서는 간략한 설명이 필요하다.

4/10세기의 지리학자인 알 마크디시는 미스르(misr : 거대도시), 카사바(qasaba : 대도시), 마디나(madīna : 중형도시), 발라드(balad : 소형도시)라는 식으로 도시의 규모와 중요성을 분류하였다. 반면 보다 율법적인 해석을 중시하는 학자들은 어떤 도시가 민바르(군주의 지배권을 공인하는 후트바(khutba)를 낭독하는 모스크 내부의 설교단)를 소유하고 있느냐의 여부를 구분기준으로 삼기도 하였다. 그러나 이 두 가지 구분 모두 완전히 합당하다고 하기는 힘들다. 실제로 알 마크디시도 일관성 있게 자신의 구분에 맞추어 용어를 사용하지 않고 있고, 설교단 역시 후일 수많은 도시에 마구 설치되면서 구분기준으로서의 의미를 상실하였기 때문이다. 이처럼 무슬림 도시의 내적인 발전과정에 따라서 그를 분류할 수 있게 하는 일관된 기준(예를 들면 유럽의 도시에서 주교가 임명되었느냐의 여부, 혹은 로마 제국에서 군대가 주둔하느냐의 여부 등과 같은 기준)이 존재하지 않는 이상, 필자는 도시의 규모와 중요성을 판별하는 데에 그 도시가 소위 '국가' —— 일정한 무슬림 세계를 실제적으로든 이론적으로든 통합시키는 경향을 지닌 사회적 정치적 혹은 다른 힘들의 결합 —— 와 결부되었느냐의 여부를 기준으로 삼고자 한다.

도시와 '국가'와의 결부는 여러 가지 형태를 띠고 나타났는데, 그중 하나는 이슬람의 출현 직후부터 일부 도시들이 그 크기와 관계없이 행정수도의 역할을 담당하게 된 경우이다. 또다른 형태는 점진적인 것으로서, 예를 들면 수많은 촌락들과 마을들이 결합하여 형성된 이스파한과 같은 도시가 그러한데, 처음에는 그러한 분산적이던 지점들이 외적인 권력에 의해서 통합을 이루게 되었다. 이스파한의 경우에는 2/8세기 말 아바스 왕조의 총독이, 그리고 4/10세기에는 부이 왕조의 총독이 임명됨에 따라서 그러한 통합이 이루어졌다. 따라서 이러한 도시는 내적 발전과 외적 자극의 결합에 의한 산물인 셈이다. 그런데 이와는 달리 완전히 공적인 권력에 의해서 만들어진, 우리들이 최근 '신도시'라고 부르는 범주에 속하는 것들도 존재하였다. 여기에는 부르주아가 아무런 역할도 할 여지가 없는 제국의 수도 사마라와 같은 것이 있는가 하면, 이라크의 바그다드나 모로코의 틴말, 이란의 술타니야나 이집트의 카이로와 같은 왕조의 수도들이 속하기도 하고, 킬리키아 지방의 타르수스나 마시사, 그리고 모로코의 라바트와 같은 변방도시들, 아니면 이라크의 쿠파나 바스라 또는 튀니지의 카이라완이나 이란의 구르간과 같이 새로 이주해 온 무슬림들에 의해서 건설된 도시들도 속한다.

　시간이라는 변수를 고려할 때 우리는 대체로 다음 세 시기로 나누어 볼 수 있다. 제1기는 이슬람 초기부터 900년경까지로, 제법 중앙집권적인 권력이 존재했었기 때문에 새로운 도시의 건설이나 구도시의 변경과 같은 작업은 보통 칼리프 자신이나 그에 의해서 임명된 총독들의 지원을 받거나, 이들의 재정적 후원으로 이루어졌다. 제2기는 900년부터 1300년까지로, 일반적으로 토착주민들과는 다른 민족 출신의 군인들에 의해서 지탱되는 지방정권들이 여기저기 생겨나는 시기였고, 거의 모든 도시들이 권력의 중심지로 바뀌어 갔다. 이러한 변화는 많은 도시의 역할과 재화를 증대시키는 결과를 가져왔고, 정치적 상황의 불안정에도 불구하고 부르주아 계층의 번영과 성장이 돋보이던 시기였다. 제3기는 몽골 침입 이후의 시기로, 무슬림 세계의 통일적 유형이라는 것이 더 이상 존재하지 않게 되었기 때문에 이란과 소아시아, 그리고 북아프리카, 스페인, 시리아, 이집트의 도시들 사이에서 공통점을 찾아보기 힘들게 되었다.

　도시 발전에서 지역적 변수는 매우 상이한 여러 가지 측면들을 동시에 내포하기 때문에 설명하기가 무척 어렵다. 이들 가운데 두 가지만 예시해 보도록 하자.

우선 물의 원천과 분배를 들 수 있다. 메소포타미아나 이집트의 도시들처럼 커다란 강가에 위치하여 종종 홍수를 경험하는 경우라면 지하수로(qanāt : 이에 대해서는 제10장의 내용을 참조할 것)를 이용하는 이란의 도시들이나 수조(水槽 : cistern)를 이용하는 예루살렘과 동일한 외형적 구조를 가질 수는 없을 것이다. 또 한 가지는 이슬람 출현 이전의 촌락의 존재 여부와 그 특성인데, 고대부터 석조건물들이 존재하였던 다마스쿠스나 알레포는 그 중심이 빈번히 옮겨지기 힘들었던 반면, 사마르칸트나 니샤푸르는 신주거지가 옛 주거지의 옆에 세워졌다.

이러한 여러 변수들을 염두에 두면서 도시들의 외형과 주민들에 대한 개괄적 고찰을 시도할 수 있을지도 모르겠다. 이슬람권의 도시를 연구한 최근의 한 학자는 각 도시들의 특이성을 인정하면서도 5/11세기라는 시점에서는 '노예군인들, 주거구역, 법학교를 중심으로 형성된 종교인 집단' 등을 일종의 공통점으로 들고 있다. 그러나 중세의 작가들은 그러한 방식으로 도시를 설명하지 않았다. 3/9세기의 위대한 문필가였던 알 자히즈는 당시의 10대 도시를 예시하면서 "귀품 있는 바그다드, 우아한 쿠파, 부지런한 바스라, 교역의 미스르(이집트의 푸스타트), 배신의 라이, 독재의 니샤푸르, 탐욕의 메르브, 자만의 발흐, 수공업의 사마르칸트"라고 하였다. 그러나 지리학자 알 마크디시는 이러한 평가를 소개하면서 동시에 자기 시대에 걸맞는 또다른 품격들을 도시마다 부여하였다. 알 자히즈나 알 마크디시는 모두 아다브(adab : 제5장 참조)에 경도된 작가들이었기 때문에 교육과 흥미라는 두 가지 목적에 모두 충실해야 했는데, 그들의 기준이 오늘날 학자들에게 과학적인 분석의 대상이 될 수는 없겠지만 그래도 도시들마다 무엇인가 식별 가능한 취향이 있었다는 사실을 알 수 있다. 마지막으로 중세의 문헌자료들과 고고학적 유적은 도시의 재화에 대해서 증언하고 있다. 우리는 이것을 때로는 세금장부와 같은 사실적인 사료를 통해서, 때로는 주요 생산품과 생산활동에 대한 언급을 통해서 확인할 수 있다.

따라서 우리가 고전시대의 이슬람 도시들의 모습을 그리려면 다음 다섯 가지의 테마를 고려해야 할 것이다. 즉 주거구역, 신도공동체, 재화, 국가 그리고 취향이 그것이며, 결론에서 이들 다섯 가지 요소를 '이슬람의 도시와 부르주아'라는 보다 넓은 주제 속에 엮어 보고자 한다.

주거구역

적어도 제2차 세계대전 이전에 중동의 도시를 방문한 경험이 있는 사람이라면 누구나 그것이 부족적 직업적 혹은 여타의 속성에 의해서 구역들로 나누어져 있었던 것을 느꼈을 것이다. 일반적으로 전 근대 시기의 구역 패턴들이 훨씬 더 이전의 시기로 소급될 수 있으리라고 추정되고 있기는 하지만 확실치는 않다.

부르주아의 주거형태의 표본은 다르(dār)라고 불리는 '가옥'이었다. 크든 작든 대부분의 가옥은 중앙에 위치한 마당 —— 경우에 따라서는(예를 들면 메르브 근처에서는) 돔으로 덮인 마당 —— 과 그곳에서 연결된 방들 혹은 건물(bayt)들로 구성되어 있다. 가옥들은 그 규모, 방들의 숫자, 분수나 멋지게 꾸민 수도시설, 스투코로 된 조각이나 회화, 기타 개인적 용도의 시설들의 유무에 따라서 차이가 난다. 간단한 욕조통은 항상 하나 정도 있지만 드물게는 개인 욕탕을 구비한 가옥도 있었다. 4/10세기의 문필가인 앗 타누히는 바그다드의 어떤 돈 많은 상인이 개인 화장실에 자기 돈을 감추어 두었다고 적고 있다. 외부로 연결되는 정교한 회랑을 갖춘 가옥은 그리 많지 않았는데, 카스르 알 하이르 동부에서 발굴된 여섯 개의 이슬람 가옥 가운데 하나만이 중앙의 정원으로 연결되는 길고 어두운 통로를 가지고 있는 것으로 밝혀졌다. 이처럼 외적인 과시를 부리지 않는 데에는 여러 가지 이유들이 있었다. 그중 하나는 처자식과 하인, 노예들로 이루어진 사적인 세계를 보호하려는 것인데, 『천야일야』는 이렇게 극도로 폐쇄적인 가정생활을 배경으로 하였을 때 비로소 이해될 수 있는 수많은 모험담들로 가득 차 있다. 또 다른 이유는 세금이나 재산 몰수의 위험을 피하기 위해서 재산을 외부로 드러내지 않으려는 현실적인 고려였다.

부르주아가 가정 안에서 영위하던 생활은 그 편린만을 확인할 수 있을 뿐이다. 그곳에서는 거래가 이루어지기도 하였고 온갖 세상사가 화제로 오고갔다. 7/12세기의 세밀화를 통해서 내부장식의 일부를 엿볼 수 있는데, 방과 방 사이에는 커튼을 쳤고, 천장은 단순하였지만 통풍장치는 정교하였고, 시원한 물을 담아 놓은 병이 계단이나 침대 혹은 소파나 의자 아래에 비치되어 있었다. 집 안에서 물레

13/19세기 초 이집트의 가옥형태. 이슬람에서 개인 주택은 기본적으로 내부 지향적이다. 물론 상당히 큰 창문이 밖으로 나 있기는 하지만, 이것도 대체로 막을 쳐 놓아 여인들이 안에서는 밖을 볼 수 있어도 밖에서는 내부를 들여다 보지 못하도록 만들었다.

를 돌리기도 하였다. 식사는 매우 중요한 일로서 남자들은 빵과 고기와 과일이 담긴 큰 접시를 에워싸고 둘러앉았다. 음식은 보통 밖에서 마련된 것이며, 오스만 시대 이전에는 부엌이라는 것이 별도로 존재하지 않았다. 어떤 집에는 많은 책이 눈에 띄었으며 어린아이들을 위한 교육은 집 안에서 이루어지기도 하였다. 방문 객들이 자주 드나드는 장면도 있고, 때로는 상인이나 부자, 때로는 멀리서 온 성자(혹은 성자인 척하는 사람), 만담꾼, 여행자들도 들렀다. 알 하리리가 지은 『마카마트』에 나오는 일화들은 바로 이러한 사람들의 집회(majlis)를 소재로 한 것인데, 초기 이슬람 시대에는 정치적인 모략의 온상, 그리고 후대에 가면 지적 종교적 토론장이기도 하였다. 3/9세기 니샤푸르에서 처음 출현하여 후일 거대한 건물로 발전해 간 신학교도 그러한 개인 가옥에서부터 시작된 것이었다.

개별 가옥의 주인들 사이의 관계가 항상 목가적인 것만은 아니었던 것으로 보인다. 소송문서나 게니자 문서들은 소유권과 배상에 관한 분쟁으로 가득 차 있다. 분쟁은 주로 가옥들 사이의 담에 대한 소유권과 골목의 사용권을 둘러싸고 일어났다. 특히 후자의 경우는 도시의 이해를 위해서 매우 중요한데, 그 까닭은 거리에서의 자유로운 통행을 요구하는 공공정책과 거리를 조금씩 좀먹는 사유건물과

도시 외관의 형태는 이슬람권의 지역마다 상이하기는 하지만 어떤 공통적인 특징을 가지고 있다. 기본적인 단위는 가옥이다. 사진은 이란의 야즈드인데, 아래에는 모스크의 뜰이 보이고, 그 뒤로는 빽빽하게 들어찬 가옥들이 이어져 있다. 각각의 가옥은 창문이 없는 수직의 담으로 이웃과 완전히 차단되어 있다.

사이에 항상 팽팽한 긴장이 존재하였기 때문이다. 중세 이슬람 율법학자들도 건물과 접해 있는 공간에서 얼마만큼을 개인의 사유로 인정할 것이냐를 두고 논쟁을 벌여 왔다. 때로는 물의 사용과 하수 처리를 두고 문제가 발생하기도 하였으며, 가축과 물레방아로 인해서 분쟁이 일어나기도 하였다. 무슬림 사회는 법적으로는 아닐지라도 현실적으로 '구역 규제'(zoning regulations)의 방향으로 발전하고 있었다.

주거구역은 물의 원천이나 주요 건축자재와 같은 변수에 의해서 영향을 받기도 하였다. 대형수조라든가 많은 투자를 요하는 수로에 의존할 수밖에 없던 예루살렘이, 운하를 통해서 풍부한 물을 쉽게 확보할 수 있는 다마스쿠스나 페즈와 같은 모양을 띨 수는 없었고, 아주 먼 곳에서 지하수로를 이용하여 물을 끌어대는

로와 같은 좁은 골목은
별적인 사유지와 공동
를 연결하고 있으며, 그
계는 긴밀하지만 반드
 조화로운 것은 아니었
. 출입권, 수리, 물 공
, 연접된 벽의 소유권,
축의 관리 등의 문제를
러싸고 벌어지는 분쟁
 끊이지 않았고 첨예하
다. 알제리의 수크 엘
에드를 찍은 이 항공사
을 보면 왜 그런 상황
 벌어졌는 지 쉽게 이
가 된다.

예루살렘 구시가지를 동쪽 하늘에서 본 모습. 상단 우편에 사각형의 성벽으로 둘러쌓인 부분이 하람(Haram)이며, 원래 이곳에는 헤롯 왕의 성전이 있었다. 그 중앙에 '바위의 성전'이 보이고 그 오른쪽으로는 악사 모스크(Aqs Mosque)가 있는데, 이 두 건물은 이슬람에서 가장 신성한 두 지점이기도 하다. 예루살렘 구시가지는 전통적으로 '구역'으로 나누어져 있는데 이는 오랜 역사를 거쳐서 지켜져 온 종교의 공존을 반영하는 것이다. 하람의 북쪽(즉 왼쪽)에 무슬림 구역이 있고, 서쪽(사진 아래쪽)에 기독교도 구역이 있다. 오른쪽으로는 사원 근처에 유대인 구역과 아르메니아인 구역이 있다. 성벽 바깥으로 키드론(Kidron) 계곡이 지나고 있고 그 너머(사진에는 보이지 않는다)로는 올리브 동산이 있다.

야즈드나 키르만은 위의 세 도시와 또다른 형태를 가지게 되었다. 이란에서는 부자들이 물이 있는 곳 가까이에 사는 반면, 시리아에서는 도심이나 중요한 건물 근처가 선호되었다. 또한 진흙으로 만들어진 이란의 가옥은 쉽게 폐기되고 다시 건축될 수 있지만 시리아나 팔레스타인의 석조건물은 보다 영구적이어서 끊임없이 보수하여 사용하였으며, 그곳에서는 가족들이 시유지를 점유하고 있었기 때문에 이란의 경우처럼 군주들에 의해서 세워진 거대한 건축물을 찾아보기는 힘들었다. 이러한 외형적인 차이점에도 불구하고 이슬람권 도시의 구역 안에는 내적인 공통점이 확인되는데, 그것은 바로 '가족 우선주의'라고 부를 만한 것이다. 즉 가족의 주거공간이 도시의 가장 중요한 세포를 구성하였고, 그것은 내부에서 비밀이 유지되고 발전되는 하나의 폐쇄적인 단위이기도 하였다.

무슬림 도시들은 흔히 라바드(rabad)라고 불리는 교외를 빼 놓고는 이해하기 힘든 경우가 많다. 다마스쿠스나 알레포는 구시가지의 교외로서 생겨나서 확대되다가 대도시로 변모한 경우이고, 이란의 여러 도시들과 바그다드나 라카는 시대에 따라서 구도심지와 교외와의 사이의 비중이 바뀌기도 하였으나, 그러한 변화의 리듬과 이유는 도시에 따라서 일정한 것은 아니었다.

구도심지이든 교외이든, 혹은 주거만을 위한 공간이든 주거와 생산을 동시에 할 수 있는 공간이든, 여러 형태의 가옥들로 들어찬 구역은 도시의 핵심이라고 할 수 있다. 거기에는 공식적이고 항구적인 행정체제가 존재하지 않았지만, 자연스럽게 형성된 지도층들이 구역의 이익을 보호하기 위해서 정부와의 사이에서 가교역할을 하곤 하였다. 이러한 구역 지도층들은 보통 샤리프(sharīf)나 라이스(raʾīs : 혹은 무카담(muqaddam))라고 불렸다. 여기서 전자는 이슬람 출현 이후 예언자 무

(맞은편) 알레포는 무슬림 군이 15/636년에 점령하기 전에 이미 히타이트, 아시리아, 그리스인들이 머물던 곳이었다. 그뒤 2천 년 동안 이 도시는 비잔틴, 파티마, 셀주크, 십자군, 몽골, 맘루크, 오스만 등의 세력에 의해서 뺏고 빼앗기는 대상이 되었다. 그 성채는 지구상에서도 손꼽힐 만큼 견고하였으며, 도시 중앙에 있는 거대한 언덕 위에 세워졌다(제8장에 있는 사진 참조). 이 세밀화는 오스만의 쉴레이만 대제의 원정(941-943/1534-1536)을 묘사한 나수흐 알 마트라키의 『여행기』(10/16세기) 속에 나오는 세밀화이다. 비록 형태가 도식적이기는 하지만 도시의 모습은 정확하게 그려져 있다. 즉 대체로 방형이며 중앙에 성채가 있고 그곳으로는 해자 위에 놓여진 다리를 통해서 출입할 수 있었다. 다른 이슬람 도시들이 그러하듯이 이곳 역시 모스크들로 빽빽이 들어차 있었고 거기에 부속된 미나레트가 스카이 라인을 장식하고 있다.

하마드의 후손이라는 특별한 의미를 지니게 되기 훨씬 전부터 혈통상의 귀족을 지칭하였고 후자는 임명 혹은 선출된 지위를 가리키는 것이었지만, 아무튼 양자 모두 지역에 따라서 그 의미의 차이와 변화가 있었다. 부르주아들은 공식적이든 아니든 일종의 압력수단들을 지니고 있었다. 그중 가장 중요한 것이 아야룬('ayyārūn), 아흐다스(ahdāth), 피트얀(fityān) 등의 이름으로 알려진 어떻게 보면 오합지졸이라고 할 수도 있고 어떻게 보면 민병조직이라고도 할 수 있는 일종의 준(準)군사집단인데, 이들이 때로는 도시에서의 활동과 생활을 규제하고 도둑과 강도에 대한 방범역할도 하였다. 지방총독이 이러한 부르주아들이 결성한 기구에 의해서 축출되는 경우도 있었다. 그러나 물의 배분과 유산의 분배와 같이 보다 현실적인 문제에 관한 업무는 카디(qādī)라고 불리는 '판관'에 의해서 처리되었다. 『마카마트』에 실린 삽화에서 이들 카디의 옷차림이 머리와 어깨를 감싸고 있는 베일(taylasān)을 제외하면 다른 부르주아들과 똑같다는 것은 흥미롭다. 그는 결코 일반인과 구별되는 왕공의 모습으로 묘사되지 않았던 것이다. 바로 이러한 부르주아의 사적인 세계 안에서 엄청나게 복잡한 내용의 율법이 발전하여 이슬람 문화에 매우 중요한 특징과 공헌을 가져다 주었다.

신도공동체

과거나 지금이나 모든 무슬림에게 도시에서 가장 쉽게 다가갈 수 있는 대상인 대모스크(masjid al-jāmi' 혹은 줄여서 jāmi')는 무슬림 공동체의 핵심을 이루어 왔다. 그러나 모스크는 대도시의 경우 무슬림 공동체의 구체적인 양태의 반영이라고 하기에는 지리적으로 너무 멀리 떨어져 있거나, 아니면 칼리프나 그의 대리인의 권위의 표상이라는 공적인 성격을 띠었다. 차라리 도시주민의 성격과 필요를 보다 잘 반영하는 것은 문자 그대로 볼 때 '기도소'를 의미하는 무살라(musallā)였다. 이것은 보통 마을마다 하나씩 있었고 도시에서는 성벽 밖에 있었다. 특히 이란에서는 공동묘지 구역의 안이나 그 근처에 위치해 있었다. 이곳은 일반적으로 종교적 대중적 축제의 장소로 사용되는데 모스크와 같이 외형적 구조의 일관성은 찾아보기 힘들다. 실제로 도시민들에게 어떠한 기능을 하였는지는 불분명하지만, 모로코와 일부 스페인 도시에서 이것이 '샤리아'(sharī'a : 율법)라는 이름으로 알려졌다는 것은 매우 흥미롭다.

대모스크와 성격이 애매한 무살라 이외에도 오래 전부터 각 구역이나 부족들마다 소규모의 모스크가 있었다. 후기로 들어오면서 이러한 개별적인 모스크들의 숫자와 특징이 상당한 변화를 보여서, 7/13세기 말 알레포의 경우 모스크의 수는 도시 안에만 208개, 성벽을 따라서 10개, 교외에 거의 300개가 있었다. 다마스쿠스와 카이로도 이와 비슷한 수의 모스크를 가지고 있었으며, 1300년경 페즈에서는 785개소가 확인되고 있다. 무슬림 세계의 아랍권 핵심지역에서는 구역이나 가족 혹은 직업에 의해서 구분된 특정 사회집단에 따라서 모스크의 이용이 제한되었다. 앞서 설명한 개인 가옥의 경우와는 대조적으로 모스크는 밖으로 돌출되어 나온 문과 외부의 장식이 특징적이고, 특히 5-6/11-12세기 이란에서는 높이 솟은 첨탑이 돋보인다. 현재 이스파한에 남아 있는 몇몇 유명한 첨탑들이 왕공이 아니라 지방유지들의 후원으로 건설되었다는 점은 시사적이다.

중세 도시에서 가장 보편적인 두번째의 종교건축물인 마드라사(신학교)에 대해서도 이와 비슷한 결론을 얻을 수 있다. 수니파 학문을 강화하기 위해서 지방유지들이 개별적으로 건립한 사설기관들이 5/11세기에 이르러서 국가의 교육기관으로 의도적으로 개조되었음이 분명히 밝혀졌다. 바로 이러한 변화가 일어난 이후에 비로소 거대한 대학건물들이 생겨나기 시작하였지만, 그 많은 숫자(700/1300년경 알레포에는 약 40개, 9/15세기 카이로에는 74개)를 생각해 보면 역시 도시의 내적인 요구를 충족시켜 주었다는 사실도 부인할 수 없다. 즉 법학과 교리상의 지도자를 양성하려는 현실적인 목적도 있었지만, 동시에 도시 부르주아들의 욕구를 반영하는 것이기도 하였다. 때문에 부르주아들이 그 힘을 상실하면서 신학교도 쇠퇴하기 시작하였다. 그래도 수세기에 걸쳐서 그것은 여전히 도시생활의 핵심을 이루었다. 카이로에 있는 술탄 하산 마드라사는 흔히 군주가 건립한 것으로 알려져 있지만 형태나 기능적인 측면에서 볼 때 부르주아들의 지원과 필요에 의해서 시작된 것임을 알 수 있다.

도시의 세번째 종교건축물인 '성지'는 훨씬 더 복잡한 문제들을 내포하고 있다.

이것은 '순교지'(mashhad), '순례지'(mazār) 혹은 '성묘'(qubba, turba, imāmzad) 등 여러 가지 이름으로 알려졌다. 여기에는 초기 이슬람(심지어 이슬람 이전)에 뿌리를 둔 두 가지의 문화적 흐름이 결부되어 있다. 즉 하나는 일반 대중에게 강한 흡인력을 발휘하던 수천 개의 성지들이 이슬람 출현 이후에 수용되어 점차로 이슬람화되었다는 점이고, 두번째는 이슬람 내부에서의 발전, 즉 개인의 권능과 활동에 초점을 맞추려는 경향의 발생이라는 점이다. 이는 여러 형태로 결과를 낳았으니, 예를 들면 시아파의 경우 알리의 후손들이 묻힌 곳(카르발라, 나자프, 쿰, 마슈하드)은 순례의 중심지로 발전하였고, 수니파는 이에 대한 반동으로 구약성서의 예언자들을 존숭하는 경향을 보이기도 하였다. 수피 성자들의 묘소도 숭배의 대상이 되었지만, 이는 아마 5-6/11-12세기 이후의 현상일 것이다. 심지어 엄격하기로 이름난 한발리 법학파도 자기 학파의 창시자의 묘소를 신성시하였다. 그 과정을 밝히기란 매우 어렵지만 성지는 점진적으로 도시에서 지극히 중요한 장소로 바뀌어 갔고, 그곳에서는 순례와 회합, 때로는 광란에 가까운 희열을 체험하는 등 죽은 자와의 갖가지 관계를 표상하는 행위들이 이루어졌던 것이다. 이러한 성지들 가운데 어떤 것은 이슬람권 전체에서 의미를 지니고 어떤 것은 광역적인 의미를 지니기도 하지만, 대부분은 특정 지역의 주민들에게만 중요하게 받아들여졌다. 그중 일부는 왕공들이나 군사귀족들의 손에 의해서 더 발전된 경우도 있는데, 카이로의 거대한 공동묘지, 이라크와 이란의 시아파 중심지들, 사마르칸트의 샤히진다가 그 예이다. 그러나 니네베에 있는 요나의 무덤처럼, 많은 경우에는 지방민들의 노력과 개조에 의해서 이루어졌다. 그리고 숙박시설, 고행소, 취사시설, 도서관, 병원 등의 건물들이 그 주위에 지어졌는데, 이것은 대부분 도시주민들의 헌금에 의한 것이지만 때로는 특정한 교단을 위해서 건립되기도 하였다. 이러한 성지와 그 부속건물들은 결국 도시와 도시를 연결하는 역할을 하게 되는데, 이븐 바투타와 같은 여행가가 무슬림권 전역을 돌아다닐 수 있었던 것도 그 덕택이라고 할 수 있다.

    모스크, 신학교, 성지, 묘지 등은 주민들이 여러 가지 목적 —— 취미나 교육, 혹은 종교적 수련이나 질병의 치료와 같은 —— 으로 가끔 모이는 장소 이상의 의미를 지니고 있었다. 그곳은 도시민들이 모여서 정치적 사회적 지적인 집단과 분파를 형성하는 곳이기도 하였고, 그런 점에서 메카로의 성지순례가 무슬림 공동체를 통합시키는 가장 큰 힘으로 작용하였던 것과는 전혀 상반되는 현상이라고 할 수 있다. 바로 이러한 분파성이 성지를 중심으로 형성되었기 때문에 고전시대 이슬람의 분쟁이 종교적인 성격을 띠게 된 원인이 되기도 하였고, 권력자들은 때로 그러한 분파를 이용하기 위해서 성지를 건축하고 후원하기도 하였던 것이다.

종교적인 성격을 지닌 건물들이 부르주아의 신앙과 결속의 원천이자 공적 활동의 중심지가 되었지만, 그것만이 그러한 역할을 수행하였던 것은 아니었다. 중세 도시에서 목욕탕의 숫자는 대단히 많았고 또 이곳이 사회활동의 중심지이기도 하였다. 중앙 아시아에서 그라나다에 이르는 지역에 현재까지도 상당수가 그대로 보존되어 있는데, 그 실상에 대해서는 앞으로 더 많은 연구가 필요하다. 또한 특정 지역에 국한되지 않은 동업조직으로서 푸투와(futuwwa)가 있는데, 이에 대해서는 뒤에서 다시 설명하기로 한다.

위의 내용을 정리하자면, 단일가옥들로 구성된 구역, 그리고 부르주아들의 결속이 이루어지고 종교적 희구가 물리적인 형태로 나타난 종교건축물들이 전통시대 이슬람 도시들의 가장 중요한 외형을 이루고 있다고 할 수 있다. 그 물리적 형태는 시대에 따라서 변하였는데, 초기에는 부족적 종족적인 특징에서, 3/9세기부터는 정통학파의 특징으로, 4/10세기 이후는 수니와 시아의 특징으로, 6/12세기 이후에는 수피적인 특징으로 변모하였다. 그럼에도 불구하고 이러한 외형적인 특징의 변화 이면에는 언제나 깊은 신앙심이 존재하였고 그것은 건축물과 작품에 반영되었다. 타인의 복리에 관한 배려는 이 글의 앞머리에서 언급한 종려나무나, 비잔틴 군대에 의해서 포로가 되어 감옥 안에 있는 무슬림들이 담요와 옷가지를 얻을 수 있도록 주선해 준 어떤 바그다드의 상인, 혹은 자기 잘못을 뉘우친 죄수들의 석방에 필요한 돈을 희사한 또다른 상인과 같은 예에서 잘 드러난다. 물론 이러한 사례들은 보통 문헌자료나 명문에도 남아 있지 않지만, 과거 종교공동체가 지녔던 사회적 혹은 인간적으로 가장 의미 깊은 차원이라고 할 수 있다.

재화

토지의 소유는 고전시대 이슬람 사회에서 가장 중요한 재화의 원천이었다. 예를 들면 라카와 같은 마을은 여러 가지 기능과 목적을 가지고 있었겠지만, 비옥하고 새로이 관개된 농경지가 있어서 부의 원천이기도 하였다. 농경지 혹은 마을 전체가 그곳에 사는 주민들이 아니라 도시민들에 의해서 소유되는 경우가 많았고, 그 마을에서 거두어지는 세금은 도시를 치장하는 데 사용되었다.

수공업에서 얻는 재화 역시 도시생활에 결정적인 영향을 미쳤다. 어떤 작업은 도시의 구역 안에서 이루어지기도 하였으나 가죽 염색, 도살, 벽돌 제조 등과 같은 다른 많은 작업들의 경우에는 특별히 지정된 구역이나 도시 근교에서 이루어졌다. 도시 내부가 작업 영역에 따라서 얼마나 체계적으로 구분되었는지는 확실히 알 길이 없지만, 최근에 시라프에서는 금속공예인들의 상가(商街)가 발견되었고, 알레포나 카샨 등지에 있는 전통적인 형태의 수크(sūq)는 상당히 오래 전부터 존재하였던 것으로 추측된다.

이슬람 도시에서 세번째로 중요한 재화의 원천인 교역의 존재를 보여 주는 징표는 여러 가지 형식으로 나타났다. 교외에는 거대한 대상관이 있고, 보통 그 주위에는 동물들을 부릴 수 있는 넓은 빈 공간이 있었다. 이러한 형태를 잘 보여 주는 좋은 예가 10/16-11/17세기 이란에서 보이며, 최근 시라프에서도 유사한 것들이 발견되었다. 그 근처에 있는 목욕탕은 아마 경계를 넘어오기 전에 건강 검사를 실시하기 위해서 쓰여졌던 것 같다.

도시의 내부에는 한(khān), 푼두크(funduq), 카이사리야(qaysāriyya), 와칼라(wakāla) 등 다양한 이름으로 알려진 창고가 있었다. 이 명칭들은 각기 고유한 역사와 배경을 가지고 있고 그 의미는 물론 법적 기능적인 측면에서도 차이가 있었던 것으로 보이나, 중요한 사실은 도시의 중심부를 커다란 창고들이 차지하고 있었다는 점이고, 알레포와 같은 도시의 창고는 실로 대단한 규모를 자랑하고 있다. 이 창고들은 종종 지붕으로 덮인 상가, 즉 수크와 혼연일체를 이루기도 하였다. 그 외형은 방사선형 혹은 다각형을 이루기도 하고, 때로는 커다란 광장을 낀 평행의

상점들이 늘어서 있고 천정이 덮여 있는 수크는 이슬람 도시에서 가장 전형적인 특징이다. 정교한 건축적 설계로 지어진 이 시장은 이스파한에 있는 것이다.

거리들로 구성되기도 하였다. 일반적으로 상점은 단출하지만 창고는 으리으리하였다. 그리고 시장은 기도소, 분수, 모스크, 학교, 목욕탕, 병원과 같은 건물들로 들어찼다. 고전시대에는 그곳에 사는 사람들이 많지 않았지만 도시 안의 이러한 상업 중심지로부터 멀지 않은 곳에 대형 모스크나 왕공과 관리들의 건물, 가옥들이 위치해 있었다. 시장과의 근접성이라는 것이 거주하는 데에는 반드시 바람직한 것은 아니었지만, 그래도 그 근처에 산다는 것은 특권의 표시였고 아주 부유한 사람들만이 할 수 있는 일이었다. 다마스쿠스의 아젬 궁전이 그 한 예이다. 과거 카이로에는 군주의 넉넉한 지출을 과시하듯이 종교적인 건축물들이 거의 언제나 시장과 인접한 거리의 가장 큰 두 모스크 사이에 건축되었다.

 도시의 상업 중심지에서의 생활이 어떠하였는지 상상하기는 어렵지 않다. 끊임없이 오고 가는 행인들과 상품과 동물들이 있고,『마카마트』의 삽화도 보여 주듯

도시와 시민 149

공해를 발생시키거나 불결한 것이 부산물로 나오는 업종의 하나였던 염색업은 특별히 지정된 구역이나 도시 밖 교외로 밀려나는 경우가 많았다. 이 사진은 오늘날 모로코의 페즈에 있는 염색장으로, 근대화에도 불구하고 이슬람 도시생활의 요소들은 놀랄 만큼 변하지 않고 남아 있다.

이 이발사, 물지게꾼, 요리사 등이 자리를 잡고 장사를 벌였다. 치안은 도량형의 적법한 적용, 금속화폐의 정확성, 공정한 상거래 등을 감시하는 무흐타시브(muhtasib)라고 불리는 관리들의 손에 맡겨져 있었다. 전반적으로 개인적인 비도덕성에 비해서 그 처벌이 훨씬 더 무거웠던 것으로 보인다.

   이슬람권의 상업활동에 공통적으로 보이는 푸투와라는 직업조직에 대한 언급도 빼 놓을 수 없다. 이것은 복잡한 통과의례, 비밀스러운 행동의 규약, 신비적인 강령 등을 특징으로 하는 순수한 도시조직이라고 할 수 있는데, 각 지역의 요구와 이슬람권 전역을 포괄하는 느슨한 정치 사회적인 접촉을 보호하고 또 촉진하는 수단으로 기능하였다. 따라서 이는 수피들의 활동과 구분하기 힘들 때도 많았고, 뒤에서 서술하듯이 예술 방면에도 상당한 자극을 주었다. 무흐타시브로 대표되는 공적인 세계와 푸투와로 대표되는 지역집단 사이의 관계를 명확하게 규정하기는 쉽지 않지만, 이 두 가지가 동시에 존재하였다는 사실은 충성과 의무의 이중성의 존재를 시사하며, 이에 대해서는 결론 부분에서 다시 언급하기로 한다.

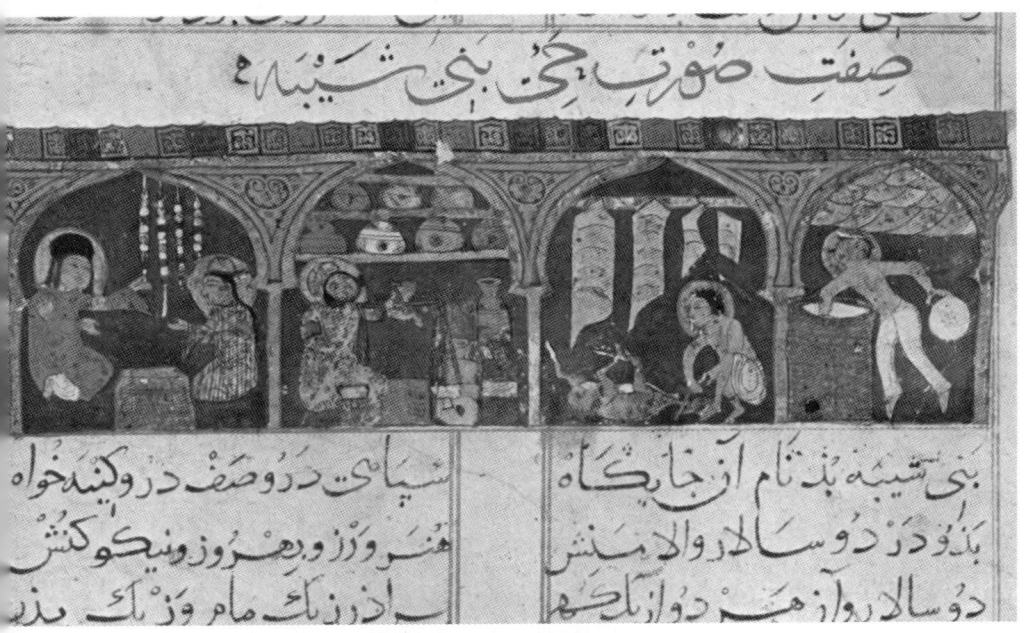

시장 안에는 한 지붕 아래 온갖 물품들이 판매되었다. 서구에는 최근에 들어서 비로서 이런 방식이 도입되기 시작하였다. 7/13세기에 만들어진 이 세밀화에는 보석상, 약사, 푸주한, 빵 굽는 사람이 차례로 묘사되어 있다.

이렇게 볼 때 교역은 도시에 재화를 가져다 주는 원천 이상의 무엇을 의미하였다. 그것은 도시의 문화들을 혼합시키고 사상과 모험의 원천이 되었으며, 여러 가지 방법으로 중국의 도자기에서 우스운 만담에 이르기까지 모든 것을 무슬림 세계의 한쪽 끝에서 다른 쪽 끝까지, 모든 사회계급을 막론하고 파고들어 가게 하였던 수단이기도 하였던 것이다.

'국가'

어느 도시를 막론하고 '국가'라고 불리는 존재 —— 즉 도시 그 자체보다는 더 넓은 단위, 혹은 도시 출신은 아니지만 도시를 지배하게 된 개인과 집단으로 이루어진 단위의 이해를 반영하는 행정적 군사적 이념적인 힘의 복합체 —— 를 외면하고 존재하였던 경우는 거의 없었다. 여러 형태의 건조물들이 국가의 존재를 분명히 증명하고 있다. 초기에는 그중 가장 눈에 띄는 것이 '다르 알 이마라'(dār al-imāra : 행정관청)였다. 이들 가운데 우마이야 시대의 것으로 판명된 두 가지 사례가 고고학 발굴에 의해서 알려졌는데, 하나는 쿠파에 있는 것으로 도시 내부에 있는 일종의 성채 같은 것이며 그 중앙에는 공식 접견장이나 행정부서, 거주구역으로 접근할 때 통과해야 하는 광장이 있었다. 다른 하나는 시리아의 카스르 알 하이르 앗 샤르키에 있는 것으로, 이 건물이 다른 일반 가옥과 다른 점은 단지 출입하기 쉽게 되어 있고 장식이 많다는 것뿐이다. 문헌사료이기는 하지만 아부 알 무슬림이 메르브에 세운 다르 알 이마라도 상당히 화려하게 치장되어 있었다는 기록이 있다. 그러나 대체로 그 이름이 시사하듯이 그것은 중앙정부에 의해서 임명된 관리들과 그들이 기능(주로 재정적인)을 수행할 수 있도록 하는 사무실들을 수용하는 '집'('다르') 이상의 것은 아니었다.

'다르 알 이마라' 라는 표현, 또 그와 연관된 기능이 언제부터 사라지게 되었는지를 밝혀 주는 자료는 없지만, 139/756년 바그다드가 건설된 이후 분명한 변화가 생겨난 것으로 보인다. 적어도 바그다드의 경우를 보면 행정관청은 거주지역으로부터 확연히 분리되어 도시 내성(內城)의 벽을 따라서 두어졌고, 황궁 바로 옆에는 카스르(qasr)라고 불리는 별궁이 위치하였다. 대부분의 수도에 세워진 이러한 건물에는 '금관의 궁전', '성좌의 궁전', '영원의 궁전' 등과 같이 그럴듯한 이름들이 붙여졌다. 정원에 의해서 둘러싸이기도 했던 이러한 궁전들은 후기 사파위 왕조의 이스파한이나 오스만 왕조의 이스탄불처럼 환락을 만끽하는 곳 이상은 아니었을지도 모른다. 『천야일야』에서 미로 같은 궁전에서 몰래 빠져 나온 하룬 알 라시드의 일화가 보여 주듯이, 도시민들에게 이러한 궁전은 신비스럽고 화려한 건물들의 미로처럼 여겨졌다. 일상적인 행정업무는 이러한 궁전이 아니라 주로 디완(dīwān : 관청)이라는 곳에서 처리되었다. 아직 디완의 구조를 확인할 수는 없고 시라프에서 발견된 한 건물이 그것이었다는 잠정적인 추정이 있을 뿐이다. 그러나 『마카마트』의 삽화에 궁전의 호화로움에 비하여 디완 혹은 다르 알 니자라(dār al-nizāra)가 일반 가옥과 거의 차이가 없이 묘사되고 있는 점은 흥미롭다. 그러나 이 삽화들은 시대적으로도 후기에 속하고 또 주로 이라크에 국한된 것이었다.

한편 새로운 형태의 관청이 출현하였는데, 그것은 칼라(qal'a) 혹은 아르그(arg)라고 불린 '성채'였다. 모든 성채가 알레포에 있는 것처럼 반은 자연적이고 반은 인공으로 쌓아올린 높은 언덕 위에 세워져 도시 전체를 제압하는 위용을 자랑하지는 않지만, 대부분의 경우 도시에서 가장 크고 인상적인 건조물이었던 것은 사실이다. 예를 들면 보스라에 있는 인상적인 성채는 로마 시대의 극장을 완전히 에워싸고 건축되었다. 성채의 역사도 도시 그 자체만큼이나 오래된 것이긴 하지만, 초기 이슬람 시대에는 변경지역을 제외하고는 찾아보기 쉽지 않았다. 4/10세기가 되어서야 여기저기 생겨나기 시작하였고, 우연인지는 모르지만 현재까지 발견된 것들 가운데 가장 초기의 성채 역시 이슬람권의 동북 변경지대에 있다. 이븐 하우칼은 부하라의 성채가 도시와 연접하여 그 외부에 세워졌으며, 이는 알레포, 다마스쿠스, 카이로, 그라나다 등지의 형태와 동일한 것이다. 성채는 단순히 견고한 병영과 같은 것이라고만 할 수는 없고, 흔히 모스크와 궁전과 수로와 가옥들이 들어선 일종의 축소도시와 같았다. 이처럼 주도시와 구분되면서도 그것을 통제하는, 독자적이고 출입 제한이 있었던 도심체는 4/10세기 말경 카이로에서도 나타났고, 가장 인상적인 것은 그라나다에 있는 알함브라였다. 알레포에서도 드러났듯이 도시와 성채와의 관계 변화는 지방 부르주아와 군사귀족들 사이의 관계 변화를 반영하기도 하였다.

성채와 긴밀한 연관성을 가지는 것이 '성벽'이었다. 초기 이슬람 도시들의 경우 몇몇 예외를 제외하고는 대체로 방어벽을 가지고 있지 않았으나, 4/10세기경부터 도시 성벽이 체계적으로 건설되기 시작하였는데, 어떤 것은 완전히 새로 세워지기도 하고 어떤 것은 옛날의 낡은 것이 보수되기도 하였다. 디야르바키르, 예루살렘, 카이로, 알레포와 같은 도시의 성벽에 새겨진 글들을 살펴보면 모두 하나같이 초기 칼리프 시대에 지방귀족들에 의해서 세워진 것임을 알 수 있다.

성벽과 관련해서 흥미로운 부분은 '성문'이라고 할 수 있다. 그 위치는 보통 기존의 지형, 시장이나 주거구역과 같은 도시의 내부구조, 수도원과 같은 일부 중요한 교외의 건물, 혹은 가죽 염색과 같이 흔히 성벽의 바로 바깥에서 이루어지는 작업들, 이러한 요인들을 고려해서 결정되었다. 성문의 이름도 귀족의 세계와 도시의 세계 상호간의 특유한 공생관계를 반영하였다. 전자의 경우는 사료에 자주 등장하는 바브 앗 시르(bāb as-sirr), 즉 '비밀의 성문'이라는 데서 잘 드러난다. 성문은 귀족의 권위의 상징이기도 하였기 때문에 사자나 뱀 등의 문양으로 조각되었다. 일반적으로 조각을 통한 예술적 표현을 기피하였던 무슬림 세계에서, 부하라에서 카이로에 이르기까지 성문에 대해서만은 그렇지 않았다는 사실이 흥미롭다. 우리는 그 조각에 나타난 표현들의 주제나 그것이 의미하는 바에 대해서 아는 바가 많지 않다. 아나톨리아나 중앙 아시아와 같은 곳에서는 이슬람이 아닌 이교도 투르크적 전통이나 불교적 전통과 연관시켜서 이해해 볼 수도 있지만, 각 지방에서 고유하게 유행하던 부적, 밀교, 미신이 개재된 경우도 아주 많은 것으로 보인다. 다일람(Daylam) 왕조의 왕공들이 하마단에 세운 성문에 장식된 사자, 알레포 성문에 있는 뱀, 혹은 이스파한에서 이슬람 이전 시대에 만들어진 태양 문양 등이 그 좋은 예가 될 것이다. 이제는 사라졌지만 바그다드의 성문에 조각되어 있었던 문양, 즉 한 사람이 두 마리의 대칭형 용의 목을 조르는 조각에 대하여 칼리프 안 나시르가 이단자를 패배시킨 것을 상징한 것이라는 해석이 제시되기도 하였다. 그러나 대부분의 경우 성문의 이름은 그 근처에 살던 주민들과 그들의 활동과 연관되어 있었고, 6/12세기의 마라케시의 경우가 보여 주듯이 성문의 이름들만으로써도 부족의 분포와 경제조직의 대체적인 윤곽까지 짐작할 수 있다. 반면 예루살렘에서는 성문의 명칭 변화가 그 도시의 종교적 귀속의 복잡한 양상을 반영하기도 한다.

궁전, 성채, 성벽, 성문, 모스크, 이러한 것들이 도시 안에서 국가의 존재를 가장 잘 드러내는 요소들이었다. 그밖의 다른 것으로는 감옥 혹은 화폐 제조소 같은 것들이 있지만, 이는 일반적인 특징이라고 하기는 힘들다. 다른 한 가지 잘 알려진 예로 도시 성벽의 내부 혹은 변두리를 따라서 존재하는 넓은 광장을 들 수 있는데, 메이단(maydān) 혹은 라흐바(rahba)라고 불렸던 이 광장은 군사 퍼레이드나 훈련은 물론 폴로 경기에도 이용되었다. 이븐 툴룬이라는 인물이 푸스타트 근처 자신의 구역 안에 건설한 광장은 호화로운 성문으로 꾸며졌고 특별한 의식을 위해서 사용되었다. 중앙 아시아의 모든 도시에는 도시 안에 있는 성채의 전면에 넓은 공간이 존재하였는데, 이 공간은 물론 일차적으로는 국가에 의해서 사용되었으나 물건을 사고 파는 시장의 역할을 하기도 하였다. 예를 들면 다마스쿠스에 있는 광장은 도시구조의 변천에 매우 중요한 역할을 하였고, 이란에서도 거의 모든 도시활동의 중심이 되어 인상적인 건축형태를 갖추게 되었다. 그러나 광장이 이처럼 정형화된 모습을 갖추기 시작한 것이 언제부터인지는 알 수 없다.

국가권력이 직접적으로 또 일상적인 형태로 발휘되는 것은 슈르타(shurta)라고 불리는 경찰력, 또 그 구체적인 운용방식에 대해서 분명히 밝혀지지 않은 세금 징수 등이라고 할 수 있다. 그러나 도시 내부에서 국가가 짊어져야 하는 의무도 있었는데, 예를 들면 물을 끌어들이고 배분하는 일이라든가 말이나 낙타 혹은 노새가 지나다닐 수 있을 정도의 도로를 보수하는 일이다. 많은 대상관도 귀족들에 의해서 건축되고 또 유지되었다.

취향

이슬람 도시가 가지는 독특한 분위기의 한 측면이 위에서 도시를 구성하는 여러 부분을 설명한 데서도 드러났다. 좁은 골목에서 벗어나서 내면화한 가옥들, 주거 구역 한가운데에 불쑥 위치한 기도소, 상인들이 활동하는 시장, 이런 것들이 도시의 분위기를 구성하고 도시민의 필요를 충족시키며, 또 도시민의 행동과 습관에 영향을 미치는 중요한 요소들이었다. 왕공들과 관련되어 만들어진 신화, 먼 지역에 관한 이야기들, 도시 부르주아의 이모저모를 알리는 담론들도 또다른 요소였다. 알 타누히의 만담에서 알 하리리의 달변에 이르기까지 아다브 문학의 대부분은 바로 이러한 상인과 장인들의 세계 속에서 태어나고 성장하였다. 이러한 측면 이외에 중세 이슬람의 또다른 특징은 시각예술이 도시와 부르주아를 잘 반영하고 있다는 사실이다. 그중에서도 특히 도자기와 금속공예와 같은 조각 분야에서 그 점이 가장 잘 드러나고 또 많은 유물들이 지금까지 보존되어 있다.

조각예술은 몇 가지 중요한 측면을 보여 주고 있다. 우선 신기술의 발달로서, 도자기를 빚고 광택을 내고 여러 가지 색깔을 넣어 구워냄으로써 도자기 제작에 필요한 정확성, 색채, 디자인을 향상시키는 모든 방식과 연관되어 있었다. 금속공예에서 청동기 안에 은을 박아 넣은 기술이나 유리 제작, 책 장식 등에서 보이는

도시의 중심에는 모스크가 있고, 이것은 일반인의 생활과 유리된 것이 아니라 밀착되어 있었으며, 이슬람 문명의 근본적인 일체성을 시각적으로 확인시켜 주는 상징물이기도 하다. 라호르 소재 바드샤히 모스크(Bādshāhī Mosque).

그와 유사한 기법들은 두 가지 특징을 공유하고 있는데, 하나는 주전자, 그릇, 필통 등과 같이 일상적인 물건에 시각적인 현란함을 부여하려고 하였다는 점이다. 그리고 거기서 사용된 모티프들은 놀랄 정도로 다양하였다. 중세 이슬람의 주요 도시였던 니샤푸르에서 최근에 발견된 수천 점의 도자기에는 간단한 경구나 기원이 담긴 문장에서 시작하여 사람, 동물, 화초에 이르기까지 많은 모티프가 보이고 있다. 반면 금속제품에 사용된 모티프는 비교적 제한되어서 왕공들의 무용담이나 사냥, 연회, 폴로 시합, 점성술 등과 관련하여 나타났다. 그러나 반드시 귀족들의 생활만이 묘사된 것은 아니고, 문자 그대로 일상생활에서 나타나는 장면들이 묘

(맞은편) 바그다드의 황금 모스크(두 개의 돔 아래에 열두 이맘 중 두 명의 묘지가 안치되어 있으며, 그것이 핵이 되어 다른 건물들이 생기게 되었다).

알 하리리의 『마카마트』에 실린 세밀화들을 통해서 우리는 7/13세기 도시민의 일상생활을 한 눈으로 볼 수 있다. (위, 왼쪽) 모스크 안의 장면. 이맘이 설교단에서 설교하는데, 뒤로는 벽감이 보이고 한 노파가 회중 사이를 걸어가는 모습도 눈에 띈다. (위, 오른쪽) 이발소 안의 장면. 오른쪽에는 선반에 면도칼과 가위가 걸려 있다. (아래, 왼쪽) 바그다드 근처 훌완(Hulwān)에 있는 공공도서관의 모습. 책들이 가즈런히 눕혀져 쌓여 있는 것이 보인다. (아래, 오른쪽) 학당 안의 장면. 교사 두 명이 논쟁을 벌이고 있고, 그것을 듣고 있는 학생들 중 한 명이 논쟁을 '부추기고' 있다. (맞은편) 여행객이 어느 마을에 도착하는 장면. 시골냄새를 풍기고 있다(지붕 위에 있는 닭을 보아라). 그런데 여기에도 첨탑이 달린 모스크가 있다. 이들 세밀화 속에는 정확한 디테일의 묘사와 절로 웃음을 자아내는 희화성이 절묘하게 결합되어 있다.

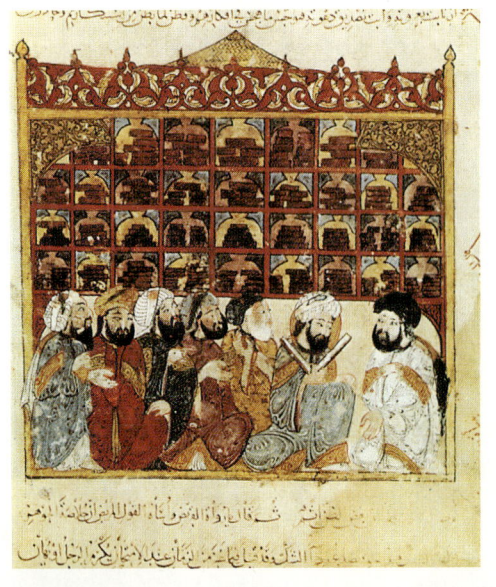

사된 작품들도 있다. 이러한 예들이 시사하는 바는 대부분의 제품들이 도시 부르주아 계층 내부의 다기한 개인적 사회적 관계의 체계 속에서 일정한 역할을 하였다는 사실이다. 즉 선물로 이용되거나 아니면 생활공간 주변에 위치하여 일상생활을 보다 더 즐겁게 만드는 데 이용되기도 하였다. 모티프와 기술의 다양성 그 자체가 이미 그러한 제품들이 도시라는 환경 속에서 만들어졌음을 의미하지만, 귀족 취향의 작품들은 지역이 달라도 상통하는 바가 많았다.

마지막으로 제품에 사용된 그림의 내용은 도시 부르주아와 도자기 예술 사이의 긴밀한 관계를 입증하고 있다. 3/9세기 이란 동북부에서 발견된 아름다운 쟁반에는 몇 마디 경구나 일상화된 인사말 등을 담은 글들이 새겨져 있는데, 이는 수니 법학파에 속한 경건한 상인이나 장인의 세계를 반영한다. 예를 들면 워싱턴 소재 프리어 화랑에 있는 한 쟁반에는 신비주의적인 문학적 은유의 글이 새겨져 있는데, 그 내용은 세속적인 욕망을 포기한 한 젊은이가 신과의 합일을 이루어 마치 고기가 물 속에 살듯이 신의 세계 속에서 삶을 영위하는 영혼을 꿈꾸는 것이다. 또 티플리스의 박물관에 소장된 6/12세기의 물병에는 소박하기도 하고 신비스럽기도 한 문장으로 그 물병에 대한 애정을 표현하는 내용이 새겨져 있다. 이 두 작품이 존재하였던 시기가 도시문화 속에서 푸투와와 신비주의가 출현한 시기와 일치하는 것도 우연은 아닐 것이다. 전 시기에 비해서 훨씬 개인적인 내용을 담고 있는 8/13세기의 제품들 역시 몽골 침입 이전 시기의 개인적인 신앙생활의 단면들을 보여 주고 있다.

이러한 종류의 부르주아 예술의 존재가 건축 방면에도 적용될 수 있을지 판단하기란 아주 어렵다. 중요한 건축물을 짓는 데 필요한 실제적인 수단들은 대체로 국가의 수중에 있었고, 거기에 새겨진 글들 역시 건축에 기여한 귀족의 이름을 밝히고 그에게 헌정되고 있다. 그러나 적어도 1300년 이전에는 부르주아 취향이 건축에 지울 수 없는 영향을 준 두 가지 측면이 존재한다. 하나는 건축물의 기능인데, 궁전과 군사시설을 예외로 한다면 대상관이나 학교와 같은 대부분의 건축물의 기능은 부르주아 세계 속에서 발생하고 또 그것을 위해서 봉사하였다. 또다른 측면은 건축물의 독특한 형태이다. 누구라도 이슬람권 도시의 구시가지를 걸어 보고 또 거기에 있는 물건들을 보고 이용해 본다면 가장 강렬하게 받는 느낌은 우선 어디에서나 글자로 된 장식을 발견할 수 있다는 점, 그리고 거리의 생활 활동의 리듬이 사원이나 분수 등에 의해서 끊어지곤 하는 단절성일 것이다. 이것들을 바로 보는 사람은 문의 입구나 분수 그 자체보다는 아마 거기에 있는 장식에 더 눈길을 주게 되며, 그 장식으로 인해서 방문객은 걸음을 멈추고 건물 안에 들어감으로써 도시의 단조로운 활동에서 벗어나게 될 수 있다. 문의 입구나 분수 혹은 첨탑에 새겨진 '알 물크 릴라흐'(al-mulk lillāh : 권위는 알라에게) 혹은 '알 바키 릴라흐'(al-bāqī lillāh : 나머지는 알라에게)와 같은 문구는 의미 없는 상투적인 글이 아니라 알라 없이는 어떠한 것도 존재할 수 없다는 이슬람의 궁극적인 메시지를 전달하고 있는 것이다. 동일한 신앙일지라도 그 다양한 형태로 지역적 특징을 반영하듯이 건축물에도 도시 부르주아의 취향이 배어 있었던 것이다.

이슬람적 도시 : 긴장과 탄력

이상으로 고전시대의 이슬람 도시 경관에 대하여 인상주의적인 방법으로, 또 주로 묘사에 치중하여 설명한 결과 여러 결론들이 도출되었지만, 그중 다음 두 가지가 특히 중요한 의미를 지닌다고 생각한다.

첫째, 이슬람 도시는 어떤 의지에 의해서 의식적으로, 말하자면 '계획에 따라서' 이루어진 사회적 외형적 실체라기보다는, 서로 상충하고 때로는 전혀 타협될 수 없는 양극단 사이의 연속적인 긴장의 결과물이라는 사실이다. 도시는 상업적 수공업적 색채가 강하지만 동시에 그 재화의 상당 부분은 농업에서 나왔고, 도시생활과 농경생활을 구분하는 엄격한 공간적 한계는 항상 분명치 않았다. 도시는 하나의 거대한 모스크라고 정의할 수도 있으나, 그것은 동시에 수백 개의 조그만 사원들도 내포하였다. 도시는 부르주아의 세계였지만 권력은 외지에서 온 군사귀족들의 손에 있었다. 도시의 구역들은 부족, 종교, 민족적 귀속에 따라서 분리되어 있었지만 도시의 심장부는 교역의 중심지였고, 거기에는 다양한 신앙과 다양한 출신의 사람들이 혼재하였다. 도시를 보호하기 위해서 성벽이 건축되었지만, 거기에 연접해서 곧 교외가 발전하였다. 건축물의 목적과 기능이 비록 도시민의 필요에서 생겨난 것이었으나 건축에 필요한 재원과 힘은 국가가 쥐고 있었다. 이러한 긴장은 부르주아 내부에도 존재하였다. 가족과 직업에 대한 헌신의 상충, 정통학파와 신비주의 사이의 갈등, 지역주의와 보편주의의 충돌, 개인주의와 집단주의의 마찰 등이 그러하였다. 이러한 긴장들은 모두 제도적 공식적인 표현들에 반영되고 있다. 국가의 입장에서 선 카디, 무흐타시브, 슈르타가 있는 반면 도시민의 입장에 선 아야룬, 아흐다스가 있었고, 아미르에 대한 라이스, 자미에 대한 마슈하드, 카스르에 대한 디완, 마디나에 대한 라바드가 있었다. 이렇게 대칭되는 한 쌍의 실체들은 모두 서로 용해될 수 없는 제도들을 표상하고 있다고 볼 수 있다.

 그렇다면 우리는 '이슬람적' 도시나 부르주아는 존재하지 않았고, 실제로 존재하였던 것은 이슬람이라는 껍질 속에서 일어났던 지역적인 변화들뿐이라고 말할 수 있을까. 이것은 어느 정도 사실이고, 또 최근의 일부 학자들 사이에서는 광범위한 문화적 보편성 대신 지역적 특수성을 강조하려는 경향도 있다. 그러나 위에서 비록 간략한 개괄이기는 하지만 그 내용은 다음과 같은 두번째의 결론을 암시하고 있다. 갈등과 침입과 파괴와 긴장에도 불구하고 무슬림 세계는 도시생활을 가장 현저한 특징으로 하고 있었다는 사실, 또 그렇게 많은 도시들이 오랜 기간에 걸쳐서 공동체에 대한 헌신을 포기하지 않았다는 사실은 무슬림 도시들이 공통적인 그 무엇인가를 함께 가지고 있었음을 입증한다. 즉 몽골 침입 이후 영원히 사라진 러시아의 수많은 도시들이나, 7/13세기 십자군 전쟁으로 인한 파괴를 복구하는 데 몇 세기를 필요로 하였던 프로방스 지방의 도시들에는 결여되어 있었던 무엇인가를 가지고 있었다는 말이다. 그것은 바로 무슬림 도시에게 탄력성을 가져다 준 제도적 장치들의 느슨함이었다. 무슬림 도시들은 서양의 고대나 중세의 도시제도와 같은 것을 가지지도 못하였지만, 그렇다고 자신을 질식시키는 경색된 제도도 가지지 않았다. 무슬림 도시는 개인들 사이에, 또 여러 사회적 단위들 사이에 존재하는 연결고리에 기초하였고, 그 고리들은 분명히 무엇이라고 명시되지는 않았으나 세대를 이어서 계승되었기 때문에, 도시는 윤리적 정신적인 차원에서 스스로를 규정할 수 있게 된 것이다. 즉 제도가 아니라 인간관계에 기초한 규정을 획득한 것이다. 바로 이러한 인간적인 측면은 무슬림 도시의 외형적 특징을 상당히 잘 설명해 준다. 멋있게 새로 지은 건물 옆에 다 쓰러져 가는 가옥이 있는가 하면, 거대한 공동묘지가 존재하면서도 잊혀진 인물의 묘지는 버려지기도 하는 현상이 그 예이다. 이것은 공식적인 제도보다 인간이 더 중시되었기 때문이며, 인간은 또 새로운 상황에 잘 적응하였기 때문이다. 더구나 같은 무슬림이라는 사실 때문에 안달루시아에 살던 사람이 모로코로 이주할 수도 있었고, 모로코 사람이 이란으로 이주할 수도 있었다. 결국 무슬림 도시와 부르주아에게 그러한 탄력성을 부여하였던 것은 다름아닌 이슬람 그 자체였고, 그것은 이슬람이 모든 도시문제를 세밀하게 해결할 수 있는 제도적 준비를 하고 있었기 때문이 아니라 그러한 문제들이 용해될 수 있을 정도로 추상적인 모습을 유지하였기 때문이었다.

이러한 이유에서 몇몇 무슬림 도시들의 독특한 외형적 특징들 —— 바그다드의 놀라운 도시계획, 카샨과 이스파한의 정밀한 시장구조, 헤라트의 사각형 구도 등 —— 에 대하여 각 지역문화의 고유한 표현이라고 해석하는 것은 무척 위험하다고 할 수 있다. 바그다드의 예가 보여 주듯이 원래의 도시계획이 한 세대를 넘기는 경우는 극히 드물다. 물론 도시계획이 추진된 예도 있기는 하지만 그것은 이슬람 문화의 전형적인 표현형식이라기보다는 귀족이나 국가의 자의에 의한 경우가 대부분이었다. 이슬람 문화의 그림자는 부르주아의 도시 속에서 비로소 발견될 수 있는 것이었다.

4. 신비주의

수피즘에서 신을 상징하는 환상의 새 '시무르그.'

이미 예언자 무하마드가 사망하기(11/632년) 전에도 그를 따르는 추종자들 가운데에는 단지 그의 계율을 따르는 데에 만족하지 않고 신과 보다 더 긴밀한 관계를 가지려는 사람들이 있었다. 그들이 걸었던 길은 비록 독신을 고수하지는 않았으나 가톨릭 수도승과 비슷한 것이었다. 그들은 세속과의 고리를 풀고 영혼의 사악한 부분이나 세상의 편안함만을 추구하는 집착을 말끔히 씻어 버리려고 노력하였다. 이러한 움직임은 1/7세기에서 2/8세기에 걸쳐서 이슬람이 확산되면서 점차 강해졌는데, 그것은 새로 이슬람권으로 편입된 지역에서 아랍의 금욕주의자들을 모방하는 사람들이 생겨났거나 혹은 이미 금욕주의적 전통에 익숙해 있던 사람들이 무슬림으로 개종하였기 때문이다. 이와 같이 절대신을 향한 추구는 타인으로부터 자신을 격리시키는 형태를 취하기도 하였지만, 더러는 인간생활이라는 틀 속에서 보다 경건한 종교생활을 영위하려는 태도로 나타나기도 하였다. 만약 그러한 추구가 지나치게 강렬해지고 내면화되어 정통교단에서 허용하는 한계를 넘어가는 경우에는 비판의 대상이 되기도 하였다. 이러한 움직임을 주도하였던 사람들은 『코란』과 『언행록』에 대하여 그 법률적 철학적 측면보다는 영혼을 인도하는 지침으로서 더 주목하였던 것이다. 그 결과 탄생하게 된 새로운 신학 — 만약 이러한 표현이 옳다면 — 은 바로 그러한 목적을 가지고 이슬람 문헌에 대한 연구를 바탕으로 한 경건한 자기 성찰의 학문이자 종교심리학이라고 할 수 있다. 가장 대표적인 두 사람이 알 하산 알 바스리(110/728년 사망)와 알 무하시비

(243/857년 사망)였다. 이 운동의 내용은 비참한 고행에서부터 심오한 철학적 명상에 이르기까지 넓은 범위를 포괄하였고, 그 추종자들 역시 평범한 사람부터 탁월한 지적 능력을 지닌 사람에 이르기까지 다양하였다. 편의상 우리는 이 추종자들을 '종교적인 사람'이라고 부를 수 있는데, 이는 아랍어의 누사크(nussāk : 나시크(nāsik)의 복수형)를 적당히 옮긴 말이다. 후일 이들이 이루어 놓은 분야는 '내면의 과학'이니 '마음의 작용에 대한 가르침'이니 하는 여러 가지 이름으로 알려지게 되었다.

초기 신비주의

2/8세기, 보다 정확히 말하자면 그 후반기에 들어와서 이들 '종교적인 사람들'은 '수피'(sūfī)라고 불렸으며, 수피야(sūfiyya), 수피윤(sūfiyyūn : 수피(sūfī)의 복수형), 무타사위파(mutasawwifa : 무타사위프(mutasawwif)의 복수형) 등으로 불리는 집단을 형성하기에 이르렀다. 이것은 아마 그들이(혹은 그 일부가) 모직으로 된 옷(sūf)을 입었기 때문이며, 고의적이든 아니든 그러한 의상은 그들을 다른 사람들과 구별시켰다. 모직으로 된 옷은 보통 참회의 의미를 지니고 있었고, 가톨릭 수도승을 포함하여 경건하고 빈곤한 생활을 선택한 사람들이 입던 것이었다. 물론 빈곤 그 자체가 종교적 경건함을 의미하는 것은 아니지만, 아랍어에서 '빈자'를 의미하는 파키르(faqīr : 페르시아어의 다르위시(darwīsh). 이 말에서 영어의 'dervish'가 파생되었다)라는 말은 그러한 의미를 연상시키게 되었다. 이들 수피가 다른 종교적 금욕주의자들과 어떠한 차이가 있었는지에 대해서 확실히 말하기는 어렵다. 혹자는 기존의 사회제도나 신학적 해석에 대해서 냉소적인 태도를 취하였는가 하면, 혹자는 사회의 규범이나 기준에 대해서 무관심하기도 하였고 더러는 드러내 놓고 반대하기도 하였지만, 자신들 특유의 생활양식을 개인적 혹은 집단적으로 가지고 있었다는 점에서는 모두 공통된다.

그들은 전통적인 형태를 통해서보다는 개인적인 종교적 경험을 통해서 더 많은 것을 느꼈고, 또 자신이 기성 교단을 대표하는 사람들보다 종교의 의미와 목적에 더 잘 조응하고 있다고 믿었다. 그들이 신에 대한 사랑의 감정을 격렬하게 하고 일종의 황홀경으로 자신을 끌고 가기 위한 수단으로 시와 음악(samāʻ)에 심취하기 시작한 것은 아직 확실히 입증된 바는 아니지만 대개 2/8세기 초였던 것으로 보인다. 『코란』은 '가능하면 자주 신을 기억하라'(dhikr allāh)고 지시한 바 있는데, 이를 수행하기 위해 이미 예언자 시대에도 신도들은 종교에 관한 토론집회를 가지곤 하였고, 이러한 전통은 수정된 형태로 종교적인 사람들 사이에서 계속되었다. 이미 2/8세기가 되면 수피의 출현과 함께 그러한 집회는 특정한 주문을 반복해서 집단적으로 외우는 형태를 띠게 되는데, 가장 대표적인 주문은 이슬람 신앙의 제1조라고 할 수 있는 '알라 이외에 신은 없다'(lā ilāha illā llāh)였고 이것이 그들을 몰아지경으로 이끌었다. 때로는 사마(samāʻ)와 디크르(dhikr)가 한 집회에서 같이 이용되기도 하였다. 수피들은 자신이 율법을 무시한다고 생각한 것이 아니라 율법의 준수는 신앙의 초보적인 단계에 불과하다고 본 것이다.

이러한 신비주의(Sūfiyya)가 어디에서 처음 발생하였는지는 수수께끼이다. 비록 확정된 것은 아니지만 현존하는 증거들로 미루어 볼 때 아라비아 외부의 문명 지대, 즉 메소포타미아, 시리아, 팔레스타인, 이집트, 특히 북부 시리아가 유력한 것으로 보인다. 어쨌든 200/815년경이 되면 이미 메카와 예멘 그리고 옥수스 강 유역에서도 그 존재가 알려져 있었다.

고전적 신비주의

초기 신비주의는 당시의 신학자들의 견해에 따르면 적절한 교리를 갖추지 못하였을 뿐만 아니라 '내면의 학문'으로서도 제대로 자리잡지 못한 것으로 간주되었지만, 3/9세기가 되면서 신비주의의 개념이 점차 수피뿐만 아니라 다른 종교인들에 의해서 보다 광범위한 지지를 받게 되었다. 즉 '청년동지회'(fityān)가 추구하던 자기 희생의 고결한 정신을 신비주의도 공유하고 있는 것으로 비쳐졌는데, 신비주의의 그 무엇이 당시 종교인들에게 가장 매력적으로 느껴졌는지에 대해서는 단언하기 힘들지만 아마 거지처럼 자신을 낮추려는 욕망, 올바른 길을 따라서 살아가고자 하는 희구, 무엇인가 기이한 생활에 대한 동경, 혹은 신비주의가 추구하는 방법에도 어떤 의미가 있는 듯하다는 인식 등이 작용하였던 것으로 보인다. 그 경위야 어떠하였든 3/9세기가 되면 신비주의라는 말은 평판이 나쁜 혁명분자들에게는 더 이상 적용되지 않게 되고, 대신 엄격한 금욕주의를 실천하려는 '내면의 학문'을 추구하는 사람들 거의 전부를 포괄하게 되었다.

이렇게 해서 초기에는 주변적인 존재에 불과하던 신비주의가 3/9세기에 마침내 종교적 금욕주의와 '내면의 학문'을 총괄하는 하나의 운동으로 자리잡게 되었다. 3/9~4/10세기에 들어와서 '내면의 학문'의 위대한 사상가들, 예를 들면 이집트의 둔 눈 알 미스리나 메소포타미아의 아부 사이드 알 하라즈와 이븐 아타와 알 주나이드, 이란의 아부 야지드 알 바스타미와 아부 하프스 안 니샤푸리와 아부 바크르 알 와시티와 같은 인물들은 종교적인 희구와 황홀경에 이르게 하는 기본적인 기법들을 완성함으로써 마침내 고전적 신비주의를 탄생시켰고, 이것은 그후 부분적으로 약간씩의 변화를 보이기는 하지만 기본적으로 동질성을 유지하며 존속하게 되었던 것이다. 그들은 과도한 극단으로 흐르는 가지를 쳐내려고 하였고, 동시에 본받아야 할 것과 비난받아야 할 것, 덕성과 감정을 구별하였으며, 내면적인 품행들에 대해서 높고 낮음을 정하였다. 또한 그들은 내면적인 작용들을 특정한 비육체적인 기관들(마음, 영혼 등)에게 귀속시키고 윤리적 인식론적인 원칙들을 세웠으며, 영혼이 수행하는 모험의 길에서 허용될 수 있는 한계를 분명히 그어 주었던 것이다. 간단히 말해서 그들은 인간의 모험이라는 데에 관심을 둔 것이 아니라, 영혼의 순화를 향한 순례의 길을 떠나는 초보자들을 인도하기 위해서 고도의 도덕적 심리학을 만들어낸 것이다. 그중 가장 중요한 교리는 '일원론' (tawhīd), 즉 신은 하나뿐이고 오직 그 신만이 의지를 가지고 허락하고 모든 것을 가능케 하며, 인간이라는 주체는 하나의 환영에 불과하며 신에 의해서 창조되고 신에 의해서 지시를 받는 대상물에 불과하다는 인식이었다. 이 교리가 의도하는 바는 인간이 신의 이중적인 의지 —— 하나는 인간의 숙명 속에, 또 하나는 계율 속에 담긴 —— 에 대해서 저항하는 것은 무의미하며, 따라서 인간은 신 앞에 경건히 그리고 무조건적으로 투항하는 길밖에 없다는 점을 깨우쳐 주려는 데 있다.

이렇게 해서 수피는 영혼의 순화를 향한 여정에서 신이 단지 눈앞에 놓인 목표일

자신의 발을 따뜻하게 하는 수피. 10/16세기 페르시아 필사본에 포함된 것이나, 얼굴 모습이나 상단의 구름은 몽골적인 영향을 보여 준다.

뿐 아니라 그가 앞으로 나아갈 수 있도록 뒤에서 밀어 주는 힘이기도 하다는 신념을 가지게 되는 것이다.

  신을 단 하나의 창조적이고 능동적인 주체로 파악하는 고전적 신비주의의 교리는 이븐 쿠타이바(276/889년 사망)와 같은 전통주의자의 공감을 얻었고, 아샤리(323/935년 사망)에 의해서 추진된 '정통교단'의 부흥을 자극하였다. 아샤리와 동시대에 속하는 수피인 아부 바크르 알 와시티는 일원론을 극단까지 밀고 나가, 심지어 구원을 비는 기도 자체도 신의 의지에 대해서 복종하라는 계율에 저항하는 것이라고 하였다. 신비주의가 정통교단과 다른 점은, 자아의 순화에 이르기 위한 여러 가지 실천방법을 강조하고 인간의 정신생활을 오로지 그러한 방법으로 집중시켜서 자신의 가식적 주체를 소멸시키려고 하는 데에 있다. 철학자들은 신비주의가 영혼의 순화를 지향하는 것에 대해서는 찬동하지만 인간의 자아를 무(無)로 깎아 내리는 데에 대해서는 반대하였다. 후일 안달루시아 출신의 학자인 리산 앗 딘 이븐 알 하티브(777/1375년 사망)가 고전적 신비주의를 가리켜서 '도덕적 행위의 신비주의'(at-tasawwuf al-khuluqī)라고 부른 것도 일리가 있다고 하겠다.

교리서와 과도기

4/10세기 초 원래는 남부 이란 출신이었지만 각지를 널리 여행하였던 알 할라즈는 전통적 이슬람과 그때까지 발전되어 온 신비주의 교리에 대해서 가시 돋친 신랄한 비난을 퍼부음으로써 큰 물의를 일으켰다. 그의 주장의 요체는 신이 인간의 모든 섬유질 속에 존재론적으로 현존하고 있다는 것이다. 또한 그는 자신의 의식을 신과 합일시키고 신과 자아의 일체를 이룩하려는 가망성 없는 노력을 한탄하기도 하였다. 그의 희구는 세속적인 애정 표현을 사용한 사랑의 시를 통해서 잘 드러나고 있는데, 물론 이 시들로부터 알 할라즈의 신학적 사상을 교조적으로 유추하는 것은 매우 위험한 일이다. 그러나 시 속에서 죽음을 그리워하는 그의 희망이 진심이었다면 그는 죽음이야말로 그를 돕는 유일한 방법이라고 생각하였는지도 모르며, 정치적인 음모의 대상이 된 그는 결국 310/922년 바그다드에서 처형되고 말았다. 그의 처형이 신비주의를 공격하려고 의도된 것도 아니고 또 신비주의를 음해하지도 못하였지만, 이로 인해서 신비주의에 대한 적절한 조절의 필요성과 일정한 규범을 세울 필요성이 느껴지게 된 것은 사실이다. 그 결과 4/10-5/11세기에 몇 가지 수피 교리서들이 만들어졌는데, 이는 초기 및 고전 시대에 '내면의 학문'을 추구하였던 사람들 이래 구전으로 내려오던 전승을 수록한 책에서 추천할 만한 내용을 발췌한 것으로, 필요한 경우에는 일종의 경고용으로 좋지 않은 행위의 사례를 포함시키기도 하였다. 이 교리서들에 알 할라즈의 사례가 거의 인용되지 않고 있다는 사실은 흥미롭다. 그의 비판자였던 알 훌디(349/959년 사망)는 자신의 정신적 계보를 예언자의 시대로까지 소급하여 연결하면서 고의적으로 알 할라즈를 빼 놓은 대신 알 주나이드를 부각시켰다. 신비주의의 장로들을 정신적 계보로 엮은 것은 그가 처음으로, 이러한 계보의 작성은 후일 신비주의 교단들에서 매우 보편적인 절차로 받아들여지게 되었다.

초심자들을 교육시키기 위한 엄격한 규정들도 이때 만들어졌는데, 이는 보다 효과적인 학습효과를 올리려는 목적과 만약의 경우 발생할지도 모를 오류를 방지하기 위한 목적을 동시에 포함한 것이다. 초기에 학생들이 스승과 자유로운 토

고기가 물 속에서 살듯이 영혼은 신 안에서 산다. 607/1210년에 만들어진 이란제 접시에 그려진 그림도 바로 그것을 나타내고 있다. 한 청년이 세속적인 욕망을 버리고(이는 기사가 타지 않은 말이 상징한다) 신비적인 무아경의 상태에서 명상하며, 자신의 영혼을 아래에 그려진 조그만 여인의 모습으로 인식하고 있다.

론을 통해서 깨우치는 방식은 점차 사라지고 학교라는 제도적 틀 속에서 행동과 사고에 대한 엄격한 감독이 이루어지는 형태로 바뀌게 되었다. 이제 초심자들은 교육과정이 끝날 때까지 자기 스승(아랍어의 셰이크(shaykh), 페르시아어의 피르(pīr))에게 자신의 생각을 숨김없이 드러내고 철저히 복종하지 않으면 안 되었던 것이다.

고전시대 이후의 신비주의

5/11세기 말경 이후 신비주의의 가장 두드러진 특징은 환상적이고 주술적인 경험에 보다 높은 가치를 두었다는 점이다. 이러한 현상이 완전히 수용되는 데에는 저명한 신학자 무하마드 알 가잘리(505/1111년 사망)의 해석이 전제를 이루었다. 그는 시각적 청각적 능력이 고양되는 신비적인 느낌을 예언자적인 특징의 증거로, 나아가서 이슬람이라는 종교 자체의 신빙성을 보여 주는 증거로 인정하였다. 다시 말해서 신비주의라는 '지류'가 이슬람교 '본류'의 정당성을 나타내는 증거로 받아들여진 것이다. 물론 고전 신비주의 시대에 무시되어 왔던 환시적(幻視的) 경험이 이 시기에 과대평가된 것은 아니었지만, 그래도 학생의 내적인 상태와 심리적 진전상황을 보여 주는 한 징후로 여겨지게 되었다. 스승은 학생의 꿈이나 환시를 해석해 주었는데, 그 까닭은 한 인간의 심리적 특성이 예를 들면 어떤 동물의 형태로 모습을 나타낼 수도 있고, 그 심리적 특성과 동물의 형태는 상호 조응하는 관계에 있는 것으로 이해되었기 때문이다. 물론 궁극적인 목표에는 이러한 중간 단계가 지나고 과도기적인 현상들이 끝난 뒤에야 이를 수 있다고 보았다.

인간에게 '신성한 빛'이 존재한다는 이론도 이 시기에 자주 거론되었는데, 이는 아마 시아파의 사상이나 영지주의(Gnosticism)와 같은 철학유파와의 접촉의 결과였던 것으로 보인다. 이런 각도에서 접근하는 입장에서는 신비주의자들의 노력을 그 빛을 해방시켜서 원천으로 귀환하는 것으로 인식하였다. 이 '해방'이라는 개념은 『코란』과 무관한 철학파의 서적들에 자주 등장하는 것으로, 신으로부터 방출된 힘이 몇 단계를 거쳐서 무생물의 형태를 띤 세계로 변하였다는 교리이다. 이에 의하면 인간이 신을 알기 위해서 그와 같은 창조의 여러 단계들을 역순으로 모두 밟아 나갈 필요는 없다. 왜냐하면 인간은 신으로부터 가장 먼 곳, 가장 낮은 곳에 위치해 있는 것이 아니라 자연세계를 하나의 나무라고 보았을 때 그 가장 높은 가지에 놓여 있기 때문이다. 신비주의의 표현을 빌리면 바로 그곳이야말로 앞서 말한 대로 인간이 내적인 순화의 방법을 통하여 '완전인'의 단계로 상승하기 위한 여정의 출발점인 것이다. 야히아 앗 수흐라와르디(587/1191년 사망)는

수피들의 수도원은 서구의 수도원과 비견할 정도로 아름다움과 고적함을 지니고 있다. 페르시아의 마한에 있는 이 수도원은 9/15세기부터 시작되었다. 809/1406년 그곳에 정착한 수피 시인 샤 니마툴라 왈리가 개창한 교단의 사람들을 수용하는 건물들이 지어졌다. 그의 무덤은 1010/1601년 샤 아바스가 건설한 푸른 돔 아래에 안치되어 있다. 마한은 사막과 산지로 둘러싸인 녹색의 오아시스여서, 마치 천국의 정원과 같은 모습이다.

신을 '절대의 빛'과 동일한 것으로, 무(無)를 '암흑'과 동일한 것으로 보면서, 그 사이에 존재하는 모든 사물들은 빛이 서서히 엷어지면서 그림자가 조금씩 침식해 들어가는 단계들로 차례로 배열되어 있다고 생각하였다. 그는 또한 하나의 원천으로부터 쏟아져 나오는 천지창조의 방사(放射) 이외에도 '조명'(照明 : ishrāq)이라고 하는 2차적 방사가 있다고 보았다. 이것에 의해서 이미 존재하는 여러 단계의 빛들이 영적(靈的)으로 서로를 비추어 주는데, 그 방사는 위에서 아래로 아니면 수평으로 향해서 진행될 뿐 아래에서 위로 향하는 법은 없다고 하였다. 그리고 바로 이 보충적 방사에 의해서 인간의 내부에 존재하는 빛은 비로소 물질세계의 유혹에 대해서 저항할 만한 힘과 욕구를 획득하게 되고, 사망과 함께 육체의 허물을 벗어버림으로써 탈출의 가망성이 완전히 차단된 동물의 몸으로 들어가 더 낮은 단계로 떨어지는 위험을 피할 수 있게 된다는 것이다. 이븐 알 아라비(638/1240년 사망)는 이러한 빛의 일원론을 존재의 일원론으로 대체하여, 모든 현상은 신과 함께 있는 존재의 표상에 불과하다고 주장하였다. 근원적이고 원초적인 물질 속에 존재하는 궁극적인 일체성 —— 그것이 빛이든 아니면 존재이든 —— 에 대한 추상적인 지식과 경험적인 인식 그 중간에 신비주의가 자리잡고 있었던 셈이다. 이 두 학자는 그후 많은 추종자들을 얻었지만 수흐라와르디보다는 이븐 알 아라비의 사상이 이슬람권 전역에 걸쳐 훨씬 더 큰 영향력을 발휘하게 되었으며, 심지어 11/17세기 이후 인도네시아에서조차 격렬한 논쟁의 대상이 되었다.

    고전시대의 신비주의가 이슬람 사회 일반으로 볼 때 주변적인 현상에 불과하여 그와 무관한 문학작품 속에서는 거의 언급되지 않았던 것에 비해서, 그후의 시기가 되면 신비주의는 지배층이나 일반 대중을 막론하고 사람들의 마음속 깊이에 자리잡고 정통교단과 어깨를 나란히 할 정도가 되었다. 수피 장로들은 다른 권력자들처럼 찬양의 대상이 되었고, 귀족가문과 통혼을 하며 때로는 거대한 재산을 소유, 관리하기에 이르렀다. 세속적인 재산을 가지는 것이 윤리적으로 옳은가 그른가 하는 문제는 뒷전으로 물러나고, 마치 외형적인 것에나 치중하는 사람들이 그런 것을 문제삼는 것처럼 인식되었다. 중요한 것은 내적인 품성, 즉 빈곤함에 대한 인내심과 풍요로움에 대한 감사함이었다. 그리고 7/13세기부터 장로에 대한 숭배라고 할 수는 없어도 존경을 강조하는 경향이 심해지고, 그들이 신성한 지혜를 나누어주는 존재라는 주장이 점차 일반적으로 받아들여지기 시작하였다. 또 그들에게 그러한 역할을 떠맡기는 경향도 강해졌다. 신비주의는 이렇게 해서 예언자 무하마드가 자기 생전에 메카에서 메디나로 이주하면서 경험한 변화와 유사한 것을 겪게 되었고, 이는 곧 '수피즘'(Sūfism)의 탄생을 의미하였다.

4/10세기까지 수피들은 장로의 집이나 모스크에서 회합하여 정신적인 훈련이나 가르침을 받았으나, 그뒤에는 회합을 위한 별도의 장소를 만들게 되었다. 그들은 이곳을 주민이나 여행하는 동료들의 거처, 혹은 가난한 사람들에게 음식을 제공하는 장소로 이용하기도 했는데, 이러한 자선행위가 이슬람 정통에서는 흔히 간과되었던 것에 비해서 수피들은 특별한 중요성을 부여하였기 때문이다. 이와 같은 수도원은 장로나 그의 가족의 소유인 경우가 많았으나 때로는 수피 교단을 위해서 돈 많은 사람이 기탁한 것일 수도 있었고, 6/12세기 이후에는 독실한 군주나 그의 부인이 기증한 경우도 자주 보인다. 일반적으로 일하는 사람들의 경비를 포함하여 수도원의 유지에 드는 비용은 자발적 정기적인 헌납이나 토지와 촌락의 형태로 헌납된 '희사기금'에서 충당되었다. 656/1258년 모술에는 모두 27개의 수도원이 있었고, 12/18세기에도 10개 정도가 남아 있었다.

장로가 죽으면 수도원이나 그 근처에 묻혔다. 또 기존의 묘지 근처에 새로운 수도원이 세워지기도 하였다. 따라서 수피 교단은 대체로 공동묘지를 소유, 관리하는 경우가 많았고, 사람들은 그곳에 찾아와서 축복을 빌기도 하고 권력을 가진 사람들은 묘지를 보수하거나 그 관리인들에게 헌납을 함으로써 명예를 얻으려고도 하였다. 모스크의 경우에도 더러는 그러하지만 수피 교단과 연관된 수도원이나 묘지들은 이슬람 출현 이전부터 있던 성지나 성인을 대체한 것들도 있었다. 어쨌든 이슬람에서 성자 숭배는 죽은 사람이 신의 벗이기 때문에 가서 간절히 빌면 그를 통해서 신의 도움을 받을 수 있다고 하는 믿음에 기초한 것이었다.

수피 교단

신비주의에서 '학파'(tarā'iq : 단수형은 타리카(tarīqa))라는 것은 어떤 의미에서 특정한 수피 장로의 가르침을 더 따르려고 하는 경향이 있었던 고전시대에 이미 생겨났다고 볼 수 있다. 이것은 특정한 수피 장로와 함께 기거하며 생활하는 문도들의 집단인 '교단'(tawā'if : 타이파(tā'ifa)의 복수형)과는 구별되어야 함에도 불구하고, 그동안 이 두 개념은 서로 혼동되어 수피즘과 그 내부에 존재하는 여러 교단들을 가리키는 것으로 거의 구별 없이 사용되어 왔다. 그러나 우리가 어떤 집단을 '교단'이라고 부르려면 그들이 자신을 그렇게 생각하고 또 후원자나 창건자의 이름을 내걸기 시작하였을 때 가능할 것이다. 5/11세기 페르시아어로 된 최초의 수피 교리서를 펴낸 줄라비는 학파만을 언급하였을 뿐 교단에 대해서는 알지 못하였다. 그러나 그와 동시대인으로 아프가니스탄 지역에 살던 안사리(482/1089년 사망)는 치슈티얀(chishtiyān)이라는 표현을 썼는데, 이는 헤라트 근처에 있는 치슈트라는 곳 출신 사람의 제자들 혹은 치슈트의 주민들이 유기적인 집단을 이루었음을 뜻한다. 아부 이스하키 카자루니(426/1035년 사망)는 남부 이란에서 자선활동을 벌였고 그와 그의 제자들이 이를 더 추진하기 위해서 구호처를 설치하였는데, 이는 최소한의 조직을 필요로 하는 것이었다. 그가 죽은 뒤에는 그의 일족들이 유업을 계승하였다. 이처럼 한 가족의 사업이 교단의 사업으로 이행되면서 그 추종자들은 스스로를 그 가족의 이름을 딴 명칭으로 부르기 시작한 것이다.

 그러한 이행이 7/13세기부터(혹은 6/12세기 말부터) 일어나기 시작하였음을 보여 주는 예들이 발견된다. 7/13세기의 교단으로 확실히 판명된 것이 리파이 교단(Rifāʾiyya)인데, 이 조직의 기원은 아흐마드 알 리파이(578/1182년 사망)의 숙부가 시작하고 리파이 자신과 그 조카에게로 계승된 활동으로 소급되지만, 그 조카의 후손들이 그뒤 메소포타미아의 움 아비다라는 곳에 본부를 두고 각 지부를 관할하면서 교단으로 변신하게 되었다. 교육과정을 모두 마친 수피는 '후계자'(khalīfa) 혹은 '대리인'(nāʾib)이라고 불리게 되며, 지부의 책임자로 임명되어 새 회원들을 확보하였다. 신참자가 '후계자'의 지위에 오르는 데에는 두 단계가 있고 그때마다 움 아비다의 본부로부터 승인이 있어야 했다. 그는 규정에 제시된 대로 일정한 기간 동안 은둔과 수행을 해야 하며, 창건자의 가족에 대한 충성도 맹세해야 했다. 이와 유사한 형태의 것이 7/13세기 이후 메블레비 가족의 대표에 의해서 추진되어, 아나톨리아 고원의 코니아라는 곳을 중심으로 각지에 제자들을 보내어 통제하였다. 그러나 모든 교단들이 가족적인 연대에 의해서 결합된 것은 아니었다. 대부분 초기의 창건자를 인정하면서도 본부에서 떨어져 새로운 이름을 가지는 분파를 만들어 나가기도 하였다. 교단에서 가르치는 내용이 항상 일정하거나 고정된 것은 아니어서, 이븐 알 아라비의 지지자와 반대자들이 한 교단에 동시에 속하는 경우도 있었다. 그러나 이론적인 대립이 새로운 분파의 결성을 촉진한 것은 1500년을 전후하여 아르다빌(Ardabīl) 교단의 본부가 시아파 혁명의 기치를 내걸었을 때 다른 나라에 있었던 많은 지부와 제자들이 본부의 노선을 따르지 않고 새로운 분파로 독립한 것이 그 좋은 예이다. 정신적 계보는 지리적 거리나 반항 혹은 새로운 계승자에 대한 반대 등의 이유로 인해서 끊어지기도 하였다.

교단과 장로의 후손들은 엄격히 구분될 필요가 있다. 왜냐하면 어느 한 장로의 후손들이 반드시 동일한 교단에 소속되어야 한다는 법은 없는 것이고, 더러는 새로운 교단이나 지파를 창시하기도 하였기 때문이다. 북아프리카에 존재하였던 이러한 종류의 씨족들은 마라부트 가문 혹은 마라부트 부족이라고 불렸는데, 이는 아랍어로 '은자', '성자'를 뜻하는 무라비트(murābit)에서 나온 말이다.

여성들을 위한 수도원이 있기는 하였지만 여성들만으로 구성된 교단이라는 것은 없었다. 여성 수피는 기존의 교단들 가운데 어느 하나에 소속되거나 혹은 독자적인 종교생활을 영위하였다. 그들이 남성들 위주의 기성 교단에 스승이나 제자의 입장으로 참여할 때는 베일과 커튼으로 격리되어 떨어져 앉아 있는 것이 상례였다. 7/13세기에 아우하드 앗 딘 알 키르마니의 딸은 다마스쿠스에 있던 17개 수도원의 장로로 인정받았다.

수피들의 생활은 여러 가지 규정으로 묶여 있었고 그 규정은 교단이나 장로에 따라서 서로 달랐다. 통과의례시에는 모직으로 된 의복이 주어졌는데, 교단에 따라서 입단할 때 혹은 수련을 마쳤을 때 주어지기도 하고 혹은 두 경우에 모두 모직옷을 주는 교단도 있었다. 신참자에게 모직옷을 주는 이러한 의식은 시라즈의 장로였던 이븐 하피프(371/981년 사망)가 처음 시작한 것으로 보인다. 후에는 수련자의 모발을 깎는 의식도 포함되었다. 교단에서 정해진 규정에는 보통 신참자가 의무적인 피정기간(보통 40일) 동안 먹는 음식, 그동안 신을 생각할 때 취해야 할 몸가짐과 외워야 할 주문들, 음악을 사용하는 의식을 수행할 때의 조건들, 사용하는 악기, 춤출 때 입는 옷, 타인의 초대에 응할 때의 조건, 수도원 출입시의 조건들, 분쟁을 해결하는 방법, 일상생활에서 의식주를 해결하는 방법 등이 포함되었다. 바그다드의 유명한 수피였던 아부 하프스 앗 수흐라와르디(632/1234년 사망) — 앞에서 언급한 야히아 앗 수흐라와르디와는 다른 인물 — 는 바로 이러한 규정들을 확립하려고 하였고 그가 정한 규정들이 광범위하게 받아들여진 것도 사실이나, 이것들이 모든 교단들에서 동일하게 존중되었던 것은 아니었다.

7/13세기 리파이 교단이 만든 규정이 그 좋은 예이다. 여기에는 고전시대 이후 수피즘의 중요한 특징인 '주문화'(呪文化 : formularization)가 드러나고 있다. 기도문이라는 것이 이미 고전시대에 수피들 사이에서도 널리 보이기는 하였지만, 이때가 되면 수많은 인위적인 단어들이 이용되고 각각 제목을 가지는 주문들을 만드는 것이 보편화되어, 이 주문들은 특정한 시간에 특정한 효과를 내기 위해서 외워지게 되었고 신참자들의 교육과정에서 중요한 부분을 차지하게 되었다. 주문에 사용되는 단어들의 차이가 교단의 성격을 구분하는 중요한 기준이 되어 버렸다. 이렇게 주문이 동원된 종교적 의식으로는 신을 생각하는 '념'(念 : dhikr)과 음악에 몰두하는 '청악'(聽樂 : samā')이 있었다. 교단에 따라서 그중 어느 하나만을 하기도 하고 둘 다 하기도 하였다. 아나톨리아의 메블레비 교단의 경우에는 음악이 특히 중요한 역할을 하였다. 그 창시자인 마울라나 잘랄 앗 딘 알 루미(672/1273년 사망)는 이미 음악의 효과를 극대화시키기 위해서 무도(舞蹈)를 도입하였는데, 그는 샴시 타브리지의 영향을 받은 듯하다. 음악과 무도는 하나의 의식으로 혼연일체가 되어 신을 찬양하고 내적인 지고의 경험에 도달하는 자극제가 되었던 것이다.

이렇게 해서 여타의 교단에서는 일정한 범위 안에서만 허용되던 음악과 그것에 맞추어 신체를 흔들어 대는 행위가 메블레비 교단에서는 하나의 종교적 행위로까지 승화되었다. 예언자들이 자신이 예언자임을 입증하는 하나의 징표로서 기적을 행하였던 것과는 달리 수피들 가운데 '신의 친구' 혹은 '성자들'은 자신에게 부여된 '기적의 권능'을 가능한 한 비밀로 유지해야 한다는 것이 전통적인 견해였지만, 수피들의 생애는 수많은 기적의 일화들로 가득 차 있기 때문에 그러한 전통적 견해는 수정되지 않으면 안 되었다. 심지어 일부 교단에서는 공개적인 기적을 중요시하여, 그 교단에 속한 수피들은 독물을 마시고 자기 몸을 칼로 찌르거나 불구덩이에 들어가기도 하고 혹은 높은 절벽에서 투신하는 모습을 보여 주기도

이스탄불의 테케(tekke), 즉 수피들의 수도원 안에서 춤을 추는 신비주의자들. 12/18세기.

하였는데, 이는 자기 몸 속에서 작용하는 신의 권능을 보여 주기 위해서였다. 리파이 교단이 바로 그러한 예이다. 이 교단의 창시자인 아흐마드 알 리파이 자신은 그러한 행동을 하지 않았을지 모른다. 어떤 사람은 이러한 종류의 마술적 행위가 몽골인들의 영향에 의한 것이라고 주장하였지만, 이미 몽골의 침입이 있기전 시리아에 있던 리파이의 후계자 가운데 한 사람이 그러한 행위를 하였음을 확인할 수 있다.

신고전주의적 경향

7/13-8/14세기가 되면 고전시대에 존재하였던 보다 절제된 목표와 수행방법을 통해서 이슬람의 근본적인 원칙으로 돌아가자는 주장을 하는 목소리들이 여기저기에서 나오기 시작하였다. 그들 가운데 대표적인 두 사람이 샤딜리(Shādhiliyya)

라는 새로운 교단의 주도자인 이집트의 이븐 아타 알라 앗 시칸다리(709/1309년 사망)와 모로코의 이븐 아바드 알 룬디(793/1390년 사망)였다. 이들은 불필요한 의식을 잘라내어 독실한 구도자들을 다시 한번 신과의 직접적인 대면의 길로 인도하려고 하였다. 신에 대한 단순한 복종, 신이 지시하지 않은 일의 무용함, 신에게 접근하는 모든 '수단'의 무가치함, '인간이 세우는 계획의 포기'(isqāt at-tadbīr) 그리고 신에 대한 감사 등을 강조하였다. '이슬람'이라는 말 자체가 의미하듯이 '복종하는 종교'가 되라고 한 그들의 가르침이 비록 수피즘의 광신적인 요소를 어느 정도 누그러뜨렸을지는 모르지만, 샤딜리 교단은 전체적으로 보아서 아직 신고전주의 시대의 교단이라고 하기는 어렵다.

이븐 아타 울라의 반대파이자 교조적인 신학자이기도 했던 이븐 타이미야(729/1328년 사망)와 그의 제자 이븐 카이임 알 자우지야(751/1350년 사망) 역시 과도한 종교적 관행을 청산하려고 노력하였다. 이슬람을 발생 당시의 원초적인 형태로 돌려 놓으려는 개혁운동을 주도하였던 이븐 타이미야는 수피즘이라는 것이 무하마드 당시에 존재하지 않았기 때문에 그 자체를 배척하였지만, 고전시대나 그 이후에 살았던 유명한 수피들이 원시 이슬람 정신을 계승하고 있다고 인정함으로써 수피즘과 관련된 모든 것을 한꺼번에 부정하지는 않았다. 그러나 알 가잘리나 이븐 알 아라비 혹은 알 할라지와 같은 유파의 사상가들에 대해서는 강렬한 비판을 퍼부었다. 그는 초감각적인 지식의 가능성을 인정하였지만, 그러한 지식은 반드시 이슬람의 성스러운 전통이 제시한 기준과 비교하여 검증되어야 한다고 주장하였다. 그는 또한 주술적인 능력을 직접 목격한 뒤 그 존재에 대해서는

(맞은편) 수피 신비주의는 정통 이슬람과 함께 존재해 오면서, 은거와 기도 그리고 다른 방법을 통해서 신과 접촉할 수 있는 직접적인 통로를 제시하였다. 춤은 일반적으로 시와 음악에 의해서 촉발되는 감정과 무아지경의 표현이었다. 신체적인 움직임은 정신적 개안을 가능케 하는 보조자로 기능하였다. 이 삽화는 티무르 왕조 시대의 필사본에 삽입된 것으로 896/1490년 작품이다. 모든 이슬람 예술이 그러하듯이 여기에서도 본질에 관한 관념적인 진리와 고도의 양식화가 결합되어 있다. 배경은 그림 같은 전원풍경이지만 사실상 그곳은 수피 의례에만 사용되는 건물(테케)의 내부이다. 춤을 추는 네 사람 가운데 오직 한 명만이 팔을 '정확한' 자세로 취하고 있다. 아래쪽에 있는 사람들은 현기증으로 거의 쓰러질 지경이고, 오른쪽에는 악사들이 보인다. 춤추는 사람들 뒤에는 개천이 흐르고 있는데, 원래는 은색으로 칠해졌지만 현재는 바랜 상태이다. 화폭 전체가 보여 주는 원형구도와 굽이친 지평선 등은 춤추는 사람들이 자아를 벗어던지고 황홀경 속에서 벌이는 회전무의 느낌을 전달하고 있다.

인정하지 않을 수 없었지만 그것이야말로 악마의 소행이라고 생각하였다. 이븐 타이미야는 이슬람 출현 이후 초기 3세대까지의 종교적인 전통만을 정당한 것으로 보고 후세에 첨가된 모든 것들을 부인하였다. 수피들이 그렇게 중요시 여기는 무아지경을 부인하였고, 음악에 몰입하거나 성자의 무덤에 참배하는 행위, 심지어 메디나에 있는 예언자의 무덤을 찾는 것조차 반대하였다. 그러나 이와 같은 정화의 열기는 그의 제자 이븐 카이임 알 자우지야가 수피들의 신비적 체험의 단계에 대해서 서술한 알 안사리(482/1089년 사망)의 유명한 책에 주석을 달 때에는 상당히 누그러지게 되었다. 부하라의 바하 앗 딘 낙슈반디야(702/1380년 사망)가 신을 염할 때 큰 소리를 내는 것과 일정 기간 은둔하거나 음악을 듣는 것을 반대하고 대신 예언자의 말을 있는 그대로 단순하게 따르는 것이 최상의 길이라고 주장한 것 역시 원시 이슬람의 정신으로 돌아가려는 노력이었다. 그러나 그에 의해서 생겨난 교단의 장로들은 후일 그의 가르침을 따르지는 않았다.

신비주의적 성자숭배

기독교가 예수와 신의 근접성을 강조하여 심지어 그에게 신성(神性)까지 부여한 것과는 대조적으로 이슬람은 무하마드를 신으로부터 떨어뜨려 놓기 위해서 노력해 왔다. 무하마드 자신도 기독교가 예수에게 신성을 부여한 것에 대해서 비난하면서 자신이 평범한 인간임을 강조하였다. 기독교도들은 예수에게 기도하지만 그와 반대로 무슬림은 무하마드나 다른 어떠한 예언자에게도 기도하는 것이 허용되지 않았다. 이븐 타이미야는 바로 이 원칙을 다시 천명하려고 하였던 것이다.

그러나 고전시대에 수피즘이 시작된 이래 예언자 무하마드는 언제나 가장 높은 단계에 있는 존재로 여겨졌고, 예언자의 사랑은 신의 사랑의 일부이며 결국 그가 최후 심판의 날에 도움을 주리라고 생각하였던 것이다. 나아가서 그의 육체는 죽어 메디나에 묻혔지만 영혼은 여전히 살아 있는 것으로 여겨졌다. 이러한 경향은 예언자적 특성과 성자적 특성 가운데 어느 것이 우위를 차지하는가에 대한 논쟁에 의해서 더욱 심해졌고, 이 논쟁은 수피들 사이에서 결코 해결되지 못하였다.

단지 지배적인 견해는 성자적 특성이 보다 일반적이고 그것을 바탕으로 생겨난 것이 예언자적 특성이라고 보기 때문에, 성자적 특성을 하위의 개념이라고 보고 있다. 이는 다시 말해서 성자에 대한 숭배가 높아지면 높아질수록 예언자의 지위는 그만큼 더 올라가야 한다는 사실을 의미하였다. 나아가 추상을 객관화시키고 직위와 그 직위에 있는 사람을 동일시하며 예언자적 특성과 예언자를 동일시하는 '현실주의적인' 경향이 강화되면서, 무하마드는 모든 예언자의 정점에 위치해 있는 것으로 생각되었고, 결국 그는 우주적인 구도 속에서 가장 이상적인 예언자적 특성을 지닌 존재로 승화되었던 것이다. 『코란』에 의하면 신은 '처음이자 마지막' 이지만, 무슬림의 입장에서 예언자 무하마드는 신에게 들어가는 문과 같은 존재였고 '두번째의 처음이자 두번째의 마지막' 인 셈이었다. 우주론은 '무하마드의 실존' 혹은 '무하마드의 빛'을 언급하게 되었고, 이는 마치 『요한 복음』에 나오는 신과 함께 바로 그 다음에 존재하는 로고스와 같은 것, 즉 그것으로부터 천지만물과 천국과 천사가 창조된 존재와 같은 것이었다.

  이러한 관념은 고전시대 이후 신뿐 아니라 예언자와의 직접적인 접촉에 대한 열망에서도 잘 드러나고 있다. 그러한 접촉을 가능하게 해 주는 방법으로는 『코란』 제33장과 무하마드의 '말씀' 속에 제시된 예언자에 대한 축복(as-salāt 'alā' n-nabī)을 반복해서 추구하는 것이 있었고, 결국 이는 '념'과 유사한 것이 되어버렸다. '신께서 우리의 예언자를 축복해 주셨고 그에게 구원을 부탁하였도다' 라는 기본 주문은 약간씩 말이 바뀌거나 더 늘어나기도 하였지만 기도문 속에 포함되어 뇌어졌고, 오로지 신과 예언자에게로 주의를 집중시키기 위하여 여러 차례 반복되었다. 이처럼 널리 읽히고 뇌어졌던 주문들을 모아 놓은 유명한 책이 베르베르인 알 자줄리(9/15세기)의 『달라일 알 헤이라트』(Dalāʾil al-khayrāt)이다. 그와 동시대인인 앗 슈니는 897/1492년 카이로에서 여러 사람이 모여 그러한 주문을 외우는 의식을 시작하였는데 목요일 밤을 꼬박 새고 금요일까지 계속되는 소위 '철야기도'(mahyā)를 하였고, 후일 중앙 아시아에서도 알 자줄리의 기도서가 암송되었다고 한다. 생각과 감각을 오로지 예언자에게로 집중시키는 또다른 방법으로는 그를 찬양하는 '송시'(訟詩)를 읊는 것이 있었다. 알 부시리(8/13세기)가 지은 『부르다』(Burda)는 그 가운데 특히 널리 사용되었다. 그렇지만 예언자의 성스러운 말들을 자기 마음속에 조용히 떠올리고, 메디나에 있는 그의 성묘를 참배하거나 아니면 그러한 성지순례를 시적으로 상상만 하는 방법에 의해서도 예언자의 존재를 느끼는 것이 가능하였다. 심지어 어떤 순례자들은 그의 성묘를 찾았을 때 예언자가 자기들의 인사에 대답하는 것을 들었다고 한다. 수피들의 궁극적인 목적은 결국 예언자와 '합일'(ijtimā')을 이루고 꿈이나 사후에서뿐만 아니라 생전에 예언자를 직접 목도하는 데에 있었다.

이러한 열망은 어느 지역에서나 보이는 현상이었으나 특히 북아프리카에서는 강렬하였다. 메디나는 무하마드의 시신이 묻힌 곳이자 말리키(Mālikī) 학파의 고향으로 권위를 자랑하였고 메카조차도 그 빛에 가릴 정도였다. 예언자를 찬양하는 유명한 책『앗 쉬파』(ash-Shifā)를 저술한 카디 이야드(544/1149년 사망)는 그곳의 평민들로부터 대단한 존경의 대상이었다. 예언자 숭배는 특히 북아프리카 서부에서 예언자의 후손인 알리파에 의해서 더욱 장려되었다. 그러한 숭배는 이븐 마쉬쉬(625/1228년 사망)에서부터 시작하여 아브드 알 아지즈 앗 답바그(12/18세기 초에 사망) 때에 와서 절정을 이루었다. 13/19세기에 창립된 사누시(Sanūsī) 교단에서는 예언자와의 합일이 지고한 종교적 목표로 여겨졌던 것이다. 예언자 무하마드의 탄신일(mawlid)을 축하하는 행사는 1200년을 전후하여 북부 메소포타미아에서 하나의 종교의식으로 발전하였고, 곧 이슬람권 전역으로 확산되어 7/13세기에는 서부지역 끝까지 미치게 되었다.

소위 '12대 이맘파'에 속하는 시아파는 알리와 그의 후손들에게 특별한 종교적인 권위를 부여하여 그들을 정치적으로 칼리프와 같은 지위에 추대하고 '이맘'이라고 불렀다. 4/10-5/11세기에 쓰여진 수피 교리서에는 이미 그들이 위대한 스승으로 묘사되어 있다. 12대 이맘파에게 이맘들은 '내면의 학문'(계시와 인간의 내

(맞은편) 성자의 무덤과 마찬가지로 위대한 시인의 무덤에도 순례자들의 발길이 끊이지 않았다. 페르시아 출신의 가장 유명한 시인이었던 사디는 7/13세기에 시라즈에서 살았다. 그가 비록 수피는 아니었으나 수피즘을 잘 알고 있었고 그 영향도 깊이 받았다. 자신의 작품인『굴리스탄』(Gulistān)과『부스탄』(Bustān)에서 그는 수피들의 감정과 지혜를 나타내기 위해서 많은 일화들을 기록하였다. 시라즈 부근에 있는 그의 묘지를 그린 이 세밀화는 대체로 상상에 의한 것이다. 묘지는 정문 바로 뒤에 위치해 있고, 지붕 위에는 여자와 아이들이 섞여 있다. 앞에는 수피들이 반주에 맞추어 춤을 추고 있다.

면)을 설명해 줄 수 있는 존재로 여겨졌으며, '신의 친구' 혹은 '성자'라고 불렸다. 그들에게 예언자적 특성과 성자적 특성(즉 이맘적 특성)은 각기 동일한 지도자의 외적 내적 기능에 불과한 것으로서, 전자는 계시의 선포를 의미하고 후자는 계시의 뜻을 아는 지식을 의미하는 것, 즉 양자는 서로 연속되어 있는 하나의 현상으로 이해되었던 것이다. 이러한 방식으로 이해하게 되면 성자는 신으로 향하는 길목의 문을 열어 주고 인간의 보호자가 되는 셈이다. 물론 수니파의 경우에서와 마찬가지로 이맘들을 다른 위대한 장로들처럼 인간이 본받아야 할 일종의 모델로 간주하는 시아파 수피즘도 있다. 그러나 이맘에게 많은 영광을 돌리는 시아파의 교리는 처음부터 시아파 수피들에게 영향을 주었다. 심지어 라잡 알 부르시(8/14-9/15세기)와 같은 극단주의자는 예언자의 가문을 사랑하는 것만으로도 모든 죄악으로부터 용서받을 수 있다고 주장하였다.

이렇게 해서 수니파에서 무하마드에 대한 숭배가 일어난 것과 마찬가지로 시아파에서는 무하마드는 물론 이맘들에 대한 신비적인 숭배가 생겨났다. 이러한 신비주의의 목적은 수피들 자신이 알리와 다른 이맘들에게 한걸음 더 근접함으로써 그들의 도움으로 계시를 받으려는 데에 있었다. 금식을 이행하는 달(라마단)에 어떤 사람은 알리로부터 지시를 받았다고 하기도 하였다. 심지어 알리가 신과 예언자와 함께 일체를 구성하고 있다는 주장도 나왔다. 시아파는 12대 이맘이 사실 죽은 것이 아니라 지구상 어디론가 옮겨져 숨겨져 있는 것이라고 믿기 때문에, 그가 다시 인간의 육체를 가지고 보이지 않는 세계로부터 가능한 한 빨리 나타나서 약속된 정의의 시대를 열어 주기를 고대하고 있는 것이다. 이란에 있는 구나바디(Gunābādī) 교단의 지도자는 바로 그 사라진 이맘의 이름으로 행동하였고, 심지어 자신을 그렇게 부르며 추종하는 것을 받아들이기까지 하였다고 한다. 이러한 형태의 숭배에는 '존재의 투항'(fanā')이라고 하는 관념도 생겨났는데, 이는 신비주의자가 자신의 장로나 이맘(특히 알리), 혹은 무하마드나 신 속에 자신의 존재를 함몰시킨다는 생각이다.

동시에 여러 교단에 속하는 현상

고전시대에는 수피가 되려고 하는 사람이 스승을 바꾸거나 여러 명의 스승으로부터 가르침을 받는 경우는 상당히 보편적인 현상이었다. 그러나 고전시대가 끝난 뒤인 4/10세기부터는 한 학생이 교육의 전 과정을 한 사람의 스승으로부터 배우고, 단지 자신의 수련에 완벽을 기하고자 할 때만 다른 스승을 찾았다. 모직으로 된 옷을 걸치는 것도 처음에 세속적인 것에서 벗어나 검약과 고행을 상징하였지만 뒤에는 수피즘을 추종하고 있다는 상징물로 그 의미가 바뀌었고, 나중에는 그 사람이 특정한 장로나 특정한 교단에 소속되어 있다는 표시가 되어 버렸다. 따라서 7/12세기 이후에는 옷의 형태나 색깔 등이 교단에 따라서 서로 다르게 되었다. 옷을 받는 학생의 입장에서는 많은 경험과 자격을 갖추었다는 것을 자랑하기 위해서 많은 종류의 옷을 받게 되었고, 옷을 주는 사람의 입장에서도 역시 가능하면 많은 제자들을 거느리고 있다는 평판을 들으려고 쉽게 옷을 나누어주었던 것이다. 7/13세기에 사망한 페르시아의 어떤 수피는 모두 124벌의 옷을 받았고, 그중 113벌은 그가 사망할 때까지 가지고 있었다고 한다. 10/16세기 이집트의 수피인 앗 샤라니는 26개의 상이한 교단에 소속되어 있었다. 이러한 사실은 어느 누구도 그 많은 스승들에게 공히 경건하게 복종할 수 없었음을 의미하기 때문에 어떤 교단의 장로나 지도자라 할지라도 그 권위에는 한계가 있었음이 드러난다.

7/13세기 이후가 되면 수피즘은 정규 교리수업의 한 과정이 되어 누군가 자타로부터 공인받는 신학자가 되려면 그것을 공부해야 했고, 이러한 경향은 9/15세기까지 완전히 정착되었다. 일단 수피즘을 공부한 연후에 자신의 소질에 따라서 수피즘을 더 추구하거나 아니면 다른 어떤 특정한 분야에 몰두하였던 것이다. 이렇게 해서 수피 교단은 종교생활의 다른 분야에 종사하는 사람들이나 심지어 세속적 생활을 하는 사람들까지도 관련 인사로 포괄하게 되었다.

국가에서는 이처럼 수없이 많은 종류의 수피즘 유파들이 존재하기 때문에 생겨나는 문제를 해결하기 위해서 노력하였다. 예를 들면 바그다드, 다마스쿠스, 카이로와 같은 도시에는 '대표장로'(shaykh ash-shuyūkh)를 두어 다른 장로들을 감독하도록 하였다. 이 직책은 보통 어느 특정 수도원의 우두머리에게 주어졌는데, 상황에 따라서 이 대표장로는 세습적인 세속권력을 누리기도 하였다. 또 반드시 수피라는 특정한 집단에 속하지 않는 사람이라도 그 직책에 임명될 수 있었다. 이론적으로는 이러한 직책을 둠으로써 수피 교단을 정부의 통제하에 두고 본부와 지부의 관계를 가능하면 분리시켜서 본부의 부당한 영향을 축소시키려고 한 것이지만, 실제로 그 직책은 정부의 시녀에 불과하였기 때문에 막강한 힘을 가지는 교단들에 의해서 무시되어 버리는 경우도 많았다. 이집트에서는 모든 수피 교단을 통할하는 '대장로'가 있었지만 13/19세기 초부터 칼리프 아부 바크르의 후손들이 항상 임명되었고, 그런 이유로 '바크르 가문의 장로'(ash-Shaykh al-Bakrī)라고 불렸다. 따라서 대표장로의 존재는 수피들의 '다원주의'를 결코 위협할 수 없었다. 차라리 위협적인 것은 다른 교단, 즉 가장 탁월한 장로에 의해서 지도되고 이승과 저승에서 구원을 획득하는 데에 가장 좋은 방법을 제시한다고 주장하는 교단의 존재였다. 후일 자기 교단을 과시하기 위해서 교단의 창시자들에게 거창한 칭호를 부여하였다. 예를 들면 카디리(Qādirī) 교단의 창시자인 아브드 알 카디르 알 질라니(562/1166년 사망)는 그의 발로 모든 성자들의 목을 눌렀다는 식으로 선전되었고, 리파이 교단은 창시자 아흐마드 알 리파이를 '성자들의 징표이자 무하마드의 모든 특징을 갖춘 사람'이라고 자랑하였다. 어느 교단에 들어간 사람이 다른 교단에 들어가는 것은 곧 예언자가 제시한 참된 길에서 벗어나는 것이기 때문에 허용되지 않았다. 어떤 교단의 창시자는 자기 자신을 위해서 거창한 칭호를 내세우기도 하였다. 예로써 모로코인 아흐마드 앗 티자니(1230/1815년 사망)는 무하마드에 의해서 임명된 '성자의 징표'라고 하면서 자신의 추종자들에게 다른 교단과의 관계를 완전히 절연하라고 요구하였다.

이 단계에서 한걸음만 더 나아가면 지고의 선을 회복시켜 주기 위해서 재림할 것으로 약속된 존재, 즉 '마흐디'(Mahdī)를 자처하게 되는 것이다. 사하라 이남의 아프리카에서 인도, 중앙 아시아 등 이슬람권 어느 지역에서나 바로 이러한 미혹에 빠져서 자신이 이슬람 교리에서 예견한 혁명을 수행하기 위해서 선택된 존재라고 생각하는 사람들이 많이 출현하였다. 이들을 일일이 열거할 필요는 없겠지만, 9/15세기 아프가니스탄과 페르시아의 무하마드 누르바흐쉬는 쿠브라위(Kubrawī)

교단의 수피이자 동시에 알리의 후손이었는데, 스스로 '마흐디'라고 주장한 것이 그 일례이다. 그는 원래 쿠브라위 알라 앗 다울라 앗 심나니(737/1336년 사망)가 생각하였던 시아파와 유사한 관념에 영향을 받았다. 그러나 당시 티무르 왕조의 군주에 의해서 그의 위협은 쉽게 제거되고 말았다. 1500년경 인도의 자운푸르 출신 무하마드(역시 알리의 후손)도 비슷한 주장을 하였는데, 지금도 인도에 있는 그의 추종자들은 '마흐디'가 이미 지상에 출현하였다가 다시 사라졌지만 언젠가는 다시 부활하여 나타날 것이라고 믿고 있다. 13/19세기 동부 수단에서 삼마니(Sammānī)와 할와티(Khalwatī) 교단의 장로인 무하마드 아흐마드는 세상에 종말이 왔다고 선언하고 이집트와 영국에 대해서 전쟁을 선포하여 스스로 '제국'을 건설하기까지 하였지만 1316/1898년 그의 후계자 때에 무너지고 말았다.

수피즘과 국가

수피즘은 우선 세속적인 관심으로부터 초연하고 시간의 흐름과도 관계 없이 오로지 불멸의 것을 향해서 주의를 기울이는 종교적인 모습을 상상케 하고, 수피는 세속과 독립된 존재를 떠올리게 한다. 세속과 인간사를 떠나라는 요구는 수피즘의 역사에서 수없이 많이 되풀이된 바이지만, 370/980년 니샤푸르의 한 은자를 찾은 방문객들은 그가 세상에서 최근에 일어난 일들에 대해서 호기심을 보인 데 대해서 놀랐을 것이다. 또 가난하고 고통받는 사람들을 위해서 도움을 준 것으로 이름이 난 수피들도 있었다. 비록 초기의 규정들은 세속 권력자들과의 어떠한 형태의 접촉도 극력 말리고 있지만, 왕공이나 고관들과 친근해져서 그들의 양심에 호소하거나 혹은 다른 방식으로 억압받는 자들을 위해서 노력한 수피들도 적지 않았다.

많은 수피들은 공동체에 대한 의무로써 '성전'을 수행하기 위해서 자원하기도 하였다. 물론 그들에게 '더 위대한 성전'은 자신과의 싸움이었다. 그들은 전교사업에도 많은 관심을 보여 이교도를 개종시키거나 이슬람권 내부의 세속적인 사람들을 감화시키려고 하였고, 원정하는 군대를 따라서 병사들의 정신적 지주로 혹은 새로운 강역의 개척자로 활약하였다. 심지어 변경 너머의 지역으로 진출하기도 하였다. 그들은 6/12세기 구르(Ghūr) 왕조나 그뒤를 이은 왕조의 지배를 받게 된 인도에서, 또는 8/14세기 이후 오스만 지배하의 발칸 반도에서 전교사업에 몰두하였다. 알바니아인들을 이슬람으로 개종하는 데에 큰 기여를 한 베크타시(Bektāshī) 교단은 오스만 제국의 예니체리 군대에서 군목(軍牧)의 역할을 하기도 하였다.

이미 3/9세기 전반 모술, 알렉산드리아, 카이로 등지에서 정치적, 군사적으로 적극적인 활동을 했던 수피들이 있었다는 증거도 있다. 236/850년 아글라브(Aghlab) 왕조의 관리에 항거하던 판관 사흐눈을 지지하기 위해서 많은 수의 수피들이 께이라완 평원에 '동원' 되어 행진을 했다는 기록이 있고, 251/865년에는 자이디(Zaydī) 교단의 수피들이 쿠파에서 일어난 시아파 반란에 동참했다고 한다. 6/12세기 알모라비데 왕조에서 알모아데 왕조로 교체될 때 이븐 카시라는 수피는 무기를 들고 포르투갈의 일부 지역을 장악하였으며, 11/17세기에 모로코의 앗 딜라 수도원의 사람들도 슈라파(Shurafā')의 사디(Sa'dī) 가문에서 필랄(Filāl) 가문으로 넘어갈 때 그와 비슷한 일을 하였다고 한다. 7/13세기 바그다드에서 아바스 왕조가 기울어갈 때 우마이야 가문의 후손이자 시리아의 아다위('Adawī) 교단의 장로였던 한 사람이 과거 우마이야 왕조의 영화를 다시 회복하려고 한 적도 있다. 906/1500년에는 사피 앗 딘 알 아르다빌리(735/1334년 사망)의 후손이 서부 이란에서 시아파의 주장을 펴기 위한 성전을 선포하고 사파위(Safavī) 왕조를 건설하였다. 그 초대 군주인 샤 이스마일은 수피 장로이기도 하였고, 니마툴라히(Ni'matullāhī) 교단의 수피들은 사파위 왕조와 혼인으로 결합하여 지방총독의 자리에 임명되었다. 낙슈반디(Naqshbandī) 교단은 인도, 아프가니스탄, 중앙 아시아에 걸치는 넓은 지역에서 9/15세기 이후 특히 티무르 왕조의 보호 아래 영향력을 얻기 시작하였고, 인도에서 이슬람과 힌두교를 융합시키려는 움직임을 반대하는 사람들에게는 강한 정신적 힘이 되어 주었다. 낙슈반디 교단의 한 장로로부터 시작된 두 계파는 중앙 아시아에서 세속 권력의 장악을 둘러싸고 치열한 분쟁을 벌였고, 1800년을 전후한 시기에는 낙슈반디 교단에 속하는 수피의 신분으로 부하라를 지배하는 수령들이 나타나기도 하였다.

수피들은 군사적 식민주의자들에 대해서 여러 가지 방법으로 투쟁을 벌였다. 북아프리카에서는 오스만의 정복에 대해서 다르카와(Darqāwa) 교단과 티자니(Tijānī) 교단이 항거하였다. 반면 프랑스의 진출에 대해서 알제리의 티자니 교단은 지지하였으나 모로코와 튀니지의 티자니 교단은 격렬하게 저항하였다. 이 교단의 장로인 알 하지 우마르는 프랑스에 대항하기 위하여 1268/1852년부터 1280/1864년 사이에 세네갈 북부에 독립국가를 건설하기까지 하였지만, 그가 죽은 후 나라는 셋으로 나누어지고 결국은 프랑스 식민지에 편입되고 말았다. 20세기에 들어와서 아마두 밤바의 '제자들'(Mourids)은 프랑스 지배하 세네갈의 안정을 이룩하는 데에 기여하였고, 또 독립한 뒤 공화국의 건설에도 중요한 역할을 하였다. 그런가 하면 무하마드 앗 사누시(1276/1859년 사망)와 그가 만든 교단은 식민세력에 대한 저항운동의 선봉에 서서 활약하였다. 리비아에서 오스만 제국에 대한 반대는 물론이지만 프랑스에 대해서도 무장운동을 하였고, 1330/1912년 오스만이 리비아에서 물러나고 대신 이탈리아 세력이 침투해 오자 다시 이에 대항하였다.

1951년 이탈리아의 식민지배로부터 독립을 얻은 뒤 국왕의 자리에 오른 것도 바로 앗 사누시의 후손이었다. 아라비아 반도의 일각인 아시르 지역에서도 짧은 기간이기는 하지만 1342/1923년까지 앗 사누시의 스승으로 유명한 아흐마드 이븐 이드리스의 후손이 지배하고 있었다.

따라서 수피들이 세속 권력에 대해서 협조적이었다든지 아니면 저항적이었다는 식의 흑백논리는 성립하기 힘들다. 그들은 때로는 협조적이었지만 때로는 그렇지 않기도 하였다. 또한 세속 지배자들이 수피즘에 대해서 우호적이었느냐 적대적이었느냐 하는 것도 일방적으로 판단해서는 안 될 것이다. 어떤 군주들은 수피나 성자들의 축복 없이는 지배권을 행사하기 힘들다고 생각하였지만, 경우에 따라서는 수피들이 지니는 세속적 영향력을 경계해서 혹은 '진정한 신앙'의 회복을 위한다는 명분에서 탄압을 자행하기도 하였기 때문이다. 최근 수세기 동안 수피즘은 이란의 시아파 학자들(mujtahid)의 거센 비판을 받았고, 20세기에 들어와서도 아라비아의 와하비파(Wahhābī)나 터키의 개혁주의자들의 공격의 대상이 되었다. 또한 근대의 '계몽주의적인' 경향도 수피즘의 신비적인 경향에 대한 매력을 약화시키는 한 요인이 되고 있다. 그러나 과거의 전통적 가치를 수호하려는 세력들이 여전히 존재하고 있다는 사실도 잊어서는 안 될 것이다.

한계집단들

수피즘 발달의 역사는 원시 이슬람에는 존재하지 않는 교리들을 상당수 채용, 발전시켰다. 신중한 수피들은 이러한 '혁신들' 가운데 좋은 것과 나쁜 것을 구별하려고 하였다. 개별 수피들이나 교단들마다 세부적인 측면에 대해서는 약간씩의 차이가 존재하였지만 그래도 전반적으로 고전적인 모델을 하나의 규범으로 삼으려는 경향은 강하였다. 그러나 이러한 고전적인 규범들과의 거리가 너무 멀어져 버려 '한계집단'(marginal groups)이라고 할 수밖에 없는 것들도 있었다. 이들은 수피즘의 영향권 안에 포괄되기는 하지만 완전히 동화된 것이라고 하기는 힘들다. 그 기원도 대부분 애매하고 그들이 이슬람을 추종한다는 사실도 자신들이 그렇게 주장할 때에야 비로소 확인될 수 있을 정도이다.

모로코의 하마디샤(Hamādisha : 단수형은 함두쉬(Hamdūshī)) 집단이 바로 이슬람이나 수피즘의 한계점에 위치한 예이다. 그들은 이집트의 자르(zār)나 튀니지의 부리(būrī)를 연상케 하는 혼수상태와 발작과 같은 의식을 치르는데, 이는 정령이 영혼을 통과하여 빠져나가게 하기 위해서, 즉 심리적 차단벽을 허물어뜨리기 위한 것이라고 한다. 그들은 신이나 무하마드와 같은 상위개념에 의해서 이슬람과 연결되어 있고 음악이나 '단계'라는 개념을 이용한다는 점에서 수피즘과 유사할 뿐 실제로는 광란자들의 집단과 같다. 북아프리카에 있는 이러한 종류의 흑인결사는 자신들이 예언자 무하마드를 위하여 봉사하였던 흑인 무에진 빌랄의 영적인 보호를 받고 있다고 생각한다. 또 북부 모로코의 핫다와(Haddāwa : 단수형은 핫다위(Haddūwī)) 집단은 이븐 마쉬쉬(622/1225년 사망)라는 성자를 숭배하고 고양이(베르베르족의 말로 마쉬쉬(mashīsh)는 고양이를 뜻한다)를 사랑하며 누더기 옷을 걸치고 여기저기 떠돌아 다닌다. 그들은 환각제를 흡입하며 자신들의 수호성자가 지니던 물건으로 알려진 커다란 파이프를 숭배하고 있다.

'칼란다르'(qalandar)라는 이름의 방랑하는 수도승들도 5/11세기부터 알려져 있었다. 이 이름의 기원과 의미는 분명치 않은데, 종교적인 경건함보다는 사악함을 보여 주려고 한다는 점에서 3/9세기의 말라마티(Malāmatī) 교단과 비슷하다. 그 수피 시인 파흐르 앗 딘 이라키가 한 무리의 칼란다르들을 데리고 행진하고 있는 모습. 어떤 사람은 동물 가죽으로 옷을 해입었고, 지도자는 책을 들고 있으며, 다른 사람들은 깃발, 그릇, 보따리, 촛대, 항아리 등을 들고 있다.

수피들 가운데 다수는 걸인이었다. 이 칼란다르의 화상은 9/15세기 티무르 왕조 시대의 작품인데, 그는 동물 가죽을 걸치고 앞에는 지팡이와 주발이 놓여져 있다. 아래는 코코넛 껍데기로 만든 동냥용 주발인데, 겉에는 『코란』의 구절들이 새겨져 있다.

러나 말라마티 교단이 그러한 행동을 하는 것은 세속의 허영과 싸우기 위해서였지만, 칼란다르들은 경건함 그 자체에 아무런 관심도 두지 않고 오로지 '신과 함께 즐겁게' 지낸다는 사실을 중시하며 통속적인 관점에서의 선한 행동이라는 데에 대해서 반발감을 표시하기 위해서 그러했던 것이다. 그런데 말라마티 수피들 가운데 일부는 사회의 규범적 행동에 대해서 철저한 무관심이나 심지어 경멸감을 드러내 놓고 표시하기도 하였다. 따라서 말라마티에는 두 가지 종류가 있었다고 할 수 있으며, 그중 보다 악의적인 태도를 취하는 쪽은 칼란다르와 사실상 차이가 없는 셈이다. 칼란다르는 처음에 교단을 이루지는 않지만 1200년경 이후가 되면 시리아에 있는 일부 페르시아인들이 머리카락과 수염, 눈썹을 모두 깎아 버리고 교단의 형태를 띠고 나타나기 시작하였다. 이러한 형태는 고대에 히에라폴리스에 있는 데아 시리아라는 성지를 순례하는 사람들이 하던 것과 비슷하며, 또 아랍 국가들에서 죄인을 공개적으로 모욕하기 위해서 사용하던 방법과도 유사하였다. 누더기 옷을 입은 칼란다르들 역시 그 시기부터 나타나기 시작하여 이집트와 아나톨리아 등지로 확대되었으며, 이처럼 삭발하고 누더기를 걸치는 습관은 이란과 더 동부지역으로 퍼져 나갔다. 8/14세기의 맘루크 왕조나 9/15세기의 티무르 왕조의 군주들은 그러한 행위를 금지하기도 하였다. 7/13세기에는 현재의 파키스탄 지역에서 그와 비슷한 유파가 잘랄리얀(Jalāliyān)이라는 이름으로 생겼고, 아마 현재 페르시아인들 사이에 있는 학사르(Khāksār) 교단도 그 분파인 것으로 보인다. 학사르 교단은 삭발을 입단의례의 일부로서만 시행하고 있다. 7/13세기 이후 칼란다르들은 아편을 비롯하여 여러 종류의 마약을 사용하였으며 이슬람적인 양식의 종교 관행에는 거의 무관심하였던 것으로 보인다. 그들 중 일부는 여자를 금기시하기도 하였다.

   수피즘과 쿠르드족의 전통이 결합하여 두 가지의 기이한 종교적 잡종이 생겨났다. 그중 하나가 서부 이란의 산지에 있는 아흘리 하크(Ahl-i Haqq : '신의 사람' 혹은 '진리의 숭배자')이다. 이것은 12대 이맘파의 교리를 '율법'으로 받아들이면서 동시에 수피즘과 사이비 수피즘적인 특징을 가미한 것이다. 그 결과 내면적인 수련(tarīqat)이나 고급의 학식, 그리고 영적으로 뛰어난 존재에 대한 숭배를 결합시키게 되었다. 또다른 예로는 북부 메소포타미아의 산간지역에 보이는 야지드

교단(Yazīdiyya: '야지드(Yazīd)의 추종자')인데, 이는 원래 극단적인 반시아파 우마이야 운동이 아다위(Adawī) 교단이라고 하는 수피즘과 결합하여 생겨난 것이다. 지방의 성자들을 천사와 동급의 존재라고 하면서 숭배하는 점이 위의 두 경우에서 공통적으로 보이고 있다. 전자, 즉 아흘리 하크는 칼리프 알리를, 후자, 즉 야지드 교단은 칼리프 야지드를 천사와 동렬에 두고 숭배하였다. 차이라고 하면 전자가 시아파에 크게 경도되어 알리 숭배를 강조하는 반면 후자는 시아파 교도들을 아예 무슬림으로 간주하지 않고 있다는 점이다. 또한 야지드 교단은 이슬람에서 악마로 여기는 공작새를 천사로 숭배하기 때문에 '악마 숭배자들'로 치부되기도 하였지만, 그들 자신은 '사탄'이라는 말 자체를 사용하지 않았다. 어쨌든 이는 토착신앙이 수피적 관념과 결합한 예인데, 일부 수피들은 아담 앞에 무릎을 꿇으라는 신의 명령을 거역한 악마를 '유일신앙'의 원형을 표현한 것으로 이해하면서 악마에게 독특한 지위를 부여하기도 하였다.

수피즘과 문학

초기 수피들의 생애와 관련된 일화들을 모은 히카야트(hikāyāt : 단수형은 히카야(hikāya))라는 담화형식은 이미 고전시대부터 수피들 사이에 널리 전해졌지만, 3/9세기 이후가 되면 문자로 옮겨지고 수피들의 교육에도 사용되기 시작하였다. 이것은 한편으로는 『코란』과 『언행록』, 다른 한편으로는 종교적 체험과 명상이라는 두 가지를 연결하는 '내면의 학문'의 기반을 만들어 주었고, 수피즘에서 『코란』과 『언행록』 다음으로 꼽히는 제3의 문학적 전통으로 자리잡게 되었다. 아부 투랍 안 나흐샤비(245/859년 사망)와 알 주나이드(298/910년 사망)는 이것을 '신의 부산물'이라고 불렀고 마음을 강렬하게 해 주는 도구라고 생각하였다. 4/10세기에는 수백수천 편의 그러한 일화들을 암송하는 전문가들이 출현하였고, 그것을 기록한 서적은 이미 사거한 장로들을 후세의 수련자들과 직접 연결하는 통로로 여겨졌으며, 심지어 책이 살아 있는 스승의 가르침을 대치할 수 있느냐, 있다면 어느 정도인가 하는 문제도 제기될 정도였다. 그러나 개인적인 지도는 여전히 필

신비주의와 관련된 기예들은 수피 저술에서 많이 다루는 주제가 되었다. 예를 들면 음악을 연주하는 방법이나 춤추는 도중에 벗어던진 옷을 처리하는 방법 등이 그러하다. 11/17세기에 그려진 이 무굴 세밀화는 인도에서 수피들의 의식을 보여 주는 장면이다. 여러 종족으로 이루어진 춤추는 사람들은 오른쪽에 줄지어 서 있고, 왼쪽에는 구경꾼들이 모여 있다. 그 가운데에는 가장 왼쪽 끝에 두 명의 서구인도 눈에 띈다. 배경에 보이는 건물은 이탈리아 양식의 영향을 나타내고 있다.

여행자와 코끼리는 루미의 위대한 시집 『마스나비』 가운데 나오는 이야기이다. 한무리의 여행자들이 현자의 충고를 무시하고 새끼 코끼리를 죽여 먹어치웠다. 어미 코끼리가 그들을 공격하여 죽이는데, 코로 냄새를 맡아서 자기 새끼를 먹지 않은 사람들만 살려 두었다. 비유적으로 새끼 코끼리는 정의를, 여행자는 탐욕, 어미 코끼리는 최후의 심판을 뜻한다.

수적인 것으로 생각하였다. 일찍이 아우하드 앗 딘 키르마니(636/1238년 사망)가 스승으로부터 기술을 배우지 않은 장인이 판 우물을 보고 그것을 메우라고 한 일이 있다고 하는데, 이 일화는 꾸며진 것으로 보이지만 스승의 개인적인 지도가 중요하다는 점을 강조하기 위한 목적이 담겨져 있다.

  3/9세기가 되면 신비주의와 관련한 특정한 주제 혹은 일반적인 여러 양상들에 관한 논저들이 나오기 시작하였다. 초기의 것들은 이미 사라졌지만 후대의 글들

은 오늘날까지 잘 보전되고 있다. 4/10세기까지는 모두 아랍어로 쓰여졌으나, 나중에는 페르시아어나 여러 투르크계 방언들, 혹은 아시아, 아프리카의 언어들로 쓰여졌다. 더러는 스승의 담론을 제자가 '가로채서' 자신의 저술로 옮긴 것도 있다. 종교적 무아지경에 이르러 그 느낌을 묘사하는 '고백들'은 흔히 스승과 제자 사이의 편지의 형태로 남아 다른 수피 문학의 장르에 비해서 보다 실생활에 근접하고 있다. 환상적인 체험을 중시하는 경향이 강해지면서 고전시대 이후가 되면 심지어 초보자들조차 자신의 경험을 글로 남기려고 하였다. 심나니(Simnānī) 교단에 속하는 수피들은 스승과의 대화내용이나 가르침을 일일이 적어 놓은 '비망록'(majmū'a)을 남기기도 하였다. 현재 우리가 수많은 수피 장로들의 가르침이나 생애를 알 수 있는 것도 바로 그러한 부지런하고 야망을 지닌 수련생들 덕분이라고 할 수 있다.

　수피들은 학교에서 교육할 때나 일상적인 대화에서, 혹은 음악이 동원되는 의식에서 시를 즐겨 이용하였다. 이때의 시들은 자신이 만든 것이 아닐 수도 있고 그 내용이 신비적인 것이 아닌 경우도 많았다. 단지 상황에 적합하게 신비적으로 해석되었다. 아랍어로 된 신비주의적 시를 남긴 가장 유명한 두 사람으로는 시리아인의 피를 받고 이집트에서 활동한 이븐 알 파리드(633/1235년 사망)와 안달루시아 출신의 아부 알 하산 앗 슈슈타리(668/1269년 사망)를 들 수 있다. 전자는 베두인 특유의 주제를 예언자에 대한 신비적 사랑과 접목시킨 장시들을 남겼고, 후자는 노래 가사나 대화를 섞어 넣은 특유한 문체를 사용하였다.

　6/12세기가 되면서 페르시아에서는 교훈적인 내용의 시들이 유행하기 시작하였는데 사나이, 앗타르, 마울라나 루미 등의 시들이 그 예이다. 이것은 서사적인 문체의 장시를 통해서 나타났는데, 구체적인 이야기 속에서 시인 자신의 추상적인 관념들을 표현하려고 한 것이다. 어떤 수피의 시들은 수피들 사이에서보다 일반인들 사이에서 더 널리 알려지기도 하였다.

　그러나 신비주의와 문학이 분명히 별개라는 사실을 다시 한번 강조해 두고 싶다. 이븐 알 아라비는 수백 편의 시를 썼지만 이븐 마쉬쉬는 거의 한 편도 남기지 않았고, 마울라나 루미는 수천 편의 명시들로 유명하지만 샴스 타브리지에게는 아무것도 없다. 어떤 사람은 수피가 되면서 시 쓰기를 중단해 버렸지만, 어떤 사람은 후일 추종자들에 의해서 성전과 같은 추앙의 대상이 되는 시들을 남겼던 것이다.

영향과 유산

현대인들이 유의해야 할 두 가지 잘못된 관념이 있다. 하나는 수피즘이 문학이나 과학의 발달에 어떠한 악영향을 끼쳤으리라고 생각하는 것이다. 알 비루니나 이븐 할둔에게 계승자가 없었다는 것은 물론 안타까운 일이지만, 그 잘못을 수피즘에게 지울 것은 못 된다. 10/16세기 이후 중앙 아시아에서 수피즘의 과격화가 지적인 발전을 저해하는 한 요인이 된 것은 사실이나, 잘못은 차라리 수피즘과 정치권력의 결합, 그리고 도전의식의 결여에 있다고 보아야 할 것이다. 두번째 잘못된 관념은 외국의 문화를 평가할 때 그 문화가 다른 문화에게 제공할 수 있는 무엇인가가 있는가 없는가를 따지는 것이다. 흔히 다른 곳으로 이식될 수 없는 것 가운데 가장 가치 있는 것들이 있다. 초기 이슬람의 금욕주의는 처음에는 기독교의 영향을 받았고, 후기에 가서 수피즘은 신플라톤주의의 영향을 받았으며 인도적인 관념을 일부 흡수하기도 하였다. 그러나 수피즘은 인도를 제외하고는 이슬람권 바깥으로 거의 아무런 영향을 남기지 않았다. 수피즘이 중세 유럽의 기독교 신비주의에 준 영향이라고는 아무것도 없고, 근대에도 그러한 흔적을 찾아볼 수 없다. 단지 최근에 들어와서야 서구에서 수피즘은 가장 심오한 지혜를 담고 있는 것으로 혹은 종교의 핵심인 것처럼 찬양받고 있는 것이다.

5. 문학

작업중인 서기. 7/13 세기 알 하리리의 『마카마트』에 있는 세밀화.

　아주 최근까지만 해도 '문학'이라는 개념을 하나의 단어로 표현할 수 있는 말이 아랍어나 혹은 이슬람권의 다른 언어들에는 존재하지 않았다. 단지 문학이라는 개념의 일부분을 전달할 수 있는 그럴듯한 여러 단어들만이 있었던 셈이다. 그러나 아랍인들은 표현력이 풍부한 단어들을 예술적으로 결합시켜 일상적인 대화 이상의 차원에서 의사를 전달할 수 있는 재능을 갖춘 사람들이 있다는 사실을 이미 옛날부터 알고 있었다. 그 첫번째 부류가 마치 진귀한 보석을 끼워서 아름다운 목걸이를 만들어내는 보석 세공인처럼 단어들을 시적인 표현 속에 정렬시키는 시인, 즉 샤이르(shāʻir)들이었다. 두번째로는 조심스럽게 단어를 선택하여 사용하되 시인들이 사용하는 운율과는 상관없이 순서를 흐트러뜨리는, 즉 부족의 웅변가나 대변인과도 같은 하티브(khatīb)가 있었다. 마지막으로 운율에 맞추어 주술적인 의미의 단어들을 늘어놓지만 웅변가와는 달리 알듯 모를 듯한 말을 사용하는 점쟁이, 즉 카힌(kāhin)이 있었다. 따라서 현재 우리가 '문학'이라고 부르는 그 전체를 중세에서는 '정렬된 것과 흐트러진 것'(manzūm wa manthūr)이라고 하였는데, 이는 말하자면 '운문과 산문'인 셈이다. 그리고 완벽한 기술을 갖춘 문인을 일러서 샤이르 하티브(shāʻir khatīb)라고 하였다. 지난 세기에 들어와서 비로소 오스만 투르크인들은 서구에서 문학을 가리키는 말과 대응되는 표현을 찾기 위해서 아랍어의 아다브(adab)라는 말에 추상명사로 만드는 어미를 덧붙여 에데비야트(edebiyat)라는 단어를 만들었던 것이다.

아랍 문학의 기저에는 아다브 — 마치 잠언과 비슷하게 짧고 경건한 내용 — 가 있고, 이것은 윤리적, 사회적, 문화적 방면에 적용될 수 있는 적절한 행동규범을 알려 주는 것이다. 이런 점에서 아다브는 서구적 개념의 '문학'에 대응된다고 볼 수 있다. 또한 아다브는 아랍의 저술에 교훈적인 목적이 매우 강하게 나타났다는 사실도 말해 준다. 흥미만을 목적으로 하는 글은 거의 쓰여지지 않았으며, 쓰여졌다고 하더라도 『천야일야』의 경우처럼 진지한 문학작품으로 여겨지지 않았다. 4/10세기 호라산에서 만들어진 이 접시에도 전형적인 경구가 적혀 있다. "믿음을 고백하는 사람은 승리를 얻을 것이며, 네가 무엇에 종사하건 그것에 능숙하게 될 것이다. 이를 소유한 주인에게 축복이 있으라!"

'아다브'라는 말의 원뜻은 전통적인 규범에 따른 '행동, 행위의 양식'이고, 오늘날에도 '올바른 교육, 정중함, 예절 바름' 등의 의미로 사용되고 있다. 그러한 행위의 규범들이 일단 글로 옮겨지게 되면 그것은 불가피하게 문학의 한 장르를 이루게 되고, 만약 그 규범들이 더 이상 도덕적인 태도에 적용되지 못한 채 형식화되고 전문적인 행동양식에만 적용되는 것으로 바뀌게 되면 그것은 또다른 문학의 장르를 탄생시킨다. 또한 대중의 교육을 위해서 그러한 규범들을 모아서 편찬하게 되면 그것은 일반 문화에 관한 교본의 형태를 띤다.

아랍인들이 산문형태의 글을 짓기 시작할 때부터 종교적 지식에 대해서 커다란 중요성을 부여하였고, 비록 진정한 의미에서 문학적인 가치는 없다고 할지라도 아랍 문학을 연구하는 학자들이 반드시 참고하지 않으면 안 될 많은 작품들을 생산하였다. 그러나 2/8세기 이후 아랍인들은 독자들을 지루하지 않게 하면서 교육적인 내용을 담는 글들을 쓰기 시작하였는데, 이러한 것들 가운데 가장 오래된 것이 파흘라비어로 된 『판차탄트라』(Panchatantra)를 아랍어로 번역한 『칼릴라와 딤나』(Kalīla wa Dimna)이다. 이 책은 독자들에게 도덕적 소양을 기르게 하기 위해서 동물들을 등장시킨 우화들의 모음이다. 번역자인 이븐 알 무카파(139/757년 처형)는 오늘날의 도덕 교과서에도 실리는 글들을 썼으며, 이외에도 파흘라비어로 된 글들을 다수 번역하여 이란의 문학적 전통을 아랍-이슬람 문화에 소개하는 데에 큰 기여를 하였다. 그 내용은 과거 제왕들의 생애를 기록하고 덕성을 찬양한 것으로, 분명히 도덕적인 가치를 전달하려는 목적이 보인다. 바로 이러한 비종교적인 아다브는 아랍 산문문학의 탄생을 알리는 것이었다.

이븐 알 무카파와 동시대인인 아브드 알 하미드 알 카티브(132/750년 사망)는 서간문학 전통의 창시자라고 할 수 있는데, 그와 같이 정부의 서기로 일하는 사람들이 즐겨 사용하는 장르가 되었다. 그의 작품들은 우마이야 왕조의 군주들에게 헌증된 일종의 '통치자의 거울'(Fürstenspiegel : 통치자에게 귀감이 되는 내용을 담은 장르의 글)이라고 할 수 있다. 특히 서기관들을 위해서 쓰여진 서간들은 후일 크게 발전하게 된 '직업적인' 아다브로서는 최초의 예인 것으로 보인다.

문학 이상의 『코란』

아랍인들이 이슬람이 출현하기 이전에 이미 시를 지었었고 『코란』이야말로 최초의 위대한 문학적 기념비라고 생각하는 독자들에게는, 이븐 알 무카파나 아브드 알 하미드의 글들을 두고 최초의 아랍 문학이라고 주장하는 것이 약간 무모하게 느껴질지도 모르겠다. 그러나 아랍인들의 입장에서 볼 때 무슬림의 성서인 『코란』은 신성한 계시이기 때문에 인간이 창조한 것들과 같은 차원에서 논의될 수는 없는 것이다. 『코란』은 문인들에게 하나의 모델이 될 수 없었다. 그것을 모방하려는 시도 자체가 이미 성물 모독죄를 범하는 것이고, 아랍어를 연구하였던 사람들에게 그것은 형식이나 내용 어느 면에서도 모방이 불가능한 것으로 여겨져 왔다. 따라서 이슬람의 문학전통을 탐구하는 사람들의 경우에도 『코란』이 문학적인 사고와 문체에 끼친 내적인 영향이라는 측면에 한정할 수밖에 없다.

사실 초기 이슬람 산문문학에서 보이는 특징적인 측면에서 『코란』의 메아리를 느낄 수 있는데, 그것은 그 작가들이 『코란』을 통해서 읽는 법을 배웠고 또 그중 많은 구절들을 암송하고 있었기 때문이다. 동시에 이븐 알 무카파 이후의 많은 작가들은 『코란』과 그 주석서들에 담긴 도덕적인 교훈들을 상당수 인용하여 이슬람적 분위기를 강하게 풍기고 있다. 심지어 종교적 도덕적인 것과 아무런 상관이 없는 글에서조차 그러한 인용문들이 자주 등장하였다.

『코란』에 있는 불분명한 구절들을 이해하고 예언자들에 관한 전승을 설명하기 위해서 아랍의 부족들에 관해서 광범위한 연구에 착수하는 문헌학자들이 등장하였다. 그들의 목적은 우선 아랍어(그 자체가 성스러운 것으로 간주된다)를 그 원초적인 형태로 복원할 수 있게 하는 자료들을 모으는 데 있었고, 다음에는 『코란』의 구절들을 이해하는 데 도움을 줄 만한 구전시, 격언, 역사적 전설적 이야기들을 수집하는 데 있었다. 이것이 결국 아랍 인문학 혹은 아랍 고전학의 기초를 이루게 된 것이다. 이렇게 해서 특히 2/8세기 이래 수집된 자료들은 처음에는 단편적이었고, '현지조사'라고 부를 수 있는 작업을 한 사람들에 의해서 구전되는 경우가 많았다. 그러나 그 제자들에 의해서 자료들은 집대성되었고, 특정한 주제, 예를 들면 인간이나 동물 혹은 특정 부족과 개인에 대한 전문 서적들이 나타났다. 이제 남은 일은 그러한 자료들을 이용하여 문학적인 형태로 바꾸어 놓을 수 있는 예술가의 출현이었다. 예술가들은 원래의 아랍 전통에다가 이미 상당히 유포되어 있었던 인도-이란적인 문화, 그리고 플라톤과 아리스토텔레스의 글들의 번역을 통해서 소개된 헬레니즘적인 요소들을 종합함으로써 아다브에 보다 절충적인 특징을 가지게 하였다.

이렇게 해서 다양한 자료들을 인용함으로써 작성된 동물 우화나 도덕적 논설들은 여러 부류의 사람들, 예를 들면 재상, 교사, 학자, 재판관, 관리 등을 대상으로 한 실질적인 충고들을 포함하게 되었다. 그러나 대부분의 사람들은 존경받을 만한 사회적 지위를 유지하고 또 인간이 획득할 수 있는 높은 능력으로 여겨지는 우아한 언사를 구사하기 위해서, 전문적인 훈련은 물론이지만 동시에 일반 문화에 대한 최소한의 지식을 갖출 필요가 있었다. 바로 이러한 필요가 세번째 유형의 아다브, 즉 '일반 문화로서의 아다브'를 탄생시킨 것이다. 이 부류의 작품들은 현대적 의미의 '문학'이라는 개념과 거의 근접하고 있다. 즉 여러 산문들의 모음, 연설의 발췌, 위대한 이슬람 사상가들이 남긴 기억할 만한 말들, 아랍어로 번역된 그리스와 이란 작품들에서 인용한 글들, 일화나 시 구절들이 그것이다. 이는 암송되어서 그럴듯한 대화의 자리에서 필요한 경우가 되면 사용될 수 있도록 하는 목적으로 편찬되었다. 3/9세기 이후 아다브의 기법은 새로운 분야로 확대되어, 이븐 쿠타이바(276/889년 사망)가 지은 『키타브 알 마야리프』(Kitāb al-Ma'ārif : '지식의 책')와 같은 일반 역사교본, 이븐 알 파키흐가 지은 『키타브 알 불단』(Kitāb al-Buldān : '境域誌' 290/903년경 완성)과 같은 지리서 등이 저술되었다. 아마 가장 유명한 것이 알 마수디가 지은 『무루즈 앗 다하브』(Murūj adh-Dhahab : '황금목장' 332/943년 완성)일 것이다. 이 책은 지리와 일반 역사를 결합시켰으면서도 비교적 읽기에 용이한 분량과 문체로 되어 있어, 교육받은 사람들에게 세계 여러 지역의 문화에 관한 기본적인 사실들을 전달하는 종합서 역할을 하였다.

여기에서 언급한 여러 유형의 아다브에서 개인이 할 수 있는 역할은, 전해져 오는 자료들 가운데 어느 것을 선택하고 어떻게 배열하느냐 하는 정도에 머무는 매우 제한적인 것이었다. 이처럼 주관적인 관찰을 가능하면 배제하고 전통적인 지식에 의존하려는 경향은 아랍 산문문학의 중요한 특징이라고 할 수 있다.

아랍적 인문학에 대해서 폭넓은 지식을 가지고 헬레니즘적 유산에도 박식하며 또 이란적 전통에 대해서도 상당한 조예가 있는 사람을 가리켜 아디브(adīb), 즉 '문인'이라고 불렀다. 그러나 동시에 심각한 종교적인 글에 염증을 느껴서 세속적인 교육이나 혹은 독자들의 흥미를 유발하기 위해서 글을 쓰는 사람들도 아디브라고 불렀다.

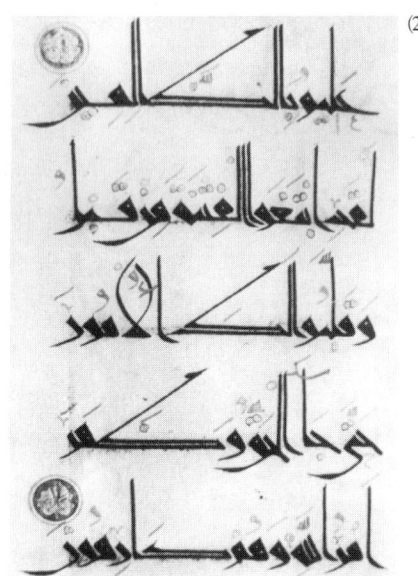

『코란』의 필사와 서체. (1) 쿠파체, 3/9세기. (2) 페르시아 쿠파체, 5/11세기. (3) '구부러진' 쿠파체, 4/10세기. (4) 『코란』 독경대. (5) 바그다드의 나스히체. (6) 마그리브체, 6/12–7/13세기. (7) 잘릴체, 7/13세기 맘루크 필사본. (8) 잘릴체, 8/14세기 모술.

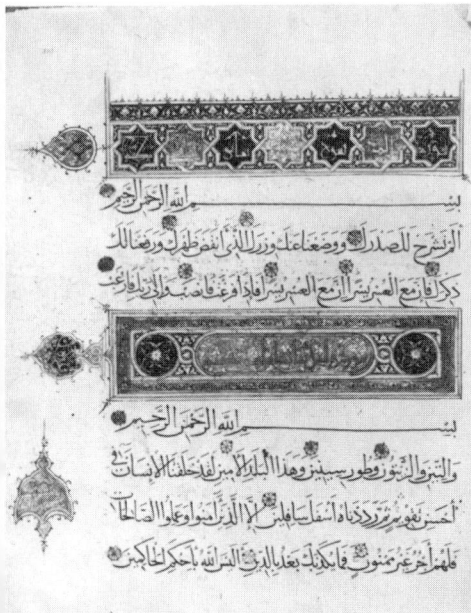

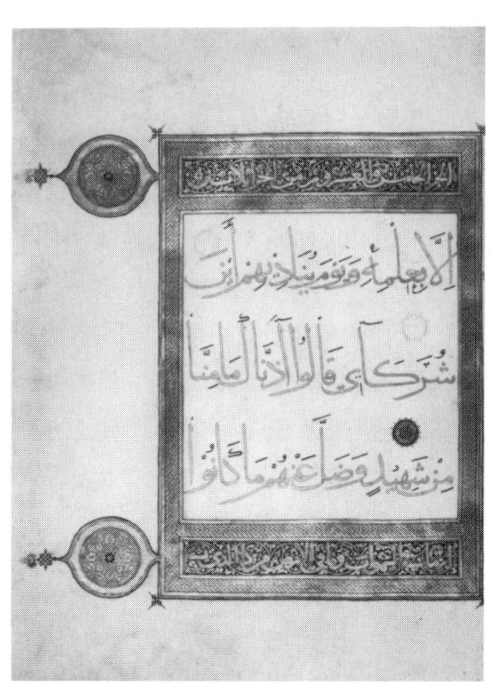

사막의 시

만약 어떤 사람이 샤이르 아디브(shā'ir adīb : 시인, 문인)라는 평판을 듣는다면 그는 문학적으로 최고의 단계에 이르렀음을 인정받는 셈이다. 왜냐하면 그것은 상당한 수준의 산문을 지을 수 있는 일반 문화에 대한 소양과, 아랍 문학 전통에서 유일한 창조적 활동으로 간주되는 운문의 창작을 모두 겸비하였음을 의미하기 때문이다. 2/8세기의 문헌학자들은 '아랍적 인문학'을 추구하면서 부족이나 도시들을 방문하여 거기에서 이슬람이 출현하기 전이나 그 직후의 시인들이 지은 것으로 알려진 수천 수의 시를 줄줄 외우는 엄청난 기억력을 지닌 루와트(ruwāt)라는 이름으로 알려진 사람들을 만났다. 전문가들은 이 루와트가 암송하였던 막대한 양의 시들을 크게 두 개의 부류로 나누었는데, 그중 하나는 초기의 단순한 형태를 지닌 라자즈(rajaz)로서 짧은 찬송이나 혹은 전쟁터에서 적을 향해서 퍼붓는 모욕의 언사를 담은 것들이었다. 다른 하나는 보다 복잡한 형태의 카시다(qasīda)인데, 이는 정교한 운율을 가졌고 다음과 같은 삼중의 구조로 이루어져 있었다. 즉 (1)시인이 자신의 사랑하는 부족이 사용하던 영지가 버려진 것을 보고 과거에 행복하였던 시절들을 회상하면서 눈물을 흘리는 서두부분으로서, 이는 아마 고대 임시혼인의 풍습과 관련하여 잔존한 것으로 보이며, 카시다가 매우 이른 시기로까지 소급되는 것임을 시사한다. (2)사막을 지나가는 시인의 여행이 묘사되고, 그가 다음 부분에서 언급되는 부족이나 개인을 찾아가는 위험한 여정에서 당하는 고통과 성취를 설명한다. (3)주인공에 해당하는 부족이나 개인, 혹은 적에 대한 찬미로써 결말을 이룬다.

이것이 카시다의 일반적인 형태이지만 여러 가지 변형이 있을 수 있다. 예를 들면 가장 중요한 마지막 부분이 죽은 사람에 대한 애도의 내용으로 되어 있을 경우 연인이 읊는 첫번째 부분은 생략될 수 있다. 따라서 전체적인 틀은 어느 정도 유연한 편이며, 시인들은 형식과 내용에서 나름대로의 독창성을 추구하려는 노력도 하였다. 그러나 '과거의 시인들이 한차라도 빈틈을 남겨 놓은 곳이 있는가?'라는 물음처럼, 모든 것이 이미 먼 옛날에 완성되어 버렸기 때문에 전통의 굴레를 벗어나 새로운 혁신을 시도하는 것은 거의 불가능하다고 생각하였다.

고대의 뛰어난 카시다들은 2/8세기경에 수집되었고, 그렇게 해서 만들어진 시집들 가운데 일부인 일곱 편의 『무알라카트』(Mu'allaqāt)는 무슬림들 사이에서 크게 애송되었으며 지금도 아랍인들의 시적인 천재성을 보여 주는 가장 훌륭한 예로써 인용되고 있다. 서구에서도 동양문학에 대한 연구가 시작된 이래 이것을 최고의 우아한 예술작품이라고 간주하였고, 번역만도 여러 가지가 출판되었다. 학자들은 일곱 편의 『무알라카트』의 작자로 다음과 같은 시인들을 꼽고 있다. (1) '방황하는 왕' 임루 알 카이스, (2) '신이 사랑한 자' 타라파, (3) '도덕가' 주하이르 이븐 아비 술마, (4) '100세의 노인' 라비드 이븐 라비아, (5) '검은 기사' 안타라, (6) '대역죄인' 암르 이븐 쿨숨, (7) '문둥병자' 알 하리스 이븐 힐리자가 그들인데, 여기에서 별명들은 저명한 학자 아버리가 지어 준 것이다.

> 구름은 알 가비트의 넓은 평원 위에 짐을 벗는다,
> 마치 예멘에서 온 상인이 꾸러미를 풀어 물건을 내어 놓듯이.
> 알 무자이미르의 돌무지 꼭대기에는
> 마치 실패꾸리에 감긴 양털처럼 홍수에 찢어진 조각들이 쌓였다.
> 아침 첫동 틀 때 새들은 명랑하게 재잘댄다,
> 마치 독한 술에 취해서 소란을 피우는 수레를 끄는 짐승처럼.
> 급류에 빠져 죽어 버린 짐승은 계곡의 경사진 곳 저 높이에
> 흙 묻어 녹슨 깃대처럼 널려 있구나.
>
> —— 임루 알 카이스의 『무알라카트』에서

역설적인 사실이긴 하지만, 예언자 무하마드는 시인들에 대하여 파문을 선고하였으면서도 무슬림이었던 하산 이븐 사비트(40/660년 사망)의 헌신을 잘 이용하였다. 심지어 그는 이교도 카압 이븐 주하이르가 충성을 서약하면서 헌증한 시를 받아들이며 동감의 표시로 자신의 코트를 이 시인의 어깨에 둘러 주기까지 하였는데, 이는 후일 무하마드를 찬양한 많은 시인들에게 하나의 상징적인 제스처로 인식되어 영감을 불러일으켰다. 그러나 문헌학자들이 초기 이슬람 시대에 속하는

시를 수집한 양이 얼마 되지 않는 것으로 보아서 시를 낮게 평가하는 경향은 시인들의 활동에 일종의 제약을 주었던 것 같다. 그렇다고 사막을 떠도는 음유시인들이 하루아침에 자기의 직업을 버리지는 않았을 것이며, 단지 그들이 만든 많은 시들이 잊혀졌거나 무시되고 혹은 그 내용이 예언자를 비방하는 것일 경우에는 의도적으로 거부되었을 것이다. 현재까지 무하마드에 관해서 남아 있는 시들을 살펴보면 그것은 부족의 수령을 찬양하기도 하고 비난하기도 하였던 것처럼 시인의 개인적인 태도에 따라서 달랐던 것으로 보인다. 사실 이슬람의 탄생은 그것을 목격했던 사람들에게는 시적인 영감의 원천으로 작용하지 않았으며, 후일 예언자를 찬양한 시인들 역시 그 대상은 예언자 개인이지 그가 행하였던 구체적인 일들은 아니었다. 반면 아랍어, 페르시아어, 우르두어 등으로 쓰여진 종교적인 시들은 기본적으로 신비주의적인 것이고, 따라서 엄격히 말하면 이슬람의 범위를 넘는 것들이었다.

문학비평가들이나 역사가들의 평가에 의하면 초기의 시들은 무엇보다도 베두인들에 의해서, 혹은 베두인적인 영향 아래 쓰여졌으며, 아라비아 반도에 있는 도시들에서 배출된 뛰어난 시인은 극히 적었다고 한다. 이슬람이 탄생하고 정복전이 시작된 이후에도 이러한 양상은 계속되어 1/7세기에 탁월한 시인들은 대부분 베두인이었다. 그들은 메소포타미아 지방에 새로이 건설된 도시들이나 혹은 우마이야 왕조의 수도인 다마스쿠스와 같은 곳에 드나들면서 여전히 사막에서 하던 생활방식을 지속하였고 매우 고전적인 카시다를 지었던 것이다. 이 시기에 가장 돋보이는 인물은 기독교도였던 알 아흐탈(92/710년 사망), 알 파라즈다크(110/728년 사망), 자리르(110/728년 사망) 등이었다.

그러나 이슬람의 정복전은 수많은 초기 베두인들의 생활에 충격을 가져다 주었고, 시의 구조보다는 내용이라는 측면에서 큰 영향을 미치게 되었다. 세계를 정복하기 위한 전쟁에 동원되어 고향에서 멀리 떠나온 병사들은 고향에 대한 향수, 승승장구하는 전사로서의 자부심, 풍부한 약탈물들에 대한 만족감 등을 매우 간단한 시로써 표현하기 시작하였다. 이러한 유형의 시인들은 장문의 카시다를 적을 만한 여유가 없었고, 현재 남아 있는 작품들 역시 몇 줄 안 되는 단시들이다. 또한 그 당시 이슬람 공동체 안에선 생겨난 갈등과 상반된 집단간의 알력은 시에 정치적 종교적인 분위기를 가져다 주었다. 대표적인 예가 하리지파로서, 그들 가운데 시작에 재능이 있는 사람들은 지지자들을 선동하고 반대파를 비방하는 내용의 시를 쓰는 데에 몰두하였다. 그러나 이러한 시들을 자세히 검토해 보면 역시 기본적으로는 전통적인 성격을 지니고 있음을 알 수 있으며, 그것은 이슬람 출현 이전의 부족 시인들이 자기 부족의 영웅전사를 찬양하고 적의 기개를 꺾으려고 하였던 것이나 마찬가지였다. 형태로 보아서 정확하게 카시다라고 하기 어려운 것들이 많으며, 현존하는 예들은 이슬람 이전의 시가 어떠한 독자적인 발전을 겪어 갔는가를 보여 주고 있다. 즉 일부 '고전적인' 시인들은 전통을 중시하여 카시다가 가지는 삼중구조를 충실히 따르려고 하였지만, 다른 유형의 시인들은 그러한 구조를 부분적으로 이용하면서도 그 가운데 하나 혹은 두 개의 테마만을 집중적으로 다루는 변형을 보이기도 하였던 것이다.

포도주와 사랑의 시

이러한 발전의 또다른 흥미로운 예가 '바코스적인' 특징을 지닌 시이다. 이슬람 이전에도 여러 시인 —— 이들 중 일부는 『무알라카트』의 작자들과 비교할 수는 없어도 꽤 유명하였다 —— 이 지은 카시다에는 포도주를 마시는 즐거움을 극찬하거나 과일 음료를 파는 사람들의 기구들을 묘사하기도 하고, 노래하는 노예 처녀들과 함께 어울리며 지내는 혼돈스러운 생활을 미화하는 시구들이 포함되어 있었다. 이는 자기를 예찬하는 시 속에 자주 등장하던 주제였으며, 여기에서부터 메소포타미아의 도시들과 다마스쿠스에서는 '바코스적' 시작(詩作)의 전통이 생겨났던 것이다. 그 대표적인 예로 기독교도였기 때문에 아무런 구애도 받지 않고 술을 마실 수 있었던 알 아흐탈이나, 우마이야 왕조의 귀족이었던 알 왈리드 이븐 야지드(124/743년 사망)를 들 수 있다. 이 주제는 원래 베두인적인 것에서 시작되었지만 도시적인 것으로 바뀌게 되었는데, 그것은 도시 주민들이 고대문명의 중심지에서 맛보게 된 새로운 형태의 기쁨을 시 속에 반영하기에 가장 적절한 조건을 갖추고 있었기 때문이다. '바코스적' 시의 구체적인 예는 아래에서 제시하겠지만, 음주가 금지된 사회에서 그러한 내용의 시가 발전되어 '모더니즘'의 한 징표로 인식되기에까지 이르렀다는 것은 역설적이라고 할 수밖에 없다.

히자즈에 위치한 메카와 메디나와 같은 성스러운 도시들에서는 그보다 더 역설적인 변화가 생겨났다. 예언자가 살았던 도시이기에 그 주민들의 종교적인 활동에 걸맞는 종교적인 시가 지어졌을 것으로 추측하기 쉽겠지만, 이와는 전혀 반대로 향락적인 인생을 예찬하는 시들이 쓰여졌던 것이다. 실제로 1/7세기 이래로 히자즈에서는 음악과 노래가 크게 발전하였고, 후일 바스라, 바그다드, 세비야 등에서 그것이 크게 발달한 뒤에도 여전히 높은 평판을 유지할 정도였다. 정복의 결과 얻어진 풍부한 약탈물을 향유하는 게으른 귀족들을 즐겁게 하기 위해서 직업적인 연예인들도 생겨났다. 카시다에서는 인생의 자유를 즐기는 것은 베두인 여자들이며 도시의 여인들은 폐쇄된 생활을 하는 것으로 묘사되었으나 이제는 도시의 여자들도 해방되었다고 느끼기 시작하였고, 비록 성적으로 문란한 단계에까지는 이르지 않았다고 할지라도 이성과의 교제는 자유롭게 이루어지게 되었다. 따라서 메카와 메디나에서는 아마 카시다의 서두부분에 기원을 둔 것으로 보이는 경박한 풍의 시들이 지어졌고, 결국은 시인의 모험과 쾌락을 노래하는 시에서 남녀간에 사랑을 이룩하는 것이 유일한 주제인 것처럼 인식하는 단계로까지 발전하였다. 우마르 이븐 아비 라비아(93-101/712-719년 사망)는 이러한 장르의 대가였고, 그의 작품은 심지어 많은 교양인들의 동경의 대상이 되기도 하였다. 악사, 가수, 노래하는 노예, 만담꾼, 어릿광대 등을 훈련시키는 여러 집단이 이라크로 옮겨갔던 것처럼 이 경박한 풍의 시들도 바스라, 쿠파, 바그다드 등지에서 모방되기 시작하였다. 그곳에서 많은 시인들이 배출되었고, 그들이 지은 시의 일부는 수집가들에 의해서 보존되었으나 비평가들로부터는 대체로 무시되어 왔다. 그러나 이들 가운데 일부는 단순히 운문으로 글을 지었다는 차원을 넘어서 뛰어난 시적 재능, 독창성, 표현의 성실함 등의 면에서, 전통적인 형태의 시를 쓰면서 내용보다는 형식에 얽매이던 다른 평범한 시인들과 비교해 볼 때 단연 두드러졌다고 말할 수 있다.

인습과 창조

우리는 이슬람 출현 이전이나 이후의 시대에 어떤 시인이 자기 이름을 날린다는 것이 얼마나 힘든 일인가를 잊어서는 안 될 것이다. 그는 자기가 원하는 대로 글을 지을 수 있었던 것이 아니었다. 먼저 거의 무시할 수 없는 기술적 미적 규칙을 지켜야만 했다. 즉 박자(metre)는 그가 사용할 수 있는 어휘를 제한하였기 때문에 시적인 표현을 마음대로 고를 처지가 아니었던 것이다. 또한 사용할 수 있는 어휘가 아무리 많다고 하더라도 그가 지켜야 할 단운(單韻 : monorhyme)의 원칙은 각 행의 구조를 제약하는 요인이 되었다. 각각의 행은 그 자체로서 완결적이어야 했기 때문에, 하나의 행 안에 하나의 완성된 문장이 소화되어야 하였다. 그 결과 근대의 비평가들이 요구하듯이 시 전체가 하나의 동질성을 유지하기가 극히 어려웠던 반면, 다른 작가가 만든 것 가운데 박자와 운율만 같다면 아무 조각이나 떼어다 붙이기도 쉬웠다. 초기의 시들을 우리에게 전달해 준 작가들은 바로 이러한 사실을 이용하였고, 확실한 기준이 없는 상태에서 비평가들은 어디까지가 작자 자신의 창작인지를 가려내기 위해서 매우 조심해야 할 것이다.

이러한 기술적인 제약요소 이외에 다른 사회적인 제약도 있었다. 이슬람 출현 이전에 시인들은 말하자면 자기 부족의 대변인이었고, 따라서 그는 부족의 한 부분으로서 개별적인 징표는 필요로 하지 않았다. 그가 만드는 작품의 형태는 다양해도 그 내용은 항상 부족 내 여론을 충실하게 반영해야 했다. 이슬람 출현 이후 사정은 달라져 시인들은 자신의 감정이나 생각을 자유롭게 표현할 수 있을 정도로 상당한 자주성을 획득하게 되었다. 그러나 자기가 마음먹은 대로 시를 쓰기 위해서는 경제적인 자립능력이 전제되어야 하고, 그렇지 않다면 역시 그는 권력 있는 후원자를 기쁘게 해주는 찬시를 써야 했는데, 그것도 전통을 준수하면서 독창적인 내용을 지닌 시를 써야 인정받을 수 있었다. 따라서 위대한 시인들의 글 속에서조차 설사 그것이 누구를 공격하거나 칭찬하는 내용일지라도 어떤 진실함을 찾아보기 힘들다. 그들은 가능하면 듣는 사람들을 경악케 하지 않으려고 하였고, 단지 다른 시인들보다 더 세련된 표현을 하였을 뿐이다. 어떤 사람으로부터 총애를 얻기 위해서 쓴 찬시가 무슨 이유에서인가 그가 아닌 다른 사람에게 헌증된 예들도 있다. 이러한 시들은 아랍인들의 성격 때문에 더욱 비개성적으로 된 듯하다. 아랍인들은 사적인 생활이나 자신의 감정을 표현하는 데에 매우 조심스러우며, 수많은 상투적인 표현방식들을 사용함으로써 자신의 본심을 드러내지 않을 수 있었다.

페르시아의 도전

2/8세기가 되면서 아랍인들이 아니라 그들에 의해서 정복된 사람들이 정복자의 언어를 완벽하게 배운 뒤에 쓰기 시작한 새로운 형태의 시들이 출현하였다. 특히 자신들의 영광된 과거에 대해서 커다란 자부심을 가지고 있던 페르시아인들은 이제 문화적인 주도권을 놓고 아랍인들에게 도전장을 제출하였다. 그들의 활동은 슈우비(Shuʿūbī) 운동과 관련하여 일어났는데, 이 운동을 지지한 사람들은 아랍어를 사용하면서도 이슬람권의 새로운 변화에 저항하려고 하였던 아랍화된 페르시아인들이었다. 그들 가운데 유명한 작가들은 두 가지의 상이한 기법을 시도하지 않을 수 없었는데, 하나는 전통적이고 고전적인 형태의 찬양문이고 다른 하나는 이와 상당히 다른 보다 자유로운 형태의 것이었다. 4/10세기에 아부 알 파라즈 알 이스파하니가 편찬한 『키타브 알 아가니』(Kitāb al-Aghāni : '음악의 책')에는 문학의 해방에 대한 지향과 이슬람 및 아랍의 굴레로부터 자유로워지고자 하는 열망을 잘 보여 주는 시들이 수록되어 있다. 슈우비파에 속했던 바스라 출신의 장님 시인 바슈샤르 이븐 부르드(167-168/784-785년 처형)는 여러 가지 상충되는 경향들을 하나로 결합하였고, 그의 시는 과도기적인 특징을 아주 잘 보여 준다. 당대의 권력자에 대한 그의 찬시들은 고전적이고 심지어 복고적이기까지 하지만, 반대로 애정시들은 매우 감각적이고 음탕할 정도이다. 특히 그의 탁월성이 드러난 장르는 경구시(警句詩)나 우화시였고, 마즈다 교도였거나 마니 교도였던 자신의 조상들에 대한 은근한 비유는 소위 '모더니즘적인' 시의 효시를 이루었다. 2/8세기 중반 역시 페르시아 출신의 아부 누와스(200/815년 사망)는 고전적인 형

태의 찬시나 복고적인 형태의 수렵시를 지을 수밖에 없었던 사정이 있었지만, 그의 필명이 널리 알려지게 된 것은 실은 애정적 바코스적인 시들 때문이었다. 이미 살펴본 바와 같이 바슈샤르를 비롯한 여러 시인들은 간혹 포도주를 찬미하는 내용을 삽입시켰지만, 카시다의 서두부분을 완전히 포도주에 대한 찬미로만 일관시킨 것은 아부 누와스가 처음이었다. 더구나 그의 애정시들은 전통에 대항하고 성물 모독적인 의도까지 담고 있는 고의적인 시도였다. 아부 누와스의 선배들 시에서 포도주와 사랑은 감각적인 쾌락을 고조시키기 위해서 마땅히 필요한 부분이었으나, 그의 작품들은 이슬람 교리에서 금지된 남성에 대한 사랑이나 포도주에 대한 사랑을 찬미함으로써 의도적으로 독자들을 자극하려고 하고 있다. 아부 누와스 이후에는 이 두 가지 주제가 도리어 하나의 관행이 되어 극도로 독실한 시인들조차도 그것을 이용하였다. 그러나 그들은 그것을 인위적인 기교로서 이용하였고, 정열의 대상으로 —— 그 대상이 여성일지라도 ——남성적인 아름다움을 강조하였다. 함리야트(khamriyyāt)라고 불리게 된 이러한 바코스적인 장르는 후일 더욱 확대되었지만 아부 누와스만한 시인은 출현하지 않았다. 단, 그의 진정한 후계자들은 수피, 즉 신비적인 사랑이라는 '포도주'에 의한 도취를 찬양하던 수피들이었다.

> 그대는 보지 못하는가, 내가 영혼을 볼모로 술을 얻은 것을.
> 아름다운 영양(羚羊)과 거품이 고인 술잔에 입맞춤을 하지 않는가.
> 이것은 내가 너무도 잘 알고 또 두려워하기 때문이니,
> 곧 나의 육체와 영혼이 떨어지리라는 것을.
>
> —— 아부 누와스의 시

그러나 그와 동시대인인 아부 알 아타히야(210-211/825-826년 사망)에 대한 후세의 평가는 사뭇 다르다. 시적 재능이라는 면에서 약간 뒤떨어지긴 하지만 그 역시 동시대의 시인들처럼 사랑을 노래하고 슬픔을 표현하는 가벼운 운문들을 지었는데, 그러한 작품들은 대부분 잊혀지고 그의 이름은 주흐디야트(zuhdiyyāt)라는 금욕시들로 유명하게 되었기 때문이다. 이 시들은 죽음에 대한 생각과 죽음을

위해서 필요한 준비들로 가득 차 있고, 개념들도 간명하고 매우 일반적이기 때문에 분명히 다수의 대중들에게 호소력을 가졌던 것 같다. 이렇게 해서 2/8세기 말경이 되면 시작에 관한 한 문학적인 전통은 충분히 자리를 잡게 되었다.

아랍 문학사를 연구하는 사람들은 3/9세기 이후 크게 유행하였던, 우리가 앞에서 '모더니즘'이라는 이름으로 분류한 시들에 대해서도 '신고전주의'라는 용어를 무차별적으로 사용하고 있다. 그러나 '고전주의'와 '신고전주의' 사이에 분명한 선을 긋는 일은 간단하지 않은데, 그것은 신고전주의적인 경향의 대부분이 이미 2/8세기에도 나타나고 있었기 때문이다. 더구나 시인들을 집단적인 경향에 따라서 파악하기보다는 특정한 개인들을 중심으로 분석하는 후세 사람들의 판단도 우리의 관점을 오도할 위험성을 가지고 있다. 바슈샤르나 아부 누와스의 시들은 그들의 죽음과 함께 사라지지 않았고, 재능은 떨어지지만 그 후배들에 의해서 계승되었다. 그러나 이러한 경향은 후일 '모더니즘'에 속한다고 보기 어려운 두 시인들에 의해서 빛을 잃고 말았다. 하나는 아부 탐맘(231-232/845-846년 사망)으로, 베두인적인 취향을 지녔던 그는 고전적인 문체로 찬시를 지었기 때문에 전통적이라고 할 수 있지만 내용상으로는 당시의 문제들에 대한 은유를 포함하고 있다. 다른 한 사람은 알 부흐투리(284/897년 사망)인데, 그는 삼중구조로 이루어진 카시다를 존중하면서 찬시를 지었다. 사실 '신고전주의'라는 용어가 성립하기 위해서는 신고전주의와 '고전주의' 사이에 '모더니즘'이라는 중간단계가 설정되어야 할 것이다.

4/10세기에 들어와서 '신고전주의'의 가장 대표적인 인물은 알 문타나비(354/965년 사망)였다. 대표적인 예로 알레포의 군주였던 사이프 앗 다울라에게 바쳐진 찬시를 통해서 그는 이슬람 출현 이전의 시문학의 전통을 부활시켰고, 그가 남긴 많은 시들은 놀라운 완숙미를 보여서 동시대인들에게 깊은 영감을 불러일으켰음은 물론이지만 오늘날에 이르기까지 하나의 전형으로 여겨져 왔다. 그와 같은 시대에 앞에서 언급한 사이프 앗 다울라의 조카인 아부 피라스(320-357/932-968)는 콘스탄티노플에서 포로생활을 할 때 보다 개인적인 색채가 강한 시들을 지음으로써 지속적인 명성을 이룩하였다. 이밖에도 사이프 앗 다울라의 주변에는 여러 명의 군소시인들이 모여들었으며, 그들은 찬시 속에 자연과 정원과 화초에 대

한 묘사를 간간이 삽입시키기도 하였는데, 이러한 형태는 곧 정형화되어 제국 전역에 걸쳐서 모방되기 시작하였다.

시리아 출신인 아부 알 알라 알 마아리(363-449/979-1058)는 바슈샤르처럼 장님 시인이었다. 그는 직업적인 찬시 작가가 되기를 거부한 대신 인간의 존재 문제에 대하여 깊이 생각하는 철학적인 내용의 시를 지음으로써 독립성을 보였다. 그의 시는 고전주의, 모더니즘, 신고전주의 그 어디에도 속하지 않을 뿐 아니라, 철학자나 신비주의자들의 지향과도 다른 일종의 회의론자의 시였다. 그는 종종 단테의 『신곡』에 비유되곤 하는 『리살라트 알 구프란』(Risālat al-Ghufrān : '용서의 서한')이라는 명작을 남겼는데, 이는 우리가 곧 다루게 될 형태인 산문으로 쓰여져 있다.

바그다드의 서적상이던 이븐 안 나딤(387/895년 사망)이 만든 목록은 당시 유통되던 시집들의 숫자가 어느 정도였는지를 알려 줄 뿐 아니라 상당량의 산문체, 혹은 산문 운문 혼용체의 글들도 존재하였음을 확인시켜 준다. 특히 거기에는 여러 종류의 애정소설들이 언급되어 있는데, 그중 가장 유명한 것이 카이스 —— 일명 알 마즈눈(al-Majnūn : '광인') —— 와 그의 연인 라일라의 사랑 이야기이다. 이외에도 사회적인 제약이나 가족의 반대로 좌절된 많은 비극적인 연인들을 주인공으로 등장시킨 연애소설들이 다수 있었다. 이들 소설 중 현재까지 그 전체가 남아 있는 것은 하나도 없지만, 편찬자들이 특히 흥미있다고 생각되는 부분들을 발췌하여 모아 놓았기 때문에 그 편린은 엿볼 수 있다. 그 중심된 주제는 후일 아랍인들보다 로맨스에 대해서 보다 예민한 감수성을 가진 페르시아 시인들이나 신비주의자들에 의해서 다시 부각되었다.

대중문학

아라비아를 비롯한 여러 지역에는 일찍부터 많은 전설들이 수집되었지만 그 어느 것에 대해서도 적절한 문학적인 윤색이 가해지지는 않았다. 편찬자들은 줄곧 원문을 그대로 복제하거나 기껏해야 한두 가지의 디테일을 첨가시킬 뿐이었다.

더구나 그러한 전설을 활용하였던 이야기꾼들도 단절되지 않고 이어져 내려오는 구전에 의거하기보다는 어느 특정한 시기에 문자화된 텍스트에 의존하였던 것으로 보인다. 반면 재미있는 일화들은 초기부터 문자화되었는데, 예를 들면 요하의 이야기는 그 원본이 주인공과 거의 같은 시대에 수집되었다. 『천야일야』도 마찬가지인데, 그 가운데 인도와 페르시아에 기원을 둔 핵심적인 부분은 4/10세기 혹은 그보다 더 이른 시기에 아랍 문학에 소개되었으나, 그뒤 만담가들은 새로운 이야기들을 하나둘씩 첨가하였던 것이다. 흥미있는 사실은 아랍의 비평가들이 이 유명한 일화들에 대하여 비록 문학적인 윤색과 수정을 받았음에도 불구하고 문학으로 간주하지 않았다는 점이다. 지난 수세기 동안 서구인들이 관심을 보임에 따라서 그들도 최근에 와서야 이 소설의 존재에 대해서 주목하고 거기에 나타난 주제들을 자기 글 속에 활용하기 시작하였다.

이처럼 연애소설이든 만담집이든 혹은 전설이든, 오락성이 다분한 작품들에 대한 관심의 고조는 오락이라는 것이 원래부터 이슬람과는 배치된다는 생각을 하던 종교인들의 저항을 불러일으켰다. 예를 들면 3/9세기의 유명한 산문작가인 알 자히즈(255/868년 사망)는 자신이 지은 『키타브 알 부할라』(Kitāb al-Bukhalā : '수전노 이야기')라는 책의 서문에서 만담에 대한 변론을 싣지 않으면 안 되었다. 이 책은 사실 단순히 만담집 차원에 머물지 않고 재미있는 이야기들을 통해서 탐욕이라는 것의 실체에 대한 분석을 시도하고 있다. 그러나 자신의 분석을 종합하여 '유형'을 만들어내는 데는 실패하였다. 그는 또한 백과사전적인 성격의 『키타브 알 하야완』(Kitāb al-Hayawān : '동물 이야기')와 문학 비평의 기초를 놓은 『키타브 알 바얀』(Kitāb al-Bayān : '표현의 책')이라는 작품도 남겼다. 특히 그의 인물묘사나 수필들은 사회에 대한 묘사와 심리적 분석이라는 측면에서 볼 때 아랍 문학을 아다브의 단계에서 새로운 예술적인 단계로 끌어올렸다는 평가를 받고 있다. 불행하게도 그의 업적을 계승한 인물이 없었고 대신 편협한 비평가들의 냉소만을 받아서 오랫동안 잊혀져 왔는데, 최근에 들어서야 새로이 주목을 받기 시작하였다. 알 자히즈가 죽은 지 1세기가 지난 시점에서 아부 하얀 앗 타우히디(414/1023년 사망)가 평범한 산문을 짓기 시작하였는데, 그것도 전체적으로 운율에 맞춘 산문이었다. 그의 작품 가운데는 이븐 알 아미드와 이븐 아바드라는 두 재상을 풍자적으로 묘사한 글이라든가, 당시 격렬한 지적 활동의 중심이었던 정치적 학문적 집회를 묘사한 글들이 있다. 그러나 그의 글 역시 상당히 최근까지 무시되어 왔고, 그의 후대들은 대체로 문화 일반에 관한 작품집이나 백과사전적인 편찬을 주류로 하는 고전적인 형태의 아다브를 더 선호하였다. 그 좋은 예로 안달루시아의 이븐 아브드 랍비히(328/940년 사망)가 지은 『알 이크드』(al-'Iqd : '목걸이')를 들 수 있다.

 무슬림 스페인의 문학에 대해서는 제9장에서 더 상세히 다루겠지만, 약간 중복의 위험이 있을지라도 여기서 무와슈샤흐(muwashshah)라는 형태의 시에 대해서 언급하지 않을 수 없다. 이것은 고전적인 박자를 중시하지 않으면서 글에는 외래어(보통 로만스 계통의 언어)를 포함하는 하르자(kharja)라는 결구(結句)로 맺는 형태인데, 기본적으로 두 개의 서정시 전통, 즉 아랍적인 것과 로만스 스페인적인 것의 독특한 결합이라고 할 수 있다. 이는 아마 모국어가 로만스 계통인 노예가수들과 관련하여 생겨난 것으로 보이는데, 무와슈샤흐라는 장르를 창안한 사람들은 이들 노예가 자주 사용하던 후렴 —— 이미 두 개의 언어가 뒤섞인 형태 —— 에서 힌트를 받았을 것으로 추측된다. 이슬람권에서 이 노예가수들이 하였던 역할에 대해서 논하자면 아마 책을 따로 집필해야 될지도 모른다. 처음에는 동방에서, 그리고 뒤에는 스페인에서 눈치 빠른 상인들은 젊은 여자노예를 사들여서 고급의 예술적 문학적 교양을 쌓게 한 뒤 매우 높은 가격으로 팔았던 것이다. 이 노예가수들은 남자들과 자유롭게 어울릴 수 있었으며 귀족이나 부르주아들이 모이는 살롱에도 출입할 수 있었다. 거기서 그들은 시를 음악에 맞추어서 노래로 부르거나 가벼운 주제에 관해서 즉흥적으로 꾸며내기도 하였다. 앞서 말한 『키타브 알 아가니』에는 이러한 즉흥적인 단편들 가운데 일부가 실려 있지만, 후대의 편찬자들은 더 이상 관심을 두지 않았고 그로 인해서 흥미있는 많은 자료들이 유실되어 버렸다.

 무와슈샤흐는 비록 고전 아랍어로 쓰여졌지만 일반 대중을 위해서 만들어진 장르였다. 이것은 동부의 아랍계 나라들로 전파되어 갔고, 더 동쪽으로 이동하면서 변화가 일어나서 결구인 하르자에 페르시아어나 다른 방언들이 섞이게 된 것도 생겨났다. 그러나 대부분의 경우는 고전 아랍어로 작성되었고, 문학이론가들이

(왼쪽) 연애담은 아다브 문학의 정통 영역에서는 상당히 벗어났지만, 이미 초기부터 대단히 대중적인 인기를 누렸다. 로맨스는 틀에 박힌 형태를 따라서 전개되었고, 일화들은 다소간 자의적으로 연결되었지만, 모두 예외없이 불행으로 끝나고 있다. 가장 초기 사본의 잔편들이 남은 것은 3/9세기로, 여기에서 두 연인은 사망하지만 종려나무가 두 사람의 묘지 사이에서 자라나 그들을 결합시켜 주고 있다.

(아래) 비극적 연애담 『바야드와 리야드』 (*Bayād wa Riyād*)에 나오는 일화로, 나쁜 소식을 듣고 애인이 기절하는 장면이다. 7/13세기에 속하는 초기의 사본이며 스페인이나 모로코에서 필사된 것이다. 이 그림은 물레방아를 자세하게 묘사하고 있어서 더욱 흥미를 끈다.

「라일라와 마즈눈」(Laylā wa Majnūn)은 연애소설 가운데에서도 가장 널리 사랑을 받았던 것이며 그림으로도 많이 표현되었다. 시인 카이스 — 알 마즈눈, 즉 '광인'이라는 별명으로 불린다 — 는 막강한 권력을 지닌 셰이크의 딸 라일라와 사랑에 빠진다. 그녀 역시 그를 사랑하지만 다른 남자와 억지로 결혼하게 된다. 절망에 빠진 카이스는 시를 쓰며 언덕과 황야를 방황하였고, 라일라가 죽음을 맞을 때까지 간간이 그녀를 보기도 했다. 아라비아 사막을 무대로 한 이 이야기는 페르시아로 옮겨졌다가 다시 인도로 건너갔는데, 이 두 세밀화는 바로 인도에서 그려진 것이다. 위의 그림은 마즈눈이 라일라의 관 위에 몸을 던지는 장면이고, 옆의 그림은 노파가 마즈눈을 라일라의 천막으로 데리고 가는 장면이다.

정해 놓은 틀에 크게 상충되지 않으면서도 생동감 있고 경쾌하며, 음란할 정도는 아니더라도 경박한 특징을 지니고 있었다. 이러한 동방적인 형태의 무와슈샤흐는 그후로도 존속하여 아랍의 현대시인들도 종종 이것을 이용하고 있다.

문어와 구어

'고전' 아랍어와 구어의 차이를 분명히 구별하는 것은 매우 중요하다. '고전' 아랍어는 현재에 이르기까지 음운이나 형태 혹은 구문상의 변화보다는 어휘상의 변화를 겪어 오면서 아직도 문어로 사용되고 있는데, 그 모체는 이슬람 출현 이전의 시인들이 고대적인 방언을 기초로 만들어낸 코이네(koine)라는 공용어였다. 그리고 『코란』에 의해서 신성함을 부여받았기 때문에 수세기를 지나면서도 근본적인 변화를 겪지 않고 지속되어 왔다. 반면 구어는 아라비아와 기타 아랍어권 지역에서 자연적인 발전과정을 겪었기 때문에 서로 상당한 차이점을 드러내고 있다. 오늘날 신문, 라디오, 텔레비전과 같은 매체의 발달로 인해서 각 지역의 구어 사이의 차이나 혹은 구어와 문어 사이의 차이가 줄어드는 경향이 있는데, 그 결과 요즘 교육받은 사람들이 사용하는 언어는 문어와 구어의 중간쯤에 해당하는 것이 되었다. 그럼에도 불구하고 구어들은 여전히 개별적인 특징을 유지하고 있어 아랍어 사용자들이 무의식적으로 내뱉는 말이나 특히 기초적인 교육밖에 받지 못한 사람들에 의해서 사용되고 있다. 이처럼 두 가지 언어가 존재하기 때문에 오늘날 소설가나 극작가들은 고민하지 않을 수 없다. 즉 일반 대중의 성격을 묘사하는 데 학자들의 언어를 이용하는 것은 문제가 아닐 수 없기 때문이다. 최근 레바논 출신의 한 유명한 시인은 구어체 아랍어로 일련의 시를 쓴 뒤 그 발음을 다시 라틴 문자로 옮겨 놓은 일이 있다.

문어와 구어 사이의 차이가 점점 더 커지기 때문에 학자나 지식인들은 실생활에서는 거의 사용하지 않는 특수한 언어를 별도로 배워야 하는 부담을 안을 수밖에 없다. 만약 차이가 그리 크지 않다면 교육받지 못한 시인이라도 고전적인 박자에 맞추어서 시를 지을 수 있겠지만, 구어가 어미 변화의 특징을 상실하고 일부 단모음의 유실로 인해서 음절구조도 혼란해져 버렸기 때문에, 고대부터 내려온 시작 전통을 따르기 위해서는 별도의 교육이 필요하게 되었다. 따라서 이 두 언어 사이의 차이가 결정적으로 벌어져 버린 순간부터 교육받지 못한 시인들은 종래 고전적인 카시다와는 사뭇 다른 구조와 박자를 지닌 작품을 지을 수밖에 없었던 것이다.

이러한 구어적인 형태를 지닌 운문이 출현한 것과 때를 같이하여 문어체 아랍어에서도 고전시와는 상이한 박자를 사용하는 새로운 형태의 시들이 동방에 서나타나기 시작하였다. 그중 하나가 두바이트(dū'bayt)라는 것인데, 그 이름이 말해 주듯이 ── 두(dū)는 페르시아어로 '둘'을, 바이트(bayt)는 아랍어로 '행'을 의미 ── 이행시(二行詩)[2]로서 여러 가지 다양한 운율을 사용할 수 있었다. 가장 유명한 예가 루바이(rubā'i : 복수형은 루바이야트〔rubā'iyyāt〕)인데, 독자들은 즉시 우마르 하이얌의 이름을 떠올릴 것이다. 무와슈샤흐와 같은 서정시를 결합한 이 형태는 비록 아랍 문학에서는 별로 성공을 거두지 못하였지만 페르시아 문학에서는 매우 중요한 위치를 점하게 되었다.

신페르시아어

아랍인들이 이란을 정복할 당시 고대 이란의 경전에 사용되었던 파흘라비어는 완전히 퇴락한 상태였으며 정복 이후 수세기 동안 아무런 주목할 만한 문학작품도 만들어내지 못하였다. 그러나 이 시기는 바로 신페르시아어의 형성기였으며, 과거의 파홀라비어는 50퍼센트에 이르는 막대한 아랍어 어휘를 받아들이면서 활력을 되찾았다. 우리는 앞에서 2/8세기에 페르시아 출신의 시인들이 고대 아랍의 문학전통에 어떻게 새로운 피를 주입하였는가를 살펴보았는데, 페르시아에서 문학의 부흥도 시 분야에서 주로 이루어졌다. 3/9세기 아바스 왕조로부터 상당히 독립적인 국가들의 형성도 이러한 문학적인 각성을 촉진시켜 주었다. 물론 페르

---

[2] 경우에 따라서는 반행(半行 : hemistich)을 따로 계산하여 사행시(四行詩)를 이루기로 한다.

웬만한 사회적 지위에 있는 사람은 반드시 문학을 읽고 감상할 수 있어야 했다. 우아한 화술과 어휘의 교묘한 사용은 심지어 베두인들 사이에서도 중요한 것으로 인식될 정도였다. 기발한 어휘 구사가 지나치게 강조되자 결국 고도로 교육받은 소수만이 이해할 수 있게 되었다. 아랍어에서 구어와 문어가 갈라지게 되고 문어는 주로 문학적, 종교적 용도에만 국한되어 버렸다. 이 그림은 알 하리리의 『마카마트』에 나오는 것으로 바그다드 교외의 한 정원에서 열린 문인들의 모임을 묘사하고 있다. 동인들은 연못의 물로 시원해진 나무그늘 아래 앉아 있고, 악사들은 연주를 하고 있다. 밖에서는 문인들의 모임에 끼지 못하는 일꾼이 소를 몰고 있다.

시아에서도 아랍적인 전형들, 특히 찬시를 모방하는 풍조가 있었고, 일부 이란의 시인들은 여전히 정복자의 언어를 사용하여 시를 짓기도 하였다. 발흐 출신의 아부 슈쿠르는 335/947년 이후 루바이나 마스나위(mathnawī)와 같은 시 형식을 처음으로 창안한 시인으로 알려져 있다. 후자는 두 개의 반행(半行)의 박자를 같게 하고 새로운 행으로 넘어가서는 또다른 박자를 사용한다는 점에서 라자즈와 유사하지만, 라자즈와 다른 점은 카시다에서 이용되는 다른 박자들도 아울러 활용하였다는 것이다. 이러한 형식은 윤리적 서정적 서사적 교육적인 주제와 관련하여 널리 사용되었으나 아랍 시인들은 이를 모방하지 않았다.

3/9세기에 가즈나의 마흐무드는 주위에 초원적인 찬시를 내용으로 하는 디완(diwan)을 짓는 여러 시인들을 두고 있었다. 그중 가장 탁월한 인물이 피르도시(410/1020년 사망)였는데, 그의 작품이야말로 급격하고 새로운 발전의 시작을 의미하였다. 그의 작품 『제왕의 서』(Shāh-nāma)는 이슬람 문학에서 독특한 지위를 점하는 불후의 명작으로 받아들여지고 있다. 그 내용은 고대 이란과 뒤이은 왕조를 지배한 신화적인 군주들의 역사이지만, 민족적인 서사시 이상의 의미를 지니고 있다. 그 내용 가운데 일부는 파흘라비 원문의 번역을 통해서 이미 적어도 2세기 전부터 아랍인들에게도 알려져 있었다. 따라서 피르도시가 창작의 재료로 사용한 소재는 이미 모두에게 알려진 것이었고 다만 아랍의 역사가들만이 그것을 이용해 왔을 뿐이었다.

『제왕의 서』는 일종의 역사 백과사전이자 신화와 전설의 집대성이라고 할 수 있는데, 천지 창조에서부터 아랍의 정복에 이르기까지 이란인들의 역사를 시적으로 재구성한 것이다. 작품은 공공연하게 반아랍적인 성향을 보이고 있으며, 작자 피르도시의 태도에는 아랍어에 대한 반감과 순수 '이란주의'를 성취하고자 하는 열정이 돋보인다. 그러나 그도 무슬림이었고, 그래서인지 『코란』에서 영감을 받은 것으로 보이는 종교시 『유수프 우 줄레이하』(Yūsuf ū Zulaykhā : '유수프와 줄라이하')의 작자로 간주되고 있으나 이것은 아마 잘못된 추정이 아닐까 생각된다. 『코란』에 나오는 이야기들은 『키사스 알 안비야』(Qisas al-anbiyā : '예언자들의 이야기')라는 산문집 속에 반영되어 있기는 하지만, 극히 일부만이 문학적인 형태로까지 승화되었다. 특히 신비주의자들은 유수프와 줄라이하의 사랑을 즐겨 다루었고 페르시아어나 아랍어로 작품을 만들기도 하였다. 이슬람 문학에 관한 논의에서 이들 신비주의 문학을 뺄 수는 없지만 이 책의 다른 부분에서도 다루고 있기 때문에 여기서는 생략하도록 한다.

아랍의 운율적 산문

페르시아에서는 이미 피르도시의 출현 이전부터 시문학이 크게 번영하기 시작하였지만 산문 분야에서는 그다지 큰 성과를 거두지 못하였던 반면, 아랍어권에서는 단순한 산문에서 운율적 산문으로의 이행이라는 혁명적 변화를 겪었고 페르시아인들도 이 변화에 얼마간의 영향을 받게 되었다.

초기 이슬람 시대에 수집된 이슬람 이전의 산문들 가운데는 단편적이나마 운율적 산문들이 포함되어 있었다. 『코란』 그 자체, 특히 메디나에서의 계시를 옮긴 수라(sūra : '장')에는 평범한 산문체로 쓰여진 부분들이 다수 발견된다. 그러나 운율이 서로 조응하는 운문들이 더 많이 눈에 띄는데, 이것이 어떠한 원칙에 의거해서 만들어졌는지 혹은 운율적인 산문도 시처럼 일정한 규칙을 엄격히 준수하는지는 장차 연구해야 할 과제이다. 어쨌든 『코란』은 고대적 전통을 그대로 답습하고 있고, 무하마드를 반대하였던 사람들이 그를 두고 케케묵은 무당들과 동일한 표현방법을 사용하였다는 사실을 지적한 것도 무리는 아니다. 이슬람 출현 이후 초기 3세기 동안 종교, 율법, 역사 방면의 작가들은 자신의 저술에 구태여 예술적인 특징을 부여하려고 노력하지 않았다. 알 자히즈처럼 뛰어난 문학적인 재능을 갖춘 사람들조차 산문 속에 약간의 운율을 섞어 넣는 정도를 넘지 못하였다. 또한 이러한 종류의 산문들에 대해서는 그후로도 거기에 스며 있는 예술적 가치를 찾아보려는 목적으로 연구되지 않았다. 아랍인들이나 그들의 영향을 받은 사람들은 운문이야말로 최고의 표현기법이자 연구할 가치가 있는 유일한 장르로 보려는 경향이 있었다. 『코란』을 제외한 다른 산문들은 비록 존경의 대상이 되었을지는 몰라도 진지한 분석의 대상은 되지 못했다.

그러나 아답의 전통 속에서 『칼릴라와 딤나』의 번역으로 시작된 새로운 형식의 산문학이 자리를 잡아서 리살라(risāla : '서문')라는 이름의 형태로 정착되었다. 이 것은 3/9세기가 되면서 찬시나 비가 혹은 풍자 등과 같은 시문학의 본령에서도 경쟁력을 얻기 시작하였다. 우리가 잊어서는 안 될 사실은 2/8세기 이래 높은 평판을 가지는 시인들의 궁극적인 이상이 궁정에 출입하는 것이었던 반면, 필요한 교육을 받은 학자들의 이상은 칼리프 왕조의 행정기구 속에 적절한 지위를 얻는 것이었다. 그 결과 문서를 담당하는 관리들이 세속문화를 전담하게 되었고 산문학의 발전에도 적극적인 역할을 하게 되었다. 그들은 아브드 알 하미드가 그러하였던 것처럼 아다브류의 책을 집필하거나 후세의 관리들에 대한 충고 혹은 행정적인 성격의 서한을 통해서 그러한 역할을 수행하였다. 관직을 가지지 않은 작가들도 곧 서한을 자신의 활동을 정당화하기 위한 수단으로 이용하기 시작하였고, 이를 통해서 때로는 겸손하게 때로는 위선적인 태도를 취하며 익명의 친구의 절실한 부탁을 받고 특정한 주제에 대해서 자기 입장을 밝히게 되었다고 주장하였다. 율법, 신학, 철학에 관한 글들도 서한형식으로 표현되었는데, 많은 경우 국가의 공식적인 요청에 의해서가 아니라 작가의 자발적 의지에서 시작된 것들이다.

단순한 산문이라는 것이 어느 누구라도 이용할 수 있는 표현방법임은 사실이지만, 아랍어의 특색상 시와 관련된 기법을 사용하지 않으면서 거기에 문학적인 특징을 부여하기란 매우 어렵다. 산문으로 쓰여진 글들의 수가 많아지면서 작가들, 특히 서기들은 자신의 글을 시적인 장식을 통해서 아름답게 꾸미기 시작하였고, 처음에는 글 사이에 운율을 삽입시키는 방법에서 나중에는 아랍어의 풍부한 수사법을 원용하기에 이르렀다. 4/10세기에 이르러서는 운율이나 장식적 요소를 내포한 산문들이 문학의 전 부문으로 침투하였고, 앗 타우히다나 이븐 하즘과 같은 일부 예외적인 존재들을 제외하고는 대부분 단순한 산문체로 글을 쓰는 것을 수치로 여기게까지 되었던 것이다. 심지어 기술관계 서적도 그 영향을 받게 되었고, 적어도 그 서문에는 예외없이 운율을 사용한 문장을 이용하였다. 4/10세기 부이 왕조 치하의 서기들은 이 방면에서 특히 유명하며, 거기서 페르시아인들이 어떠한 역할을 하였는지는 분명치 않으나 대부분 아랍어와 페르시아어를 모두 할 줄 알았던 것으로 보인다. 비록 관리는 아니었으나 부이 왕조의 궁정에 자주 출입하던 바디 앗 자만 알 하마다니(358-398/968-1008)는 아다브에 그 뿌리를 둔 새로운 장르를 창시한 인물로 알려져 있다. 아랍 문학사에서는 아마 최초의 가공의 스토리라고 해도 좋을 이 장르는 마카마(maqāma : '단계')라고 하는데, 거기에는 두 명의 주인공, 즉 영웅적 전사와 그의 업적을 운율적 산문으로 설명하는 화자가 등장한다. 물론 3/9세기에 알 자히즈가 아다브 문학 속에 방랑자와 거지를 등장시킨 적이 있지만, 어디가 사실이고 어디가 가공인지 판단하기 힘들었다. 작가는 실제로 일어난 일을 서술할 수도 있었다. 그러나 마카마의 경우는 완전한 가공의 이야기로 이루어져 있다. 이와 거의 때를 같이하여 도시민들의 생활을 단순한 산문으로 묘사한 히카야(hikāya : '이야기')가 출현하였지만 바디 앗 자만의 『마카마트』에 가려서 더 이상 계승되지 못하였다. 흥미로운 사실은, 알 자히즈의 방랑자와 마카마에 등장하는 영웅은 아랍의 담화전통이 피카레스크식 소설로 발전하는 도상의 두 개의 고리가 된다는 점이다. 스페인에서도 이와 같은 장르에 속하는 유명한 『토르메스의 라자릴로』(Lazarillo de Tormes)라는 것이 있는데, 이것은 이미 스페인에서도 널리 알려져 있던 알 자히즈의 작품에 영향을 받은 후대의 편찬자들이 이야기들을 모아서 만든 것임이 분명하다.

문헌학자들은 마카마를 가공의 소설이라는 장르로서 완성시키는 데는 관심을 두지 않고, 극도로 난해한 아랍어 어휘를 교육시키는 데 피카레스크식 서술방법을 이용하였다. 그래서 알 하리리(446-516/1054-1122)는 교묘한 말장난으로 가득 찬 『마카마트』를 썼는데, 주제의 독창성을 손상시켰음은 물론 이야기 자체에 대해서도 흥미를 잃게 하였다. 오늘날까지도 이런 종류의 글이 크게 유행하고 있다는 사실은 아랍인들의 문학적 취향의 퇴조를 보여 주는 하나의 지표라고 할 수 있다. 바디 앗 자만이 창안한 이 기법은 여러 가지 목적으로 작성된 글에서 이용되었고 심지어 문학비평에서도 그러하였다. 그 까닭은 작가가 그러한 인위적인 장치를 통해서 독자의 관심을 집중시킬 수 있다고 믿었기 때문이다.

19세기에 들어와서 이 장르에 새로운 활력을 불어넣고 그를 통해서 고전어를 회생시켜 보려는 시도가 있었다. 그 대표적인 예가 『하디스 이사 이븐 히샴』(Hadīth 'Īsā ibn Hishām : '이사 이븐 히샴의 이야기')이며 작자는 무하마드 알 무와일리히(1285-1349/1868-1930)이다. 이 글은 중세문학의 종말을 알리는 조종이기도 한데, 내용은 오래 전에 죽은 한 귀족에게 다시 생명을 부여하여 수세기 동안 이집트의 생활에 어떠한 변화가 일어났는지를 희화적인 방법으로 보여 주는 것이다.

운율적 산문은 오늘날 침중하고 현학적이라고 간주되어 작가들은 완전히 이를 폐기하기에 이르렀지만, 과거 부이 왕조의 서기들로부터 시작하여 살라딘을 도와서 일하였던 알 카디 알 파질(529-596/1135-1200)에게서 정점에 이르렀던 이러한 장르는 얼마 전까지도 서기들에 의해서 즐겨 애용되었다. 운율적 산문은 인공적 운율이 그 속에 다수 포함되어 있을 경우에는 특히 그 내용을 파악하는 것이 매우 어렵다. 알 카디 알 파질의 제자였으며 살라딘의 비서였던 페르시아인 이마드 앗 딘 알 이스파하니(519-697/1125-1201)는 아랍어로 살라딘의 전기를 썼으며 예루살렘의 함락을 비롯한 살라딘 생애의 최후기에 대한 서술도 남겼는데, 비유법에 관한 교과서를 쓰려는 사람이라면 어떠한 형태의 예문도 고를 수 있을 정도로 끝 없이 계속되는 단어의 장난으로 이루어진 극단적인 화려체의 전형을 이루고 있다.

오랫동안 아랍인들이 크게 선호하였던 운율적 산문은 이란인들 사이에서도 높은 평가를 받았지만, 역시 페르시아 문학에서 산문학은 시문학과는 경쟁이 되지 않았다. 한 가지 예외라고 한다면 니잠 알 물크(485/1092년 사망)가 쓴 『시야사트 나마』(Siyāsat-nāma)가 있는데, 이 글은 그 산문체의 단순성으로 인해서 고도의 미학적 가치를 발휘하고 있다. 이외에도 『칼릴라와 딤나』의 번안(6/12세기), 아우피(670/1232년 이후에 사망)가 지은 『자와미 알 히카야트』(Jawāmi' al-hikāyāt), 그리고 사디(580-691/1184-1291)의 작품들을 언급할 수 있다. 특히 사디는 도덕적인 소재를 매우 예술적 가치가 높은 산문을 구사하여 다루고 있는데, 문체상으로 볼 때 그의 작품은 완벽을 이루면서 내용상으로는 비아랍적 무슬림의 정신을 대변하고 있다. 그는 애정과 신비주의에 관한 시들도 썼지만, 아다브의 전통을 잇는 교육적인 내용의 『부스탄』(Bustān : '정원'), 그리고 이와 내용은 유사하지만 산문과 운문이 섞여 있는 『굴리스탄』(Gulistān : '장미원')이 특히 유명하다.

제4장에서 보았던 대로 신비주의도 나름대로 산문을 이용하기 시작하였는데, 가장 대표적인 것이 파리드 앗 딘 앗타르(627/1230년 사망)가 쓴 『만틱 앗 테이르』(Mantiq at-tayr : '새들의 집회')이다. 그 내용은 30마리의 새들(sī murgh)이 신을 표상하는 신비의 새 시무르그(Sīmurgh)를 찾아 나선 환상의 여행을 다루고 있다.

그리고 그들은 명상에 잠겼다. 얼마 후 그들은 시무르그에게 혀를 사용하지 않은 채, 존재의 단일성과 복합성의 신비스런 비밀을 가르쳐 달라고 요청하였다. 시무르그 역시 말을 하지 않고 다음과 같이 대답하였다. '나의 위엄을 나타내는 태양은 하나의 거울이다. 누구라도 그 속에서 자신을 발견하는 사람은 자기의 영혼과 육체를 볼 것이며 완전히 볼 수 있을 것이다. 너희들이 30마리의 새(sī murgh)가 되어 왔으니 거울 속에서 30마리의 새를 보게 될 것이다. 만약 40마리 혹은 50마리가 왔다고 해도 마찬가지였을 것이다. 이제 너희들은 완전히 변해 버렸지만 여전히 전과 같은 너희 자신의 모습을 볼 것이다. 과연 개미 한 마리의 시력이 저 먼 플레이아데스 성단(星團)에 미칠 수 있을까. 이 곤충이 모루를 들어올릴 수 있을까. 너희는 한 마리의 모기가 코끼리를 물어 올리는 것을 보았는가. 너희가 아는 모든 것, 너희가 본 모든 것, 너희가 말하고 들은 모든 것 —— 그 모두가 그대로는 아니다. 너희가 영혼의 길이 있는 계곡을 지난 것, 또 너희가 선행을 하였던 것, 이 모두가 내가 그렇게 함으로써 이루어진 것이다. 너희 30마리의 새들이 놀라고 초조하고 궁금해하는 것은 당연하다. 그러나 나는 30마리의 새 이상이다. 나야말로 진정한 시무르그의 본질이다. 그러하다면 너희는 너희들 자신을 내 안에 영광스럽게 또 기쁜 마음으로 소멸시키라. 그러면 내 안에서 너희는 너희 자신을 찾으리라.' 그리고 나서 새들은 마침내 시무르그 안에 영원히 사라져 버렸다 —— 그림자도 태양 속에 사라져 버렸고, 그것이 전부였다.

——『새들의 집회』에서

그러나 신비주의 사상을 가장 성공적으로 표현한 것은 역시 페르시아 시였으며, 수피 교단을 창시하고 마스나위라는 종교적 연작시를 지은 잘랄 앗 딘 루미(672/1273년 사망)가 가장 대표적인 인물이다.

(맞은편) '새들의 집회'는 파라드 앗 딘 앗타르의 은유적 시의 제목이다. 이에 의하면 새들이 자신들의 왕인 시무르그를 찾아서 순례여행에 나섰는데, 그 가운데 30마리의 새들만이 여행의 고난을 이겨냈다. 그러나 그들은 자신들이 바로 시무르그라는 사실을 깨닫게 된다(sī murgh는 30마리의 새를 의미한다). 이 시는 9/15세기 이후 세밀화로 그려지기 시작하였는데, 이 그림은 가장 초기에 속한 것이다.

소금이 바다 속에 녹듯이
나는 신의 바다 속에 휘말려 버렸다.
신앙도 사라지고, 불신도 사라지고,
회의도 사라지고, 확신도 사라졌다.
갑자기 내 가슴 안에
별 하나 맑고 밝게 비친다.
모든 태양의 빛조차
그 별빛 속에 사라져 버렸도다.

—— 잘랄 앗 딘 루미의 사행시

여기서 아랍 작가들에게는 거의 알려져 있지 않던 여러 장르를 사용하였던 페르시아 시인들을 모두 설명할 여유는 없다. 그러나 『라일라 우 마즈눈』(*Laylā ū Majnūn* : '라일라와 마즈눈')이라는 경탄을 금치 못하게 하는 애정시를 쓴 니자미(600/1203년 사망)만은 빼 놓을 수 없다. 이 작품은 그가 파르비즈와 쉬린의 사랑을 예찬한, 이미 당시에는 잊혀져 버린 아랍의 로맨스 『후스로우 우 쉬린』(*Khusraw ū Shīrīn* : '후스로우와 쉬린')을 다시 창작한 것이다.

막을 내리는 전성기

루미, 사디 등과 함께 우리는 몽골 정복의 시대로 들어가게 된다. 페르시아를 통치한 최초의 몽골 군주였던 훌라구가 등장하기 오래 전에 아랍어 사용 지역에서는 지적인 활동이 이미 퇴조하기 시작하였다. 바그다드 점령(656/1258)과 함께 아랍 세계의 중심은 서부로 옮겨 가지 않을 수 없게 되었고, 무슬림들은 뿌리가 뽑힌 채 자기들의 운명에 내맡겨진 느낌을 가지게 되었다. 그후 비록 문학적인 전통이 여러 방면에서 존경을 받기는 하였지만, 시인과 산문작가들은 기법상의 혁신을 이룩하기보다는 과거의 형태를 충실하게 모방하는 데 만족하였다. 또한 이 시기에는 거대한 백과전서들이 만들어지기도 하였다. 무슬림 세계 전체를 뒤

흔드는 격변으로 아랍어가 사라지기 전에 그 실상을 보존하기 위해서 거대한 사전들이 만들어졌고, 또한 세계사도 편찬되었다. 역사사회학의 창시자라고도 할 수 있는 이븐 할둔이나, 중세 유럽인들이 라틴어 번역을 통해서 연구하게 된 사상가와 철학자들이 스페인에서 활동한 것도 바로 이 시기였다. 한마디로 말해서 지적인 활동은 활발하였다고 할 수 있지만 그래도 무엇인가 불안의 감정이 충만해 있었다.

이 시기에 대하여 우리는 확실히 '쇠퇴'라는 용어를 사용할 수 있을 것이며, 또 일반적으로 '암흑기'라고 알려진 것도 사실이다. 그러나 장차 학자들의 연구가 더 진행될 경우, 이제까지 그늘에 가려져 있던 어떤 재능 있는 인물이 떠오를 가능성도 배제할 수는 없다. 더구나 여태까지 기술적인 것으로만 여겨져서 고려의 대상에서 제외하였던 역사나 지리에 관한 글들도 사실은 넓은 의미의 산문학에 포함될 수 있다. 특히 '여행기'(rihla)가 좋은 예이다. 지리학자들의 경우에는 여행을 할 때 보통 도시의 모습이나 거리 등을 설명하는 것으로 그치지만, 어떤 여행기는 메카 순례나 잘 알려지지 않았던 지역에 대한 흥미로운 묘사를 담고 있는 경우도 있다. 이러한 근대적인 체취를 풍겨 주는 상세한 기록을 남긴 최초의 아랍 여행가는 이븐 주바이르(540-614/1145-1217)일 것이나, 역시 가장 유명한 사람은 이븐 바투타(703-779/1304-1377)라고 할 수 있다. 그는 히자즈를 여행하였을 뿐 아니라 인도와 중국, 나아가 아프리카까지 다녀와서 여행기를 남겼다. 그후에도 이 장르에 속하는 글들은 계속되었는데, 작가의 취향에 따라서 자신이 만난 종교인이나 신비주의자들에 관한 설명으로 시종일관하는 경우도 있어서, 믿기 어려울 정도로 놀라운 사실에 대한 상세한 묘사에서 비롯되는 여행기 특유의 매력을 잃어 버리기도 하였다. 그러나 19세기에 들어와서 일부 무슬림들이 유럽 지역을 다녀온 뒤에 쓴 여행기 가운데는 초기 여행기의 전통에 따라서 자료적인 가치와 문학적인 가치를 동시에 지닌 것들도 있다.

아랍 문학이 쇠퇴를 경험할 즈음 페르시아에서는 시문학이 가장 중요한 표현양식으로 건재하였고 매우 유명한 인물들도 배출되었다. 몽골 침입 이후 초기의 위기상황이 지나간 뒤 세속적인 시문학은 다시 활력을 되찾기 시작하였다. 자카니(772/1370년 사망)는 풍자의 재능을 이용하여 퇴폐해 가는 사회를 비판하고 재미

자신이 지은 『디완』의 시를 가리켜 보이고 있는 8/14세기 페르시아 최대의 시인 하피즈의 모습. 11/17세기 초 무굴 세밀화.

있는 경구들을 통해서 도덕적인 아다브를 공격하였다. 이 시대의 가장 유명한 시인은 역시 하피즈(791/1389년 또는 793/1390년 사망)라고 할 수 있다. 그는 신비주의적인 냄새를 강하게 풍기는 애정시들을 모은 『디완』을 남겼는데, 여기에서 우리는 시적 언어의 완벽한 구사를 확인할 수 있다. 그뒤로는 자미(898/1492년 사망)가 있는데, 그는 고전주의 시대 최후의 위대한 시인이었다.

쇠퇴와 부흥

자미가 세상을 떠난 시대는 광범위한 충격을 몰고 온 일련의 사건들로 점철되었다. 그중 하나는 스페인에서 무슬림의 지배가 종말을 고한 것이고, 다른 하나는 희망봉을 돌아가는 항로가 개척된 것이다. 이로 인해서 무슬림 세계는 서구문명과 단절되어 르네상스 이후 거기에서 이룩된 발전의 혜택을 뒤늦게야 받게 되었다. 우리는 약 3세기를 건너뛸 수 있는데, 그 까닭은 무슬림 세계를 고립에서 끌어내려는 몇몇 개인들의 노력에도 불구하고 그 기간 동안 중세적 전통은 하등의 주목할 만한 변화 없이 지속되었기 때문이다. 17세기에 들어와서야 비로소 서구를 발견하게 되고 그 결과 아랍인들이 나흐다(Nahda)라고 부르는, 오늘날까지 계속되는 '부흥'을 시작하게 되었다.

서구 중세에 아랍어로 번역된 그리스 작품들과 마찬가지로 처음에 이슬람권에서 번역되기 시작한 것은 서구의 기술서적들이었고, 그후 문학작품들 —— 특히 프랑스 문학 —— 이 알려지게 되었다. 모방하려는 시도들도 간간이 이루어져서 그때까지 전혀 알려지지 않았던 새로운 장르인 희곡을 짓기도 하였다. 또한 장단편의 소설류도 쓰여졌는데, 그 양상은 자신들의 중세적 전통을 무시하고 서구로부터 수입된 모델을 아랍화하려는 것이었다. 그러나 시문학에는 19세기에 들어와서도 알 문타나비와 같은 신고전주의의 영향이 남아서 아랍 고유의 시문학 전통의 생명력을 입증해 준다.

현재의 시점에서 말하자면 산문에 관한 한 과거와는 거의 완전히 단절되어 있는 상태이다. 운율적 산문은 완전히 폐기되어 버렸고 단순한 산문이 주도하게 되었으며, 그중 일부는 서구의 전위적 작가들이 그러하였듯이 새로운 형식을 탐구하기도 한다. 매우 독창적인 마카마는 사라져 버리는 운명에 처하게 되었고, 20세기 초 알 무와일리히의 작품이 나온 이후 한 사람도 그런 형식의 글을 쓰지 않았다. 무슨 수를 써서라도 혁신적인 양식을 개발하려는 사람들이 주도권을 잡게 되어 이 토착적인 양식은 매몰되어 버리고 말았다. 문학잡지들은 수많은 작가들에게 특히 단편소설을 발표할 공간을 제공하였다. 물론 더 큰 지구력을 요하는 장편소설도 무시된 것은 아니어서 연재의 형태로 출판되고 있다. 또 장편소설도 나름대로 변용과정을 겪었는데, 19세기 말에는 역사소설, 20세기 전반기에는 애정소설, 그후로는 사실주의적 소설에서 다시 상징주의적 소설이 주류를 이루게 되었다. 연극도 이와 유사한 과정을 밟아 갔지만 희곡은 보통 연기를 전제로 하기보다는 읽히기 위한 목적으로 집필되었다. 무대에 올려진 희곡은 영화와 치열한 경쟁을 하지 않을 수 없었지만, 텔레비전이라는 새로운 출구를 발견하였다.

전반적으로 말하자면 서구적 유행은 약간의 시간차를 두고 그대로 수입되고 있다고 볼 수 있는데, 현재 내용이나 형식면에서 혁명적인 변화를 경험하고 있는 시문학의 경우도 예외는 아니다. 시인들은 과거의 형식적인 제약에서 자신을 해방시키려고 노력하고 있고, 자유시나 산문시를 선호하는 경향을 보인다. 특히 후자는 운문보다 더 시적인 것처럼 인식되고 있다. 그 내용도 전위적인 시인들이 아랍의 쇠퇴를 어떻게 느끼고 있는지 잘 반영하고 있는데, 거기에는 자신이 직면하고 있는 형이상학적인 문제들을 해결하려는 노력과 구시대의 잿더미에서 새로운 문명을 건설하려는 고민이 표출되어 있다.

우리가 이제까지 살펴보았듯이 이슬람의 문학전통에서는 산문에 비해서 시문학이 압도적인 중요성을 차지하고 있었다. 그것은 어쩌면 당연한 일일지도 모른다. 중세 무슬림 세계를 지배한 두 개의 언어, 즉 아랍어와 페르시아어는 놀라울 정도로 시적이고, 운문이야말로 이들 언어를 통해서 가장 문학적인 표현을 성취할 수 있는 최고의 형식이었기 때문이다. 시적 형식은 초기부터 확립되어 2/8세기경 그것을 변화시키려는 도전을 견디어냈고, 또 현재 진행중인 도전으로부터도 충분히 잘 견디어내리라고 보아도 좋을 것이다. 중세 때의 도전은 페르시아 문화의 지지자들에 의한 것이었는데, 그들은 마치 종교적 율법에 혁신적 요소를 도입하려고 하였던 사람들이 그러했던 것처럼 이단자로 여겨졌다. 오늘날에도 진정한 시인은 신고전주의적인 시를 쓰는 사람이지 서구의 작품을 모델로 삼아서 운율도 박자도 없는 애매한 글을 쓰는 사람들은 결코 아니라고 할 수 있다. 또 그러한 서구풍의 작가들에게 영감을 가져다 주는 극적인 정치적 사건들도 지나가는 현상이기를 바라며, 그렇게 될 경우 현재 크게 유행하고 있는 시들은 후일 역사적인 흥미거리에 불과하게 될 것이다.

산문 역시 그동안 줄곧 쓰여져 왔는데, 이미 앞에서 지적하였듯이 진정한 의미에서 문학적 가치를 지닌 산문은 고전적인 아다브와 서한문, 그리고 4/10세기 이후 마카마의 형식 속에서나 발견될 뿐 나머지는 모두 기술, 종교, 율법, 철학, 역사, 지리 등에 관한 것들이었다. 쇠퇴의 세기로 접어들면서 아다브는 일종의 편찬문학이 되어 버렸고, 운율적 산문의 광범위한 확산은 허다한 흥미로운 글들을 거의 독해가 불가능한 것으로 만들어 버렸다.

19세기에 들어와서 근본을 회복하려는 움직임은 시문학에 새로운 생명을 불어넣었지만, 아직 산문학에 대한 효과는 미미한 편이다. 20세기에 이 방면에서 몇몇 걸작들이 쓰여졌고, 타하 후세인의 자서전인 『알 아이얌』(al-Ayyām: '나날들')가 그 대표적인 예이지만 그 숫자는 극히 적을 뿐이다. 출판사들이 현대작품에 관한 한 소수만을 찍어내지만 우리가 언급한 바 있는 중세의 작품들, 특히 이슬람의 교리나 문명이나 역사에 관한 작품들에 대한 수요가 결코 줄어들지 않아서 많은 부수를 찍어내고 있다는 사실은 주목할 만하다.

6. 음악의 세계

이슬람 음악은 그것이 예술음악이든 대중음악이든 보통 엄격하게 정해진 규칙 안에서 음악가 자신의 재능을 부려 즉흥적인 변화를 주면서 연주된다. 이것은 모술에서 630/1232년에 만들어진 물병 장식으로서, 왼쪽의 악사는 둥근 형태의 북을 치고 오른쪽의 악사는 목이 짧은 류트를 연주하고 있다.

　이슬람 황금기의 음악은 철학자나 작가들로부터 경탄의 대상이 되었고 그에 관한 상세한 묘사도 남아 있으나, 과연 그것이 어떠하였는가를 설명하려면 당장 몇 가지 어려움에 봉착한다. 왜냐하면 음악은 귀를 통해서 전달되는 것이지 글로써 전해지는 것이 아님에도 불구하고 우리는 완전히 문헌자료에 의거하여 해석하지 않을 수 없기 때문이다. 그러면 우리가 현재 연주중인 음악을 듣고 그것을 통해서 문헌자료를 분명히 이해함으로써 그러한 어려움을 극복하면 안 될까? 이슬람권 음악은 전통의 지속성을 강하게 느끼게 해 주지 않는가. 그러나 이러한 방법에는 두 가지 중요한 문제점이 있다. 첫째, 상이한 지역의 음악은 매우 강한 지역적 특징을 띠는데, 그중 어떤 것을 원래의 것에 가장 근접한 것으로 선택하느냐 하는 점이다. 둘째, 역사 시기 전체를 통해서 진행된 다른 문화와의 접촉이 이슬람 음악에 커다란 영향을 주었다는 사실이다. 사실 녹음기술이 발명된 이후 지금까지 축적된 음성자료들을 살펴보면 불과 1세기도 안 되는 기간 동안 현대사회의 압력이 얼마나 심대하고 중요한 변화를 일으켰는지를 알 수 있다. 그렇다면 지난 1,300년 동안 이슬람 음악 전통에 대해서 그와 유사한 압력이 존재하지 않았다고 장담할 수는 없다. 따라서 오늘날의 무슬림 사회에 존재하는 음악적 양식들은 초기의 것들이 다양하게 변용된 후예들일 뿐, 그 어느 것도 과거의 것을 그대로 체현하고 있지는 못한다고 보아야 할 것이다.

　이슬람 음악은 서로 다른 여러 음악문화들이 성공적인 만남을 통해서 거둔 결실, 즉 그 문화들의 다양한 특징과 개념들을 동시에 포괄하면서도 아랍적 요소가 촉매가 되어 형성된 '새로운 음악'이라고 할 수 있다. 그러나 그러한 만남은 '예술'음악의 차원에서만 일어났다. 다양한 민족적 지역적 양식들은 거의 아무런 영향을 받지 않았고, 심지어 오늘날까지 예술음악의 그림자 아래 존속하고 있다.

'새로운 음악'은 카프카스에서 페르시아 만에 이르기까지, 그리고 옥수스 강에서 대서양에 이르기까지 광범위한 지역으로 빠르게 확산되었다. 이미 1/7세기 말경이 되면 그것은 널리 알려지게 되고 열광적으로 받아들여졌으며, 그것을 연주하는 악사들은 막대한 대가를 보상받았다. 음악은 문화의 일부이자 사회생활의 중요한 한 부분이 되었던 것이다. 유명한 악사들의 배경을 보면 그들의 출신이 극도로 다양하였음을 알 수 있는데, 아랍인뿐만 아니라 페르시아, 투르크, 비잔틴, 흑인 출신의 해방노예들도 있었다.

이슬람 초기에 아랍인들은 분명히 자신들에게 정복된 민족들의 음악적 양식을 받아들였으며, 그것을 없애려고 하거나 혹은 자기들 방식에 맞추려고 억지를 부리지도 않았던 것 같다. '아랍 민족의 철학자'로 알려진 알 킨디(261/874년경 사망)는 류트에 대해서 다음과 같은 글을 남겼다.

> 그대들은 이 악기와 관련하여 각각의 민족이 자기들 나름의 독특한 음악적 체계를 가지고 있음을 알아야 할 것이다. 이러한 측면에서의 차이는 다른 모든 것에서의 차이와 똑같은 성질의 것이다. 아랍인, 로마인, 페르시아인, 하자르인, 에티오피아인 등 모든 민족들은 성격이나 지능, 혹은 의견이나 희망과 행동에서 서로 차이가 존재한다.

1세기 후 이흐완 앗 사파는 자신의 『음악에 관한 서한』에서 이와 동일한 견해를 보다 분명히 표현하고 있다.

> 내 형제들이여, 그대들은 인체의 기질에 여러 종류가 있고 동물의 성질에도 수많은 종류가 있음을 알아야 할 것이다. 각각의 기질과 성질에는 그에 조응하는

박자와 음률이 있고, 그 숫자는 오로지 전지전능한 신만이 헤아릴 수 있을 뿐이다. 그대들은 내가 지금 말한 바가 진실임을, 세상의 모든 민족들이 자기 나름의 박자와 음률을 지니며 그것을 통해서 기쁨을 느끼지만 그들을 제외한 다른 어느 민족도 거기에서 그러한 기쁨을 찾을 수 없다는 사실을 통해서 확인할 수 있을 것이다. 다일라미, 투르크, 아랍, 아르메니아, 에티오피아, 로마의 사람들과 같이 상이한 언어와 기질과 성격과 관습을 가지는 민족들의 음악이 그러하다.

위에서 소개한 내용이 현실상황과 얼마나 부합하는지, 또 알 킨디나 이흐완 앗 사파가 이 글을 쓸 당시에 민족적인 차이점이 얼마나 뚜렷이 부각되고 있었는지에 대하여 확실히 말하기는 어렵다. 우리의 지식은 비교적 늦은 시기의 자료에 근거하고 있는데, 그중 가장 대표적인 것으로는 아부 알 파라즈 알 이스파하니(284-357/897-967)가 저술한 『키타브 알 아가니』(Kitāb al-Aghānī)를 들 수 있으며, 이것은 음악과 악사와 음악생활에 관한 수세기 동안의 풍부한 자료의 보고(寶庫)라고 할 수 있다.

이러한 자료들을 기초로 하여 '새로운 음악'이 앞에서 말한 대로 비록 공통점을 가지고 있기는 하지만 매우 다양한 요소들이 성공적으로 결합함으로써 생겨난 결과라는 결론을 얻을 수 있다. 그러나 '새로운 음악'에 중요한 존재 근거를 부여하였던 것은 역시 아랍적인 요소, 즉 아랍의 언어와 시였다. 성악이 특히 선호되었던 사실도 놀라운 일은 아니다. 그것은 문헌과 음악 사이에 존재하는 긴밀한 관계, 다시 말해서 문헌 속에 담긴 의미를 강조하기 위해서 음악이 이용되었기 때문이었다. 동사의 변화와 운율의 규칙이 음악의 박자와 음률의 구조를 결정하는 경우가 많았다.

음악에 대한 이와 같은 기본적인 접근방식에서 일탈이 생기면서 3/9세기에는 '고대파'와 '근대파'의 분열이라든가, 혹은 악기를 목소리에서 독립시킬 수 있느냐 하는 등의 문제가 발생하게 되었다. 4/10세기가 되면 아랍어를 음악상의 공용어로 이용하기를 거부하는 분리주의 운동도 시작되었다. 현재의 이슬람 음악은 과거 다음 네 가지의 독특한 민족적 전통 속에서 파생되어 나온 것인데,

(1)중동(모든 전통의 요람), (2)이란(중앙 아시아까지 포함한다), (3)마그리브, (4)투르크가 그것이다.

대중음악

우리가 예술음악이라고 부른 것이 그동안 음악학자들의 모든 관심을 집중시켜 왔기 때문에 대중음악의 여러 전통에 대한 탐구는 거의 완전히 이루어지지 않았다. 그러나 최근의 조사결과나 과거의 문헌에 여기저기 남아 있는 단편적인 정보들을 통해서 볼 때 대중음악이 예술음악 발달의 많은 부분을 해명해 줄 수 있을 뿐 아니라 그 자체로도 독자적인 가치를 지니고 있음을 확신할 수 있다. 대중음악은 오랜 세월 동안 예술음악을 풍부하게 하였으며, 서구에서처럼 직업적인 악사들에게도 영감을 불러일으켰던 것이다.

예술음악이 귀족이나 도시사회의 취향과 결부되어 연주에서 일정한 정도의 전문성과 준수해야 할 규칙 그리고 심미적인 가치 등을 요구하였던 반면, 대중음악은 특정 지역의 민족집단과 긴밀히 연관되어 있으면서 그 집단 혹은 거기에 속한 개인들의 생활에서 일어나는 모든 중요한 일들을 표현하는 수단으로 기능해 왔다. 예술음악에서는 전혀 사용되지 않은 여러 형식들이 존재하였는데, 이란이나 이라크 등지에서 행해지던 서사시의 낭송, 가무, 행렬, 수난극 혹은 악마 추방의식 등이 그러한 예들이다. 개중에는 대중음악에서 예술음악으로 변용되어 (예를 들면 오르타 오유누〔orta oyunu〕나 그림자 연극에 수반되던 음악), 매우 정교한 무대형식을 낳기도 하였다.

대중음악과 예술음악은 모두 다 입으로 전승되고 또 여러 세대를 거치는 동안 서로 섞이기 때문에, 때로는 양자를 엄밀하게 구분하기 어려울 때도 있다. 사실 대중음악이라는 것 자체도 모두 동질적인 것이 아니라 일종의 연속으로 파악하는 것이 아마 더 나으리라고 본다. 즉 연속선의 한쪽 끝에는 똑같은 모양으로 되풀이되거나 아니면 '열린' 악구(樂句 : phrase)와 '닫힌' 악구들의 원칙(후자는 음률을 종지부로 다시 가져오는 형식)에 따라서 반복되는, 짧고 음률적인 형식으로 구성된 춤과 노래가 있다. 그 음역은 보통 4음계를 넘지 않을 정도로 좁지만 풍부한 리듬의 패턴을 보여 주며, 손뼉이나 북이 동원되어 응답식으로 연주되기도 하였다. 보통 한 사람이 라바브(rabāb)라고 불리는 단현(單弦) 악기를 켜면서 진행되는 서사시의 낭송을 제외하면, 이러한 형식의 음악은 대체로 집단적인 특징을 띠며 일정한 사회적 기능을 수행하였다. 악기도 드물게 사용되었다. 가사는 흥을 돋우는 구절이나 여러 가지의 즉흥시구로 이루어져 있다. 그러나 연속선의 다른 끝에는 이와는 전혀 다른 부류의 노래들이 위치해 있는데, 대체로 독창이며 하나의 음절이 여러 개의 다른 음계를 거쳐가는 방식을 취하고 있다. 이 경우에는 음역도 넓게 잡고 있어서 때로는 한 옥타브를 넘기도 한다. 비록 미약하나마 음계의 개념을 도입하고 즉흥적인 창법을 구사하는 점은 이러한 노래가 예술음악에 매우 근접하고 있음을 보여 준다. 아랍어 이외의 다른 언어나 방언을 사용하는 형식일 경우에는 특히 분류하기 어렵다. 그것은 '새로운 음악'으로부터 완전히 이방적인 존재로 남아 있었지만, 그래도 상당히 정교하고 또 예술음악과 공통되는 측면들도 많이 지니고 있어서 연속선의 다른 끝부분에 위치하고 있다고 보아도 좋을 것이다.

 대중음악은 시(詩)라는 것이 사회생활에서 매우 중요한 위치를 차지하고 또 존경받는 분위기 속에서 생겨났다. 여기에 사용되는 언어는 준(準)고전어에서 구어체에 이르기까지 다양하였으며, 다루어지는 주제들 역시 많았으나 모두 공동체 생활에서 중요한 의미를 지니는 것들이었다. 그러한 생활에서 음악과 시는 서로 분리될 수 없는 단일체를 구성한다. 만약 어떤 시인이 음악의 도움을 받지 않고 시를 낭송하려고 한다면 그것은 쉬운 일이 아닐 것이다. 또한 음률이 운문의 구조를 결정짓는 데 중요한 요소가 되기 때문에 시에서 일반적으로 준수되는 박자의 규칙이 무시되기도 한다. 때로는 한 사람이 시인, 작곡가, 연주자의 역할을 모두 수행한다. 혹은 시인과 연주자가 즉흥적인 운문과 연주로 서로 화답하는 장면을 보기도 한다.

 이러한 음유적 시인, 연주자들은 대체로 전통적인 레퍼토리를 사용하되 단지 상황에 따라서 그것을 다시 조정함으로써 적절한 형태로 바꿀 뿐이었다. 보통 새로운 멜로디를 만들어내는 것보다는 가사를 고쳐 부르는 것이 더 용이하다.

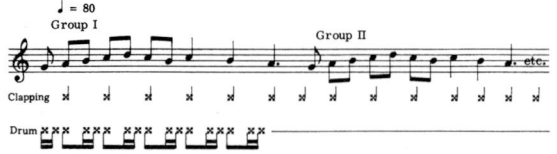

결혼식에서 불렀던 여자들의 노래.

예멘의 베두인 어부들 사이에서 유행하였던 노래의 서주 부분. 때로는 몰아지경으로 유도하는 의례에서도 사용되었다. 이것은 5현으로 된 수금(竪琴)의 일종인 심시미야로 연주되기도 하였다.

시나이에서 북부 시리아에 걸쳐서 매우 잘 알려진 데브카라고 불린 춤곡의 일부. 이 곡은 동일한 길이로 된 두 개의 파이프와 두 개의 리드로 만들어진 무그위라는 악기를 이용하여 연주되었다.

따라서 똑같은 멜로디가 결혼식이나 노동현장에서 혹은 종교적 집회에서 이용되는 경우가 있었으나, 그 형태나 장르는 예술음악과 비교해 볼 때 숫자가 훨씬 더 많았다.

우리가 살펴본 것처럼, 대부분의 대중음악은 사회적인 기능을 수행하였으며 대중은 합창, 박수, 춤 등의 다양한 방식으로 거기에 참여하였다. 특히 춤은 거의 항상 노래와 같이 등장하였다. 노래는 보통 두 가지로 크게 구분되는데, 하나는 한 음계에 노래가사 한 음절이 배당되는 '단음절적' 노래로서 매우 생동감 넘치고 규격화된 리듬을 가지고 있는 반면, 다른 하나는 한 음절이 여러 음계로 계속되는 '다음절적' 노래로서 보통 독창자가 자유로운 리듬감을 가지고 부르는 것이다. 대중음악은 일반적으로 하나의 멜로디만을 가지고 있으나 초보적인 형식의 다성음악(多聲音樂) —— 오르가눔, 드론, 오스티나토, 오버래핑, 헤테로포니 등 — 도 등장하였다. 대부분의 대중음악은 악기의 보조 없이 수행되지만, 서사시를 노래로 할 때나 춤이 등장할 때는 플루트나 기타 목관악기의 도움을 받았다. 중앙 아시아를 제외하고는 사실상 순수한 악기전통이 있는 곳이 없었다고 할 수 있다.

예술음악

대중음악과는 달리 예술음악은 이슬람 역사를 통해서 수없이 분석되고 해석되었으며 또 논쟁의 대상이 되어 왔다. 예를 들면 음악비평가들은 예술음악의 음률과 양식 속에 스며들어 있는, 단순히 감각적인 즐거움에서 순수하게 지적인 기쁨에 이르기까지 다양한 정서적 특징을 정의하려고 노력하였다. 3/9세기에 일어난 소위 '고대파'와 '근대파' 사이의 논쟁에서도 그러한 심미적인 기준들이 거듭 논의되면서 바로크식의 감정적 고양과 단순성, 정숙성이 대비되기도 하였다. 연주 그 자체에서 기쁨을 찾는 것도 높이 평가되었다. 이브라힘 이븐 알 마흐디는 당대 유명한 연주자이자 자신의 경쟁자이기도 했던 이스학 알 마우실리(150/767-236/850)에게 "당신은 이것을 직업적으로 하지만, 나는 단순한 오락과 무해한 즐거움을 위해서 하고 있다"라고 말했다고 한다. 반면 연주상의 화려함과 뛰어난 기법 — 그것이 과시적인 것일지라도 — 역시 높은 평가를 받았다.

모든 음악은 입으로 전승되었고 음계를 기록한 악보를 이용하지는 못하였다. 물론 경우에 따라서 음계가 기록되는 글도 찾아볼 수 있으나 이것은 단지 곡에 관한 설명과 지시를 위해서만 사용되었을 뿐이다. 9/17세기 터키에서 창안된 체계나 13/19세기 서구로부터 도입된 음계는 널리 받아들여지지 않았을 뿐만 아니라, 그러한 것을 수용한 부문에서는 이슬람 예술음악의 가장 중요한 특징을 훼손하는 결과가 빚어지기도 하였다. 입을 통한 전승의 방법은 그 나름의 특징을 지니고 있어서, 전문가가 되기 위해서는 타고난 재능과 오랜 훈련이 불가피하였다.

훈련은 항상 스승과 제자 사이의 개인적인 관계에 기초를 두었고, 처음에는 단순한 사제지간에서 나중에는 거의 부자지간과 같은 관계로 발전하였다. 그렇게 해서 성취하고자 하는 최종적인 이상은 '완전한 음악인'인데, 이는 작곡자로서의 창조성과 연주자나 가수로서의 능숙성을 갖추고, 놀라운 기억력을 지니면서도 아무런 어려움 없이 즉흥적으로 꾸며 댈 수 있는 능력, 그리고 훌륭한 운문과 산문을 창작할 수 있는 재주를 구비함으로써, 결국 광범위한 문화적 소양을 통달한 하나의 교양인이 되는 것이었다.

대중음악과 마찬가지로 예술음악에서도 가수의 존재가 가장 중요하다. 이는 심지어 페르시아와 같이 악기 연주가 매우 발달한 지역에서도 마찬가지이다. 연주는 일반적으로 사적인 모임에서 이루어지며, 가수는 흔히 하나의 악기나 소규모 앙상블의 보조를 받으며 소수의 음악 애호가들의 모임에서 연주를 하였다. 연주자와 관객 사이에 존재하는 이러한 친밀성은 양자의 완벽한 화합을 만들어 주었다. 연주자들은 모두 독주를 하면서 자신만의 재능을 발휘하였다. 설령 여러 사람이 동일한 멜로디를 연주할 때도 각자는 서로 다른 박자와 장식음을 통해서 개성을 나타냈다. 보통 헤테로포니라고 알려진 이러한 유형의 연주는 단조로운 저음과 8도, 5도, 4도 등의 음정(音程)을 동시에 사용함으로써, 기본적으로는 다성음악이 아닌 음악 형태를 다성음악으로 변환시키는 결과를 낳았다. 여기에서 더 나아가서 여러 가지 형태의 기법들이 첨가되었는데, 목소리와 악기를 이용하는 비음(鼻音), 비브라토, 후음, 스포르찬도, 디미누엔도, 포르타멘토, 글리산도 등이 그 예이다.

기법과 표현 : 선법

이슬람 음악의 기법과 스타일이 모두 엄격한 규칙을 따라야 하는 것은 사실이지만 연주자가 그것을 자유롭게 변형하여 자신의 창조력과 상상력을 발휘할 여지도 많았다. 즉흥곡은 물론이지만 이미 완성된 곡의 경우에도 마찬가지였다. 사실 노래하고 연주하는 방식, 즉 장식과 변주의 효과를 어떻게 사용하느냐에

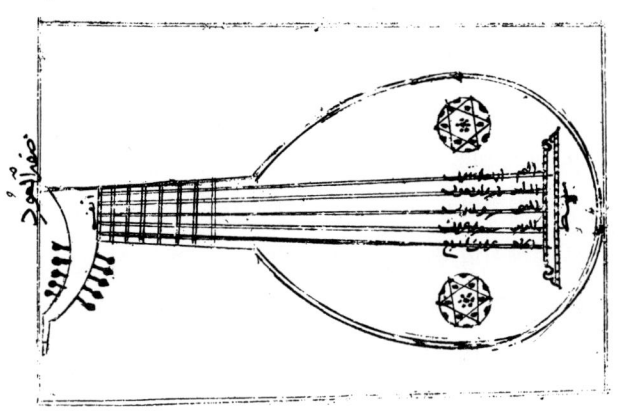

우드라고 불리는 목이 짧은 류트(사피 앗 딘의 『키타브 알 아드와르(Kitāb al-adwar)』의 삽화).

따라서 기술이 발휘되었다.

이란의 음악에서 장식기법은 '통상적인' 것과 '개인적인' 것의 두 부류로 나누어진다. 이러한 장식음에는 아포기아투라, 트릴, 그루페티, 동일음의 신속한 반복, 기묘한 타브리르, 단일음절의 성악적 장식음 등이 속한다. 어떠한 특정한 모델은 멜로디나 리듬에 의해서 수정될 수 있어서, 새로운 단어가 이미 존재하는 멜로디에 삽입되거나 강조음의 위치가 변경되기도 하고 박자가 바뀌기도 한다. 이러한 변형과 수정이야말로 이 지역에서 작곡의 가장 중요한 측면을 이루었다. '독창성'이란 반드시 무(無)에서 무엇인가를 창조해내는 것이 아니라 전통적인 형태를 개선하는 것이기도 하였다. 이란의 아바즈(avāz) 기법의 경우에는 자유롭게 선율연쇄(구셰[gūshe])를 선택하고 또 그것을 가지고 기교를 부리기 때문에, 어느 것이 이미 작곡된 곡을 변형한 것인지 혹은 즉흥적으로 만든 것이지를 구별하기가 힘들다.

이슬람 음악은 선율의 선에 많은 관심을 두고 있기 때문에 서구의 경우보다도 훨씬 더 범위가 크고 미묘한 형태의 음정을 둔다. 예를 들면 잘잘(175/791년 사망)에 의해서 고정된 '중립' 3도음을 비롯하여 상이한 음고(音高)를 가지는 여러 개의 2도음과 3도음이 있으며, 또한 3/4, 5/4, 6/4 등의 음정을 가지는 음도 있다. 이러한 음정들을 체계화하기 위해서 많은 이론들이 출현하였고, 그 이론적인 구조는 온음계를 사용하는 현재의 서구음악보다는 (그리스, 로마 시대의) 고전음악의 '선법'에 훨씬 더 가까웠다. 그것을 보여 주기 위해서 애용되던 악기가 우드('ūd)라고 불리는 목이 짧은 류트였다. 이스학 알 마우실리가 만들었다고 하는 최초의 선법이론 — 손가락(asābi') 선법 — 은 우드를 이용하여 여러 음들을 내기 위해서 사용되는 프렛과 손가락을 설명한 것이었다. 한 줄 위에서의 음정이 확정되자 이론가들은 기초음에서 옥타브, 4도음, 5도음을 찾아냄으로써 다른 줄에서의 음정도 확정하였다. 이렇게 해서 일단 모든 음정들이 확인된 뒤 그들은 이것을 제네라(genera)와 체계들 속에 조직화하였다. 이러한 제네라는 다시 여러 형태로 조합되었고, 음악가는 그렇게 해서 생겨난 다양한 체계들을 사용할 수 있었다.

13/19세기에 음계를 17음정 혹은 24음정으로 나누는 새로운 이론이 생겨났는데, 후자가 더 큰 애호를 받았고 결국 거의 대부분의 지역에서 채용되었다. 따라서 이슬람 음악의 음정은 서구의 음악에 비해서 이론적으로는 훨씬 더 정교한 것처럼 보이는데, 실제로는 이론만큼 그렇게 정교하지는 않았을지 몰라도 여전히 서구음악에 비해서는 정교한 편이었다. 음악가들은 변화 가능한 음정의 다양성에 대해서 매우 민감하였고, 따라서 프렛이 있는 악기를 사용하는 악사들은 인위적으로 프렛을 옮김으로써 독특한 표현을 성취하려고 하였다.

이슬람의 선법들은 서구음악의 장음계, 단음계와 같은 기본 음계를 구성하는 것 이외에도 서구에서는 그와 유사한 예를 찾기 어려운 기법이나 표현기능들도 가지고 있다. 그것은 작곡의 방식, 연주의 실제, 즉흥연주 등은 물론이지만 심지어 음악형식에까지도 영향을 미쳤다. 여기에서 선법체계를 추상적으로 토론하는 것보다는 그러한 형태들 가운데 가장 대표적인 것들을 살펴보면 훨씬 더 이해가 용이할 것이다.

이란의 선법체계인 아바즈 기법은 모두 열두 개의 선법으로 구성되어 있고, 이것은 다시 일곱 개의 제1선법과 다섯 개의 제2선법으로 나누어진다. 그 각각은 일정한 순서에 의해서 연결되는 여러 종류의 선율연쇄들로 이루어져 있다. 이 선율연쇄들이야말로 음악가가 사용하는 기본 재료인 셈이고, 각각의 선법은 전통적으로 그에 속하는 20-40개 정도의 선율연쇄를 가지고 있다. 이것은 연주자의 자유를 구속하는 첫번째 제약이다. 두번째 제약은 기본 음계의 음들 가운데 자주 선호되는 음이 있다는 사실이다. 예를 들면 자주 반복되는 중요한 음인 샤히드(shāhid : '증언')음, 무타가이르(mutaghayyir : '변화')음, 푸루디 카말(furūd-ī kamāl : '종지')음 등이 그것이다. 이러한 유형의 작품에서는 '증언' 음부가 체계적으로 등장한다. 어떤 선율연쇄는 다른 기초 음계로 벗어나기도 하지만 끝에 가서는 다시 최초의 상태로 되돌아와야 하며, 선율연쇄의 연결은 대부분이 받아들이는 틀을 따라야 한다. 즉 처음에는 서주적이고 완만하다가, 뒤를 이어 생동감이 넘치고 화려한 기교가 펼쳐지며, 이어서 '증언'음의 악센트가 강조되고, 마지막으로 활기찬 종지부로 맺어진다. 이렇게 대체로 규격화된 틀 속에서 가수나 악사는 자기의 기술이나 즉흥적 재주를 최대한으로 발휘할 수 있는 것이다.

이라크의 마캄(maqām)은 여러 가지 형태의 특수한 기법들을 포함하고 있다. 즉 음계, 모티프, 멜로디, 노래하는 형식, 문어체 구어체의 가사, 우스운 용어들, 독특한 리듬 악기의 반주 등이 그 예이다. 그러나 역시 음성을 이용해서 부르는 것이 가장 주된 역할을 담당하고 있다(마캄의 복수형인 마카마트[maqāmat]는 이 책 다른 곳에서 문학의 한 형태로 취급되고 있다). 가끔씩 나타나는 전조적(轉調的) 진행(進行)에 의해서 한 마캄에서 다른 마캄으로 옮겨 가기도 하지만, 그래도 기본 입장은 전체적인 통일성을 보존하려는 데 있다.

북아프리카의 누바(nūba)는 하나의 선법에 의거하여 작성된 기악곡과 성악곡으로 구성된 모음곡인데, 리듬의 조직과 진행에 강조를 두고 있다. 모든 누바는 하나의 악기를 사용하는 서주로 시작하여 여러 악기들이 뒤이어 연주되고, 곧 다시 다양한 형태와 리듬을 이용하는 성악으로 이어진다. 아울러 즉흥연주를 포함한 수많은 성악적 기악적인 장식기술들이 동원된다. 북아프리카에서는 아직도 10여 종의 누바가 연주되고 있는데, 그 각각이 모두 독특한 기악구성을 가지고 있어서 그 부분을 변경할 수는 없으나 성악 부분에서만은 개인적인 변형이 가능하다.

터키의 파실(fasil)도 마찬가지로 다른 장르에 속하는 기악곡과 성악곡이 특정한 순서에 의해서 배열된 모음곡이다. 서주부와 종지부는 기악곡이고, 나머지는 여러 종류의 노래들로 채워지며 때로는 타크심(taqsīm)이라고 불리는 즉흥기악곡이 등장하기도 한다. 타크심은 다시 여러 부분으로 구성되어 있고 이 경우에는 '중심' 음과 시작 모티프, 종결 모티프에 의해서 특징지어진다. 각 부분은 카덴차의 기능을 하는 종결 모티프에 의해서 구별되는데, 이 카덴차는 '중심' 음과 함께 타크심의 구조를 결정짓는다. 각 부분은 독자적인 중심음을 가지는데 그것이 여러 가지 방법으로 강조된다. 최초의 몇 부분은 대체로 낮은 음역으로 이루어져 있고, 그 다음에는 점차 높은 음역으로 전조된다. 이러한 전조는 타크심의 진행에 매우 중요한 역할을 한다. 한 부분에서 다음 부분으로 전조되며 진행할 때 발휘되는 연주자의 기술이야말로 그가 얼마나 재능이 있는가 혹은 악기를 얼마나 잘 다루는가를 보여 주는 시험대이기도 하다. 리듬은 주기적인 악센트나 고정된 형식에 얽매이지 않고 자유로운 편이다. 따라서 타크심은 일반적인 구도를 따라가면서도 미세한 부분에서는 변화를 허용하는 형태의 음악이라고 할 수 있다.

라얄리(layālī)는 지방적인 즉흥곡이다. 이 용어는 '밤'을 의미하며 야 라일리(yā laylī : '오, 밤이여')라는 말에서 비롯되었는데, 이 말이 가사의 근간을 이룬다. 때로는 이것이 야 에이니(yā 'aynī : '오, 눈이여')라는 말로 바뀌기도 한다. 이 말을 근거로 하여 가수는 화려한 가사를 지어내는데, 때로는 하나의 음에 단일음절을 배당하기도 하고 때로는 여러 음절을 배당하기도 한다. 그 구조와 전체적인 특징은 탁심을 닮았다. 보통 연주자는 혼자서 우드를 연주하지만, 경우에 따라서 짧은 간주곡에는 다른 악기들이 동원되기도 하였다. 라얄리와 타크심은 모음곡의 일부로 삽입되는 것이 보통이었으나 단독으로 연주되는 경우도 있었다. 마왈(mawwāl)은 또다른 형태의 성악곡인데, 즉흥 부분에 대한 의존도가 비교적 적은 편이며 가사는 자유로운 파를란도 형식으로 불린다.

리듬은 선법상의 구조로서 이슬람 음악에서는 중요한 부분을 차지하고 있으며, 이에 관한 체계적인 이론은 3/9세기부터 생겨나기 시작하였다. 이 이론은 멜로디가 나누어지는 방식 —— 소리('박절'〔拍節〕)는 휴지부에 의해서 구분되고, 휴지부는 상당히 길어질 수도 있다 —— 으로 이해되었다. 멜로디의 단위는 카시다(qasīda)에서 사용되는 운문을 모델로 하였다. 하나의 카시다는 분명히 구별되는 두 개의 반쪽으로 이루어져 있는데, 리듬도 이와 마찬가지로 동일한 두 부분으로 구성되어 있는 것으로 인식되었다. 그리고 각 부분은 더 작은, 그러나 비대

칭적인 요소들로 이루어져 있고 시의 운율에 의해서 규정되었다. 음악이론가들은 시의 운율법에서 원(○)과 점(·)의 표시법을 도입하여 박절과 휴지부를 나타냈다. 원과 점은 모두 동일한 길이를 나타내지만, 점은 소리가 없는 부분이나 혹은 앞의 음의 연장일 경우에 사용되었다. 따라서 ○○. ○. ○. ○..와 같은 조합은 ♩♩♩♩♩나 ♩♩♪♪♪♪♪♪.를 의미할 수 있다. 한 박절의 길이는 자연히 다음 박절과의 사이의 간격뿐만 아니라 흐름의 속도에 의해서도 결정되는 셈이다. 주된 박절 이외에 음색과 음질을 달리하는 부수적인 박절들도 있었다. 어떤 것은 장식음으로만 사용되기도 하였다. 이러한 원칙에 따라서 여덟 가지의 리듬 '선법'이 규정되었고, 그뒤 그 숫자는 더 늘어나서 100개를 웃돌게 되었다.

악기들

문헌에 기재된 악기들은 수도 많고 또 다양하며, 이들 중 일부는 아직도 사용되고 있다. 그러나 이러한 문헌기록을 활용할 때 주의해야 할 점은, 고대의 용어로 표현되는 악기가 구체적으로 무엇을 지칭하느냐를 결정하는 일이다. 경우에 따라서는 하나의 악기를 여러 가지 다른 이름으로 나타내기도 하였고, 반대로 다른 악기들을 동일한 이름으로 부르기도 하였기 때문이다. 예를 들면 미즈마르(mizmār)라는 말은 목관악기 일반을 지칭하기도 하지만 두 개나 한 개의 리드를 가지는 악기, 심지어 찬미가를 가리키기도 하였다. 다음에 제시하는 악기들은 현재까지도 사용되는 것들에 국한하였지만, 그 원형은 분명히 훨씬 더 이전 시기로 소급된다. 또한 이외에도 많은 수의 악기들이 서적이나 그림 등에 나와 있지만 우리는 그 소리가 어떠한지에 대해서 확실히 알 방도가 없다.

이디오폰(자기 자신의 소리를 내는 악기)에는 금속제 캐스터네츠, 무희의 엄지와 중지에 붙이는 아주 작은 심벌즈, 군악대에 사용되는 보다 큰 악기들, 나무 숟가락, 그리고 구리로 된 쟁반이나 북으로 사용하는 기름이 든 통 등이 속한다.

멤브라노폰(북)은 가장 풍부하고 또 가장 변용이 많으며 대중음악에서 특히 애용되었다. 틀이 있는 북은 원형 혹은 사각형의 모양을 취하고, 어떤 것은 쟁쟁

(왼쪽) 취주악기의 일종인 미즈마르와 나이. 8/14세기 페르시아 필사본인 『칸즈 앗 투하프』 (Kanz at-tuhaf)의 삽화.
(오른쪽) 활을 사용하는 현악기 라바브. 8/14세기 페르시아 필사본인 『칸즈 앗 투하프』의 삽화.

소리가 나는 원판이 있거나 혹은 껍질 아래에 줄이 달려 있기도 하다. 항아리 모양을 한 북(darbukkah)은 과거에 흙으로 빚어 만들었지만 요즈음은 금속으로 만든다. 이란의 자르브(zarb)는 나무로 되어 있고 예술음악에서만 사용되는데, 왼팔 아래나 다리 사이에 끼우고 양손으로 그 가운데와 가장자리를 쳐서 소리를 냈다.

양면에 껍질을 지닌 실린더형 북(tabl)은 연주자가 목에 걸고 양쪽의 껍질을 유연한 막대기로 두드려서 소리를 냈다. 경우에 따라서 여러 개의 실린더형 북이 동원되어 앙상블을 이루기도 하지만, 대부분은 두 개의 리드가 있는 피리나 심벌즈와 함께 연주되고, 춤출 때나 야외의 축제에서 사용된다.

반구형으로 한쪽에 껍질을 씌운 쇠북(naqqārāt)은 보통 쌍으로 등장한다. 큰 것은 낙타의 등 위에 얹어 놓고 순례를 가면서 연주한다. 메블레비 교단의 예식에서 사용되는 또다른 형태의 쇠북도 있는데, 아바스 왕조와 파티마 왕조 시대

(맞은편) 군악대 비슷한 연주로, 메카를 향한 흥에 겨운 순례. 알 하리리의 『마카마트』에 나오는 삽화. 특히 낙타 등에 실린 커다란 북이 눈에 띈다. 그것은 짝으로 만들어졌으며, 모양은 반구형이고 동물 가죽으로 위를 덮었다.

وكاد يزعزع الجمال الشّرّ وأنشد
ما الحج سيرك نأويا وإدلاجا ولا الغنيا كم أجمالا واحداجا

الحج أن تقصد البيت الحرام على تحج بذل الحج لا تبغي به حاجا
و سُطَّر كامل الإنصاف منتحذا رَدعُ الهوى هاديا والحق منهاجا

의 이집트에서 쇠북은 하루에 다섯 차례 기도시간을 알리기 위해서 사용되기도 하였다.

취주악기로는 플루트의 일종인 나이(nāy)가 있는데, 이것은 마우스피스가 없고 길이도 다양하며, 보통 위에는 5-6개의 손가락 구멍이 있고 아래에는 한 개의 구멍이 있다. 이것이 포괄하는 음역은 두 옥타브 반 정도인데, 어떤 음은 강하게 혹은 부드럽게 불어서 변화를 준다. 플루트는 일부 신비주의 교단에서 애용되며 대중음악이나 예술음악에서도 사용된다. 갈대나 금속으로 만들어진 보다 간단한 플루트는 양치기나 무희들이 사용하기도 한다.

두 개의 리드가 있는 악기(오보에와 유사하다: 주르나[zurna] 혹은 가이타 [ghayta]라고 부른다)와 하나의 리드가 있는 악기(클라리넷과 유사하다)는 전적으로 대중적인 집회에만 사용된다. 전자는 나무로 만들어졌으며 아래로 내려갈수록 점점 넓어져서 마치 종과 같은 모양을 이룬다. 이것은 놋쇠로 된 마우스피스를 가지고 있으며, 연주자는 입으로 완전히 그것을 덮고 혀로는 그 안의 조그만 금속제 링을 누르는데, 손가락 구멍이 7-8개가 있다. 이러한 플루트들은 보통 원통형 북과 함께 연주되기도 하고 서로 다른 크기의 플루트들이 합주를 이루기도 한다. 오스만 왕조의 예니체리의 군악대에서도 이러한 플루트가 사용되었다.

두 개의 관을 가지고 하나의 리드로 된 악기에는 여러 종류가 있는데, 경우에 따라서 관들의 길이가 같기도 하지만 서로 길이가 다른 관으로 만들어진 것도 있다. 관의 길이가 다른 경우에 보통 긴 관이 지속적인 저음을 낸다. 백파이프는 마그리브, 터키, 이집트, 페르시아만 등 여러 지역에서 사용되었고, 나팔과 트럼펫 역시 지난 세기까지도 군악대에서 사용되었다. 이러한 트럼펫의 일종으로 카르나(karna)라고 부르는 것이 있는데, 이란의 왕실합주단에 속하여 연주되었으며 길이는 약 1.8미터에 이르렀다.

대부분의 이슬람 현악기들은 뜯어서 소리를 내며 활을 사용하지 않는다. 가장 대표적인 것이 여러 종류의 류트이다. 이미 목이 짧은 우드에 대해서 언급한 바 있는데, 그 몸체는 서양의 배(梨)와 같은 모양을 하고, 원래는 네 개의 현과 프렛들로 구성되어 있었다. 오늘날의 우드에는 프렛이 없고 다섯 개의 겹줄이 있는데, 가장 아래의 줄을 제외하고는 모두 4도음에 맞추어져 있다. 현을 뜯을 때는 독수리의 깃이나 채(plectrum)를 사용한다. 마그리브에서는 우드의 한 변형을 사용하고 있는데, 각각 E, A, F, B에 맞추어진 네 개의 겹줄로 되어 있다.

목이 긴 류트 역시 다양한 이름으로 여러 지역에 광범위하게 퍼져 있다. 시타르(citār)는 네 개의 줄을 가지며 C, G(혹은 F), C(처음과 동일하다), C(한 옥타브 낮다)에 맞추어져 있다. 모두 25개의 이동 가능한 프렛이 있으며 집게손가락으로 뜯는다. 이것의 한 변형인 타르(tār)가 있는데, 이것은 C, G, C(한 옥타브 낮다)에 맞추어진 세 개의 겹줄로 되어 있으며, 25개의 프렛이 있고 채를 사용하여 뜯는다. 이란, 중앙 아시아, 터키, 시리아, 레바논 등지에서도 두 개 혹은 세 개 혹은 네 개의 현을 가지는 류트가 있다. 키르기스의 코무즈(komuz)와 카자흐의 돔브라(dombra)는 프렛이 없고 세 줄로 된 목이 긴 류트이다. 터키의 대중음악에서는 현이 아홉 개까지 늘어난 류트가 사용되기도 하지만, 반대로 마그리브에서는 손으로 뜯는 두 줄짜리의 류트도 있다.

두 가지 유형의 시타르가 있는데, 하나는 뜯는 것이고(qānūn) 다른 하나는 두 개의 막대기로 두드리는 것이다(santūr). 양자 모두 사다리꼴의 상자 모양이다. 전자는 24개의 삼선(三線)으로 되어 있고 그 밑에는 이동 가능한 받침대가 있어서 연주자가 현의 음을 조절하도록 되어 있다. 연주자는 무릎으로 그것을 잡고 양손의 집게손가락에 부착된 채로 뜯으면서 연주한다. 후자에는 모두 72개의 현이 있는데 네 개씩으로 구분되어 있고, 열여덟 개의 받침대가 아홉 개씩 두 줄로 받쳐 주고 있다.

활을 쓰는 유일한 악기가 라바브(rabāb)인데, 여기에는 두 종류가 있다. 하나는 보다 간단하고 사각이나 원형으로 되어 있으며, 가죽껍질로 덮여 있고 줄이 하나 달려 있다. 이것은 대중시인들이 시를 읊으며 사용하던 것이었다. 또다른 종류는 타원형이나 반구형으로 되어 있으며 주로 예술음악에서 사용된다. 라바브보다 더 복잡한 형태로서 카만자(kamanja)라는 것이 있는데, 몸통은 나무로 되어 있고 3-4개의 현이 끝에 있는 못에 모여져서 부착된다. 그러나 서양의 바이올린과는 달리, 활을 움직이지 않고 고정시킨 채 악기의 몸통을 움직이면서 연주한다. 심시미야라는 리라(lyre)는 다섯 개의 현이 있고 홍해 지역에서 애용되는 악기이다.

종교와 음악

음악이라는 것 자체가 허용될 수 있는 것인가 하는 문제에 대한 논쟁은 이슬람 출현 직후부터 시작되어 오늘날까지도 계속되고 있다. 이에 관한 신학적인 논쟁은 차치하고라도 초기의 종교지도층이 음악을 반대한 이유는 그것의 사회적인 역할 때문이었다. 즉 '새로운 음악'은 점점 더 쾌락적인 생활과 사치에 대한 취미와 결부되었고 여자들이 참가하고 춤이 가미되었으며, 거기에 술까지 등장함으로써 그것은 곧 경박함과 감각주의를 의미하는 것처럼 인식되었다. 심지어 메카와 메디나와 같은 성스러운 도시들도 예외가 아니어서, 이 두 도시는 어느 사이엔가 오락의 중심지라는 평판까지 얻게 되었다.

종교음악과 세속음악 사이에 분명한 선을 긋는 것은 매우 힘들 뿐 아니라, 종교음악 그 자체도 오랜 역사를 통해서 예술음악과 대중음악 사이를 오고갔다. 논쟁의 과정 속에서 지적된 이야기 가운데는 일찍이 무하마드가 대중음악은 허용하였으나 예술음악에 대해서는 반대하였고, 그렇기 때문에 예술음악이 소멸된 것이라는 주장도 있었다.

신학적 철학적인 차원에서 예술음악측이나 대중음악측이 권위를 빌리고자 하는 것은 『코란』과 『언행록』을 비롯하여 종교지도자들이 쓴 글들, 신비주의자들의 견해, 법적인 판례 등이었다. 『코란』에서는 어느 쪽이 옳다는 것에 대한 분명한 입장을 찾아볼 수 없기 때문에 『언행록』이 논쟁 당사자들의 주된 논거가 되었다. 그들은 원문의 뜻을 논증과 유추의 방법을 통해서 해석하였고 알 가잘리(505/1111년 사망)는 바로 이러한 방법을 사용하여 『종교학의 부활』이라는 자신의 저술 속에 음악에 관한 입장을 밝혔다.

신비주의자들은 음악을 높이 평가하여 디크르(dhikr) 의식에서 가장 중요한 요

(맞은편) 음악은 사회생활의 일부였다. 원시적인 부락에서 고도로 세련된 궁정에 이르기까지, 혼인, 장례, 축제와 같은 행사들은 음악이 수반되었고, 사람들은 춤추고 노래하며 박수치면서 동참하였다. 이 그림은 969/1561년 아그라에서 치른 악바르 동생의 결혼식을 묘사하고 있는데, 다수의 악사와 무희들이 동원되었다. 후미에 S자 형의 나팔, 무희들이 손에 끼고 있는 캐스터네츠, 모양과 크기가 각기 다른 북들이 눈에 띈다.

در ترتیب منازل و تزیین مجالس چابک دستی و هنر نمائی بجای آورند و بموجب التماس دولتمند حضرت شاهنشاهی از فرط سرور و انبساط بیرون حضور خودان نگارستان عشرت را ضیا و بها

다수키아(Dassukīa) 교단에서 디크르 의식을 할 때 연주되는 음악.

소로 생각하였다. 이러한 신비주의 운동과 밀접하게 관련된 것이 흔히 사마(samāʻ: '청악')라고 부르는 장르였다. 이것은 대체로 음악을 선호하였지만 경우에 따라서는 과도함을 경계하였고, 또 춤과 악기의 사용에 반대하기도 하였다. 동일한 전통을 잇는 작가들 사이에서도 의견이 엇갈리고 오랫동안 논쟁이 계속되어 왔다. 예를 들면 『악기 연주의 경청을 허용할 수 있음을 보여 주는 명확한 증거』라는 글을 쓴 아브드 알 가니 안 나불시(1144/1731년 사망)는 한 후대의 작가에 의해서 비판을 받았는데, 그 작가는 다시 무하마드 앗 다무니(1215/1800년 사망)의 공격을 받았다. 이러한 문제들은 종교지도층과 법학자들뿐만 아니라 일반 작가들의 중요한 관심사이기도 하였다. 이 문제에 관하여 글을 쓴 대표적인 인물들로는 이븐 아브드 랍비히(246-329/860-940), 알 입시히(850/1446년 사망), 안 누와이리(732/1332년 사망), 이븐 할둔(808/1406년 사망) 등이 있다.

그러면 그토록 격렬한 논란을 불러일으켰던 문제, 즉 종교적으로 음악을 사용한다는 것은 무엇을 가리키는 것인가. 무엇보다도 크게 세 가지, 즉 『코란』의 낭송, 기도하라고 알리는 외침, 특별한 축제에 사용하는 찬가 등이 있었다. 『코란』

을 곡조에 맞추어서 낭송하는 전통은 1/7세기 후반으로까지 거슬러 올라가며, 그 전통은 유대교나 기독교의 음악전통과는 아무런 관계가 없고 차라리 이슬람 출현 이전에 시를 낭송하는 데서 유래하였던 것 같다. 그 목적은 문장의 의미를 고양시키고 가장 효과적인 방법으로 그것을 전달시키려는 데 있었다. 이 점에 관해서 서술한 글들은 규칙(tajwīd: '낭송의 미화')을 정하였으며, 그것은 낭송인에게 성스러운 경전을 어떻게 읽어야 신자들이 잘 이해하고 감동할 수 있는지, 또 잘못 낭송함으로써 오해를 낳아 이단으로 빠지는 것을 어떻게 피할 수 있는지를 가르쳐 주기 위해서였다. 거기에는 어떤 음을 강조하거나 늘리는 것 혹은 멈추는 것과 정확하게 발음하는 것, 이 모든 것들이 포함되어 있었다. 읽는 속도에는 세 가지, 즉 천천히 엄숙하게 하는 방법, 빠르게 읽는 방법, 중간 정도로 읽는 방법 등이 있었다. 이러한 낭송법이 예술음악과는 무관하다는 지적도 적지 않고 사실 이론상으로는 음악의 한 부분으로 취급되지 않는다. 그러나 실제로는 예술음악의 여러 요소들이 거기에 포함되어 있었다. 어떤 지방에서는 여러 가지 다른 방식으로 낭송되기도 하였지만, 화려한 기법과 악기의 사용이 금지된다는 기본적인 특징은 공유하였다.

기도를 알리는 외침(adhān)의 전통은 1-3/622-624년 무하마드가 정했다. 후일 터키와 아프리카의 무에진(기도시간을 외침으로써 알리는 사람) 길드의 수호 성자가 된 최초의 무에진은 해방노예였던 빌랄이었으며, 그의 순교는 오늘날의 연극과 영화에서도 자주 다루어지는 소재이다. 기도 외침은 모두 7행의 텍스트로 이루어져 있고 그것은 12개의 음악적인 소절로 구성되어 있다. 그러나 리듬은 비교적 자유로우며 멜로디도 지방에 따라서 변화가 있다. 마그리브에서는 단순하고 중동지역에서는 여러 가지로 장식되어 있다는 차이가 있기는 하지만, 우리가 대중음악의 일반적인 특징으로 보았듯이 '열린' 악구와 '닫힌' 악구의 원칙에 따라서 낭송된다는 점에서는 일치한다. 전체적인 모습은 일종의 곡선을 그리는데, 12소절 가운데 일곱번째 소절에서 가장 높은 음에 도달한다. 외침은 하루에 다섯 번 힘차고 표현력이 풍부한 목소리로 낭송된다. 경우에 따라서 몇 소절을 더 첨가하기도 한다. 오늘날 외침은 첨탑 꼭대기에서 무에진이 직접 육성으로 하지 않고 마이크를 이용해서 하는 경우가 더 많다.

축제가 벌어지는 날에도 음악이 활용된다. 라마단 달의 밤에는 파자지야트(fazzāziyyāt)라는 음악을 들을 수 있고, 예언자의 탄신일(마울리드)에는 그의 탄생과 생애를 설명하는 찬가를 듣는다. 터키에서는 쉴레이만 첼레비(812/1409년 사망)가 마울리드를 위해서 특별히 만든 시를 듣는데, 이것은 각기 상이한 마캄으로 된 네 부분으로 이루어진 매우 음악성이 뛰어난 작품이다. 다른 지역에서도 성자들을 찬양하기 위해서 이와 비슷한 장르들이 개발되었는데, 후사인과 하산의 순교를 추모하기 위해서 이란과 이라크에서 무하람 달 제10일에 행하는 수난극에 대해서는 제10장에서 세이보리 교수가 설명하고 있다.

이와 관련하여 풍부한 성가들을 가지고 있으며 이슬람과 많은 공통점을 나타내는 기독교와 유대교의 종교음악에 대해서도 간단히 살펴볼 필요가 있다. 이들 세 종교의 음악에는 서로 구별되는 요소들이 있고(기독교나 유대교에서만 특수한 의식의 조건들이나 상이한 언어의 사용), 또 유대교의 테아밈(te'amīm : 토라 경전에 음악을 첨가한 것)이나 비잔틴 전통을 잇고 있는 기독교의 옥토에코스와 같은 선법체계는 이슬람 음악에서 찾아볼 수 없다. 그러나 세속적인 예술음악이 종교적인 찬가에 강력한 영향을 미치고 있고, 특히 성스러운 경전을 음악에 맞추어 낭독하는 경우에 그러하다는 점은 이슬람의 경우와 일치한다. 이는 아마 경전의 낭송자들이 직업적인 음악가였다는 데 기인하기도 할 것이다.

신비주의 교단에서 음악은 항상 중요한 위치를 점하여 왔고, 사마, 즉 음악을 듣는 의식이 빠지지 않고 언급되었다. 아부 쉴레이만 앗 다라니(205/820년경 사망)는 "사마는 이미 마음속에 존재하지 않는 것을 만들어낸다"라고 하였고, 알 후즈위리는 "사마는 마치 태양과 같아서 모든 사물에 똑같이 빛을 주지만 그 사물의 위치에 따라서 영향을 달리 받는 것과 같다. 그것은 불타고 빛을 주며 사라진다"라고 말하였다. 이러한 언급들은 신비주의 저술 속에서 수도 없이 찾아낼 수 있다. 그럼에도 불구하고 '음악'이라는 말이 전혀 사용되지 않았고 또 그 요소들에 관해서도 논의되지 않았다는 것은 놀랍다. 언제나 '듣는 것'의 문제였으며, 여기에는 춤을 추고 음악에 참여하는 것도 포함되었다. 음성과 몸짓과 악기는 모두 구도자로 하여금 정신적인 수련과정에서 황홀경에 이르게 하고 신과 최고의 합일을 이루게 하는 데 도움을 주는 것들이었다. 메블레비 교단의 창시자인 잘랄 앗 딘 루미는 "사마는 영혼으로 하여금 사랑을 발견하고 그때 전율을 느끼게 하며, 신의 존재 앞에서 베일을 벗기는 영혼의 장신구"라고 말했다.

모든 교단에서 공통적으로 보이는 디크르 의식에 대해서도 이미 언급하였는데, 바로 이 의식 속에서 사마가 가장 잘 표현되었다. 지고의 존재로 향하는 '단계들'은 잘 정돈된 음악적 구성으로 표시되었고, 메블레비 교단의 아인 샤리프('Ayn Sharīf) 예식은 그것을 가장 완벽한 형태로 보여 주고 있다. 아인 샤리프는 하나의 예술음악으로서 무스타파 데데(1019-1086/1610-1675), 무스타파 이트리(1050-1123/1640-1711), 알리 시라자니(1126/1714년 사망)와 같은 작곡가들이 만든 작품들이 남아 있다. 여기에는 가수뿐만 아니라 피리와 북, 현악기와 목이 긴 류트 등의 앙상블도 참여하였다. 이와 같이 예술음악과 신비주의와의 결합은 이란의 교단들에서도 보인다. 그러나 악기 사용을 거부하거나 단지 타악기에만 만족하는 교단들도 많다. 이 경우는 보다 대중음악에 가깝게 되는 셈이다. 참가자들은 알라의 이름을 끊임없이 되풀이하다가 짧은 소리로 '알'과 '라'를 반복한다.

이론과 실제

3/9세기가 되면 음악가, 작가, 철학자들은 이슬람 음악의 기원과 특징에 대해서 연구하기 시작하였다. 역사적 문헌이 부재하였기 때문에 그들은 전설이나 기타 분명치 않은 전승(예를 들면 라마크라는 인물이 죽은 자기 아들의 다리를 가지고 처음으로 류트를 만들었다고 한다)을 따르기도 하였다. 음악의 기원과 발전에 대한 이와 같은 관심은 후일 많은 양의 축적을 이룩하게 된 음악 연구의 한 측면에 불과하였다.

사회는 모든 종류의 지식을 추구해 왔다. 음악에 관한 공부도 교양 있는 사람들이 얻고자 하는 백과사전적인 지식에서 빠져서는 안 될 한 부분이 되었고, 이러한 경향이 4/10세기에는 절정을 이루었다. 알 파라비(339/950년 사망)와 같은 아랍의 이론가는 『키타브 알 무시키 알 카비르』(Kitāb al-Musīqī al-Kabīr)라는 저서에서 "이론은 실제가 가장 높은 단계의 성취를 이룩하기 전에는 나타나지 않았다"라고 하였는데, 그의 시대에 관해서는 확실히 타당한 말이었다.

음악이론은 이에 관한 그리스의 저작들이 2/8세기 후반 아랍어로 번역되면서 자극받기 시작하였다. 많은 그리스 문헌들이 칼리프 알 마문에 의해서 수집되어 두 언어를 모두 잘 아는 기독교도에 의해서 번역되었다. 이러한 지식을 최초로 잘 활용한 인물이 '아랍의 철학자'로 알려진 알 킨디였다. 그는 음악에 관해서 열세 편의 글을 썼고 아랍의 음악학에 보이는 두 가지의 경향 —— 음악의 윤리적 우주론적 측면을 강조하는 경향과 음악의 수학적 음성적 측면을 강조하는 경향 —— 을 처음으로 지적하였는데, 그 자신은 첫번째 경향에 경도되었다. '순결의 형제단'(Ikhwān as-Safā')이라는 이름으로 알려진 교단에서 쓰여진 글도 마찬가지인데, 이 글은 음악을 통해서 단원들에게 교단의 기본 교리를 익히려는 목적이 있었다. 즉 사람들에게 우주의 아름다움과 조화를 인식하게 하고 물질적 존재를 초월해야 한다는 필요성을 느낄 수 있도록 영혼의 끈을 풀어 준다는 것이다. 음악을 과학적으로 연구하려는 두번째 경향은 알 파라비, 이븐 시나, 이븐 자일라(440/1048년 사망), 사피 앗 딘 알 우르마위(693/1294년 사망) 등에 의해서 대표되며, 이들은 음, 음의 간격과 비율, 화음과 불협화음, 장르, 체제, 형태, 박자를 비롯하여 작곡이론과 악기제작 기술 등의 문제들도 다루었다. 이 두 가지 경향 모두 그리스의 저술에 크게 의존하였지만, 그것을 기계적으로 반복한 것은 아니었다. 아랍 이론가들은 그리스의 음악이론을 자기 시대의 살아 있는 음악에 적합하도록 수정하고 개선하였다.

이러한 형태의 저술들은 음악에 관한 글 가운데 많은 부분을 차지하였다. 이 외에 두 가지 부류의 글들이 또 있는데, 그것은 문학적 백과사전적 일화적인 내용의 글과 실제로 음악을 어떻게 연주하는가에 관한 글들이었다. 먼저 전자의 경우는 아다브 문학에 관한 글이나 기타 역사, 지리, 종교, 수피즘에 관한 저술 속에서 나타난다. 여기에서 음악은 이야기의 일부로 언급되거나, 아니면 그것이 도덕적 행동에 주는 영향, 종교적 효용, 혹은 교육과 교양에 어떠한 역할을 하는가 하는 측면에서 설명될 뿐이었다. 가장 대표적인 예가 아부 알 파라즈 알 이스파하니의 『키타브 알 아가니』이다. 이것은 음악과 음악생활과 미학에 관한 풍부한 내용을 담고 있다. 알 이스파하니는 당시 유행하던 노래를 모으고 그 작곡자와 배경에 대해서 자세한 설명을 달았으며, 동시에 상당한 기술적인 내용들도 첨가하였다. 예를 들면 그는 손가락(asābi) 선법이론을 소개하면서 이 이론에 기초해서 만들어진 노래들을 소개하였다. 음악의 실제에 관한 이론을 쓴 책들은 주로 교육적인 목적, 즉 실제로 음악을 만들려는 아마추어나 전문가들에게 필요한 기초 지식을 제공하기 위해서 만들어졌다. 아흐마드 알 카티브의 『음악지식의 완결』은 음성학, 호흡법, 발음에서부터 시작하여 악기들의 배치, 청중의 반응, 표절, 음성의 분류와 취급방법 등에 이르기까지 광범위한 주제를 다루고 있고, 좀더 이론적인 차원에서 그는 현재 사용되는 용어들과 선법에 관련된 문제들을 취급하고 있다. 『타즈위드 알 코란』(Tajwīd al-Qur'ān : '코란을 아름답게 낭송하는 법')도 실제로 연주가 이루어지고 듣는 사람에게 교육적인 효과가 있다는 점에서 위의 부류에 들어갈 수 있다.

이슬람 음악의 여섯 시기

이슬람 초기, 특히 마지막 두 명의 정통 칼리프 시대에 메디나는 매우 활발한 음악활동의 중심지가 되었다. 음악에 대한 종교층들의 잦은 비판가운데서도 전문 음악인들은 부호나 귀족들의 집에서 환영받았고 그들로부터 풍부한 보수도 받았다. 이들은 주로 페르시아 출신의 해방노예였다. 투와이스(92/710년 사망)나 하시르(64/683년 사망), 그리고 하시르로부터 배운 나시트 등이 그 예이다. 이 시대에 페르시아 음악이 유행하였던 것도 아마 페르시아의 전쟁포로들이 메디나에서 일하게 되면서부터였던 것 같다. 아랍 출신의 유명한 여류음악가인 앗자 알 마일라(86/705년 사망)의 집은 수많은 문학가와 음악인들이 드나들던 고급 살롱이었다. 이 시기에 일부 리듬 음악 양식이 형태를 갖추기 시작하였고, 가장 대표적인 노래는 알 기나 알 무트칸(al-ghinā' al-mutqan)이라고 불렸다.

두번째 시기인 우마이야 왕조 시대에 들어와서 음악의 중심은 새 수도인 다마스쿠스로 옮겨갔다. 어떤 칼리프들은 음악에 대해서 대단한 정열을 나타냈고,

따라서 음악활동도 활발해지고 음악인들의 숫자나 그 사회적 지위도 증대되었다. 음악의 실제적인 측면도 많은 아마추어들 사이에 퍼져 갔다. 이븐 미스자(169/785년 사망)는 '새로운 음악'을 꽃피우는 데에 주도적인 역할을 하였는데, 그는 페르시아와 비잔틴의 음악을 익힌 뒤 '아랍의 노래' 속에 있는 이방적인 요소를 제거하고 유익한 요소들만을 남겼다고 한다. 그는 '4대 가수' 가운데 하나였는데, 나머지 세 사람은 페르시아 해방노예의 아들인 이븐 무흐리즈(97/715년 사망), 투르크 노예의 아들인 이븐 수라이즈(13-108/634-726), 그리고 베르베르 노예가문 출신인 알 가리드(106/724년 사망)였다. 이외에도 흑인의 아들 마바드와 유명한 여성가수인 자밀라(102/720년 사망)가 있었다.

아바스 왕조가 수도를 바그다드로 옮기면서 세번째 시기가 시작되었는데, 그 후 약 2세기 동안 이곳은 이슬람 음악의 중심지가 되었으며 황금기를 구가하였다. 음악인들은 칼리프의 총애를 받았고 문화생활에서 중요한 역할을 하였다. 음악은 모든 교양 있는 사람들이 반드시 배워야 할 부문으로 생각되었고, 따라서 음악인들도 고도의 교양을 갖추도록 요구되었다. 음악 그 자체도 고도로 정교하게 발달되었고, 예술적 인식을 달리하는 학자들 사이에서 논쟁의 주제가 되었다. '고대파'와 '근대파'의 논쟁이 그러한 예이다. 이브라힘 알 마우실리(188/804년 사망)와 그의 아들 이스학(150-236/767-850)이 한쪽에 서고, 이븐 자미와 이브라힘 이븐 알 마흐디(163-225/779-839)가 다른 편에 섰다. 음악에 관한 저술이 나타난 것도 바로 이러한 분위기 속에서였다. 멜로디와 리듬의 양식들이 분명하게 규정되었고, 이론은 발전하고 실제 연주도 자세히 설명되었다. 동시에 악기들도 완벽하게 발달되어 연주의 수준은 매우 높아졌다. 고대의 음악 형태가 점점 더 정교하게 다듬어지고 새로운 형태가 등장하기도 하였다. 당시에 활동하였던 수많은 음악가들 가운데는 위에서 언급하였던 사람들을 제외하고도 시야트(169/785년 사망), 잘잘(175/791년 사망), 무하리크(229/845년 사망), 알루야, 아미르 이븐 바나(278/891년 사망) 등이 있었다. 유명한 여성가수로는 바스바스, 우바이다, 샤리야, 다나니르, 마흐부바 등이 있었다.

무슬림 스페인의 음악은 어느 정도 별도의 특징을 지니고 있다. 그 창시자인 지르얍은 이스학 알 마우실리의 제자였는데, 그는 스승과 경쟁을 하는 바람에 바그다드를 떠나서 206/821년에 스페인에 도착하였다. 뛰어난 예술가이자 폭넓은 교양과 놀라운 기억력의 소유자였던 그는 우드에 다섯번째 현을 첨가하였고 음악교육에 새로운 방법을 도입하였다. 후일 스페인에서는 정치적 상황이 악화되었지만 음악은 계속 중요한 역할을 하였고, 토착 서고트 문화와 베르베르 문화, 그리고 고도로 세련된 우마이야 전통이 혼합되어 독특한 선법과 음악적 형태가 나오게 되었다. 무와슈샤흐(muwashshah)나 자잘(zajal)과 같은 것이 그 예들인데, 후일 마그리브는 물론 더 동쪽에서도 존속하였다. 이러한 측면들은 제9장에서 자세히 논급될 것이다. 안달루시아 전통에서 가장 독특한 것은 누바라고 불린 것인데, 이것은 1492년 그라나다가 함락된 이후에도 북아프리카 여러 곳에서 연주되었다.

이슬람 음악의 다섯번째 시기는 5/11세기에서 13/19세기에 이르는 매우 긴 기간이다. 정치적으로 이 시기에는 칼리프 체제가 쇠퇴하다가 몽골군의 침입에 의해서 마침내 657/1258년 붕괴한 뒤, 이슬람권이 여러 독립국가들로 분열되었다. 그러나 음악은 거의 단절되지 않고 계속되었다. 물론 전보다는 불리한 조건이었으나 정치적 분권화가 가져온 좋은 점도 있었다. 궁정에서 권위를 세우고자 하는 소왕국의 군주들이 음악을 적극적으로 후원하였고, 또 매우 다양한 음악들이 출현하게 되었기 때문이다. 흥미로운 것은 터키나 이란과 같은 곳에서는 신비주의 교단이 예술음악의 발전을 주도하였다는 점이다. 그들은 자신들의 필요에 의해서 음악을 장려하기도 하였지만 동시에 음악문화가 일반에게 확산되는 데 필요한 분위기도 만들어 주었다.

마지막으로 오늘날의 음악인데, 이것은 크게 두 가지 경향으로 나누어진다. 하나는 이슬람 전통을 재발견하고 재생시키려는 것이고, 다른 하나는 서구와의 접촉에서 나온 것이다. 서구음악은 1242/1826년 터키로 처음 도입되었고 그뒤 이집트와 이란으로 들어왔다. 유럽의 음악가들이 초청되어 토착 음악인들에게 군대음악과 같은 것을 가르쳤다. 서구의 악보, 악기와 교육방법, 그리고 오페라, 오페레타와 같은 형식들도 들어왔다. 그러나 동시에 이슬람의 전통음악들도 그대로 전해져 내려와서 특히 대중음악은 거의 서구 음악의 영향을 받지 않은 채 과거의 비가(悲歌)조의 특징을 그대로 유지하고 있다. 학자와 음악인들은 이슬람 음악의 고유한 뿌리를 탐구하기 시작하였고, 1932년에는 '아랍 음악학회'라는 모임이 카이로에서 열리기도 하였다. 거기에 모인 유럽과 중동의 학자들은 이슬람 음악이 가지는 가장 중요한 특징을 정의하고, 또 그것을 계속 살리고 발전시키기 위한 방법을 논의하였다. 그후로도 변화의 과정은 소리를 내는 형태, 음악언어, 음악을 가르치고 연주하는 기술 등 여러 분야에서 두드러지게 나타났다. 그러나 이슬람 음악의 기본 개념은 앞으로 더 큰 변용을 겪으면서도 끈질기게 살아 있을 것이다.

7. 과학적 성취

이슬람의 과학은 기본적으로 그리스의 이론과 연구를 토대로 발전하였다. 971/1563년에 만들어진 이 접시는 그리스의 것과 매우 흡사한 성좌들의 모습을 보여주고 있다.

4/10세기의 한 일화는 우리에게 이슬람에서 과학과 철학이 어떻게 등장하게 되었는지에 대하여 설명해 주고 있다. 즉 아바스 왕조의 칼리프인 알 마문이 하루는 꿈을 꾸었다. 소파에 앉아 있는 그에게 어떤 사람이 나타났는데, 그는 좋은 혈색의 잘생긴 얼굴을 하고 이마는 넓었으며, 눈썹은 서로 이어져 있고, 대머리에 푸른 눈의, 호감이 가는 인상을 하고 있었다. 놀란 칼리프가 "당신은 누구입니까?" 하고 물었더니 그는 "아리스토텔레스"라고 대답하였다. 그러자 알 마문은 "무엇이 좋은 것입니까?"라는 매우 중요한 질문을 던졌고, 이에 대해서 아리스토텔레스는 "마음속에 좋은 것이다"라고 대답하였다. 이어 "그 다음에는 무엇입니까?"라고 하자, "법에 좋은 것"이라고 하였다. "그 다음에는?"이라고 다시 묻자 "사람들이 좋다고 생각하는 것"이라고 대답하였다. 마지막으로 아리스토텔레스는 알 마문에게 어느 누구라도 금(연금술)에 대해서 충고하는 사람이 있다면 그를 금처럼 대접해야 하며 신의 유일성, 즉 타우히드(tawhīd)의 교리를 신봉하라고 말하였다고 한다. 이 일화를 기록한 이븐 안 나딤에 의하면, 꿈에서 깨어난 칼리프는 즉시 고대 철학자들의 저술을 찾기 시작하였고 이를 아랍어로 번역하게 하였다는 것이다.

고대학문의 수용

이 일화는 알 마문과 그가 지지하였던 무타질리파(Mu'tazilī)를 연결시키려고

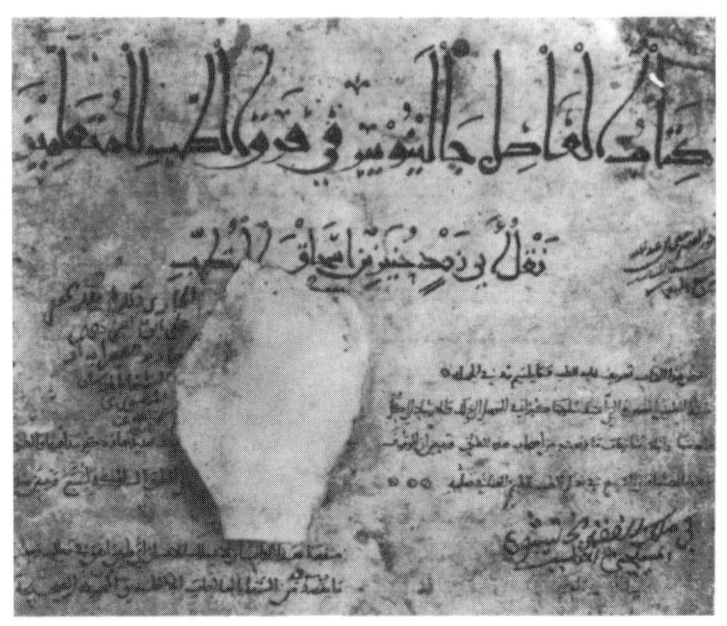

아부 자이드 후나인 이븐 이스학이 번역한 갈레노스의 의학서적의 첫 페이지. 여기에는 이 책을 소유하였던 두 사람의 서명이 있어 흥미로운데, 상단의 제목 바로 아래 우측에는 "407년(A.D. 1016-1017년) 무사 후사인 이븐 아브드 알라 이븐 시나(즉 아비세나)의 소유가 되다"라고 적혀 있고, 우측 하단에는 "기독교도 의사인 지브라일 이븐 바흐티슈의 소유가 되다"(그는 214/828년에 사망한 것으로 알려져 있다)라는 글이 보인다.

한듯하다. 무타질리파는 종교적인 교리에서 이성의 역할에 일차적인 중요성을 두었고 그리스의 학문을 무슬림들에게 전파하려고 노력하였다. 그들은 아흘 알 타우히드(ahl al-tawhīd), 즉 '신의 유일성'의 교리를 지지하는 사람들이었으며, 이에 따라서 신의 특성에 대해서도 독특한 입장을 견지하였다. 그들의 입장은 『코란』이 신의 말로써 창조되었다고 하는 교리에서 잘 표명되고 있다. 알 마문은 전통주의자들과 법학자들에게 이 교리를 받아들이라고 강요하였고, 그의 후계자인 알 무타심은 당시 존경받던 법학자요 한발리 법학파의 창시자인 아흐마드 이븐 한발을 탄압하기까지 하였다.

바그다드에는 국가의 지원을 받는 도서관이 있었고 이곳은 과거의 저술을 아랍어로 번역하는 중심지가 되었는데, 알 마문이 이 도서관을 처음 설립한 사람은 아닌 것으로 보이지만 그의 치세에 이 도서관은 베이트 알 히크마(Bayt al-

Hikma), 즉 '지혜의 전당'이라는 이름으로 절정기를 맞았다. 전승에 의하면 알 마문은 전임 칼리프들인 알 만수르(138-139/754-755)와 알 라시드(170-194/786-809)가 그랬던 것처럼 비잔틴으로부터 그리스의 철학과 과학서적들을 입수하여 아랍어로 번역하게 하였다. 키프로스에서도 상당한 서적들이 수입되었다고 한다. 사실 이러한 서적 수집은 우마이야 말기부터 시작되었고 그때 이미 번역작업도 시작되었다. 그러나 알 마문 시대에 '지혜의 전당'에서 이루어진 번역은 전례 없을 정도로 체계적이었고 광범위하였다. 번역자들은 공동으로 작업하였고 각각 전문가들의 지도를 받고 필사자들의 도움을 받았다. 시리아어에서 번역된 것들은 가능하면 그리스 원문과 대조하였고, 그리스어에서 아랍어로 번역된 것은 새로이 구입한 필사본과 대조하여 수정하기도 하였다. 알 마문은 그리스의 과학과 철학을 아랍어를 아는 학자들이 이용할 수 있도록 한 작업에 결정적인 역할을 한 인물로 평가되어야 할 것이다. 물론 이러한 번역에 대한 그의 개인적인 관심은 합리주의적 무타질리파에 대한 그의 공감과 연관되어 있었을 것이다.

2/8세기 후반에 시작된 번역작업은 4/10세기 말이 되면 실질적으로 완료되고, 중세에 들어가면 그와 같은 광범위한 번역은 다시 이루어지지 않았다. 일부 번역자들의 이름만 살펴보아도 이 작업에 참여한 사람들의 민족적 종교적 다양함을 알 수 있고, 또 거기에 국가가 얼마나 개입하였는지도 드러난다. 일부는 파흘라비 서적을 아랍어로 번역한 이븐 나우바흐트처럼 페르시아인이었다. 또 알 마문의 명령을 받고 산스크리트어로 된 『신드힌드』(Sindhind)라는 천문학 서적을 아랍어로 옮긴 알 파자리는 아랍인이었지만 신드 출신의 한 인도인의 도움을 받았다. 그리스와 시리아의 의학서적을 정력적으로 번역한 저 유명한 후나인 이븐 이스학(260/873)은 알 히라 출신의 네스토리우스파 기독교도였다. 칼리프 알 마문의 치세에 '지혜의 전당'에서 활동을 시작하여 칼리프 알 무타와킬의 주치의가 되기도 한 그는 일군의 번역팀을 주도하여 히포크라테스와 갈레노스의 저작을 아랍어로 번역하였다. 그의 아들이자 제자인 이스학(299/911년 사망)은 아버지처럼 그리스어를 알았고, 아리스토텔레스의 철학서들과 유클리드의 『기하학원론』(Elements), 프톨레마이오스의 『알마게스트』(Almagest)를 번역하였다. 하란

의 이교도였던 사비트 이븐 쿠라(281/901년 사망)는 그 자신이 유명한 수학자, 천문학자였으며 그리스의 수학서적을 번역하였다. 그를 칼리프 알 무타디드 (279-290/892-902)에게 소개한 사람은 '점성술사' 무사 이븐 샤키르의 한 아들이었는데, 무사 이븐 샤키르의 세 아들 —— 무하마드, 아흐마드, 알 하산 —— 은 모두 젊은 시절 알 마문의 후원을 받으며 비잔틴으로부터 서적을 구입하였으며, 번역작업에 필요한 경비를 지원하였고, 자신들도 수학과 역학 분야에 저술을 남겼다.

지배층들이 점성술사와 의사들을 주위에 두고 싶어하는 까닭은 이해하기 어렵지 않다. 또 일반 무슬림들도 메카로 향한 방향과 기도할 시간을 정확하게 알기 위해서 수학적인 교육을 받은 사람들을 필요로 하였다. 따라서 이런 방면에 엄청난 양의 글들 —— 대부분은 진부한 내용이지만 —— 이 쏟아져 나오고, 시간을 확인하는 데에 필요한, 이용이 간편한 천문관측 기구가 대량 생산되었던 것도 바로 그러한 필요에서였다. 그러나 이슬람의 과학과 철학이 이론적 추상적인 문제에 관심을 가지고 높은 수준의 성취를 이룩하였다는 사실을 개인들의 현실적인 효용성에 관한 관심의 결과로 치부할 수는 없는 것이다. 다른 문명에서와 마찬가지로 이슬람의 과학에 대해서도 진정한 호기심의 발로, 사회적 문화적 개인적인 욕구의 결합 등과 같은 복합적인 요인들을 고려하지 않고서는 그것이 어떻게 지속적이고 높은 수준의 결과를 탄생시켰는지를 설명하기 힘들다.

전반적으로 말해서 이슬람의 과학은 이미 존재하던, 그러나 쇠퇴해 가던 그리스 전통의 연속이라고 할 수 있다. 바그다드는 안티오크와 하란을 경유하여 알렉산드리아 학파를 계승하였다. 또다른 영향은 이란 서남부의 의학 중심지였던 준디샤푸르에서 왔다. 489년 우르파(에데사)에서 추방되어 그곳으로 온 네스토리우스 교도들은 시리아어와 페르시아어 번역본을 이용하여 그리스 의학을 가르쳤던 것이다. 529년 아테네 학교가 폐쇄되자 신플라톤 학파에 속하던 철학자들이 다시 준디샤푸르로 왔다. 아누쉬르완(531-579) 시대에 준디샤푸르는 그리스, 페르시아, 시리아, 유대교, 인도의 사상들이 서로 혼합되던 중심지였다. 이러한 모든 요소들이 아바스 왕조 초기부터 이슬람의 지식층에 거대한 영향을 미치기 시작하였다. 준디샤푸르 의학파의 영수이며 네스토리우스 교도였던 지브라일 이븐 바흐티슈는 148/765년 바그다드로 초대되어 칼리프 알 만수르의 주치의가 되었다. 하룬 알 라시드의 치세에 지브라일은 바그다드에 병원(bīmaristān)을 건축하도록 위촉받았는데, 이 건물은 이미 준디샤푸르에 있던 시리아-페르시아적 양식의 병원건물을 본떠서 지어졌고, 이것은 다시 다른 여러 도시에 세워진 병원들의 원형이 되었다. 지브라일은 죽기 1-2년 전에 이란으로 돌아갔으나 바흐티슈 가문의 사람들은 그후로도 오랫동안 아바스 왕조에 봉사하였다.

아랍의 과학적인 지리학은 아바스 왕조 초기 아라비아 이외 지역의 지리서 번역에서 시작되었다. 천문학의 경우에도 그러하였듯이 아랍 지리학의 원천은 인도, 페르시아, 그리스 등 다양하였다. 그러나 가장 큰 영향을 미친 것은 역시 프톨레마이오스나 튀레의 마리누스와 같은 그리스 학자들의 저작이었다. 그리스인들이 그러하였듯이 아랍인들은 적도와 평행하는 선을 설정하여 세계를 모두 일곱 개의 권역으로 나누었고, 다시 경도(經度)에 따라서 열 개의 부분을 나누었다. 모든 지리적인 지식들은 이 틀에 맞추어 재조정되었다.

알 이드리시가 6/12세기에 저술한 『키타브 누즈하트 알 무쉬타크 피 이흐티락 알 아파크』(Kitāb Nuzhat al-mushtāq fī ikhtirāq al-āfāq)는 바로 그러한 경향을 잘 대변해 준다. 시칠리아의 노르만 왕인 루지에로 2세의 아래에 있던 그는 세계의 각 권역을 각기 다른 지도로 만들라는 지시를 받았다. 그는 루지에로의 궁정에 있던 학자, 기술자들의 도움을 받아서 거대한 평면 은판에 부조의 형태로 지도를 제작하였는데, 여기에는 여행가들이 가져온 정보는 물론이고 그리스, 아랍 자료에 있는 지식들도 반영되었다.

이처럼 아랍의 과학에는 그리스 학문이 주도적인 역할을 하여 전 시대 전통을 계승하였다는 측면이 있었지만, 동시에 바그다드에서 시작된 새로운 측면들도 있었다는 학자들의 지적은 타당하다. 역사상 처음으로 과학은 국제적인 규모를 가지게 되었고, 아랍어가 그것을 연구하는 주요 매체였다. 상이한 민족과 종교를 배경으로 하는 수많은 학자들이 과거 그리스, 시리아, 페르시아, 산스크리트 등의 언어로 된 자료들을 아랍어라는 하나의 언어로 옮겨 놓는 데에 같이 작업을 하였다. 우리가 '아랍의 과학'이라는 말을 사용할 때 강조되어야 할 점은 바로 이와 같은 과학적 성취가 가지는 지속적인 특징이라고 할 수 있다.

비판

주로 그리스에서 도입된 학문들은 여러 분야의 사람들로부터 비판의 대상이 되었다. 번역작업이 처음 착수될 때부터 중세 말기에 이르기까지 이러한 학문들은 아랍 고유의 종교적 학문적인 분야에 종사하는 사람들에 의해서 격하되고 공개적인 공격의 대상이 되었다. 문법학자들은 자신들만이 합리적인 논증을 할 수 있다고 한 아리스토텔레스적인 논리학자들의 주장을 부인하였고, 율법 전문가들 역시 자신들의 주장이 외국식으로 포장되는 것을 원치 않았다. 칼람(kalām), 즉 신학의 전문가들은 자기들의 고유한 세계관을 발전시키면서, 당시 그리스 철학을 추종하던 팔라시파(falāsifa : 페일라수프(faylasūf)의 복수형 : '철학자') 사이에 풍미하던 소요학파와 신플라톤주의를 무시하였다. 단지 수학, 천문학, 의학뿐만 아니라 마술, 연금술, 점성술까지 포함하는 소위 '외래 학문'에 대해서 종교적으로 독실한 사람들은 대체로 자신들의 종교생활의 가치와 신념을 위협하는 것이라고 생각하였다.

이러한 갈등과정에서 흔히 알 가잘리의 역할을 과장해 온 경향이 있다. 이 위대하고 영향력이 컸던 사상가는 철학에 대해서 조리 있는 비판을 가하였을 뿐 아니라, 일반 무슬림들에게 비록 무해하기는 하지만 오도의 가능성이 있는 합리적 학문을 접하게 하는 데 대해서 반대하였다. 역사학자들은 이러한 갈등을 정통교단의 대응이라고 보아서 그 부정적인 측면에 주로 초점을 맞추었기 때문에 해명이 필요한 중요한 문제는 그대로 덮어 두었다. 즉 우리는 끊임없는 반대에도 불구하고 어떻게 이슬람 내부에서는 과학과 철학이 지속적으로 발전되어 왔는가 하는 점을 설명해야 할 것이다.

이슬람에서 과학과 철학이 발전하였다는 것은 역사학자들에게는 하나의 커다란 패러독스이다. 자신감에 찬 아라비아의 무슬림들이 다른 지역을 정복하고 거기서 그들이 부딪친 이교도의 잔재를 깨끗이 없애는 것이 당연한 예상일 것이다. 아랍 침입자들이 알렉산드리아의 도서관을 불살라 버렸다는 전설은 실제로는 십자군 시대에 무슬림들에 의해서 꾸며진 이야기이기는 하지만, 바로 그러한 예상에 근거를 두고 생겨난 것이었다. 아니면 적어도 초기의 무슬림들이 헬레니즘화된 기독교도나 사비 교도(Sabians)의 활동에 무관심하였어야 했을 것이다. 그러나 실제로 그들은 예상과는 전혀 다른 행동을 취한 것이다. 그들은 쇠퇴해 가던 그리스의 지적인 전통을 억눌러 버리기는커녕 그 문헌 근거를 찾아내고 발전할 수 있도록 장려하였던 것이다. 그들의 태도는 거부나 단순한 묵인이 아니라 보호와 적극적인 참여였다. 그리스의 학문은 그러한 적극적이고 계속적인 관심과 지원이 있었기 때문에 이슬람에서 꾸준히 발전할 수 있었던 것이다. 이슬람 문명 안에서 그러한 외래 학문의 존재를 '주변적'이라고 치부한다면 그것은 그러한 존재를 설명해야 하는 우리의 수고를 덜어 주는 효과만 있을 뿐이다.

이러한 과학과 철학이 고등교육기관(마드라사)에서 배제되어 있었다는 점을 생각해 보면 패러독스는 더욱 심각해진다. 마드라사에서는 주로 종교적인 교육에 치중하였고 『코란』, 『언행록』, 율법의 이해에 필요한 언어 훈련이 포함되어 있을 뿐이었다. 병원에서 의학의 시술과 교육이 이루어졌고, 율법을 공부하는 학생들은 마드라사나 모스크에서 약간의 수학을 배울 수 있었다. 그러나 이러한 정도의 교육은 3/9세기에서 9/15세기 사이에 이슬람 학자들이 도달한 고도의 학문적 수학적인 수준을 설명하기에 부적합하다. 전 시기에 걸쳐서 수학과 인접학문 분야에서 유능한 학자들이 배출되었다는 사실에서 우리는 교육이 기초적이거나 국지적인 것이 아니라 광범위한 지역에서 매우 체계적으로 행해졌음을 확인할 수 있다. 그들은 마치 체계적인 교육과정을 마친 사람들 같았다. 따라서 이슬람권에서 외래 학문을 교육시키는 강한 전통이 수세기 동안 지속되었음을 알 수 있는데, 단지 그 구체적인 과정에 대해서는 잘 알 수가 없다. 이러한 전통이 주로 사립기관을 통해서 전수되었다고 해서 그 중요성이 감소되는 것은 아니다.

고대의 학문에 대한 정통종교 교단의 입장 역시 흔히 일반적으로 생각하는 것보다는 훨씬 더 복합적이었다. 과학과 철학의 쇠퇴에 큰 책임이 있는 것으로 비판받아 온 알 가잘리는 사실 신학과 율법학이 그리스 논리학에 대한 충분한 지식을 기반으로 해야 한다고 굳게 믿었고, 또 그 점을 여러 차례 강조하였다.

그는 논리라는 것이 정확한 정의와 비유에 관한 준칙을 설정하는 데에 유용한 수단에 불과하다고 믿었지만, 아리스토텔레스 논리학을 자신이 가르치던 신학교과과정에 포함시킴으로써 아리스토텔레스의 다른 학문들이 영향을 미칠 가능성을 열어 놓았던 것이다. 예를 들면 이븐 할둔은 알 가잘리와 파흐르 앗 딘 알 라지(606/1290년 사망)가 쓴 글들 때문에 자기가 살던 시대에는 신학과 철학을 구분하기가 힘들어졌다고까지 쓰고 있다.

알 가잘리의 이러한 태도는 그리스 논리학에 대해서 격렬하고 비타협적인 공격을 가하였던 한발리파의 법학자 이븐 타이미야와 큰 대조를 이룬다. 이븐 타이미야는 아리스토텔레스 논리학의 전 체계가 이슬람의 세계관을 위협하는 형이상학적인 관념을 토대로 구성되어 있다고 보았고, 아리스토텔레스적인 주장은 이슬람적 사고방식에 해롭다고 생각하였다. 그러나 이슬람에 대한 보수적인 관점과 이븐 타이미야의 극단적인 견해가 반드시 서로 연관되어 있다고 생각할 필요는 없다. 예를 들면 스페인의 사상가인 이븐 하즘은 이슬람의 율법을 문자 그대로 지킬 것을 강력히 주장하면서도 그리스 논리학에 대해서는 반대하지 않았을 뿐 아니라 그리스 논리학을 설명하는 간략한 글도 쓸 정도였다. 어쨌든 중요한 점은 이븐 타이미야가 아니라 알 가잘리의 견해가 카이로의 아자르 대학과 같은 무슬림 교육의 중심지에서 널리 받아들여지게 되었고, 거기서 아리스토텔레스의 논리학은 지금까지도 가르쳐지고 있다는 사실이다.

이슬람의 과학과 철학이 발달하기 시작할 무렵 야쿠브 이븐 이스학 알 킨디(257/870년경 사망)라는 인물이 출현하였다. 무슬림이자 아랍 귀족 출신(그의 가계는 남부 아라비아의 고대 왕가인 킨다족에 속하였으며, 그의 부친은 쿠파에서 고위관직을 역임하였다)인 그는 당시 비무슬림적인 것, 비아랍적인 것과 동일시되던 그리스 과학과 철학의 중요성을 역설하기 시작하였다. 그는 "진리가 어떠한 원천에서 비롯되었건, 설령 그것이 고대인들이나 외국인들에 의해서 전해진 것일지라도 우리는 진리를 인정하는 것에 대해서 부끄러워해서는 안 될 것이다"라고 주장하였고, 나아가서 "나의 원칙은 첫째 고대인들이 이 문제에 관해서 말한 내용을 그대로 완전하게 인용하는 일이고, 둘째로는 고대인들이 충분히 표현하지 않은 것을 우리 아랍어의 용례와 우리 시대의 관습과 나 자신의 능력에 맞추어서 완결짓는 일이다"라고 말하였다. 그 자신 무슬림 대중을 향해서 말하는 한 무슬림의 입장을 견지하였던 그의 글은 이슬람 교리와 신플라톤주의적인 색채를 띤 그리스 철학을 접목시키는 데 최초의 중요한 일보를 내디뎠다. 그의 철학체계는 세계가 창조되었으며 육체는 부활한다는 등의 이슬람 교리를 그대로 유지하면서도 동시에 그리스 철학사상을 경시하지 않았기 때문에, 그는 그리스적인 전통 속에서 '철학자'라고 불릴 만하다. 그리스 철학을 받아들이는 그의 입장은 제한적인 것이 아니라 완전히 포용하는 쪽이었다. 그는 천문학과 연금술, 형이상학과 기상학, 광학과 음악과 의학 등 모든 방면에 관심을 가졌다. 알 킨디는 그리스나 시리아어에 능통한 다른 학자들의 번역에 의존하였지만, 그는 고대 과학을 언어적인 측면과 지적인 측면에서 토착화시킨 독특한 역할을 하였다.

후기의 이슬람 철학자들은 그리스 철학의 목표와 방법론에 대해서 알 킨디보다도 훨씬 더 적극적인 수용의 입장을 보였다. 우리가 보통 방어적인 입장에 있는 '주변적' 집단의 경우에 그러하리라고 예상하는 것과는 달리 그들의 태도는 머뭇거리는 것도 은밀한 것도 아니었다. 알 파라비(339/950년 사망)는 이슬람 신학의 변증법적인 논법이 '철학자'가 사용하는 논증적 방법에 비해서 분명히 낮은 수준이라는 자신의 신념을 공개적으로 발표하였다. 플라톤과 갈레노스를 추종하던 철학자이며 의사이던 아부 바크르 알 라지(313/925년 사망)는 모든 계시적 종교에 대해서 이단적인 견해를 가지고 있었다. 신과 신의 계시에 관한 근본적인 문제들에 대한 이븐 시나의 입장은 정통교단측의 분노를 살 정도였다. 마그리브와 스페인에서는 철학자들이 오랜 기간 동안 수세에 몰려 있었던 것이 사실이지만, 코르도바 출신의 이븐 루슈드(520-595/1126-1198 : 일명 아베로에스) 이후에는 철학에 대한 알 가잘리의 비판을 강력하게 역비판하는 경향이 강화되었다. 이븐 루슈드의 시대에 말리키 학파에 대항하여 정치 주도층과 일부 철학자들의 연맹이 있었음을 추측케 하는 증거도 있다. 그러나 일반적으로 의사와 수학자들은 종교인들의 감정을 건드릴 만한 견해를 내세우려고 하지는 않았으며, 많은 경우 천문학자나 의사들은 자신들의 작업이 신의 지혜를 입증하는 것이라고 주장하였다. 그러면서도 동시에 그들은 신학에 종사하는 사람들에 대해서 진정한 지식 대신 권위를 추종하는 부류로 낮추어 보는 경향도 있었다.

혁신과 전통 : 수학

아바스 왕조의 수도인 바그다드에서 210/825년 알 화리즈미가 인도의 산술을 본떠서 최초의 아랍 산수책을 쓴 뒤, 시간적으로나 지리적으로 멀리 떨어진 830/1427년 사마르칸트에서 가장 뛰어난 아랍 산술학의 저술이 출현하였다. 이 책의 저자인 잠시드 이븐 마수드 알 카시는 원래 카샨 출신의 페르시아인이었으나 후에 사마르칸트로 이주해 와서 거기서 티무르 왕조의 술탄 울루그 베그가 후원하는 천문학자, 수학자들 가운데에서 존경받는 지위를 점하게 되었다. 『산술의 열쇠』라는 제목으로 된 알 카시의 저술은 포괄적이고 명확하며 구성도 훌륭한데, 일반적인 상인, 서기, 측량인들은 물론이지만 이론적인 천문학자들에게도 유용하였다. 이 저술의 가장 커다란 공헌은 이슬람권에서는 4/10세기 다마스쿠스의 수학자인 알 우클리디시의 글에서 처음 출현한 십진법 소수법에 관한 포괄적이고 체계적인 분석이다. 알 카시의 이러한 연구는 유럽에서의 유사한 연구에 비해서 약 200년 앞서는 것으로, 그의 저작은 이슬람권에서 널리 유포되다가 9/15세기 후반에는 콘스탄티노플에 이르게 되었고, 비잔틴 문서에 가끔씩 사용되던 십진법 소수법이 970/1562년에 빈으로 전달된 것이었다.

산술에서 알 카시의 성취는 전통의 무게에 의해서 혁신의 의지가 방해받는 상황 속에서도 꾸준히 계속되어 온 발전과정에서 하나의 절정을 이루는 것이었다. 이슬람 세계는 각각 기원을 달리하는 세 가지 다른 방식의 계산법을 계승하고 있었고 수세기 동안 이것들이 모두 동시에 사용되어 왔다. 하나는 '손가락 계산법'이라고 부르는 것으로 최종 결과를 얻기 위해서 계산 중간에 나오는 수치를 손가락으로 표시하였기 때문인데, '서기들의 산수'라고도 일컬었다. 370/980년 바그다드에서 아부 알 와파 알 부즈자니에 의해서 쓰여진 이러한 형태의 교본은 그 책이 정부관리들을 위해서 만들어졌음을 보여 주고 있다. 2/8세기나 그보다 일찍부터 인도에서 훨씬 더 우수한 계산법이 도입되고 또 이에 관한 교본들이 있었음에도 불구하고, 이 계산법은 여전히 서기계층들에 의해서 사용되었다.

'서기들의 산수'에서 숫자들은 단어로 쓰여졌던 것에 비해서, 인도식 계산법

소수의 개념은 4/10세기 다마스쿠스의 수학자인 아부 알 하산 알 우클리디시의 저작 속에서 처음 등장하였다. 이것은 그의 저작인 『키타브 알 푸술』(*Kitāb al-Fusūl*)의 필사본 가운데 한 페이지로서, 제10행에 있는 숫자 위에 있는 짧은 빗금이 소수점을 표시하고 있다.

은 '자리값'(place-value)이라는 개념에 기초하여 단지 열 개의 기호(figure)를 통해서 — 빈자리를 나타내는 제로의 표시를 포함하여 — 아무리 큰 어떠한 숫자라도 나타낼 수 있다는 장점을 가지고 있었다. 중세 아랍 작가들은 이 기호들을 '인도' 혹은 '먼지'(dust) 숫자라고 불렀는데, 이를 통해서 그 기원이 먼지에 덮인 판자 위에서 계산을 한 데서 비롯되었음을 알 수 있다. 이슬람권에서는 두 가지 형태의 인도 숫자가 있었는데, 하나는 동부에서 하나는 서부에서 사용되었고, 바로 서부에서 사용되던 것이 중세 유럽으로 전달되어 '아랍 숫자'로 알려지게 된 것이다.

그러나 천문학자들은 인도 수체계의 장점을 무시해 버렸다. 그들은 그리스 천문학의 전통을 계승하여 알파벳 문자들로 숫자를 표시하는 고대 바빌로니아 체계를 그대로 추종하였다. 사실 이것은 정수를 표시할 때는 '비자리 값'(non-place-value)의 기호를 사용하고 소수를 나타낼 때는 '자리값'의 60진제를 사용하는 혼합체계였다. 이는 다시 말해서 이슬람권에서 가장 복잡한 계산과정은 알파벳 문자로 표시되는 60진제에 의해서 수행되었음을 의미한다. 십진제와 60진제의 유사성에도 불구하고, 또 이미 4/10세기에 십진법 소수법이 출현하였음에도 불구하고, 알 카시의 시대가 되어서야 비로소 소수나 정수가 모두 단일된 '자리값' 체계에 의해서 통합된 것이다.

아랍 수학의 특징을 아랍-이슬람적인 '심성' 혹은 아랍 언어와 같은 개념을 통해서 설명한다는 것은 불가능하다. 산술 분야뿐 아니라 대수학과 기하학의 많은 특징들은 고대의 전통과 비교할 경우에 잘 드러난다. 모든 분야에서 여러 형태의 혁신이 일어날 수밖에 없었고 또 일어났다. 이러한 발전을 아랍어가 가지는 특징이나 무슬림의 지적인 태도 등을 배경으로 해서 해석해 보는 것도 흥미롭기는 하겠지만, 역시 진정한 의미의 역사학적인 분석을 대신할 수는 없을 것이다.

아랍 대수학의 시작을 예로 들어서 설명해 보자. 이 방면에 대한 아랍 최초의 저술은 칼리프 알 마문의 시대 무하마드 이븐 무사 알 화리즈미에 의해서 쓰여졌다. 그가 무엇을 근거로 하였는지에 대해서는 논란이 많지만, 그가 사용한 방법론의 일부는 일찍이 인도나 바빌로니아 기록에서 보이고 있다. 그의 저술에는 아무런 상징적 기호가 나타나지 않고 완전히 비유를 통해서 설명하고 있으며, 이 점은 알 칼라사디(891/1486)를 예외로 하면 후일 거의 모든 아랍의 대수학 문헌에서 공통된다. 반면 대수학적인 과정에 관한 기하학적인 증명은 성격상 유클리드적이다. 그의 저서는 제목인 『알 자브르 왈 무카발라』(al-Jabr wa'l-muqābala)가 시사하듯이 등식의 두 항에서 동시에 같은 차수(次數)의 음수를 제거하거나 양수를 줄이는 방법으로 일차와 이차 방정식을 푸는 과정으로 되어 있고, 이는 이미 디오판토스의 글에서도 보였던 것이다. 그러나 알 화리즈미의 책 전체의 원형이 되었던 글은 적어도 3/9세기 이전에는 어떠한 언어로도 쓰여지지 않았다고 말할 수 있다. 중세 아랍 작가들은 알 화리즈미의 저술을 새로운 분야를 시작한 글로 분류하였다. 그가 추구한 체계적인 방법은 후일 알 카라지나 우마르 하이얌의 글에서도 나타나듯이 아랍의 대수학에 큰 영향을 남겼던 것이다.

아랍 기하학의 기원과 방법론과 용어들은 분명히 그리스에서 나온 것들이었유클리드가 제시한 평행선의 문제는 중세 이슬람의 수학자들로부터 많은 관심을 끌어 왔다. 특히 나시르 앗 딘 앗 투시는 평행선을 교차하지 않는 선들이라고 한 유클리드의 정의를 이용하여 이슬람권에서 이 문제를 가장 심도 깊게 다룬 학자였다. 이것은 그의 저술에 나오는 한 페이지로서, '사케리의 가설'을 풀기 위한 투시의 도형들을 보여 주고 있다.

다. 유클리드, 아르키메데스, 아폴로니오스 등에 근거를 둔 이슬람 수학자들은 이 그리스 대가들의 저작을 설명하고 발전시키며 또 비판하는 많은 저술들을 남겼다. 이슬람 문명은 아르키메데스나 라이프니츠와 같은 인물을 탄생시키지는 못하였지만, 우수한 수학자들은 그리스 수학이 보여 준 높은 수준을 이해하고 때로는 그것을 이용하여 새로운 문제를 제기하거나 해결하기도 하였다.

유클리드의 『기하학원론』은 아마 다른 어떠한 저술들보다도 이슬람 수학자들의 주목을 받았을 것이다. 이 글은 알 라시드의 치세에 아랍어로 번역되었으며 알 마문의 시대에 다시 번역되었고, 『기하학원론』의 여러 번역본들은 '수정본'이라는 이름하에 시대에 따라서 유포되었다. '교과서'라고 불러 마땅한 이 책은 유클리드 기하학의 정리들을 재배열하거나 확장하기도 하였다. 비율과 비례산술에 관한 유클리드의 개념은 적절하지 못한 것으로 여겨져서 이슬람 수학자들은

과학적 성취 279

수체계를 무리수를 포함한 것으로 확장시켰다. 이러한 발전은 상당 부분 우마르 하이얌과 나시르 앗 딘 앗 투시의 기여에 힘입었다. 이들이 사용한 비례산술의 정의는 에우독소스나 유클리드의 것이라고 하기는 힘들지만, 그래도 여전히 그리스 수학에 기원을 두고 있는 듯하다.

유클리드의 평행선 공리에 관한 이슬람 수학자들의 연구는 근본적인 문제를 중시하는 취향을 보여 주는 또다른 예이다. 유클리드의 평행선 공리를 증명하려는 시도는 3/9세기에서 7/13세기에 이르기까지 여러 아랍 수학자들의 글에 보이고 있다. 그들은 예전의 방법을 그대로 답습하기보다는 더 나은 해법을 찾으려고 노력하였다. 그들은 비유클리드 기하학 체계를 완성하는 단계로까지 나아가지는 못하였지만, 일부 비유클리드 기하의 정리들을 제시하고 증명하였다. 그 가운데 일부가 후일 유럽의 수학자들에게 알려졌고, 왈리스나 사케리와 같은 사람이 이 문제에 관한 훌륭한 공헌을 이룩하게 된 것이다.

응용수학

역학을 응용수학으로 간주한 것이 이슬람 문명권에 전혀 생소한 것은 아니었다. 이미 알렉산드리아의 헤로나 비잔틴의 필로와 같은 그리스 학자들의 저술에 그러한 개념은 들어가 있었다. 역학과 관련된 그리스의 개념들은 아랍어로 일름 알 히얄('ilm al-hiyal), 즉 '공구의 학문'이라는 말로 표현되었다. 철학자인 알 파라비는 자신의 『학문 일람』에서 이 '공구의 학문'의 목적은 수학에 의해서 입증된 존재들이 물리적인 물체에 적용될 수 있도록 하는 수단을 찾아내는 데에 있다고 분명히 선언하였다. 그는 이 중요한 개념을 확대시키면서 수학의 진리를 물질대상에 인위적으로 적용시키기 위해서 그 물질대상은 교묘하게 변형되어야 한다고 지적하였다. 이런 의미에서 '공구의 학문'은 대수학은 물론 건축과 측량, 천문기구, 음악기구, 광학적 기구의 제작, 신기한 물건들을 만들어내는 모든 기술을 총칭한다고 볼 수 있다.

따라서 역학에 관한 수많은 전문가들, 예를 들면 바누 무사 가문, 알 비루니,

알 카라지, 우마르 하이얌, 이븐 알 하이삼 등이 모두 뛰어난 수학자들이었다는 점은 주목할 만하다. 그러나 그들은 책상 위에 붙어 있는 수학자들은 아니었다. 바누 무사 가문은 주로 교묘한 선박의 제조에 관심을 쏟으며 바그다드의 칼리프들이 추진하는 여러 기계제작 작업을 감독하였다. 알 비루니는 비중을 정확히 결정하였으며, 이븐 알 하이삼은 나일 강의 흐름을 조절하려고 하였다.

이슬람의 역학과 관련해서 현재까지 전해져 오고 있는 가장 중요하고 또 가장 내용이 풍부한 저술은 7/13세기 초 이븐 알 라자즈 알 자자리가 쓴 것이다. 『독창적인 역학기구들에 관한 지식』이라는 제목의 이 책은 이론적 혹은 수학적 역학자가 아니라 실제로 한 사람의 장인이 쓴 것이었다. 저자는 디야르바키르의 한 왕족의 후원을 받고 있었고 이 책도 그에게 헌정하고 있는데, 그는 여기에서 각종 기계제작을 설명하면서 시계, 선박, 측량기, 분수, 양수기 등 크게 다섯 부분으로 나누어 설명하였다.

천문학 : 이론과 관찰

중세 이슬람의 천문학사를 살펴보면, 이론과 관찰 모두에 대한 매우 활발한 관심이 있었음에도 불구하고 이상하게도 서로 결합되지 못하였다는 사실을 알 수 있다. 관찰은 이론의 발달에 거의 아무런 영향을 주지 못하였고, 이론적인 혁신 역시 새로운 관찰을 촉진시키지 못하였다. 마치 양자가 각자 제한된 영역 속에 머물러 있었던 것처럼 느끼게 한다.

천문학 방면의 번역서들은 처음에 산스크리트, 파흘라비, 시리아, 그리스 등 다양한 언어로 된 책들을 옮긴 것이었다. 그 결과는 초기 아랍 천문학의 특징이기도 하고, 또 후일 무슬림 지배하의 스페인에서도 나타난 절충주의였다. 그러나 『알마게스트』가 번역된 이후 프톨레마이오스 체계의 우수성이 즉시 인정되었고 그후로는 아랍 천문학의 개념과 방법론을 프톨레마이오스 체계가 주도하게 되었다.

아랍인들은 프톨레마이오스로부터 검증이라는 개념을 물려받았고, 이를 항상 염두에 두면서 실천하였다. 4/10세기 초 하란 출신의 천문학자인 알 바타니가 저술한 『앗 지즈 앗 사비』(az-Zīj as-Sābī)는 『알마게스트』를 본받은 것이었는데, 그 자신이 선인들의 관찰을 검증하였던 것처럼 후대 사람들도 자신의 관찰 결과를 검증해야 한다는 '지시'를 하고 있다. 이러한 권고는 이미 프톨레마이오스에서부터 보이는 바이지만 이슬람의 학자들은 매우 진지하게 받아들였고, 『알마게스트』의 번역자들이 그리스어의 '검증'이라는 말을 옮기는 데 사용한 미흐나(mihna)나 이티바르(i'tibār)와 같은 용어는 중세 아랍 천문학 서적들 어디에서나 보였다. 이슬람 천문학사는 여러 지역에서 천문 관찰이 행해지고 있음을 보여 준다. 예를 들면 알 마문의 치세에는 일군의 천문학자들이 바그다드와 다마스쿠스에서 관측한 것을 토대로 지즈(zīj), 즉 천문표를 새로 만들어 마무니(Ma'mūnī) 혹은 뭄타한(Mumtahan : '검증된') 지즈라고 불렀다. 아바스 왕조 시대에 하바시 알 하시브는 바그다드와 사마라와 다마스쿠스에서 일식과 월식, 그리고 별의 위치를 관측하였다. 이븐 유누스(400/1009년 사망)는 4/10세기에 카이로에서 관측을 하였으며, 359/969년 초 시라즈에서는 유명한 앗 수피라는 인물이 계절의 길이를 결정하기 위한 일련의 관측을 실시하였고, 4/10세기 말경 알 비루니는 호레즘에서 월식을 관측하였다. 마라게에는 훌라구에 의해서 685/1259년 관측소가 건설되었고, 거기에서 나시르 앗 딘 앗 투시를 필두로 하는 일군의 학자들이 약 20년의 기간 동안 지속적으로 천문 관측을 하였다. 이것은 아마 본격적인 의미에서 이슬람권 최초의 관측소였다고 할 수 있다. 거기에서 일하였던 학자들은 약 20명이었고 이슬람권 각지는 물론 중국 출신도 한 명이 포함되어 있었으며, 도서관과 각종의 장비들이 비치되어 있었다. 9/15세기 전반 울루그 베그는 사마르칸트에 거대한 관측소를 건설하였고 아직도 그 유적지를 찾아볼 수 있다.

이들 관측의 대부분은 여러 자료에 담겨 있는 관측값들이나 프톨레마이오스가 제시한 매개변수들을 검증하는 제한적인 목적만이 있었다. 예를 들면 황도(黃道)의 기울기와 춘분점과 추분점의 세차운동에 관한 새로운 측정치, 태양, 달, 혹성 등의 연주운동값 개선과 같은 것들이다. 이러한 제약이 그들이 사용하던 기구에서 비롯된 것은 아니었다. 일부 기구들은 매우 정교하였고 그들이 얻었던 것보다 더 정확한 결과를 얻을 수 있는 것들이었다. 우리는 이슬람 천문학

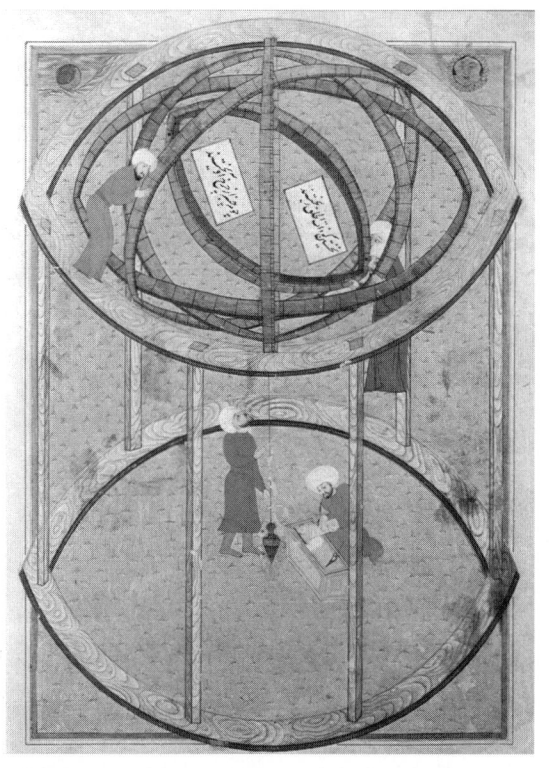

10/16세기 후반 오스만 제국의 세밀화로 『제왕의 서』(Shahinshāh-nāma)라는 책 속에 삽입된 것. 거대한 고리 모양으로 이루어진 천체틀이 지상에 세워진 나무틀로써 지탱되고 있다. 눈금이 매겨진 다섯 개의 고리들은 천구에 있는 다섯 개의 가장 중요한 원들과 대응한다. 가운데 있는 사람이 끈이 달린 추로 자오선을 나타내는 고리를 조정하고 있고, 위의 두 사람은 눈금이 있는 고리를 따라서 별을 관측하고 있으며, 아래에 있는 사람이 그 결과를 기록하고 있다.

684/1285년 이란에서 제작된 천체의. 여기에는 아브드 알 라흐만 앗 수피의 저술 『항성의 연구』에 있는 정보들이 반영되었으며, 별들은 은색 점으로 표시되어 있다.

자들이 과거의 관찰결과를 수정하고 또다시 수정하는 작업에만 관심을 쏟았고, 새로 구성한 가설을 검증해 보려는 데는 흥미가 없었다고 생각할 수밖에 없다.

물론 새로운 가설이 전혀 만들어지지 않은 것은 아니었다. 마라게의 천문학자들과 후일 다마스쿠스의 이븐 앗 샤티르는 프톨레마이오스와는 상이한 천체 모델을 고안하였고, 최근에는 그것이 코페르니쿠스의 것과 비교되기도 하였다. 그러나 이것은 관측과는 별도로 생겨난 것이었다. 이 점을 설명하기 위해서는 5/11세기 이라크에서 출생하였고 카이로에서 활동한 수학자이며 프톨레마이오스의 천체이론을 맹렬히 공격하였던 이븐 알 하이삼의 이야기를 할 필요가 있다. 이븐 알 하이삼은 이심원(離心圓)의 원주 위를 돌고 있는 주전원(周轉圓)이라는 개념을 사용하여 행성의 가시적인 운동을 설명하였던 프톨레마이오스식의 설명방법을 수용하였다. 하지만 그는 주전원의 중심이 이심원이나 지구의 중심을 축으로 해서 도는 것이 아니라 또다른 점을 축으로 해서 등속도로 돌고 있다는 프톨레마이오스의 주장이, 모든 천체는 등속도 운동을 한다는 보편적인 원리를 위반하고 있다고 지적하였다. 프톨레마이오스는 물론 다른 천문학자들도 이심원-주전원 이론의 이러한 결점을 이미 알고 있었다. 하지만 프톨레마이오스가 자신의 가정을 적극적으로 옹호하였고 대다수의 천문학자들이 이 문제에 대해서 침묵을 지키고자 하였음에 반하여, 이븐 알 하이삼은 프톨레마이오스의 이론이 분명히 틀렸고 새로운 대체이론이 나와야 한다고 강력히 주장하였다. 이븐 알 하이삼과 마라게의 앗 투시를 비롯한 천문학자들의 이러한 비판은 프톨레마이오스의 『행성에 관한 가정들』이 이슬람 천문학자들에게 지대한 영향을 미쳤다는 점을 보여주고 있다. 이 저작에서 프톨레마이오스는 행성의 가시적인 운동을 행성들이 박혀 있는 천구들의 복합적인 운동에 의해서 생겨난다고 주장하였다. 이것은 특정 행성이 박혀 있는 이심원구(離心圓球)라는 한 물리적 실체가 변하는 속도를 가지고 돌고 있다는 생각이었는데, 이븐 알 하이삼과 그의 추종자들은 받아들일 수 없는 것이었다. 이러한 물리적인 사고방식을 버릴 수 없었기 때문에 마라게의 천문학자들은 수학적으로 프톨레마이오스 모형과 일치하면서도 천상의 성질과도 부합하는 그러한 모델을 만들었다. 그리고 그러한 모델만이 진리와 부합할 수 있을 것으로 간주되었고, 관측은 여기에서 아무런 중요한 역할도 하지 못하였다.

광학

의학, 연금술, 역학, 중력, 음악 등에 관한 중세 아랍의 저술들 속에는 여러 방면에서의 실험들이 묘사되어 있다. 안 나잠(226/840년경 사망)과 같은 신학자들(mutakallimūn)의 글 속에서도 실험에 대한 관심이 표명되고 있다. 그러나 광학이야말로 실험이라는 개념이 경험적인 연구과정에서 사용되는 하나의 독특한 방법으로 분명히 부각된 분야였다. 아랍 광학의 근원은 유클리드, 프톨레마이오스, 아르키메데스, 안테미우스와 같은 수학자들의 저작, 갈레노스와 같은 의학자들의 글, 그리고 아리스토텔레스나 그의 주석자들이 남긴 철학서 등이었다. 처음에는 이 세 가지 전통이 서로 분리된 채 유지되었다. 3/9세기에 알 킨디는 유클리드와 같은 방식으로 글을 썼고, 후나인 이븐 이스학은 같은 시기에 갈레노스의 관점에서 시각적 인식의 문제에 접근하였으며, 5/11세기의 이븐 시나는 동일한 주제를 아리스토텔레스의 입장에서 서술하였다.

고대와 중세의 광학은 기본적으로 시각적 인식에 관한 이론이었다. 이슬람권의 수학자들이나 갈레노스를 추종하는 사람들은 시각적 인식이라는 것이 눈에서 방사되는 빛이 물체에 직접 접촉하거나 혹은 중간에 있는 공기를 압박함에 의해서 그 상(像)이 뇌에 전달될 때 일어나는 현상이라고 생각하였다. 반면에 자연철학자들은 시각적 인식을 물체의 '형태' 가 눈에 충돌함에 의해서 생겨난다고 보았다. 이슬람 광학에서 가장 중요한 인물인 이븐 알 하이삼은 유클리드나 프톨레마이오스와 같은 '수학적인' 입장과 자연철학자들이 좋아하는 '물리적인' 이론을 결합할 때 시력에 관한 가장 정확한 이론이 도출될 수 있다고 확신하였다. 그 결과 그는 『광학』이라는 저술을 발표하였고, 여기에서 과거의 모든 이론들보다 더 풍부하고 정밀한 이론을 제기하였다. 그는 인식하는 주체와는 독립적으로 존재하는 빛과 색이라는 두 가지 개별적인 물리적 성질이 대상물체의 표면에서 모든 방향으로 방사된다고 생각하였다. 그는 적절한 가정(예를 들면 눈의 기하학적인 구조)을 동원하여, 실체 —— 아리스토텔레스가 말하는 '형상' —— 가 어떻게 해서 눈에 시각적으로 포착이 가능한 현상이 되며 그것이 어떻게 뇌로 전달되어 감각기능에 의해서 인식되는가 하는 점을 밝히려고 하였다. 이 실체는 눈의 내부 어디에서나 보이는 이미지는 아니지만 객체의 모습이 만들어져서 궁극적으로 감각기관에 드러나게 되는 하나의 수단이었다. 따라서 인식된 대상이 눈에서 일정한 거리를 두고 위치해 있는 하나의 객체라는 사실, 그리고 그 객체는 특정한 크기와 모양을 가진다는 사실을 즉각적으로 우리가 알게 되는 까닭은 뇌로 전달된 시각적 자료들과 과거의 경험에 의한 축적을 기초로 행하는 '추론'이라는 결론에 도달하였다. 결국 그는 투입가설의 가장 중요한 주창자이면서 동시에 수학적 방법을 도입한 대가(大家)로 인정받게 되었는데, 이는 그의 이론이 아주 정교한 인식이론으로 발전하였기 때문이다. 그러나 그의 이론은 아직 역사학자들로부터 충분한 주목을 받지 못하고 있다.

이븐 알 하이삼은 시각적 인식이 빛과 객체와의 접촉에 의한 결과라는 입장을 옹호하면서 잔상(殘像)의 효과나 강한 빛을 응시할 때 눈이 느끼는 통증 등의 예를 들었다. 물론 이런 예를 든 것이 결코 새롭다고 할 수는 없지만 『광학』에서는 그것이 하나의 실험적 접근방법의 전형으로 이용되고 있고, 이러한 실험적 정신은 이 책 전체의 가장 큰 특징이기도 하다. 천문학에서 보였던 검증이라는 개념은 여기에서 실험적 증거라는 개념으로 보다 분명히 나타난다. 이븐 알 하이삼은 실험조작을 통해서 빛의 직선적 전달, 반사, 굴절과 같은 성질들을 구명하고자 시도하였다. 암실은 이런 실험들에 사용되었던 기구 중 하나였다.

카메라 옵스큐라(camera obscura : '암실')라는 표현에 해당되는 아랍식 용어는 『광학』에서 언급되었지만, 이 책의 중세 라틴 번역본에는 빠져 있다. 이 표현은 원래 그리스 저술들에서 기원하였던 것으로 보인다. 『광학』에서는 암실이 여러 차례 이용되고 있지만, 제대로 된 카메라 옵스큐라의 모습은 어디서도 묘사되어 있지 않다. 이것은 그가 눈을 하나의 작은 구멍이 있는 암실과 같은 것으로 생각하지 않았다는 점을 입증하는 것으로 매우 흥미롭다.

그러나 이븐 알 하이삼이 카메라의 작동에 관해서 고도의 지식을 소유하였던 것을 보여 주는 증거들이 그의 다른 글 속에 보이고 있다. 『식(蝕)의 형태』(The Shape of Eclipse)라는 글 속에서 그는 작은 구멍을 통해서 투영된 부분일식의 초승달 형태를 설명하고자 시도하였다. 수세기 동안 천문학자들의 관심을 끌었던

(옆) 아리스토텔레스는 서방뿐 아니라 동방에서도 많은 영향을 끼친 인물이었다. 그의 저술들을 번역하려는 정책이 이미 2/8세기부터 칼리프들에 의해서 추진되었다. 그는 철학자이자 동시에 생물학자로도 알려졌다. 그를 묘사한 이 그림은 7/13세기 초에 쓰여진 이븐 바흐티슈의 글 『동물의 묘사』에 나온다.

(왼쪽 아래) 갈레노스로부터 이슬람 과학자들은 경험에 기초한 탐구법을 배웠고, 유용한 의학지식은 물론 약간의 오류까지 물려받았다. 광학 쪽에서 갈레노스는 '시각적 인식의 영혼'이라는 주장을 폈고, 3/9세기 후나인 이븐 이스학은 『눈에 관한 10대 명제』에서 갈레노스의 이론을 받아들였지만, 그의 책은 해부학적으로 대단히 정확하였다. 그의 글은 이 필사본이 만들어진 7/13세기까지도 — 200년 전에 훨씬 더 독창적 연구가 이븐 알 하이삼의 『광학』에서 이루어졌지만 — 여전히 교과서와 같은 책이었다.

(오른쪽 아래) 아랍 의학은 중세 동안 유럽보다 앞섰다. 최초의 의학교가 세워진 살레르노에서 베살리우스에 이르기까지 서구의 의사들은 무슬림 의사들로부터 많은 것을 배웠다. 이 해부도는 페르시아어로 된 『의학의 보고』(11/17세기 말) 속의 삽화이다.

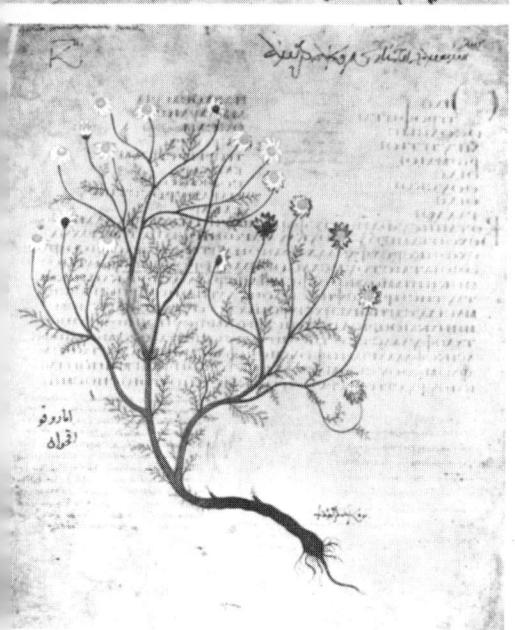

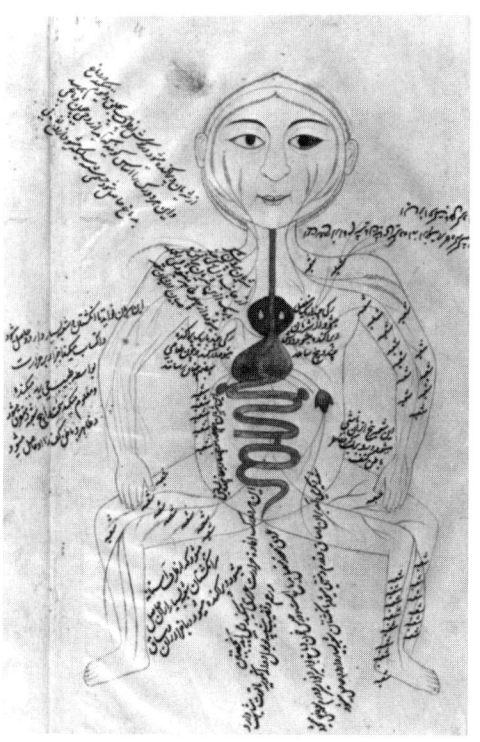

이 현상에 관한 그의 실험적 연구는 다음 두 가지 원리를 기반으로 하였다. 첫 번째 원리는 초승달 모양의 발광 부분으로부터 나온 모든 빛은 동시에 암실 구멍의 모든 점들을 통과해서 구멍 뒤에 있는 벽에 수많은 역상을 만들어낸다는 것이다. 두번째 원리는 초승달 모양의 발광 부분의 모든 점들에서 나온 빛이 원추 모양을 하고 있으며 암실 구멍의 크기와 거리에 따라서 형태가 결정되는데, 이것들이 암실의 벽에 원의 형태를 만들어낸다는 것이다. 이븐 알 하이삼은 우리가 인식하는 상이 이 두 가지 원리로 인해서 생겨나는 상들의 복합적인 효과라고 보았다. 이제까지 알려진 바에 의하면 이러한 결과들을 담고 있는 이 중요한 글이 중세 유럽 학자들에게는 알려지지 않았다.

이슬람의 실험적 연구가 놀라운 성공을 거둔 또다른 현상은 무지개였다. 이 현상에 대하여 이븐 시나는 "우리 친구인 그리스 철학자들이 말한 것들은 모두 납득하기 힘들다"라고 하면서, 심지어 무지개 색깔에 대한 당시의 모든 설명이 '잘못되고 우스운' 것이라고까지 단언하였다. 그는 『앗 시파』(ash-Shifā)라는 글에서 기상학을 다루면서 자신이 무지개에 대한 관찰을 '거듭해서 실시하였다'고 말하고 있으나, 그것에 관한 만족할 만한 설명을 하지 못하고 수수께끼 같은 현상이라는 결론에만 도달하였다. 단 그는 무지개가 활과 같은 모양을 만드는 데에 조그만 물방울들의 역할을 강조하였는데, 이는 이미 아리스토텔레스의 글에서도 나타난 바 있었다. 그의 생각은 그가 죽은 지 250년 뒤 페르시아의 카말 앗 딘에게로 계승되었다.

이븐 알 하이삼의 『광학』을 꼼꼼히 연구한 카말 앗 딘은 먼저 하이삼이 실험에 의해서 정한 바 있는 굴절의 원칙과 태양으로부터 방출되는 빛들의 행동에 대한 연구에서부터 출발하였다. 이븐 시나도 빗방울과 유리공에 대해서 같은 문맥 속에서 언급한 적이 있었고, 카말 앗 딘은 그가 가지고 있었던 기하학적인 기구들을 동원하여 그 연관성을 추구하였다. 그렇게 해서 그는 근대에 와서야 비로소 극복될 정도로 고도의 실험과학의 실례를 보여 주었다. 유리구에 물을 채우고 습기찬 공기 속에서 그 위에 빗방울이 떨어지도록 설정한 실험환경을 수학과 접목시킴으로써, 그는 아리스토텔레스 이래 모든 학자들을 미궁에 빠뜨렸던 수수께끼를 풀었던 것이다. 그는 무지개의 첫번째 활 모양이 태양빛이 대기

중에 있는 물방울 속에서 두 번의 굴절과 한 번의 반사 뒤에 관찰자의 눈에 도달할 때 생겨난다는 사실을 입증하였고, 아울러 두번째 활 모양은 햇빛이 물방울에 들어가고 나올 때 일어나는 굴절 이외에도 물방울 안에서 다시 두 번의 반사가 일어남으로써 생겨난다는 사실도 밝혀냈다. 그는 무지개의 모양을 설명하였고, 또 두번째 활 모양에 있는 색깔의 순서가 첫번째 활 모양에서의 순서와 거꾸로인 점도 설명하였다.

광학의 예에서 보았듯이 이슬람 실험과학의 역사는 단명하였던 창조적 활동의 몇 가지 예를 보여 준다. 알 킨디와 후나인의 보수적인 저술들과 이븐 알 하이삼의 혁명적인 저술 사이에는 150년이라는 공백이 존재하였다. 5/11세기 전반 이집트에서 쓰여진 이븐 알 하이삼의 『광학』은 7/13세기 말 페르시아에서 카말 앗 딘이 자신의 연구에 그것을 활용할 때까지는 이슬람권 내에서 거의 알려지지 않았다. 그러나 거의 같은 시기에 서구에서는 이븐 알 하이삼의 저술이 라틴어로 번역되어 적극적인 연구대상이 되었으며, 광학지식에 관한 가장 중요한 원천으로 인정되었다.

안달루시아와 동방

동방 이슬람 세계에서 최초의 중요한 철학자였던 야쿠브 이븐 이스학 알 킨디는 257/870년경에 사망하였다. 무슬림 스페인에서 철학사상에 관한 진지한 관심이 시작된 것은 무하마드 이븐 마사라부터였다. 코르도바 출신으로 319/931년에 사망한 그는 신플라톤주의적인 경향이 강하였다. 이 두 사람 사이의 시기적인 차이는 고대학문의 발달에서 안달루시아가 동방에 비해서 얼마나 뒤처져 있었던가를 말해 준다. 그러나 이것으로는 충분하지 못하다. 알 킨디와 비교해 볼 때 이븐 마사라는 모호하고 불확실한 인물이었으며, 수피즘이나 금욕생활에 대한 그의 관심도를 생각할 때 그를 과연 알 킨디와 같은 철학자로 분류할 수 있을지도 의문이다. 사실 스페인이 과학과 철학 분야에서 진실로 탁월한 인물들을 배출하기 시작한 것은 5-6/11-12세기 이후의 일이었다.

무슬림 스페인에서의 지적인 생활의 흥쇠는 동방에서의 초기 발전과 상당한 유사성을 보여 준다. 바그다드에서 학문활동을 적극적으로 후원하였던 알 마문의 역할을 담당한 것은 그로부터 1세기 후 코르도바의 알 하캄 2세였다. 이미 그의 아버지 아브드 알 라흐만 3세 때부터 시작하여 자신이 죽던 366/976년까지 알 하캄은 과학과 철학의 부흥에 진력하였다. 그는 이집트와 이라크에 사신을 보내서 서적을 구입하였고, 점차 코르도바에 도서관을 설립하여 그 장서수는 아바스 왕조에 비견될 정도가 되었다. 그는 희귀한 문헌을 필사하도록 하였고 세속학문 분야에 종사하는 학자들을 특히 독려하였다. 이렇게 스페인에서의 학문 발달은 마치 아바스 왕조 초기에 그러하였던 것처럼 황궁의 강력한 지원에 의해서 자극을 받은 것이었다.

아브드 알 라흐만 3세의 치세 시기였던 341/952년 직후 코르도바에서 디오스코리데스의 『마테리아 메디카』(Materia medica)가 아랍어로 새롭게 번역되었다. 이 번역은 비잔틴의 황제로부터 받은 삽화가 있는 그리스어 텍스트를 기초로 하였고, 그리스어를 읽을 줄 아는 콘스탄티노플의 수도승, 라틴어를 아는 기독교도 그리고 아랍인 학자들이 협동하여 아브드 알 라흐만 3세의 주치의이던 유대인 학자 하스다이 이븐 샤프루트의 도움을 받으며 진행되었다. 그 이전에는 디오스코리데스의 이 책은 3/9세기에 바실리우스의 아들 스테파누스가 완성한 번역본이나 이를 수정한 후나인 이븐 이스학의 번역본이 알려져서 사용되어 왔으나, 많은 그리스의 약 이름들을 그저 음으로 옮겨 놓은 정도였다. 코르도바의 번역자들은 그러한 약 이름들을 삽화의 도움을 받아서 적절한 아랍 용어로 바꾸려고 하였다.

알 하캄 사후 시작된 반동 역시 아바스 왕조에서 칼리프 무타와킬이 죽은 뒤에 일어난 현상과 유사하였다. 학자들의 강력한 요구에 의해서 알 하캄의 도서관에 합리적 학문(산술학과 의학은 제외)에 관한 서적들은 불태워지거나 물 속에 던져져서 수장되었고, 철학과 과학적인 활동은 지하로 숨어들 수밖에 없었다. 그러나 422/1033년 우마이야 왕조 몰락 이후 안달루시아 전역에서 일어난 소왕국들이 경쟁하는 상황 속에서 학문의 부흥이 시작되었다. 이 역시 4/10세기 중반 이후 동방에서 아바스 왕조가 약화되고 여러 독립왕국들이 문화적인 권위와 정치적 권력을 과시하기 위해서 경쟁하던 상황과 비슷하다고 할 수 있다.

463/1070년경에 활동하던 천문학자 앗 자르칼리를 예외로 한다면, 과학과 철학 분야에서 이름난 대부분의 학자들은 6/12세기에 속하였다. 그들은 당연히 서로 알고 있었고 또 영향을 주고받았다. 『하이 이븐 야크잔』(Hayy ibn Yaqzān)이라는 유명한 철학소설을 쓴 이븐 투파일은 알모아데 왕조의 군주인 아부 야쿠브 (559-850/1163-1184)의 주치의였고, 젊은 이븐 루슈드를 아부 야쿠브에게 소개해 준 장본인도 바로 그였다. 이븐 투파일은 이븐 루슈드에게 아리스토텔레스의 저작들에 대한 주석을 달도록 권유하였고, 이로 인해서 이븐 루슈드는 서구에서 '주석자'라는 별명을 얻었던 것이다. 565/1169년 이븐 루슈드는 세비야의 판사로 임명되었고, 567/1171년에는 코르도바의 주임판사가 되었으며, 578/1182년에는 이븐 투파일을 대신하여 궁정 주치의가 되었다. 이븐 루슈드는 알모아데 왕조에서 계속 헌신하다가 죽기(595/1198년) 4년 전인 아부 유수프의 시대에 불명예스럽게 물러나고 말았다. 이븐 루슈드는 의사였던 아부 마르완 이븐 주흐르의 친구였고, 이 두 사람은 함께 종합적인 의학 백과사전을 편찬하기도 하였다. 천문학자 알 비트루지는 젊었을 때 이븐 투파일과 교분을 가졌고, 그의 영향을 받아서 비프톨레마이오스적이며 보다 아리스토텔레스에 충실한 천문체계를 고안하였다. 그러한 체계에 대한 필요성은 아리스토텔레스의 『형이상학』(Metaphysics)에 대한 이븐 루슈드의 방대한 주석서에서도 마찬가지로 지적된 바이다. 마이모니데스 역시 이러한 철학적인 분위기 속에서 성장하였으나 비교적 젊은 나이에 스페인을 떠나 카이로에 정착하였는데, 그 역시 프톨레마이오스 천문학에 대한 이러한 부정적인 견해에 동감하였다.

아리스토텔레스 학파의 부흥이라고 할 수 있는 이러한 학문적 움직임이 처음 시작된 것은 안달루시아의 철학자 이븐 바자(430/1138년 사망, 일명 아벰파케)에 의해서였다. 그는 알 파라비로부터 강한 영향을 받았다고 한다. 그러나 스페인의 아리스토텔레스 학파는 동방의 이슬람권과 그 지적인 권위에 대항해서 점차로 독자적인 자부심을 가지게 된 상황을 배경으로 할 때 이해가 되는 독특한 측면들을 지니고 있었다. 5/11세기에 이러한 경향은 안달루시아 역사에서 가장 독창적인 사상가로 칭해지는 코르도바의 이븐 하즘의 사상 속에서 구체화되었다. 그는 이슬람 율법에 대한 '문자주의'적인 접근방법을 종교철학의 모든 부분으로 확대시켰다. 그의 목적은 두 가지인데, 하나는 인간의 침해로부터 성스러운 율법을 보호하는 것이고, 또 하나는 타당한 이성적 사고의 영역을 규정하려는 것이었다. 그는 종교의 모든 것이 이미 『코란』과 『언행록』에 분명하게 서술되어 있고, 따라서 이 두 원천을 이용한 다른 모든 추론을 부정하였다. 그는 어떠한 인간도 자신의 노력의 결과를 —— 그것의 내용이 무엇이든 혹은 무엇에 근거하였든 간에 —— 종교의 힘을 빌려 주장해서는 안 된다고 말하였다. 종교적인 명령은 인간의 노력에 의해서 발견될 수 있는 이성으로부터 비롯된 것이 아니라 성스러운 권위로부터 비롯된 것이기 때문에 준수되어야 한다고 선언하였다.

이븐 하즘의 견해는 분명히 동방에서 시작된 모든 법학파의 권위에 대한 거부를 의미하였다. 그의 입장은 후일 무슬림 스페인의 신학과 세속학문 분야에 반영되었다. 알모아데 운동의 창시자인 이븐 투마르트(421/1130년 사망) 역시 이븐 하즘의 '문자주의'에 영향을 받아서 『코란』과 『언행록』과 예언자의 벗들의 '합의', 이 세 가지만을 법률의 근거로 인정하였다. 알모아데 왕조의 3대 군주인 아부 유수프 야쿠브(580-596/1184-1199)도 이븐 투마르트와 마찬가지로 여러 학파에 의해서 해석된 법체계를 반대하며, 법학자들에게 고대의 스승들을 모방하지 말고 오로지 『코란』과 『언행록』에 근거하라고 권유하였다. '문자주의'의 영향을 받은 사람들의 눈에는 법학파의 거장들뿐만 아니라 아랍어 문법의 권위자들도 비판의 대상에 포함되었다. 알모아데 왕조에서 주임판사의 직책을 수행하였던 코르도바 출신의 이븐 마다(592/1196년 사망)는 시바와이(179/795년경 사망) 이래 아랍 문법의 근간을 이루었던 '행위자' 이론을 배척하였다. 그는 또 문법상의 '원인'을 찾으려는 노력에 대하여 비판하면서, 언어적 현상의 유일하고 진실한 원인은 '개인적인' 화자라고 주장하였다.

이처럼 6/12세기 알모아데 왕조 시대에 나타난 공격적인 문자주의 경향은 다른 곳에서는 비슷한 예를 찾아보기 힘들다. 예를 들면 이븐 루슈드의 '순수한' 아리스토텔레스주의는 아리스토텔레스에 대한 과거 무슬림 주석가들을 맹렬하게 비판하고 있다는 점에서 철학 부문의 '문자주의'라고 할 수 있다. 그가 저술한 『부조리의 부조리』는 알 가잘리의 『철학의 부조리』에 대한 공격이며, 동시에 아리스토텔레스를 인정한다고 하는 이븐 시나와 알 파라비에 대한 비판이기도 하다. 그는 후대 무슬림 사상가들에 의해서 꾸며진 개념을 마치 아리스토텔레스 자신이 사용한 개념인 양 착각하고 있는 점도 알 가잘리가 범한 오류 가운데 하나라고 지적하였다. 이븐 루슈드의 '민족주의'와 자신을 아리스토텔레스 학파의 진정한 후계자라고 보려는 그의 생각 사이에는 분명한 연관성이 있다. 아리스토텔레스의 『기상학』에 대한 주석에서 그는 안달루시아와 그리스의 기후가 흡사하다고 지적하고, 따라서 그리스인과 마찬가지로 안달루시아의 주민들도 철학적인 사고를 하기에 —— 이라크와 같은 곳보다는 —— 더 적합하다고 주장하였다.

프톨레마이오스 천문학에 대한 이븐 루슈드의 태도 역시 아리스토텔레스를 최고이자 최후의 철학적 권위로 보려고 하는 그의 견해 —— 이븐 투파일이나 알 비트루지도 마찬가지로 생각했다 —— 에서 비롯된 것이었다. 따라서 이븐 시나는 프톨레마이오스의 『알마게스트』의 요지를 소요학파 철학에 기반을 둔 자신의 최고의 저술 속에 포함시키기는 하였지만, 프톨레마이오스 체계를 아리스토텔레스의 우주론에 비추어 검토해 본 결과, '우리 시대의 천문학은 계산과는 일치하지만 실재로 존재하는 것과는 일치하지 않는다'라는 결론을 내렸던 것이다. 따라서 이븐 루슈드는 프톨레마이오스적인 천문학 체계가 천체현상을 잘 설명해 준다는 강점을 가지고 있다는 사실을 알고 있었다. 그러나 그 체계는 이심원과 주전원이라는 개념을 사용하고 있기 때문에, 모든 천체가 세계의 유일한 중심을 근간으로 돌고 있다고 한 아리스토텔레스적인 개념을 어그러뜨린 것이었다. 그리고 아리스토텔레스의 이론은 논증에 의해서 진실임이 밝혀졌기 때문에 프톨레마이오스의 이론은 오류일 수밖에 없다고 생각하였던 것이다. 이븐 루슈드 자신은 제3의 체계를 발견하지 못하였지만 다른 사람들에게 그러한 체계를 찾아보도록 종용하였다. 6/12세기에 비트루지가 제시한 이론은 천문학적인 관점에서 보면 실패작이었지만, 그것은 무슬림 스페인의 과학이 처해 있던 독특한 상황을 잘 보여 주는 실례이기도 하다.

8. 전쟁과 무기

8/14세기 맘루크 군대의 기사. 뒤를 향해서 쏘는 모습으로 기마술과 궁술은 당시 기사들이 연마해야 할 필수적인 기술이었다.

무슬림과 기독교도 사이에서 지중해 장악을 둘러싸고 벌어졌던 오랫동안의 종교적 반목과 전쟁의 결과로 생겨난 전형적인 고정관념은 천국에 대한 열망과 자신들의 종교만이 옳다고 믿는 광신 그리고 '성전'(jihad)에서의 영광스러운 순교 등의 욕망에 가득 찬 호전적이고 피에 굶주린 사라센의 이미지였다. 이슬람권과 기독교권 사이에서 벌어진 가장 현저하고 지속적인 접촉이 군사적인 측면에서 이루어졌다는 사실을 부정할 수는 없다. 콘스탄티노플이 무슬림 군대의 최종적인 목적지였던 것처럼 팔레스타인에 위치한 기독교 성지들과 안티오크와 알렉산드리아의 교회들은 서구 십자군들의 목표이기도 하였다. 더구나 십자군이 레반트 지역에서 자신들의 최후의 근거지를 포기한 반면 무슬림들은 857/1453년에 콘스탄티노플을 점령함으로써 목적을 달성한 이후 육지와 바다에서의 그들간의 충돌은 수세기를 거듭하여 계속되어 왔다. 오스만 투르크는 발칸 반도로 진출하였고, 스페인과 포르투갈은 무슬림이 사는 북아프리카를 공격하였다. 물론 9/17세기 이후가 되면 순수한 종교적인 동기보다는 정치적 경제적 전략적인 동기들이 더 큰 작용을 한 것도 사실이었다.

광신적인 무슬림 전사 —— 가지(gāhzī) 혹은 무자히드(mujāhid) —— 에 대한 중세나 그 이후 시대의 관념에 전혀 근거가 없었다고 할 수는 없다. 6/12세기에서 7/13세기에 이르기까지 종교적인 열정에 가득 차서 죽음을 두려워하지 않는 '암살자'(fidā'ī)들에 대한 기억은 오늘날까지 생생하게 살아남아서, 정치적 혹은 종교적인 목적에서 테러를 감행하는 사람들을 페다인(fedayeen)이라고 부르고 있다. 고전시대의 칼리프 왕조를 비롯하여 중세의 몽골, 맘루크, 오스만, 사파위, 무굴 등의 제국은 확실히 군사적인 정복이나 혁명운동에서 시작되었으며, 그 가운데 일부는 종교적인 동기와 결부되어 있었다. 그리고 군사 쿠데타로써 정권이 들어서는 것이 아직도 아랍 세계 상당 지역에서는 예외적인 현상이 아니다. 전쟁의 경보는 자주 무슬림의 일상생활을 멈추게 하였고, 토지는 외부로부터의 침입자나 내부의 반란집단 혹은 권력을 장악하고자 하는 야심꾼들에 의해서 짓밟혔으며, 도시는 약탈의 대상이 되었다. 중세 이슬람 세계로 들어서면서 행정기구, 특히 토지제도의 상당 부분은 전쟁을 수행하기에 적절한 형태로 만들어졌다. 바로 이러한 이유 때문에 이슬람 세계에서의 전쟁 혹은 군사조직의 문제가 연구의 대상이 될 수 있다.

문화적, 사회적으로 후진지역이었던 아라비아 반도에서 부족생활의 기본적인 군사행동은 경쟁부족에 속한 전사를 죽이거나 노예로 만들고 그들이 소유한 낙타나 재산을 빼앗는, 말하자면 침략이나 보복을 위주로 한 약탈(아랍어로는 '가즈브'[ghazw] 혹은 '가즈와'[ghazwa])이었다. 이러한 약탈은 언제나 특정한 목적을 가지고 수행되는 제한적인 작전일 수밖에 없었고, 이슬람 출현 이전의 아라비아에서 유명한 바수스의 전투(5세기 말-6세기 초)나 다히스의 전투 등은 일대 회전을 치르는 전면전이라기보다는 여러 해에 걸쳐서 계속된 소규모 전투를 통칭하는 것이었다. 이슬람 이전 아라비아의 도시들은 부족의 무용(武勇)에 자부심을 가지는 파흐르(fakhr)의 정신이 깊이 스며들어 있고, 전투에서 전사들의 영웅적인 행위를 찬양하고 있다. 시인 주바이르 이븐 아비 술마가 말하였듯이, 자신을 보호하는 능력은 생존을 위해서 필수적이었다.

누구라도 죽음이 오는 길목에서 두려워 떠는 자,
죽음이 그를 베어 버릴 것이다.
설사 그가 하늘로 오르는 사다리를 오르려고 하여도.
누구라도 남이 자신을 능욕하도록 허락하는 자,
자신을 겸허하게 하지 않는 자,

그는 뉘우치게 될 것이다.
누구라도 자기의 훌륭한 무기로 물통을 보호하지 않는 자,
그것이 부서지는 것을 보게 될 것이며,
누구라도 남을 공격하지 않는 자,
스스로 공격을 당하게 될 것이다.

그러나 이러한 약탈이 제한된 규모였기 때문에 인간과 재화가 마구 소모되지는 않았다. 또한 '혈수'(血讐)가 의미하는 보복에 대한 우려 역시 무차별적인 학살을 억제하는 요소로 작용하였다.

실제로 전투에 사용되는 무기는 후대의 관점에서 볼 때 원시적인 것이었다. 칼은 보통 '예멘'이나 '인도'에서 온 것으로 지적되고 있듯이, 아랍인들이 토착적인 무기로 사용한 것은 무엇보다도 창이었고(창대는 보통 페르시아 만이나 저지대 이라크에서 구한 것을 이용하였다), 둘째로는 활과 화살이었다. 이슬람 출현 이전이나 그 직후에 전사들은 언제나 활을 가지고 다니려고 하였고, 활을 착용하는 것이 베두인의 징표이기도 하였다. 시인 알 하리스 이븐 힐리자가 중부 이라크의 라흠(Lakhmi) 왕조의 군주 암르 이븐 힌드의 면전에서 위대한 즉흥시(Mu'allaqa)를 낭송할 때 지나치게 자신의 활에 몸을 의지하다가 활시위에 손을 베었다는 일화나, 칼리프 알리가 분리주의자들인 하리지파와 논쟁을 벌일 때 자기 활에 기대고 있었다는 일화가 전해지고 있다. 몸을 보호하는 데에 사용된 것으로는 가죽으로 된 가슴막이 판과 조잡한 비늘식 갑옷 정도였는데, 아마도 유목민의 원시적인 무기를 막아내는 데에는 그것만으로도 충분하였을 것이다. 그럼에도 불구하고 그러한 장비는 대대로 전수되었고, 심지어 괜찮은 갑옷을 빼앗기 위해서는 약탈전도 불사하였다. 전사이며 시인인 샤마왈 이븐 아디야가 북구 히자즈의 아블락에 있는 한 성채를 공격하여 시인 임루 알 카이스가 그곳에 보관한 갑옷과 무기를 탈취하려고 한 것이 그 예가 될 것이다.

아랍인의 분출

1/7세기 예언자 무하마드의 고양된 지도력 아래 황막한 사막으로부터 튀어 나온 아랍인들의 분출은 전사들의 대규모적인 움직임이었으며, 그것은 시리아나 이라크 혹은 페르시아에서 풍부한 약탈물을 얻을 수 있다는 소문을 통해서 더욱 그 추진력을 더해 갔다. 이슬람측 자료들은 당연히 종교적인 동기를 강조하고 있는데, 무엇보다도 『코란』은 다음과 같이 분명히 지적하고 있다.

알라와 최후의 날을 믿지 않는 사람들과 싸우라. 그리고 신과 그의 사도가 명령한 것을 따르지 않는 사람들 —— 경전을 받았으면서도 진리의 종교를 믿지 않는 사람들 —— 에 대해서, 그들이 공납을 바치고 겸손해질 때까지 싸우라(『코란』 제9장 29절).

오늘날 종교적인 동기보다는 세속적인 요인들, 즉 아라비아 반도에서의 인구 균형의 동요라든가 빈곤 혹은 단순히 약탈물에 대한 욕심을 더 강조하는 경향이 있다. 마침 당시 중동의 두 세계 제국, 즉 비잔틴과 페르시아가 전쟁으로 인하여 지쳐 버리고 따라서 외부의 공격에 허약한 상태에 있었다. 그러나 이슬람의 전쟁에서 종교적인 동기를 결코 과소평가해서는 안 될 것이다. 예를 들면 아주 최근의 일이지만 1948년에 서북 인도와 아프가니스탄에 있는 무슬림들이 자원하여 카슈미르 지방으로 들어가서 그곳을 파키스탄의 영토로 보존하려는 '성전'을 벌인 일이 있다. 종교적인 열정에 가득 찬 지원자들은 중세 이슬람 세계에서는 매우 중요한 역할을 하였고, 이슬람 군대가 이러한 '성전사들'로 충원되는 예도 많았다. 이교도의 영역에 대한 전면적인 군사적 원정이 수행되는 경우 —— 예를 들면 우마이야 왕조나 아바스 왕조 시대에 콘스탄티노플에 대한 공격이나 838년 칼리프 알 무타심의 중부 아나톨리아의 아모리움에 대한 공격 혹은 997년 우마이야 왕조의 스페인 총독이던 알 만수르가 콤포스텔라에 있는 성 야고보의 성묘(省墓)를 공격한 일 등 —— 를 제외하고는 아나톨리아, 북부 스페인, 중앙 아시아, 인도 변경지대에서의 공격과 방어는 대체로 이러한 지원자들의 몫이었다. 이들은 보통 내륙의 변경거점(ribāt)이나 지중해, 대서양의 기독교도나 바이킹의 공격에 노출된 해안지대에 배치되었다.

이슬람 정복의 초기에 이슬람 출현 이전 시대에 행해지던 아랍인들의 전쟁방식이 그대로 답습되었던 것은 불가피하였을지도 모르나, 시간이 지나면서 보다 새로운 방식을 채용해야 한다는 생각이 강해졌다. 이미 무하마드 생전에도 그러한 징후들이 나타나기 시작하였으며, 그 점에서 비잔틴이나 페르시아의 영향은 매우 중요하였다. 6/627년 예언자를 반대하였던 메카측이 많은 수의 메카 시민, 베두인을 규합하여 메디나를 포위하였을 때, 메디나측은 적의 공격에 노출된 도시의 북쪽을 방어하려고 참호를 팠다. 이것은 페르시아인으로 무슬림이 된 살만이라는 사람이 고안한 것으로, 비록 소규모이기는 하였지만 처음 도입된 기술이어서인지 그런대로 적의 공격을 지연시키는 데에 성공한 것으로 보인다. 그로부터 3년 뒤 예언자는 타이프라는 도시를 공격하게 되었는데, 이곳은 아라비아에서 유일하게 성벽으로 보호된 도시였다. 그는 공성전에 필요한 무기를 확보하려고 비잔틴 변경지대로 사람을 보냈는데, 거듭된 공격에도 불구하고 많은 희생자를 내었고 결국 타이프가 자진해서 투항함으로써 전투는 끝났다. 아라비아를 벗어나 외부로 향한 무슬림들은 곧 새로운 전쟁무기들을 다루는 방법을 터득하였다. 아마도 시리아나 이라크 변경지역에서 근무하였거나 그리스나 페르시아 군대에서 보조병으로 일하였던 아랍인들은 이미 어느 정도 그러한 것들에 대해서 익숙해져 있었던 것으로 보인다. 예를 들면 성 안으로 돌을 던져 넣는 투석기, 성벽을 부수는 기계, 병사들이 성벽을 타고 오를 수 있도록 하는 고가 사다리, 지하 터널을 파는 기술, 이러한 것들은 이미 비잔틴에서는 상당한 수준으로까지 발전되어 있었는데 아랍인들은 이 기술들을 점차로 수용하였다. 아랍인들은 대형 투석기를 만자니크(manjanīq)라고 부르는데, 이는 그리스어의 망가니콘(manganikon)에서 유래한 말이다. 이러한 투석기는 14/635년 다마스쿠스 공략시와 16/637년 파르스 지방의 이스타흐르 공략시에 사용된 것으로 기록되어 있다.

당시 아랍 군대는 수적으로는 적지만 낙타나 말을 이용하여 매우 기동성이 높은 기마군대로서, 중동과 북아프리카의 사막, 초원을 지나 아르메니아와 이란 고원으로 신속하게 확산하여 갔고, 중간에 있는 도시나 성채를 그냥 지나쳤다가 나중에 다시 돌아와서 함락시키거나 자발적인 항복을 받아내는 경우도 드물지 않았다. 거추장스러운 짐을 끌고 다니던 중무장한 비잔틴과 페르시아의 보병이나 기병과는 달리, 아랍 군대는 대체로 자기가 가지고 있는 소량의 보급물자나 약탈물에 의지해서 지낼 정도로 자급자족적이었다. 따라서 대부분의 정복군대가 직면하는 문제인 길다란 보급행렬은 그들에게 아무런 문제도 되지 않았다. 아랍인들은 순식간에 북아프리카 해안을 따라서 진출하여 대서양에 면하고 있는 모로코에 이르고, 카프카스 산맥을 넘어 볼가 강 하구에 이르는가 하면, 인도양 해안을 따라서 발루치스탄을 거쳐서 인더스 강에 이르렀다.

정복의 완성

정복한 지역을 안전하게 확보하기 위해서 제2대 칼리프인 우마르(23/63-644)에서부터 시작하여 아랍의 지도자들은 암사르(amsār)라고 하는 병영도시를 건설하였다. 이것은 다마스쿠스, 메르브, 쿰, 킨나스린과 같이 기존의 도시를 이용할 때도 있었고, 이라크의 쿠파, 바스라, 와시트, 이집트의 푸스타트, 튀니지의 카이라완과 같이 새로 건설된 것도 있었다. 이러한 병영도시들은 소수의 엘리트들로 하여금 엄청난 숫자의 피지배민들을 통제할 수 있는 군사력의 전략적인 요충지가 되었고, 버나드 루이스의 표현을 빌리면 "초기 아랍 제국의 지브롤터이자 싱가포르"와 같은 곳이 되었다. 특히 시리아와 이라크의 암사르는 사막의 변두리에 위치하였으므로 베두인 지원부대의 집결지도 될 수 있었다. 바로 그러한 쿠파에서 아르메니아, 아제르바이잔, 카프카스 등지를 향한 원정이 조직되었고, 바스라에서는 남부와 동부 페르시아, 서투르키스탄, 신드 등지에 대한 원정군이 출발하였다. 그러나 이러한 인공도시는 점차 상업과 학술활동의 중심지로 변모하였고 나름대로 각자의 성쇠를 겪게 되었다. 예를 들면 쿠파는 쇠퇴해 버렸지만 바스라는 오늘날 이라크에서 두번째로 큰 도시가 되었고, 푸스타트 역시 후일 카이로의 선구가 되었던 것이다. 우마이야 시대에 이라크의 총독이었던 지야드 이븐 아비히가 쿠파와 바스라 건설 이후 25년도 채 지나지 않은 시점에서 그곳에 있는 아랍 군인들의 숫자를 조사하였는데, 그 결과 쿠파에는 무려 4만 명, 그리고 바스라에는 7만 명의 병사들이 있다는 사실을 확인하였다. 끊임없이 병사들이 아르메니아와 페르시아 전선으로 차출되어 갔음에도 그 정도의 숫자가 있었던 셈이다. 이러한 병영도시에 정착한 아랍인들은 자기들 고유의 부족조직을 그대로 가지고 있었고, 부족은 여전히 사회적 군사적인 조직의 기반을 이루고 있었다. 우마이야 왕조 90년(41-133/661-750) 동안 아랍인 내부의 부족전쟁이 끊이지 않고 계속되었던 까닭도 이해할 수 있다. 우마이야 왕조측에서 부족 수령들에게 부족민을 이끌고 전투에 참여해 달라고 보조금을 지급한 경우도 적지 않았다. 예를 들면 마르완 이븐 알 하캄(65-66/684-685)은 시리아에 주둔하던 한 예멘 부족의 수령 하산 이븐 말리크를 통해서 2천 명의 부대를 동원하는 대신 그에게 은화 2백만 디르함을 지불하였고 하산의 아들(혹은 조카)을 부족수령으로 인정해 주었다.

　아랍 귀족들은 정복한 땅에서 나오는 세금수입으로 생활하는 유한계급이 되려고 하였다. 『코란』이 규정한 것을 엄격히 적용한다면 정복한 땅과 약탈물은 병사들에게 분배되어야 하였고, 특히 공동체의 우두머리인 칼리프는 국가의 유지를 위해서 전체의 5분의 1을 차지할 수 있었다. 그러나 재산을 물리적으로 분배한다는 것은 그야말로 혼란을 자초하는 일이었기 때문에, 그 대안으로 생각해 낸 방법이 국가에서 세금을 받아 그것으로 아랍인 전사들 혹은 아랍인이 아니더라도 이슬람으로 개종한 토착민들(mawālī) 가운데 특권계층에게 봉급을 주는 것이었다. 전사들의 이름은 모두 칼리프 우마르가 창안한 디완(dīwān)이라고 하는 명부에 기재되었다. 아리프('arīf)라고 불리는 관리가 부대 안의 전사들 명부를 책임지며 봉급을 지급하였다. 얼마나 봉급을 많이 받느냐의 여부는 당사자가 얼마나 일찍 개종하였느냐, 혹은 과거에 이단 메카인들과 치른 바드르의 전투에 참여하였느냐 등 여러 가지 요건에 의해서 결정되었으며, 봉급을 받을 권리는 세습되었다. 이러한 봉급 이외에도 팽창이 이루어질 때는 전투 결과 획득하는 무기, 보석, 가축, 노예 등을 가질 수 있었다. 이슬람 국가는 점차 노예를 많이 소유하게 되었는데, 물론 초기에는 경제 생산이나 군사적인 목적보다는 가내노동에 주로 이용되었다. 사실 북아프리카 원정의 가장 큰 동기는 베르베르인 노예를 얻으려는 것이었고, 마찬가지로 카프카스를 넘어서 남러시아를 원정한 것이나 옥수스 강을 건너서 중앙 아시아를 원정한 것 역시 투르크인이나 다른 계통의 노예들을 확보하기 위해서였다.

  아랍 군대의 가장 고전적인 전투대형(ta'biya)이 생겨난 시기는 아마도 우마이야 왕조 시대인 것으로 보이며, 8/14세기에 이븐 할둔이 지적하였듯이 이것은 비잔틴이나 페르시아 쪽의 영향을 받아서 생긴 것이었다. 과거의 주요 전술은 격렬한 공격을 한 뒤 거짓으로 후퇴하다가 다시 돌아서서 적을 반격하는 소위 카르 와 파르(karr wa farr : '후퇴와 공격')라는 것이었다. 그러나 이제 전투대형이라는 개념이 도입되어, 『코란』에서 "알라는 마치 잘 다져진 건물처럼 대열에 서서 그의 길을 위해서 싸우는 사람을 축복한다"(제61장 4절)라고 하였듯이, 마치 기도할 때 줄을 서듯이 횡렬로 서서 진군하였다. 전투에 임할 때 일반적인 대형은 5중(khamīs)으로 이루어진다. 즉 지휘관이 있는 중앙이 있고 좌익과 우익, 그리고 전위와 후위가 그것이다. 후위에는 보급물자 행렬과 군수품을 팔기 위해서 따라 나선 상인들, 무기와 공성용 기구들이 있었다. 부대의 가장 첨단에는 척후병들이 있었다. 두 군대가 서로 부딪쳤을 때는 양측의 대표들이 나와 일대 일로 겨루는 경우도 많았는데, 37/657년 칼리프 알리와 무아위야의 군대가 전투하였을 때처럼 그러한 개인적인 대결이 때로는 며칠간 계속되기도 하였다. 만약 자기편의 대표주자들이 계속 패배할 경우에는 사기가 크게 떨어지므로 이러한 개인적인 대결은 심리적인 효과가 컸다. 전면적인 공격의 신호는 보통 나팔을 불거나 깃발을 흔들어서 알렸다. 최근 발견된 아랍어로 된 역사자료들 가운데 부족의 깃발이 그려진 것이 있는데, 그러한 깃발은 당연히 병사들의 집결점이 되었을 것이다. 전투가 벌어지는 도중에는 과거와 같은 공격과 위장후퇴의 전술이 사용되기도 하였다. 스페인의 무슬림들은 오랫동안 이 전술을 애용하였기 때문에, 그것을 표현하는 토르나 푸예(torna-fuye)라는 말도 스페인 기독교도로부터 빌려온 것이었다. 우마이야 왕조의 마지막 칼리프인 마르완 2세(127-133/744-750)는 이러한 밀집대형에 약간의 수정을 가하여 병렬대형을 도입하였으나, 5중구조의 대형은 그후로도 기본을 이루었다.

133/750년 아바스 왕조의 성립과 함께 이슬람의 변경은 대체로 고정되었고, 3/9세기가 되면 도리어 비잔틴이 공세로 전환함으로써 상실하였던 북부 시리아를 탈환하였고 스페인에서도 기독교도의 재정복(Reconquista)이 시작되었다. 3/9세기에는 칼리프 왕조의 일체성이 붕괴되면서 지방정권들이 생겼다. 이에 따라서 변경지역도 안정화되었고 전투의 양상도 대규모 원정보다는 소규모 게릴라전이 주류를 이루었다.

3/9세기 이후 군사적인 측면에서 가장 두드러진 현상은 군사집단이 점점 더 직업적인 것으로 바뀌면서 아랍인들이 뒤로 물러나고 다른 민족들이 전면에 나서게 되었다는 사실이다. 아바스 왕조는 호라산과 동부 이란에 주둔한 군대의 도움으로 정권을 장악하였으나 곧 아랍 군대의 디완 제도는 쇠퇴하기 시작하였다. 그 군대는 전처럼 개병제(皆兵制) 성격이 아니었으며 점점 더 전투를 기피하였다. 아바스 왕조는 우마이야 왕조에 비해서 제도의 운영은 보다 공개적이었고 관리의 충원도 훨씬 국제적이었다. 198/813년 메르브 총독이자 페르시아인 피가 반은 섞여 있던 알 마문이 자기 동생인 알 아민을 누르고 칼리프가 된 이후 페르시아적인 요소는 더욱 우위를 점하게 되었다. 그러나 호라산 군대의 우세도 단명에 그치고 말았고, 투르크인들이 칼리프 왕조와 다른 지방정권 내부의 군사조직을 장악하기 시작하였다. 곧 투르크인들은 단순히 군사적인 방면에서 발전하여 정치 분야 전반에 걸쳐서 영향력을 행사하기 시작하였고, 몇 세기도 채 안 되어 군사력을 바탕으로 한 투르크계 국가들이 알제리에서 예멘과 벵골에 이르기까지 각지에 들어서게 된 것이다. 이집트에서 1953년에 무하마드 알리의 후손인 푸아드 1세가 폐위됨으로써 비로소 그러한 투르크계 왕조가 최후를 맞았다.

군대의 구성

이러한 새로운 직업군대는 두 가지 중요한 특징이 있었다. 첫째는 다민족 구성이라는 점으로, 구체적으로 어떤 민족들이 군대에 포함되는가 하는 것은 어떤 집단들을 쉽게 받아들일 만한 지리적 위치에 있었는가에 따라서 결정되었다. 둘째는 노예군인 — 굴람(ghulām) 혹은 맘루크 — 을 핵으로 하여 구성되었다는 점이다. 칼리프나 지방총독들은 권력의 집중을 도모하기 위해서 자신을 받쳐 주면서 예속민에 대한 지배를 용이하게 해 주는 믿을 만한 군대를 필요로 하였다. 이때쯤 되면 평범한 아랍인도 쉽게 다가갈 수 있는 부족수령의 이미지를 지녔던 정통 칼리프나 초기 우마이야 왕조의 칼리프들과 같은 군주는 먼 옛날 이야기가 되어 버렸다. 상비군과 충직한 노예들의 존재는 3/9세기 이후 지배층과 피지배층 사이의 간격을 더욱 넓혀 놓았고, 평민들은 그저 세금을 바치고 전쟁에서 피땀을 흘리는 존재로 전락하고 말았다. 오스만 제국에서는 아스케리('askerī : '군인')와 레아야(reʿāyā : '농민') 사이에 이러한 구분이 지어졌다.

노예군대 — 적어도 이론적으로는 — 는 아무런 지역적 연고가 없기 때문에 주인에게 무조건적인 충성을 바칠 것이라고 여겨졌고, 어떤 민족에 속하든 간에 이슬람권 외부에서 노예를 수입해 와서 무슬림식의 교육을 시키고 정예군대로 편입시켰다. 알모라비데 왕조의 군주인 알리 이븐 유수프(500-537/1106-1142)는 기독교도 기병대(아마도 갈리치아인, 바스크인이나 북부 스페인 출신의 사람들로 구성되었을 것이다)를 고용하였는데, 그 목적은 스페인의 기독교 군주들과의 '성전'을 치르기 위해서가 아니라 마그리브에 사는 무슬림들로부터 세금을 걷기 위해서였다. 이집트에서 실질적인 독립군주가 된 투르크 출신의 총독 아흐마드 이븐 툴룬(254-270/868-884)은 그리스인과 수단 출신 노예들을 사들였으며, 그리스, 발칸, 아르메니아로부터 용병들을 충원하여, 푸스타트 근처에 설치한 군영에는 각종의 집단을 수용하는 특별 구역이 두어졌다. 5/11세기에 카이로를 방문한 페르시아인 나시리 후스라우는 파티마 왕조의 칼리프 알 문타시르(427-487/1036-1094)의 일행이 나일 강으로 행렬해 가는 것을 목격하였는데, 그를 호위하는 1만 명의 근위대는 말 위에 올라타고 보석으로 치장한 베르베르인, 투르크인, 페르시아인, 흑인들이었다고 한다. 그리고 그의 바로 앞에는 카스피 해 서남 연안에 있는 다일람이라는 험준한 산악지대 출신들로 구성된 300명의 특수 보병대가 주핀(zhupin)이라고 하는 전투용 도끼와 긴 창을 들고 지나갔다고 한다. 그러나 그 어느 민족집단보다도 중앙 아시아나 남러시아의 거친 초원을 배경으로 성장한 투르크인들의 무용이 가장 높은 평가를 받았다.

바로 이 시기부터 디완 알 자이쉬(Diwan al-Jaysh)라고 불리는 일종의 병부(兵部)에서 군대의 소집이나 열병과 관련한 문서기록을 남기기 시작하였기 때문에 우리는 군대의 내부조직에 관해서 보다 상세한 정보를 얻을 수 있다. 열병은 보통 수당을 받고 일정한 시간적 간격을 두고 치러졌는데, 그것은 무엇보다도 무기나 말 혹은 장비 등 군대의 전투태세에 대한 검열의 의미를 가지는 것이었다. 아바스 시대에 바그다드에서 있었던 열병에 관한 기록을 통해서, 당시 군대를 궁정 아래 광장에 소집시켜서 사각의 형태로 정렬하게 한 뒤 병부에 보관된 장부와 대조하면서 병사 한 사람 한 사람의 장비는 물론 그의 얼굴 색깔, 신체적 특징, 수염 색깔, 흉터의 유무 등까지 일일이 조사하였음을 알 수 있다. 군대의 전투 능력과 무기조작 능력 역시 모의훈련을 통해서 시험하였는데, 일등급일 경우에는 j('좋다'는 의미의 jayyid), 평균일 경우에는 t('보통'이라는 의미의 mutawassit), 열등할 경우에는 d('열등하다'는 의미의 dūn)라는 평점을 장부에 적어 놓았다.

또한 이 시기부터 궁정 근위대나 다른 특수 부대의 군인들이 제복을 입기 시작하였다. 3-4/9-10세기 아바스 왕조의 칼리프를 경호하는 투르크 근위대는 궁전 안에 있는 특별 구역에 살면서 제복, 무기, 장비, 말 등을 지급받았으나, 다른 일반 군인들은 자비로 필요한 물건을 구입하였다. 이 제복의 모습에 관해서 우리가 아는 것은 거의 문헌적인 묘사를 통해서일 뿐 구체적인 물건으로 남아 있는 것은 하나도 없다. 그런데 1950년대 초 남부 아프가니스탄의 헬만드 강가를 따라서 가즈나 왕조 시대에 지어진 궁전의 폐허가 발견되었다. 가즈나 왕조 역시 투르크 군인노예 출신이 건설한 국가로서, 가즈나를 중심으로 북부 인도, 동부 이란, 중앙 아시아를 포함하는 거대한, 그러나 단명한 왕조였다. 이 궁전의 한 접견실에서 발견된 벽화에는 술탄 마흐무드(388-421/998-1030)의 근위대 투르크인 굴람들이 그려져 있는데, 문헌에 기록된 것과 놀라울 정도로 일치하고 있다. 그들은 바그다드, 이스파한, 슈슈타르 등지에서 제조된 비단 제복을 입고 금과 은으로 장식된 무기(창이나 도끼)를 들고 있었다.

전술

아바스 왕조의 보편적인 지배가 동요되면서 아프가니스탄의 가즈나 왕조를 비롯하여 페르시아, 시리아, 남부 아라비아, 이집트, 마그리브 등지에서는 지방 정권들이 우후죽순처럼 솟아나기 시작하였고, 4/10세기 후반이 되면 아바스 왕조는 과거의 희미한 그림자만을 남기게 되었다. 그러나 행정적인 전통은 물론 군사적인 기술 역시 대부분 아바스 왕조의 경험에서 비롯되었고, 그만큼 바그다드의 권위는 높았으며 그곳에서 행해지던 것들은 규범적인 가치를 지닌 것으로 인식되었다. 물론 변경지대가 지니는 전략적인 필요성에서 수정이 가해지기는 하였다. 예를 들면 가즈나 왕조는 북부 인도의 인더스-갠지스 평원을 장악하자 5-6/11-12세기에는 코끼리를 전투에 동원하였다. 코끼리들은 머리 앞부분이 금속제 방어판으로 씌워졌고 군대의 맨 앞에서 적을 밟아 버렸던 것이다. 그 거대함과 금속판의 요란한 소리는 이러한 짐승에 익숙치 않았던 적의 가슴을 얼어붙게 하였다. 그러나 코끼리를 전투의 목적으로 사용하는 관례는 몽골 침입 이후 인도를 제외한 이슬람권에서는 사라졌고, 단지 페르시아에서만 의례적인 목적으로 이용되었을 뿐이다.

마그리브가 이동한 거의 모든 지역에서 투르크인들이 활동하였기 때문에 그들이 자랑하는 신속한 기마전술이 크게 유행하게 되었다. 심지어 특수 보병들도 전투 현장까지는 말을 타고 간 뒤 말에서 내려 전투에 임할 정도였다. 이와 함께 초원 기마민들의 제일의 무기였던 활이 크게 부각되었다. 이미 3/9세기에 바스라의 작가인 알 자히즈는, 만약 투르크인이 평생 살았던 날수를 계산한다면

(맞은편) 이슬람권에서의 전투가 매우 생생하게 묘사된 접시. 7/13세기 초 이란에서 제작된 것. 공격을 받고 있는 왼쪽 성의 아랫부분은 타일로 덮여져 있다. 윗부분에서는 방어하는 사람들이 활을 쏘고 있으며 투석기의 모습도 보인다. 성 안에 실제보다 더 많은 사람이 있는 것처럼 적을 속이기 위해서 성벽 위에 빈 갑옷과 투구를 줄지어 세워 놓았다. 공격군은 말을 타고 있고 꼭대기에는 동원된 코끼리도 한 마리 보인다. 아랫부분에는 방위군들이 밖으로 나가서 반격을 시도하고 있고, 땅바닥에는 시체들이 나뒹굴고 있다. 여기에 보이는 잘려진 몸들은 이슬람권 예술에서 극히 드물게 보이는 나체의 표현이다.

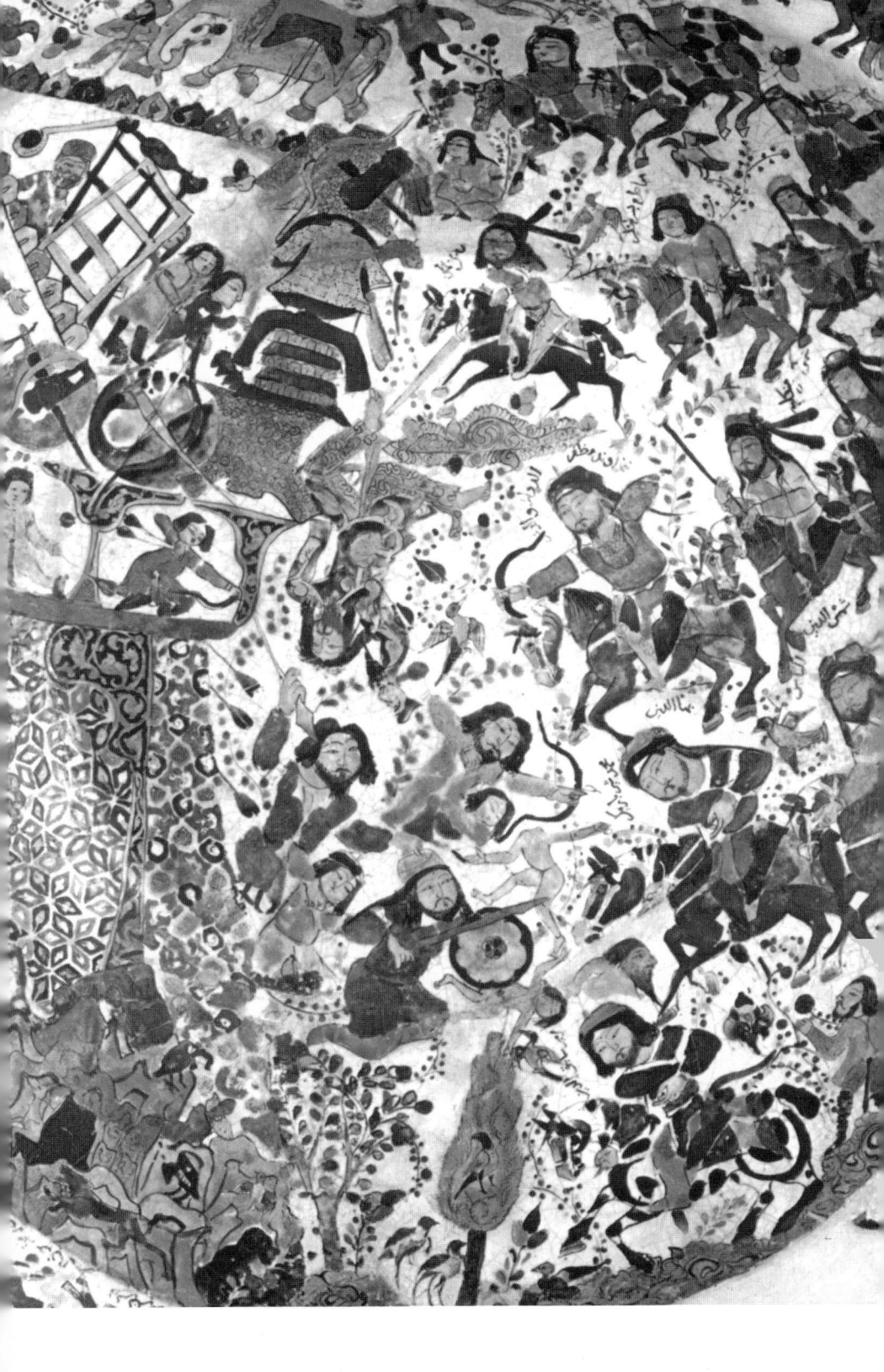

땅 위에 있는 날보다 말 안장 위에 있는 날이 더 많을 것이라고까지 한 적이 있다. 투르크인들은 언제나 두세 개의 활을 차고 화살을 가지고 다녔으며, 사격술의 정확도는 자신을 맹렬히 추격해 오는 적을 향하여 말 위에서 갑자기 몸을 돌려 쏘아 맞출 정도였다고 한다. 이보다 5세기 뒤에 이븐 할둔은 다음과 같은 기록을 남겼다.

현재 투르크인들이 사용하는 전투기술은 활을 쏘는 것이다. 그들은 전투할 때 열을 지어 선다. 전투대형은 보통 3열로 이루어져 있다. 그들은 말에서 내려 화살을 통에서 꺼내서 모두 땅 위에 내려놓은 다음 쪼그리거나 무릎을 꿇은 자세로 사격한다. 각 열은 적이 자기 앞의 열을 무너뜨리지 못하도록 방어한다. 이것은 매우 탁월한 전투대형이다.

실제로 맘루크 왕조의 궁수는 전설적인 명성을 누렸고, 맘루크 왕조 시대(648–923/1250–1517)에 활의 사용은 절정에 달하였다. 우리는 이 시기, 혹은 이보다 조금 앞선 아이유브 왕조의 시대에 쓰여진 몇 가지 중요한 군사교본을 통해서, 군사조직이나 군대배치에 관한 일반적인 이론서에 비해서 훨씬 더 실질적이고 현장감 있는 정보들을 얻을 수 있다. 그 가운데 6/12세기 후반 마르디 이븐 알리 앗 타르수시가 아이유브 왕조 술탄이었던 살라딘을 위해서 썼던 짧지만 매우 흥미로운 전쟁교본이 있는데, 거기에서 그는 여러 가지 무기와 전투에 필요한 기술과 성을 포위하는 방법 등을 설명하고 있다. 770/1368년에는 말 위에서 활을 쏘는 방법과 활, 화살의 제작법만을 자세히 설명한 글이 시리아에 살던 타이부가 알 유나니라는 이름의 한 맘루크 군인에 의해서 저술되기도 하였고, 이를 통해서 당시 활의 제조와 사격술이 극도로 정교한 단계에 이르렀다는 것을 알 수 있다.

기마병(fāri)이 주도하는 전투가 실제로 어떠한 방식으로 이루어졌는가에 대해서는 행정에 관한 여러 가지 교본들을 통해서 확인할 수 있다. 이 점에서는 비무슬림측의 기록도 유용한데, 비잔틴 황제인 레오 6세가 자신의 『탁티카』(Tactica)라는 책에서 타우루스 산맥에서의 전투에 관해서 묘사한 것이 좋은 예이다. 그는 무슬림 군대의 기동성에 주목하였고 전투대형은 길면서도 밀착된 형태라고 설명하면서, "사라센은 승리를 예상할 때에는 용감하지만 절망에 빠지면 매우 쉽게 놀라 버린다"라는 논평까지 첨가하였다. 다른 문명권에서와 마찬가지로 이슬람권에서도 전쟁을 수행하는 데에는 일련의 규범이 있었다. 즉 이교도에 대해서 전쟁하기 전에는 먼저 그들에게 투항의 기회를 준다든지, 비전투요원에 대해서는 공격하지 않는다든지, 혹은 포로가 된 비무슬림은 노예로 삼든가 보상을 요구하든가 할 수 있다는 것 등이다. 이슬람권과 기독교권 사이에서는 포로의 교환과 배상이 일상적으로 이루어졌으며, 경우에 따라서는 매우 조직적으로 해결되기도 하였다.

변경이 비교적 안정을 유지하고 군대가 소수의 직업적인 사람들로 구성되었던 시대에 전쟁은 보통 소규모로 치러졌다. 아무리 승전만 거두는 장군일지라도 군대를 항상 전쟁터에 보낼 수는 없었고, 정기적으로 그들이 속한 이크타(iqtā': 봉읍지)로 돌려보내서 세금을 거둘 수 있도록 하지 않으면 안 되었다. 또한 아나톨리아나 이란과 같이 기후가 험한 고원지대에서는 겨울에 전쟁한다는 것이 거의 불가능하였으며, 특히 식량과 사료를 적절히 보충하는 것은 항상 부딪치는 문제였다. 위대한 장군 살라딘이 레반트 지역의 십자군을 단숨에 쓸어내 버리려던 자신의 계획을 추진할 수 없었던 이유도 여기에 있었다. 그의 기병은 585-586/1189-1190년에 아크레를 점거하고 있던 프랑크 보병을 공격하지 않으려고 했고, 투르크족과 쿠르드족의 병사들은 4년 연속 전투를 하는 데에 지쳐 있어서 588/1192년에 자파를 함락하였음에도 불구하고 다시 내주지 않을 수 없었다.

공성전

이렇게 볼 때 중세 후기에 들어서 성채를 방어하거나 공격하기 위한 무기들이 점점 더 정교해지게 된 것은 당연한 추세였다. 무슬림과 비잔틴 사이의 전쟁, 그리고 뒤에 무슬림과 십자군과의 전쟁은 마치 제1차 세계대전 당시의 참호전처럼 조금씩 영토를 뺏고 뺏기는 소모전적인 성격을 띨 때가 많았다. 따라서 아이유브 왕조와 맘루크 왕조 시대에는 특히 석재가 풍부하였던 시리아 지역에서 군사 건축물이 크게 발달하였다. 다마스쿠스, 알레포, 보스라, 카이로 등지에는 거대한 누대(樓臺)와 성벽이 보이는데, 성벽의 방어체제는 병사가 주둔하는 넓은 구역, 외부 성벽과 내부의 창고 등으로 통하는 거미줄 같은 회랑들로 이루어져 있다. 9/15세기 말경이 되면 이러한 건축방식이 화약무기 시대에 적절한 모양으로 수정되었다는 것을 알 수 있다. 즉 대포나 총을 쏠 수 있도록 성벽에 뚫어 놓은 구멍, 무거운 장비를 올려 놓을 만한 단단한 포대(砲臺)와 같은 것이 생겨났다. 오스만인들은 콘스탄티노플에 대한 포위를 점점 좁히고 보스포루스를 통과하는 선단을 통제하기 위해서 보루를 쌓았는데, 이것은 시리아적 전통에서 비롯된 것이었다. 아시아 쪽에 건설된 아나돌루 히사리(793/1390년에 건축)와 유럽 쪽에 건설된 루멜리 히사리(콘스탄티노플 함락 직전인 856/1453년에 건축)의 규모는 그야말로 엄청나서, 후자의 경우 직경이 25-28미터이고 벽의 두께는 5.5-7.6미터에 이른다.

　북아프리카 해안지역, 특히 현재의 알제리, 튀니지, 리비아가 있는 지역에서는 기독교도들의 해상공격을 막기 위해서 이미 3/9세기부터 성채를 만들기 시작하였다. 리바트라고 하는 이러한 성채들 가운데 북부 튀니지에 있는 수스와 모나스티르를 그 예로 들 수 있을 것이다. 스페인의 무슬림 세력이 점점 위축되고 7/13세기에는 소규모의 그라나다 왕국만이 남게 되었기 때문에 거세지는 기독교도의 공격을 막기 위해서 만들어진 것들이었다.

　전쟁에 관한 이슬람측 혹은 기독교측의 교본에 실려 있는 삽화들, 그리고 전쟁에 관해서 서술적으로 모호하게 기록한 자료들은 우리에게 이슬람권 전역에서 일반적으로 이용되었던 공성전의 장비와 기술에 대하여 말해 주고 있다. 직접적인 공격은 이동식 탑(burj)을 성벽에 붙여서 병사들을 그 위에 들어가게 하는 방식이나, 카브쉬(kabsh)나 답바바(dabbāba)와 같이 성벽을 뚫는 장비를 사용하여 이루어질 수 있었다. 그러나 많은 경우 성벽 밖에 있는 토벽을 장악하고 주위에 파인 참호를 흙더미나 양가죽 같은 것으로 메우기 전에는 성벽에 접근하기 어려웠다. 그러기 위해서는 적군이 쏘는 활이나 총에 많은 인명이 희생되기 때문에 성벽에 이르기까지 땅을 파는 공병대(naqqābūn)의 존재는 매우 중요하였

1822년 이집트를 여행한 서구인의 눈에 비친 카이로의 성채. 무카탐 언덕 맞은편에서 바라본 모습. 성채는 6/12세기 후반에 술탄 살라딘(살라흐 앗 딘)에 의해서 건설이 시작되었고 후일 맘루크 왕조 시대에 추가되었다. 그러나 이 그림은 성채가 그 군사적 기능을 많이 상실한 뒤의 시대에 그려진 것이다.

고, 십자군, 아이유브 왕조, 맘루크 왕조 등은 이들을 모두 잘 활용하였다.

만약 이런 방법이 아니라면 돌이나 화살, 기타 투사물을 쏘아 대는 것이 성벽의 방어를 무력화시키는 주된 방법이었다. 이런 목적에서 만들어진 장비는 여러 종류인데, 모두 그리스, 로마 시대에 기원을 둔 것으로서 그것을 다시 개선하여 완벽하게 하려고 하였다. 규모가 큰 투사기는 일반적으로 만자니크(중세 유럽의 트레부셰(trébuchet)와 비슷하다)라고 불렸는데, 이것은 여러 사람이 막대기의 끝을 잡고 있다가 그것을 놓음으로써 생기는 탄성력을 이용한 기계이다. 규모가 작은 것은 보통 아라다('arrāda : 그리스의 오나그로스(onagros)와 비슷하다)라고 불리는데, 이것은 밧줄을 돌려 감았다가 그것을 갑자기 풀어 줄 때 축이 회전하면서 물체를 날아가게 하는 기계이다. 6/12세기에는 카우스 앗 지야르(qawa az-ziyār)라는 것이 등장하였는데, 이것은 크랭크와 바퀴를 이용하여 활시위를 감았다가 발사하는 거대한 기계식 활이다. 이것은 동양에서 기원한 것으로 보이며, 서구에서는 637/1239년 시칠리아의 페데리코 2세가 아크레에서 구입하였다는 기록이 있다.

이러한 장비들에 대해서는 마르디 이븐 알리가 남긴 기록이 있는데, 현존하는

공성전은 이슬람권 전투에서 매우 중요하였다. 반면 야외 평원에서의 전투는 비교적 드물었고 승패가 나기 어려웠다. 도시들의 장악이 곧 승리의 관건이었다. 8/14세기에 만들어진 사본에 삽입된 이 그림에서 가즈나의 마흐무드가 시스탄 지방의 아르그 혹은 우크 성채에 있는 반군을 거대한 투석기를 동원하여 공격하고 있다(394/1003년에 벌어진 사건). 성벽은 나무나 돌이 없는 지방에서 흔히 그러하듯이 흙벽돌로 지어졌다. 아래의 그림은 5/11세기 초 중앙 아시아를 차지하고 호라산 지방을 정복하려고 시도하였던 투르크계의 카라한 왕조의 지도자 일레크 한으로부터 마흐무드가 항복을 받아내고 있는 장면이다. 아프가니스탄 북부 발흐에서 벌어진 전투에서 마흐무드는 500마리의 코끼리를 동원하였고, 이것이 카라한 왕조의 군대를 공포로 몰아 넣어서 격파할 수 있었다. 코끼리는 전투에서 막강한 심리적 효과를 발휘하였다. 코끼리는 군인들이 아주 가까이 다가와서 취약한 배부분을 공격한다면 상처를 받기 쉽지만, 멀리 떨어진 곳에서 코끼리를 물리친다는 것은 거의 불가능하기 때문이다.

(위) 티무르가 805/1402년 스미르나에 있는 호스피탈 기사단(Hospitaler)의 성채를 공격하는 장면. 위의 그림은 그로부터 90년쯤 지난 뒤에 그려졌다. 성문으로 연결된 도개교는 들리운 상태이지만 무슬림 군대가 다리를 새로 놓았다. 다른 군인들은 방패를 앞세우고 성으로 달려가고 있고, 오른편 위에는 땅굴을 파고 있는 장면이다. 오른편 아래에는 말에 올라탄 티무르의 모습이 보인다.

(아래) 알레포의 성채는 도시 중앙에 솟은 50미터 높이의 언덕 위에 서 있다. 아마 히타이트의 시대 이래 성채가 있었던 것으로 보이는데, 659/1260년 몽골 군의 침입으로 파괴되었고, 8/14세기 말에는 티무르에 의해서 다시 파괴되었다가, 9/15세기 초에 맘루크에 의해서 증축되었다. 돌로 된 성벽은 망루들로 인해서 들쭉날쭉한 모습이 되었다.

필사본에는 여러 개의 삽화가 들어 있어서 그 모습을 확인하는 데에 매우 중요하다. 마르디는 앞에서 설명한 대로 기계들의 특징을 이야기하면서 동시에 자기가 개인적으로 알고 있는 셰이크 아부 알 하산 알 이스칸다라니가 직접 발명하였다는 기구들에 대해서 언급하고 있다. 그중 어떤 것은 다용도 창이나 활이 들어 있는 방패 등 장난 같은 것도 있지만, 투석기를 성벽에 접근시킬 때 병사들을 보호하기 위한 답바바 같은 것도 만들었다. 이것은 밧줄로 팽팽하게 지탱되는 겉틀을 가지고 있어서 그 위에 돌이 떨어지면 튕겨 나가도록 고안된 것이었다고 한다. 과연 이렇게 교묘하게 만들어진 장비들이 실전에 광범위하게 활용되었는지의 여부는 별개의 문제이다.

동부 이란에서는 분명히 석궁(石弓)이 사용되었고, 특히 시리아 출신의 석궁수들이 유명하였다. 이슬람권 서부지역에서는 토착 무슬림들이 이 석궁을 잘 다룰 줄 몰랐기 때문에 군주들은 시리아인들이나 스페인의 기독교도 노예, 용병들을 고용하였다. 아카라('aqqāra)라고 하는 이 석궁(궁수가 활에 두 발을 받치고 화살을 시위에 걸었기 때문에 중세 유럽에서는 '쌍족용 석궁'[arbalista ad duos pedes]이라고 불렸다)은 6/12세기 이후 그라나다와의 교통에서 주요 거점인 케우타의 기독교도들의 공격을 막는 데에 커다란 역할을 하였다. 석궁은 원거리의 목표물을 정확하게 겨냥하기는 어려웠으므로 기동성이 높지 않고 평원에서의 전투에서는 별다른 쓸모가 없었으나, 공성전이나 근접 해상전투에서는 효용성이 있었다.

불덩어리나 불이 붙은 물체의 공격을 방어하는 것에 관한 기록은 초기 아바스 시대 이후로 자주 등장하였으며, 이것은 화기의 선구적인 존재였다고 볼 수 있다. 비잔틴 사람들이 그 유명한 '그리스인의 불'을 만들었던 것처럼 석유와 역청(瀝靑)과 유황을 혼합하여 제작하였고, 칼리프 하룬 알 라시드는 아나톨리아의 비잔틴 군대를 공격할 때나 혹은 456/1064년에 아르메니아의 아나라는 곳에서 셀주크의 술탄 알프 아르슬란을 공격할 때 나파툰(naffātūn : '나프타 투척인') 부대를 고용하였다. 이들 나프타 투척부대와 궁수들은 높은 지대나 보루 위에서 적을 공격하였다. 무슬림 나파툰은 창이나 활에 나프타 병을 부착해서 던지거나, 혹은 불붙는 물체를 어떤 관을 통해서 발사하는 방식을 사용하였던 것 같다.

후자는 오늘날의 화염방사기와 비슷한 형태였다고 볼 수 있다. 활은 또한 화염성 물질을 발사하는 데에도 사용하였는데, 맘루크 왕조의 작가인 타이부가는 자기가 쓴 교본에서 뜨겁게 달군 쇠공을 화염성 '계란'으로 어떻게 발사하는지에 관해서 설명하고 있다. 또한 그리스인들을 모방하여 이러한 화염성 장비들을 해전에 사용하기도 하였다.

노예병 제도

맘루크 왕조는 전쟁기술을 고도로 발전시킨 왕조로 흔히 거론되어 왔다. 맘루크 왕조와 셀주크 왕조의 등장은 이슬람권에서 투크르인들의 우위를 대표하는 사건이었다. 그러나 양자의 차이는 셀주크의 경우 기본적으로 자유로운 부족민들이 그들의 고향인 중앙 아시아에서 동부 페르시아로 이동하면서 성립된 것인 반면, 맘루크는 그 이름이 의미하듯이 원래 남러시아 초원에서 수입되어 온 킵차크 계통의 투르크 노예들 —— 후일 카프카스의 시르카시아인 노예는 물론 쿠르드인, 몽골인, 슬라브인, 아르메니아인들과 혼합되었지만 —— 로서 비천한 신분이었다. 노예병사와 노예장교를 고용하는 제도는 이슬람 중세 후기, 즉 몽골 침입 이후 시기에 광범위하게 보였던 현상이다. 아제르바이잔에 근거를 둔 전투적인 수피 교단에 기원을 두고 있는 페르시아의 사파위 왕조는 10-11/16-17세기에 군대의 주력을 이룬 투르크멘 부족 출신의 키질바시 이외에도 샤에게 개인적으로 부속된 노예부대가 있었으며, 거기에는 그루지야나 아르메니아와 기독교도들도 포함되어 있었다.

그러나 군사노예 제도가 절정에 이른 것은 오스만 왕조와 맘루크 왕조에 이르러서였다. 특히 오스만은 '예니체리' 군대를 활용하여 발칸, 중부 유럽, 이탈리아 등지에 진출함으로써 기독교권에게 이슬람 세력의 새로운 팽창에 대한 공포를 불러일으켰던 것이다. 맘루크 왕조의 지배층을 구성하게 된 사람들은 원래 베네치아나 다른 도시의 상인들이 이집트로 팔아 넘긴 이교도들이었다. 술탄 칼라운 알 알피(679-687/1280-1290)는 그의 몸값이 1천(alf) 디나르였기 때문에

'알피'라는 별명을 얻게 되었다고 하며, 레반트 해안에 잔류하던 십자군에게 맹타를 가하였던 저 유명한 술탄 바이바르스(659-676/1260-1277)는 눈병 때문에 불과 40디나르에 팔려 왔다고 한다. 술탄들이 구입한 젊은 맘루크들은 카이로에 있는 특수 학교에서 철저한 이슬람식 교육과 군사훈련을 받고, 그렇게 몇 년이 지난 뒤에는 술탄의 친위대에 편입되었다가 해방되면서 말과 장비와 토지를 부여받았던 것이다.

우리가 맘루크와 오스만에서 보이는 유사한 제도에 대하여 '노예'라는 표현을 사용하고 있지만, 그렇다고 해서 사회적으로 열등한 존재라는 낙인이 찍히는 것은 결코 아니었다는 것을 명심할 필요가 있다. 오히려 맘루크 왕조에서는 노예야말로 최고의 특권을 향유하였고 술탄의 자리를 꿈꿀 수 있었다. 반면 자유신분인 그들의 자식들 —— 심지어 술탄 자신의 자식들도 포함해서 —— 은 자유민 대중 속의 일원이자 이등군대로 격하되어 봉급이나 장비 면에서 심각한 차별을 감수하였다. 마찬가지로 오스만 제국에서도 최고의 지위인 술탄은 14/20세기 초 멸망하기 직전까지도 창건자 오스만의 후손들에게 계승되었지만, 민정과 군정의 최고 책임자인 재상직은 적어도 12/18세기까지 노예들이 장악하였다. 재상을 역임한 사람들 가운데 그리스, 이탈리아, 알바니아, 아르메니아 등 다양한 민족들이 보이는 것도 바로 이 때문이었다.

맘루크 왕조가 절정에 이르렀을 때 그 기병들은 기마나 무기 조작(특히 활과 창) 면에서 빼어난 기술을 발휘하였다. 카이로에는 바이바르스가 1267년에 건설한 메이단 앗 시박이라는 활터가 있는데, 거기에는 한 맘루크 장군이 장궁(長弓)으로 585미터를 쏜 것을 기념하여 세워 놓은 대리석 표지가 있다. 단궁(短弓)을 사용하면 더 멀리 나가는데, 1213/1798년에는 오스만의 술탄 셀림 3세가 영국 대사가 보는 앞에서 894미터라는 기록적인 거리를 쏘았다. 맘루크 군대는 무기 조작을 능숙하게 하기 위해서 카이로 근처의 곳곳에 훈련장을 가지고 있었는데, 이러한 푸루시야(furūsiyya : '기사 훈련')에 관해서 현존하는 서적들은 훈련의 과정이라든가 거기에 사용된 무기들에 관한 흥미로운 설명들을 담고 있다. 즉 기병의 집체훈련, 폴로 경기, 펜싱, 견고한 물체나 진흙판 혹은 펠트 등을 칼로 자르는 훈련, 레슬링, 활 쏘는 훈련 등이 그것이다.

 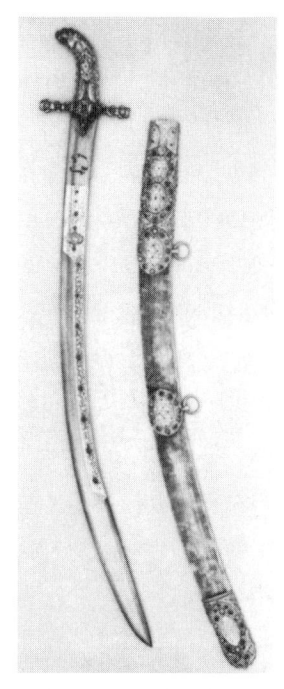 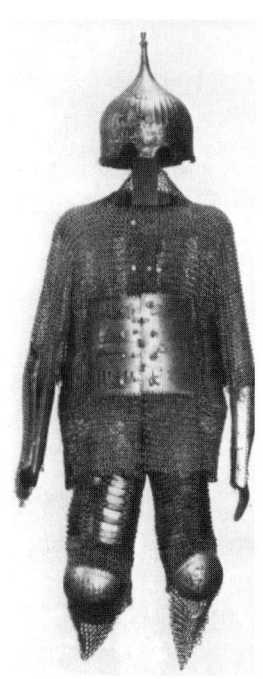

(왼쪽) 828/1425년 당시의 이슬람 전사의 모습. 칼, 활, 활통, 창, 방패 등으로 무장하고 있는 모습이다.
(가운데) 이슬람의 대중적 이미지를 곧잘 연상시키는 언월도는 늦어도 7/13세기가 되어야 출현한다. 가장 전성기는 10/16세기와 11/17세기이며 이때에 와서야 비로서 질적인 면이나 장식적인 면에서 완벽하게 된다. 사진의 칼과 칼집은 1036/1626년에 만들어진 것인데, 보석장식이 된 칼자루는 페르시아제이고, 칼날은 동유럽에서 제작되었다.
(오른쪽) 갑옷은 유럽인들이 사용하던 것보다는 항상 더 가볍고 유연성이 뛰어났다. 10/16세기의 이 쇠사슬 갑옷에 부착된 다마스쿠스제 강철판에는 『코란』의 구절들이 새겨져 있다.

이슬람 세계에서 가장 보편적인 칼은 한 면이나 양쪽 면에 날을 가진 곧바로 펴진 형태였으며, 재료는 프랑크 칼을 본받아 철이나 강철 등으로 만들었다. 휘어진 형태의 칼은 일찍부터 알려졌지만 9/15세기까지는 그다지 유행하지 않았다. 칼에는 금이나 은으로 상감을 넣고 칼날은 중국, 인도, 말레이시아 등지에서 수입한 경우가 많았다. 고대 아랍인들은 어깨에 끈을 매고 칼을 두르는 방식을 취하였지만, 현재 금속공예품에 남아 있는 모양을 보면 아이유브 왕조나 맘루크 왕조 시대에는 허리에 칼집을 차고 다녔다는 것을 알 수 있다. 창은 쇠나 나무로 만들어졌지만 창촉만은 물론 강철로 되어 있었으며, 특별한 경우에는 휘장이나 천 조각을 창대에 매달기도 하였다. 철퇴는 쇠로 만들었고, 머리 부분은 둥글거나 다면체의 형상을 하였다. 도끼는 보통 의식에 많이 쓰였지만 현존하는 몇몇 자료들은 그것이 전투에도 사용되었다는 것을 보여 준다. 끝부분의 모양은 반원형이었고 한쪽만 날이 세워졌다. 방패는 일반적으로 원형이며 약간 볼록하게 튀어 나왔고, 나무나 금속으로 제작되었다. '노르만' 방패로 알려진 매와 같은 형태의 것도 있기는 하였지만 널리 사용되지는 않았다. 초기 아이유브 왕조 이래로 사용되던 갑옷이나 그물옷이 일부 현재까지 남아 있는데, 아마 매우 귀중한 물건이었기 때문에 후손들에게 전해져서 남은 것 같다. 그물형으로 이어 붙인 평범한 겉옷은 8/19세기까지, 특히 인도나 사하라 남부와 같은 변방지대에서 오랫동안 사용되었다. 동시에 사각형의 조각들을 이어서 만들고 그 위에 벨벳이나 비단으로 장식한 갑옷도 사용되었다. 투구는 보통 머리만을 보호하는 것과 머리는 물론 귀와 목까지 보호하는 것이 있었다. 아이유브와 맘루크 시대 사람들에게 십자군과 몽골인들이 사용하던 것과 같은 안면을 보호하는 투구는 없었던 것으로 보인다.

아이유브와 맘루크 시대의 문장(紋章)의 중요성에 대해서도 언급할 필요가 있다. 처음에는 몇몇 사령관들이 술탄이 특별히 하사해 준 개인 문장을 사용하였지만, 9/15세기가 되면 거의 모든 지휘관들이 문장을 사용하였다. 문장은 아랍어로 랑크(rank : 원래는 페르시아에서 '색깔'을 의미한다) 혹은 시아르(shi'ār : '표지')라고 불렸다. 이것은 아마 술탄을 근위하던 고관들이 처음 사용한 데에서 유래된 듯한데, 예를 들면 술탄의 잔을 받치던 사람은 그 잔을 특유한 모양으로 만들어서 사용하였고, 폴로 경기의 챔피언은 자기 나름으로 폴로 채를 고안하였던 것이다.

지휘관의 아들이 아버지의 뒤를 이어서 지휘관이 될 경우 —— 맘루크의 군사 노예 제도 아래에서 이러한 일은 자주 벌어지지 않는다 —— 문장을 세습하기도 하였다. 그러나 중세 유럽에서 그러하였듯이 이슬람권에서 이 문장이 어떤 군사적 법적인 중요성을 띠지는 않았다.

오스만의 군대

오스만 제국이 전성기(9/17세기까지)에 정복전에서 성공을 거둘 수 있었던 것은 노예병사들을 정예군대에 채용하였기 때문이라고 할 수 있다. 군대의 대부분은 시파히(sipāhī)라고 하는 자유로운 봉건적 기사들로 구성되어 있었고, 이들은 제국의 여러 곳에 토지를 사여받아서 흩어져 살다가 원정군이 편성되면 소집되어 참여하였다. 그러나 '예니체리'(yenicheri : '新軍')[3]는 발칸 반도의 기독교도 가정으로부터 정기적 징세의 형태로 충원한 아이들로 구성된 노예 보병부대였다. 이 제도는 9/17세기 예니체리가 전투력을 상실할 때까지 계속되었고, 단지 보스니아에서만은 기독교도가 아닌 무슬림의 충원이 허용되었다. 이것은 제국의 용도에 맞게 비무슬림 군사력을 확보하기 위해서 만들어진 것이었다. 징발된 소년들은 이스탄불로 옮겨져서 집중적으로 이슬람식의 교양교육과 군사훈련을 받았고, 그들은 금방 자기의 출신 배경을 잊고 오스만 사회와 종교에 흡수되어 버렸다. 이들 카프 쿨라르(qapi qullari : '황궁의 노예') 가운데 일부는 황실의 관리가 되었고 나머지는 예니체리 군대를 구성하였다. 예니체리는 8/14세기부터 술탄의 근위병으로 존재하기 시작하였던 것 같고, 기독교 소년의 징발제도인 데브시르메(devshirme)가 실시되기 이전에는 전쟁에서 포로가 되거나 팔려 온 노예들로부터 충원되었다. 그러나 이 군대는 수적으로 결코 많지 않았다. 쉴레이만 대제(927-974/1520-1566) 시대의 경우를 보면 서로 규모가 같지 않은 196개의 소대로 이루어졌으며, 총수는 1만2천 명이었다. 11/17세기 초에는 1만3,600명이었다는 기록도 있다. 그런데 여기에서 특기할 만한 점은 그들이 착용한 특수한 복장(모자나 바지), 수피 교단인 베크타시(Bektāshī)와의 연관성 등으로 인해서 생겨난 '군인정신'이었다. 베크타시 교단의 창건자인 하지 베크타시가 예니체리 군대의 창설에 중요한 역할을 하였다는 전설도 생겨났다.

예니체리는 그 절정기인 9-10/15-16세기에 유럽인들의 눈에 무적의 군대로

---

[3] 서양에서는 '자니사리'(Janissary)라고 불렸다.

(왼쪽) 칼, 긴 칼, 철퇴, 방패 등으로 무장한 오스만의 예니체리 병사. 1576년 멜치오르 로릭의 목판화.
(오른쪽) 오스만의 기병인 시파히. 런던, 1576년 멜치오르 로릭의 목판화.

비추어졌다. 알바니아, 루마니아, 발칸 반도의 일부가 그들 손에 점령당하였으며, 933/1526년에는 헝가리의 대부분이 함락되었다. 오스만 제국의 영화가 기울었을 때인 1094/1683년 예니체리의 지휘관인 카라 무스타파가 빈을 공격할 때 휘하 병사의 상당 부분이 도망친 것을 생각해 보면 커다란 대조가 아닐 수 없다. 합스부르크 왕가의 대사로서 1554년에서 1562년까지 이스탄불에 체류하였던 오지에 기슬랭 드 뷔스베크는 원정을 나선 예니체리의 강건함과 검소함을 당시 기독교 세계에 풍미하던 사치 풍조와 비교하여 다음과 같은 글을 남겼다.

나는 투르크인들의 제도와 우리들의 것을 비교해 보면 장차 어떠한 일이 생길지 두렵기만 하다. 한쪽은 승리하고 다른 쪽은 파멸되고 말 것이다. 그들에게는 막강한 제국의 풍부한 자원이 있는 반면에……우리 쪽에는 만연한 가난만이 있을 뿐이다……그 결과에 의심이 있을 수 있겠는가.

기독교도들이 그가 예언한 불행한 결과를 피할 수 있었던 것은 기독교권의 단결력이라기보다는 우선 예니체리 군대가 처음에 가지고 있던 자질의 타락과 오스만 제국이 자랑하던 행정적 군사적인 효율성의 전반적인 쇠퇴에 기인하였다. 물론 11/17세기 이후 서구가 오스만이나 다른 무슬림 세력들에 대해서 누리기 시작한 기술적인 우위는 양측의 우열관계를 도저히 변화시킬 수 없는 상태로 만들었다는 점도 무시할 수는 없을 것이다.

전쟁의 혁명 : 화약

오스만이 기독교도는 물론 이집트의 맘루크나 페르시아의 사파위에 비해서 군사적인 우위를 장악할 수 있었던 까닭은 전쟁 수행에서 혁명적인 기술, 즉 화약을 적극적으로 그리고 능숙하게 사용할 수 있었기 때문이라고 말하는 것이 정확할 것이다. 위에서도 지적하였듯이 서구가 이슬람 세력을 압도하게 된 요인 가운데 하나는 서구의 기술적 진보와 경제적인 힘이었지만, 처음부터 그러한 우열이 분명히 드러난 것은 아니었다. 새로운 무기의 등장이 가져온 최초의 효과는 오랫동안 중동의 전쟁터를 주도하였던 주인공들, 즉 말이나 낙타를 타고 활, 창, 칼을 휘둘러 대는 기마병들의 퇴장이었으며, 이와 함께 구대륙의 정주 문명 지대에 대해서 내륙 아시아의 초원 기마민들이 가졌던 우위도 무너지게 되었다.

화약의 이슬람 세계로의 최초의 도입과 관련된 문제는 아주 불분명한데, 그것은 무슬림 사료에서 새로운 무기를 지칭하는 용어가 애매하게 사용되었기 때문이다. 이미 오래 전부터 공성전이나 해상전에서 그리스식의 발화성 소재가 사용되었기 때문에 설사 새로운 형태의 화약에 대해서도 기존의 용어를 그대로 사용하는 경우가 많았다. 예를 들면 나프트(naft)라는 말은 원래 역청을 의미하였지만 7/13세기 (아마 중국으로부터) 유황이 이슬람권에 처음 도입되자 그것을 가리키는 말로 사용되었고, 후에는 화약을 지칭하는 말로도 사용되었다. 이슬람권이 화약을 처음 알게 된 것은 8/14세기 서구의 기독교도들이 공성전에서 원시적인 대포를 사용한 뒤부터라고 추측된다. 따라서 그라나다와 마그리브의 무슬림은 스페인으로부터, 오스만은 독일, 중부 유럽, 이탈리아로부터, 페르시아는 베네치아와 포르투갈로부터 화약의 존재를 인지하게 되었을 것이다.

공성전에 쓰이는 대포는 기술적으로 그에 비해서 훨씬 진보된 소총보다 먼저 개발되었다. 무슬림 사료에서 대포에 관한 최초의 언급은 724/1324년 그라나다에 근거를 둔 나시르(Nasir) 왕조의 군주 이스마일 1세가 기독교도들이 장악하던 후에스카르를 포위할 때 나타났다. "나프트로 사용하는 괴물 같은 기계"라고 일컬어졌던 대포는 붉고 뜨거운 쇠공을 성벽으로 쏘아 댔고 성 안에 떨어져서 수많은 사상자가 발생하였다고 한다. 그라나다 왕국이 무너지던 9/15세기에 카스티야인들과 무어인들은 대포를 더 자주 사용하기 시작하였다. 오스만은 발칸 반도의 기독교도로부터 화약을 배웠다. 그곳의 보스니아나 세르비아 같은 왕국들은 헝가리, 베네치아 등지를 통해서 화약을 이미 알고 있었고, 특히 두브로브니크에는 813/1410년에 대포 제조창이 있었으며 831/1428년에는 화승총을 만들었다. 교황의 엄격한 금령에도 불구하고 오스만들을 상대로 총기를 밀무역하였고 때로는 아예 공개적으로 판매하기도 하였다. 이것은 오스만측에서 무기를 구입할 때나 혹은 무기의 제작과 조작에 많은 대금을 지불하였기 때문이었다. 그 결과 술탄 무라드 2세는 1420년대 발칸 반도에서 대포를 사용하였고, 정복자 메메드는 1453년에 콘스탄티노플을, 860/1456년에 벨그라드를 함락할 때 이를 사용하였다. 당시의 기록에 의하면 대포의 무게는 10톤이 넘었으며 포탄도 100-150킬로그램에 이르렀다고 한다. 야포도 사용하기 시작하였는데, 후일 기술적으로 진보되어 정확도가 높아질 때까지 효율성은 없었다. 기독교도나 무슬림은 초기에 현장에서 청동이나 철을 녹여서 대포를 만들었는데, 오스만의 경우에는 이스탄불의 궁정 바로 옆에 토프하네(Tophane)라고 하는 대포 제작창을 가지고 있었다.

소총은 사용하기 거추장스러운 화승총의 형태로 1440년대 술탄 무라드가 헝가리인들과 전투할 때 등장하였지만, 아마 최초로 알려지기는 이보다 20-30년 전이었을 것이다. 오스만의 봉건기사들은 처음에 이것을 사용하기를 꺼려하였으나 예리체리에 의해서 점차로 수용되었다. 그러나 소총을 전술상 성공적으로 이용하기 위해서는 총신의 강선(腔線)과 방아쇠가 개발되지 않으면 안 되었다. 특히 오스만과 사파위는 문화적으로나 기술적인 개발에 보수적인 경향을 보여서, 기독교도들을 고용하여 그들로 하여금 소총이나 대포를 다루게 하였다. 흔히 안토니 경과 로버트 셜리 경이 1007/1598년 페르시아를 방문하여 사파위측에 화약을 알려 주었다고 생각하지만, 사파위가 이미 그들이 오기 전부터 대포와 소총에 대해서 알고 있었음은 의심의 여지가 없다. 오스만 왕조에서 활동하던 기술자들은 아주 유명해서 사파위 왕조를 지원하였고, 10/16세기 봄베이와 구자라트를 침입한 포르투갈인을 격퇴하기 위해서 무굴 왕조를 도와 주기까지 하였다. 또한 그들은 크림 타타르와 이집트의 무슬림들에게 화약을 보내 주었다. 오스만의 기술자들은 심지어 수마트라까지 갔고, 그들이 만든 대포는 말라카에서 포르투갈인들과의 전투에 사용되었다.

맘루크에서의 화약 발달의 역사에서 우리는 그들이 신무기에 대해서 매우 애매한 태도를 취하였다는 것을 알 수 있다. 오스만의 예니체리가 화약을 적극적으로 사용함으로써 발칸 반도에서의 전쟁을 승리로 이끌었다든가, 920/1514년 찰디란의 전투에서 사파위를 패배시키고 922-923/1516-1517년에는 시리아와 이집트에서 맘루크를 패배시켰다는 사실은 이미 지적한 대로이다. 맘루크가 종교적 도덕적인 이유에서 화기를 꺼려하였던 것은 아니었다. 그들은 공성전이나 해안의 방어를 위해서 대포를 사용하였지만, 전통적인 투석기도 끝까지 없어지지 않고 대포와 함께 사용되었다. 그들은 이동하는 전쟁터에서 대포를 사용하는 데에 뒤처져 있었고, 그 까닭은 사회적 군사적인 데에 있었다. 맘루크 왕조의 지배체제는 완전히 파리스(fāris)라는 기마병의 우위를 바탕으로 구축되어 있었고, 그들은 뛰어난 기마술과 거기에 적절한 무기 조작술과 평원에서의 전술 등을 구사하고 있었다. 따라서 야포의 사용은 전선의 고정화를 의미하였고 화승총의 사용은 보병의 중요성을 높이는 결과를 초래할 것이 뻔하였다. 10/16세기에 총신의 강선과 방아쇠가 개발될 때까지 기마병들은 소총을 자신들의 효율적인 무기로 사용하기 힘들었던 것이다. 결국 맘루크 지배층의 입장에서는 공성전 이외 분야에서의 화약 사용은 곧 자신들의 군사제도의 전면적인 붕괴로 받아들여졌던 것이다.

맘루크는 9/15세기까지 공성전에서 대포를 사용하였고 말기의 술탄인 칸사우 알 구리(907-922/1501-1516)는 많은 수의 대포를 주조하였지만, 이것들은 카이로와 지중해 연안의 방어, 그리고 홍해, 인도양에서 함선 위에 장착되어 포르투갈인들과의 전투에 사용되거나 남부 아라비아와 인도에서 무슬림을 지원하는 용도로만 사용되었다. 896/1490년경의 실패를 경험한 이후 술탄 칸사우는 처음으로 화승총을 사용하는 부대를 조직하였다. 그러나 그 부대의 구성원으로는 '맘루크'(노예군대)가 아니라 사회적으로 비천한 사람들, 즉 흑인노예나 '맘루크'의 자식들, 멸시받는 상인들이 충원되었으며, 지배층 내부로부터는 그것을 폐지하라는 강한 압력이 들어왔다. 동부지역에서 포르투갈인들의 위협, 시리아 변경지대에서 오스만 제국측의 점증하는 압력에 대응하기 위해서 신무기를 없앨 형편은 아니었다. 그렇지만 시리아의 마르즈 다빅이나 카이로 교외의 레이다니야 등지에서 오스만의 술탄 셀림의 군대와 결정적인 전투를 벌이게 되었을 때 맘루크측의 화력은 현저한 열세였다. 1939년 9월 폴란드의 기마군대와 히틀러의 장갑사단이 대치하였을 때처럼 단순한 용맹성만으로 해결될 성질의 문제가 아니었던 것이다.

해상전

이제 무슬림들의 해상전이 어떠하였는가에 대해서 간단히 살펴보는 일만 남았다. 처음에는 지중해 연안의 장악을 둘러싸고, 중세 후기에 들어서는 인도양의 패권을 둘러싸고 무슬림은 기독교도들과 경쟁하였기 때문에, 해군력의 중요성과 함대 유지의 필요성은 충분히 인식되고 있었다. 시리아에 근거를 둔 우마이야 왕조 칼리프들은 특히 비잔틴측과의 '성전'을 수행하였기 때문에 이 문제를 잘 알고 있었다. 그들은 동부 지중해 연안을 확보하고 아울러 전략적으로 중요한 거점인 키프로스, 로도스, 크레타 등지를 그리스인으로부터 탈취하기 위한 정책을 추진하였다. 이 시기에 콘스탄티노플에 대한 공격은 육지와 해상에서 동시에 진행되었지만, 무슬림 함대는 기술적으로 우세하고 또 그리스식 화기를 이

이슬람권에서는 해전의 전통이 그리 강하지는 않았지만, 10/16세기에 들어와서 전략적 필요 때문에 오스만 제국은 신속하고 효율적인 함대를 건설하였다. 그 주된 적은 베네치아였는데, 양측은 905/1499년 처음 모레아 근해의 존키오(일명 사피엔자)에서 접전을 벌였고, 베네치아 함대는 역사상 최초로 배의 옆에 장착된 대포로 적을 공격하였다. 베네치아에서 만들어진 이 목판화에서는 초승달 깃발을 날리고 있는 두 척의 오스만 군함이 베네치아측에 포위되어 있고, 투르크인들은 돛대 위에서 불덩이를 퍼붓고 있다. 그러나 전투는 승패 없이 끝났고, 979/1571년 레판토 해전에서 비로소 오스만측은 심각한 견제를 받게 되었다.

용하여 근접전에서 뛰어난 면모를 보였던 비잔틴 함대를 제어할 수 없었다. 당시 무슬림측의 선박을 조종한 것은 콥트인, 시리아인, 그리스인 등 정복지에서 강제로 차출된 사람들이었고, 무슬림들은 갑판 위에서 전투를 담당하였다. 스페인의 우마이야 왕조 역시 긴 해안선을 보유하였으므로 북방의 기독교 지역을 공격하거나 북부 아프리카 연안 지역을 확보하기 위해서 해군을 이용하였다.

　시대가 지나면서 해군력 유지에 대한 관심은 일정치 않았다. 대체로 아랍인이든 베르베르인이든 페르시아인이든 혹은 투르크인이든, 무슬림 민족들에게 항해의 전통은 그리 강하지 않았다. 사회적으로도 선원보다는 전사들을 더 명예롭게 생각하였다. 바로 육상의 전사들이 이슬람을 중동과 북아프리카로 퍼뜨린 장본인이었기 때문이었다. 함대는 일종의 사치, 혹은 시칠리아를 공격하거나 기독교도의 침입을 물리치기 위해서 '임시적'으로 필요한 존재로 생각하였고, 그러한 필요성이 사라지고 나면 다시 망각 속으로 묻혀 버렸다. 심지어 십자군이 등장하고 그들의 가장 중요한 보급선이 해상을 통해서 이루어졌음에도 불구하고, 무슬림측은 항구적이고 강력한 해군력을 건설하려고 생각하지는 않았다. 살라딘이나 바이바르스와 같이 개별적으로 새로운 함대를 만든 경우는 있었지만, 예를 들면 589/1193년 살라딘이 죽은 뒤 이집트 함대는 완전히 잊혀지고 무시되어 버렸으며 선원들은 사치의 최하층으로 전락하고 말았다. 맘루크는 해군력의 열세로 인해서 결국 시리아, 팔레스타인 해안선에 대하여 초토화 정책을 사용한 뒤 완전히 포기해 버리고 대신에 나일 델타 지역의 방어에만 몰두하였다. 인도양에서 보다 개선된 함대를 건설하려던 그들의 계획 역시 포르투갈의 전함에 의해서 좌절되고 말았다.

오스만은 원래 서북 아나톨리아라는 내륙지역에서 활동하던 '성전사'에서 출발하였지만 해적선단을 가지고 있던 아이든이나 멘테세 등지를 장악하게 되었다. 그들은 발칸 반도를 점령하고 콘스탄티노플을 공격하기 위해서 에게 해와 마르마라 해협을 손에 넣어야 했기 때문에, 초기부터 강력한 해군을 건설해야 할 필요성이 있었다고 할 수 있다. 무라드 1세(762-792/1360-1389) 때부터 갈리폴리는 가장 중요한 오스만 해군기지가 되었고, 거기에서 그리스, 이탈리아 선원들이 고용되어 노를 저어 가는 갤리를 조종하였다. 그리스, 이탈리아의 영향이 얼마나 큰지는 선박과 관련된 오스만의 용어들을 살펴보아도 금세 알 수 있다. 카푸단 파샤라는 해군제독의 지휘 아래 오스만 함대는 에게 해와 이오니아 해를 장악하였고, 최대의 적이라고 할 수 있는 베네치아인들과 전투를 벌였다. 979/1571년 레판토 해전에서 오스만은 패배를 경험하였고 많은 전함을 잃었는데, 전함은 곧 다시 복구되었지만, 거기에서 숙련된 선원들을 상실한 것은 큰 타격이었다. 오스만이 25년(1054-1080/1644-1669)의 세월을 소비하여 베네치아인들로부터 크레타를 빼앗은 것은 오스만측이 거둔 최후의 기억할 만한 승리였다. 또한 이 시기에 베네치아측을 본떠서 노를 저어 움직이는 형태에서 순전히 돛에 의존해서 가는 범선으로 교체하였는데, 상당한 어려움이 있었다. 그러나 오스만 함대는 항상 북아프리카의 오스만 주둔군과 긴밀한 연락을 유지하였고, 특히 해적과 같은 약탈공격은 8/19세기 초에 이르기까지 알제리, 튀니지, 살레 등지에 미쳤다. 사실 오스만 '해적들'의 공격은 연안지역의 기독교도들에게 엄청난 공포를 불러 일으켰고, 멀리 아일랜드와 아이슬란드에까지 그 피해를 입혔던 것이다. 오스만의 해군은 대부분의 유럽 해군이 12/18세기 말까지 그러하였던 것처럼, 개인적인 모험가나 해적집단이 관리로 임명되거나 국가의 통제를 받는 형태로 만들어진 것이었다. 결론적으로 오스만은 다른 어떤 이슬람계 국가들보다 지중해의 오랜 해상전통을 잘 이용하여 해군력을 건설하였고, 또 그것을 효과적으로 이용하였다고 할 수 있다.

9. 무슬림 스페인

북아프리카에서 출토된 금화. 아랍인들이 스페인을 점령하기 직전인 85/704년경의 것으로 추정.

 스페인은 마치 동전의 양면과 같이 어두운 면과 밝은 면을 동시에 가지고 있어서 외국인은 한번에 그것을 볼 수 없다. 그 안에 사는 스페인 사람들만이 아마 그 양면을 동시에 볼 수 있을 것이다. 이러한 양면성에 적지 않게 기여한 것이 바로 이슬람이다.

 무어인의 스페인 지배는 논란의 대상이 되고 있다. 과연 그것이 스페인 국가에 유익하였는가, 아니면 그렇지 못하였는가. 만약 이슬람이 없었다면 스페인의 역사는 어떤 길을 걷게 되었을까. 이러한 의문은 충분한 토의를 필요로 하지만 그 결론 역시 추측의 영역에 머무르는 것이다.

 이슬람이 스페인에 들어온 과정은 신속하였지만 떠나는 과정도 마찬가지로 신속하였고, 어느 나라도 그처럼 완벽하게 이슬람과 결별한 경우는 없었을 것이다. 또한 이슬람의 후퇴는 너무도 당당한 모습이었기 때문에 중세 전 시기를 통해서 계속되었던 기독교도와 무슬림의 투쟁 —— 결국은 일종의 내전처럼 되어 버렸지만 —— 은 연습시합처럼 느껴질 정도이다. 898/1492년에 그라나다의 함락과 아메리카의 발견이라는 두 가지 사건이 동시에 일어난 것은 어쩌면 상징적이라고 할 수도 있다.

 역사상 유례가 없는 이러한 당당한 후퇴는 기독교도들이 보여 준 십자군적인 정열이 없었다면 일어나지 않았을는지도 모른다. 그들의 목표는 적어도 관념적으로는 서고트 왕국의 부활에 있었다. 복구와 부활을 목표로 한 모든 투쟁은 그

뒤 '재정복'(Reconqista)이라는 이름으로 알려지게 되었다.

잘 잊혀지기는 하지만 한 가지 분명한 사실은, 재정복이 처음부터 지역적인 거점을 가지고 거기에서부터 확대정착을 해 나갔다는 점이다. 다시 말해서 무슬림들이 이베리아 반도 전체를 장악한 적이 없었다는 것은 이제 와서 회고해 볼 때 매우 이상하게 보일는지도 모른다. 그러나 더 이상한 사실은 그들의 세력이 최고조에 달하였을 때도 반도 전체를 점령하려는 노력을 하지 않았다는 것이다. 예를 들면 알 만수르는 정복보다는 파괴에 더 많은 관심을 보였다. 여기에는 여러 가지 설명이 있을 수 있는데, 침략군이 본거지에서 멀리 떠나서 이미 지친 상태였기 때문이라고도 볼 수 있겠지만 아마도 침략군이 거친 산지보다는 살기에 편한 평원지역을 선호하였기 때문이라고 보는 것이 더 적절할 것이다. 어쨌든 기독교도의 '수복'은 두 가지 전선에서 이루어졌는데, 하나는 변경지역이고 다른 하나는 적의 영역 내부였다. 전자는 날로 확장되어 간 반면, 모사라브(Mosarab) —— 이슬람에 동화되지 않은 토착인 —— 로 대표되는 후자는 완전히 사라지지는 않았어도 점차 세력이 약화되어 갔다.

호세 오르테가 이 가세트는 일찍이 "무려 800년 동안이나 지속된 싸움을 어떻게 '재정복'이라고 부를 수 있는지 나는 도무지 알 수가 없다"라고 한 적이 있다. 물론 그 까닭은 이러한 이름이 모든 일이 끝난 뒤에 붙여졌기 때문일 것이다. 그러나 오르테가 이 가세트의 말은 일반의 관념 속에서 간과되고 있는 사실을 지적하고 있다. 즉 '재정복'은 서고트 왕국 지배하의 스페인을 엄습한 '무슬림 열병' —— 처음에는 급격히 치솟아 올랐다가 서서히 가라앉은 —— 을 치유한 것으로 볼 수 없다는 사실이다. '열병'은 그 이상의 무엇인가를 의미하였다. 그것은 많은 위기상황, 호전기, 휴지기 등을 포함하는 것이었으며, 때로는 치유가 불가능한 것처럼 보이기도 하다가 때로는 전혀 존재하지 않는 것처럼 사라졌다가 다시 전처럼 강렬하게 다시 나타나는 그러한 종류의 열병이었다.

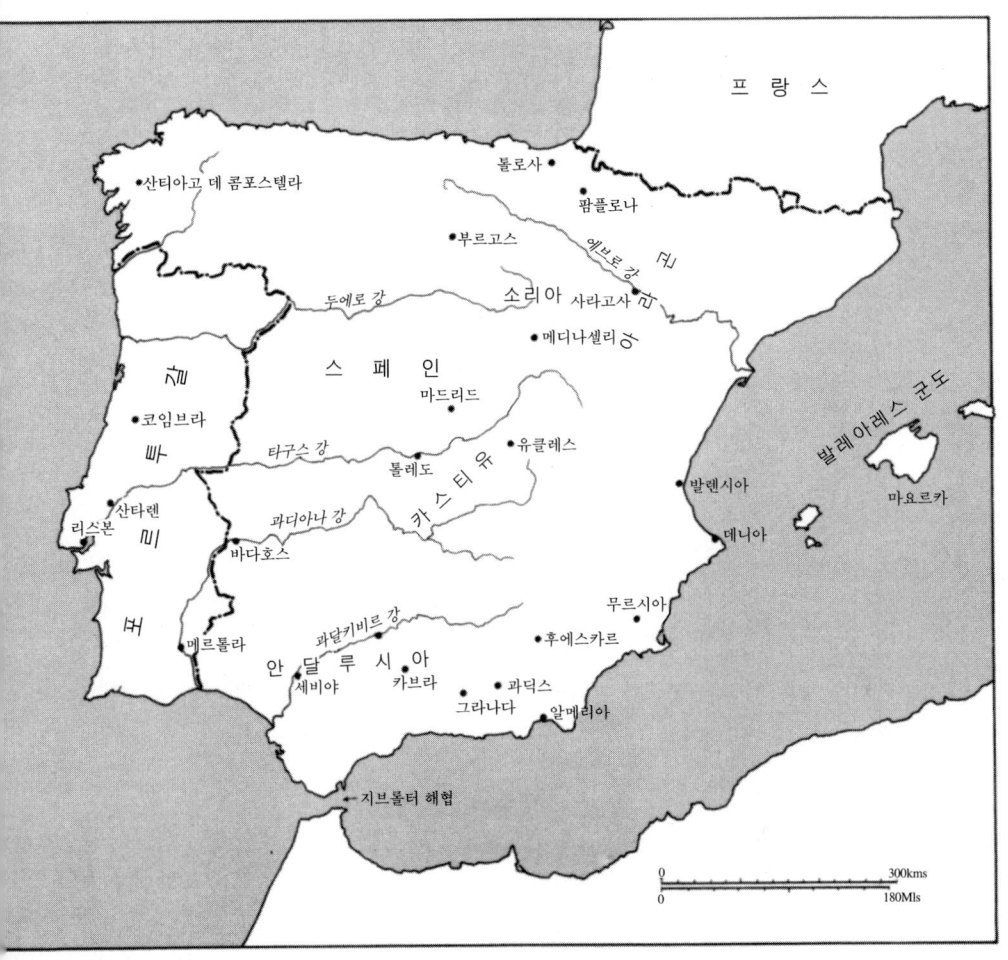

무슬림 지배 시대의 스페인

스페인 정복 : 93-138/711-755

무슬림이 어떻게, 그리고 무엇 때문에 스페인을 침략하였는가 하는 문제는 아직 해명되지 않고 있다. 우리가 참고할 수 있는 것은 전설들과 편견에 가득 찬 단편적인 사료들뿐이어서, 그것을 바탕으로 어떤 이론을 구축하기는 매우 위태롭다. 대체로 사료들은 이 문제에 관해서 침묵을 지키고 있는데, 이 침묵은 일종의 경악을 나타내는 증거로 해석되기도 한다. 과연 그렇게 경악하였는가는 의심스럽지만 침묵하고 있는 것만은 사실이다.

우리는 스페인의 서고트 왕국이 북아프리카에서 진행되던 아랍인의 정복에 대해서 알고 있었으리라고 추측할 수 있다. 그렇다면 그 아랍인들과 스페인인들 — 스페인의 유대인들은 제외하고 — 사이에 어떤 협약과 같은 것이 맺어졌다고 추측할 수도 있을까. 비록 증거는 희박하지만 만약 그러한 협약이 없었다면 침략은 매우 이해하기 힘들어진다. 현재까지 몇 차례의 소규모 충돌과 한 차례의 큰 전투(장소는 불확실하다)만이 알려져 있을 뿐, 아랍 군대는 거의 아무런 저항도 받지 않고 마치 정해진 코스를 따라가듯이 진입해 들어왔으며, 여기에 저항하였던 도시도 극소수에 불과하였다.

무슬림이 아라비아를 중심으로 외부로 확산한 과정과 그것이 성공한 이유에 대해서는 충분한 설명이 있어 왔다. 아랍 군대는 마치 허술하게 지어진 종이집에 불어 닥치는 강풍처럼 지중해 연안의 국가들을 무너뜨렸고 스페인도 그중의 하나에 불과하였다. 이베리아 반도에 살던 이베로-로마인들 — 유대인들은 물론이지만 — 은 서고트 왕국의 과두적인 지배를 견디기 힘들어하였고 왕국의 급속한 붕괴를 오히려 환영할 뿐이었다. 그들은 단지 아랍인들을 도와 주는 데에 그친 것이 아니라 미리 협약을 맺었을 가능성도 매우 큰 것으로 보인다.

사실 서고트 치하의 스페인에 대해서 우리가 아는 것은 매우 적다. 심지어 혹자는 '스페인인들'에 대해서 운위할 수 있는 것은 4/10세기 이후의 일이라고 주장하기도 하지만, 이는 상당히 과장된 견해라고 보아야 할 것이다. 서고트 지배기에 스페인인들이 침묵을 지켰다고 해서 그것이 곧 그들이 존재하지 않았음을 의미하는 것은 아니기 때문이며, 그들이 침묵하였던 것은 무슬림 치하에서도 마찬가지였다. 정복당한 히스파노-로마인들 —— 정복되었다기보다는 협조하였다고 하는 것이 더 타당하겠지만 —— 이 존재하였던 것은 분명하다. 그들은 촌락에, 그리고 오래 전에 건설된 도시(아랍인들이 새로운 도시를 건설하는 경우는 극히 드물었다)에 살았고, 대부분 여자를 데리고 오지 않았던 정복자들과 결혼하여 사는 경우도 적지 않았다.

학자들의 연구가 조금씩 축적되면서 이 원주민들의 모습이 드러나고 있다. 훌리안 리베라는 아랍인에게 협력하였던 서고트 귀족의 후예로서 무슬림이던 이븐 알 쿠티야(Ibn al-Qūtiyya : 이 이름은 '고트 여자의 후손'이라는 뜻을 지닌다)의 연대기를 분석하였다. 특히 지명을 분석한 결과 매우 흥미로운 사실들이 밝혀졌는데, 예를 들면 아랍인들과 함께 스페인에 온 베르베르인들 가운데 상당수가 여전히 기독교도들이었다는 사실이다. 물론 이베리아 반도에서 아랍인들에 의해서 밀려난 원주민들에 대해서 아는 것은 극히 적으며, 얼마나 많은 원주민들이 자신들의 원래 종교를 버리고 계보를 조작하여 아랍인으로 행세하였는가에 대해서 앞으로도 더 많은 사실이 밝혀지지는 않을 것으로 보인다. 그러나 후샤니의 『코르도바 판관들의 역사』를 포함한 여러 문헌들을 꼼꼼히 연구한 리베라는 로만스어 —— 속라틴어(Lower Latin)의 한 변형으로서 지역에 따라서 여러 변형이 있으나 결국 스페인어로 정착되었다 —— 가 안달루시아의 아랍인들 사이에 어떻게 확산되어 갔는가에 대해서 중요한 실마리를 찾았는데, 그들이 알모아데 왕조에 이르기까지는 두 가지 언어를 모두 사용하였으며 특히 후기로 갈수록 더욱 그러하였다는 사실을 밝혀냈다. .

또한 리베라는 아랍인들이 로만스어를 사용하였을 뿐 아니라 알 안달루스 —— 무슬림 지배하에 들어간 지역, 즉 현재의 스페인 남부 안달루시아 지방에 해당된다 —— 에서는 로만스어로 "시를 쓰고 노래를 불렀다"라는 가설을 내놓았는데, 이 문제에 대해서는 뒤에서 다시 논의하기로 하고 여기서 일단 티파시(7/13세기)가 남긴 유명한 구절을 인용하는 것으로 그치고자 한다. 즉 "알 안달루스의 가수들은 과거에는 때로는 기독교도들과 비슷하였고 때로는 아랍 낙타몰이꾼과 비슷하였다."

우마이야 왕조 : 138-366/755-976

역사에서 '만약'을 말하는 것은 위험한 일이지만, 만약 한 가지 새로운 요건이 없었다면 아랍인의 스페인 지배는 의외로 빨리 끝나 버렸을지도 모른다. 그것은 바로 전설적인 모험가들의 뒤를 이어서, 중동에서의 대참살을 피한 우마이야 왕조의 한 왕족이 스페인으로 온 사건이다. 다힐(dākhil), 즉 '이주자'라는 별명을 얻은 아브드 알 라흐만 이븐 무아위야는 스페인에 우마이야 왕조의 분파를 건설하는 데에 성공하였고, 그것은 동부지역의 우마이야 왕조보다 두 배나 더 긴 수명을 유지하게 된 것이다(동부 우마이야 왕조는 41/661년에서 133/750년까지이나, 서부 우마이야 왕조는 138/755년에서 366/976년까지 지속되었다).

알 안달루스에서 우마이야 왕조의 지배는 9세대 동안 계속되었는데, 3세대씩 세 시기로 나누어진다. 아마 이것이 이븐 할둔으로 하여금 왕국의 수명을 3세대 —— 건설자, 유지자, 파괴자 —— 로 잡게 하였는지도 모른다.

아브드 알 라흐만 1세 → 히샴 1세 → 알 하캄 1세
아브드 알 라흐만 2세 → 무하마드 1세 → 문디르와 아브드 알라 형제
아브드 알 라흐만 3세 → 알 하캄 2세 → 히샴 2세

위의 표가 보여 주듯이 각 시기는 아브드 알 라흐만이라는 인물로 시작하고 있다. 첫번째 아브드 알 라흐만은 앞서 말하였듯이 창건자로서의 비범한 재능을 발휘하였고 스페인에서 '시리아 전통'을 부활시킨 장본인이었다. 두번째 인물은 고통스러운 유년시절을 보냈지만 자상하고 지적인 성품을 지녔으며 알 안달루스에 동방의 문화를 도입하였다. 세번째 아브드 알 라흐만은 무정부 상태에 빠져 있던 왕조를 재건한 뛰어난 능력을 지닌 지방총독 출신으로서, 스페인에서의 무슬림 세력을 절정에 올려 놓은 인물이다. 그는 '칼리프'를 자칭하였고 이러한 행동은 이집트의 파티마 왕조보다는 바그다드의 아바스 왕조를 의식하였기 때문이었으며, 마디나트 앗 자흐라라는 도시를 건설하였다.

이 세 명의 아브드 알 라흐만은 모두 나약한 군주들에 의해서 계승되었다. 히샴 1세는 '유순한 군주' ─ 『파트흐 알 안달루스』(Fath al-Andalus)라는 글을 보면 지나칠 정도로 유순한 것은 아니었던 듯하지만 ─ 라는 별명을 가지고 있었고, 무하마드 1세의 성격도 좋은 평판을 받지는 못하였으며, 알 하캄 2세는 책에만 몰두하던 '책상 위의' 군주였다. 후자는 호전적이고 영광을 추구하는 군주의 뒤를 이어 등장하는 전형적인 문약의 군주였다. 각 시기의 마지막 세대는 일종의 위기를 경험하였다. 알 하캄 1세는 성미가 조급하고 화를 잘 냈지만, 아브드 알라는 스페인 우마이야 왕조가 맞이한 최악의 위기를 그런대로 교묘하게 잘 넘겼으며, 히샴 2세는 일종의 저능아로서 그의 치세에 모든 것이 무너져 버렸다.

스페인 우마이야 왕조의 창건자인 '이주자' 아브드 알 라흐만 1세는 이주하는 동안 그가 부딪친 여러 난관들과 스페인에 들어와서 권력을 장악하기까지의 어려움을 경험하였기 때문에 어느 특정한 파벌을 지나치게 비호해서는 안 된다는 사실을 깨달았다. 그는 동방인이든 북아프리카인이든, 아랍인이든 베르베르인이든, 심지어 자기의 친척들도 음모를 꾸미는 것으로 의심하여 누구도 믿지 않았으며, 기독교도는 두말할 것도 없었다. 그는 매우 사려 깊은 사람이었기 때문에 일단 권력의 정상에 오른 뒤에는 다른 어떤 사람에게 의존하지 않으면서도 그들이 필요하다고 생각할 때는 교묘히 이용함으로써, 그의 계승자도 큰 어려움을 겪지 않을 정도로 견고한 통치체제를 물려주었던 것이다.

군주의 친위병과 전위부대는 외국 출신의 노예들 ─ 아랍어를 알아듣지 못하였기 때문에 후르(khur), 즉 '귀머거리'라는 별명으로 불렀다 ─ 이 다수를 점하는 용병들에 의해서 충원되었고, 황궁의 관리에 임명된 것도 바로 이들이었다. 반란은 가장 잔인한 방법으로 진압되었다. 대표적인 예가 코르도바에서의 '교외(郊外)의 날'이라고 불렸던 것으로, 코르도바에 거주하던 불만분자와 광신적인 말리키파 종무자들이 반란을 일으키자 이를 진압한 뒤 그들이 살던 구역을 모조리 불태워 버린 사건이 있었으며, 이와 유사한 것으로 물라디(muladíe : 이슬람으로 개종한 스페인인)가 반란을 일으킨 '톨레도의 밤'과 같은 사건이 있었는데, 모두 다 알 하캄 1세 때 일어났다. 대외정책 역시 극히 비타협적이어서 아바스 왕조나 파티마 왕조 그리고 거기에 협조하는 북아프리카의 베르베르인들에 대해서는 적대적이었다. 또 이러한 세력들을 공격하고 바이킹의 약탈을 막아내기 위해서 강력한 해군의 건설이 필요하였다. 북방의 기독교도들에 대해서는 비교적 온화한 계절을 택하여 원정을 감행하곤 하였다. 적지를 완전히 장악하려는 계획을 세우지는 않았으나 가능한 곳에서는 항상 제국주의적인 팽창정책을 추진하였다.

토착민과 혼혈인들의 동화는 결코 단기간에 이루어지지 않았다. 군주들은 이 두 집단이 피지배자의 입장에 머물러 있는 한 만족하였다. 그러나 그들은 여러 차례 억압의 굴레를 벗어 버리려고 시도하였는데, 상이한 동화과정에서 일어난 두 가지의 사건을 그 예로 들 수 있을 것이다. 하나는 가장 동화가 되지 않은 토착민인 모사라브가 자신들이 받는 심한 탄압과 고유의 문화가 위협받는 데에 대해서 불만을 느껴서, 아브드 알 라흐만 2세 때 예언자 무하마드를 모독하는 거의 자폭적인 시위를 벌이다가 결국 모두 처형된 사건이다. 또다른 예는 문디르와 아브드 알라의 시대에 가장 경직된 입장을 지니던 물라디가 반란을 일으켜서 알 안달루스 전역을 혼란에 몰아 넣고 코르도바의 총독을 포위하여 위협하였던 사건이다. 반란에는 단지 이슬람으로 개종한 스페인인들뿐 아니라 아랍인들도 가담하였다.

317/929년 칼리프를 자칭한 아브드 알 라흐만 3세 때가 되면서 상황은 상당히 호전되었다. 그의 출현은 마치 헨리 4세 이후에 페르난도와 이사벨이 나타났던 것처럼 역사적으로 이해하기 힘든 일이다. 이제 알 안달루스에 사는 여러 다른 민족들은 좋든 싫든 서로 긴밀한 접촉을 하게 되었으며, 이는 『아흐바르 마즈무아』(Akhbār majmū'a)라는 연대기에 잘 반영되어 있다. 그 저자는 무슬림들에게 "만약 신이 자비를 베풀지 않는다면 파멸될지도 모르기 때문에" 스페인을 떠나는 것이 더 나을 것이라고 충고하고 있다. 우마이야 왕조가 절정에 이르렀을 때 쿠라이시 부족 출신의 아랍인의 입에서 이러한 말이 나왔다는 것은 이해하기 어렵게 보일지도 모른다. 그러나 리베라도 지적하였듯이 "스페인 출신의 인사들이 점차로 세습적인 아랍 귀족들을 대체해 갔고" "계보가 의심스러운 스페인 가문들이 우마이야 왕조의 주요 관직들을 아랍의 쿠라이시 귀족들로부터 빼앗아 가는" 상황이었음을 상기하면 충분히 이해가 간다. 이 두 민족이 점점 더 융합되

어 간 것을 상징적으로 말해 주는 것이 곧 설명할 '무와슈샤흐'(muwashshah)라는 새로운 형태의 문학 장르이다.

다민족 문화

아브드 알 라흐만 1세가 권력을 장악하였을 때 스페인에는 그곳 특유의 독자적인 아랍 문화라는 것이 존재하지 않았고, 그래서 모든 것이 당시 우마이야 왕조의 숙적이었던 동방의 아바스 왕조로부터 수입되어야만 하였다. 따라서 우마이야 정권으로서는 그 문화를 수입하는 것뿐 아니라 거기에서 불필요한 것을 제거할 필요도 있었다. 그 기준은 동방의 우마이야 왕조가 뿌리를 두던 시리아적 전통에 합당한가 하는 것이었고, 특히 말리키파를 선호하였다. 이것은 말리크 이븐 아나스에 의해서 시작되어 메디나에서 유행하던 법학파였는데, 알 안달루스에서 유일한 율법체계로 공인받게 되었다. 그 추종자들은 '사상 통제'와 같은 극단적인 방법을 사용하기도 하였다. 정치 분야에서 우마이야 왕조는 비잔틴과 우호적인 관계를 유지하였기 때문에 아바스측의 영향을 상쇄할 만한, 그런대로 유용한 균형을 얻을 수 있었다. 양측은 서로 사신을 교환하였고 코르도바는 비잔틴으로부터 대모스크의 벽감을 장식하는 데에 필요한 기술자들을 받아들이기도 하였으며, 동시에 디오스코리데스의 저술과 그것을 해석할 능력을 지닌 승려도 받아들여서 후일 과학상의 커다란 발전을 이룩하는 기초가 되었다.

문화적인 수입은 두 가지 방식으로 이루어졌는데, 하나는 정부가 용인하는 공적인 것이고 다른 하나는 유학생이나 순례자들에 의해서 몰래 들어오는 비공식적인 것이었다. 두 가지 모두 교역의 발달에 의해서 촉진되었고 우리가 상상하는 것 이상으로 빠른 속도로 발전하였다. 이렇게 해서 적어도 두 차례에 걸쳐서 아랍 문화가 절정에 이르게 되는데, 이를 보여 주는 첫번째 예로는 아브드 알 라흐만 3세 때 아브드 랍비히가 저술한 『알 이크드 알 파리드』(al-'Iqd al-Farīd)이다. 동부의 아랍인 가운데는 "우리들의 것을 그들이 다시 역수출한다"라고 말한 사람도 있지만, 사실 이 엄청난 양의 작품은 이미 동부지역에서는 사라진 많

우마이야 왕가의 마지막 생존자 아브드 알 라흐만이 139/756년 스페인에 국가를 건설하고 코르도바를 도읍으로 정한 뒤 대모스크를 세웠다. 그의 후계자들은 이를 더욱 확대시켰다. 맞은편 사진은 이 모스크의 벽감이고, 위의 사진은 그 천장 장식이다. 둘 다 알 하캄 2세의 치세(350-355/961-966)에 만들어진 것인데, 복합적인 양식, 현란한 장식, 대리석과 스투코, 꽃무늬를 이루는 모자이크, 『코란』의 구절들, 사각으로 된 벽감의 틀, 팔각의 돔 구조 등으로 인해서 스페인 우마이야 왕조가 남긴 가장 정교한 건축물로 손꼽힌다.

은 내용들까지 보존하고 있음을 기억할 필요가 있다. 두번째 예는 칼리프 알 하캄 2세 때 코르도바에 세워진 도서관으로서, 여기에는 당시로서는 타의 추종을 불허하는 40만 권의 장서가 있었다고 한다.

앞에서 언급한 티파시(Tifāshī)의 구절은 알 하캄 1세 때 알 안달루스에 온 음악가와 가수들에 대해서 말하고 있으며, 특히 아브드 알 라흐만 2세 때는 코르도바의 궁전에서 극도로 세련된 예술적 취향을 소개한 지르야브(Ziryāb)의 도래에 대해서도 지적하고 있다. 물론 알 안달루스에는 이미 오래 전부터 시인들이 존재하였다. 기이한 성격과 준수한 용모로 유명한 가잘(Ghazāl : '수려한'이라는 의미이다)은 250/864년 사망할 때까지 장수를 누렸고 아브드 알 라흐만 2세의 특사로 비잔틴에 파견되기도 하였는데, 매우 다양한 운율의 시를 남기고 있다. 원래는 기독교였던 것으로 보이는 라마디는 지적인 시인이었으며 알 만수르 (일명 알만소르 : 413/1022년 사망) 치세에 최고의 시들을 남겼다. 이단적인 스페인 시인 이븐 하니(321-363/933-973)도 빼 놓을 수 없다. 그러나 이러한 몇 명의 시인들을 제외하고 나머지는 대부분 아랍 문학사에서 아류로서 분류될 뿐이다. 그뒤 알 안달루스에서 문학적인 업적으로 주목할 만한 것은 문법학과 문헌학 분야에서 출현하였다.

그렇다고 알 안달루스의 문학적인 성과들이 모두 모방적인 것이라고 말하기는 어렵다. 이 점에서 아마 가장 흥미로운 것이 무와슈샤흐라는 문학 장르의 창안일 것이다. 이것은 서구인들로부터 더 많은 관심을 끌었고, 과거나 오늘날의 아랍인들은 그것이 지닌 감각적인 특징을 인정하면서도 아랍 고전문학사에서는 일종의 암적인 존재인 것처럼 경멸적인 태도를 취하였다. 이 무슬림-스페인 특유의 시구를 처음으로 주목한 학자는 앞서 언급한 훌리안 리베라였다. 그는 알 안달루스의 '로만스 통속문학'에 대해서 최초로 지적하였고, 그뒤 스턴과 필자 자신의 조사에 의해서 하르자(kharja)라고 부르는 형식의 시구가 약 50여 개 발굴되었다. 이것은 히브리나 아랍어로 된 긴 시인 무와슈샤흐의 마지막에 첨가되는 짧은 구절이며, 현재까지 유럽에서 발견된 통속어로 된 시구 가운데 가장 오래된 것이기 때문에, 로만스 문학에서 서정시의 기원에 대한 연구의 방향을 완전히 수정하는 결과를 낳았다. 하르자는 '황금기'의 비얀시코(villancico : 頌歌)라든가 오늘날까지 스페인어를 사용하는 지역에서 광범위하게 나타나는 코플라 (copla : 短歌)와 매우 유사한 형태를 보여 주기 때문에, 스페인의 대중적 서정시의 연속성이 거의 천여 년에 걸쳐서 존재하였음을 확인할 수 있다.

⟨로만스어⟩   ⟨스페인어⟩

Ké faré, mammà?   ¿Qué haré, madre?
me-u l-habīb ešt' ad yana.   Mi amigo está en la puerta.

나는 어떻게 하나요, 어머니?
내 친구가 문 앞에 있어요.

Benid la Pašqa, ay aún/šin elle,   Viene la Pascua, ay, aún/sin él,
lasrando meu qorağūn/por elle.   lacerando mi corazón/por él.

부활절이 오네요, 아 여전히/그이도 없는데,
내 가슴을 뜯으며/그이 때문에.

Komo si filiyōlo 'alyéno   Como si [fueras] hijito ajeno,
non maš adormeš a me-u šéno.   ya no duermes más en mi seno.

그대는 남의 자식인 듯
이제는 내 품에서 잠들지 않네요.

ké farēyo 'o ké sérad de mībe?   ¿Qué haréo será de mī?
  ¡ Habībe,   ¡ Amigo,
non te tolgaše mībe!   no te vayas de mi lado!

어떻게 하나요, 난 어떻게 될까요?
내 친구여,
내 곁을 떠나지 말아요!

Gār ké farēyo,   Dime qué heré
kómo bibrēyo :   como viviré :
Ešt' al-habīb ešpēro   a este amigo espero :

pōr ēl morrēyo.   por él moriré.

　　　　　내가 어떻게 해야 할지 말해 줘요,
　　　　　내가 어떻게 살아야 할지.
　　　　　나는 이 친구를 기다립니다 :
　　　　　그를 위해서 죽으렵니다.

Tant' amāre, tant' amāre   Tanto amar, tanto amar,
habīb, tant' amāre,   amigo, tanto amar,
enfermīron welyoš ndioš   enfermaron ojos bellos
e dōlen tan mālē.   y duelen tan mal.

　　　　　그토록 사랑하다가, 그토록 사랑하다가
　　　　　친구여, 그토록 사랑하다가,
　　　　　아름다운 눈이 병들어
　　　　　그토록 고통을 받는구나.

　이것은 하르자의 몇 가지 예이다. 처음에는 2행짜리 세 개, 그 다음에는 3행짜리 한 개, 마지막으로 4행짜리 두 개를 예로 들었는데, 모두 5/11세기 전반경의 것들이다. 이집트 출신의 이븐 바삼(6/12세기)과 이븐 사나 알 물크는 이 장르에 관한 저술을 남겼고 그 내용은 최근에 와서야 비로소 이해되기 시작하였는데, 이에 의하면 무와슈샤흐는 로만스어로 된 시구에 맞추어져 만들어진 것이었다고 한다. 비유해서 말하자면 무와슈샤흐는 마치 빛을 내는 벌레와 같아서 시라는 몸체의 꼬리에 붙어 있는 빛과 같은 것이라고 할 수 있다.

　이 장르는 3/9세기 말 혹은 4/10세기 초에 카브라라는 도시에서 장님 시인 무카담 이븐 무아파에 의해서 처음 만들어졌다. 그때 지어진 시는 현재까지 남아 있지 않으나 5/11세기나 6/12세기 이후의 것들은 일부 잔존해 있다. 이 장르는 곧 아랍 고전주의가 지니는 중화력(中化力), 즉 이국적인 형태를 흡수하여 수정하는 경향의 위협에 직면하게 되었다. 바로 이러한 이유에서, 그리고 외국어로 된 글을 복사하는 데에 생기는 어려움 등으로 인해서 로만스어로 된 하르자는 많이 남지 않게 되었다. 더구나 그것은 곧 구어체 아랍어 —— 뒤에는 고전 아랍어 —— 로 된 하르자에 의해서 대체되어 버렸다. 그러나 그것이 지니는 비고전적인 운율구조는 잔존하여, 적어도 알 안달루스 지방에서는 로만스 시의 동일음절적 특징을 지니게 되었다. 무와슈샤흐는 우마이야 왕조 치하의 코르도바라고 하는 다민족적인 용광로 속에서 두 개의 상이한 민족과 문학이 융합된 결과 생겨난 산물이었다. 이것이 우마이야 왕조가 이룩한 문화적 성취 가운데 가장 독창적이라는 것에는 의심의 여지가 없을 것이다.

그러나 칼리프 왕조 치하의 코르도바에는 스페인 이슬람의 영광뿐만 아니라 그것이 지닐 수밖에 없는 비극의 일면도 발견된다. 혈연적으로 친밀한 북방의 기독교도로부터도 소외되고 동시에 동방의 민족들로부터도 소외된 상태에서 존재한 이 남방의 위대한 왕국은, 서쪽에서 뜨는 태양이라고 한 시인 이븐 하즘의 비유처럼 잘못된 궤도에서 빛을 발하고 있는 태양처럼 보인다. 무와슈샤흐를 제외한다면 사실 스페인의 이슬람 문화는 문학보다도 건축에서 더 진가를 발휘하였다. 그 좋은 예로 아브드 알 라흐만 3세가 돌로 건축한 마디나트 앗 자흐라의 경이로운 궁전도시를 들 수 있다. 그러나 이것은 50년이 지난 뒤 베르베르족의 공격으로 파괴되어 버려 현재 보수공사가 진행중이다. 이외에도 코르도바의 대 모스크를 빼 놓을 수 없는데, 이 놀라운 건축물은 다행스럽게도 아직 잘 보존되어 있다. 건물은 세 차례에 걸쳐서 확장되었으며 그때마다 더 훌륭한 모습을 띠게 되었다. 세번째 확장공사로 인해서 이 건물은 강을 접하게 되었고, 그 결과 제4차 확장을 꾀한 알 만수르는 옆으로 늘려야 하였던 것이다.

알 만수르와 내전 : 366-422/976-1031

위엄과 학식과 행정능력을 다 갖추고 있어서 '칼리프 알 문타시르 빌라'라고도 일컬어졌던 알 하캄 2세는 신체적으로는 비정상적이었으며 그의 아들 칼리프 알 무아야드, 즉 히샴 2세는 저능아였다. 알 하캄은 임종의 자리에서 무하마드 이븐 아비 아미르라는 유능한 관리에게 정치를 위임하였는데, 자기의 능력을 발휘하여 승진하고 칼리프의 모친의 애인이라는 점을 이용하여 자신의 정적들을 가차없이 제거하였던 그는 신임 칼리프를 황금으로 도색된 감옥에 구금하여 외부세계와 일체의 통신을 두절시켜 버렸다.

그의 탈권은 완벽하였다. 이븐 아비 아미르의 공식적인 직함은 하지브(hājib), 즉 재상이었으나 처음부터 칼리프처럼 행동하였다. 그는 알 만수르, 즉 '승리자'라는 별명을 취하였고 이 이름으로 후세에 알려지게 되었다. 그는 궁전도시인 알 마디나 앗 자히라를 건설하였지만 그후에 자취도 없이 사라져 버렸다. 그는 별도의 조정을 설치하여 진짜 군주보다 더 권위적인 모습으로 군림하였고, 결국은 '산추엘로'(Sanchuelo)라는 이름으로 불리게 된 독자적인 왕조를 개창하여 그의 두 아들 — 아브드 알 말리크 무자파르와 아브드 알 라흐만 안 나시르 — 이 계승하였다.

가난한 귀족 출신인 알 만수르는 매우 교활하면서도 대담한 성격의 소유자였다. 자신의 탈권과 그것을 위해서 자행한 극단적인 방법들을 상쇄시키기 위해서 그는 작가들을 보호하는 정책을 쓰는가 하면, 파키흐(faqīh : '율법학자')의 비위를 맞추려고 노력하였다. 그래서 알 하캄 2세 때 세워진 도서관에 소장된 책들 가운데 '부정한' 것들(예를 들면 모든 과학서적)을 모두 솎아내 버리는 '종교재판'도 행하였다. 특히 유명한 것은 기독교도들에 대한 원정인데, 거기에는 거의 묵시론적인 폭력이 수반되었다. 그는 전후 50여 차례의 원정을 감행하였고 그중 상당수는 성공적이었다. 그 결과 북부 스페인을 근거로 활동하던 기독교도 세력에게 그는 일종의 '신의 채찍'이 되었던 것이다. 스페인에서 가장 유명한 기독교 성지인 산티아고 데 콤포스텔라에 있는 대성당의 파괴도 이때 일어났다. 그러나 이러한 정책은 두 가지 치명적인 실수를 수반하고 말았다.

첫번째는 스페인에서 일어난 그후의 경과에 중요한 영향을 미친 것으로, 코르도바에 주둔해 있던 군주 지휘하의 병력과 안달루시아의 무슬림들로 이루어진 전투부대가 나약함 때문인지 아니면 나태함 때문인지 그 이유는 알 수 없지만 전반적으로 전투를 기피하였다는 사실이다. 파티마 왕조의 간첩으로 아브드 알 라흐만 3세 시대에 알 안달루스를 다녀간 뒤 알 안달루스 군대에 관해서 매우 비판적인 글을 남긴 이븐 하우칼 — 지리학자이기도 하다 — 도 그 점에 관해서 이미 지적한 바 있다. 따라서 그러한 상황에서 성공을 기대하기 힘들었던 알 만수르는 그 대안으로 알 하캄 2세 때 매우 어렵게 그 일부가 정복된 바 있는 아프리카로부터 용병을 수입하였다. 그러나 베르베르인으로 하여금 다시 스페인으로 들어오게 한 것은 알 만수르로서는 최악의 선택이 되어 버렸다. 그는 자신도 모르는 사이에 칼리프 왕조를 급속하게 무너뜨리게 될 위험한 무기를 안으로 들여온 셈이었고, 이것은 결국 칼리프 왕조 자체만이 아니라 스페인의 이슬람 세력 전체를 붕괴시키는 결과를 낳았던 것이다.

두번째 실수는 그 원정이 겉으로는 거창해 보였지만 실제로 효과는 거의 없었다는 점이다. 완전한 점령이 아니라 응징을 목적으로 한 것이었기 때문에 비생산적이었다. 알 만수르가 기독교도들에게 한 행위는 로마의 시인 호라티우스가 한니발의 침입을 받은 로마인들에 대해서 읊은 시구, 즉 "모든 손실, 모든 칼의 상처에, 강철의 맨 끝에서부터 새로운 힘과 사기가 솟아오른다"라는 구절을 생각나게 한다. 가지치기는 새로운 성장을 북돋는 법이고, 칼로 살아가는 사람은 칼로 죽는 법이다. 알 만수르는 스스로 늘 예언하였던 것처럼 전쟁터에서 죽지는 않았으나 기독교도에 대한 원정에서 귀환하는 도중에 병사하였고, 들것에 실려서 393/1002년 메디나셀리(소리아)에서 사망하고 말았다. 전설에 의하면 당시 과달키비르 강가에서는 다음과 같은 기묘한 노래가 불렸다고 한다.

En Catalañazor
perdió Almanzor
el atambor.
카탈라냐조르에서
알 만수르는 잃었네.
그의 북을.

히샴 2세가 아직 생존해 있었음에도 불구하고 알 만수르의 지위는 그의 아들 아브드 알 말리크가 계승하였고, 그는 '무자파르'(Muzaffar)라는 칭호를 취하였다. 그는 교양 있는 인물이었고 처음에는 알 안달루스 지방의 사람들에게 평안을 가져다 주는 듯하였다. 그러나 399/1008년 그가 사망해 버리자, 이복동생이었던 아브드 알 라흐만이 '안 나시르'(an-Nāsir)라는 칭호를 취하였다. 그는 '산추엘로'(Sanchuelo) 또는 '산촐'(Sanchol)이라는 별명을 얻었는데, 그것은 그의 외조부가 팜플로나의 왕 산초 아바르카였기 때문이다. 그의 치세에 아미르 가문의 세력은 급속하게 무너져 버렸고, 그가 히샴 2세에게 자신을 후임 칼리프로 지명하라는 어리석은 요구를 한 직후 암살되어서 내란이 터지게 되었다.

여기서 내전(피트나(fitna)라고 부른다)을 자세히 설명할 여유는 없다. 그 복잡한 과정에 대해서는 이미 수없이 많은 글들이 쓰여졌다. 전쟁은 파멸적이었고, 예언자의 후손이라고 칭해지는 바누 하무드 가문 —— 이드리스 가문이라고도 한다 —— 을 포함한 여러 종류의 베르베르족과 안달루시아에 살던 아랍인과 슬라브 계통의 사칼리바(Saqāliba : '기독교 출신의 노예들') 사이에 싸움이 벌어졌다. 히샴 2세는 이 양측의 중간에 끼인 꼭두각시 신세가 되어 버렸다. 그후 벌어진 상황은 마치 어렴풋한 영상으로 가득 찬 악몽의 연속과 같다. 알 마디나 앗 자히라는 폐허가 되어 버리고, 마디나트 앗 자흐라도 마찬가지로 파괴되었으며, 거기에 있던 기둥과 기둥머리와 연결관들은 모두 뜯겨서 팔리는 신세가 되었다. 알 하캄의 도서관에서 불타지 않고 남아 있던 것은 모조리 팔려 버렸다. 모든 것이 파괴되고 먹칠당하였으며, 반도에는 다시 한번 강렬한 독단주의의 바람이 불어닥쳤다.

이상한 사실은 현재 우리의 눈에는 그처럼 완전한 붕괴로 보이는 사태가 그 당시 사람들에게는 그렇게 느껴지지 않았던 것 같다는 점이다. 그들은 하루하루 사태가 호전되리라고 기대하였지만, 결국 마지막에 가서 모든 것이 분명해지자 아무도 칼리프가 되려고 하지 않았다. 우마이야 왕조에서 마지막으로 칼리프의 칭호를 취한 겁 많은 부자 히샴 3세 '알 무타드'는 코르도바에서 도망치다가 암살당하고 말았고, 이제 껍데기만 남은 코르도바에서 시민들은 독자적으로 공화국을 선포하였다(422/1031).

어느 사회의 문화적인 절정기가 반드시 정치적인 절정기와 일치하는 것은 아니며, 문화는 정치적인 쇠퇴 속에서도 발전할 수 있다. 그러나 당시 정치적인 동요는 너무나 급격하고 파괴적이었기 때문에 문화도 정지된 상태 그대로 머무르고 말았다. 내전이 일어나기 전까지만 해도 알 안달루스는 번영의 가능성을 어느 때보다도 많이 가지고 있었으나, 이제 모든 것은 지나가 버렸고 기대하였던 추수는 들판에 얼어붙어 버렸던 것이다.

왕실에서 문학을 장려하는 것과 문인들로 궁전이 가득 차는 것은 같다고 할 수 없는데, 우마이야 왕조 말기의 군주들은 널리 문학을 장려하였지만 문인들이 궁전을 차지하였다고 보기는 힘들다. 다만 예외가 있다면 알 만수르의 치세인데, 이것은 그가 자신의 부당한 탈권을 변호할 구실이 필요하였기 때문이었다. 그의 궁전은 라마디나 이븐 다라즈 알 카스탈리와 같이 유명한 시인들로 흥청거렸고 내전기에도 마찬가지였다. 그러나 이 시기에서 결코 빼 놓을 수 없는 세 작가들이 있다.

내전기의 세 작가

우선 역사가 이븐 하얀(377-469/987-1076)을 들 수 있다. 그는 생애의 전반기를 내전 속에서 보냈는데, 훌륭한 산문작가이자 매서운 비평가였던 그는 자기 시대의 증인으로서 많은 글을 썼지만 안타깝게도 단편들만이 남아 있다. 그의 걸작은 『마틴』(Matin)이지만, 그에 앞서 『무크타비스』(Muqtabis)를 저술하였다. 또다른 두 사람은 이븐 슈하이드(382-426/992-1035)와 이븐 하즘(381-455/991-1063)인데, 이들 모두 관리의 자식들이었다. 전자는 오래된 아랍 가문 출신이었고, 후자는 위장한 기독교도 가문 출신이었다. 이들은 서로 매우 친밀한 사이이기도 하지만 내전기 동안 모두 재상을 지냈다. 필자의 견해로는 이들은 안달루시아의 아랍 문학을 절정에 이르게 한 시학파를 형성하였다. 우리는 두 사람의 청년이 하얀 옷을 걸치고, 당시 우마이야 왕조의 육감적인 이상형이라고 할 수 있는 금발의 여인들과 시인들에게 둘러싸여서 코르도바의 주랑 사이를 거닐며 이야기하는 모습을 떠올릴 수 있다.

아랍이라는 문화적 분위기 속에서 그들은 어느 정도는 혁명적이었다고 할 수 있다. 그들은 스승의 가르침을 거부하고 당시의 교육방법과 케케묵은 전통을 배척하였으며, 시인은 타고나는 것이지 훈련에 의해서 만들어지는 것이 아니라고 주장하였다. 이것은 오늘날에는 흔히 들을 수 있는 이야기이지만 중세 이슬람 사회에서는 매우 파격적이었다. 또한 그들은 대중문학을 경멸하는 귀족적이고 '아랍 애호적인' 소수파였다("무와슈샤흐를 멀리하라!"). 아랍 문화에 동화되려는 그들의 희망은 동방으로부터 들어오는 새로운 것들에 의해서 충족될 수 있었지만, 역설적이게도 그들은 그것을 증오하였고 그것을 극복하려고 노력하여 자신들의 작품에 항상 민족적인 체취를 심어 놓았다. 시와 산문을 모두 썼지만 우리의 흥미를 더 끄는 것은 산문이다. 그러나 우마이야 왕조의 붕괴와 함께 문학 발전의 희망이 사라지면서 결국 그들은 실패로 끝나고 말았다.

시인이자 비평가이기도 하였던 이븐 슈하이드는 그의 친구보다 시작(詩作)에서는 더 뛰어났다. 문법학자나 문학전통 전체를 놀리는 듯한 그의 산문은 지금까지보다는 더 꼼꼼히 연구되어야 할 필요가 있다. 그의 작품 가운데 가장 호소력을 지니는 것은 『리살라트 앗 타와비 왓 자와비』(Risālat at-tawābi' waz-zawābi') 인데, 현재 온전한 형태로 보존되어 있지는 않다. 이것은 작가가 지하세계를 여행하면서 거기에서 아랍의 유명한 시인들의 유령과 대화를 나누고, 스페인 특유의 자부심을 가지고 자신의 작품과 그들의 작품을 비교하는 내용으로 이루어져 있다. 이것은 아부 알 알라 알 마아리나 단테에 앞서서 지어진 유머와 상상으로 가득 찬 일종의 『신곡』이다. 그는 당시 왕족들의 탄압을 받고 불치의 병에 걸렸지만 금욕주의적인 굳건함으로 버티다가 결국 코르도바의 알 하이르 공원에 묻혔다. 그의 집에 책이 한 권도 없었다는 점 역시 시사하는 바가 있다.

이븐 하즘에 대해서는 소개가 필요 없을 정도이다. 그의 『타우크 알 하마마』 (Tawq al-hamāma: '비둘기의 목걸이')는 안달루시아의 아랍 문학의 걸작 가운데 하나로 꼽히며, 거의 모든 중요한 언어로 번역되어 있다.[4] 이 작품은 일종의 '연애론'이며 이 주제에 관해서 아랍어로 쓰여진 것 가운데 단연 최고라고 할 수 있고, 플라톤, 오비디우스, 단테, 스탕달 등의 작품과 비교할 만할 것이다. 아랍 시가 유럽에 어떠한 영향을 주었는가를 논할 때는 반드시 빠질 수 없는 작품이다. 그것은 또한 무어인 시대의 스페인을 노래한 비가이자 경이로운 자서전이기

---

[4] 이외에도 이븐 하즘은 『알 안달루스 문학의 변』(*Apologetic Account of the Literature of al-Andalus*), 『종교의 역사』(*History of Religions*), 『고백록』(*Confessions*)을 비롯하여 여러 작품들을 썼다.

도 하고, 우마이야 왕조의 코르도바의 모습을 생생하게 떠올려 주는 중세 최고의 애정소설집이라고 할 수 있다. 글 속에는 다른 어느 누구의 책도 인용되어 있지 않다. 작자가 서문에서 "나는 베두인에 관해서 들은 수많은 이야기들을 이용할 수도 있었다. 그러나 나는 다른 사람의 낙타가 아닌 나의 낙타를 타는 습관을 가지고 있고 남에게서 빌려 온 보석으로 뽐내지는 않는다"라고 적고 있다. 사실 그 자신의 보석은 밝게 빛나고 있고, 흔히 인용되는 다음 구절에서도 잘 드러난다.

> 사라졌도다, 중국에서 온 불행한 진주여.
> 나는 스페인의 루비에 만족하도다!
> ——『타우크』 제20장에서

『타우크』는 매력 있는 책이지만 동시에 우수에 찬 글이기도 하다. 그러나 그는 후일 문학을 포기하였고 우수는 분노로 바뀌었다. 격렬한 신학, 법학 논쟁에서 고통을 받고 모든 사람, 모든 것으로부터 소외된 그는 시골의 자기 고향으로 돌아가서 말년을 보냈다. 거기에서도 그의 집필은 계속되었지만, 이븐 하얀의 말대로 그의 저술은 "문지방을 넘어서지 않았다."

무슬림 국가의 붕괴 : 414-483/1023-1091

'내전' 시대에 전국을 덮친 지방주의의 물결은 곧 홍수로 바뀌어 타이파(taifa : 아랍어로는 '부족'을 의미하는 타이파(tā'ifa)) 국가들의 건설로 이어졌다. 우마이야 왕조라는 방파제가 일단 무너지자 대립하던 모든 요소들 사이의 반목이 폭발하고 말았다. 아랍인들과 물라디들이 세운 타이파가 있는가 하면, 아랍화된 베르베르인 혹은 새로 유입된 용병들로 구성된 베르베르인 타이파도 생겨났다. 심지어 '슬라브들'조차 정치적인 독립을 요구하였다. 권력을 장악하기 위한 난투전이 벌어졌고, 엔카스티야르세(encastillarse : '성채의 점거')를 할 수 있는 사람은 누구나 거기에 뛰어들었다. 이 분열의 시대 초기에 무려 28개의 소규모 국가들이 생겨났지만, 후일 이 숫자는 토지의 병합과 재분배로 말미암아 줄어들었다. 가끔 기독교도들끼리 연합하는 경우를 제외하고는 실제로 만인의 만인에 대한 투쟁이었다.

타이파는 각종의 민족집단들을 분산시켜 버렸지만, 그렇다고 모두 독립을 얻었던 것은 아니다. 소규모 집단들에게 정치적 독립이란 불가능하였고 문화적 독립을 이룩하기란 더욱 어려웠다. 앞에서 우마이야 왕조가 동방의 아바스 왕조로부터 어떻게 문화를 수입하였는지, 그러면서 그것을 어떻게 여과시켰는지, 또 이븐 슈하이드와 이븐 하즘의 시대에 와서는 도리어 그것을 경멸하고 보다 우위에 서려는 노력을 어떻게 하였는지를 살펴보았다. 이제 안달루시아의 타이파들은 동방의 문화가 거의 필요 없음에도 불구하고 수입에 열을 올렸고, 아무런 여과장치도 없이 광적인 모방을 시작하였다. 일종의 축소판 바그다드가 수없이 생겨나서 원숭이처럼 원래의 것을 흉내내려고 하였는데, 왕족들의 우스꽝스러운 칭호들, 복장, 의례, 예의범절 등이 그러하였다. 말하자면 우마이야 왕조가 동방의 벽돌로 스페인 건물을 지으려고 하였다면, 타이파들은 스페인 벽돌로 동방의 건물을 지으려고 한 셈이었다.

타이파의 숫자는 엄청나게 많았고, 그들은 우리가 생각할 수 있는 모든 문화적 특징들을 다양하게 보여 주었다. 혹은 산문에서, 혹은 학문에서, 혹은 과학에서, 혹은 음악에서 전문성을 나타냈다. 그러나 그들 모두 장기를 보였던 분야는 시작(詩作)이었고, 현존하는 무와슈샤흐 가운데 가장 이른 것들은 바로 이 시기에 속하는 것들이다. 시는 어디에서나 존재하였고, 그것은 외교에서 사랑에 이르기까지, 혹은 선전에서 풍자에 이르기까지 거의 모든 분야에서 사용되는 보편적인 도구였다. 국가예산의 주요 부분이 거기에 소비되었고, 궁전에는 시작을 위한 학교가 설치되고 봉급을 받는 시인들이 즐비하였다. 왕은 왕좌에서 시를 짓고 농부는 무리지어 일하면서 시를 읊조렸다. 한 편의 훌륭한 카시다(qasīda)를 지으면 수입도 생겼지만 그 작자를 재상으로 만들기도 하였다.

이 시대의 가장 뛰어난 시인으로는 아무래도 이븐 자이둔(394-463/1003-1070)을 들어야 할 것이다. 그는 코르도바에서 출생하여 세비야로 도망쳤는데,

우마이야 왕조의 공주 왈라다의 연인으로 스캔들을 일으키기도 하였다. 그가 그녀에게 바친 애정시들은 특히 유명하며, 그중에는 잘 알려진 『카시다 누니야』(Qasīda nūniyya)도 포함되어 있다. 시인으로서 그는 막힘이 없고 우아하였으며 지극히 인간적이었다. 그 다음으로는 이븐 암마르 드 실베스를 꼽을 수 있는데, 그는 빈곤에서 벗어나서 세비야 왕국의 재상으로까지 올라갔지만 479/1086년 국왕의 명령으로 처형된 기구한 운명의 소유자이다. 또한 데니아의 이븐 알 라바나(507/1113년 사망)도 빼 놓을 수 없을 것이다. 세비야의 국왕 무타미드 (460-484/1068-1091년 재위)의 시는 그 기술적인 빼어남 때문이라기보다는 자연스러우면서도 세속과는 떠난 듯한 분위기로 높은 평가를 받고 있다. 그것은 진실로 시인정신의 자연적인 발현이기도 하지만, 동시에 그것은 승리의 순간에서부터 아프리카 유배생활에 이르기까지 이미 그 시적인 인생의 부침을 노래한 것이기도 하다. '아그마트(Aghmāt)의 비가'라고 부를 만한 그의 마지막 작품들은 인간의 고통에 대한 가장 쓰라린 증언이다.

그러나 여기에서 무어인 시대 안달루시아의 낭만주의적 분위기에 대한 설명은 일단 접어두고, 앞에서 시작하였다가 중단하였던 역사적 소묘를 계속해 보기로 하자. 타이파 국가들은 이탈리아 르네상스 시대의 공화국들과 비슷하였다. 마치 터번은 쓰고 있지만 지갑을 가지고 있지 않은 사람처럼 기초가 튼튼하지 못하였으며 서로 배반하는 것을 조금도 꺼려하지 않았다. 카스티야의 야심 많은 군주 알폰소 6세는 이러한 취약성을 잘 알고 그것을 잔인할 정도로 이용하였다. 그는 모든 무슬림 국가들에게 사신을 보내서 서로를 이간질하였다. 그는 시드 못지않게 무슬림들에 대해서 잘 알았고, 그 문제에 관해서 자문을 얻기 위해서 코임브라 출신의 모사라브인 시스난도 다비디즈를 고용하기도 하였다. 그러나 그는 프랑스 여자와 결혼하였고 클뤼니의 베네딕투스 수도회 소속 승려들과 접촉을 가지게 되었고, 안달루시아 정치 현실을 모르던 그들은 무슬림에 대한 폭력적인 대응을 권유하였다. 반대로 시스난도는 보다 조심스러운 대책을 세울 것을 주장하였다. 현재 어느 쪽이 더 옳았는지 판단하기는 어렵지만, 어쨌든 알폰소는 강경론을 따랐고 톨레도를 함락시킨 뒤(478/1085) 국왕을 추방해 버렸다. 어쩌면 시스난도가 건의하였던 것처럼 국왕을 그대로 남겨둔 채 일종의 속국으로 삼는 것이 더 나았을지도 모른다. 알폰소로서는 '재정복'을 추진하여 적어도 타구스 강까지는 진출하여 고대 서고트 왕국의 수도를 탈환하고 싶었을 것이다. 그러나 톨레도의 무슬림들은 모스크에 계속 가도 좋다는 내용의 협약이 깨지자 격렬한 반대를 시작하였다.

타이파들 가운데 가장 강력하였던 세비야 왕국의 군주 알 무타미드는 "카스티야에서 돼지를 치느니 아프리카에서 낙타몰이꾼이 되는 편이 더 낫다"라고 외치며 극단적인 정책을 취하였다. 그는 아프리카에서 알모라비데 왕조의 국왕인 유수프 이븐 타슈핀을 불러들였고, 유수프는 지브롤터 해협을 건너서 알폰소 6세의 군대와 아주 전통적인 방식으로 일전을 벌이게 된 것이다. 무슬림들은 '잘라카의 전투'라고 하고 기독교도들은 '사그라하스의 전투'라고 부르는 이 싸움은 바다호스 지방에서 479/1086년에 벌어졌다. 결국 알 무타미드측이 승리의 영광을 안았고 알폰소 6세는 패배하여 도망치고 말았다. 유수프는 전투가 끝나자 모로코로 돌아갔지만 안달루시아의 혼란을 보고 율법학자들의 충동을 받아서 4년 뒤 다시 돌아와 남부 스페인의 패자로 군림하게 되었던 것이다. 그라나다의 지르 왕조의 마지막 국왕인 아브드 알라의 『회고록』은 당시의 상황을 직접 목격하고 생생하게 증언하고 있는데, 안달루시아의 왕공들은 매우 잔혹하게 폐위, 추방, 살해되었고 오직 무타미드만이 용감하게 저항하였지만 결국 그 역시 배신당하고 패배하여 유배되고 말았다. 오직 사라고사만이 겨우 합병을 모면하였을 뿐이다.

알모라비데 왕조의 지배 : 484-540/1091-1145

이렇게 해서 시작된 알모라비데 왕조의 지배는 겨우 반세기 남짓이었고 상황도 거의 호전된 것이 없었다. 단지 알 안달루스라는 무너져 내리는 건물을 약간 떠받쳐 주었을 뿐 전체적인 사태의 악화를 막지는 못하였다. 무슬림들은 우클레스 전투에서의 승리(512/1108)에도 불구하고 톨레도를 수복하지는 못하였고, 1118년에는 사라고사도 상실하고 말았다. 발렌시아는 시드에게 잠시 빼앗겼다가 다시 찾았지만, 아라곤의 알폰소 1세의 안달루시아 원정이 여러 차례 계속되었고 많은 수의 모사라브인들이 그와 함께 북쪽으로 도망쳐 버렸다.

알 안달루스 지방은 종교적으로 이슬람이 약간의 안정을 되찾았을 뿐 전반적인 쇠퇴는 멈추지 않았고, 무엇보다도 당시까지 야만적이라고 여겼던 지역(모로코)에게 정치적으로 종속되었다는 것이 자부심을 상하게 하였다. 모사라브인들이 도주와 추방 등에 의해서 분산됨으로써 과거의 민족적인 구성도 변하게 되었고, 이에 따라서 사회구조도 그대로 지탱하기 어려워졌다. 단지 이중언어를 사용하는 관습은 당분간 지속되었고, 이 점은 뒤에서 언급하겠지만 이븐 쿠즈만의 경우에도 분명히 드러난다. 문화적인 측면에서 과거 알 안달루스와 동방을 연결해 주던 탯줄은 이제 거의 끊어져 버렸다. 스페인은 자기 스스로를 방어하지 않으면 안 되었고 아프리카에 대해서는 가르쳐 주는 입장에 서게 되었다. 아부 살트 우마이야라든가 앗 투르투시와 같은 안달루시아의 작가들이 북아프리카로 이주를 시작한 것도 이때부터였다.

알모라비데 왕조는 아프리카인들의 스페인 침공을 알리는 전조였다. 그들의 출현은 일종의 문화적 충격을 가져다 주었는데, 남자들이 베일(리삼[lithām]이라고 부르며 오늘날에도 사하라의 아랍인들이 사용하고 있다)을 쓰는 것이라든지 낙타를 즐겨 이용하는 것이 그러한 예이다. 스페인을 지배한 알모라비데 왕조의 군주는 세 사람이 있는데, 첫째가 유수프 이븐 타슈핀이었고 그는 분명히 교육을 받지 못하였으며 아랍어를 몰랐다. 마지막 군주 타슈핀 이븐 알리 역시 단명하였다. 실제로 알모라비데 왕조의 거의 전 시기를 차지하는 제2대 군주 알리 이븐 유수프(500-538/1106-1143년 재위)는 상당히 아랍화된 인물이었고 과거 타이파 국가들의 관리를 다시 기용하였다.

전반적으로 볼 때 알모라비데 왕조는 후일 등장하는 알모아데 왕조보다는 안달루시아적인 방식에 훨씬 더 근접해 있었다. 비록 알 가잘리의 저작들을 불태우기는 하였지만 곧 다시 복구되었다. 말리키파의 종무자들은 아무런 견제도 받지 않고 군림하였으나 그것은 타이파 시대의 종교적인 황폐화에 대한 반동에 불과하였다. 여자들의 권력이 증대되었지만 이 역시 베르베르족의 관습에 따른 것이었다. 이념적인 경직성과는 대조적으로 도덕적인 관습에서는 상당한 자유가 보장되었다. 이븐 쿠즈만도 당시 도시인들이 추구하는 비도덕적인 향락을 자세하게 묘사하고 있듯이, 젊은 멋쟁이들이 자기 장딴지에 금박을 입히는 기이한 풍습도 유행하였다.

타이파 시대에 태어난 안달루시아의 문학자들은 새로운 지배자들 아래에서 그다지 만족하였던 것 같지는 않은데, 그 까닭은 자신들이 지은 시에 대해서 풍족한 금전적인 보상을 받을 수 없었기 때문이다. 시인들은 불행을 겪었던 만큼 새로운 영감을 얻기도 하였다. 그 결과 당대의 위대한 시인 이븐 바키(540/1145년 사망)나 투델라의 장님 시인 투틸리(520/1126년 사망)를 비롯한 여러 시인들은 하나의 공통된 주제를 다루고 있고, 필자는 이것을 '세비야에 대한 증오'라고 부른 바 있다. 시인들은 세비야가 시를 이해하지 못하고 경멸하고 있다고 비난을 퍼부었고, 당시 안달루시아의 아랍인들도 문학의 쇠퇴는 물론이지만 자신들의 시대가 이미 '황금시대'를 지나서 '황혼기'로 접어들었음을 인정하였다.

이때 과거의 시들을 모은 '시선집'(dhakhīra)이 등장하기 시작하였다는 것은 매우 중요한 의미를 지닌다. 이것은 알모라비데 시대의 안달루시아 작가들이 과거의 영광이 영원히 사라지지 않도록 보존해야 한다는 인식을 가졌기 때문이었다. 그 일례가 산타렌 출신의 이븐 바삼인데, 그는 엄청난 분량의 시선집을 완성하였고 심지어 오늘날에도 그 전체를 출판하지 못할 정도이다. 이 작품은 문자 그대로 '보고'(寶庫)라고 해도 과언이 아니며, 이븐 슈하이드와 이븐 하얀을 비롯한 수많은 사람들의 글을 모아 놓고 있다. 이븐 하칸(525/1130-535/1140년 사이에 사망)의 시선집은 그렇게 길지는 않지만, 『마트마 알 안푸스』(*Matmah al-anfus*)와 『칼라이드 알 이크얀』(*Qalā'id al-'iqyān* : 이것이 유명한 '황금 목걸이')에서 시인들의 글을 직접 활용하여 그것을 중간중간에 섞으면서 그들의 허구적인 전기를 지어내는 색다른 방식을 도입하였다.

발렌시아는 알모라비데 왕조의 시문학에서 평온과 온전함을 찾을 수 있는 유일한 오아시스와 같았다. 이곳의 풍요로움은 이미 매우 이른 시기부터 아랍인들을 끌어들였고 '슬라브' 계통의 타이파들과 시드의 모험으로 역사의 전면에 부각되었다. 발렌시아 지방의 시인들은 다른 곳처럼 귀찮게 구는 걸인과 같지 않았고 예찬시를 써서 밥벌이를 하려고 하지도 않았으며, 단지 자신이 지은 시를 지방의 관리들에게 헌정하여 어려운 문제를 해결하거나 세금 감면의 혜택을 받으려는 세련된 부르주아들이었다. 여기에서 두 사람만 언급한다면 숙부와 조카 사이였던 이븐 하파자(450-533/1058-1138)와 이븐 앗 자카크(529/1134년 사망)가 있다. 전자는 많은 글을 남겼으며 특히 자연의 묘사에 뛰어났기 때문에 알자난(al-Jannān : '정원사')이라는 필명을 얻었다. 후자는 과거 서정시의 인위적인 문체를 수정하여 더욱 아름답게 만들었으며, 그의 글은 창조적인 정신이 복잡한 은유가 가지는 껄끄러움을 어떻게 교묘하게 순화시키는가를 보여 주는 훌륭한 예라고 할 수 있다.

이븐 쿠즈만 : 무슬림 스페인의 대시인

알모라비데 왕조 스페인의 시인들은 시대의 풍파를 여러 가지 다른 방식으로 헤쳐 나갔다. 혹은 그것을 무시해 버리기도 하고, 혹은 상처받은 자부심을 떠벌리기도 하였으며, 혹은 기법을 바꾸어 보기도 하였다. 알모라비데 왕조가 무와슈샤흐의 황금기라고 불리는 것도 바로 이 때문인데, 그 형식은 로만스어의 하르자와 같이 전통적인 면을 그대로 가지고 있기도 하지만 다른 면에서는 세련되고 정교한 음악성을 보인다는 점에서 혁신적이기도 하였다. 많은 시인들은 여전히 고전적이고 연시(聯詩)를 능숙하게 지을 수 있었는데, 그들은 이미 언급한 바 있는 투틸리와 이븐 바끼라는 두 명의 거장으로 대표되고 있다.

이때에 출현한 자잘(zajal)이라는 장르는 무와슈샤흐의 한 변형으로서, 자잘의 가장 큰 특징은 완전히 구어체로만 쓰여졌다는 점이다. 이것이 사라고사의 유명한 철학자이자 음악가인 이븐 바자(533/1138년 사망) —— 아벰파케라고도 불린다 —— 에 의해서 창안되었으리라고 추측케 하는 몇몇 증거가 있다. 이 장르는 발전하는 과정에서 무와슈샤흐보다 더 많은 수의 연(聯)을 가지게 된 대신 구조적으로는 더 단순화시켜서 보다 대중적인 형태로 만들었고, 결국 하르자는 떨어져 버리게 되었다. 따라서 이 장르가 특색으로 하는 로만스 단어들은 이제 더 이상 하르자 속에 표현될 수 없게 되었고 작품 속 전체에 흩어져서 사용되었다.

이븐 바자가 실제로 자잘 양식을 만들었느냐의 문제는 확정지을 수 없다고 하더라도 일단 그의 시대에 출현한 것만은 사실이고, 이 양식은 코르도바의 시인 이븐 쿠즈만에 의해서 절정에 이르게 되었다. 이븐 쿠즈만은 탁월한 재능을 지닌 만큼 매력적인 개성을 지닌 시인이었다. 금발의 큰 키이지만 얼굴은 못생겼고 약간 사팔뜨기였으리라고 추측된다. 혹자는 그의 이름이 게르만 계통의 구즈만(Guzman)과 유사한 점에 주목하여 고트족의 먼 후예가 아닐까 생각하기도 하지만, 그의 가문이 오랜 전통을 가진 아랍 귀족이었다는 것을 생각하면 수긍하기 힘들다. 만약 그의 시들에 독창적인 진실성이 배어 있지 않다면 아마 최악의 도덕적 냉소주의의 표본이 되었을 것이다. 시를 통해서 그는 자신의 자부심을 드러내기도 하고 아첨하기도 하며 남을 즐겁게도 하면서, 자신의 생계를 위해서 혹은 인생을 즐기기 위해서 필요한 것을 구걸하는 데에 주저하지 않았다. 그는 여자는 물론 남자를 향해서도 손을 뻗치는, 말하자면 직업적인 돈 후안이었다.

우리는 이 희대의 시인이 고전어를 그렇게 잘 알고 있으면서도 왜 그것을 버리고 안달루시아의 구어만을 사용하였는가에 대해서 생각해 볼 필요가 있다. 만약 그 동기가 순전히 예술적인 데에서 나왔다면 그것은 아랍 문학사에서 유례가 없는 천재성의 징표일 것이다. 그의 문체는 로만스어의 교양 있는 어법이나 단어(gharīb)와 구어체 언어를 기묘하게 혼합한 것이었으며, 이와 함께 그의 작품들이 팔레스타인 필사본의 형태로만 남아 있다는 사실(그의 국제적 명성을 반영한다)이 그의 작품에 대해서 쉽게 접근하지 못하게 한다. 최근까지도 알려진 판본은 만족스럽지 못하였고 번역 역시 불완전하거나 믿을 만하지 못하였다.

1972난 필자는 전사본을 세 권으로 내고 동시에 원래의 박자를 표시하고 주석과 비평을 곁들인 번역까지 출판하기로 결정하였다. 여기에는 독자들에게 이븐 쿠즈만의 시를 감상할 수 있게 하려는 목적 이외에도 두 가지의 의도가 더 있었다. 하나는 자잘에 들어가 있는 로만스 단어와 어구들을 분석해 보려는 것이었고, 또다른 하나는 그 특유한 박자와 스페인의 박자형식 사이의 관계를 밝혀 보려는 것이었다. 필자는 이븐 쿠즈만의 시에서 사용되는 박자가 아랍적인 박자로는 이해될 수 없기 때문에 스페인의 박자와 결부되어 해석되어야 한다고 생각한다. 이븐 쿠즈만의 작품은 새로운 개념의 시로 향하는 중요한 진전이었다. 그는 생동감 있게 이야기를 하는 데에 뛰어난 재주를 가지고 있었으며, 동시에 양식화된 대화문을 극적으로 사용하는 데에도 뛰어났다. 이 모두가 아랍 문학에서는 특이한 것이었고, 그의 작품의 자생적이고 혁신적 특징을 반영하는 것이라고 할 수 있다. 또한 그는 어떠한 소재를 다루든 마음속에 떠오르는 생각을 자유롭게 운문으로 엮어 내는 능력도 탁월하였다. 시의 분위기는 거의 반어적이었지만 부드럽고, 가끔 혹독하기도 하지만 언제나 웃음을 자아내게 한다. 그것은 '장터에서 나오는 목소리'였다. 이븐 쿠즈만은 중세 어느 나라의 시인에 비해서도 손색이 없으며, 무슬림 지배하의 스페인에서는 최대의 시인이었다. 그의 작품은 이븐 하즘의 『타우크』의 뒤를 이어 출현한 알 안달루스 문학의 금자탑이었다.

알모아데 왕조의 지배 : 540-668/1145-1269

알모라비데 왕조가 무너지고 난 뒤 다시 내전과 타이파들과 반란[5]이 일어났고, 아프리카로부터 침입해 온 알모아데가 왕조를 건설하였다. 알모아데 왕조는 앞선 왕조보다는 훨씬 더 자신감에 차 있었고 마치 이탈리아의 파시스트들과 같은 조직을 가지고 있었다. 스페인인 이븐 사히브 앗 살라트(630/1232년까지 생존)가 쓴 왕조의 역사에서도 알 수 있듯이 그들의 태도는 거만하였다. 알 안달루스는 여전히 독립을 상실하고 있었으며 동방과의 직접적인 관계는 단절되었고, 소수의 이중언어 사용자들을 제외하고는 대부분 아랍인, 물라디, 베르베르인들이었다. 알모아데 왕조는 심지어 안달루시아 주민과 베르베르인들로 하여금 어느 편의 문화가 더 우수한가를 논쟁하게 하는 위험한 장난까지 하였다. 그러한 논쟁의 결과 『리살라트 피 파즐 알 안달루스』(Risālat fī fadl al-Andalus : '스페인 이슬람 예찬론')이라는 조그만, 그러나 매우 신랄한 내용의 책까지 나오게 되었는데, 이는 629/1231년에 사망한 앗 샤쿤디[6]의 저작으로서 안달루시아 아랍인들

---
5) 예를 들면 메르톨라에서 일어난 무리둔(murīdūn : '門徒들'), 즉 신비주의자였던 알메리아의 이븐 알 아리프(536/1141년 사망)의 가르침을 따르는 사람들의 반란이 있었다.
6) 그의 이름이 말해 주듯이 샤쿤다(Shaqunda) 출신으로서, 샤쿤다는 고관대작들이 거주하는 코르도바 교외의 지역 세쿤다(Secunda)를 가리킨다.

이 베르베르인을 얼마나 증오하였는지 잘 보여 주고 있다.

알모아데 치하에서 가장 변하지 않은 것이 있다면 문학이었다. 시인들은 반복이라고 해도 무방할 정도로 거의 똑같은 음률을 유지하였고, 그들은 세비야의 안락함 속에서 궁전의 예찬시나 아나크레온[7] 식의 시를 지었다. 알모라비데 시대에 경험하였던 시문학의 쇠퇴는 다시 극복되었고 과달키비르 강은 다시 한번 환락을 추구하는 배들로 성황을 이루었다. 유대인이었으나 무슬림으로 개종한 당대의 저명한 시인 이븐 사흘(649/1251년 사망)도 바로 이 강에서 빠져 죽었다. 이븐 사흘은 고전적인 문체로 뛰어난 무와슈샤흐 몇 편을 지었으나 이 양식은 스페인에서는 전반적으로 소멸되어 갔고, 최후로 아부 바크르 이븐 주흐르(595/1198년 사망)가 그러한 양식으로 시를 지었을 뿐이다. 그러나 자잘은 여전히 사용되고 있었다.

더 많은 변화가 일어난 것은 건축예술 분야였다. 테라세는 새로 출현한 양식을 두고 데코르 라르주(décor large)라는 이름을 붙였는데, 이는 거대한 그물로 장식하는 것으로서, 아프리카나 스페인에 아직 남아 있는 건축물에서 그 모습을 찾아 볼 수 있다. 후일 카스티야 시대에 부르고스 지방의 라스 우엘가스 사원 속에 포함되어 버린 순수한 아랍 양식의 궁전이 좋은 예가 될 것이다. 또한 세비야의 대성당 종탑인 지랄다도 이러한 양식의 한 전형인데, 그것이 너무나 단순하고 장식이 없기 때문에 아랍에서 기원하였다는 것을 모르는 경우가 많다.

과학은 예술보다 진전이 훨씬 더디었지만 식물학에서 이븐 알 바이타르(646/1248년 사망), 의학에서 아부 마르완 이븐 주흐르(557/1161년 사망) 등이 보여 주었듯이 이 시기에는 성숙된 단계로 들어가게 되었다. 후자는 525/1130년에 사망한 또다른 저명한 의사 아부 알 알라(일명 아벤조아르)의 아들이기도 하였다. 이 가문은 사실 과학뿐만 아니라 군사, 정치, 문학 분야에서도 탁월한 업적을 산출하였고 이븐 쿠즈만을 후원하였던 가문들 가운데 하나였다. 이븐 마다의 문법 연구에서도 알 수 있듯이 기존의 분야가 발전하기도 하였고 또 새로운 분야가 개척되기도 하였다. 아랍의 과학과 철학이 여러 가지 경로를 통해서 유

---

7) 기원전 6-5세기 그리스의 연애시인.

럽으로 흘러들어 가기 시작한 것도 바로 이때였는데, 스페인은 그중 가장 중요한 통로였다. 톨레도에 일군의 번역자들이 출현하여 대주교 돈 라이문도(525-545/1130-1150)의 후원을 받았고, 후일 '현왕'(賢王) 알폰소 10세(650-683/1252-1284)의 궁전에서는 더욱 활발한 번역작업이 이루어졌다.

알모아데 시대의 스페인에서는 위대한 철학자들도 탄생하였는데, 가장 대표적인 인물이 서구에 아베로에스라는 이름으로 알려진 이븐 루슈드였다. 그는 아리스토텔레스에 대한 주석으로 특히 유명하지만, 서부지역의 무슬림 철학은 그를 마지막으로 해서 끊기게 되었고 그의 계승자들은 모두 기독교권에서 나왔다. 그의 스승은 과딕스의 이븐 투파일(577/1181년 사망)인데, 서구에서는 '독학의 철학자'로 알려졌으며 『리살라트 하이 이븐 야크잔』(Risālat Hayy ibn Yaqzān)을 저술한 사람이다. 모든 유럽 언어로 번역된 이 유명한 철학소설은 '제2의 아담'의 영원한 신화를 형상화하였고, 그라시안의 『비판자』(Criticón)에 나오는 안드레니오, 로빈슨 크루소, 버나드 쇼의 '존경하는 크리턴'과 같은 인물은 말하자면 이 '제2의 아담'의 현대판이라고 할 수 있다. 이 작품은 『타우크 알 하마마』(Tawq al-hamāma)와 이븐 쿠즈만의 자잘에 이어서 안달루시아 아랍 문학이 성취한 세 번째이자 최후의 걸작이었다.

알모아데 왕조 치하에서 신학도 번영하였는데, 이는 말리키 법학파가 알모라비데 시대에 지나친 횡포를 부려 그 반동으로 인해서 그들의 활동이 거의 1세기 동안 소강상태에 들어간 데 힘입은 바가 크다. 알 가잘리의 신학은 다시 제자리를 찾았고(그러나 이븐 루슈드는 자신의 『타하푸트 앗 타하푸트』(Tahāfut at-tahāfut)에서 그를 공격하고 있다), 수피 신비주의에 대해서도 호의적인 분위기가 생겨났다. 앞에서 무리둔의 반란에서도 잠깐 언급하였듯이 이븐 알 아리프의 주장 속에 과거 이븐 마사라가 주창한 신비주의 학파의 이론들이 반영되었고, 이 학파는 스페인에서 가장 성숙한 형태로 발전하여 도리어 동방으로 신비주의자들을 보낼 정도였다. 대표적인 인물로 이븐 알 아라비(561-638/1165-1240)가 있는데, 그는 이슬람 전체에서 가장 중요한 철학자 가운데 하나였다. 그리고 뒤이어 슈슈타리(668/1269년 사망)와 이븐 사빈(669/1270년 사망)이 출현하였다.

동방으로 이주한 사람들 가운데는 지리학자요 시인이자 문헌 수집가인 이븐 사이드(673-685/1274-1286)가 있는데, 그는 『무그리브』(Mughrib)의 저자이자 방대한 장서를 소장하기도 하였다. 이븐 알 아바르(659/1260년 암살)와 카르타잔니(684/1285년 사망)와 같은 시인도 '재정복'의 불길을 피해서 튀니스로 이주하였다.

'재정복'의 군대는 591/1195년 알라르코스에서 일단 패배를 맛보았으나 609/1212년 라스 나바스 데 톨로사에서 벌어진 유명한 전투에서 승리를 거두었고, 이것은 톨레도의 함락에 비견되는 결정적인 승리였다. 이때 이후 안달루시아는 기독교도의 수중에 들어가게 되었고, 카스티야와 아라곤이 재정복의 과업을 분담하였다. 곧 이어 승전보가 마요르카(627/1229), 코르도바(634/1236), 발렌시아(636/1238), 세비야(646/1248), 무르시아(668/1269) 등지에서 전해졌다. 알무와히드 왕조의 시대는 스페인에서 이슬람 세력의 쇠퇴에 약간의 휴식을 주었지만, 이제 쇠퇴는 더 이상 걷잡을 수 없는 대세가 되어 버렸다.

그라나다 왕국 : 665-898/1266-1492

남부 안달루시아의 재정복은 신속하게 이루어졌는데, 그 이유는 당시 카스티야의 국왕이 성(聖) 페르난도였고 또 지리적으로도 매우 용이하였기 때문이다. 어느 쪽도 종교적 소수집단을 용인하지 않았기 때문에 아프리카로 이주하지 않은 무슬림들은 산속으로 피신처를 찾아 들어갔고, 그 결과 북부 안달루시아의 인구는 급격히 증가하였다. 성 페르난도의 뒤를 이은 알폰소 10세는 이 지역에 일종의 속국을 두어 간접적으로 통치하는 정책을 세웠고, 그렇게 해서 생겨난 것이 그라나다에 근거를 둔 바눌 아흐마르(Banū'l-Ahmar) 왕조, 일명 나스르(Nasr) 왕조였고 그 지배층은 예언자 무하마드의 '벗들' 가운데 한 사람의 후예, 즉 아랍의 귀족가문이었다. 그라나다는 카스티야 왕국의 속국으로 출발하였고 카스티야는 의복에서 무기에 이르기까지 깊은 영향력을 행사하였다.

그러나 보호국, 피보호국 어느 쪽도 이러한 상황이 2세기나 지속되리라고는 상상하지 못하였을 것이다. 이 기간 동안 나스르 왕조는 카스티야의 속국이 되기도 하고 북아프리카에 들어선 새로운 왕국 바누 마린(Banū Marīn) 왕조의 속국이 되기도 하였는데, 풍습은 대체로 후자 쪽을 따랐다. 그라나다 왕국은 이 두 극단적인 세력 사이에서 위험한 줄타기를 하면서 그 성격은 과거 타이파 국가들과 매우 유사해졌다. 세력 균형은 일종의 마키아벨리적인 외교에 의해서 유지되었고, 그 외교술은 나스르 왕조의 재상인 이븐 알 하티브(713-776/1313-1374), 카스티야의 시종관 로페스 데 아얄라(733-810/1332-1406), 그리고 튀니스의 위대한 사상가 이븐 할둔(733-809/1332-1407) 등에 의해서 표현되었다. 특히 세비야 출신이었으나 후에 이집트로 이주한 이븐 할둔은 저 유명한 『무카디마』(Muqaddima: '서론')를 저술하였다. 이 세 사람은 모두 동시대인이기도 하였다.

그라나다 왕국의 역사는 세 시기로 구분할 수 있는데, 중기가 가장 중요하고 대략 8/14세기 후반에 해당되며 3년 동안의 공백기간(761-764/1359-1362)을 포함하는 무하마드 5세의 치세(756-794/1354-1391)와 거의 일치한다. 또한 시기적으로 '폭군' 페드로 1세의 치세(751-771/1350-1369)와도 비슷하며, 이 기간 동안 트라스타마라(Trastámara) 왕조가 시작되어 카스티야에 커다란 충격을 주기도 하였다. 또다른 중요한 사건은 알 안달루스의 역사를 고대에서부터 당시까지 저술한 이븐 알 하티브가 776/1374년 암살된 것이다. 그의 죽음으로 인해서 스페인에서 무슬림 지배의 마지막 한 세기는 완전히 어둠에 싸이게 되었고, 단지 카스티야측의 연대기나 문학작품 혹은 동전과 문서들에 보이는 극히 단편적인 기록에 의존할 수밖에 없는 실정이 되었다.

정치나 마찬가지로 그라나다의 문학 역시 전반적으로 복고적이고 비창조적이었지만 항상 높은 수준을 유지하였다. 어느 분야에서도 이븐 알 하티브를 뛰어넘는 사람은 없었다. 『제이쉬 앗 타우시흐』(Jaysh at-tawshīh)라는 이름으로 그가 편찬한 시선집은 무와슈샤흐의 최후를 장식하였다. 그러나 그에 앞서 다양한 운문을 지은 이븐 루윤(750/1349년 사망)이 있었고, 그의 뒤에는 위대한 사상가 사티비와 신비주의자이자 정신적 교사였던 이븐 아바드 알 룬디가 있었는데, 두 사람 모두 791/1388년에 사망하였다. 또한 아부 바크르 이븐 아심(761-829/1359-1426)은 말리키파 율법을 암기하기 쉽게 시로 썼는데, 우연히 거기에는 많은 수의 구어체 아랍어 속담들이 들어가 있다.

시인들 가운데 탁월한 재능을 보였던 인물로는 '재정복' 군대의 진군을 슬퍼

알람브라 궁전에서 무어인들의 전통은 그 정점에 이르러, 건축물과 조경의 결합은 당시 기독교 문화에서도 유례를 찾아보기 어려울 정도였다. 테라스와 방들로 연결된 일련의 구조는 밝게 장식된 벽면으로 연결되면서, 동시에 여기저기로 투사되는 햇빛과 졸졸거리는 물소리와 섞여서, 내부공간과 외부공간은 일체를 이루고 있다. 이 사진은 파티오 데 로스 레오네스의 모습인데, 중앙에는 열두 마리의 사자가 달려 있는 분수가 있고, 기둥 위에 올라가 있는 아치들은 안팎으로 모두 정교한 스투코 부조로 덮여 있고 참죽나무를 원료로 한 장식벽면을 떠받치고 있다.

한 아부 알 바카 이븐 샤리프(684/1285년 사망)가 있고, 이븐 알 하티브의 제자로서 그의 뒤를 이어 재상이 되었으며 페즈에서 그의 스승의 암살에 부분적으로 책임이 있는 이븐 잠락(801/1393년 사망)도 빼 놓을 수 없다. 그러나 그 역시 국왕의 친위병들에 의해서 비슷한 종말을 맞이하고 말았다. 바로 이 시기에 이븐 잠락의 시가 알람브라의 벽에 새겨졌다. 그러나 불과 1세기 후인 카를 5세 때는 바로 그 벽이 있는 곳에서 이탈리아에서 온 사신 나바지에로와 시인이자 기사인 가르실라소가 서로 담화를 나누게 되었다.

알람브라는 이 시대의 보석과 같은 것이었다. 매우 취약하면서도 스페인 사람들에 의해서 완벽하게, 그리고 사랑스럽게 보존되었다. 그것은 나스르 왕조 문명이 남긴 가장 눈부신 유산이자, 예술이 창조적인 기술로서 빈약한 소재를 어떻게 변형시켜 놓을 수 있는가를 보여 주는 영원한 증거이기도 하다. 알모아데 왕조에서 유행하던 데코르 라르주는 아니었지만 기독교도들은 알람브라의 방식을 모방하려고 하였고, 예를 들면 세비야의 알카자르는 똑같은 양식으로 건축된 것이다.

아베나마르에서 전해지는 유명한 민간설화에 의하면 붉은 언덕에 세워져 그라나다 평원을 압도하는 듯한 알람브라는 카스티야의 국왕 요한네스 2세를 매혹시켰다고 하는데, 그의 딸 이사벨은 남편인 아라곤의 페르난도와 함께 898/1492년 드디어 궁전에 들어감으로써 오랜 '재정복'의 과업을 종결지었던 것이다. 그리고 오늘날의 한 역사가의 말을 빌리면 그라나다 함락을 위한 전쟁은 "마치 트로이의 전쟁처럼 10년 동안이나 지속되었고 호메로스가 말하는 것과 같은 위대한 행적들이 일어났다." 그라나다의 정복은 그보다 수년 전에 일어난 콘스탄티노플의 함락을 상쇄시킬 만한 사건이었다. 보압딜 왕은 '한숨 지으며' 그라나다를 떠나 알푸자라스로 그리고 후에 다시 아프리카로 유배의 길에 올랐다. 한편 스페인은 화려한 중세와 이별을 고하고 바로 그해에 아메리카를 발견하면서 두 대륙에 걸치는 거대한 제국을 준비하였던 것이다.

스페인과 이슬람

스페인과 이슬람과의 관계는 지속적인 것이었고 그라나다의 함락조차도 그것을 끊어 버리지는 못하였다. 양측이 맺은 협약은 그대로 준수되지 못하였다. 기독교도의 지배하에 사는 무슬림(mudejar)과 기독교로 개종한 무어인들(morisco)은 펠리페 3세에 의해서 11/17세기에 추방될 때까지 계속 스페인에 존재하였다. 투르크인, 해적, 모로코인들과는 끊임없는 전쟁이 계속되었고, 세르반테스는 한때 알제리에서 포로가 되기도 하였다. 북아프리카와의 관계는 오늘날까지도 계속되어 스페인은 공식적인 정책 혹은 대중적인 정서에서 친아랍적인 입장을 취하고 있다.

  물론 처음부터 그처럼 친아랍적인 태도를 취하였던 것은 아니었다. 처음에 아랍적인 영향에 대해서 반동이 생겨난 것은 차라리 자연스러웠고, 알람브라와 카를 5세의 궁전, 코르도바의 대모스크와 에스코리알과의 대조가 이 점을 잘 말해준다. 스페인이 계몽주의 시대에 친이슬람적인 경향에 동참하지는 않았어도 12/18세기가 되면 건축양식에서 아랍주의가 매우 강하게 드러나기 시작하였다. 스페인이 낭만주의 운동 속에 있는 '오리엔탈리즘'의 영향을 받았다고 하지만 실은 다시 그 원천으로 돌아간 것일 뿐이었다. 유럽인들의 무어적인 취향은 다름아닌 스페인에서 시작된 것이기 때문이다. 그리고 다시 '과학적 아랍주의' 경향이 대두하였고, 스페인에서는 필자의 스승인 프란시스코 코데라 이 자이딘, 훌리안 리베라, 미구엘 아신 팔라시오스 등에 의해서 절정에 이르게 되었다. 그리고 이를 둘러싼 논쟁의 열기는 아직도 가시지 않고 있다.

10. 이란

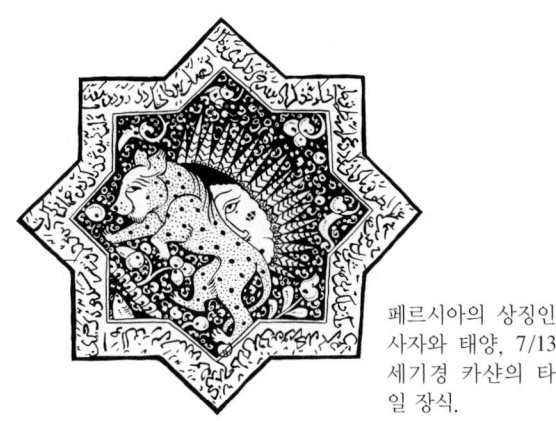

페르시아의 상징인 사자와 태양, 7/13세기경 카샨의 타일 장식.

이란은 여러 가지 면에서 중동에서는 특이한 존재이다.

첫째, 이미 고대로부터 제국을 경영해 왔던 경험이 있다. 이란은 1971년에 키루스 대제에 의한 페르시아 제국 창건(기원전 550) 2,500주년 기념행사를 가졌다. 키르만샤 지방에 있는 베히스툰의 암벽에 세 가지 문자(엘람, 바빌로니아, 고대 페르시아)로 새겨진 비문에는 다리우스 대제(기원전 522-486)의 목소리가 낭랑하게 메아리치고 있다. "나는 위대한 왕, 왕 중의 왕, 페르시아의 제왕, 다리우스이다……우리 종족은 오래 전부터 제왕이었고 지금까지 그것을 계승하고 있다." 현대 이란에서도 우리는 전통에 대한 매우 강렬한 의식과 전통적 제도에 대한 존중의식을 찾아볼 수 있다.

둘째, 이란은 주변에 사는 사람들과 종족적으로 서로 달랐다. 이란인들은 셈족도 아니고 그렇다고 투르크계 민족도 아니다. 그들은 나라의 이름이 암시하듯이 아리안족에서 기원하였으며, 그들의 언어는 유럽 대부분의 민족들과 같은 어족에 속한다. 오랜 세월 동안 다른 민족집단들과 혼합되기는 하였지만 여전히 이란적인 '형태'는 분명히 발견할 수 있다.

셋째, 이란인들은 주변의 민족들과는 전혀 다른 언어를 사용하고 있다. 사실 오늘날 '아리안'이라는 용어는 종족보다는 어족의 명칭으로 더 자주 쓰이고 있는데, 현대 페르시아어 및 그와 유사한 이란계 언어와 방언들은 산스크리트어에서 출발한 힌디, 벵골리 등 인도어와 함께 모두 공통의 인도-이란 모어(母語)에서 비롯되었다. 이와는 달리 중동에서 사용되는 다른 주요 언어들, 예를 들면 아랍어나 투르크어는 전혀 다른 어족에 속한다.

넷째, 대부분의 이란인들이 무슬림인 것은 사실이나 그들은 수니파 혹은 '정통' 무슬림이 아니라 시아파 혹은 '이단' 무슬림이다. 이란인들은 현재 지구상에 존재하는 시아파 무슬림들 가운데 가장 많은 부분을 점하는데, 수니와 시아의 차이는 기독교의 가톨릭과 프로테스탄트보다도 훨씬 더 크다고 할 수 있다.

결론적으로 말해서 이란인들은 중동의 이웃 민족들과 종족, 언어, 종교 그리고 역사적 전통이라는 점에서 다르고, 이러한 차이는 이란의 역사 발전에 심대한 영향을 미쳤던 것이다.

이란의 재탄생

여기에서 우리는 기본적으로 이슬람 시대의 이란 역사, 특히 몽골 정복 이후의 시기를 다루게 되겠지만, 이에 대한 적절한 이해를 위해서는 고대 이란에 대한 약간의 언급이 불가피하다. 이란인들의 세계에서 이슬람의 출현은 육체적, 정신적 해방이 아니라 이방인에 의한 패배와 정복을 의미하였다. 그 이유는 첫째, 정복자의 종교는 고대 페르시아인들의 종교인 조로아스터교를 대체해 버렸고, 그때 이후 페르시아인들은 무슬림이 되었지만 '이단적인' 시아파 이슬람을 받아들이고 그것을 아랍인들을 상대하는 무기로 사용함으로써 다른 무슬림이 된 것이다. 둘째, 정복자의 종교가 지니는 평등주의적인 정신과 선출의 원칙에 기초를 둔 칼리프 체제가 가지는 민주주의적인 관념이 고대 페르시아의 절대군주제의 전통에 도전한 것은 사실이나 그렇다고 그것을 완전히 없애 버리는 데에는 실패하였다. 시간이 갈수록 아랍의 칼리프들은 궁정의 의식이 관료조직이라는 측면에서 도리어 페르시아의 제왕들을 닮아 가기 시작하였다. 셋째, 정복자의 언어인 아랍어는 수세기에 걸치는 동안 사산 왕조 시대에 사용되던 중세 페르시아어인 파흘라비어를 대체하였다. 그러나 필자가 여기에서 아랍어가 파흘라비어를 '대체하였다'라고 한 것은 그 언어가 이란의 행정적, 문화적 언어가 되었음을 의미한다. 그것은 마치 11세기 영국에서 노르만인들의 프랑스어가 앵글로-색슨어를 '대체한' 것과 비슷하다고 할 수 있다. 그래서 5세기가량 페르시아인들은 신학, 철학, 의학, 천문학, 문헌학, 수학, 심지어 역사 분야에 이르기까지 모두 아랍어로 저술하였다. 그 이유는 간단하였다. 657/1258년 칼리프 체제가 붕괴될 때까지 이란은 이슬람 제국의 한 부분이었으며, 아랍어는 스페인에서 모로코 그리고 동남 아시아에 이르기까지 '공용어'(lingua franca)였기 때문이었다. 페르시아의 작가들도 스페인이나 모로코의 작가들처럼 가능하면 많은 사람들이 자신의 저술을 읽을 수 있도록 아랍어로 쓴 것이다. 문학 분야에서 아랍어에 대한 의존에서 처음으로 독자성을 회복한 것은 시였고, 이슬람으로 편입된 지 2세기가 지난 뒤였다. 이는 분명히 시의 전승이 구전 전통에 크게 의존하기 때문이었다. 결국 페르시아어는 3/9세기에 다시 소생하였다. 그러나 문자는 여전히 아랍인들의 것을 사용하였고 많은 수의 아랍어 어휘들이 페르시아어 속으로 들어와서 영원히 페르시아어의 한 부분을 이루게 되었다.

이슬람의 출현부터 16세기 초에 이르는 약 850년 동안 이란이라는 것은 현실로는 독립되지 못한 지리적인 추상개념에 불과하였다. 그러면 페르시아인들은 계속된 이민족 —— 아랍, 투르크, 몽골, 타타르 —— 의 지배 속에서도 어떻게 자신들의 정체성을 보존할 수 있었을까. 그것은 다름아닌 페르시아의 역사적, 문화적 전통, 그리고 페르시아적인 특징의 유연성과 역동성 때문이었다. 예술가, 건축가, 장인들은 페르시아의 예술과 공예의 전통에 의존하였고 또 그것을 계승시켰으며, 페르시아 문학은 기원후 1000년에서 1500년에 이르는 시기에 황금기를 구가하였다. 더구나 계속해서 줄을 이은 이민족 정복자들은 이란을 지배하면서 페르시아인 행정관리들의 전문성을 필요로 하였다. 아바스 왕조의 칼리프들이 광대한 제국을 운영하면서 부딪친 복잡한 문제들을 처리하기 위해서 페르시아 출신의 외교관과 행정관리를 불러들인 것도 이상한 일이 아니었다. 중앙 아시아의 초원에서 분출되어 나와 갑자기 엄청나게 방대한 영토를 지배하게 된 투르크, 몽골 유목민들은 페르시아 출신의 직업적 관리들의 박식함과 행정기술, 그리고 현명한 자문을 누구보다도 더 필요로 하였다.

7/13세기의 몽골 침입은 이란 역사에서 하나의 분수령을 이룬다. 654/1256년

이슬람 시대의 페르시아

칭기즈 칸의 손자인 훌라구는 이란 정복을 완료하였고, 656/1258년에는 바그다드를 점령하고 아바스 왕조의 마지막 칼리프 알 무스타심을 처형한 뒤 칼리프 왕조를 종식시켰다. 무슬림 역사가들이 이 재앙을 일종의 종말론적인 관점에서 바라본 것도 이해가 안 되는 바는 아니다. 이븐 알 아시르의 다음 글은 그 전형적인 예이다.

> 지난 몇 년 동안 나는 이 사건을 기록하기를 꺼려 왔다. 나로서는 그것을 기록한다는 것이 너무나 두렵고 역겨웠기 때문에 망설이고 또 망설였다. 어느 누가 이슬람과 무슬림의 파멸을 설명하는 데 마음 편할 수 있을까……아, 차라리 나의 어머니가 나를 낳지 않았던들, 아니 내가 좀더 일찍 죽어서 이 일을 몰랐던들……기록을 하자면 그 내용은 이러하다. 그것은 이제까지는 없었던 엄청난 재앙이었고 온 세계를, 특히 무슬림의 세계를 뒤흔들어 놓은 사건이었다. 만약 누군가 위대한 신이 인간을 창조한 이래 지금까지 그와 같은 사건을 경험한 적이 없었다고 말한다면 그는 바로 진실을 말하는 것이다……또한 세상은 지금부터 그 종말이 올 때까지 그러한 일을 다시는 겪지 않을 것이다.[8]

최근까지도 서구의 역사학자들에게는 이러한 논조를 따르는 경향이 있었다. 그러나 오늘날의 역사가들은 7/13세기에 일어난 사건들에 대해서 보다 객관적인 시각으로 바라보기 시작하였고, 소위 '몽골인의 평화'(Pax Mongolica)가 가져다 준 긍정적인 측면들, 예를 들면 법과 질서와 내적인 안정 혹은 (아마 역사상 최초로 이루어진) 서구와 극동 사이의 순탄한 교역, 기독교, 유대교, 불교, 이슬람의 신도들이 모두 공존할 수 있도록 한 몽골 지배층의 종교적 관용 등에 대해서 주목하기 시작하였다.

버나드 루이스가 지적한 대로 "몽골인들이 바그다드의 칼리프 체제를 붕괴시킨 것은 이미 오래 전에 죽은 존재의 유령을 눕혀 놓는 것 이상의 아무것도 아니었다"라고 할 수도 있지만, 그래도 칼리프 체제는 지난 600년 동안 이슬람 세

---

8) Bertold Spuler, *History of the Mongols*에서 인용.

계의 단일성을 보여 주는 가시적인 상징이었으며, 그 상징이 몽골인들에 의해서 제거되어 버린 셈이었다. 그동안 독자적인 민족으로서의 정서를 꾸준히 길러 왔던 이란인들에게 이것은 매우 중요한 의미를 가지는 사건이었다. 훌라구가 이란에 수도를 정하고 일(Il) 한국이라는 나라를 건설함으로써 '이란'이라는 것이 고대 이후 처음으로 단순한 지리적인 개념 이상의 실체를 가지게 되었다. 훌라구와 그의 후계자들은 고대 페르시아 제국의 강역과 거의 비슷한 규모의 국가를 세움으로써 자신들도 모르는 사이에 10/16세기 초 이란 민족의 국가 사파위 왕조가 건설될 수 있도록 길을 미리 닦아 준 셈이었다. 더구나 앞서 언급한 바 있는 몽골인들의 종교적인 관용은 이란에서 수니 '정통파'의 우위를 앗아가 버린 대신 시아파의 흥기를 촉진하는 결과를 낳아 사파위 왕조 아래에서 시아파가 국교로 채택되었던 것이다.

736/1335년 이후 시작된 일 한국의 분열은 783-807/1381-1404년에 걸친 티무르의 파멸적인 원정을 초래하였고, 이 원정은 정치적인 힘의 공백을 낳아 그 후 근 1세기에 걸쳐서 이 지역에서의 주도권을 둘러싼 쟁패가 벌어졌다. 결국 907/1501년 사파위라는 새로운 왕조가 아제르바이잔에서 흥기하였고, 그 세력은 곧 이란의 여타 지역과 메소포타미아로 확대되었던 것이다.

사파위 왕조 : 근대 이란의 초석

사파위 왕조는 사파비야(Safawiyya)라는 수피 교단에 그 기원을 두고 있으며, 이 교단의 창건자는 735/1334년에 사망한 셰이크 사피 앗 딘 이스학이었다. 이 교단은 아제르바이잔의 아르다빌이라는 도시를 중심으로 하였지만 셰이크 사피

(맞은편) 이 그림은 샤 타마스프 시대에 필사된 피르도시의 『제왕의 서』에 삽입된 것으로 시아파 이란인들의 관념을 잘 보여 주고 있다. 70개를 헤아리는 지상의 모든 종교들이 영원의 바다를 가로질러서 항해하지만, 결국 시아파만이 육지에 무사히 도착한다는 것이다. 그 배에는 무하마드, 알리, 그리고 알리의 두 아들인 하산과 후사인이 타고 있는데, 이 네 사람은 모두 화염과 같은 모습의 광배(光背)를 가지고 있다. 그들의 얼굴은 베일에 가려져 있는데 이는 무슬림들이 인물묘사를 금기시하기 때문이다. 막대기(kulāh)를 중심으로 터번을 두르는 것은 사파위 왕조, 특히 샤 타마스프 시대에 유행하던 머리장식이다.

의 후계자들은 전교활동의 범위를 이란 전역으로 확대시켰다. 9/15세기 중반경 교단은 새롭고 군사적인 성격을 띠게 되었는데, 이는 사파위 교단의 장로들에 대한 칭호가 종래의 종교적인 '셰이크'에서 세속적인 '술탄'으로 바뀐 사실에서도 확인할 수 있다. 이란 밖의 지역에서도 사파위 교단의 추종자들이 생겨나기 시작하였는데, 실제로 가장 강력한 군사적인 지원세력은 동부 아나톨리아, 아르메니아 산지, 북부 시리아 등지에 있던 시아파 투르코만 부족들이었다. '키질바시'(Qizilbash), 즉 '붉은 터번'으로 불린 이들 부족은 사파위 교단이 907/1501년 정권을 장악할 수 있도록 만들었던 정예군대를 이루었다.

사파위 왕조가 시아파를 공식 종교로 선포한 사실은 국가 내부에 일종의 결속력을 부여하였고 이란인들의 잠자던 민족적 정서를 일깨운 효과가 있었지만, 다른 한편으로는 사파위 왕조와 인접한 수니파 오스만 제국과의 직접적인 충돌을 야기하였고 그후 2세기에 걸쳐서 이 두 무슬림 국가는 끊임없는 전쟁을 치렀다. 사파위 왕조는 법과 질서와 안정된 정부를 확립하였고 아랍인들의 정복이 있은 뒤 850년 만에 처음으로 토착민에 의한 정권을 수립하였던 것이다. 그런 의미에서 사파위 왕조는 근대 이란의 선구자라고 할 수 있을 것이다.

사파위 왕조는 샤 아바스 1세(996-1038/1588-1629) 치세에 그 절정에 이르렀다. 그의 전임자들의 시대에 가공할 오스만 세력에 의해서 잠식당하였던 페르시아의 영역은 회복되었다. 샤 아바스는 이란에서의 외국 상인들의 활동을 극도로 제한하였던 샤 타마스프(930-984/1524-1576)의 정책을 폐기함으로써 전례 없는 번영기를 맞이하였다. 그는 또한 가톨릭 계통의 수도승단들이 이란에 수도원을 세우고 선교활동을 방해받지 않고 할 수 있도록 허용하였다. 그는 종교적인 관용정책을 펴서 외국 상인들에게 교역상의 특혜를 부여하여 이란에 들어와 거주하고 일할 수 있는 분위기를 만들었다. 샤 아바스의 궁정에는 스페인, 포르투갈, 영국 등 유럽 여러 나라로부터 특사들이 빈번히 방문하였지만, 이들과 연합하여 오스만에 대항하려던 그의 기도는 수포로 돌아가고 말았다. 샤 아바스의 치세는 예술의 발전에서도 절정을 구가하였다. 필사본에 삽입되는 회화와 장식 방면에서는 샤 타마스프 시대의 것들이 뛰어났지만 카펫, 직물류, 금속공예 등의 방면에서는 샤 아바스 시대에 최고조에 달하였고, 새로 옮겨진 수도 이스파한을 장식한 건축물들은 그 어느 것에도 비할 수 없이 뛰어났다. 샤 아바스는 공공건물을 짓는 데에도 지칠 줄 모르는 정열을 보여, 심지어 오늘날에도 이란을 여행하는 사람들이 폐허가 된 어떤 대상관(caravanserai)을 누가 지었는지 물으면 거의 틀림없이 '샤 아바스'라는 대답을 듣게 될 것이다.

샤 아바스 1세 이후 사파위 왕조의 힘은 기울기 시작하였고 1135/1722년 소규모 아프간 군대의 침입은 그 약점을 여지없이 드러내어 포위된 이스파한은 항복하고 말았다. 그로부터 7년 뒤 이 침입자들은 나디르 칸 아프샤르에 의해서 추방되었으나 대신 그가 1148/1736년 '샤'를 칭하였던 것이다. 나디르 샤는 탁월한 군인이었으나 나라의 행정과 재정은 극도의 혼란에 빠졌고, 1160/1747년 그가 암살된 뒤 약 반세기에 걸쳐서 잔드(Zand)와 카자르(Qāzār)라는 두 집단 사이의 내란이 벌어졌고, 결국 카자르가 승리하여 왕조를 건설하기에 이르렀다. 카자르 왕조는 1339/1921년 레자 칸의 쿠데타에 의해서 무너질 때까지 100여 년간 이란을 통치하였다.

군주제의 신비성

오랜 기간 동안의 정치적인 혼란과 군사적인 격변에도 불구하고 이란 문화가 보존될 수 있었던 가장 커다란 요인이 군주제와 그것을 둘러싼 신비성이라는 데에는 의심의 여지가 없다. 이란의 왕은 보통 평범한 왕과는 달랐다. 역사적으로 이란의 군주는 샤한샤(Shāhanshāh : '왕 중의 왕')라고 불렸으며, 다른 국왕들을 정복하고 그들로 하여금 복종하게 만드는 그러한 보편적인 군주였다. 일찍이 다리우스는 "이들 23개의 지방들이 모두 내게 복속하고 있다"라고 자부하였다. 그리스인들은 페르시아의 군주를 바실레우스(basileus), 즉 '대왕'이라고 불렀고, 그리스인이나 유대인들이 남긴 자료에는 키루스에 의해서 아케메네스 제국이 창건될 때부터 페르시아의 제왕들과 관련한 '왕권신수' 사상에 대한 증거들이 발견된다. 우리 시대에서 군주라는 것은 '퇴색해 가는 직업'에 불과하지만, 인로는 "고대 세계의 3대 군주, 즉 중국의 황제, 이집트의 파라오, 페르시아의 제왕 가

"나, 다리우스, 위대한 왕, 왕중의 왕, 페르시아의 제왕"이라는 구절이 새겨진 베히스툰 비문. 그는 패배한 뒤 사슬에 묶여 줄지어 선 반군들을 향해 있고, 그의 신인 아후라 마즈다가 그를 내려다 보고 있다.

운데 오늘날까지 군림하고 있는 것은 페르시아의 제왕뿐이다"라고 말한 적이 있다. 이것은 페르시아의 군주제가 얼마나 강력하고 끈질긴 전통을 가지고 있는가를 입증한다. 물론 우리가 여기에서 말하는 것은 '전통'에 불과하다. 왜냐하면 지난 2,500년 동안 단절 없이 제왕들의 통치가 연속된 것이 아니며, 반대로 850년간 이란인은 이민족의 지배를 받았기 때문이다. 그렇기 때문에 전통의 연속성이 더욱 놀랍다고 할 수 있다. 인로의 말대로 "무엇인가 깊고 시간적인 제약을 뛰어넘는" 것이 거기에 있다.

통치에 필요한 신성한 권위의 상징은 '제왕의 영광' 혹은 '제왕의 광휘'로 표현되었으며, 이는 고대 페르시아어로 흐바르나(hvarnah), 아베스타어로는 흐바르나(khvarnah) 그리고 근대 페르시아어에서는 파르(farr)라는 개념으로 지칭되었다. 이러한 '제왕의 영광'을 소유하는 것이야말로 페르시아 군주권에 신성한 특성을 부여하였고, 그것은 군주의 머리 주위를 감싸고 있는 광배(光背)로써 묘사되었다. 아울러 페르시아 군주권의 이념 속에는 민중의 구원자라는 메시아적인 역할도 포함되어 있는데, 이는 이스라엘의 모세나 로마의 로물루스와 레무스 등 다른 왕조의 개국 설화와 흡사한 이란의 신화에 기원한 것이다. 프라이는 다음과 같이 설명하고 있다.

이러한 신화 —— 후일 페르시아인들에게는 실제의 역사로 인식되어 버린 —— 가 가지는 일반적인 구조는 선행하였던 왕조와의 어떤 관련성이나 왕족의 피를 지닌 사람이 박해를 피해서 도망치거나 유배생활을 하게 되고, 그는 자신의 출신을 감추고 유목민, 농민들 사이에 섞여서 고난에 찬 나날을 보낼 수밖에 없게 되지만, 그의 아들이나 후손이 어떤 징표나 자질을 드러냄으로써 흐바르나, 즉 '제왕의 영광'을 지녔음을 인정받고 드디어 새로운 왕조를 개창한다는 것이다.

오늘날 이란에서 고대 페르시아인들이 지녔던 이러한 '왕권신수'의 이념이 다시 살아나 약간 수정된 형태로 1324/1906년의 헌법에 반영되고 있음을 발견할 수 있다. 샤는 이제 더 이상 '땅에 비친 신의 그림자'는 아닐지라도 여전히 샤한샤의 카리스마를 지닌 존재로 인식되고 있다. 현대와 같은 평등주의의 시대에 이와 같은 군주권의 개념을 이상하게 생각하는 사람들도 있겠지만 군주제는 여전히 페르시아 문화와 전통의 가장 깊은 곳에 남아 있고, 이러한 사실을 인식하는 것이야말로 과거나 현재를 불문하고 이란을 이해하는 데에 가장 근본적인 중요성을 지닌다.

지역과 주민

이란의 지리적 환경은 그 역사적 발전과정에 지대한 영향을 끼쳐 왔다. 카스피 해 지역을 제외하고 이란은 거칠고 황량한 평원이거나 아니면 수세기에 걸친 침식과 인위적인 벌목으로 인해서 토양을 다 잃어 버린 험준한 산들로 이루어져 있다. 그 동부지역의 대부분은 소금기가 많은 사막이나 돌이 많은 황무지이다.

기후 역시 극단성을 보여 준다. 페르시아 만 근처에서는 여름에 섭씨 60도까지 올라가는가 하면 하마단에서는 겨울에 영하 23도까지 떨어진다. 지금부터 2,500년 전 키루스 2세(기원전 559-530)는 "나의 아버지의 제국은 남쪽으로 너무 더워서 사람이 살 수 없는 곳에서부터 북쪽으로 너무 추워서 살기 힘든 곳까지 미쳤다"라고 말하였다.

두 개의 주요 산맥이 이란의 지형을 결정짓는다. 페르시아 만을 향해서 동남향으로 달리는 자그로스 산맥은 최고 해발 4,500미터에 이르고, 카스피 해의 남안을 따라서 진행하는 엘부르즈 산맥은 테헤란 동북방에 위치한 다마반드 산에서 해발 5,580미터에 이르다가 구르간 쪽으로 진행하면서 서서히 낮아진다. 엘부르즈 산맥으로 인해서 카스피 해 연안지역은 아열대성 기후를 보이는데, 카스피 해에서 습기를 담고 남하하는 바람이 산맥에 걸려서 많은 비를 뿌리기 때문에 연평균 강우량은 650밀리미터에서 1,900밀리미터에 이르고, 벼, 담배, 차, 오렌지 등 작물의 경작에 좋은 조건을 이루고 있다. 이와는 대조적으로 엘부르즈 남쪽에는 강우량이 극히 적어서(이스파한 125밀리미터, 마슈하드 250밀리미터, 야즈드 75밀리미터) 식물의 생장이 어렵고, 그 비도 대부분 11월에서 4월 사이에 집중되어 있다. 따라서 농경은 관개에 의존할 수밖에 없다. 이 점에서 산맥은 매우 중요한 역할을 하는데, 그것은 겨울 동안에 쌓인 눈이 봄과 여름에는 녹아내려서 일정한 수원을 제공해 주기 때문이다. 따라서 겨울에 눈이 적게 오면 여름에는 가뭄을 의미하였다. 그러나 최근에는 댐의 건설 덕분에 상황이 상당히 호전되었다.

이란은 불행하게도 커다란 하천들을 가지지 못하였다. 중앙의 고원지대는 접시 모양으로 가운데가 움푹 파인 형태이기 때문에 물줄기가 있어도 그것이 밖으로 나가 바다로 들어가지 못하고 소금기가 많은 황무지나 사막으로 스며들어가 버리기 때문이다. 이란은 현재 댐의 건설을 통해서 얻을 수 있는 한계점에 도달해 있고, 급속히 증가하는 인구(현재 약 3,500만 명)를 충족시킬 만한 수자원의 확보가 큰 문제점으로 대두하고 있다. 그러므로 염분을 제거하여 신선한 물을 확보하는 것만이 유일한 장기대책인 듯하다. 상당 부분의 지방에서는 카나트(qanāt)라고 하는 지하수로를 통해서 물을 끌어들이는데, 어떤 것은 80킬로미터

다리우스보다 700년 뒤에 등장한 아르다시르 2세는 아케메네스 왕조의 전통을 이어받아서 아후라 마즈다를 섬겼다. 왕을 향해서 얼굴을 돌리고 있는 중앙의 인물이 아후라 마즈다이고, 그의 뒤에 있는 것이 태양신 미트라이다.

에 달하는 긴 것도 있다. 이렇게 해서 마을까지 온 물은 줍(jūb)이라는 지상수로를 통해서 경작지나 과수원에 공급된다. 이 카나트는 이미 고대부터 사용되었지만 그것을 굴착하고 유지하는 것은 많은 비용이 들 뿐 아니라 위험하기도 하였다. 그러나 그것이 이란에서 매우 중요한 생명선임은 두말할 나위도 없다. 이 지하수로는 공중에서 촬영하면 마치 일렬로 늘어선 분화구와 같은 모습을 하고 있는데, 일정한 간격으로 점재하는 이 분화구들은 실상 지하로 구멍을 파 들어가 거기에서 지하수로를 만든 뒤 흙을 퍼내는 통로이기도 하다. 카스피 해 연안을 제외하고 천연의 강우로만 경작이 가능한 지역은 아제르바이잔 일부 지역 등 극히 제한되어 있다. 이란 고원의 전반적인 건조함으로 인해서 사막과 경작지는 극단적인 대조를 이루고 있다.

카프카스 산맥이라는 천연의 장애물은 이란을 서부나 서북부의 위협으로부터 보호해 주는 역할을 하였기 때문에, 외부의 침입자들은 언제나 산맥 사이의 특정한 루트를 이용하지 않을 수 없었고 그곳을 방어하는 것은 큰 문제가 아니었다. 반면 동북쪽의 변경지대는 항상 중앙 아시아 유목민의 침입에 그대로 노출되어 있었다. 이 변경을 통과하여 헤프탈인, 투르크인, 몽골인들이 밀려 들어왔다. 이 지역을 방어하는 것은 어떤 왕조도 해결할 수 없는 커다란 난제였다. 옥수스 강은 여러 군데에서 도하가 가능하였고, 일단 강을 건너기만 하면 침입자들은 호라산 지방 깊숙이 들어가서 약탈을 할 수 있었다. 그리고 이들을 격퇴하는 데에 필요한 적절한 군대를 정비하는 동안 그들은 약탈물을 가지고 유유히 옥수스 강을 건너 돌아갈 수 있었던 것이다. 여러 성채를 지어서 방어선을 구축하는 것 역시 효과적이지 못하였는데, 그것은 유목민들이 침입할 때 이를 무시해 버리고 통과하거나 아니면 식량이 떨어질 때까지 포위되기 쉽기 때문이다. 강력한 사파위 왕조도 이 문제를 완전히 해결하지 못하였고, 단지 두 차례 중앙 아시아의 우즈베크 군대를 유인해서 패배시킨 전과가 있을 뿐이다. 이슬람 출현 이후 이 지역의 방위에 성공한 것은 사만 왕조와 티무르 왕조뿐이었다. 그러나 그것은 이 두 왕조 모두 옥수스 강의 양쪽 지역, 즉 호라산과 트란스옥시아나를 동시에 지배하였기 때문에 가능하였던 것이다. 페르시아가 중국인들처럼 거대한 장성을 축조하였더라면 어떠하였을지 모르지만 위의 두 경우를 제외한 어느 왕조도 결국 트란스옥시아나를 견제하는 데에는 실패한 셈이었다.

이란이 역사상 수행하였던 역할은 그 지리적인 요건으로 인해서 한쪽으로는 유럽, 아나톨리아, 지중해 세계를, 그리고 다른 쪽으로는 중앙 아시아, 인도, 동남 아시아를 잇는 육상의 가교였다는 사실이다. 중세에는 이란을 통해서 대상들이 지나갔고 중국으로 이어지는 비단길도 이곳을 통과하였다. 오스만 제국이라는 엄청난 세력이 흥기하여 이란과 유럽 사이의 육상로를 가로막고 또 이란 자체가 수세기에 걸쳐서 전쟁상태를 계속하게 되자, 페르시아의 상인들은 유럽에 가기 위해서 길란에서 배를 타고 바쿠나 아스트라한으로 갔다가, 거기에서 다시 육로를 이용하여 러시아를 통과하거나 아니면 아르항겔을 경유하여 위험한 북해를 지나가야만 하였다.

이란의 왕권만큼이나 오래된 것이 카나트라고 불리는 지하 관개시설이다. 뜨거운 사막에 노출된 물은 쉽게 증발해 버리므로, 산기슭에서 마을에 이르기까지 몇 킬로미터에 걸치는 터널을 팠다. 이 지하수로는 건설하기도 위험할 뿐 아니라 유지하는 데에도 많은 비용이 든다. 지상에서는 분화구처럼 함몰된 구덩이들만 보일 뿐인데, 이 구덩이는 때로 60미터의 깊이에 달하기도 하다. 이 사진은 이스파한 근처의 모습을 찍은 것이다.

    수세기에 걸쳐서 계속된 침략의 물결은 이란의 인종적인 다양성이라는 파문을 남겨 놓았다. 오늘날 이러한 다양성은 특히 고원의 주변지대에 거주하는 반유목민 부족들에게서 잘 나타나고 있다. 쿠르드(Kurd)나 루르(Lur)와 같은 부족들은 아리안 계통이고 페르시아계 방언을 사용하는 반면, 아제르바이잔과 호라산 지역의 투르크멘 부족들은 투르크 계통이고 투르크 방언을 사용한다. 파르스 지방의 카슈카이(Qashqā'ī) 부족은 투르크와 페르시아의 혼합어를 쓰고 있으며, 캄세(Khamseh) 부족은 투르크족과 아랍족의 혼혈이고, 이라크와의 변경지대인 후지스탄의 부족들은 대부분이 아랍족이다. 이들 가운데 상당수는 일년에 두 번 이동하는 이목(移牧)을 하는데, 이것은 늦은 봄에 더운 저지대에서 초목지를 찾아서 고지대로 올라갔다가 늦은 가을이 되면 다시 저지대의 방목지로 내려오는 형태의 목축이다. 이동을 할 때 그들은 텐트, 가축 등 모든 재산을 같이 옮기며, 이동 루트는 보통 험한 산길을 통과하기 때문에 매우 힘들고 때로는 가축과 사람의 목숨을 앗아 가기도 한다. 이란의 부족민들은 독립성이 강한 것으로 유명하며, 특히 그들을 정주화시키려던 레자 샤의 정책에 대해서 완강히 저항하였다. 가축을 통해서 고기, 의복, 텐트를 지을 재료, 젖, 치즈, 요구르트 등을 얻기 때문에 거의 자급자족적이며, 여인들은 양털을 이용하여 카펫이나 등주머니를 짜는데 이것은 부족민의 일상생활에 필요하기도 하지만 도시의 시장에서도 잘 팔린다. 이러한 카펫이나 가축의 고기와 젖을 팔아서 생기는 수입으로 부족민들은 자신이 필요로 하는 물건들을 구입할 수 있다. 그들을 시대에 뒤떨어진 집단으로 보는 사람들도 있지만 그들은 여전히 전통적인 생활방식을 끈질기게 고수하고 있으며, 최근 그들 자신이나 이란 정부는 부족민의 가무나 결혼예식 등이 관광객을 끌어들여 또다른 수입원이 된다는 사실을 깨닫기 시작하였다.

이란의 기여 : 종교와 철학

위킨스는 "페르시아적인 정서는 한편으로는 용해제로 다른 한편으로는 촉매제로 기능하였다"라고 말한 적이 있는데, 이 말은 이란이 이슬람 문화와 세계 문명에 어떠한 기여를 하였느냐는 문제를 탐구하는 데에 좋은 단서를 제공해 준다고 생각된다. 이슬람은 초기에 아랍인들이 주도하던 순수한 형태에서는 상당히 경직되고 무미건조한 형태의 유일신 종교였다고 할 수 있다. 아랍인들이 1/7세기 이란을 정복하자 그들은 고대 이란의 이원론적 종교인 조로아스터교와 접촉하게 되었을 뿐 아니라, 동시에 고대 이란 문화의 '진하고 풍부한 물결'을 만나게 되었다. 수니 이슬람에서는 율법이 신학을 뛰어넘는 중요성을 가지게 되었고, 신비하고 명상적인 이란인들의 심성은 이슬람 법학의 무미건조한 논쟁에 만족할 수 없었다. 신학에서 벌어진 끝없는 논쟁들, 예를 들면 자유의지인가 예정조화인가 하는 문제에 대해서 이란인들은 '양측의 주장이 신성의 양면'을 반영할 수도 있다는 기묘한 해석을 내렸다. 이처럼 신학적인 문제들에 대한 신비주의적인 접근을 통해서 이란인들은 이슬람의 신앙을 이해하고 해석하는 데에 신비주의의 영역을 넓혀 주었던 것이다. 이슬람 신비주의, 즉 '수피즘'은 이란인들이 가장 탁월한 능력을 발휘할 수 있었던 분야였다. 모든 수피들이 이란인들이라고 말할 수는 없겠지만, 아랍인도 투르크인도 인도인도 사나이, 니자미, 잘랄 앗 딘 루미, 알 가잘리, 파리드 앗 딘 앗타르, 하피즈 등과 같은 신비주의자들을 배출하지는 못하였다. 이들이 이슬람 신비주의에서 어떠한 위치를 차지하는지에 대해서는 이미 제4장에서 마이어 교수가 설명하였다.

이슬람 내부에서 신비주의가 발전하여 거의 종교 안의 종교처럼 된 것이 페르시아인들의 노력에 힘입은 바가 큰 것처럼, 시아파 이슬람이 이란의 공식 종교로까지 발전하게 된 것 역시 순수한 페르시아적 현상이라고 할 수 있다. 시아파 이슬람은 처음에는 페르시아인들에게 단지 아랍인들의 지배에 대한 좌절과 불만의 감정을 표출할 수 있는 통로를 제공해 주는 것에 불과하였지만, 후일 투르크와 몽골인들의 지배하에서 공식 수니 이슬람이 집권층의 이해와 긴밀히 연관되어 버리자 시아파 이슬람은 기존 체제에 대한 수많은 저항운동에서 주도적인 역할을 하게 되었다.

이란인들은 알리의 아들인 후사인이 사산 왕조 최후의 왕인 야즈데게르드 3세의 딸과 혼인하였다는 전설을 받아들였다. 우마이야 왕조의 칼리프 야지드가 보낸 군대에 의해서 카르발라에서 죽음을 당한 후사인은 시아파에게 강력하고 지속적인 감정적 효과를 지닌 순교자로 부각되었다. 후사인의 죽음과 관련된 일련의 사건들은 지금까지 애도의 행렬과 타지야(ta'ziya)라고 불리는 '수난극'의 공연을 통해서 기억되고 있다. 13/19세기에 지어진 후사인의 순교에 대한 비가는 그 격렬한 감정의 일단을 보여 준다.

그가 갈증을 느끼지 않고 편히 죽었는가? 아니다.
아무도 그에게 마실 것을 안 주었는가? 아니다.
누가 주었는가? 쉬므르가.
어떤 샘물에서? 죽음의 샘물에서.

12 이맘의 이름이 시아파 모스크의 벽감에 있는 타일 장식에 새겨져 있다. 이것은 카샨에 있는 메이단 모스크(623/1226년)에 있는 것으로 가장 초기에 속한다.

피르도시가 5/11세기에 쓴 『제왕의 서』는 후일 세밀화가 첨가되어 많은 사본들이 지금까지 전해지고 있다. 이 세밀화는 741/1340년 타브리즈에서 제작된 것으로, 죽어가는 루스탐이 그의 이복동생을 향해서 활을 쏘고 있는 장면이다. 왼쪽에 있는 그의 말은 구덩이에 빠져서 꼬챙이에 찔린 상태로 있다.

　　그는 무고한 순교자였는가? 그렇다.
　　그가 과연 잘못을 저질렀는가? 아니다.
　　그는 무엇을 하였는가? 우리를 인도하였다.
　　누가 그의 벗인가? 신이다.
　　누가 이런 악행을 저질렀는가? 야지드가.
　　이 야지드는 누구인가? 힌두(Hindu)의 자식.
　　누가 그를 낳았는가? 어떤 후레자식이.

　이란이 이민족의 지배를 받는 동안 이러한 수난극은 일종의 카타르시스적인 효과를 가지고 있었다. 그러나 907/1501년 샤 이스마일이 사파위 왕조를 창건하고 시아파 이슬람을 공식종교로 인정함으로써 잠재하던 민족적 열망을 충족시키게 된 것이다.

시아파 이슬람을 통해서 페르시아인들은 원래 수니파 이슬람에게는 존재하지 않던 몇 가지 신학적인 개념과 교리를 도입하였는데, 그중 가장 특징적인 것이 바로 '이맘 제도'(Imamate)이다. 시아파의 이맘은 모스크에서 무슬림 신도들이 모여서 기도를 드릴 때 그 의식을 주도하는 역할에만 한정된 수니파의 이맘과는 완전히 다르다. 시아파 이맘은 계시를 체험하고 해석할 수 있는 특권을 지닌 자이며 유일하게 모든 진리와 지식을 확보하고 있는 인물이다. 시아파의 이맘들은 또한 수니 이슬람에서는 찾아볼 수 없는 두 가지의 특별한 특징을 지니고 있는데, 하나는 그들의 죽음과 고난이 가지는 대속성(代贖性)이고 다른 하나는 무죄성(無罪性)과 무류성(無謬性)이다. 후자는 이미 4/10세기 시아파 신학자들에 의해서 제기되었고 이는 시아파의 이맘들이 수니파의 칼리프들보다 더 우월하다는 것을 보여 주기 위해서 만들어진 교리이지만, 이것이 이슬람 신학 전반에 대해서 가지는 의미는 그런 차원을 넘어서 이슬람도 결코 오류를 범하지 않는 권위를 지니면서도 육신의 형태를 가지는 존재를 가지게 되었다는 점이다.

이란의 기여 : 문학, 과학, 예술

위에서 열거한 세 항목은 이 책에서 각각 독립된 장으로 다루어지고 있기 때문에 여기에서는 간략한 윤곽만을 설명하는 정도로 그치겠다. 그리고 이 세 분야에서 모두 이란의 기여는 매우 중요하며, 이슬람권의 다른 지역이 기여한 것과는 분명히 비교가 되지 않는다.

벨라 교수가 제5장에서 이미 강조하였듯이 페르시아 신비주의와 페르시아 문

(맞은편) 니자미가 571/1175년경에 저술한 『비밀의 보고(寶庫)』에는 도덕적 주제에 관해서 훈계하는 내용들이 여러 일화들을 통해서 전개되고 있다. 이 세밀화는 945/1538년 부하라에서 그려졌는데, 니자미가 자신의 글을 왕자들에게 읽어 주고 있는 장면이다. 페르시아의 문인 모임의 전형적 배경으로 등장하는 정원 가운데에 포도주와 과일이 차려지고 악사들은 음악을 연주하고 있다.

학 사이에는 매우 긴밀한 연관성이 존재하였다. 창조주와의 재결합이 이루어지는 순간에 느끼는 영혼의 황홀감을 잘랄 앗 딘 루미 이상으로 더 아름답게 표현한 사람은 아마 없을 것이다. 그러나 그 역시 페르시아 출신의 여러 위대한 신비주의 시인들 가운데 한 사람에 불과하였다. 그에 버금가는 시인들로는 파리드 앗 딘 앗타르와 시라즈 출신의 하피즈를 들 수 있고, 이들은 신비주의의 은유적인 표현을 극도로 정교하게 다듬어냈다. 이 점에서 하피즈를 능가하는 인물은 없다. 그는 연인(절대신)을 찾아가는 구애자(신비주의자)라는 상징을 표현하기 위해서, 가시 돋친 아름다운 장미꽃의 무관심과 잔인함을 한탄하는 나이팅게일이나 혹은 촛불 주변을 맴돌며 자신의 몸을 불꽃 속에 태워서 결합을 이루려고 하는 모기의 비유를 사용하였다. 그러나 이러한 비유법은 그후 많은 시인들에 의해서 모방되었고, 곧 정형화되어 신선함을 잃어버렸다. 우마르 하이얌과 같은 시인(사실 그의 본령은 수학이었으며, 피츠제럴드가 그의 시를 발굴하여 서구에 소개하지 않았더라면 시인으로서의 명성을 얻을 수 있었을지도 분명하지 않다)은 페르시아적인 정서의 또다른 특징, 즉 염세적인 우울함, 세속적인 권력과 위세의 덧없음에 대한 인식 등을 드러내 주고 있다.

이슬람 과학의 발달에서 페르시아가 기여한 부분에 대해서는 사브라 교수가 이미 설명하였다. 페르시아의 수학은 처음부터 매우 실질적인 것이었으며, 그것은 칼리프들이 항해, 천문, 건축, 측량, 역법 등의 방면에서 생기는 문제들을 수학을 통해서 해결하기를 원하였기 때문이다. 몽골 침입 이전 시기에는 세 사람의 수학자가 두드러진다. 먼저 3/9세기의 알 화리즈미에 의해서 우리는 '로가리즘'(logarithm)과 '알제브라'(algebra)라는 말을 알게 되었다. 우마르 하이얌은 세제곱 등식의 여러 형태들을 분류하였고, 중세의 가장 뛰어난 천재였던 알 비루니(363-440/973-1048)는 역법을 개혁하고 위도와 경도를 정하였으며 실험물리에서 선구적인 업적을 남겼다.

의학 방면에서 페르시아인들의 기여는 진단보다는 치료의 방면에 있다고 할 수 있다. 페르시아는 약품의 제조에서는 세계 어느 지역보다도 선진적이었다. 3/9세기 사부르 이븐 사흘의 약방전과 이븐 앗 틸미드의 『처방전』(Antidotary)은 그후 이러한 종류의 모든 서적들의 기본을 이루었다. 페르시아 출신의 의사이자 동시에 중세의 가장 탁월한 의사였다고 할 수 있는 인물이 알 라지이다. 서구에서는 라제스라는 이름으로 유명한 그는 백과전서적인 『알 하위』(al-Hāwī)라는 책을 저술하여 유럽의 대학에서 기본 교과서로 쓰여지게 되었다.

그러나 이란의 황금시대를 생각할 때 이슬람 세계의 외부에 있는 사람들이 먼저 떠올리는 것은 그 예술이기 때문에, 비록 에팅하우젠 교수가 이미 설명하였지만 여기에서도 간단한 언급을 빼 놓을 수 없을 것 같다. 이란에서 예술작품에 대한 수요를 창출하고 그래서 예술가와 장인들의 활동을 자극한 것이 바로 사회의 상층계급이었다는 점에서, 이란의 예술은 근본적으로 귀족예술이었다고 할 수 있다. 이 귀족 후원자들이 어떠한 종류의 창작품을 만들지에 대해서도 주문하였다는 점에서 더욱 그러하다. 이는 심지어 카펫과 같이 원래는 반유목적 부족에 속한 여자들이나 아이들이 양털을 깎아서 짜고 천연염료로 물을 들여서 만든 부족민의 카펫에서 유래한 예술품의 경우에도 마찬가지였다. 사파위 왕조에 들어와서 카펫 제조는 가내수공업의 단계에서 전국적인 규모의 예술로 발전하였고, 오늘날 페르시아 카펫이 누리는 명성은 바로 이때 뛰어난 질과 색, 무늬의 완벽함 등 높은 수준을 이룩하였기 때문에 얻은 것이다.

직물 제조 역시 오랜 역사를 가지고 있고 사산 왕조 시대로까지 소급되나, 그 수준의 절정을 이룬 것은 사파위 왕조 때였다. 정교한 직조, 화려한 색조, 창조적인 무늬 등을 특징으로 하는 페르시아 직물은 르네상스 시기의 유럽과 러시아에서 큰 환영을 받았다. 야즈드, 카샨, 라슈트, 이스파한과 같은 곳은 페르시아 직물 제조의 중심지가 되었다.

페르시아는 이슬람권에서 인간의 신체를 예술로 표현하는 것을 금지해 온 관행을 따르지 않았다. 접시, 수반, 수병, 촛대, 천문관측의 무기를 비롯하여 수많은 가내 집기들에는 수렵과 같은 장면을 통해서 동물과 인간의 모습이 장식되었다. 몽골인의 침입으로 인해서 수많은 금속공예가들이 카이로나 다른 지방으로 이주하였고 그 결과 페르시아의 금속공예는 심각한 쇠퇴를 경험하였지만, 9/15세기 티무르 왕조에 이르러 다시 부흥되었다. 사파위 왕조에 들어와서 문양은 더욱 적어지고 정교하게 되었다.

페르시아는 서적의 장식에서도 뛰어났고 거기에 필요한 네 가지 기술, 즉 서

페르시아 문화의 절정기는 초기 사파위 왕조의 시대였다. 샤 아바스는 이스파한에서 다양한 예술의 독특한 혼합을 이루어냄으로써 이스파한을 세상에서 가장 완벽한 도시의 반열에 올려놓았다. 이 두 그림 — 하나는 벽화이고 또 하나는 직물이다 — 은 기예와 우아함에서 모두 정상급에 도달한 것이다. 묘사된 장면은 사파위 궁정의 세련된 생활을 그려내고 있는데, 그것은 현세의 즐거움을 탐익하면서도 내세에 대한 신비적인 인식을 배제하지 않는 생활의 모습이다. 현란한 타일들은 건축물의 윤곽선을 가리지 않으면서 그 기본적 구조를 덮어싸고 있다. 위의 사진은 사파위 왕조의 기원이 된 사파위 교단의 초기 중심지 아르다빌에서 나온 것이고, 맞은편은 샤 아바스가 장인을 기념하기 위해서 이스파한에 건설한 셰이크 루트프 알라 모스크이다.

예, 제본, 채식(彩飾), 세밀화의 모든 분야에서 거의 완벽의 단계에 이르렀다. 초기의 이슬람 서적들은 동물의 껍질에 쓰여지다가 후에는 종이(중국의 제지기술을 배운 이후)가 사용되었고, 딱딱한 쿠파체(Kūfic)나 나스히체(Naskhī)가 이용되었다. 그러나 페르시아인들은 보다 선이 유연하고 정교한 나스타리크체(Nasta'līq)를 창안하였다. 서적의 한두 페이지는 보통 금박이나 다른 방법을 이용하여 채식되었고, 각 장(章)의 머리 부분 장식은 그 자체가 훌륭한 예술이었다. 세밀화가들이 즐겨 사용하는 소재는 이란인들의 서사시 속에 등장하는 영웅들의 일화나 혹은 『라일라와 마즈눈』, 『후스로우와 쉬린』, 『유수프와 줄라이하』와 같은 유명한 애정소설의 장면들이었다. 9/15세기 티무르 왕조의 군주로서 문헌에 대해서 깊은 애착을 가졌던 샤 루흐나 바이순쿠르의 후원 아래 이슬람 문헌 사본 가운데 가장 뛰어난 작품들이 만들어졌고, 티무르 왕조 최후의 군주인 술탄 후사인 이븐 바이카라 아래에서 양성된 헤라트파(Herat)의 화가들은 후일 사파위 왕조의 회화에 깊은 영향을 미치게 되어 비흐자드와 같은 탁월한 예술가를 배출하였다.

약 250개가 넘는 훌륭한 세밀화들이 들어 있는 『제왕의 서』(Shāh-nāma)는 샤 이스마일이 그의 아들인 타마스프를 위해서 만들도록 한 것으로 추측되는데, 완성된 시기는 샤 이스마일이 죽은 뒤였다. 이 작품이 페르시아 회화사에서 얼마나 독보적인 위치를 차지하는지는 당시 보통 서적에는 열네 개 이상의 세밀화가 들어 있는 경우가 거의 없었다는 사실 하나만으로도 알 수 있다. 세밀화의 기법은 서적의 가죽 표지를 세공하고 양각하는 기술에도 적용되었다. 책 표지 장식의 세밀한 부분들은 세밀화와 다를 바 없이 극도로 정교하였으며, 10/16세기의 궁정화가인 레자 아바시는 이 기술을 책의 표지나 접시, 필통, 거울갑 등 여러 종류의 상자 표면에 옻칠하는 데에도 적용하였다.

이미 고대부터 페르시아인들은 건축의 발달에 지대한 공헌을 하였다. 사산 왕조는 천장 기술에서 커다란 진보를 이룩하였는데, 특히 홍예(虹霓: squinch)를 고안함으로써 사각의 건물에 둥그런 돔형의 천장을 얹는 데에 생기는 문제점을 해결하였다. 셀주크 왕조는 장식 벽돌을 사용하여 큰 공헌을 하였으며, 이 기법은 7/13세기 일 한국의 시대에도 사용되었다. 이와 동시에 '파이앙스'(faïence)

장식 기술도 활용되었고, 스투코도 장식의 목적으로 널리 사용되었다. 티무르 왕조에 들어와서는 이란에 이중 돔이 도입되었고, 그뒤 약간 외부로 돌출한 듯한 모양의 돔은 페르시아식 돔의 가장 중요한 특징이 되었다. 사파위 왕조는 채색 타일과 모자이크 타일의 사용을 완벽의 단계로 끌어올렸다. 페르시아의 건축은 서구와는 전혀 다른 개념을 가지고 발전하였는데, 예를 들면 고딕식 건축이 건물의 기본 형태를 가리기 위해서 첨탑, 종루, 홈통 주둥이, 첨정(尖頂), 연결 벽받이 등의 부대장식을 활용하였던 반면, 페르시아 건축의 목적은 건물의 기본적인 선과 형태를 흐트러뜨리지 않으면서 동시에 그것을 가능한 한 화려하게 장식하는 데에 있었다. 이런 의미에서 채색 타일과 모자이크 타일의 사용은 아마 페르시아가 이슬람의 건축에 남긴 가장 커다란 공헌이라고 할 수 있을 것이다.

이란적인 세계에 대한 설명을 페르시아식 정원에 대한 한두 마디의 언급 없이 맺을 수는 없다. 서구식 정원의 그럴듯하게 포장된 모습에 익숙한 사람이 페르시아 정원을 보면 실망할지도 모르겠지만, 그것의 가장 중요한 기능이 야외의 작열하는 태양에 지친 여행객에게 시원한 그늘을 제공하고 흐르는 물소리로 귀를 즐겁게 하며 나무와 꽃으로 눈의 피로를 가시게 하는 데에 있다는 사실을 알게 된다면, 아마 페르시아의 정원을 다시금 인식하게 될 것이다. 페르시아인들이 나무를 일렬로 심고 덤불들을 일정한 간격으로 심으려고 고집하는 까닭도 관개수로에 필요한 공간을 확보하기 위해서이다. 나무에 대한 페르시아인들의 사랑은 이미 아케메네스 시대부터 시작하여 오늘에 이르기까지 줄어들 줄 모른다. 크세르크세스는 사르디스로 가는 길가에 늘어선 나무들을 너무나 흠모하여 그 가지에 황금 목걸이와 팔찌를 걸어 두었다고 하며, 키루스 2세는 사르디스에 정원을 만들면서 자신이 직접 나무를 심었다고 한다. 오늘날에도 테헤란 사람들은 자기가 사는 거리에 늘어선 나무에 직접 물을 주는데, 물론 그 나무는 개인의 것이 아니다. 페르시아인들이 가장 사랑하는 꽃은 장미이고, 이에 관한 시는 이루 헤아릴 수 없을 정도이다. 신비주의에서 장미는 몸이 달아서 접근하려는 구애자(구도자)를 그 가시로 막는 아름답지만 잔인한 연인(신)의 상징이었다. 그러나 나무만 있다면 꽃이 없어도 페르시아의 정원은 만족할 만한 것이었다. 커즌

경은 일찍이 "페르시아인들이 원하는 것은 시원한 나무 그늘과 졸졸 흐르는 물소리가 뿜어내는 아름다움, 그것이 전부였다"라고 말하였다. 영어의 '파라다이스'(paradise : 천국)라는 말이 '둘러쳐진 정원' 혹은 '사냥을 위해서 보호된 장소'라는 뜻을 지닌 고대 페르시아어에서 기원하였다는 사실도 결코 우연은 아니다.

이란과 서구

중세 전 시기를 통해서 이슬람권과 기독교권은 서로가 서로에 대해서 무지하였다. 그러나 양측의 무지의 기반은 서로 달랐다. 무슬림은 그저 '북방의 야만인들' —— 5/11세기 톨레도의 한 무슬림 판관이 말하였듯이 —— 의 활동에 대해서 무관심하였기 때문에 기독교도들에 대해서 무지하였던 것이다. 반면에 이슬람에 대한 기독교도의 입장은 부분적으로 '신학적인 반감'(odium theologicum)에서 출발한 것으로, 이는 기독교 이후 출현한 가장 중요한 세계종교인 이슬람이 기독교에 대해서 던진 신학적인 문제들, 그리고 시칠리아, 스페인을 비롯하여 지중해 지역을 점령한 이슬람 세력의 군사적 팽창에 대한 두려움 등에 기인하고 있다. 신학적인 차원에서 기독교측은 무하마드는 사기꾼이고 이슬람은 이단이라는 결론을 내렸고, 군사적으로는 십자군을 내세웠다. 그러나 그 어느 것도 서구로 하여금 이슬람이라는 종교의 본질이나 혹은 이슬람 세계의 정치적 현실을 제대로 이해시키기에는 부적절하였다.

역사학자들에게 일면 신기하고 또 일면 당혹스러운 것은, 이러한 적대감에도 불구하고 '사마르칸트로 가는 황금길'이라는 환상이 왜 그렇게 끈질기게 서구에 계속되었는가 하는 점이다. 어찌해서 페르시아의 카펫은 거듭해서 '마술의 담요'로 변형되고 페르시아의 정원은 요정들이 사는 마법에 걸린 것으로 묘사되었을까. 심지어 페르시아의 고양이들까지 설명하기 힘든 신비한 분위기를 가지고 있는 것처럼 생각하였고, 하렘은 무수한 상상과 관심을 자극해 왔다. 이러한 환상들은 8/14세기에 지어진 『겁 없는 거짓말쟁이』나 『존 맨드빌 경의 이야기』와 같이 페르시아를 사실적으로 묘사하려는 글에서도 은근히 그 모습을 드러낸다.

『천야일야』 역시 이러한 상황을 더욱 악화시키기만 하였다. 사실 11/17세기에 이르도록 서구의 일반 대중들에게는 페르시아에 대해서 확실한 지식을 얻을 만한 아무런 재료도 없었다. 대략 이 시대가 되어서야 위그노의 보석상인 샤르댕이 페르시아를 여행하고 그 정부조직에 대해서 처음으로 정확하고 통찰력 있는 묘사를 서구인들에게 소개하기 시작하였지만, 13/19세기가 되기까지 과거의 환상에서 완전히 깨어나지는 못하였다.

여행이 주는 고통과 위험에도 불구하고 이미 오래 전부터 서구와 페르시아 사이를 오간 사람들이 있었다. 기원후 6세기에는 페르시아 출신의 주교였던 성(聖) 이보가 영국을 여행하였지만, 이슬람이 출현하여 아랍인들이 지중해의 남과 북을 정복하고 거대한 제국을 건설함으로써 페르시아와 서구와의 직접적인 연결은 단절되고 말았다. 7/13세기 몽골인의 정복이 완성되고 그 결과 중국에서 폴란드에 이르기까지 '몽골인의 평화'가 성립되면서 비로소 페르시아와 서구는 방해받지 않고 교통할 수 있게 되었다. 몽골인들 가운데 일부는 기독교도라고 하는 정보가 서구에 전해졌고, 서구의 군주들은 기독교와 이슬람 사이에 끝도 없이 계속되는 전쟁에서 몽골인들을 동맹자로 끌어들이려는 계산을 하였다. 이렇게 해서 643/1245년 프랑스의 루이 9세는 도미니쿠스 교단의 수도승들을 페르시아로 파견하였는데, 그뒤 여러 차례에 걸쳐서 사신의 교환이 이루어졌지만 정치적 동맹이라는 결실을 맺지는 못하였다. 단지 이를 통해서 서구는 페르시아와 그 주변의 지리, 그리고 서아시아와 중앙 아시아 주민들의 생활관습에 대해서 그 이전까지 알고 있었던 것보다 더 정확한 지식을 가지게 되었다.

659/1260년 몽골인들이 시리아에서 맘루크 왕조에 의해서 처음으로 패배를 경험하고 난 뒤, 페르시아와 메소포타미아를 지배하던 몽골 군주 훌라구는 교황 알렉산데르 4세에게 사신을 보내서 세례 받기를 희망한다는 의사를 전달하였지만 교황은 그 진의를 의심하였다. 훌라구는 죽을 때까지 불교도였으나 양측 사이에 이루어진 외교적 접촉은 서구 상인들로 하여금 페르시아와 교역할 수 있는 길을 열어 주었고, 663/1264년에는 어떤 베네치아 상인이 타브리즈에 무역거점을 가지고 있었다는 사실도 확인된다. 이슬람으로 개종한 테귀데르 치세에 잠시 서구와의 외교관계가 중단되었지만 736/1335년 일 한국이 붕괴될 때까지 대부

분의 군주들은 이러한 관계를 계속 유지하였고, 또 기독교도인 부인들에 의해서 많은 영향을 받기도 하였다. 690/1291년 아르군이 프랑스의 필리프 4세와 영국의 에드워드 1세에게 다마스쿠스를 연합해서 공격하자는 제안을 함으로써 몽골과 서구 사이의 군사적 동맹이 실현될 뻔도 하였지만, 그해 3월 아르군이 사망하고 에드워드 1세는 스코틀랜드 전쟁에 휘말림으로써 무산되고 말았다.

일 한국 시기의 접촉은 군사나 외교 분야보다는 교역에서 더 많은 결실을 맺었다. 아제르바이잔에서 가장 큰 도시이자 유럽 상인들의 중심 무대였던 타브리즈는 일 한국의 수도가 되어 유럽과 바그다드, 페르시아, 인도를 연결하는 국제 무역의 중개지점으로 부상하였다. 바로 이 시기에 도미니쿠스 교단은 이란으로 선교활동을 확대하였고, 그 서북지역에 여러 주교구를 설치하였지만 별다른 효과를 거두지는 못하였다.

일 한국의 붕괴에 이어서 이란은 상당 기간 동안 혼미를 경험하였고 이때 여행을 한다는 것은 매우 위험한 일이었다. 자연적으로 서구와의 교역도 거의 중단되어 버렸다. 8/14세기 중반 오스만 왕조가 흥기하여 서구를 위협하기 시작하였는데, 마침 정복자 티무르가 등장하자 서구측은 그와 연합하여 오스만에 대항할 가능성을 엿보았고, 티무르가 오스만의 군대를 805/1402년 앙카라에서 대패시킨 사건은 그러한 가능성이 현실성이 있는 것처럼 느끼게 하였다. 그러나 807/1405년 티무르가 사망한 뒤 오스만 왕조는 팽창을 재개하여 857/1453년에는 콘스탄티노플을 함락시키기에 이르렀다. 이는 유럽인, 특히 베네치아인들의 동방에서의 교역에 커다란 충격을 가져다 준 사건이었다.

892/1487년 포르투갈 출신의 선장인 바르톨로뮤 디아스가 희망봉을 회항하는데에 성공하였고, 그로부터 10년 뒤 역시 포르투갈의 바스코 다 가마가 같은 곳을 돌아서 인도에 도착하였다. 이에 의해서 페르시아가 인도로 가는 교역로에서 배제된 것은 물론이지만, 더 큰 타격을 받은 쪽은 지금까지 인도, 페르시아 무역에서 육로에 의존해 왔던 베네치아나 제노바 등의 상인들이었다. 포르투갈은 이 중요한 무역로를 확보하기 위해서 호르무즈 섬을 점령하였고, 알부케르케는 621/1515년 그 섬을 영구적으로 병합하여 호르무즈의 군주를 포르투갈 국왕의 신하로 만들었다. 이 사건은 오스만 제국이 사파위의 샤 이스마일을 찰디란 전

투에서 결정적으로 패배시킨 지 1년 뒤에 일어났기 때문에, 당연히 사파위측으로서는 포르투갈이 자국의 영토를 침식하는 것에 대해서 효과적으로 대응할 만한 처지가 아니었다.

샤 아바스의 즉위(996/1588)를 계기로 페르시아와 서구와의 외교 교역상의 접촉은 활발해졌다. 그는 서구와의 교역, 특히 비단 교역을 증진시키기 위해서 스페인, 포르투갈, 영국 등으로부터 사신을 접수하였고, 카르멜파, 아우구스티누스파를 비롯한 여러 가톨릭 수도단이 이란 영내에 수도원을 설치하는 것을 권장하였으며, 외국의 선교사는 물론 상인들이 들어와서 살고 활동하는 데에 편의를 제공해 주려고 노력하였다. 그는 심지어 이스파한에 건설한 한 교회를 장식하는 데에 필요한 경비를 보조해 주기도 하였다. 샤 아바스는 서구제국들 사이의 상업적인 경쟁관계를 이용하여 영국과 연합하여 호르무즈 섬에서 포르투갈 세력을 구축하는 데에 성공하였다.

우리가 앞에서 살펴본 것처럼 7/13세기 서구의 군주들과 일 한국의 몽골인들과의 외교적 접촉의 목적은 이집트, 시리아, 팔레스타인을 장악하고 있던 맘루크 왕조에 대해서 군사적인 공동보조를 취하려는 것이었는데, 사파위 왕조 시대에 들어와서 서구와의 군사적 동맹은 다른 형태를 띠고 다시 제기되었다. 이번에는 시아파 사파위 왕조가 기독교 세력과 연합하여 수니파 오스만 제국과 대결하려는 것이었다. 이러한 전략은 서구측에게도 매력적으로 보였는데, 그것은 동방에서 오스만측에 압력을 가하는 만큼 오스만이 서구에 대해서 가하는 위협도 줄어들 것이라고 생각하였기 때문이다. 그러나 외교적으로 분주한 움직임에도 불구하고 실제로 군사적인 연합공격을 현실화시키지는 못하였다.

1026/1617년 또는 그 직후에 영국의 동인도 회사는 샤 아바스의 파르만(farmān: '칙령')을 받고 시라즈와 이스파한에 공장을 개설하고 자스크와 마크란 해안을 상품 수입의 관문으로 이용하려고 하였다. 영국과 페르시아가 연합하여 1032/1622년 호르무즈에서 포르투갈을 몰아내기는 하였지만 그 대신 네덜란드가 영국의 상업적인 우위에 도전해 오기 시작하였다. 네덜란드의 레반트 회사와 영국의 동인도 회사 사이에 경쟁이 점점 심해짐에 따라서 페르시아와 영국의 관계도 악화되었다.

페르시아인들은 오스만에 대항하기 위해서 서구세력과 군사연맹을 맺으려는 희망을 끝까지 포기하지 않았다. 샤 아바스는 1017/1608년과 1024/1615년 두 차례에 걸쳐서 영국의 탐험가 로버트 셜리 경을 자신의 특사로 유럽에 보내서 연맹을 성사시키려고 하였으나 실패로 끝나고 말았다. 그러나 1090/1679년 스웨덴이 이란에 사신을 보내서 오스만에 대한 연합공격을 제안하였지만 이미 이때는 상황이 반전되어 있었다. 사파위 왕조는 쇠퇴의 길을 걷고 있었고, 당시 '샤'이던 쉴레이만은 군사적인 적극책을 원치 않았다.

12/18세기 말경 페르시아는 중동에서의 서구제국의 치열한 각축전에 휘말려 들어갔다. 나폴레옹은 페르시아를 경유하여 인도를 침공하려는 꿈을 가졌고 프랑스가 이곳에서 주도권을 상실한 뒤에는 영국과 러시아가 약 150년에 걸친 경쟁에 돌입하였다. 인도를 보호해야 한다는 강박관념에 사로잡힌 영국은 기본적으로 방어적인 입장이었던 반면, 페르시아 만에서 부동항을 확보하려던 표트르 대제의 목적을 실현시키기 위해서 노력하던 러시아는 공격적인 태세를 취하였다. 13/19세기에 나약하고 무능한 군주들의 통치가 계속된 이란은 엄청난 외채를 짊어지게 되었고, 결국 나라의 경제적인 자원들은 외국인들의 수중에 들어갔다.

근대 이란

1906년 12월 30일 무자파르 앗 딘 샤가 카누니 아사시(qānūn-i asāsī), 즉 '헌법'에 서명하였고, 1907년 10월 7일에는 부대적인 헌법조항들이 만들어졌다. '국가자문회의'(Majlis-i Shūrā-yi Mill : 마즐리스(Majlis)로 약칭된다)가 구성되어 1906년 10월 7일 최초로 소집되었으나, 헌법에 규정된 상원은 1950년이 되기까지는 한번도 소집되지 않았다. 아버지의 뒤를 이어 샤가 된 무하마드 알리와 민족주의당(Nationalist Party) 사이에 벌어진 갈등은 이란을 약화시켰고 결국 외세의 개입을 초래하였다. 그 결과 1911년 러시아의 군대가 테헤란에 진주하여 이란 정부를 항복시켰고, 그로부터 제1차 세계대전이 발발할 때까지 러시아는 이란 북부에 대한 완전한 지배권을 행사하였다.

다리우스 대왕이나 후스로우 왕과 비슷하게 묘사된 카자르 왕조의 왕 — 아마 파트흐 알리 샤 — 이 유럽의 사절단을 맞고 있는 장면으로, 사치스럽게 장식된 책의 표지이다.

제1차 세계대전 기간 동안 이란은 중립을 선언하였지만 터키, 러시아, 영국의 군대들이 이란 영내에서 작전을 벌였고 독일의 정보원들 역시 암약하였다. 이러한 상황하에서 중앙정부는 지방에 대한 행정적 통제력을 상실하였고 재정은 파탄에 이르게 되었다. 러시아 혁명이 터진 후인 1920년 이란에 소비에트 사회주의 공화국을 건설하려는 시도가 있었으나 러시아 세력이 철수함으로써 실패로 끝나고 말았다.

이란은 레자 칸이 1921년 2월 권력을 장악함으로써 자국 영토에 대한 통제권을 회복하였고, 1925년 카자르 왕조는 공식적으로 종말을 고하고 마즐리스는 레자 칸에게 군주권을 부여하였다. 그는 1926년 초 새로운 파흘라비 왕조의 군주, 즉 '샤'로 즉위하였다. 레자 샤는 1941년 영국과 러시아의 압력으로 퇴위할 때까지 사회 경제적인 개혁의 추진보다는 이란에서 외국의 정치적 영향을 배제하고 20세기에 적응할 만한 독립국가로 변모시키는 작업을 우선시켰다. 이란 횡단철도의 건설이 획기적인 업적임을 부인할 수는 없지만 그 철도의 배치와 종착지의 위치는 경제적이라기보다는 정치적인 고려에 의해서 결정되었다. 레자 샤는 외국, 특히 러시아에 대한 의존성을 극복하기 위해서 산업화 정책을 추진하였으나 농업개혁이라는 근본적인 문제에는 손을 대지 못하였고, 마찬가지로 헌법에 기초한 민주주의의 달성 역시 국가의 독립이라는 일차적인 목표의 달성을 위해서 뒤로 미루어졌다. 때문에 레자 샤는 마즐리스를 자신이 세운 법안을 통과시키는 기구로만 여겼고, 그의 정책을 반대하는 신문들은 탄압을 받았다. 그럼에도 불구하고 레자 샤는 '독립 이란의 건설자'라는 평가를 받아 마땅하다.

1941년 이란은 두번째로, 그리고 자신의 의지와는 상관없이, 다시 전쟁에 말려들게 되었다. 1914-1918년과 마찬가지로 이번에도 페르시아의 석유는 연합국들에게 무엇보다도 중요하였고, 그렇기 때문에 독일의 정보원들은 석유의 유출로를 차단하기 위해서 이란 영내에서 활동하였다. 1941년 또다른 변수가 이란의 전략적 중요성을 더욱 제고시켰는데, 그것은 당시 독일에 의해서 극도의 궁지에 몰려 있던 소련이 필요로 하는 전쟁물자를 제공하는 일이었다. 이 목표를 달성하기 위해서 영국과 러시아의 군대는 1941년 8월 이란을 공동 점령하게 되었다. 레자 샤는 곧 폐위되고 21세 된 그의 아들이 무하마드 레자 샤 파흘라비로 즉위하였다. 윈스턴 처칠이 연합국의 페르시아 점령에 대해서 한 말, 즉 "전시에는 법도 침묵한다"(Inter arma silent leges)라는 말은 당시의 상황을 무엇보다도 잘 반영하고 있다. 1946년 말 연합국은 철수하였고 젊은 샤는 인플레, 물자와 식량의 부족, 좌우익의 극한적인 정치대립과 같은 산적한 문제들에 직면하게 되었다.

1949년은 근대 이란 역사에서 하나의 중요한 전환점을 이룬다. 이 해에 샤는 자신에 대한 암살 기도에 대응하여 투데당(Tūdeh Party : 공산당)과 공산주의자들에 의해서 조종되던 상인조합을 금지하는 조치를 취하였다. 개인적인 권위를 강화시키지 않고는 정부를 붕괴시키려는 세력을 통제할 수 없다고 판단한 그는 페르시아 의회의 상원을 소집하였고, 60명의 정원 가운데 30명은 그 자신이 직접 임명한 사람들로 채워졌다. 그는 상원을 통해서 마즐리스에 대하여 영향력을 행사하고자 하였다. 마침내 1949년 무사디크 박사가 중심이 되어 '국민전선' (National Front)이 구성되었다. 이는 피다이야니 이슬람(Fidā'iyyān-i Islām)이라는 극단적인 우익 종교집단에서부터 좌익 이탈집단에 이르기까지 다양한 정치적 신조를 가진 사람들로 이루어졌다. 이처럼 다양한 요소들을 잠정적으로나마 연합하게 하였던 공통의 목표는 당시 '영국-이란 석유회사'가 장악하고 있던 석유산업을 국유화시키는 것이었다. 무사디크는 1951년 수상이 되었고 석유산업의 국유화 법안이 통과되었다. 그해 10월 영국과의 국교는 단절되었고, 1952년 민족전선을 통제하지 못해서 생긴 정치적 위기와 석유 수입의 중단으로 야기된 재정적 위기에 대처하기 위해서 무사디크는 독재적인 권력을 장악하였다. 그러나 그는 1953년 8월 권좌에서 밀려났고, 파흘라비 샤는 1954년 외국의 석유회사들이 컨소시엄을 구성하여 '국립 이란 석유회사'를 대신해서 페르시아 석유의 생산과 판매를 하도록 하는 새로운 협정안에 서명하였다.

1953년 샤는 그가 말하는 소위 '전진적인 민족주의' 계획을 추진하기 시작하였다. 그는 무사디크에 의해서 중단되었던 농민들에 대한 왕실 소유 토지의 분배를 재개하였고, 1956년에는 제2차 경제발전 7개년 계획을 시작하였다. 그 결과 여러 야심 찬 계획들이 결실을 맺었는데, 예를 들면 카라즈 댐(1961), 만질의 파라흐 댐(1962), 디즈풀 근처의 무하마드 레자 파흘라비 댐(1963) 등이 완성되었고, 이는 전력의 생산뿐만 아니라 대규모 토지의 관개를 가능하게 만들었다.

1957-1961년 사이에 샤는 입헌군주로서 지배하며 사회 경제적인 개혁을 추진하려고 하였지만, 여전히 지주와 다른 이권계층에 의해서 장악된 마즐리스는 종교계층의 강력한 후원하에서 어떤 형태의 개혁이라도 저지하려고 하였다. 특히 지조(地租) 문제에서 첨예한 대립을 보였다. 1961년 샤는 마즐리스를 통해서 개혁하는 것이 어렵다고 판단하여 이를 해체하고 자신의 칙령을 통해서 개혁을 실천하기로 결정하였다. 1962년에는 '농업개혁안'이 수정, 보완되어 법으로 공포되었다. 이에 따라서 어떠한 지주도 하나의 촌락 이상의 토지를 보유할 수 없게 되었으며, 이를 초과하는 토지는 조세를 기준으로 가격을 산정하여 정부에 팔도록 규정되었다. 이러한 토지는 다시 농민들에게 분배되었고, 농민들은 15년에 걸쳐서 토지대금을 분할 납부할 수 있었다. 곡물의 판매와 농기구의 이용을 원활히 하기 위한 합작회사들도 설립되었다. 1962년의 '토지개혁법'과 1963년, 1964년의 보충법안에 대해서 하페즈 파르만 파르마얀은 '2,500년 페르시아 역사를 통틀어서 가장 획기적인 법안'이었다는 평가를 내리고 있다. 1963년 1월 샤는 자신이 수정한 '6개항 개혁안'에 대한 지지를 얻기 위해서 국민투표를 실시하였는데, 그 내용은 (1)토지개혁, (2)삼림의 국유화, (3)국가소유 공장을 사유로 전환할 수 있도록 매각, (4)산업의 이익 공유 계획, (5)'문맹퇴치단'의 창설, (6)여성의 참정권을 포함한 선거제도의 개혁 등으로 이루어져 있었다.

이렇게 해서 이란의 '백색혁명'은 시작되었다. 샤의 계획은 '국민전선'을 비롯하여 지주, 종교층, 투데당 등의 반대에 봉착하였지만 군대와 농민 그리고 점차 수가 늘어 가는 젊은 관료층의 지지를 받았다. 1963년 1월 국민투표 결과 압도적인 지지를 확보한 샤는 입헌군주제로 다시 돌아갈 수 있다는 확신을 가지고 1963년 9월 다시 총선거를 실시하기로 하였다. 그해 6월 '민족전선'과 종교층은 샤에게 도전하기 위해서 테헤란 역사상 가장 최악의 시위를 감행하였으나 실패로 끝나고 말았다. 총선은 예정대로 진행되었고, 10월에 마즐리스가 다시 구성되었을 때 그 모습은 2년 전과는 판이하게 다른 것이었다. 과거 90퍼센트에 이르던 지주들 대신 70퍼센트가량이 새로운 중산층 —— 관리, 의사, 기업가, 법조인 등 —— 으로 이루어지게 되었고, 마즐리스에는 여섯 명의 여성이, 그리고 상원에는 두 명의 여성이 들어가게 된 것도 커다란 변화였다.

1960년대 말과 1970년대 초, 샤가 즐겨 말하였듯이 '샤와 국민들의 백색혁명'은 이란에 미증유의 발전을 가져왔다. 사회 경제적 발전이 정부의 일차적인 목표로 설정되었고 샤가 건설한 세 개 단체, 즉 문맹퇴치단(1963), 의료단(1964), 재건발전단(1964)은 엄청난 사회 경제적 충격을 불러왔다. 이들은 모두 자원봉사자들에 의해서 충원되었으며, 기본적인 훈련을 마친 뒤 농촌지역에서 활동하였다.

   동시에 이란의 정치적 안정과 경제적 힘은 대외관계에서도 보다 적극적인 위상을 가지게 해 주었다. 1967년에 미국의 경제 원조가 공식적으로 중단됨으로써 진정한 자립으로 향하는 긴 도정은 마지막 단계로 접어든 셈이었다. 미국과 소련간의 데탕트는 이란으로 하여금 다양한 계획을 추진할 수 있게 하였다. 즉 이란 최초의 철강공장이 소련 기술자들에 의해서 이스파한 근처에 설립되어 1973년에는 생산에 들어갔고, 국립 이란 석유회사는 소련에 대량의 천연 가스를 공급하기로 협정을 체결하였다. 다른 국가들, 예를 들면 독일과 일본도 남부지역에 석유화학 공단을 건설하기로 한 계약에 서명하였다. 석유는 이란 최대의 수입이었지만 석유가 무한정 생산되지 않는다(35년 이상 생산하기 힘들 것이라는 추정도 있다)는 것을 안 샤는 대체 에너지의 개발을 위해서 원자력 시설을 적극적으로 추진하였다. 이란이 국제 석유시장에서 가장 높은 가격으로 석유를 판매하려는 까닭도 이러한 점에 기인하고 있다고 볼 수 있다. 이란과 이라크의 관계는 결코 우호적이지 못하기 때문에, 좁은 샤트 알 아랍을 끼고 바로 이라크와 접경하고 있는 아바단 섬에 있던 석유 수출항을 동남쪽으로 약 160킬로미터가량 떨어진 반다르 마흐샤흐르로 이전하였다. 동시에 최근 사용되는 대형 유조선과 맞추기 위해서 페르시아 만에 있는 하르그 섬에 해저 석유 저장고를 건설하고 유전에서 송유관을 통해서 직접 이 저장고로 수송하도록 하였다.

   그러나 근대화의 빠른 속도는 긴장과 압박을 불가피하게 낳았고 사회적인 관습은 기술적인 진보를 따라잡지 못하고 있다. 관료 행정의 비효율성도 마찬가지이다. 샤가 현재 당면하고 있는 문제는 군주로서의 도덕적 권위를 어떻게 유지하면서 동시에 정치 분야에 대중적인 참여의 기회를 폭넓게 제공하느냐 하는 것이다. 그러나 그는 결국 이 문제를 해결하는 데에 실패하고 말았다.

11. 오스만 제국

10/16세기 오스만 영내의 이즈니크에서 발견된 구운 자기의 장식.

콘스탄티노플이 함락된 1453년은 세계사에서 하나의 분기점을 이룬다. 이 놀라운 사건은 중세와 근대를 나누는 중요한 분수령으로 인식되어 왔고, 어린 학생들조차 1453년에 콘스탄티노플이 함락되었다는 사실을 암기하고 있지만 '누가' 함락시켰는지는 전혀 관심 밖의 문제이다.

서구인들은 일종의 복수를 하였다는 성취감으로 가득 차 있었기 때문에 오랫동안 터키의 역사를 무시해 왔다. 아주 최근에 들어와서야 비로소 역사학자들은 터키의 과거를 강요된 망각 속에서부터 조금씩 건져내기 시작하였다. 여기에서는 이러한 최근 업적을 활용하여 오스만 투르크의 역사를 최초 아나톨리아에 들어왔을 때부터 12/18세기 말 유럽의 팽창이 본격화될 때까지 간략하게 개관하고자 한다. 연대기적인 사실들은 윤곽 정도만을 제시하면서 가능하면 오스만 제국의 제도와 사상에 초점을 맞출 것이며, 특히 오스만이 어떻게 국가를 조직하였으며 새로이 정복된 지역과 주민들을 어떻게 제국의 질서 속에 통합시켜 나갔는가를 중점적으로 다룸으로써 오스만 제국의 성공과 쇠퇴의 원인 밝힐 것이다. 우리는 일반적으로 오스만의 위대함보다는 그 쇠퇴과정에 대해서 더 많이 들어 왔다. 따라서 이 글을 시작하기 전에 섬너의 『표트르 대제와 오스만 제국』에 나오는 첫 구절을 음미해 볼 필요가 있을 것이다. "표트르 대제가 살았던 반세기(1672-1725) 동안 러시아는 일어섰고 오스트리아는 승리를 거두었으며, 투르크는 내리막길을 걷기 시작하였다. 그러나 그것은 정상으로부터의 내리막길이었다."

셀주크 왕조의 흥기

오스만이 어떻게 그와 같은 '정상'에 오를 수 있었는가 하는 점을 이해하기 위해서는 흥미롭고 또 복잡한 설명이 필요하며, 그 설명은 6세기 중국측 기록에서 '투르크'인들에 대한 최초의 언급이 나타났을 때부터 시작된다. 그러나 투르크인들이 남긴 최초의 기록은 2/8세기경의 오르혼 비문이었다. 1889년 북부 몽골의 오르혼 강가에서 발견되어 1893년에 해독된 이 비문들은 732년에서 735년 사이에 제작된 것이며, 당시 투르크인들은 여전히 이교도였다. 그들이 대대적으로 이슬람으로 개종하기 시작한 것은 4/10세기 중앙 아시아로 이주한 뒤였다. 이슬람화는 당시 옥수스 강을 중심으로 중앙 아시아를 지배하던 사만 왕조의 후원 아래 진행된 전교활동에 힘입은 바가 컸다. 4/10세기 말경에 한무리의 투르크인들이 사만 왕조의 지배를 무너뜨렸지만, 그들은 다시 셀주크라는 수령의 후손들이 지휘하는 강력한 투르크 유목부족에게 복속하였다. 432/1040년의 전투에서 커다란 승리를 거둔 셀주크인들은 전리품을 나누어 가졌고, 그 결과 셀주크의 손자인 토그릴은 이슬람권 심장부로 향하는 길목을 받게 되었다. 확고한 리더십, 군사적인 용맹함, 지칠 줄 모르는 정열 그리고 이슬람권 내부의 정치 경제적 상황의 악화 등, 이러한 요건들이 결합되어 셀주크인들은 435/1043년 이스파한을 함락함으로써 이란 고원을 장악하였다. 거기서 계속 전진하여 '신월의 옥토'의 동반부를 점령하고 449/1055년 토그릴은 칼리프가 있는 바그다드에 입성하였다.

셀주크 왕조는 이슬람권의 정치적 종교적 중심지인 바그다드에 터전을 잡고 칼리프 체제를 지탱해 주었다. 또한 '술탄'이라는 칭호를 사용하면서 자기들의 이해를 증대시키기 위해서 권력을 발휘하였다. 이교도에서 무슬림으로 개종하고 또 중앙 아시아의 초원에서 이슬람 문화권의 심장부로 이동하면서 그들은 수니파 이슬람을 수용하였다. 일단 이슬람권 심장부를 장악하고 또 그 책임을 지게 되면서 셀주크인들은 정치, 문화면에서 이슬람 고급문화의 전통에 많은 영향을 받게 되었다.

특히 이슬람 고급문화 가운데 두 가지 요소가 그들에게 영향을 미쳤는데, 하나는 당시 이집트와 시리아를 지배하면서 분리주의적 시아파를 옹호하던 파티마 왕조와의 끝없는 전쟁을 주도하는 것이고, 다른 하나는 '봉읍지'(iqtā')를 분배해 주어 군사, 행정, 종교적인 귀족들을 유지하는 일이었다. 파티마 왕조에 대한 공세를 성공적으로 수행하기 위해서는 무엇보다도 내적인 안정이 필요하였다. 셀주크의 군사제도는 주로 직업군인과 투르크멘 유목부족 군대로 구성되어 있었다. 셀주크의 지배층이 정치적 문화적으로 점점 세련되어 가면서 자신들의 이해를 정복당한 도시 엘리트들의 이해와 동일시하게 되었고, 그럴수록 약탈적인 투르크멘 부족들을 정주지역에 들어오지 못하도록 하는 것이 필요하였다. 따라서 투르크멘들에게 그루지야나 아르메니아와 같은 북방의 기독교 국가들에 대한 전쟁을 통해서 약탈과 모험에 대한 갈망을 충족하도록 유도하였다. 신앙을 위한 성전(ghazā)을 치루는 전사들(ghāzī)도 그에 동참하였다.

토그릴은 파티마 왕조의 영토를 장악하여 그곳을 정통교단으로 회복시키려는 계획을 집요하게 추진하였으나, 그의 말년에는 셀주크 지배층들이 각기 정치적인 헤게모니를 장악하기 위해서 경쟁함으로써 내분이 악화되었다. 455/1063년 토그릴이 죽고 그의 조카인 알프 아르슬란이 뒤를 이었다.

알프 아르슬란과 그의 재상이었던 니잠 알 물크의 노력으로 셀주크는 문화적, 정치적으로뿐만 아니라 군사적으로도 절정에 올랐다. 알프 아르슬란은 두 지역에서 전쟁을 치렀는데, 남쪽에서는 파티마 왕조와 전쟁을 계속하는 한편 북쪽에서는 아르메니아와 대결을 벌여서 456/1064년에는 아르메니아의 수도인 아니를 점령하였다. 그의 전례를 본뜬 투르크멘 유목민들은 비잔틴 영내 깊숙이까지 약탈전을 감행하였고 비잔틴으로부터 풍부한 전리품을 얻을 수 있다는 사실도 알게 되었다.

비잔틴 내부에서 50년 동안 지속된 관료계와 군부의 대립이 야기한 혼란은 이러한 투르크멘의 위협을 더욱더 가중시켰다. 특히 동부 아나톨리아의 방어는 취약점을 드러냈지만, 마침 알프 아르슬란이 파티마 왕조와의 전쟁을 위해서 북부 전선에 대한 공세를 중단하기를 원하였고, 그 결과 463/1070년 양측의 화의가 이루어져서 위기를 벗어날 수 있었다.

그러나 비잔틴-이슬람 변경지대의 정적은 그 다음해 비잔틴의 황제 로마누스 디오게네스가 대군을 이끌고 아나톨리아를 횡단하여 동쪽으로 진격함으로써 깨지고 말았다. 양군은 464/1071년 8월 반이라는 호수 근처의 만지케르트에서 접전을 벌였고, 전세는 처음에 황제측에 유리하게 돌아갔으나 다시 술탄에게 유리한 방향으로 역전되었다(배신에 의한 것이라는 설도 있다). 로마누스 황제는 포로가 되었고 그의 군대는 도망쳐 버렸다. 이렇게 해서 아나톨리아는 영원히 투르크인들의 땅이 된 것이다.

만지케르트 전투 이후 약 50년 동안의 상황은 매우 혼란스럽다. 기독교도와 기독교도가 싸우기도 하고, 무슬림은 또 무슬림과 서로 싸우기도 했으며, 물론 종교가 다른 양측이 갈라져서 싸우기도 하였다. 그러나 이 혼란스러운 진흙탕 속에서 두 개의 선명한 흐름을 볼 수 있는데, 그것은 비잔틴측의 계속된 반격에도 불구하고 점차로 영토를 상실해 갔다는 점과, 셀주크 왕조의 왕실에 속하는 쉴레이만 이븐 쿠탈므쉬의 후손들이 왕조의 대리인으로 아나톨리아를 지배하며 당시 그곳에서 활동하던 다른 '성전사' 집단들에 대한 우위를 확보하기 시작하였다는 사실이다.

룸 셀주크

아나톨리아의 셀주크 —— 룸 셀주크라고도 불렀는데 '룸'(Rūm)이란 무슬림이 로마 제국, 특히 비잔틴의 영역을 지칭할 때 쓰는 표현이었다 —— 는 처음에는 자신들이 근거를 두고 있는 지역에서 군사력을 조직화하여 바그다드에 있는 동족 세력을 꺾으려는 생각을 가지고 있었다. 즉 아나톨리아 변경지대에서의 영광이 아니라 이슬람권 심장부의 장악이 그들의 일차적인 관심사였다. 쉴레이만 이븐 쿠탈므쉬도 동부지역에 대한 원정 도중 479/1086년 알레포 근처에서 사망하였다. 그러나 5/11세기 말경이 되면 아나톨리아가 그들의 관심과 에너지의 주요 대상이 되었다.

아나톨리아의 복잡한 상황에는 두 개의 핵심이 존재하였다. 하나는 셀주크였

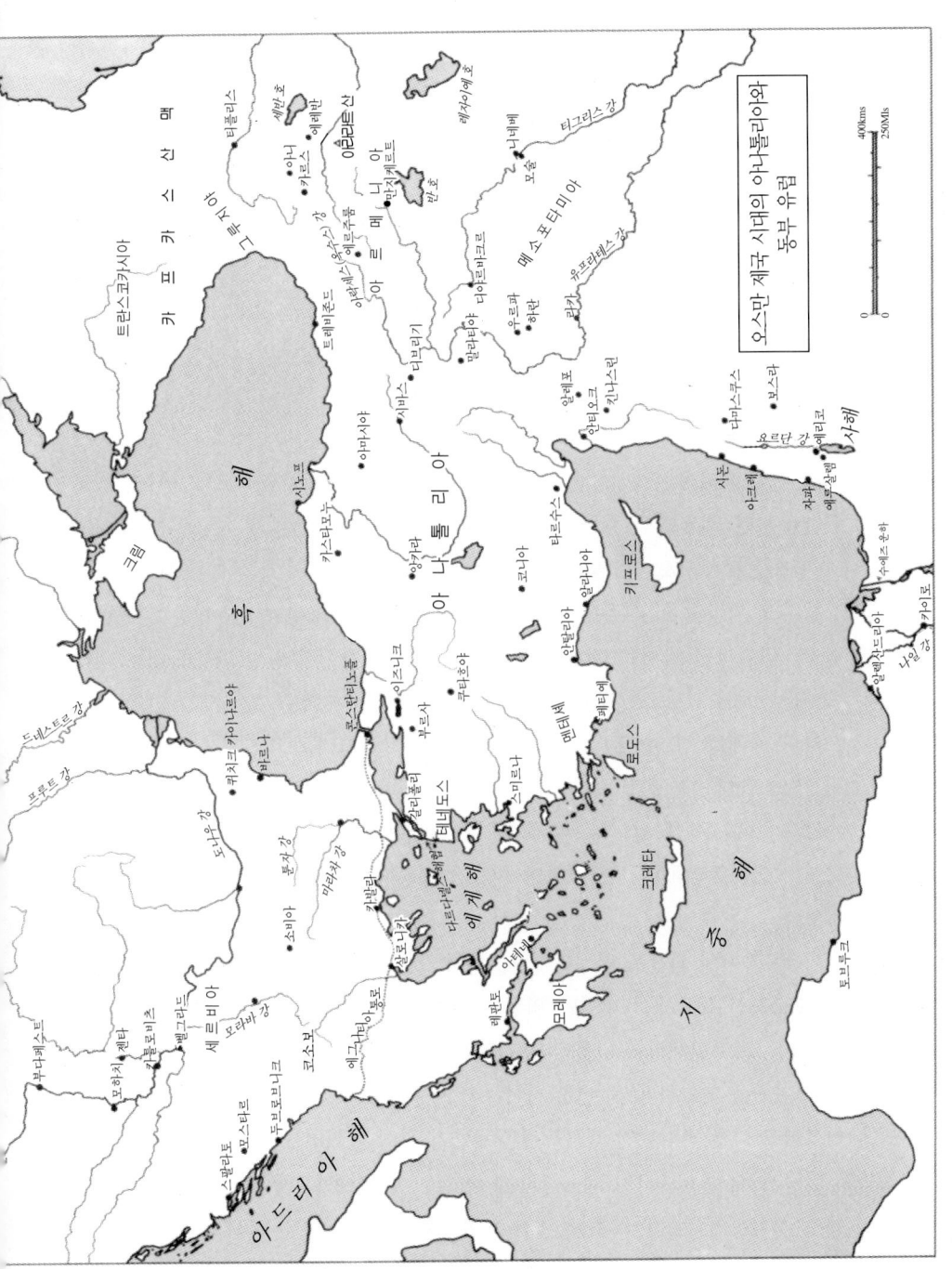

고 다른 하나는 다니슈멘드의 '성전사' 왕국이었는데, 양측은 서로 경쟁적인 입장에 있었다. 다니슈멘드 왕조는 변경의 자유로운 정신을 대변하였고 그들의 문화는 카리스마적인 리더십, 부족주의 전통, 신비주의와 결합된 이질적인 종교요소 등이 합성된 것이었다. 반면 셀주크는 국가의 통제를 우선시하고 행정과 조세 제도에서 이슬람의 원칙을 존중하였으며, 종교적으로는 정통을 자처하였다.

국가와 사회의 운용원리에서 근본적으로 이념을 달리하는 이 두 세력은 서로 우위를 확보하기 위해서 경쟁하였다. 537/1142년 다니슈멘드측은 군주가 사망함으로써 큰 충격을 받고 서로 반목하는 세 개의 왕족집단으로 나누어지게 되었다. 반면 셀주크측은 킬리치 아르슬란 2세(550-588/1155-1192)의 오랜 치세 동안 안정을 유지하였다. 킬리치 아르슬란은 비잔틴에 대해서 평화정책을 추진한 대신 아나톨리아 내의 경쟁적인 무슬림 세력을 복속시키려고 하였다. 결국 570/1174년 최후의 유능한 군주가 사망함으로써 다니슈멘드 왕조는 무너지고 그 영토는 셀주크로 편입되어 버렸다.

셀주크 세력의 이와 같은 팽창을 지켜보던 비잔틴의 황제 마누엘은 572/1176년 그 위협적인 가시를 제거할 목적으로 원정을 감행하여 양측의 군대는 미리오케팔론에서 만났고, 비잔틴은 만지케르트의 전투가 있은 지 1세기 만에 다시 쓰라린 패배를 경험하였다. 소아시아를 다시 탈환하려는 비잔틴측의 희망은 수천 명의 정예병사들과 함께 사라져 버렸다. 만지케르트 전투가 아나톨리아를 투르크 이주자에게 열어 주는 결과를 낳았다면, 이 전투는 늙고 쇠약한 제국으로서는 아나톨리아의 투르크화와 이슬람화를 막는 것이 불가능함을 깨닫게 해 주었다.

이 두 가지의 과정을 잠시라도 지체시킨 것은 제4차 십자군 원정이었다. 원래의 종교적인 목표에서 벗어난 원정은 콘스탄티노플의 점령(1204)이라는 결과를 낳았고, 그로 인해서 아나톨리아로 밀려난 비잔틴 세력은 거기에서 두 개의 강력한 거점을 확보하게 되는데, 하나는 황제 테오도르 라스카리스가 장악한 이즈니크였고 다른 하나는 알렉시스 콤네누스가 장악한 트라브존이었다.

이렇게 해서 셀주크와 기독교도들 사이의 경계선은 흑해 연안의 시노프 서쪽에서 시작하여 카스타모누를 거쳐서 아나톨리아 서남부의 로도스 섬 맞은편에 있는 페티예에 이르는 커다란 호(弧)를 그리게 되었고, 비교적 안정된 국면이 찾아왔다. 셀주크는 관심을 북쪽과 남쪽으로 돌려서 시노프, 안탈리아, 알라니아와 같은 중요한 항구를 점령하였다. 그리스측의 변경지대에서도 경제적 번영에 필요한 조치들이 취해졌고, 셀주크 역시 정통 이슬람 교리에 따라서 국가를 조직하는 작업에 착수하였다. 국가에 봉사할 노예(ghulām)를 훈련시키기 위한 궁정학교 설치와 같은 것이 그 한 예이다.

변경지역에서의 안정은 중요한 의미를 지닌 두 사건에 의해서 깨지고 말았다. 하나는 중동지역에 몽골군이 침입한 것이다. 617-618/1220-1221년 사마르칸트와 부하라가 그들 손에 함락되자 수많은 무슬림과 비무슬림들, 그리고 유목민과 정주민들이 침입자를 피해서 도주해 왔다. 625/1227년 칭기즈 칸이 사망한 뒤 그의 자식과 후손들은 정복지를 분할하여 차지하였는데, 바투는 러시아를 받았고 바이주는 아나톨리아를 침략해 들어왔다. 641/1243년 6월 26일 반 호수 근처의 쾨세 닥에서 몽골군은 셀주크의 군대를 격파하였고, 이 사건으로 소아시아의 역사는 하루아침에 바뀌어 셀주크는 몽골의 속국이 되어 버렸다. 셀주크의 권위가 몰락하면서 여태까지 그 통제를 받아 왔던 투르크멘 '성전사들'은 새롭게 활력을 띠기 시작하였다.

쾨세 닥 전투가 있은 지 20년도 채 안 되어 두번째 중요한 사건이 벌어졌다. 그것은 1261년 비잔틴의 황제가 이즈니크에서 콘스탄티노플로 돌아간 것이다. 셀주크의 약화와 투르크멘들의 새로운 적극적 진출로 인해서 그나마 근근이 아나톨리아에 남아 있던 비잔틴 세력의 잔재마저 사라지게 되었다. 변경지역과 산지에서의 전투는 다시 시작되었고, 생기를 되찾은 투르크멘들은 형식적으로는 셀주크와 몽골의 종주권을 인정하였지만 사실은 독립적인 활동을 벌이고 있었다. '성전사들'로 이루어진 소왕국들은 자기들끼리 또 경쟁하였다. 이 가운데 가장 선두에 나선 것이 카라만(Karaman) 왕조였다. 675/1276년 그들은 셀주크의 군대를 그 수도인 코니아 근교에서 격파하고 아나톨리아에 대한 지배권이 셀주크로부터 자신들에게로 넘어왔다고 자부하게 되었다. 또 쿠타흐야를 중심으로 한 게르미얀의 수령(amīr), 서부의 아이든과 사루한에 근거를 둔 수령들, 서남해안 지역의 멘테셰에 근거를 둔 수령들이 있었다.

새로운 물결 : 오스만

위의 세력들보다 규모는 작고 약하였지만 비잔틴 변경지대에 보다 근접해 있는 또다른 집단이 있었는데, 이를 지배한 것은 오스만(Osman : 아랍어의 우스만 ('Uthmān)을 투르크어식으로 발음한 것)이었다. 기독교의 적수로 이름을 떨친 오스만은 스스로 '성전사'로 자처하였다. 701/1301년 여름 비잔틴 군대를 바페온의 전투에서 격파한 뒤 그의 명성은 더욱 널리 알려져서 수많은 '성전사들'이 그의 주위에 모여들었다. '성전사'의 전쟁은 '기독교도의 땅(Dār al-Harb)을 빼앗아 '무슬림의 땅'(Dār al-Islām)의 확대를 목표로 하는 것이었다. 이러한 '성전사'의 이상에 헌신한 병사들은 오스만과 그의 가문의 권위를 인정하여 '오스만인'(서양에서는 오토만(Ottoman)이라고 부른다)이 되었고 퇴락하는 비잔틴 세력에 대하여 강한 압력을 가하였다. 오스만이 죽고 그의 아들 오르한이 뒤를 이었다. 726/1325년에는 부르사가 함락되어 그곳이 오스만 왕조의 수도로 되었고, 746/1345년에는 아나톨리아의 해안에 도착하여 유럽과는 다르다넬스라는 좁은 해협을 사이에 두고 마주하게 된 것이다.

내부 권력투쟁에서 오스만측의 지원을 원하였던 황제 요한네스 4세 칸타쿠제누스의 요청에 따라서 해협을 건넌 오스만 군대는 발칸 반도를 풍부한 전리품의 획득과 새로운 영토적 팽창이 가능한 지역으로 인식하게 되었다. 칸타쿠제누스는 곧 자신의 행동을 후회하여 오스만측에게 갈리폴리에 건설한 근거지에서 철수하라고 하였지만, 오스만측은 이를 거절하고 아나톨리아로 되돌아가기는커녕 도리어 많은 수의 '성전사들'을 유럽으로 불러들였다. 이렇게 해서 오스만의 발칸 점령이 시작되었다.

거기에서 북상하기 시작한 오스만 군대는 세 방향으로 나누어져서 공격을 시작하였는데, '성전사'가 양익을 담당하였고 중앙은 오르한의 아들 쉴레이만이 지휘하였다. 쉴레이만은 758/1357년 사고로 사망하였지만 그의 동생인 무라드가 764/1362년 계승하였다. 이러한 변화들은 오스만의 팽창에 하등의 영향을 주지 않았고, 그들은 강의 계곡과 비아 에그나티아(Via Egnatia)라는 고대 로마의

도로를 이용하여 진출하였다. 이러한 오스만의 돌출을 막기 위해서는 정치적인 통합력이나 아니면 적어도 상호간의 협력이 요청되었지만 당시에는 그 어느 것도 존재하지 않았다.

세르비아 제국에서는 그 창건자인 스테판 두샨이 1355년 사망하자 내분이 격화되었다. 오스만측은 발칸 반도의 조그만 독립왕국들을 압박하였고, 그 파괴력을 목격한 왕국들은 오스만의 속국이 되기로 결정하였다. 그 조건은 조공품의 상납과 병사의 징발 그리고 왕실의 자제를 오스만 조정에 인질로 보내는 것 등이었다. 지방의 왕국들은 속국이 됨으로써 종래의 지위를 보존하려고 하였으나 오스만측은 그것을 발칸 반도의 영구적인 병합을 위한 일단계 조치에 불과한 것으로 생각하였다. 그 지역이 대외적 팽창의 근거지로서의 역할을 다하였다고 판단되자 오스만은 속국들을 파괴하고 그 영역을 오스만 왕조의 직접적인 통제 아래에 편입시켰다. 오스만은 이러한 방식으로 발칸에 진출하며 787/1385년에는 소피아를, 788/1386년에는 니시를 함락시킴으로써 마리차 강 계곡을 확보하였고, 이어서 모라바 강 유역으로 나아갔다. 우익군은 툰자 강 계곡을 점령하였고 좌익군은 789/1387년 살로니카를 함락시켰다.

발칸의 문제가 무라드 1세에게 중요하였던 것은 사실이지만, 그렇다고 아나톨리아에 무관심하였던 것은 아니었기 때문에 그 방면으로의 오스만 영토의 확장도 시도하였다. 그러나 이는 다음 두 가지 이유에서 매우 조심스럽게 추진되어야 하였다. 첫째, 술탄 자신이 직접 군영에 있어야 효력을 발휘하는 오스만 군대의 특성 때문에 가능하면 발칸과 아나톨리아의 두 전선에서 동시에 전투를 벌이는 것을 피하고 한 번에 한 지역에서만 싸우는 것이 불가피하였다. 둘째, 오스만은 같은 종교를 믿는 무슬림들과 전쟁함으로써 종교적인 감정을 지나치게 자극하지 않도록 조심해야 할 필요가 있었다. 그러나 국가적인 고려가 종교적인 배려보다는 우선하였다. 무라드 1세는 기독교 속국에서 차출된 병사들이 주류를 이룬 군대를 보내서 아나톨리아에서의 영향력을 확대하고자 하였다. 756/1354년에 점령하였다가 다시 상실한 앙카라를 764/1362년에 빼앗았고, 789/1387년에는 가장 강력한 라이벌이던 카라만 왕조의 군대를 과거 셀주크의 수도인 코니아에서 격파하였다.

이 전투에서 승리를 거둔 직후 오스만의 속국이던 세르비아에서 반란이 일어났다는 소식이 전해졌고, 무라드 1세는 이를 진압하기 위해서 방향을 돌렸다. 그는 먼저 세르비아에 동조하였던 불가리아의 왕을 없애고 그곳을 점령하였다. 그리고 코소보 평원에서 791/1389년 6월 15일 세르비아인들과의 전투가 벌어졌는데, 여기에서 오스만측이 승리를 거두기는 하였지만 비싼 대가를 치르지 않으면 안 되었다. 무라드 1세가 전사한 것이다. 그를 계승한 것은 그의 아들 바예지드였다.

오스만 역사에서는 '벽력왕'(Yildirim)이라는 별명으로도 잘 알려진 바예지드 1세를 맨 처음 분노하게 만든 것은, 무라드 1세의 전사 소식을 듣자마자 반란을 일으킨 아나톨리아의 속국들이었다. 바예지드는 그들을 공격하여 대부분의 영토를 흡수하였는데, 이로 인해서 과거의 지위와 특권을 상실하고 그에게 불만을 품은 무슬림 수령들이 생겨나게 되었다. 발칸 반도에 있는 속국의 영주들 역시 사정은 마찬가지였다. 바예지드는 정복의 2단계로 들어가서 속국을 폐지하고 그 대신 중앙집권화된 국가를 건설하기 시작하였다. 새로이 편입된 지역들은 발칸으로 더 깊숙이 진출하기 위한 교두보가 되었다. 동시에 바예지드는 이제 흥기하는 오스만 제국의 두 반쪽을 연결하는 위치에 있던 콘스탄티노플로도 눈을 돌렸다.

바예지드의 야심은 곧 도전에 직면하였다. 서구 기사단의 꽃이라고 할 수 있는 십자군이 다시 구성되어 도나우 강을 따라서 내려와서 '벽력왕'의 군대와 접전을 벌이게 된 것이다. 처음에 콘스탄티노플의 공략으로 여유가 없던 바예지드는 799/1396년 니코폴리스 시 교외에서 벌어진 전투에서 이 십자군을 무참히 패배시킴으로써 '성전사'로서의 명성을 드높였다. 기독교 군대에 대해서 무적임을 과시한 바예지드는 다시 아나톨리아 문제를 해결하려고 하였다. 그는 800/1397

(맞은편) 오스만 군대는 제국의 가장 뛰어난 창조물이었다. 3세기 동안 이 군대는 세상에서 가장 가공할 만한 전쟁기계이기도 하였다. 오스만 군대는 758/1357년에 다르다넬스 해협을 건넜고, 비록 콘스탄티노플은 갖가지 공격을 견뎌내긴 하였지만 발칸 반도에 있는 영토는 함락되었다. 『기예의 서』(Hüner-name)에 삽입된 이 세밀화는 도나우 강가의 니코폴리스 교외에서 기독교도의 군대가 패배하는 모습을 보여 준다. 799/1396년 기독교 군대는 당시 투르크인들이 차지하고 있던 이 도시를 공격하였는데(우측에 기독교 군대의 진영과 포병이 보인다), 바예지드 1세는 적의 예상을 뒤엎고 갑자기 후방에서 나타나서 완전히 격파해 버렸다.

년 다시 한번 카라만 왕조를 패배시키고 다음해에는 시바스를 중심으로 끈질기게 저항하던 그들 세력의 본거지를 완전히 제거해 버렸다. 맘루크 왕조의 보호를 받으며 카이로에 있던 칼리프로부터 797/1394년 술탄 알 룸(Sultān al-Rūm : '룸의 술탄')이라는 칭호를 받은 그는 셀주크 왕조가 가지던 권위의 계승자를 자처하며 콘스탄티노플에 대한 공격을 강화하였다.

바예지드의 포위 속에서 위기에 처한 콘스탄티노플은 동방에서 갑자기 출현한 또다른 정복자 덕택에 구원받을 수 있었다. 몽골 제국의 적법한 계승자라고 주장하는 중앙 아시아의 위대한 전사 티무르는 아나톨리아를 향해서 진군하였고, 그의 눈에는 바예지드가 애송이에 불과하였다. 결국 앙카라의 전투(804/1402년 7월 28일)에서 바예지드의 군대는 무너지고 그 자신은 포로가 되고 말았다. 앙카라에서의 패배는 오스만의 제국 건설에 결정적인 타격이었다. 티무르는 바예지드가 제거한 소왕국들을 자신의 감시하에 다시 복구하였고, 오스만의 영역은 축소되고 바예지드의 아들들에게 분할되었다. 오스만측은 이렇게 나누어진 조각들을 다시 결합하는 데에 매우 조심스럽지 않으면 안 되었는데, 그것은 아나톨리아의 소왕국들은 물론 비잔틴과 티무르 왕조측에게 필요 없는 경계심을 불러일으키지 않게 하기 위해서였다. 메메드와 무라드 2세는 서서히 과거 오스만의 영역들을 통합하기 시작하였고, 바예지드 치세에 단행되었던 행정적인 개혁들이 그러한 어려운 과업을 성취하는 데에 큰 도움이 되었다.

정부기반의 재조직은 바예지드가 이룩한 가장 뛰어난 업적 가운데 하나였다. 그전까지 오스만인들은 약탈과 전리품의 획득을 중시하는 '성전사' 이념에 깊이 물들어 있었는데, 바예지드는 이러한 이념의 장점을 인정하면서도 동시에 중앙집권화, 호구조사와 정규적인 징세, 정통파 이슬람, 관료제, 군사적인 의무를 보상하는 수입(tīmār), 술탄 개인에게 절대적인 충성을 바치는 관리를 훈련하는 궁정학교 제도 등과 같은 고전 이슬람의 전통들을 오스만 체제 속으로 도입한 것이다.

바예지드의 제도 개혁 가운데 가장 중심적인 것은 페르시아적 통치개념에 뿌리를 두고 있는 티마르 제도와 굴람 제도였다. 정복지역을 오스만 영역에 편입시키는 작업은 호구조사로부터 시작되었다. 각 가정의 남자들 숫자와 모든 종류의 재산과 세율을 기록한 장부가 만들어졌고, 징세를 통해서 얻은 수입의 일부는 술탄이 거느리는 충직한 전사들이 군사적인 봉사를 하는 대가로 지불되었다. 이들은 지방에서는 술탄의 권위를 대신하여 행정적인 사무를 처리하기도 하였다. 호구조사의 결과 술탄은 수입의 규모를 정확하게 파악하고 동시에 각 지역에서 얼마나 많은 기사들을 부양할 수 있는지를 알게 되었다. 중앙정부는 그 나름대로 막강한 기병을 보유하고 있었다.

티마르 제도와 함께 정부의 가장 핵심을 이루고 있었던 것이 굴람 조직이었다. 전쟁에서 포로를 노획하는 것 이외에도 여러 가지 방법으로 획득되는 노예의 용도는 다양하였다. 바예지드 아래에는 약 7천 명의 노예가 봉급을 받는 상비군으로 있었으며, 특히 저 유명한 예니체리 군대에 편성되어 있었다. 그중 가장 탁월한 능력을 지닌 노예는 고도의 행정적 군사적인 직책을 수행할 수 있도록 궁정학교에서 교육을 받았다. 술탄의 노예로서 지위와 수입과 특권을 보장받았던 이들은 오스만 가문을 대표하는 한 사람에 의해서 움직이는 중앙집권적이고 안정된 술탄 체제를 강력하게 후원하였고, 메메드 1세와 무라드 2세가 804/1402년 이전의 오스만 체제로 복귀하는 것을 적극 지원하였다.

무라드 2세는 책략과 외교와 군사력을 적절히 구사하여 과거의 오스만 제국의 위상을 회복하는 데에 성공하였다. 변경지대의 수령들을 안무하고 굴람들에게는 지위를 보장하였으며, 티무르에 의해서 복권된 수령들의 영토를 정당한 방법이든 부당한 방법이든 다시 빼앗은 뒤 그들에게는 발칸 반도에 티마르를 주었다. 그러나 복구의 과정이 진행되는 동안 새로운 긴장이 생겨나기 시작하였다. 그 가운데 가장 중요한 것은 오래되고 뿌리깊은 무슬림 가문들, 학자 계층과 궁정의 노예들(kapï-kullarï : 즉 군사적 행정적인 요직을 장악한 술탄의 노예들)과의 사이에서 벌어진 갈등이다. 이러한 갈등은 당시 재상이자 뼈대 있는 무슬림 가문 출신인 찬다를르 할릴 파샤와 무라드 2세의 뒤를 이어서 술탄이 된 젊은 메메드 2세의 근신들간의 마찰에서 잘 드러났다. 찬다를르는 메메드 1세와 무라드 2세에 의한 복구작업이 완성된 후 다시 재개되려고 하는 정복전을 가능하면 제지하려고 하였다. 그는 서방의 유럽이나 동방의 티무르 왕조로부터 적대감을 불러일으키는 것이 옳지 못하며, 겨우 다시 얻은 것을 굴람들의 방종한 '성전사'

정신 때문에 잃어서는 안 된다고 생각하였다. 반면 메메드의 근신들, 즉 궁정의 노예였던 인물들은 적극적인 정책을 권유하였다.

'정복왕' 메메드

당시 메메드 2세는 두번째로 통치하고 있었다. 그의 첫번째 통치기간은 매우 짧았다(1444-1446). 그가 불과 12세의 나이로 술탄이 된 해는 1444년이었는데, 그것은 그의 아버지 무라드 2세가 제국의 동부와 서부지역이 충분히 안정되었다고 판단하여 자신의 여생을 종교적인 생활에 바치고 싶어하였기 때문에 술탄의 자리를 양위하였기 때문이었다. 그러나 유럽은 그 기회를 포착하여 공격을 시작하였고 무라드는 할 수 없이 은퇴생활을 중단하고 다시 나와서 군대를 지휘하였으며, 그해 11월 10일 바르나의 전투에서 유럽군을 격파하였다. 850/1446년 찬다를르 할릴이 예니체리 군대를 부추겨서 반란을 일으키고 메메드를 권좌에서 물러나게 하고, 그 대신 다시 무라드를 추대하였다. 메메드는 무라드가 죽은 856/1451년 비로소 다시 술탄에 올라 두번째의 통치를 시작할 수 있었고 이번에는 세계가 놀랄 정복자로 변신하게 되었다.

오스만의 전통에 의하면 새로운 술탄은 자신의 치세를 거창한 '성전'으로 시작하곤 하였다. 메메드 2세에게 이 '성전'의 목표는 분명하였고 그것은 곧 콘스탄티노플이었다. 그는 자기 부하들에게 비잔틴 제국의 수도에 대한 포위를 강화할 것을 강조하면서, 조상들에게도 그러하였듯이 '성전'이야말로 가장 기본적인 의무라는 점과 콘스탄티노플의 함락이야말로 오스만 제국의 미래를 결정지을 것이라는 점을 주지시켰다. 드디어 857/1453년 5월 29일 콘스탄티노플은 함락되었고 그 이후 메메드 2세는 '정복왕'(Fatih)으로 알려지게 되었다.

제국의 동반부와 서반부를 연결한 그는 비잔틴의 국권을 계승하려고 하는 세력이라면 그것이 트라브존이든 모레아이든 적극적으로 제거하려고 하였다. 그는 또한 '성전'을 무기로 발칸 반도 전역을 지배하려고 하였다. 이 거대한 정복을 실현시키기 위해서 메메드 2세는 예니체리 군대를 재조직하고 확장시켰으며, 강

쉴레이만 2세(1099-1102/1687-1691)의 은화. 오스만 제국이 정복하였던 도시 콘스탄티노플의 이름이 새겨져 있다.

력해진 예니체리는 그로 하여금 전방의 지휘관들과 뿌리깊은 무슬림 가문의 세력을 약화시킬 수 있게 하였다. 도나우 강에 이르는 발칸 전역이 수중에 들어왔고, 아나톨리아의 카라만 왕조 역시 873/1468년 합병되었다. 과거에는 비잔틴 제국과 여러 개의 투르크계 왕국들이 있었지만, 이제는 오스만이라는 하나의 국가와 이슬람이라는 하나의 종교 그리고 정복자 메메드라는 하나의 군주만이 존재하게 되었다.

메메드 2세의 치세는 그전부터 나타나기 시작하였던 경향을 더욱 분명히 한 동시에 그후의 오스만 역사를 특징지은 여러 가지 새로운 요소들을 도입하였지만, 역시 그 중심에는 '성전사' 정신에 기초한 정복이 자리잡고 있었다. 메메드 자신이 30년에 걸친 치세 동안 끊임없는 원정을 주도하였고 제국은 유럽과 아나톨리아에서 영역을 확장해 갔다. 그러나 원정은 한번에 한군데에서만 수행되었다. 오스만 왕조는 동방에서 자신의 권위에 도전하는 어떠한 세력에 대해서도 민감하게 반응하였으며, 이번에는 투르크멘계의 아크 코윤루(Ak-Koyunlu) 부족의 수령인 우준 하산이 그 상대였다. 베네치아와 교황청과 로도스의 기사단이 우준 하산과 연맹하여 그로 하여금 오스만의 후방을 공격하는 것을 부추겼다. 메메드 2세는 878/1473년 수십만의 군대를 이끌고 우준 하산을 격파하였지만, 그후로도 오스만을 양쪽에서 협공하려는 기도는 결코 사라지지 않았다.

메메드 2세의 시대에 술탄의 노예는 국가행정에서 새로운 중요성을 가지고 부각되었다. 그는 자신의 굴람 가운데서 재상을 임명하였고, 지방에서 술탄의 권위는 점점 더 이 노예들에 의해서 발휘되었다. 그들이 집행하는 법은 이슬람의 성법인 샤리아에 기초한 것이라기보다는 술탄의 권력을 기반으로 공포된 것들이었다. 이처럼 율법의 범위에서 벗어난, 그리고 점증하는 행정법령들은 카눈(kānūn)이라고 불렸다. 이 행정법과 율법 사이의 미묘한 관계는 후일 중요한 논쟁의 초점이 되었다.

　메메드 지배하에서 통합되었으며, 강력하고 공격적인 것처럼 보이던 오스만 제국은 886/1481년 그의 사망으로 거의 분열의 위기를 맞았다. 메메드 2세의 개성과 강철 같은 의지는 자신의 대내정책과 대외정책에 대한 어떠한 반대도 용인하지 않고 짓밟아 버렸다. 그의 경제정책으로 피해를 받은 사람들도 많았다. 예를 들면 새로운 주화를 도입하면서 전부터 통용되는 주화를 액면가의 6분의 5만을 지불하고 바꾸어 주었다든지, 자신의 재산을 보호하기 위한 방편으로 이용되던 '기부재산'(waqf)을 간섭한다든지, 혹은 개인재산의 몰수와 같은 정책을 취하였다. 많은 사람들이 메메드의 두 아들인 젬과 바예지드 사이의 분쟁에 끼어들어 이권을 확보하려고 하였던 것도 당연하였다.

　젬은 그의 아버지의 정책을 지지하였으나 바예지드는 그것을 철폐하려고 하였다. 결국 바예지드 2세가 승리하였고, 그는 아버지의 치세에 행해진 강탈적인 조치들을 상당 부분 없애 버렸다. 이처럼 인기를 얻고자 하였던 그는 대내적으로나 대외적으로 보다 신중한 입장을 취하였다. 많은 개인재산들은 전 주인들에게 환원되었고 '기부재산' 역시 안전이 보장되었다. 그러나 개인재산, 기부재산과 술탄의 권한 사이에 어느 것이 우선되어야 하느냐 하는 논쟁은 결코 사라지지 않았다. 그의 치세는 메메드 2세에 비해서 평화적이었지만, 오스만 제국으로 하여금 지중해의 패권을 장악하기 위해서 필요한 해군력이 건설되기 시작하였다는 사실도 기억해 둘 필요가 있다.

　오스만의 외교정책은 셀림 1세가 918/1512년 아버지를 강제로 퇴위시키고 술탄으로 즉위한 뒤 공격적으로 바뀌었다. 그는 주로 동방에 신경을 쏟았는데, 당시 이란에서는 샤 이스마일의 영도 아래 사파위 왕조가 흥기하여 맹렬한 팽창을 시도하고 있어서 새로운 위협이 되었다. 샤 이스마일은 시아파에 활기를 불어넣는 동시에 동부 아나톨리아에서 오스만 지배에 —— 특히 징세의 대상으로 편입된 데에 대해서 —— 불만을 품고 있던 투르크멘 부족들을 이용하려고 하였다. 시아파의 영향력이 동부 아나톨리아 주민들 사이에 본격적으로 미치기 시작하자 오스만 왕조는 동부전선에서 강력한 세력의 흥기라는 위협에 직면하게 되었다. 그러나 셀림은 이 위협으로 결코 위축되지 않았다.

이스마일이 이단이고 그렇기 때문에 죽여도 좋다는 종교적 '의견서'(fetvā)를 확보한 뒤 셀림은 920/1514년 대군과 함께 이란을 향해서 출발하였다. 그후에 벌어진 사파위 왕조에 대한 오스만의 원정들은 대체로 이와 유사한 '의견서'의 지원을 받았다. 920/1514년 8월 23일 반 호수의 서북방에 위치한 찰디란에서 오스만 군은 샤 이스마일의 군대를 철저하게 격파하였다. 그뒤 약 200년 동안 오스만과 사파위는 서로를 해치는 대립의 수렁에 빠져서 때로는 전투를 벌이기도 하였는데, 종교적인 갈등은 물론이지만 경제적인 경쟁(특히 비단무역)은 관계를 더욱 악화시키기만 하였다.

그런데 동방에서 셀림을 위협하는 또다른 세력이 등장하였으니, 그것은 아프리카를 회항한 이후 무슬림들의 교역과 성지순례의 길목을 위협하기 시작한 포르투갈이었다. 당시 이집트의 맘루크 왕조는 이 새로운 기독교도의 위협에 적절히 대응할 능력이 없었다. 오스만 왕조는 처음에 선박, 화포, 무기 등을 보내서 맘루크를 지원하려고 하였지만, 기마전의 우수성에 심취한 맘루크측은 화약과 총포를 혐오하였을 뿐만 아니라 해군력에 대해서도 꺼려하는 태도를 보였다. 찰디란의 전투 이후 오스만이 맘루크 세력을 제거하고 기독교도에 대항하면서 새로운 전선의 책임을 담당하게 되리라는 것은 시간 문제였다. 결국 922/1516년 셀림은 맘루크를 패배시키고, 그 다음해에는 이집트를 차지하고 성도 메카와 메디나의 주인이 되었다.

926/1520년 셀림이 죽고 그의 아들인 쉴레이만이 뒤를 이었다. 셀림은 동방으로의 팽창에 많은 힘을 쏟았지만 쉴레이만은 신속하게 방향을 돌려서 기독교도와의 성전이라는 과거의 전통적인 길을 다시 밟았다. 술탄의 치세를 성전으로 시작하는 오스만의 전통을 입증하듯이 그는 927/1521년 벨그라드의 성채를 함

락시켰다. 그는 다시 로도스 섬으로 눈을 돌려서 928/1522년 점령에 성공하였다. 이제 아프리카에서 인도에 이르는 무슬림들은 모두 오스만 제국을 이슬람권의 수장으로 인정하게 되었다. 메카와 메디나를 장악하였기 때문에 오스만은 더더욱 무거운 책임감을 느낄 수밖에 없었다. 동방의 무슬림들을 소홀히 하였다가는 자칫 이 성도들이 기독교도나 시아파 사파위측에 넘어갈 위험성도 있었고, 그 어느 쪽도 오스만으로서는 감내하기 힘든 일이었다. 오스만 제국은 정복자 메메드가 함락시킨 뒤 이제 이슬람권에서 가장 강력한 국가의 수도로서 부족함이 없을 만큼 변모한 이스탄불에 근거를 두었지만, 점차 그 팽창의 영역은 줄어들어 갔다. 그것은 비단 지리적인 측면뿐만 아니라 제도적인 측면에서도 문제가 드러나고 있었기 때문이다.

오스만 제국의 구조

오스만 제국의 황금기라고 할 수 있는 쉴레이만의 치세는 제국의 제도와 구조에 대하여 잠시 살펴보기에 적당한 시기이다. 제국의 영토는 서쪽으로 드네스트르 강에서부터 발칸 반도로 뻗어 나가 있었고 동쪽으로는 아나톨리아를 지나 신월의 옥토와 아라비아 반도, 그리고 북아프리카와 알제리까지 미치는 거대한 규모였으며, 그 지배를 받는 주민의 숫자도 2천만-3천만 명을 헤아렸다. 또 그 안

(맞은편) 오스만의 정복전은 예언자 무하마드 생전에 시작된 팽창의 마지막 물결이었다. 언젠가 콘스탄티노플이 이슬람의 수중에 들어오고 말 것이라고 한 무하마드의 예언을 실현한 인물은 메메드 2세였다. 그의 후계자들은 전쟁을 중부 유럽 깊숙이까지 확대시켰고, 그의 증손자인 쉴레이만은 932/1526년 모하츠의 전투에서 유럽에서도 손꼽히는 막강한 국가 헝가리를 격파했다. 모하치 전투에서 오스만의 진격을 막아내기에 헝가리 국왕 로요슈의 군사력은 역부족이었다. 『기예의 서』(997/1588)라는 책 속에 삽입된 이 세밀화는 쉴레이만(상단 중앙)이 쌓여 있는 시신들 사이로 말을 모는 장면이다. 세 대의 대포가 그의 앞에서 이동하고 있다. 왼쪽 아래에는 유럽식 갑옷을 입은, 패배한 헝가리 군인들이 말을 타고 도주하고 있다. 쉴레이만은 헝가리를 즉각 점령하지 않았지만 이미 길은 열린 셈이었다. 그뒤 150년간 투르크의 악몽은 유럽인들의 꿈 속에서 지워지지 않았다. 이 150년 동안 오스만의 세력은 이미 정점을 넘어서서 내려가고 있었는데, 그 사실을 깨달았던 사람은 많지 않았다. 11/17세기 말 그들은 한번 더 빈을 정복하려고 하였지만 실패하고 말았고, 제국의 쇠퇴과정은 20세기 말까지 지속되었다.

에는 다양한 언어가 사용되었고 3대 종교(이슬람, 기독교, 유대교)가 모두 신봉되었다. 이러한 엄청난 다양성에 결속과 통합을 가져다 준 것은 다름아닌 오스만 특유의 행정적 사회적인 구조였다.

오스만 이전에 이슬람의 사회이론가들은 네 계층의 존재를 역설하였는데 그것은 군인, 문관, 상인, 농민이었다. 오스만 초기에는 이보다 더 간단하게 레아야(re'āyā : '평민')와 아스케리('askerī : '군인'), 즉 피지배계층과 지배계층으로 나누어져 있었다. 레아야는 사회에서 생산을 담당하는 계층으로, 농업을 기반으로 재화를 창출하여 군인계층을 부양하였다. 처음에는 레아야라는 말이 무슬림, 비무슬림을 모두 지칭하였지만 후에는 기본적으로 비무슬림만을 가리키게 되었다.

군사적인 성공과 그에 따른 오스만 영역의 확대는 자연 군인계층과 그 기능의 팽창을 유발시켰다. 그 숫자가 늘어 갔고, 그들은 점점 더 술탄의 지배권을 대행하는 존재가 되었다. 군인계층이라는 지위는 여러 특권도 수반하였는데, 가장 중요한 것은 아마 면세특권일 것이다. 아스케리와 레아야의 구분은 술탄에 의해서 엄격히 유지되었고 오스만 사회의 가장 중요한 특징이 되었다.

아스케리 계층 가운데 가장 중요한 부분은 특권들을 부여받고 있는 티마르 소유자들이었다. 오스만측의 호구조사는 제국 성립기에 이 계층에 속한 사람들이 대부분 무슬림이었지만 노예 출신으로서 변경지대의 군사지도자가 된 사람들이나 술탄의 근신으로 일한 사람들도 적지 않았음을 입증하고 있다. 오스만이 발칸에서 세력을 다지게 됨에 따라서 제국에 순종하기로 하였던 기독교도 영주들도 티마르를 부여받았다. 그러나 10/16세기 초가 되면 기독교도로서 티마르를 소유한 사람들은 거의 사라지게 되었는데, 그것은 그들이 이슬람으로 개종하였거나 오스만측이 발칸에서의 기독교도 반란으로 인해서 그들에게 더 이상 그러한 특권을 주기를 거부하였기 때문인 것으로 보인다. 쉴레이만의 치세가 되면 지방의 티마르 소유자들 가운데 압도적인 다수가 무슬림이었고 그 숫자는 4만 명가량으로 추산된다.

티마르는 정복된 지역의 토지조사와 호구조사를 기초로 해서 분배되었고, 호구조사는 당해 지역에서 세금수입의 현저한 감소가 있을 경우나 새로운 재화의 원천을 징세체계 속에 편입시킬 필요가 있을 경우에 다시 실시되었다. 티마르는

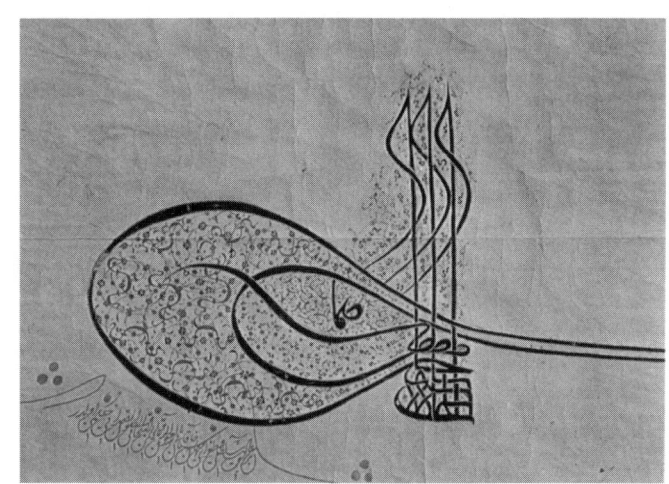

쉴레이만은 오스만의 국력을 정점에 올려 놓았다. 그의 군대는 서쪽으로 빈의 성문까지 압박하였고, 동쪽으로는 페르시아의 변경지역까지 통치권이 미쳤다. 바다로는 그의 함대가 지중해와 페르시아 만을 장악하였다. 쉴레이만은 끊임없이 원정에 참가하였고, 46년간의 치세를 끝내고 죽을 때에도 그는 헝가리의 시게트바르를 포위하고 있었다. 서구에서 그는 '찬란왕'(The Magnificent)으로 알려졌지만, 이슬람권에서는 '입법자'(The Lawgiver)로 불렸다. 독실한 무슬림이기도 한 그는 『코란』 전체를 자기 손으로 여덟 번이나 필사하였다고 한다. 여기에 보이는 것은 '투그라'(tughra)라고 불리는 술탄의 의례용 서명인데, 서예술의 정교함을 보여 주고 있다. 아래 목판화는 네덜란드의 예술가 잔 스와트가 933/1526년에 제작한 것이다.

해마다 세수의 규모에 따라서 변동되었고 그 수입의 크기에 따라서 국가에 대한 봉사의 정도도 변하였다. 다른 사람보다 더 많은 수입을 보장받은 사람은 자신의 경비로 더 많은 병사를 제공하거나, 갑옷이나 천막 혹은 야외 취사시설과 같은 장비들을 추가로 헌납해야 하였다. 티마르 수입은 악차(akcha)라고 불린 은화로써 계산되었다(9/15세기와 10/16세기 초 50~60악차는 1두카트(ducat)의 금과 같았다). 10만 악차를 넘는 티마르 수입을 받는 사람은 하스(khāss : '귀족')라고 불렸으며 특정한 기관에서 그들을 관리하였다.

    티마르 제도와 밀접하게 연관되어 있는 것이 지방 행정조직이었다. 그 기본 단위는 산작(sancak : 郡)이라고 하였는데 이는 산작 베이(sancak bey : 郡守)라는 관리가 통제하였으며, 그는 보통 산작에 속해 있는 가장 큰 도시에 거주하였다. 징세의 감독이나 법과 질서의 유지와 같이 행정적 군사적인 업무에서 그를 보좌하는 관리가 수바쉬(subashi)였다. 수바쉬는 산작에 있는 비교적 큰 도시에 살면서 그의 관할 아래 있는 각 촌락에 거주하는 티마르 소유자들을 통해서 통제력을 발휘하였다. 즉 이것은 중앙정부의 입장에서는 최대한의 군사적 재정적 원천을 확보하기 위해서, 그리고 레아야에게는 안전과 정의를 제공하기 위해서 치밀하게 짜여진 명령의 연쇄체계라고 할 수 있다. 결속력을 더욱 크게 하기 위해서 여러 개의 산작을 결합시켜서 더 큰 행정단위인 베일레르베일릭(beylerbeyilik : 州)을 두었으며, 이는 이스탄불에 있는 중앙정부를 축소, 복사해 놓은 듯한 여러 행정관료들을 장악하는 베일레르베이(beylerbeyi : 州長官)가 관장하였다. 그의 휘하에 있는 관리들 가운데는 티마르를 기록한 문서를 다루는 사람, 세금을 거두고 그 일부를 이스탄불로 보내는 일을 맡은 사람, 문서의 수신과 발신을 담당하는 사람 등이 있었다. 술탄의 권위는 베일레르베이를 통해서 산작으로 전달되고 다시 거기에서 수바쉬로 내려갔다.

    이러한 정부체제가 행정과 행정적인 법령의 시행에 가장 큰 관심을 두고 있었지만, 오스만 제국이 이슬람의 율법에 기초한 이슬람 국가라는 사실도 잊어서는 안 될 것이다. 율법은 지방 행정단위에서는 카디라고 하는 판관이 관장하였는데, 그가 관장하는 구역이 반드시 산작과 일치하는 것은 아니었다. 카디는 보통 도시에 거주하면서 소도시와 촌락에 자신의 대리인을 파견하였다. 그들은 또한 중앙에서 내려오는 행정명령서를 보관하면서 각 지방에서 일어나는 중요한 사건을 기록하였다. 만약 베이가 레아야를 억압하는 일이 있으면 그는 지방 행정기구를 거치지 않고 직접 술탄에게 탄원함으로써 문제를 시정할 수 있었다. 카디는 종교적인 문제뿐만 아니라 정부의 일에도 간여하였고 중앙정부로부터 보수를 지급받았기 때문에 국가의 관리라고 할 수 있다. 그렇기 때문에 신앙심이 깊고 능력도 뛰어난 많은 종교인들은 자신의 종교적 신념과 배치되는 정부의 조치를 수행해야 할지도 모른다는 우려 때문에 카디로서 관직에 들어가기를 거부하기도 하였다.

술탄의 궁정

아스케리 계층으로 분류될 수 있는 또다른 커다란 집단이 굴람, 즉 노예였다. 굴람 제도는 오스만 제국의 중앙제도 가운데 매우 중요한 위치를 차지하는데, 티마르 제도와 마찬가지로 이슬람의 역사에서 이미 그 전례를 찾아볼 수 있다. 과거의 무슬림 국가들도 노예를 주로 군사적인 목적으로 이용하였는데, 오스만에서도 이러한 전통을 이어받아서 그들을 그 유명한 예니체리 군대에 편입시킨 것이다. 정예 보병군단인 예니체리는 원래 전쟁포로들(율법에 의해서 전리품의 5분의 1은 술탄의 몫으로 인정되었다)로 충원되었으나 후에는 다른 방법으로 얻어진 노예를 활용하였다. 그러다가 8/14세기 말경이 되면 오스만은 노예를 확보하는 또다른 제도를 만들어 군사적으로, 또 궁정학교의 교육을 통해서 행정적으로 필요한 인재를 양성하였는데, 이것이 바로 기독교도 청소년을 공출하는 데브시르메(devshirme)라고 불리는 제도였다.

데브시르메('모으다' 혹은 '수집하다'를 의미한다) 제도는 특별히 지정된 기독교 가정을 단위별로 구분하여 특별세의 형태로 부과되었다. 전적으로 지방에서 농사를 짓고 있는 기독교 가정의 남자 아이들을 차출하되 지방경제에 영향이 없도록 하였다. 따라서 이 제도는 비교적 세련되지 못한, 따라서 새로운 교육을 쉽게 받아들일 수 있는 인력을 확보할 수 있었다. 아이들의 숫자와 차출의 빈도수는 중앙정부의 필요에 의해서 결정되었기 때문에 전쟁으로 많은 사상자가 생긴 시기에는 자주, 그리고 더 많은 공출이 이루어졌다. 공출의 대상이 된 아이들은 그 마을에 집결되었고 거기에서 기독교 사제들과 카디, 그리고 티마르 소유자들이 함께 세례기록부를 검사하였다. 그 가운데 가장 적당하다고 생각되는 아이들을 뽑아서 100명을 단위로 하여 기록부와 함께 예니체리 군대의 본부로 보냈다. 본부에서는 차출된 아이들의 신상과 기록부를 일일이 대조하여 혹시 불법적으로 편입된 아이들이 없는가를 조사하였다.

이렇게 해서 모집된 아이들은 또다른

오스만 1세, 680-724/1281-1324

오르한, 724-764/1324-1362

쉴레이만 806-824/1403-1421

무라드 2세, 824-848/1421-1444
850-855/1446-1451

라드 1세, 764-791/1362-1389

바예지드, 791-804/1389-1402

메메드 1세, 805-806/1403

메드 2세, 848-850/1444-1446

바예지드 2세, 886-918/1481-1512

셀림 1세, 918-926/1512-1520

선발과정을 거치게 되는데, 신체적인 용감성, 용모, 지능 등을 기준으로 해서(이 때 관상이 중요한 역할을 한다) 약 10퍼센트에 해당하는 최상급은 궁정학교로 보내져서 훈련을 시켰고, 나머지는 아나톨리아의 시골 가정에 위탁되었다. 거기에서 그들은 신체를 단련하고 투르크어를 배우고 이슬람에 대해서 배우면서 개종하게 된다. 준비가 끝나고 필요하다고 생각되는 시기에 그들은 다시 이스탄불로 소환되어 예니체리 군대에 편입되는 것이다. 그들은 예니체리로서 아스케리의 지위에 적절한 특권도 부여받았다. 데브시르메는 레아야를 아스케리로 변모시키는 일종의 조직적인 체계였고, 이 체계를 통해서 메메드 치세의 6천 명에서 쉴레이만 시대에는 1만2천 명으로 배증하게 되었다. 궁정학교로 배속된 10퍼센트의 소년들은 당시 이슬람권 어디에서도 찾아볼 수 없는 가장 최상의 교육을 받았다. 이 교육은 그들로 하여금 군사, 행정 분야에서 최고의 임무를 수행할 수 있는 준비를 완료시켰다. 정복자 메메드 이전에는 이러한 임무가 보통 무슬림 귀족 가문에게 국한되었으나, 메메드는 노예 출신들을 근신으로 두었으며 데브시르메를 실시하고 궁정학교를 열었다. 그는 바로 이들 가운데에서 재상을 선발하였고 전통적인 무슬림 지도층들을 뒷전으로 물러나게 하였던 것이다. 정복자 메메드 자신에게만 의존하고 충성하며 복종하는 사람들을 더 선호하였다.

비록 궁정학교의 교과과정에는 들어가 있지 않았으나 충성과 복종의 정신은 마치 삼투현상처럼 아이들에게 배어들었다. 이 두 가지의 이념은 아이들이 이슬람 고급문화의 여러 측면에 관한 훈련을 받는 동안 제공되는 고도로 절제된 분위기 속에도 파고들었다. 그들은 아랍어, 페르시아어, 투르크어를 다 배웠으며 동시에 이슬람의 과학과 수학도 연수하였다. 활쏘기, 검술, 기마술, 씨름과 같은 무용을 익히는 과정도 게을리 하지 않았다.

젊은 기독교도들을 언제라도 술탄에게 자신의 목숨을 던질 각오가 되어 있는 충성스러운 무슬림 전사 행정가로 변모시키기 위해서 창안된 이 교육은 잘 조직되어 있었고 엄격히 통제되었으며, 그 감독과 규율의 책임은 궁정의 환관들이 담당하였다. 최초의 과정은 2년에서 7년 정도가 소요되는데 이것을 마친 학생은 다시 검사의 대상이 된다. 그중 가장 우수한 학생들은 대부(大部: Greater Chamber)와 소부(小部: Lesser Chamber)라고 부르는 관청에서 훈련을 계속할 수 있었지만 나머지는 궁정 기마대로 배정받았다. 대부와 소부에서 4년 동안에 걸친 훈련이 끝나면 다시 학생들은 검사를 받게 되는데, 여기에서 가장 뛰어난 사람들은 술탄을 근처에서 직접 모시는 네 개의 부서로 배정받았고, 그중 비서실이 가장 영광스러운 부서로 여겨졌다. 궁정에서 숙련된 시종들은 보통 25세에서 30세 사이에 궁정을 떠나서 군수(sancak bey)로, 궁정 기마대의 고급 무관으로, 혹은 다른 군대의 관리로 임명되어 제국 행정의 중요한 직책을 담당하였다. 비서실 출신의 시종들은 일반적으로 지방장관으로 임명되어 파견되었다.

이처럼 시종들이 검사를 받고 승진되거나 도태되는 과정을 츠크마(chikma)라고 불렀다. '나감'이라는 뜻이 있는 이 츠크마는 일종의 '졸업'과 같은 제도라고 할 수 있으며, 동시에 술탄의 개인생활을 중심으로 일어나는 모든 업무와 궁정의 사무를 관장하는 '내조'(內朝 : Enderūn)와 술탄을 대신하여 궁정 외부의 사무를 관장하는 '외조'(外朝 : Bīrūn)를 연결하는 접점이기도 하였다. 시종들이 어느 단계에서 궁정 밖으로 배출되어 나가느냐에 따라서 이 정예관리들은 궁정 기마대나 예니체리 군대나 친위군대로 배속되기도 하고 혹은 산작 베이나 수바쉬와 같은 지방관의 중책을 임명받기도 한다. 이런 의미에서 츠크마는 제국을 지탱하는 두 핵심 제도, 즉 굴람 제도와 티마르 제도를 연결하는 접점이기도 하였다.

쉴레이만 시대에 재상을 지냈던 루티프 파샤의 경력은 이러한 과정을 잘 보여주는 예가 될 것이다. 그는 바예지드 2세 때 궁정으로 불러들여져서 셀림 1세가 즉위한 918/1512년에는 츠크마에 의해서 내조에서 외조로 옮겨져 뮈테페리카(müteferrika : 경찰업무를 담당하는 기관) 정예 연대에 배속되었고, 후에는 군수나 주장관과 같이 외조의 주요 직책을 역임하였다. 그는 훈련과 경험과 능력을 갖춘 관리가 되어 결국 쉴레이만에 의해서 재상으로 발탁된 것이다.

쉴레이만의 치세가 되면 술탄은 피곤하고 또 많은 시간이 소요되는 국사의 처리를 매일매일 하지 않고 대부분 재상에게 위임하였다. 국가의 사무는 군사재정, 행정, 법률 방면에서 최고의 관리들로 구성된 궁전의 디완에서 처리하였고 최종 결정은 재상이 내린 뒤 술탄에게 보고하여 재가를 받았다. 전쟁과 평화, 내부치안과 재정에 관한 업무 이외에 디완이 수행하는 또 하나의 중요한 기능은 법률의 집행이었다. 이것은 술탄을 대신하여 재상과, 루멜리와 아나톨리아를 대표하는 두 명의 최고 판관이 디완에 모여서 결정하였다. 이 두 명의 판관은 과거 학자들(ulema)의 대표로 인정받았었지만 10/16세기부터는 셰이크 윌 이슬람(Shaykh ül-Islam)이라는 종무자의 그늘에 가려져 버렸다. 셰이크 윌 이슬람은 비록 디완에 참석하지는 않았으나 막강한 권력을 발휘하였으며 학자들의 최고 수장으로 인정받기에 이르렀다.

디완의 결정은 효율적인 오스만 문관체제에 의해서 집행되었다. 중앙의 관료기구를 구성하는 것은 디완에 부속된 부서들과 재정을 담당하는 부서들이었다. 이들은 문서의 출입, 관리들의 문제, 수입과 지출 등을 처리하였는데, 각 부서 내부의 관리 충원과 훈련방법은 길드 조직의 경우와 매우 흡사하였다. 각 부서에는 장관이 두어졌고 그는 여러 명의 중견 비서들과 서기들의 보좌를 받았으며, 신참은 고참직원의 훈도를 받았다. 그들은 문서 작성시 사용하는 서체를 훈련받고 장부의 보관과 유지에 필요한 기술을 습득하였다. 어떤 관리가 신참에서 서기로, 그리고 중견 비서로 승진하면서 한 부서에서 일생을 보내는 경우도 드물지 않았다. 뛰어난 재능과 연줄로 부서의 장관이 된 사람들은 문관체계의 상층부를 형성하였고 보통 여러 부서를 옮겨 다녔다. 쉴레이만의 치세가 되면 문관체계는 거의 전부 무슬림 가정 출신의 사람들로 채워졌고, 그들 중 상당수는 문관의 아들들이었다.

변경지대가 줄곧 팽창함으로써 매우 유동적인 상황하에서 오스만 사회의 내적 구분은 아스케리와 레아야로서 족하였다. 그러나 쉴레이만의 시대가 되면 아스케리 그 자체가 기능면에서 다시 군인, 문관, 학자의 세 핵심 부분으로 나누어지게 되었다. 이 세 부분은 각기 독자적인 인력원과 훈련체제를 가지고 있다. 또 다른 부류가 생겨나기 시작하였는데 그것은 바로 '오스만인'이라는 것이다. 오스만 제국 초기에 '오스만인'이란 단지 오스만을 추종하고 그와 함께 운명을 같이하는 사람들을 의미하였지만, 후대로 오면서 이 말은 왕조적인 의미를 가지게 되어 오스만 가문을 지칭하게 되고 오스만의 후예로서 술탄의 칭호를 가지고 제국을 지배하는 사람들을 가리키게 되었다. 10/16세기가 되자 '오스만인'이라는 말에 문화적인 의미도 추가되었다.

문화는 특권 지배층인 아스케리를 다시 구분하는 기준이 되었다. 단순히 티마르를 소유한다거나 예니체리에 속하기 때문에 그들을 모두 아스케리로 분류하는 것은 더 이상 통용되기 힘들어졌다. 보다 많은 교육을 받고 문화적으로 세련된 새로운 엘리트들이 배출되었고, 그들은 자신들이야말로 진정한 '오스만인'이라고 느끼게 된 것이다. 오스만인이 되기 위해서는 세 가지의 조건이 충족되어야 하였는데, 그것은 국가에 봉사하고 종교에 봉사해야 하며, 동시에 '오스만 방식'이 무엇인지를 아는 사람이어야 한다는 것이었다. 다시 말해서 이는 아스케리로서 관직을 가져야 하고 무슬림이 되어야 하며, 또 이슬람의 고급문화 전통에 밝아야 한다는 것을 의미하였다.

이렇게 해서 교육과 종교가 사회 구성원을 구분하는 새로운 기준이 되었고 정예 오스만인은 문화적으로 대다수의 아스케리들과는 구별되었다. 무슬림이 아닌 사람들도 그들의 종교공동체에 따라서 밀레트(millet)로 조직되어 무슬림들과는 구별되었다. 사회적인 신분 상승은 비무슬림에서 무슬림으로 개종함으로써 종교의 선을 넘는 것과 문맹에서 고급 이슬람 문화를 터득함으로써 교육의 벽을 넘는 것의 여부에 달렸다. 많은 사람들에게 데브시르메는 신분 상승의 기회를 제공하였고, 가문의 연줄도 마찬가지였다. 그러나 10/16세기 중반 이후 오스만 제국의 영토적 팽창의 중단은 대부분의 사람들에게 사회적 정체와 혼란을 가져다주었다. 974/1566년 쉴레이만의 죽음과 함께 황금시대는 끝나고 있었다.

장기간의 쇠퇴

오스만인들은 무엇인가 잘못되어 가고 있다는 느낌을 즉각적으로 가지지 않았다. 문화적인 성취도 높은 수준을 유지하였고 문학 분야는 특히 그러하였다. 시와 역사 방면에서 탁월하였던 오스만 제국의 저술에는 아랍 문자가 사용되었지만 문법적으로나 어휘상에서 아랍, 페르시아, 투르크적인 요소들이 모두 포함되어 있었다. 시에서는 페르시아의 시작(詩作) 전통이 하나의 전형이자 영감의 원천을 이루었다. 중국에서처럼 문인관료들이 주가 된 교육받은 엘리트들이 시인이자 독자이기도 하였고, 고전적인 오스만의 시들은 주로 이들 엘리트가 독점하다시피 하였다. 그러나 고전시와 함께 또다른 시작 전통이 있었는데, 그것은 어휘나 문법이나 박자의 면에서 보다 투르크적이어서 대중들과 훨씬 더 근접해 있었다. 산문 장르에서는 역사서가 주류를 이루었고, 관찬이든 사찬이든 술탄의 성공과 덕성을 찬양하는 연대기류가 보편적이었다. 아랍의 고전을 본뜬 인명록도 많은 독자를 가지고 있었다. 이처럼 시와 산문은 제국의 정치적인 쇠퇴에도 불구하고 계속 꽃을 피웠지만, 11/17세기와 12/18세기에 들어오게 되면 특히 군주에게 충고하는 내용을 담는 '통치자의 거울'류의 글에서 그러한 정치적 쇠퇴가 문학에도 반영되기 시작하였다.

연대기류의 글에서는 오스만 제국을 이슬람권이 보유하고 있는 강력하고 성공적인 무기인 것처럼 묘사하였다. 정통 이슬람의 수호자로서 지니는 광범위한 의무 때문에 오스만은 동부전선과 같이 전통적인 위험지역은 물론이고 새로운 지역에 대해서도 항상 신경을 쓰지 않으면 안 되었다. 오스만은 자신의 그러한 권위에 도전하는 강력한 세력이 여전히 동방에 버티고 있다는 사실을 참기 힘들었고, 따라서 사파위와의 충돌은 끊이지 않았다. 쉴레이만은 직접 군대를 이끌고 이란 원정을 감행하였으며, 962/1555년에는 아마시야 조약에 의해서 양국의 국경이 안정되었다. 그러나 984/1576년 다시 전쟁이 터졌고, 오스만은 흑해와 카스피 해 연안지역에 일련의 요새를 건축함으로써 그곳을 합병하려고 하였다. 이러한 노력은 1049/1639년까지 단속적으로 계속되었지만 그다지 큰 성공을 거두지는 못하였다.

오스만측의 관심을 집중시킨 새로운 지역은 볼가 강 연안이었고 거기에서 러시아측의 위협에 대응해야 하였다. 1550년대에 카잔과 아스트라한에 근거를 둔 두 개의 타타르계 한국들이 이반 4세에게 붕괴되자 오스만은 이에 대처하기 위해서 돈 강과 볼가 강을 연결하는 대운하를 건설하여 흑해와 카스피 해를 잇는 수로를 만든다는 거대한 계획을 수립하였다. 이 계획은 977/1569년 실행에 옮겨졌으나 완전한 실패로 끝나고 말았다. 운하건설 계획을 포기한 오스만은 북아프리카와 지중해 방면에서 압력을 가중시키는 정책을 채택하였다.

이때 쉴레이만의 아들인 셀림 2세는 합스부르크 왕가와 스페인의 모리스코(Morisco : 기독교도로 개종한 무어인)와의 사이에 일어난 내분을 이용하여 지중

오스만 제국의 건축술의 발달은 이스탄불에서 완성을 보게 된다. 1018/1609년에 시공된 술탄 아메드 자미 — 일명 블루 모스크(Blue Mosque) — 가 그 대표적인 예인데, 외부의 규모가 내부의 공간을 그대로 반영하고 있다. 이러한 건축술의 발달에서 가장 중요한 인물은 10/16세기에 활동하였던 위대한 시난이었다.

해에 대한 지배권을 강화하려고 하였다. 978/1570년 튀니스가 함락되고 곧 이어 키프로스도 오스만의 공격을 받았다. 그러나 합스부르크측의 함대가 오스만 군대를 맞아서 979/1571년 10월 7일에 벌인 레판토 해전에서 오스만측의 갤리(galley) 함대는 철저히 무너지고 말았다. 비록 '무적'의 신화가 깨지기는 하였지만 레판토의 패배에서 벗어나기 위해서 오스만은 북아프리카에 대한 공격을 감행하였다. 그러나 모로코로 진출한 오스만 군대는 다시 포르투갈의 저항에 부딪쳤고, 986/1578년 8월 4일 알카사르 전투에서 술탄의 후계자가 전사함으로써 이 계획도 무너지고 말았다. 모로코는 기독교권과 이슬람권의 경계로 설정되었고, 이베리아 반도의 주민은 기독교도로, 그리고 북아프리카의 주민은 오스만의 지배하에서 무슬림으로 남게 되었다.

과거에는 시작하기만 하면 당연히 거두었던 정복의 과실들이 이제는 매우 비싼 대가를 치르고서야 얻어졌고, 때로는 아무런 수확을 거두지 못하기도 하였다. 합스부르크측과 대치하였던 유럽 전선에서 특히 그러하였다. 거기에서 전쟁의 양상은 바뀌어 가고 있었는데, 지방의 기마병들을 이용한 신속한 공격이 아니라 고정된 장소에서 벌이는 지구전이 계속되었다. 유동적인 전선도 정체된 전선으로 바뀌었고, 이로써 쉴새없이 진행되어 온 오스만 제국의 정복시대는 종말을 고하게 되었다.

변경지역에서의 어려움은 내부의 어려움으로 더욱 가중되었다. 옛 전사의 풍모를 지녔던 술탄 무라드 4세의 사망(1049/1640)은 장기간에 걸친 내부 혼란으로 이어졌다. 무라드의 아들들은 전부 그보다 먼저 죽었기 때문에 그의 동생 이브라힘이 후계자가 되었으나 그는 아마 정신적 질환을 앓았던 것으로 보인다. 그의 모친인 쾨셈 술탄이 주도한 음모에 의해서 이브라힘은 1058/1648년 폐위되고 이브라힘의 어린 아들 메메드 4세가 즉위하였다. 궁정은 음모로 가득 차게 되었다. 메메드는 왕위에 오를 때 불과 일곱 살이었기 때문에 그의 조모인 쾨셈과 모친인 투르한이 주도권을 잡기 위해서 암투를 벌였고, 결국 쾨셈은 투르한의 지지자들에 의해서 살해되고 말았다. 당시는 권력을 발휘하기가 매우 어려운 상황이었다. 아나톨리아는 사회적 불안으로 들끓었고 제국의 숙적이었던 베네치아는 다시 심각한 위협을 가하기 시작하였다. 크레타를 공격하였던 오스만 군대를 격파한 베네치아는 다르다넬스 해협으로 들어가는 입구에 위치한 렘노스 섬과 테네도스 섬을 장악하였다. 이스탄불은 위기에 빠지게 되었다. 오스만 역사에서 '여자 술탄'으로 알려진 투르한 술탄은 제국을 위기에서 구할 만한 재상을 물색하였고 1066/1656년 9월 메메드 쾨프륄뤼라는 이름의 80대 노인에게 재상의 인장을 맡겼다.

재상이 되기 전까지 메메드 쾨프륄뤼의 경력은 크게 눈에 띄는 것이 없었다. 그는 궁정에서 교육을 받고 츠크마에 의해서 티마르를 받았다. 어떤 재상의 눈에 띄어 한동안 출세가도를 달렸으나 50대 중반의 나이가 되면서 다시 후원자를 잃어 버렸다. 그는 여러 가지 연줄을 이용하여 아나톨리아의 관직을 받았으나 다시 새로운 후원자와 틀어져서 자신의 영지로 쫓겨 내려갔다. 그 개인으로서는 만족스럽지 못한 경력이었지만 도리어 그것이 그에게 오스만 체제를 예의 관찰할 수 있는 기회를 주었고, 사려 깊은 사람이었던 그는 나라의 문제점이 무엇인지 그리고 그 처방이 무엇인지를 나름대로 생각하였다. 그가 현명한 인물이었음은 재상의 직책을 수락하기 전에 제시한 조건에서도 알 수 있다. 즉 모든 칙령은 쾨프륄뤼 자신의 서명이 있어야 발효될 수 있고, 누구도 재상으로부터 독립적으로 행동해서는 안 되며, 재상은 아무런 방해를 받지 않고 모든 관료들을 임명할 수 있어야 하며, 술탄과 그 모친은 남을 헐뜯는 비방에 귀를 기울이지 말아야 한다는 것이었다.

이렇게 해서 정지(整地) 작업을 끝마친 메메드 쾨프륄뤼는 제국의 운명을 다시 되돌려 놓기 위한 작업에 착수하였다. 그의 계획은 간단하였다. 즉 부패와 독직(瀆職)에 종지부를 찍는 것이었다. 그의 목적은 제국의 제도들이 쉴레이만의 황금기에서처럼 움직이게 하는 것이었다. 그는 당근과 채찍을 균형 있게 이용하여 부패관리들을 축출하였고 행정법령을 준수하도록 하였으며, 낡은 체제에 새로운 자신감과 활력을 불어넣어 주었다. 국가의 제도를 정비한 메메드 쾨프륄뤼는 제국 내부와 외부의 적들에게 관심을 돌렸다. 아나톨리아의 반란을 진압하고 베네치아의 위협을 막아냈다. 그의 개혁은 쉴레이만 시대를 전형으로 삼았지만 그는 엄청난 물적 인적 자원을 가진 오스만 제국의 복원력을 입증한 셈이었다. 그리고 뒤이은 250년 동안 이러한 복원력은 사라지지 않고 다시 나타났다.

부흥을 이룩한 오스만은 다시 공세를 취하기 시작하였다. 1072/1661년 메메드 쾨프륄뤼의 죽음도 이를 막지는 못하였다. 그의 아들인 아메드 쾨프륄뤼가 재상직을 계승하였는데 이는 전례 없는 일이었다. 비록 26세의 나이이지만 탁월한 관료였고, 또 쾨프륄뤼라는 자랑스러운 가문을 가진 그는 중부 유럽에 대한 공격을 강화하였다. 마르틴 루터의 시대에 팽배하였던 투르크인에 대한 공포가 다시 살아났다. 1080/1669년 크레타가 함락되었고 오스만의 군대는 폴란드 깊숙이까지 들어갔다. 아메드 쾨프륄뤼는 1087/1676년에 사망하였지만 그의 사촌인 카라 무스타파 파샤가 뒤를 이어 공세의 고삐를 늦추지 않았다. 카라 무스타파 파샤는 자신을 옛날과 같은 스타일의 정복자로 생각하였고 자신의 이름이 이슬람 역사에 진정한 '성전사'로 기록되리라고 확신하였다. 그의 관심은 쉴레이만이 1094/1529년에 포위한 적이 있던 빈으로 향하였다. 오스만의 군대는 1094/1683년 3월 벨그라드를 출발하여 7월 중순경 빈에 도착하였다. 그러나 두 달 후 오스만 군의 대열은 붕괴되고 남쪽으로 퇴각하기 시작하였다. 카라 무스타파 파샤는 벨그라드에서 다시 군대를 집결시켜서 반격하려고 하였지만 12월 25일 술탄의 명령에 의해서 교수형에 처해지고 말았다.

이렇게 해서 쾨프륄뤼 가문의 지배는 끝났다. 유럽에서는 오스만 제국에 대한 신성동맹이 맺어졌고, 러시아도 이에 가담하여 1098/1687년 크림 반도를 공격하자 오스만 군은 완전히 철수할 수밖에 없었다. 무스타파 2세가 병력을 다시 소집하여 러시아에 대해서 일시 성공을 거두기는 하였으나, 그해 9월 4일 젠타의 전투에서 오스만은 처참한 패배를 당하고 말았다. 평화만이 유일한 대안이었다. 쾨프륄뤼 가문에 속하는 후사인 암자자데 쾨프륄뤼가 재상으로 발탁되었는데, 아마 그 이름이 지닌 마력이 강요된 평화를 받아들이는 수치심을 조금 누그러뜨리리라는 생각에서였는지도 모른다. 이렇게 해서 1111/1699년 카를로비츠 조약이 체결되어 상당한 영토를 포기하고 무슬림들이 줄곧 살아 왔던 지역이 처음으로 기독교도의 지배를 받게 되었다.

오스만 제국의 여론이 카를로비츠 조약을 수긍할 수 있도록 설득하는 일이 필요하였다. 이때 후사인 암자자데는 나이마가 자신의 역사서 서문에서 피력한 의견을 인용하였다. 물론 나이마가 오스만 사회가 겪고 있던 질병의 특성을 지적하고 그 처방을 제시한 최초의 인물은 아니었다. 오스만의 쇠퇴에 대해서 언급한 그전의 학자들은 '균형의 순환'(circle of equity)이라는 관념을 내세웠는데, 이것은 사회를 구성하는 여러 부분들 사이의 상호 연관성을 강조한 것으로 그 내용은 다음과 같다.

1. 군대가 없이는 군주권이 있을 수 없다.
2. 재화가 없이는 군대가 있을 수 없다.
3. 재화는 농민이 생산한다.
4. 술탄은 정의로써 농민을 보호한다.
5. 정의는 화합을 필요로 한다.
6. 세계는 정원이며 국가는 그 담장이다.
7. 국가를 버티는 기둥은 율법이다.
8. 군주권이 없이는 율법도 있을 수 없다.

이것이 하나의 고리를 구성하며 각 부분은 서로 떼어 놓을 수 없는 사슬을 이룬다.

이 '균형의 순환'은 간단히 말해서 오스만 제국에는 모두가 자기의 자리를 가지고 있다는 것을 의미한다. 술탄의 기능은 모두가 바로 자신의 자리에 머무를 수 있도록 보살피는 것이었다. 이것을 수행하는 — 즉 아스케리와 레아야의 구분을 유지하는 — 술탄은 정의로운 군주이고 또 그에게 마땅히 복종해야 한다. 이렇게 볼 때 메메드 쾨프륄뤼는 균형을 무너뜨리는 요인들을 제거함으로써 오스만 체제에 화합을 다시 가져다 주었던 셈이다. 그는 백성들을 제자리에 돌려 놓고 술탄에게 권위를 회복시켜 주었으며, 아스케리와 레아야의 구분을 유지하였다.

이슬람의 정치적 도덕적인 전통을 잘 알고 있던 나이마는 인체적 비유와 순환적 역사관이라는 두 가지의 측면을 더 지적하였다. 인체적 비유란 국가를 구성하는 여러 요소들은 신체의 각 부분과 같고 재상은 의사와 같다는 것이다. 나이마의 주장은 환자의 병의 특징을 파악하고 처방법을 발견하기 위해서는 의사에게 시간이 필요하듯이 평화조약의 체결도 재상에게 그러한 시간을 주기 때문에 필요하다는 것이다. 후사인 암자자데의 평화 체결은 정당한 것이며 예언자 무하마드의 전례를 따른 것이었다. 즉 무하마드가 메카를 점령하기 위해서 5/627년 원정을 떠났지만 성공할 수 없음을 깨닫고 후다이비야에서 군대를 멈추게 하였고, 전투준비가 되어 있지 않았던 무하마드는 휴전을 선택하였다. 그러나 그의 결정이 옳았음은 후일 그의 성공에서도 확인되었고, 따라서 후사인 암자자데의 정책도 마찬가지로 옳다는 것이었다.

나이마는 인체적 비유를 계속하면서 군인을 점액에, 문관을 혈액에, 상인을 황담즙에, 농민을 흑담즙에 비유하였다. 그는 당시 오스만의 상황에서 가장 주의해야 할 부분은 점액과 흑담즙, 즉 군인과 농민인데, 그것은 점액을 통제하기란 매우 힘들고 영양실조는 흑담즙에 악영향을 미치기 때문이라고 보았다. 흑담즙이 위장으로 들어가지 못하면 신체의 균형이 깨지게 되는데, 국고는 바로 국가의 위장에 해당되기 때문에 농민으로부터의 세금이 군인들에 의해서 다른 곳으로 쓰여져 국고로 들어오지 않으면 국가는 병들게 된다. 의사인 재상은 신체의 각 부분에 대해서 하듯이 사회의 네 계층 사이의 균형을 잘 유지해야 한다는 것이다. 이어서 나이마는 처방법을 제시하였다. 우선 지출을 줄임으로써 수입과 지출 사이에 균형을 맞추어야 하고, 정부에 대한 불만을 없애기 위해서 봉급은 제때에 지급되어야 한다. 군인들의 방자함은 제거되어야 하며 군대는 활력을 되찾아야 한다. 지방행정 역시 농민들에게 번영을 가져다 줄 수 있도록 공정하게 이루어져야 한다. 마지막으로 술탄은 항상 명랑해야 한다. 그래야만 백성들이 그를 사랑하고 또 두려워하게 된다.

미래에 대한 의구심을 없애기 위해서 나이마는 이븐 할둔으로부터 빌려온 '순환' 사관을 제시하였다. 8/14세기 말에서 9/15세기 초까지 북아프리카에서 살았던 이 위대한 역사가는 왕조를 한 인간과 유사하게 파악하였다. 즉 태어나서 성장하고 나이 들고 퇴화하는데, 이 각 단계의 기간을 대체로 40년 정도로 보았다. 나이마는 국가의 생명을 다섯 단계로 구분하여 영웅적인 창건의 시대, 왕조측과 노예관리들에 의한 확립의 시대, 안정과 평온의 시대, 만족과 포만의 시대 그리고 해체의 시대를 설정하였다. 그는 1094/1683년의 빈 포위라는 사건에서 오스만이 제4단계, 즉 만족과 포만의 시대를 경험하고 있다고 보았다. 이해하기

셀림 3세가 토프카피 궁전의 '축복의 문' 앞에서 한 외국사절을 접견하고 있다. 그림의 기법(원근법과 음영법)이나 건물묘사에서 유럽의 영향을 강하게 보여준다. 셀림(1204-1222/1789-1807)은 과거를 청산하고 터키를 19세기에 맞게 생존할 수 있는 근대적 국가로 탈바꿈시키려고 하였다. 인쇄술도 그의 치세에 시작되었다.

힘든 논리이기는 하지만, 그는 이미 그 단계에 할당된 기간이 충분히 지나갔기 때문에 오스만인들은 하등 두려워해야 할 이유가 없으며 재상이 실시하는 정책이 밝은 미래를 보장할 것이라고 주장하였다.

나이마의 계획은 단순하였지만 확실히 효과가 있었다. 카를로비츠 조약이 있은 직후 오스만 제국은 다시 한번 위대한 복원력을 발휘하였다. 1123/1711년 오스만 군은 프루트 강가에서 표트르 대제를 무찔렀으며, 4년 뒤인 1127/1715년에는 베네치아로부터 모레아를 빼앗았다. 1149-1152/1736-1739년 사이에 오스만

오스만 제국 439

은 숙적인 오스트리아 및 러시아와 격렬한 전쟁을 계속하였다. 1152/1739년 오스트리아와의 조약으로 전략적으로 매우 중요한 벨그라드가 다시 탈환되었고, 확실히 카를로비츠는 후다이비야와 같은 듯하였다. 그러나 이러한 생각은 장기적으로 보았을 때 자기 기만적일 수밖에 없었다. 1/7세기와 12/18세기의 상황은 같지 않았다. 이슬람 세계에 관한 한 고도로 세련된 것처럼 보인 오스만이지만 군사외교 분야를 제외하고는 유럽에 대해서 아는 것이 전혀 없었다. 외교사절로 유럽을 방문한 경험이 있는 극소수를 빼 놓고는 유럽에 대해서 직접적인 견문을 가지고 있는 사람은 거의 없었다. 아마 오스만의 군대가 서구에 대해서 승리를 거두고 있는 한 자세히 알아야 할 필요가 없었을 것이다. 따라서 어떤 개혁이라도 그것은 이슬람의 전통적인 틀을 벗어날 수 없었고 오직 쉴레이만 시대가 모델이 되었다. 실험과 혁신과 개방은 환영받지 못하였고, 카를로비츠의 치욕 직후에 오스만이 거둔 성공은 제도적 장치들을 재평가하고 새로운 방법론을 모색할 필요성마저 완전히 봉쇄하여 버렸다. 오스만 제국으로 하여금 얼마나 위험한 상황에 처해 있는지를 깨닫게 하기 위해서는 결국 또다른 심각한 패배가 필요하였던 것이다.

   그러한 패배를 1188/1774년 러시아로부터 당하였던 것이다. 퀴취크 카이나르야 조약은 활기차고 재건된 무적의 제국이라는 오스만의 이미지를 완전히 깨어 버리고 말았다. 나이마의 처방은 대증적(對症的)인 효과만 발휘하였던 셈이었다. 성공으로 생각하였던 것이 사실은 실패였음이 분명해졌고, 이제는 환자를 철저히 재점검하지 않으면 안 되었다. 개혁도 과거를 모델로 한 것이 아니라 다른 곳에서 그 정보와 영감을 찾아야 하였다. 1204/1789년 셀림 3세가 즉위하였다. 그의 치세는 전통적인 오스만 체제를 근대적인 국가로 변신시키기 위한 개혁과 재조직으로부터 시작하였다. 그의 치세는 강제적인 근대화 개혁의 추진을 통해서 오스만 제국으로 하여금 13/19세기를 준비하게 하고, 궁극적으로는 제1차 세계대전이 끝날 때까지 존속하도록 한 원동력을 제공한 전환점이기도 하였다.

12. 무슬림 인도

타지 마할에 장식된 경석(pietra dura)의 일부. 개념과 기법에서 절정을 보여 주고 있으며 양식화된 잎사귀 문양에는 페르시아와 인도적인 요소들이 혼합되어 있다.

인도 아대륙을 배경으로 하는 이슬람은 서아시아의 다른 지역에서의 이슬람과는 상당히 다른 발전과정을 거쳐 왔으며, 전체적으로 이슬람적인 특징을 가지면서도 토착적인 성격이 매우 강한 문화를 이룩하였다. 더구나 다른 지역의 무슬림들과는 달리 이슬람이 인도 아대륙에 처음 도입되었을 때부터 지금에 이르기까지 한번도 대륙 전체를 이슬람화시키지는 못하였다는 점에 주목할 필요가 있다.

오늘날 대다수의 무슬림들은 대륙의 서북부와 동북부에 거주하고 있고, 델리나 아그라와 같이 무슬림들이 600년 이상 지배를 해 왔고 또 이슬람 국가의 수도였던 곳에서조차 무슬림은 전체 인구의 10퍼센트를 넘은 적이 없었다. 최근의 인구조사는 무슬림과 비무슬림의 비율을 잘 보여 주고 있다.

	전체 인구	무슬림	무슬림의 비율
파키스탄	64,604,000	62,665,880	약 97퍼센트
방글라데시	75,840,000	64,464,000	약 85퍼센트
인도	547,949,809	61,417,934	약 11퍼센트
합계	688,393,809	188,547,814	

따라서 인도 이슬람 문화의 복합적인 모습은 한편으로는 이슬람 인도와 서아시아, 다른 한편으로는 이슬람 인도와 토착적(특히 힌두적) 요소와의 접촉과 갈등에 대한 객관적인 파악이 있어야 제대로 드러날 수 있을 것이다.

무굴 출현 이전의 시대

예언자 무하마드 출현 이전 시대에도 말라바르 해안에 정착해서 살고 있는 아랍인들에 대한 언급이 나온다. 이슬람 출현 이후에는 아라비아 반도에서 온 상인과 선원들이 토착민들을 이슬람으로 개종시키기 시작하였던 것으로 보인다. 아랍인들에게는 사무리(sāmuri)로, 포르투갈인들에게는 자모린(Zamorin)으로 알려졌던 쿨리쿠트 국왕의 개종을 둘러싼 설화는 아마 종교적인 성격의 전설에 불과하겠지만, 당시 쿨리쿠트의 군주들은 아랍 상인들이 자국의 영내로 들어와서 활동하는 것을 환영하였으며 또 그들의 전교활동에 대해서도 아무런 제재를 가하지 않았던 것으로 보인다. 2/8세기 이후 인도의 양쪽 해안에 와서 거주하는 아랍인과 페르시아인의 숫자는 상당히 증가하였다.

무슬림이 인도로 침입하기 시작한 것은 92/711년부터였다. 소위 신드(Sind)에 대한 원정은 수세기 동안 계속되었다. 그러나 이렇게 해서 이루어진 정복은 안정된 것도 또 지속적인 것도 아니었다. 인도에 처음으로 지속적인 지배를 실현한 이슬람 왕조는 투르크 노예 출신의 세뷔크티진과 그의 아들 마흐무드에 의해서 건설된 가즈나(Ghazna) 왕조였고, 그 영역은 펀자브, 신드, 호라산을 비롯하여 이란 쪽으로는 지발까지 미쳤다. 마흐무드는 전후 17차례에 걸쳐서 인도를 침략하여 엄청난 전리품을 가져갔다. 원대한 안목을 가진 수니 무슬림이었던 그는 이란식으로 정부를 조직하였고 페르시아어를 궁정의 언어로 채택하였다. 그가 후원하였던 페르시아 시인들과 수니 신학자들은 그를 이슬람권의 위대한 용사로 불멸화시켰다. 그의 제국 건설은 '성전'으로 간주되었고 그의 휘하에서 싸우는 투르크 노예들은 '성전사'로 불리게 되었다.

가즈나 왕조는 중부 아프가니스탄 토착민들에 의해서 건설된 구르(Ghūr) 왕조로 이어졌다. 6/12세기 후반 가즈나 왕조 영역의 거의 대부분을 차지한 그들은 남으로 신드를 쳐서 베나레스까지 진출하였다. 중요한 군사적 거점에는 야심에 찬 투르크 노예들을 배치하고 그 대신 봉읍지(iqtā'), 즉 조세와 인두세를 징수할 수 있는 토지를 나누어줌으로써 영토를 확장시켜 나갔다. 599/1203년경까지 구르 왕조는 벵골 지역의 거의 대부분을 지배하게 되었다.

그러면 어떻게 해서 무슬림들이 그와 같은 성공을 거둘 수 있었을까? 특별히 더 우수한 무기를 가졌던 것은 아니지만 투르크인들은 인도의 지형과 해상무역에 크게 힘입었던 것 같다. 그들은 초원에서 일종의 게릴라식 전투에 익숙해져 있었기 때문에 확실히 기동성이 뛰어났고 치고 빠지는 전술의 명수였던 반면, 인도의 군대는 코끼리를 사용하는, 전통적이지만 기동성이 떨어지는 전술을 사용하였기 때문에 불리할 수밖에 없었다. 그러나 4/10세기에서 6/12세기까지 투르크인들의 군사적인 승리는 기본적으로 뛰어난 리더십과 새로운 영토를 정복하려는 야심에 기인하였던 것으로 보아야 할 것이다.

607/1210년 샴스 웃 딘 일투트미시는 델리를 구르 왕조의 수도로 삼았고, 그 후 150년 동안 델리 왕조(Delhi Sultanate)는 인도에서 가장 중요한 정치세력이 되었다. 몽골족의 등장은 델리 왕조를 인더스 강 서쪽 지역으로부터 차단시켰다. 또한 656/1218년 바그다드의 함락과 칼리프 체제의 붕괴로 인해서 델리는 무슬림의 피난처가 되었으며 몽골군을 피해서 다른 지역에서 온 많은 학자, 신학자, 과학자들의 회합장소가 되었다. 일투트미시는 일바리(Ilbarī) 부족에 속하는 투르크인이었다. 그의 왕조는 689/1290년까지 존속하였고, 그를 계승한 여덟 명의 군주들 가운데 그의 딸인 라디야(634-637/1236-1240)가 가장 돋보였다.

689/1290년 일바리 왕조는 할지(Khaljī) 왕조로 대체되었고 그 6인의 군주들 치세에 데칸 고원이 있는 남쪽으로 확장하였다. 그러나 할지 왕조의 쇠퇴는 반란과 내전을 불러일으켰고 8/14세기 전반 투글루크(Tughluq) 왕조가 제국을 다시 일으켜세웠다. 801/1398년 티무르의 침입으로 소규모 국가들로의 분열화가 가속적으로 진행되어 델리에는 처음에 사이드(Sayyid) 왕조가, 그리고 다음에는 아프간 부족이 건설한 로디(Lodī) 왕조가 들어섰다. 910/1104년 술탄 시칸다르 로디(894-923/1489-1517)는 주변지역의 힌두, 무슬림 수령들을 복속시키기 위해서 새 수도를 아그라로 정하였다. 그의 개혁은 봉읍지를 소유한 아프간 부족들의 독립성을 약화시켰고, 그를 계승한 이브라힘 로디(923-932/1517-1536)는 더 과격한 방법으로 전통적인 아프간 귀족들을 억눌렀다.

그러나 이렇게 해서 발생한 아프간인들 사이의 내란이 결국 무굴 제국을 건설한 자히르 웃 딘 무하마드 바부르의 성장을 허용하고 말았다. 888/1483년에 태어난 바부르는 부계로는 티무르에, 모계로는 칭기즈 칸에 이어지는 가문이었다. 카불에 근거를 두고 있을 때 그는 이브라힘 로디를 932/1526년 델리 근교의 파니파트 전투에서 패배시키고 그 다음해에는 무슬림과 라지푸트 연합군을 격파하였다. 이어서 그는 아프간 세력을 밀어붙여서 동쪽으로는 비하르까지 진출하여 무굴 제국의 기초를 닦았던 것이다.

무굴 제국 : 번영과 쇠퇴

바부르가 937/1530년 예상외로 일찍 사망하고 그의 아들 후마윤이 계승하였으나 야심 만만한 아프간 수령 셰르 한 수르에 의해서 연속 두 차례의 전투에서 패배하고 페르시아로 도망치지 않을 수 없었다. 셰르 샤(945-952/1538-1545)로 불리게 된 그가 군사적 행정적인 분야에서 이룩한 성취는 적지 않았지만 그가 세운 수르(Sūr) 왕조는 단명하였다. 후마윤은 962/1555년 다시 델리를 점령하는 데에 성공하였지만 바로 그 다음해에 죽고 말았다.

949/1542년에 출생한 후마윤의 아들 악바르야말로 무굴 제국의 진정한 건설자라고 할 수 있다. 무굴 제국은 1857-1858년 인도 반란이 영국 군대에 의해서 진압됨으로써 그 마지막 흔적이 사라질 때까지 300년 이상 존속하였다. 악바르는 원대한 안목을 가진 지도자이자 동시에 뛰어난 군지휘관이고 행정가이기도 하였다. 그가 실제로 제국의 권력을 장악한 것은 968/1561년 말와를 정복한 뒤부터였다. 바로 그 다음해 그는 자이푸르 근처의 암베르에 있던 라지푸트 출신의 공주와 혼인하였고, 벌써 이 단계에서 그는 종교적인 관용을 보이기 시작하였다. 후일 그는 다른 라지푸트 공주들과 결혼하였고 그들이 궁정 안에서 힌두교를 믿을 수 있도록 허용하였다. 악바르는 969/1562년 전쟁포로를 노예로 삼는 전통적인 관행을 폐기시켰고, 970/1573년에 힌두 교도에 대해서 부과되던 성지순례세를 없앴다. 아지메르는 악바르가 군사적 원정을 시작하는 근거지이자 동시에 종교적인 중심지가 되었다. 975-981/1568-1572년 사이에 그는 많은 라지

푸트 왕국들을 무력으로 혹은 협상으로 병합해 버렸고, 980/1572년에는 구자라트의 점령으로 포르투갈과 접촉하게 되었다.

악바르는 993/1585년 자신의 이복형제이자 카불 총독이었던 미르자 하킴의 사망을 계기로 서북 변경지역에 새로운 위협으로 등장한 중앙 아시아 우즈베크인들의 수령 아브드 알라 칸에 대처하기 위해서 펀자브로 진출하였다. 그는 펀자브에 오랫동안 머물면서 994/1586년에는 카슈미르를 점령하였고 999/1590년에는 신드를, 1003/1595년에는 칸다하르를 점령하였다. 1007/1598년 아브드 알라가 죽은 뒤 비로소 그는 펀자브를 떠나 돌아오게 되는데, 이때는 이미 카불과 칸다하르가 제국의 서북부에 편입된 상태였다. 1007/1599년 아그라로 돌아온 뒤 악바르는 다시 데칸 고원을 확실히 지배하기 위해서 그곳으로 떠났으나 그의 계획은 실패로 돌아갔다. 그는 아시르가르흐와 아흐마드나가르를 장악하는 데는 성공하였으나 끝내 데칸 고원을 복속시키지는 못하였다.

1014/1605년 악바르가 죽고 유일하게 생존한 아들 살림이 자한기르라는 이름으로 즉위하였다. 그러나 자한기르의 아들인 후스로우가 반란을 일으켰고, 비록 그것이 실패로 돌아갔지만 그와 그의 지지자들은 자한기르에게 계속 위협세력이었다. 1019/1610년 에티오피아 출신의 말리크 암바르가 지휘하는 데칸 게릴라들이 아흐마드나가르를 점령하고, 1031/1621년에는 사파위 왕조의 샤 아바스가 칸다하르를 장악하였다. 자한기르가 가장 아끼던 아들 후람이 데칸 고원으로 가서 후스로우를 살해하였지만 칸다하르로 진군하라는 명령을 어기고 아버지에게 반란을 일으켰다. 후일 그는 아버지와 화해하였고, 자한기르가 1037/1627년 사망하자 뒤를 이어 샤 자한이라는 이름으로 즉위하였다.

치세 초기에 아흐마드나가르를 정복한 샤 자한의 위세는 크게 높아졌고, 비자푸르, 골콘다와 같이 데칸 고원에 독립하고 있던 시아파 왕국들도 같은 운명을 맞지 않으려고 유화적인 정책으르 나왔다. 발흐와 부하라를 점령하려고 한 샤 자한의 기도는 실패로 끝났지만, 1048/1638년 칸다하르를 점령하는 데는 성공하였다. 그러나 그것 역시 일년 뒤 페르시아측에 다시 빼앗겼다. 1067/1657년 9월에 샤 자한은 중병에 걸려서 큰아들 다라 시코를 후계자로 임명하였다. 그러나 그전에도 자주 일어났던 계승분쟁이 터져서 샤 자한의 셋째 아들인 아우랑제브가 권좌를 장악하였다. 그는 병상에서 일어난 아버지 샤 자한을 투옥시키고 자신의 형제들을 하나씩 살해하였다. 샤 자한도 1076/1666년 마침내 감옥 안에서 사망하고 말았다.

1068/1658년에서 1092/1681년에 이르는 동안 아우랑제브는 데칸 고원을 노련한 장군들에게 위임하고 자신은 주로 인도 북방에 관심을 쏟았다. 제국의 군대가 아삼과 동부 벵골 지역에서 비교적 성공을 거두는 동안 데칸 고원에서는 마라타(Maratha) 동맹의 지도자인 시바지가 거대한 세력을 구축하기 시작하였다. 아우랑제브는 힌두 교도들에게만 차별적인 세금을 부과하는 등 종교적으로 엄격한 조치들을 실시하고 많은 힌두 사원들을 파괴하였다. 이러한 조치가 많은 정통 수니파 사람들을 만족시킨 것은 사실이지만 군주의 정치적인 목표를 실현하는 데는 도리어 장애가 되었다. 1092/1681년 아우랑제브는 다시 데칸 고원으로 관심을 돌려서 그후 6년 동안 골콘다와 비자푸르를 점령하고 1100/1689년에는 시바지(1091/1680년 사망)의 후계자인 샴부지를 붙잡아서 처형하기에 이르렀던 것이다.

아우랑제브는 더 이상 데칸 고원에 머무를 필요가 없었다. 무굴 제국의 팽창은 그 절정에 이르렀다. 그러나 군사적인 압력과 뇌물을 함께 사용하여 마라타 게릴라들을 제거하려는 그의 노력은 성공을 거두지 못하였다. 데칸 고원에서 벌어진 무굴 군대와 마라타 군대의 끊임없는 군사작전으로 말미암아 경제는 피폐하였고, 황제가 북방을 오랫동안 비워 두었기 때문에 아그라를 중심으로 한 힌두교 자트(Jāt) 세력과 펀자브를 중심으로 한 시크 교도(Sikhs) 세력이 급성장을 하고 있었다. 말와와 구자라트에 대한 마라타측의 공격 역시 점점 그 위협도를 더해 갔다.

1118/1707년 아우랑제브는 89세의 나이로 손에 묵주를 들고 그것을 입에 맞추며 알라에게 기도하는 모습으로 데칸 고원에서 사망하였다. 그의 죽음은 자식들 사이에 치열한 계승분쟁으로 이어졌고, 그 결과 무아잠이 바하두르 샤라는 이름으로 즉위하였다. 이미 64세의 나이였던 그는 아버지에 의해서 실시된 종교적으로 지나치게 경직된 정책들을 완화하려고 하였으나, 이미 실권은 다양한 민족집단의 수령들에게 넘어간 상태였고 그들은 개별적인 이해관계에 따라서 제멋대로 행동하였다.

바부르의 손자 악바르는 무굴 제국에서 가장 중요한 인물이자 세계사에서도 손꼽힐 만한 명군이었다. 무슬림들의 종교적 지도력에 실망한 그는 기독교를 비롯한 각종 종교에서 진리를 탐구하려고 하였고, 그의 이러한 노력은 종교의 보편적인 조화에 대한 굳은 신념으로 결정체를 이루었다.

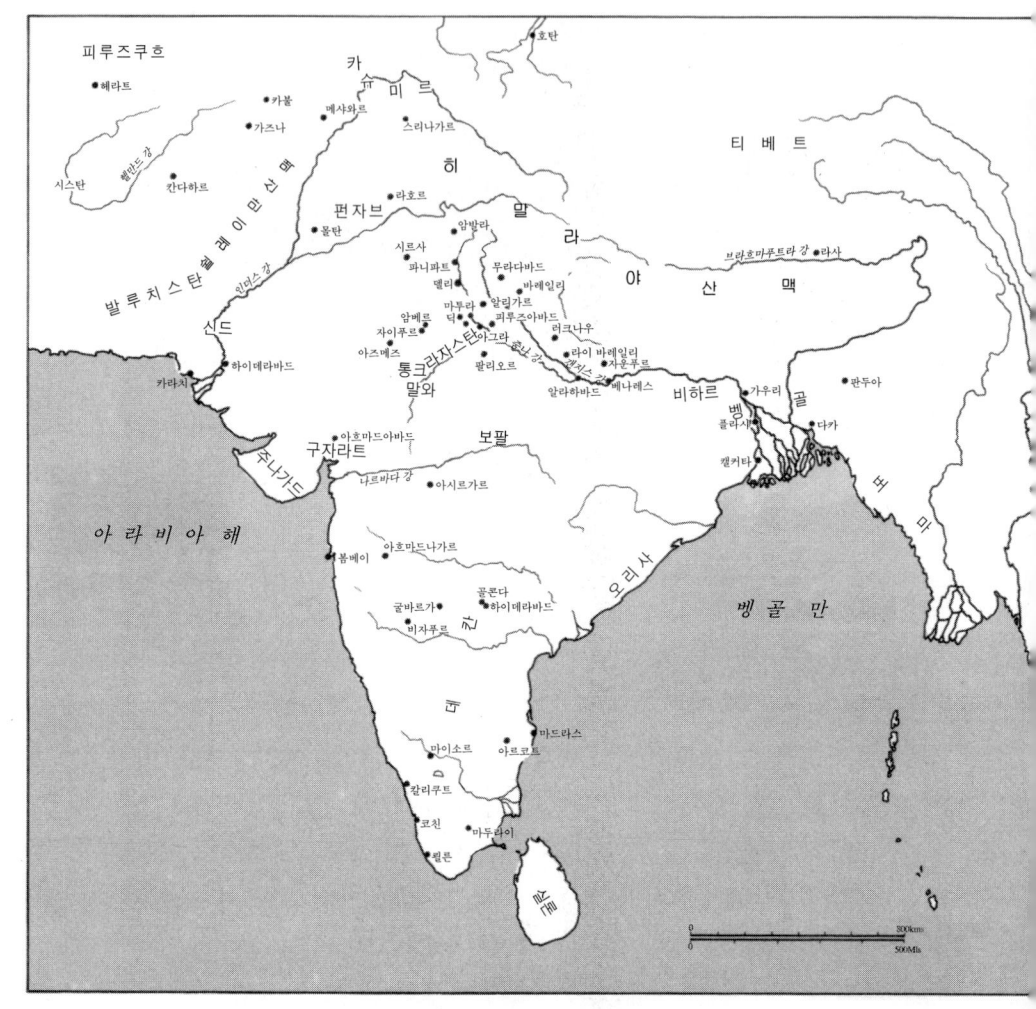

무굴 제국 시대의 인도 아대륙

    페르시아의 정복자 나디르 샤의 침공(1152/1739)과 델리의 약탈은 무굴 제국의 기초를 완전히 흔들어 놓았다. 인더스 강 너머에 위치한 지역들(신드, 카불, 펀자브 서부지역)은 이미 나디르에게 할양되었고, 델리에서 빼앗긴 재화는 실로 엄청난 규모였다. 이때 나디르 샤를 따라서 델리에 온 아프간 출신의 지휘관이 아흐마드 샤 두라니였는데, 나디르 샤가 1160/1747년 암살된 뒤 그는 스스로 아프가니스탄에 제국을 건설하여 그곳을 근거로 펀자브와 카슈미르를 무려 일곱 차례나 침입하였다. 그는 1170/1757년 델리와 마투라를 약탈하였고 1175/1761년 파니파트 전투에서 마라타 동맹를 격파하고 무굴 제국이 그나마 가지고 있던 재화를 빼앗아 갔다.

마라타의 세력은 곧 다시 회복되었으나 이번에는 무굴 제국의 벵골 총독과 벌인 플라시 전투(1170/1757)에서 승리를 거둔 영국군에 의해서 다시 꺾이고 말았다. 델리에 있던 여러 집단의 수령들은 더 이상 무굴에 대해서 희망을 두지 않고 중부 인도에 하이데라바드(Hyderabad), 아르코트(Arcot), 미소레(Mysore), 보팔(Bhopal) 등의 독립왕국을 세웠고, 무라다바드와 바레일리 사이의 지역에서는 우드(Oudh), 로힐라(Rohilla) 등의 국가가 들어섰다. 1803년 영국은 무굴의 황제인 샤 알람 2세를 보호하에 두고 왕족의 생계를 위해서 '적절한 지원'을 제공하기로 약속하였다. 그러나 무굴 제국의 환영(幻影)은 1857-1858년 실패한 반란에 이르기까지 계속 사라지지 않았다. 미소레의 술탄인 티푸가 1213/1799년 영국측에 의해서 살해되고 그 왕국은 합병되었으며, 1801년에는 아르코트가 무너졌고 1856년에는 우드가 동인도 회사에 합병되었다. 데칸 고원의 하이데라바드와 로힐라족이 지배하던 북부 람푸르(Rampur) 왕국, 그리고 보팔과 통크(Tonk)와 주나가드(Junagadh) 등의 왕국만이 영국의 보호 아래 겨우 명맥을 유지하였다. 이들은 후일 인도가 독립을 획득한 뒤 '인도 연맹'(Indian Union)으로 합해졌다. 카슈미르 주민의 대다수를 이루던 무슬림들은 힌두 교도 '라자'의 통치를 받다가 1947년 분리 후 대부분의 지역은 인도의 지배를 받고 나머지 일부만이 파키스탄으로 편입되었다.

군주와 궁정

델리 술탄국들의 궁정생활은 대체로 페르시아의 셀주크 왕조를 모방하였다. 술탄은 신으로부터 군주권을 부여받은 '땅에 비친 신의 그림자'였으며 '왕 중의 왕'이었다. 알 가잘리가 저술한 『나시하트 알 물루크』(Nasīhat al-Mulūk)에 잘 반영되어 있는 사산 왕조 시대의 군주권은 이슬람 세계 군주의 이상형으로도 받아들여졌지만 그러한 이상을 실현시킨 술탄은 드물었다.

무굴 제국의 악바르는 정부와 군대 내부의 민족적인 갈등을 극복하기 위해서 군사 민간관료 제도를 소위 만사브다리(mansabdārī)라는 체제로 재조직하였다. 만사브(mansab)는 '지위', '관직'을 의미하고 만사브다르(mansabdār)는 정부조직 안에서 황제가 임명한 직위를 가진 사람을 의미하였다. 가장 낮은 만사브다르는 열 명의 기병의 지휘관이었고, 가장 높은 만사브다르는 5천 명의 기병의 지휘관이었다. 관직의 고하에 따라서 봉급이 지급되었는데, 현금으로 받거나 아니면 자기르(jāgīr : 일정한 지역에서 거두어지는 세금)의 형태로 받았다. 만사브에는 다트(dhāt)와 사와르(sawār)라는 두 종류의 등급이 있었는데, 전자는 만사브가 지휘하는 기병과 말의 숫자를 지칭하고 후자는 관료체계와 봉급체계 안에서의 위치를 지칭한다. 악바르 이후 이 제도는 더욱 발전되었지만 그 기본적인 특징은 변하지 않고 그대로 존속되었다.

만사브다리 제도는 중앙 아시아나 페르시아에서 유입되어 오는 사람들을 동화시키는 역할뿐 아니라 무슬림, 비무슬림을 막론하고 토착 엘리트들을 끌어들이는 기능도 하였다. 물론 궁정 안에서 경쟁이나 음모가 그친 것은 아니었으나 그 공격의 대상은 이제 황제 개인이 아니라 주도적인 집단의 수령들이 되었다. 후일 아우랑제브는 만사브를 이용하여 모호한 입장을 취하는 마라타측과 데칸 무슬림들을 회유하려고 하였으나, 그 결과 만사브 체제에 커다란 긴장이 생겨나서 그것이 후일 무굴 제국의 해체를 가져오게 한 정치적 위기를 야기하게 되었다.

일반적으로 여자는 관리로 임명되지 않았다. 그러나 일투트미시는 딸 라디야와 함께 국사를 논하였고, 죽을 때는 다른 아들들을 젖혀 놓고 그녀를 후계자로 임명하였다. 라디야는 634-637/1236-1240년 군주로 있으면서 여성들이 쓰던 베일을 벗도록 하는 등 혁명적인 조치들을 취하였고, 그녀 자신도 남자 관리들은 물론 일반 대중들과 직접 접촉하는 것을 꺼리지 않았다. 일바리 왕조의 하렘에 있던 여성들은 정치적인 음모에 깊이 간여하였으며, 나시르 웃 딘 무하마드(644-664/1246-1266)의 모친은 그를 즉위시키는 데 결정적인 역할을 하였고, 술탄 무하마드 이븐 투글루크(725-752/1325-1351)는 자기 모친의 현실적인 조언에 깊은 존경을 표시하였다. 아프간 여성들의 정치적인 역할에 대해서는 알려진 것이 없지만 후마윤의 모친은 재능과 기지가 뛰어난 여성으로 기록되어 있고, 그의 여동생인 굴바단 베굼은 후마윤 시대의 사건들을 기록으로 남기고 형제들간의 화목을 위해서 끊임없이 노력하였던 것으로 알려지고 있다. 악바르도 처음에는 유모였던 마함 아나가의 영향을 받아서 섭정 바이람 칸의 권한을 삭탈해 버렸다. 968-972/1560-1564년에 악바르가 '여성 정권'의 그늘 아래 있었다는 주장에 동의하기는 힘들지만, 그가 항상 자기 모친인 하미다 바누 베굼의 도움에 의존하였던 것은 사실이다. 악바르는 바이람 칸의 젊고 매혹적인 미망인 살리마 술탄 베굼과 결혼하였는데(악바르와의 사이에서 당대 최고의 장군인 아브드 알 라힘 하니 하난이 출생하였다) 그녀는 1021/1612년까지 살면서 자신의 영향력을 발휘하여 악바르와 자한기르 시대에 일어난 여러 위기를 누그러뜨리는 데 기여하였다. 악바르는 부인들에게 황제의 인장인 우주크(uzuk)를 관할하도록 함으로써 제국행정에 간여하는 것을 허용하였다. 고위관직을 임명하는 어떠한 문서도 이 인장이 없으면 효력이 없었다. 우주크를 관리하는 사람들은 궁정이나 군영(軍營)에 있던 황후들의 처소에 독립된 관아를 운영하며 거기에서 주요 문서에 인장을 찍었다. 이 관아에서 업무의 지체와 여러 음모가 벌어지기도 하였지만 그로 인해서 권력이 남용되는 경우는 드물었다. 12/18세기에 들어와서 많은 수의 무굴 여성들이 정치에서 적극적인 역할을 담당하였고 경우에 따라서 이는 매우 위험한 일이기도 하였다. 그들 가운데 일부는 학자나 시인들을 후원해 주었고 학교를 세우기도 하였으며, 또 권력투쟁에 끼어들기도 하였다. 기마에도 능하고 폴로 경기를 잘하며, 심지어 사자 사냥에 참여하는 여성도 있었다.

셀주크의 전통을 잇는 델리 왕조들의 궁정예식과 규범은 군주의 개인적인 만족뿐만 아니라 외국의 특사들이나 토착귀족에게 왕권이 가지는 신성한 광휘를 과시하려는 목적으로 꾸며지기도 하였다. 아미리 하지브(amīr-i ḥājib : '大待從')는 궁정에서 제2의 실권자였으며, 황제와의 알현을 관장하고 심지어 대신들도 그를 통해야만 황제를 만날 수 있었다. 발반(664-686/1276-1287)은 투르크 귀족들의 잔여 세력을 깨끗이 청산하기 위해서 자신과 경쟁하던 인물들을 갖가지 구실을 대서 처형시켜 버렸고, 이어 궁정예식도 지나치게 엄격하고 가식적으로 꾸몄다. 그는 시즈다(sijda : '엎드려 절한다')라고 불리는, 이슬람에서는 볼 수 없는 형식의 예법을 도입하였는데 그의 후계자들의 시대에도 계속되었다. 이 예법은 자민보스(zamīnbos : '땅바닥에 키스한다') 혹은 파보스(pābos : '발에 키스한다')라는 그럴듯한 표현으로 알려지기도 하였다. 이슬람 샤 수르(952-960/1545-1552)는 심지어 자기가 없을 때도 대신들이 자기의 슬리퍼에 대해서 경의를 표시해야 한다고 강요하였다. 무하마드 이븐 투글루크의 궁정에서 무슬림들이 엎드려 절할 때 시종들이 큰 소리로 "비스밀라"(Bismillāh : '알라의 이름으로')를 외치고 힌두 교도들은 똑같은 행위를 하며 "하다크 알라"(Hadāk Allāh : '신이 그대를 인도하시라')라고 소리쳤다고 한다.

후마윤이 궁정예식을 많이 수정하기는 하였지만 무굴의 궁정예식은 악바르에서부터 기원한다고 할 수 있다. 그는 기존의 예법에 티무르 왕조의 예법을 다수 첨가하였는데, 가장 흥미로운 변화는 무슬림과 힌두 교도가 모두 황제의 형제요 자식이라는 개념에서 비롯된 것이다. 궁정의 위엄과 화려함이 더욱 강조되면서도 황제를 둘러싼 신비로움을 보다 대중적으로 넓히려는 시도들이 보였다. 과거에는 일부 선량들만이 황제를 볼 수 있었으나 이제 악바르는 다르샨(darshan : 힌디어로 '만나 본다'를 의미한다)이라는 제도를 도입하였다. 이것은 궁전의 발코니나 창문에 황제가 매일 아침 일찍 모여든 군중들 앞에 모습을 보이는 의식인데, 다르샨에서 황제에 대한 청원이 이루어지고 또 중요한 국사가 결정되기도 한다. 때로는 궁전 아래의 광장에서 '몽골 용사들의 격투'가 벌어지기도 하였다. 대신들이 단 위에 도열하고 군중들은 아래의 광장에 모인 가운데 악바르가 태양을 향해서 경배하였다. 그러면 모든 사람들이 "파드샤 살라마트"(Pādshāh Salāmat : '황제 만세!')라고 외쳤다. 샤 자한도 이러한 의식을 계속하였으나 아우랑제브는 인간에 대한 숭배라고 하여 이를 폐지하였다.

악바르 때부터 황제가 군중들 앞에 나타날 때는 커다란 북을 치는 관습이 시작되었다. 몽세라트 신부는 악바르가 파테푸르 시크리의 대접견실에서 엄격하고 공정하면서도 혹독하지 않은 심판을 내리는 모습을 목격하였다. 거기에는 사형 집행인이 줄곧 서 있었고 여러 가지 고문기구들도 있었다. 그러나 몽세라트 신부에 의하면 이 기구들은 실제로 사용하기보다는 겁을 주기 위한 목적으로 전시된 것이라고 한다. 외국의 특사들이나 방문객들도 접견실에서 황제를 만났으며, 시인, 학자, 음악가 혹은 다른 재능 있는 사람들도 마찬가지였다. 승전 장군이 황제를 만날 때는 거창한 의식이 수반되었다. 이란 식의 신년인 노루즈(Nawrūz : 春分)와 같은 축제일이 되면 접견실은 화려하게 장식되었고 거기에서 재주꾼들이 갖가지 묘기를 연출하였다.

시즈다는 일반 접견실에서는 허용되지 않았다. 대신 악바르는 코르니쉬(kornish)와 타슬림(taslīm)이라는 두 가지의 새로운 인사예법을 개발하였다. 전자는 오른쪽 손바닥을 자신의 이마에 대고 머리를 숙여서 인사하는 것이고, 후자는 손등을 땅바닥으로 향하게 하고 몸을 일으켜 세우면서 손을 부드럽게 들어올리는 방법이다. 황제가 원정이나 사냥 때문에 수도에 없을 때도 궁정예식은 똑같은 규칙성을 유지하며 수행되었다. 그럴 경우에는 군영이 궁정이 되는 셈이었고, 인도의 토착민들은 황제와 그를 둘러싼 권위를 직접 눈으로 목격하고 또 스스로 청원할 수 있는 기회도 가지게 되는 것이다. 국사를 처리하는 바쁜 일상사 가운데서도 종종 음악이나 시를 듣고 장기와 카드를 두는 소일거리를 즐겼다. 악바르는 그의 조상들이 그러하였듯이 이쉬크바지('ishqbāzī : '사랑놀이')라고 불리는 비둘기 날리기를 즐겼다.

사회계층

인도 무슬림들의 도시사회는 무하마드나 그 후계자들이 주장하였던 것과 같이 이론적으로 평등한 체제를 이루지는 못하였다. 귀족과 고관들이 높은 지위를 누렸고 황가의 일부를 구성하던 노예들의 지위가 비록 귀족보다 외면적으로 낮았던 것은 사실이지만, 술탄으로부터 총애를 더 많이 받는 경우도 적지 않았다. 그들은 자기 나름대로 압력단체를 조직하였고, 때로는 술탄을 없애고 스스로 왕조를 건설하여 새로운 귀족과 정치 엘리트를 형성하기도 하였다. 그러나 가내노예라든가 궁정에 소속된 카르하나(kārkhāna : 제작소)에 소속된 사람들은 결코 부러움의 대상이 아니었다.

7/13세기 말 투르크인들의 우위가 점차 흔들리고 술탄 알라 웃 딘 할지(695-715/1296-1316)와 무하마드 이븐 투글루크가 취한 개혁조치로 말미암아서 비투르크계 사람들이 대거 지배계층 속으로 들어오게 되었다. 육상과 해상교역을 장악한 상인들도 재산과 외국과의 연관성에 힘입어 정부의 고위직에 임명되어 귀족으로 행세하기 시작하였고, 그러한 정치적 경제적인 기반으로 인해서 그들은 권력투쟁이나 정권 교체와 같은 변화에도 큰 영향을 받지 않았다.

학자들과 사이드들(sayyid : 예언자의 후손)과 수피들도 존경을 받았지만 그것은 자신의 능력에 의해서라기보다는 정부와의 연관성이나 정부에 대한 영향력 때문이었고, 무상 토지급여(madad-i ma 'āsh)의 덕택으로 경제적인 부유함도 누렸다. 7/13세기의 유명한 한 수피는 델리의 수피 모임에서 돈이 있어야 수피 교단의 고위직을 살 수 있다고 공언하기까지 하였다. 학자들이나 수피들 가운데 굶어 죽는 사람은 거의 없었으며, 대부분은 국가나 돈 많은 상인들의 후원으로 풍족하게 살았다.

아프간 군주들의 시대에 외국인들이 다시 권력을 장악하게 되었고, 과거 무슬림 왕조들 시대에 행세하였던 귀족들은 여태까지 거칠고 야만적이라고 생각하였던 아프간인들이 갑자기 사회의 최고층으로 자리잡게 된 사실에 큰 충격을 받았다. 바부르와 후마윤의 치세에는 중앙 아시아와 페르시아 출신 사람들만이 높은 권력과 특권을 누렸다. 만사브다리 제도의 도입으로 여러 집단들의 지위도 상승되었지만 투르크인들은 여전히 황가의 동족이라는 점 때문에 유리한 입장이었고, 남보다 쉽게 관직에 오를 수 있었다. 이 때문에 샤 자한과 아우랑제브 치세의 인도인 만사브다르들은 자신의 자식들이 '순수 몽골인으로 인정받기를' 바랐으며, 피부가 하얀 카슈미르인들과 혼인을 맺으려고 노력하였다. 델리 왕조들과 무굴 제국 지배하에서 무슬림으로 개종한 인도인들은 조상을 외국인으로 조작해 보려고도 하였으나 극히 일부분만이 성공을 거두었다.

장인이나 예술가들 가운데 뛰어난 사람들만이 황궁의 카르하나에 고용되었다. 7/13세기에는 외국에서 이주해 온 사람들도 있었지만 인도 출신이 아닌 장인들의 숫자는 그리 많지 않았다. 토착장인들은 이슬람화된 사람이거나 아니면 카르하나에 들어오기 전에 이미 노예가 된 사람들이었다. 기술이 뛰어난 장인들 가운데 독자적으로 일하는 사람들도 있었는데, 그것은 무굴 제국 시대에 지방의 많은 도시들이 종래의 행정적 기능을 상실하고 수공업적 상업적인 기능이 강조되었기 때문이다. 인도에서 가장 중요한 교역품은 직물이었만 7/13세기 초까지만 해도 직물 제조업은 무슬림 사회에서 가장 낮은 업종으로 취급받았다. 인도의 수공업자들은 이란이나 투르크의 경우처럼 강력한 길드 조직(futuwwa)을 만들지 못하였는데, 그 까닭은 그들이 국가와 고관들의 후원을 받거나 무슬림으로 개종한 사람들이었기 때문이다. 무슬림으로 개종한 인도인 수공업자들은 힌두교의 카스트 제도에서처럼 비천한 부류로 여겨졌다. 단지 차이가 있다면 종교적으로 그것을 합리화시켜 주는 것이 없다는 점과 내혼제가 그리 엄격하지 않다는 점, 그리고 개인의 능력에 따라서 신분 이동의 가능성이 훨씬 더 크다는 점 등이다. 12/18세기와 13/19세기가 되면 무슬림 수공업자들도 외국인 조상을 만들어냈다. 물지게꾼들은 자신들을 무하마드의 삼촌인 아바스('Abbās)의 후손이라고 하여 아바시('Abbāsī)라고 불렀고, 이발사들은 무하마드의 동지였던 살만 파르시(Salmām Fārsī)의 후손이라고 하여 살마니(Salmānī), 직물 제조인들은 메디나에서 무하마드를 도와 준 사람들의 후손이라고 하여 안사리(Ansārī)라고 불렀다. 다른 수공업자와 장인집단들도 이와 마찬가지였다.

술탄 피루즈 샤(752-790/1351-1388)는 이크타를 세습화시키기 위해서 이크타를 가지는 사람들에게 마을에 세워 둘 영구적인 말뚝을 주었다. 피루즈로부터 무상 토지를 사여받은 율법학자들 역시 부재지주로서 도시에 살면서 궁정의 암투에 간여하였다. 아프간의 술탄들은 아프간 출신의 율법학자들에게 풍부한 토지를 급여하였다. 악바르는 무굴 제국에게 적대적인 수령들의 토지를 모두 몰수하였다. 그러나 만사브다리 제도에 편입된 사람이 아닐지라도 국가로부터 봉읍을 사여받는 경우가 있었다. 악바르와 후계자들은 이러한 봉읍을 소유한 지주들에게 수입을 늘리기 위해서 과수원을 경영하도록 장려하였다고 한다.

12/18세기가 되면 벵골과 서부 펀자브와 신드 지역에 무슬림 농민, 수공업들의 숫자가 상당히 늘어났다. 그러나 이들은 인도의 무슬림 사회체제 안에 별다른 지위를 보장받지 못하였다. 촌락에서 거두어들이는 세금은 일반적으로 무슬림 도시의 번영을 위해서 사용되었다. 12/18세기에는 무슬림 사회체제에 커다란

변화가 생기기 시작하였다. 과거의 체제는 새로이 등장한 지주계층에 의해서 무너지기 시작하였고, 이 신흥지주들은 1857-1858년 인도 반란에서도 영국을 지지하는 입장을 취하였다. 국가의 관리나 영향력 있는 상인들도 바로 이 계층에서 나오기 시작하였다.

건축의 유산

아랍인들이 신드에 세운 것이나 가즈나 왕조가 펀자브에 세운 건축물들 가운데 현재까지 남아 있는 것은 아무것도 없다. 델리와 다른 지역에 남아 있는 7/13세기 시대의 건축물들은 무슬림들이 힌두교, 자이나교의 사원과 궁전을 얼마나 마구잡이로 파괴하였는지, 또 파괴한 뒤 남은 재료들을 무슬림의 건물을 짓는 데에 어떻게 사용하였는지를 잘 보여 주고 있다. 할지 왕조 초기부터 산에서 석재를 채취해 와서 궁전을 짓기 시작하였지만 9/15세기의 지방군주들은 여전히 각지의 사원을 허물어서 그것으로 자신들을 위한 건축물을 세웠다. 가장 악명 높은 파괴자는 아마 자운푸르의 샤르키(Sharqī) 왕조 군주들일 것이다.

구르 왕조의 발전을 과시하기 위해서 델리에 쿠트브 미나르(Qutb Mīnār)라는 이름으로 알려진 거대한 첨탑이 세워졌고, 이것은 그 규모면에서 헤라트 동부에 있는 구르 왕조의 수도 피루즈쿠흐의 원통형 첨탑을 능가하였다. 일투트미시는 쿠트브 미나르 아래에 대모스크를 건설하고 현재 그 유명한 '쿠트브 미나르 회랑'을 만들었는데, 아직도 거기에는 그전의 힌두교 건물에 있던 사람과 동물의 조각이 뭉그러진 형태로 발견된다. 높은 아치는 겹쳐 쌓여진 돌들의 모서리를 부드럽게 하여 곡선을 이루게 하였고, 거기에 사용된 꽃 문양과 장식은 힌두적이지만 아랍어로 된 『코란』의 구절들도 보이고 있다. 무슬림 서예전문가가 그

(맞은편) 인도에서 투르크인의 승리를 기념하기 위해서 쿠트브 웃 딘 아이바크는 588/1192년경부터 델리에서 자이나교와 힌두교 사원이 있던 자리에 거대한 쿠트브 미나르(Qutb Mīnār)를 세우기 시작하였다. 현지의 인도인 기술자가 만든 이 첨탑은 『코란』의 구절들과 인도 특유의 꽃 문양을 결합시킴으로써 그때까지 이슬람권 다른 곳에 세워졌던 승전탑들을 뛰어넘었다. 이 건축물은 무슬림들이 기도시간을 알릴 때 이용하는 첨탑으로 사용되었다.

글씨를 썼겠지만 실제로 그것을 조각한 사람은 힌두인이었던 것으로 보인다.

붉은색 사암(砂岩)으로 만들어진 쿠트브 미나르 첨탑의 첫층은 힌두교의 탑에 보이는 패턴을 본받아 직선이나 곡선으로 이루어진 장식테를 번갈아 조각하여 장식하였다. 이 첨탑의 높이는 원래 71미터에 달하였고 4층으로 이루어졌으며, 각 층은 돌출되어 나온 발코니에 의해서 구분되어 있었지만 지금은 5층으로 되어 있고, 각 층의 외벽은 일정한 간격을 두고 주로 『코란』에서 따온 구절들과 군데군데의 꽃 문양으로 장식되어 있다. 쿠트브 미나르는 여러 차례 보수되었고, 알라 웃 딘 할지와 무하마드 이븐 투글루크 치세의 힌두교 장인들은 힌디어로 된 글귀를 새겨 넣기도 하였다. 이븐 바투타는 이 첨탑에 대해서 "이슬람 세계에서는 유례가 없는 것"이라고 평가하였다.

발반의 무덤은 방사선의 형태로 만들어진 아치 때문에 유명하다. 또 델리의 대모스크에는 술탄 알라 웃 딘 할지가 첨가한 천장이 낮은 돔형 입구(알라이 다르와자〔'Alā'ī Darwāza〕라고 불린다)가 있는데, 그 설계는 단순하지만 방사선형 홍예석으로 구성된 말발굽 모양의 아치는 페르시아 출신 건축가들의 영향을 느끼게 한다. 그리고 흰 대리석과 붉은 사암을 교묘하게 섞어서 사용함으로써 장식적인 대비효과를 내고 있다.

기야스 웃 딘 투글루크의 묘지는 붉은 사암으로 벽을 만들고 흰 대리석으로 돔을 만든 근엄하고 웅장한 건축물이다. 벽받침(corbel)에 의해서 지탱되고 있는 경사진 처마는 고대 인도와 이슬람 건축양식의 훌륭한 결합을 보여 주고 있다. 이 건물은 그가 새로 정한 수도였던 투글루크아바드로 들어가는 입구에 하나의 성채처럼 버티고 서 있다. 그가 물탄에 세운 자신의 묘지에는 유명한 수피였던 루큰 웃 딘 물타니(735/1334-1335년 사망)의 유품들도 보관되었다. 끌로 다듬어진 벽돌, 채색 타일, 조각이 된 목재 등으로 만들어진 안쪽으로 경사진 벽면은 제국양식과 토착양식을 결합한 형태이다.

술탄 시칸다르 로디의 묘지는 화려한 정원 가운데 서 있고 후일 무굴 제국기의 묘지의 선구를 이룬다. 돔 건축에서 현저한 발전이 보이는 부분은 천장의 내부이다. 로디 왕조는 투글루크식의 기법을 버리고 팔각형 대신 사각형의 설계를 채택하였다. 팔각형으로 된 로디 왕조의 묘지도 일부 남아 있기는 하고, 팔각형

설계 가운데 가장 뛰어난 사례는 세르 샤가 비하르의 사하스람에 건축한 묘지일 것이다. 처음에 셰르 샤는 자신의 부친의 묘지를 만들면서 이 설계방식을 실험해 보았고, 후일 호수 한가운데 있는 섬에다 자신의 묘지를 축조하였다. 이 놀라운 건축물은 45미터의 높이에 이르고 사각의 기단에서 팔각형의 돔 건물이 솟아 올라 있다. 이층으로 된 둥근 천장이 각 모서리를 장식하고 있고 건물은 돔에 이르기까지 세 단계에 걸쳐서 축소되어 가도록 만들어졌다. 만약 이층으로 된 기단부라든가 배경을 이루는 호수가 없었다면 이것은 단지 거추장스러워 보이는 건물처럼 보였을지도 모른다. 셰르 샤는 델리 시에서 후마윤이 건축한 것들을 파괴해 버리고 딘 파나흐(Dīn Panāh : '종교의 피난처')라고 이름하였고, 푸라나 칼라(Purāna Qala' : '옛 성채')를 개축한 뒤 그 안에 아름다운 모스크를 건설하였다.

샤르키 왕조의 수도였던 자운푸르는 '인도의 시라즈'라고도 불렀다. 그곳에 있는 아탈라 모스크의 입구는 거대한 아치로 장식되어 있는데, 그 높이가 23미터이고 아랫부분의 넓이가 17미터에 이른다. 입구의 아치 안으로는 다시 아치형의 조그만 입구가 만들어졌고 그 위로는 3열로 된 창문들이 있다. 이처럼 위압적인 입구를 만드는 것은 샤르키 왕조 모스크들에서 공통된 특징이다.

벵골 지방에서는 벽돌이 고대 인도의 군주와 무슬림들에 의해서 다같이 사용되어 왔다. 그 예로 술탄 잘랄 웃 딘 무하마드 샤(817-835/1414-1432)의 유품을 보존하고 있는 판두아의 에클라히 묘지를 들 수 있다. 평평한 지붕의 처마돌림띠는 약간 휘어지도록 하여 마치 대나무와 같은 효과를 냈고, 반구형의 지붕이 묘실을 덮고 있지만 그 지름이 건물보다 더 짧아서 외모에서 균형이 잘 맞지 않는 듯한 느낌을 준다. 에클라히 묘지에서 보이는 벽돌과 타일의 절제된 사용은 번쩍거리는 채색 타일로 온통 덮여 있는 라흐나우티(가우르)의 모스크와 큰 대조를 이룬다. 누스라트 샤(925-939/1519-1532)가 건축한 '대황금 모스크'(Bara Sona Masjid)는 벵골 스타일의 절정을 이루었다.

구자라트의 술탄 아흐마드 샤(814-846/1411-1442)가 아흐마다바드에 세운 대모스크는 힌두교와 자이나교의 기술자들이 장식하였다. 63×29미터 규모의 기도실은 자이나식으로 장식된 가는 기둥들로 가득 들어차 있다. 구자라트식 예술에서 가장 유명한 것은 10/16세기 말에 건축된 시디 사이드 모스크에 있는 구멍이 뚫린 세 개의 칸막이일 것이다. 돌 조각이 장식된 칸막이의 벽면으로 빛이 투과해 들어와 마치 명암법에 의해서 그려진 회화 같은 효과를 내는데, 이러한 기법은 이 시기에 이미 절정을 이루어 무굴 제국 시기에도 적극적으로 모방되었지만 이 세 개의 칸막이와 같은 정교함을 다시 성취하지는 못하였다.

말와의 건축물들은 힌두적인 영향을 매우 조금밖에 보이지 않는다. 건물은 일반적으로 펄쩍 뛰어야 오를 정도로 높은 기단 위에 세워졌고 대리석, 석판, 채색 석재, 채색 타일 등으로 장식되었다.

데칸 지역의 건축물은 이란의 영향이 많이 눈에 띈다. 바흐만(Bahman) 왕조 술탄들(748-932/1347-1526)의 초기 수도였던 굴바르가에 있는 대모스크는 정원을 가지지 않고 전체가 거대한 사각 기둥들에 의해서 받쳐진 돔으로 덮여 있다. 비자푸르의 아딜 샤히('Adil Shāh) 왕조에 속하는 건축물의 아치들은 투르크적인 영향은 물론이지만 페르시아와 인도적인 특징도 보여 준다. 돔은 전통적인 꽃 무늬 장식에서 솟아 나오며 위로 올라가면서 약간 불룩한 모양을 나타낸다. 이 시기의 가장 유명한 돔은 골 굼바즈(Gol Gumbaz : '원형 돔')이며, 이것은 1,500제곱미터의 넓이를 덮고 있고 그 외부 직경만 해도 43미터에 이른다. 그것을 받치고 있는 사각형 구조물의 단조로움은 조그만 아치들에 의해서 변형이 가해지고 네 군데의 모서리에는 육면체의 탑이 서 있다. 쿠트브샤히(Qutbshāh) 왕조의 수도였던 하이데라바드의 거대한 성문에 있는 차르 미나르(Chār Minār)는 그 구석에서 솟아오른 가는 탑들이 특징적이며, '네 개의 첨탑'이라는 그 이름도 여기에서 유래된 것이다.

카슈미르의 스리나가르에는 샤 하마단 모스크가 이미 무너진 사원의 돌로 된 토대 위에 건축되었다. 이층으로 된 이 건물은 거대한 피라미드식 지붕으로 덮여 있으며, 기둥들의 기반과 머리 부분은 잎사귀 문양으로 조각되어 있다. 술탄 시칸다르(796-819/1394-1416)의 대모스크는 술탄 자인 알 아비딘(823-875/1420-1470)에 의해서 더욱 확장되었는데, 이것은 비록 세 차례나 불탔지만 그 전체적인 양식은 보존되고 있다. 벽의 하부는 벽돌로 되어 있으며 그것을 둘러싼 회랑은 거대한 나무기둥으로 받쳐져 있다. 술탄 자인 알 아비딘의 묘지도 역시 벽돌로 만들어졌지만 어떤 사원의 돌로 된 토대 위에 세워진 것이다. 중앙의 거대한 돔과 그 사면에 있는 아치, 그리고 채색 타일의 사용 등은 페르시아와 델리의 영향을 보여 준다.

무굴 제국의 시대에 들어와서 바부르는 정원을 장식할 때 형식적인 패턴을 도입하였다. 아그라에 있는 아람 바그(람 바그) 유적지에는 아직 정자가 하나 남아 있다. 무굴식 정원의 패턴은 사각형을 이루고 중앙의 연못이나 정자로 가는 직선의 길이 나 있기 때문에, 흔히 차르바그(Chārbāgh : '사각형의 정원')이라고 알려졌던 것이다.

후마윤 시대의 건축물 가운데는 아무것도 남아 있지 않지만, 악바르 시대에 체계적으로 설계하여 지은 성채와 도시는 많이 보존되어 있다. 그는 거대한 아그라 성채를 설계하였고 거기에는 벵골, 구자라트식으로 아름답게 장식된 약 500채의 건물이 있었다고 한다. 현재는 그 외벽과 성문, 그리고 저 유명한 자한기리 마할(자한기르가 일부 보수하였다)만이 남아 있다. 아그라에 있는 '델리 성문'의 조각은 아시리아의 그리폰(gryphon)과 인도의 코끼리, 새 등을 기묘하게 조합한 것이다.

악바르의 융합정책과 그의 도시설계에 관한 관념을 가장 잘 반영하고 있는 것이 아그라에서 35킬로미터쯤 떨어진 파테푸르 시크리라는 도시이다. 여기에 있는 여러 건물들 가운데 가장 흥미롭고 또 항상 경이감을 품게 하는 것들은 치슈티(Chishtī) 교단의 유물들이 있는 대모스크, 불란드 성문, 기타 궁전과 욕탕과 대상관 등이다. 그 장식적인 요소들은 페르시아적인 것과 토착적인 양식의 기묘한 혼합이지만 전체적인 효과는 매우 인상적이다.

샤 자한이 아그라의 줌나 강 왼쪽에다 사랑하는 부인 뭄타즈 마할을 위해서 저 유명한 타지 마할을 건설하기 시작하였을 때 정원식 묘지를 만드는 데에 필요한 모든 기본적인 요소들은 이미 준비된 상태였고, 따라서 이때 최고의 걸작품이 출현한 것도 이상한 일은 아니었다. 깨끗한 정원에 들어선 하얀 대리석 묘지는 좁고 긴 연못에 그림자를 드리우고 있다. 뒤쪽으로 흐르는 줌나 강은 타지 마할의 테라스에서 내려다 보이고, 네 개의 첨탑으로 둘러싸인 묘지는 돔으로 덮여 있다. 묘지 자체는 사각형이지만 모서리는 깎이고 그곳으로 넓은 두 개의 아치가 설치되었다. 정교하게 다듬어진, 황후와 그 남편의 기념비는 약 2.5미터 높이의 우아한 대리석 칸막이로 둘러싸여 있다. 반구형의 지붕은 사실 또 하나의 내부 돔으로 이어져 있고, 그것을 둘러싸고 있는 외벽과 기념비와 칸막이는 모두 전통적인 인도-페르시아적인 나뭇잎 무늬로 장식되어 있다.

소위 일곱번째 델리(샤자한아바드 : 현재의 델리 구시가지)에 있는 샤 자한의 대모스크 역시 높은 기단 위에 세워져 있다. 거대한 기둥들이 기도실을 받치고 있고 그 위로 세 개의 화려한 흰색 돔이 올라와 있다. 샤 자한을 위해서 아그라 성채 안에 건설된 모티(Motī) 모스크는 전부 하얀 대리석으로 만들어졌지만 델리의 모스크와 같은 아름다운 균형을 이루지는 못하고 있다. 아우랑제브가 델리에 세운 조그마한 대리석 모스크는 비록 매력적이기는 하지만 그 돔의 지나친 곡선미는 이미 무굴 건축이 쇠퇴기로 접어들었음을 시사한다.

샤 자한은 델리에 새로 건축한 요새에 그 동쪽 성벽을 따라 줌나 강을 내려다 보는 궁전들을 지을 계획을 세웠다. 그러나 아우랑제브는 결코 궁전을 건축하는 군주가 아니었다. 12/18세기 자트(Jāt) 왕조 사람들이 아그라 궁전을 약탈하여 거기에서 빼앗은 재료들로써 바라트푸르와 딕에 자기들의 궁전을 지었다. 무굴 제국의 건축전통은 우드 왕조에 의해서 페이다바드와 러크나우에서 부활되었다. 우드 왕조의 군주들은 돌과 대리석 대신 벽돌과 회반죽을 이용하여 종교건축물과 궁전을 건설하였다.

세밀화

델리의 술탄 왕조 시대의 회화로는 현재 아무것도 남아 있지 않지만, 가즈나 왕조가 궁전의 주변을 벽화로 장식하였던 우마이야 왕조의 전통을 모방하였다는 문헌기록은 있다. 일투트미시의 궁전의 벽에도 인간과 동물의 모습이 그려졌

(맞은편) 무굴의 세밀화는 실질적으로 악바르의 창조물이나 마찬가지였다. 그는 페르시아에서 예술가들을 초빙해 왔고 자기 밑에 있던 화가들에게는 그 화법을 모방하도록 종용하였다. 그렇지만 그렇게 해서 생긴 결과는 매우 독특하였다. 이 그림은 아그라 성채의 완공을 보여 주는 것으로, 그의 치세를 기록한 역사서 『악바르 사기』(Akbar-nāma)에 삽입되어 있다.

고, 이러한 양식은 델리 술탄 왕조에까지 이어졌던 것으로 보인다. 아잔타의 프레스코 전통이 완전히 사라진 것은 아니었다. 희미한 윤곽선을 사용하는 기법은 아그라의 람 바그에 있는 정자의 벽면에, 파테푸르 시크리에 있는 악바르의 침실이나 마리암의 가옥에 그 잔재를 남기고 있다.

책을 장식하는 삽화 가운데 현존하는 것 중 가장 오래된 것은 말와에 있던 어떤 술탄의 시대에 만들어진 것이다. 그뒤 무굴 제국의 후마윤은 특히 회화에 관심을 쏟았다. 비록 재원은 충분치 못하였지만 그는 카불에 있던 그의 궁전으로 여러 유명한 페르시아 화가들을 초치할 수 있었고, 이들은 이름난 비흐자드(Bihzād)의 기법에 따라서 훈련을 받은 사람들이었다. 악바르는 한번도 글을 쓰거나 읽는 교육을 받지 않았으나, 테헤란의 굴리스탄 도서관에 있는 한 세밀화에는 그가 젊었을 때 자신이 그린 그림을 아버지 후마윤에게 바치는 모습이 나와 있다.

975/1567년경 악바르는 궁정예술가들에게 『함자 전기』(Hamza-nāma)라는 책을 삽화를 곁들여서 필사하도록 지시하였다. 이 책은 칼리프 하룬 알 라시드 시대에 시스탄 지역에 살았던 함자 이븐 압달라라는 인물의 전설적인 모험담을 적은 것인데, 약 100명의 화가, 도색쟁이, 제본가들이 이 작업에 매달렸고 비흐자드 화단에 속하였던 페르시아 화가 사이드 알리와 아브드 웃 사마드가 총감독을 맡았다. 모두 열두 권으로 완성된 이 책에는 1,004개 이상의 세밀화들이 포함되었다. 현재 이 책의 일부 페이지들이 세계 각지의 도서관에 흩어진 채 남아 있는데, 이를 통해서 그 크기는 68×50센티미터였던 것으로 추측된다. 이 작업을 완성하는 데에 15년이나 걸렸으며 후반부에 가면 의복, 건물, 식물 등에 인도적인 색채가 강하게 드러나기 시작하기 때문에 무굴-라지푸트 혼합양식을 대표한다고 볼 수 있다.

악바르 시대의 가장 뛰어난 화가는 다스반트였다. 도공의 후예였던 그는 벽에다 인물을 잘 그렸고 그의 능력을 발견한 악바르가 983/1575년경 그를 아브드 웃 사마드에게 보내서 교육받도록 하였다. 그의 작품은 페르시아판 『마하바라타』(Mahābhārata)에 삽입된 세밀화에 남아 있고, 이 책은 현재 자이푸르의 마하라자의 소유로 되어 있다. 동시대의 인물로 바사반도 재능이 뛰어났는데, 아부 알 파즐에 의하면 "배경을 칠하고 인물을 그리거나 색깔을 배합하는 데에 뛰어났다"고 한다. 악바르가 고용하였던 백여 명의 화가들 가운데 아부 알 파즐은 열세 명의 힌두 미술가와 다섯 명의 무슬림 미술가의 이름들만을 들고 있지만, 현존하는 회화에 남아 있는 서명들을 조사해 보면 이보다 더 많은 수의 힌두 이름들이 보이고 그중에는 구자라트, 괄리오르, 카슈미르 출신들도 있었다. 이들 미술가는 『마하바라타』(Mahābhārata), 『라마야나』(Ramāyana), 『칼릴라와 딤나』(Kalīla wa Dimna), 『악바르 사기』(Akbar-nāma) 등의 페르시아어 번역본에 삽화를 그려 넣었으며, 무굴 미술학파의 기초를 닦은 사람들이기도 하였다.

악바르 치세가 끝나기 오래 전부터 궁정의 화가들은 이미 유럽의 세밀화와 인물화에 대해서 알고 있었다. 페르시아어판 『사도행전』이라고 할 수 있는 『다스타니 아흐왈리 하와리얀』(Dāstān-i Ahwāl-i Hawāriyān)이 제롬 사비에르 신부에 의해서 1016/1607년 자한기르에게 헌정되었고, 후일 여기에 이탈리아풍의 삽화가 첨가되었다. 자한기르는 궁정화가들에게 유럽식의 회화를 모방하라고 권유하였고, 국왕 제임스 1세의 특사였던 토머스 로 경은 그에게 당대 최고의 세밀화가였던 아이작 올리버가 그린 인물화를 증정하였다. 자한기르는 궁정화가들에게 그것을 여러 개 모사하도록 지시하였다고 한다. 유럽식의 명암법이 사용되면서 초기 페르시아 화가들의 인물화에서 보이는 평면성과 형식성이 극복되었고, 10-11세기 말/16-17세기 초의 무굴 화단에는 일종의 사실주의가 풍미하였다. 자미의 『바하리스탄』(Bahāristān)의 일부로 나오는 '부정한 아내'의 이야기에 1004/1595년 삽화를 그려 넣은 미스킨은 10/16세기 중반 이탈리아 화가들로부터 강한 영향을 받았다.

11/17세기 초 바사반, 미스킨, 랄, 케수, 마두, 이흘라스와 같은 화가들은 『악바르 사기』의 필사본에 삽화를 그려 넣었고 그 사본은 현재 런던의 빅토리아 앤드 앨버트 박물관에 보존되어 있다. 그중에서 가장 인상적인 삽화는 975/1567년 악바르가 코끼리로 하여금 갠지스 강을 헤엄쳐 건너게 하는 장면이다. 악바르는 자신과 귀족들의 초상화도 그리게 하였으며, 일부 귀족들은 독자적으로 화가를 고용하기도 하였다.

자한기르의 치세에 토착적 요소와 페르시아적 요소와 유럽적 화풍이 혼합되어 무굴 회화는 독자적인 특징을 가지게 되었다. 당시 유명한 화가로는 아부 알 하산, 마노하르, 비슌 다스, 고와르단, 만수르, 다울라트 등이 있었다. 자한기르는 한눈에 이들 화가의 그림을 식별할 수 있을 정도였다고 한다. 자한기르 시대에 인물의 옆모습과 얼굴 전체의 4분의 3 정도를 청록색이나 어두운 초록색을 배경으로 그린 인물화는 특히 일품이라고 할 수 있다. 희귀한 동물이나 새를 그리는 것은 만수르가 뛰어났다. 이외에 피다라트와 이나야트도 동식물의 세계를 묘사하는 데에 놀라운 기술을 보여 주었다. 자한기르 시대의 흥미진진한 수렵장면들 역시 언덕과 동물들을 묘사한 그림에서 그대로 반영되고 있다.

자한기르 시대에 있었던 유명한 화가들 중 일부는 샤 자한의 시대에도 계속 활동하였다. 샤 자한의 시대에 가장 유명하였던 화가로는 차투르만, 마노하르, 미르 하심, 무하마드 나디르 사마르칸디, 무하마드 파키르 알라 칸 등이 있었다. 색깔을 사용하는 기법이 날로 개선되었고 즐겁게 노는 하인들, 무희들, 악사들, 어두운 밤의 불꽃놀이와 같은 일상적인 소재들이 자주 이용되었다.

아우랑제브를 그린 한 인물화는 말을 타고 머리 뒤에는 광배로 둘러싸여 한 성자로부터 검을 받는 모습을 묘사하고 있다. 그러나 이 시대에 오면 예술에서도 정체현상이 분명히 나타나기 시작하였다. 1080/1699년 아우랑제브는 궁정화가에 대한 후원을 중단하였고, 궁전이나 정원 건물에 그려진 벽화들을 모두 회칠해 버렸던 것이다.

이슬람 과학의 황금기

인도의 무슬림 군주들이 남긴 위대한 건축물들은 역학 분야와 유체역학 등의 기술 분야에서 서아시아에서의 전통이 충분히 수용되고 있음을 보여 준다. 델리의 술탄들과 무굴의 군주들은 모두 기계적 장치의 개선에 많은 관심을 쏟았다. 피루즈 샤의 치세에 쓰여진 『시라티 피루즈 샤히』(Sirat-i Firūz Shāhī)라는 책에 실린 열세 개의 삽화에는 아소카 대왕이 세운 바 있는 거대한 돌기둥을 토프라에서 피루즈아바드까지 운반하는 데에 사용된 교각과 도르래 등의 기계적 장치

『악바르 사기』에 삽입된 그림으로, 갠지스 강을 건너는 악바르를 묘사하고 있다. 975/1567년에 일어난 이 사건은 악바르의 주요 업적으로 손꼽힌다.

들에 관한 설명이 나와 있다. 이 거대한 돌기둥은 델리의 코틀라 피루즈 샤에 있는 피라미드와 같은 모양의 거대한 계단식 구조물 위에 다시 세워졌다. 말와에 있던 술탄 나시르 샤(906-917/1500-1511)의 치세에 무하마드 이븐 다우드는 기계장치에 관한 아랍어 문헌을 페르시아어로 번역하였는데, 거기에서 그는 여러 종류의 기계에 관한 설명과 삽화를 소개하고 있다.

몽세라트 신부는 악바르가 직접 기계를 조작하고 새로운 기계의 발명을 지도하는 모습을 보았다. 매해 신년행사나 다른 축제일이 되면 시라즈 출신의 과학자, 철학자이자 당시 유명한 천문학자였던 하킴 파트흐 알라(997/1589년 사망)는 자신이 발명한 기계를 선보이곤 하였다. 그는 기계의 발명과 추진력 등에 관한 책도 썼다. 파테푸르 시크리와 타지 마할에서는 지상의 물을 기계적으로 들어올려서 90미터 이상 높은 곳에 있는 저수고 안에 담은 뒤 그것을 정원에 뿌리는 장치가 사용되었다.

인도 무슬림들은 대수학, 기하학, 천문학이라는 서아시아의 전통적인 분류방법을 그대로 채택하였다. 그들은 수학의 모든 분야에 관한 산스크리트어로 된 작품들도 번역하였지만, 산스크리트어와 페르시아어, 아랍어로 쓰여진 책 속에 담긴 상이한 개념들을 잘 조화시키는 데에 예외적인 경우를 제외하고는 성공하지 못하였다. 고급수학 교본으로는 유클리드의 『기하학원론』을 나시르 앗 딘 무하마드 앗 투시(597-672/1201-1274)가 아랍어로 번역한 것과 그것을 다시 투시의 제자가 페르시아어로 번역한 것이 사용되었다. 이 번역서들과 투시의 저술들을 기초로 해서 하지 아브드 알 하미드 무하리르 가즈나비가 고급수학 교본을 집필하기 시작하여 26년 만인 760/1358-1359년에 『다스투르 알 알바브 피 일름 알 히사브』(Dastūr al-Albāb fī 'Ilm al-Hisāb)라는 책을 완성하였다.

아부 알 파즐의 동생이자 악바르의 궁정시인이었던 파이디(954-1001/1547-1592)는 바스카라차지야(508-556/1114-1160)가 산스크리트어로 저술한 『릴라바티』(Lilāvatī)라는 책을 995/1587년에 번역하였다. 이 책은 기하학과 대수학의 정리들을 꿀벌과 꽃이 한 아름다운 소녀에게 던지는 문제의 형식으로 제시하고 있는데, 번역은 커다란 성공을 거두어 바스카라차리야의 나머지 저술들도 아타 알라 루쉬디에 의해서 1044/1634-1635년 번역되었다.

나시르 앗 딘 투시와 바하 앗 딘 무하마드 이븐 후사인 알 아밀리(953-1030/ 1547-1621)의 연구, 그리고 위에서 언급한 산스크리트어로 된 저술들의 번역은 큰 자극를 불러일으켜서 수학 분야에서 독창적인 연구들도 나타나게 되었다. 그 예로는 우스타드 아흐마드 미마르 라하우리(1059/1649년 사망)와 그의 세 아들 —— 아타 알라 루쉬디, 루트프 알라 무한디스, 누르 알라 —— 과 손자인 이맘 앗 딘 리야디 이븐 루트프 알라의 연구들이 있다. 우스타드 아흐마드 미마르는 타지 마할과 '붉은 성채'의 건축자이기도 하다. 아그라의 대모스크와 타지 마할에 새겨진 글은 누르 알라의 그림에서 취한 것이었다. 우스타드 아흐마드의 아들과 손자들은 기계와 수학 분야에서 탁월한 재능을 보였고, 그들의 작업은 그리스, 페르시아, 산스크리트 수학에 관한 깊은 이해를 바탕으로 한 것이었다.

천문학 분야에서 인도 무슬림들은 프톨레마이오스의 저술과 페르시아어, 산스크리트어로 된 작품들에 대해서 비판적인 연구를 가하였던 알 비루니의 독창적인 업적을 뛰어넘지 못하였다. 그들은 프톨레마이오스의 『켄트릴로키움』(Centriloquium)의 아랍어, 페르시아어 번역본을 연구하였고, 천문학과 삼각법 체계를 설명한 『메갈레 수탁시스』(Megalē sutaxis)의 아랍어 번역본에 깊은 인상을 받았다. 델리 술탄 왕조의 시대에 만들어진 최초의 천문측정표는 '지지 나시리'(Zij-i Nāsirī)였다. 이것은 마흐무드 이븐 우마르가 제작하여 술탄 나시르 앗 딘 마흐무드에게 헌정한 것이었다. 피루즈 샤 투글루크의 치세에는 이미 알비루니가 아랍어로 번역한 바 있는 바라하 미흐라의 『브리하트 삼히타』(Brihat-samhitā)라는 책이 다시 페르시아어로 번역되어 힌두 천문학에 관한 상당한 관심을 불러일으켰다.

여러 형태의 아스투를라브(asturlāb : 천문관측의)에 관한 연구는 수학자이자 천문학자였던 나시르 앗 딘 앗 투시의 저술 『비스트 바브 다르 아스투를라브』(Bīst Bāb dar Asturlāb)와 쿠트브 앗 딘 마흐무드 시라지의 저술에 근거해서 이루어졌다. 바하 앗 딘 아밀리의 영향도 역시 상당하였다. 사마르칸트에서 티무르 왕조의 군주였던 울루그 베그(850-853/1447-1449)의 관심은 훨씬 더 광범위하였다. 그는 자신을 도와서 천문측정표를 만들 많은 천문학자들을 모아들였다. 후마윤 역시 이러한 조상들의 전통을 이어서 새로운 모델의 아스투를라브를 제작하였다. 샤 자한 시대의 천문학자였던 파리드 앗 딘 마수드(1039/1629년 사망)는 울루그 베그의 연구를 기초로 하여 천문측정표를 완성하였으며, 1006/1597년에는 『시라즈 알 이스티흐라즈』(Sirāj al-istikhrāj)라는 천문학 서적을 저술하였다. 무하마드 파질은 자신이 1046/1636-1637년에 쓴 『마즈마 알 파자일』(Majma' al-fadā'il)을 샤 자한에게 바쳤다. 이 시기에 가장 중요한 천문학적 업적은 '지지 자디디 무하마드 샤히'(Zij-i jadīd-i Muhammad Shāhī) 천문측정표인데, 이것은 라자 자이 싱 사와이가 무하마드 샤의 후원을 받아 감독하여 1140/1728년에 완성한 것이었다. 또한 라자 마이 싱은 무슬림, 브라만, 유럽의 천문가들의 도움을 받아서 새로운 천문측정표를 몇 가지 더 제작하였다. 루트프 알라의 아들인 아부 알 하이르는 델리에 천체관측소를 건축할 때 라자의 자문으로 활약하였다. 또한 능력 있는 몇 명의 천문학자들이 파드레 마노엘과 함께 유럽으로 갔다가 돌아올 때 필립 드 라 이르의 관측표를 가져와서 '지지 자디디 무하마드 샤히'에 수록된 결과와 비교하기도 하였다.

의학의 이론적 기초 —— 인도에서는 유나니(Yūnānī), 즉 '그리스의 것'으로 일컬어진다 —— 는 페르시아인 아부 무하마드 이븐 자카리야 알 라지(313/925년 사망)의 저술과 이븐 시나의 『카눈 필 티브』(Qānūn fi'l-tibb : '의학의 典範')에 이미 포함되어 있었고, 여기에는 화학, 약학, 심지어 연금술 등에 대한 깊은 관심이 나타나 있었다. 6/12세기에서 9/15세기에 이르는 동안 인도의 의학에 지울 수 없는 영향을 남기고 또 가장 인기 있었던 교본은 자인 앗 딘 아부 이브라힘 이스마일이 쓴 『다히라이 화라즘샤히』(Dhakhīra-i Khwarāzmshāhī)였다. 이 저자는 셀주크 왕조에서 보낸 호레즘 총독 아르슬란 테긴(491-521/1098-1127)의 시대에 살았는데, 그의 저술은 의학에 대한 정의와 그 효용의 설명은 물론 인체의 구조와 능력, 건강과 질병, 질병의 원인과 증상과 진단법, 열병과 풍토병, 종양과 궤양, 독약과 해독약 등의 문제를 다루었다. 자인 앗 딘이 쓴 보다 더 자세한 책으로 『아그라드 앗 티브』(Aghrād at-tibb)가 있다. 사마르칸트 출신인 나지브 앗 딘 아부 하미드(619/1222년 사망)가 아랍어로 저술한 『아스하브 왈 알라마트』(Ashāb wa'l-alāmāt)는 후일 나피스 이븐 이와즈 키르마니가 827/1424년 보충 번역하여 『티비 악바리』(Tibb-i Akbarī)로 내놓았는데, 인도 의료인들에게 매우 인기가 높았다. 8/14세기에는 파르스 지역에서 카슈미르로 이주한 만수르 이븐 무하마드가 해부학에 관한 『키파야이 무자히디야』(Kifāya-i mujāhidiyya)라는 책을 썼고, 모든 질병에 관한 처방과 치료법이 담긴 책도 후마윤의 비서였던 헤라트 출신의 유수프 이븐 무하마드에 의해서 저술되었다.

술탄 시칸다르 로디 아래에서 재상을 지냈던 미얀 부와 이븐 하와스 칸은 『마단 앗 시파이 시칸다르샤히』(Ma'dan ash-Shifā'-i Sikandarshāhī)를 썼는데, 여기에서 그는 이슬람과 산스크리트어의 의학서들로부터 획득한 지식들을 종합하였다. 토착 인도와 그리스 의학의 합성물의 또 한 가지 예로는 역사가 무하마드 카심 힌두샤(피리쉬타(Firishta)라고도 부른다. 1033/1624년 사망)가 쓴 『다스투르 알 아티브바』(Dastūr al-atibbā')가 있다. 아부 알 파즐의 조카인 누르 앗 딘 무하마드 아브드 알라도 그리스, 아랍, 라틴, 스페인, 히브리, 시리아, 베르베르, 투르크, 페르시아, 산스크리트에서 빌려 온 용어들을 사용하면서 약초와 의학에 관해서 설명한 『알파지 아드위야』(Alfāz-i adwiya)를 써서 샤 자한에게 헌정하였다. 일반적인 위생과 건강 유지의 문제들은 시라즈 출신의 무하마드 리다가 쓴 『리야지 알람기리』(Riyād-i 'Ālamgīrī)에서 다루어졌고, 이 책은 아우랑제브에게 헌정되었다.

서구의 충격

포르투갈인들의 출현은 무엇보다도 해안지역에서 사용되던 인도 방언들에 가장 현저한 영향을 남겼다. 제주이트 선교사들이 포르투갈과 기독교권에 대한 악바르의 호기심을 자극하였던 것은 사실이지만, 선교에 대한 그들의 지나친 욕망이 도리어 서구의 철학서적들을 페르시아어로 번역하려고 생각하던 악바르를 실망시켰다. 후일 자한기르와 샤 자한의 궁정에 있던 귀족들은 영국이나 프랑스의 상인, 탐험가들과 서구철학과 종교에 대해서 토론할 수 있을 정도였다.

벵골에 대한 지배권의 상실은 확실히 무슬림에게는 커다란 충격이었고, 캘커타 총독이었던 워런 해스팅스가 1781년에 설립한 캘커타 대학은 유능한 교사들을 양성하였고 법적인 사무를 처리할 수 있는 무슬림 관리들을 배출하였다. 동양학자 윌리엄 존스가 1784년에 만든 아시아 협회(Asiatic Society)의 기관지였던 『아시아틱 리서치스』(Asiatick Researches)에 무슬림들이 기고하기까지 하였다. 동인도 회사의 후원 아래 많은 무슬림들은 역사, 수학 방면의 글들을 썼고 그들은 심지어 동인도 회사의 군대에 복무하기도 하였다. 1800년에 설립된 포트 윌리엄 대학은 당시 최고의 학자들이 만나는 장소였으며, 대학에서 출판된 우르두어 작품들은 총독이며 팽창주의자였던 웰즐리 경(1798-1805)에 대해서 극도의 찬사를 바치고 있다. 이 대학에서 출판된 산문학 작품들은 공식적으로는 힌디어라고 하지만 실제로는 우르두 산문학사에서 이정표를 이루었다.

1793년 콘월리스 경(1786-1793)이 만든 '벵골 영주법(永住法)'은 무슬림 지주계층 대신에 주로 힌두 교도였던 캘커타 상인층의 지위를 강화시켜 주었다. 무슬림 상류층들은 점차 빈곤해졌고 약화되었지만 일부 능력 있는 무슬림 법률가들은 적어도 법률 분야에서만은 힌두 교도들보다 우위를 점하였다. 영국 지배 초기부터 무슬림들이 소외되었다는 주장은 근거 없는 것이다. 19세기 전반경 무슬림들을 무대의 뒷전으로 밀어낸 주된 원인은 무슬림들을 위한 영국식 고등교육 기관의 부재, 서구식 교육에만 공공기금을 사용하기로 한 1835년의 결정, 그리고 벵골에서의 공식언어로 페르시아어를 폐지하고 산스크리트화된 벵골어를 채택한 것 등이었다.

소외된 무슬림 불만세력과 힌두 지주계층 및 두 종교집단 출신의 모험세력들이 주도한 1857-1858년의 인도 반란은 정치권력을 다시 확보하려는 마지막 시도였다. 이 시도에서 양 종교집단은 상대편을 후원해 주려고 하였지만 항상 협조적이었던 것은 아니었다. 이들의 낡아빠진 무기와 전쟁방식은 영국군의 뛰어난 무기와 조직력을 상대할 수 없었고, 반란이 실패로 끝나리라는 것은 처음부터 자명하였다.

새로운 종합

인도 반란을 진압한 뒤 인도의 영국 정부는 모든 사무를 영국 국왕의 이름으로 처리하기 시작하였다. 반란에 참여한 엘리트들은 영국에 충성하였던 인물들에 의해서 대체되었고, 이후 그들이나 일반 무슬림들에게 '영국의 국왕'이라는 말은 샤 자한과 함께 사라졌던 군주권의 신비성을 떠올리게 하였다. 이렇게 새로 부상하던 무슬림 엘리트들은 개혁가 사이드 아흐마드 칸(1817-1898)을 자신들의 진정한 친구요 조언자로 생각하였다. 원래 쇠퇴해 가던 무굴 귀족 출신이던 사이드 아흐마드 칸은 수니-시아를 둘러싼 논쟁에 관한 글에서부터 두각을 나타내기 시작하였다. 그는 동인도 회사에 근무하던 영국 관리들과 접촉하면서 쓰러져 가는 무굴 제국 대신 영국을 위해서 봉사하기로 마음먹었다. 그는 인도 역사에 관한 글을 편집하고 직접 쓰기도 하였으며, 1847년에 출판한 『아사르 앗 사나디드』(*Āthār as-Sanādīd*)에서는 당시 델리에 남아 있던 건축물과 명문(銘文)에 대해서 생생하게 묘사하였다.

인도 반란이 진압된 직후 사이드 아흐마드 칸은 무슬림들에 대한 영국측의 오해를 불식시키려는 목적으로 두 개의 중요한 글을 발표하였다. 첫번째 글은 반란의 원인에 대한 분석인데, 여기에서 그는 그 책임을 인도인들이 영국인 주인에 대해서 감정적인 소외를 느낄 수밖에 없도록 한 선교사들의 근시안적인 활동으로 돌리고 있다. 그는 또한 정부가 여론을 수렴할 수 있는 하등의 기구도 가지지 못한 점을 비판하였다. 그의 두번째 책인『충성스러운 인도의 이슬람 교도들』(*Loyal Muhammadans of India*)은 영국 정부에 대한 인도 무슬림들의 충성심을 입증하려고 하였다.

사이드 아흐마드 칸의 종교적인 저술과 단편들은 정통 이슬람의 교리인 '타샵부흐 빌 쿠프르'(tashabbuh bi'l-kufr : '이교도 모방')에 관한 정통 이슬람의 교리를 맹렬히 공격하였다. 이 교리는 서구적인 의상을 입고 나이프와 포크를 사용하여 서구식 음식을 먹는 사람은 누구나 이교도로 취급해야 한다는 주장이다. 그는 서구적인 관념에 근거한 근대적인 칼람(kalām : '학문')을 성립시킬 필요성을 역설하면서, 이슬람이 과학과 배치되는 것이 아니며 실제로 '자연'과 이슬람은 동일한 것이라는 사실을 인식시키려고 노력하였다. 1869-1870년에 그는 영국을 방문하였고, 8년 뒤 그는 알리가르에 '영국-동양 이슬람교 대학'을 설립하였다. 1878년에 그는 '총독부 법률평의회'의 회원으로 임명되었고 10년 뒤에는 작위를 수여받았다. 1886년 그는 무슬림 엘리트들이 영국식 고등교육에 보다 관심을 가지도록 하기 위해서 '이슬람 교도 교육회의'를 세웠다. 1887년 사망할 때까지 그는 '인도 국민의회'와 끈질기게 투쟁하면서, 무슬림들에게 정치에서 손을 떼고 영국식 고등교육을 받아서 영국에 대한 절대적인 충성을 바칠 것을 주장하였다.

델리나 알리가르 주변에 살며 우르두어를 사용하는 많은 무슬림 학자들과 지지자들이 사이드 아흐마드 칸의 주위에 몰려들었다. 그러나 봄베이 출신의 바드르 앗 딘 티야브지(1844-1906)와 같이 인도 국민의회를 지지하는 사람들은 그를 반동적 인사라고 하면서 배척하였다. 『이슬람의 정신』(*The Spirit of Islam*)이라는 유명한 책을 쓴 캘커타의 사이드 아미르 알리(1849-1928)는 공개적으로 사이드 아흐마드 칸을 비판하지는 않았으나 무슬림들도 인도 국민의회에 대응할 만한 독자적인 정치강령을 가지고 있어야 한다고 주장하였다.

20세기 초에 들어와서 인도인들이 정부에 보다 광범위하게 참여할 것을 요구하는 운동은 영국식 교육을 받은 무슬림들을 정치적으로 각성시켰다. 그러나 무슬림들의 리더십은 여전히 우르두어 사용 지역의 지주나 재산가 계층들의 수중에 있었다. 1906년 12월에 '무슬림 연맹'(Muslim League)을 결성할 기초가 놓여졌고, 1908년에는 니자르 이스마일파(Nizār Ismā 'īlī)에 속하는 아가 칸이 '종신 대통령'으로 선출되었다. 그후 상당한 정치적 혼란이 거듭된 뒤 이스마일파에 속하는 또다른 인물 무하마드 알리 진나(1876-1948)가 무슬림 연맹을 주도하게 되었고 그는 '인도 무슬림들을 위한 독자적인 고향', 즉 파키스탄을 분리시키는 데 성공하였다. 파키스탄이라는 개념은 시인이자 철학자였던 무하마드 이크발경(1876-1938)이 1930년 무슬림 연맹 정기총회에서 읽은 취임사에서 처음으로 등장하였다.

이크발은 페르시아어와 우르두어로 모두 글을 썼다. 그가 쓴 페르시아 시들은 이란과 인도의 교육받은 무슬림들을 독자로 한 것이었다. 그는 1915년에 『아스라리 후디』(Asrār-i Khudī : '자아의 비밀')를, 3년 뒤에는 『루무지 비후디』(Rumūz-i bīkhudī : '몰아의 신비')를 발표하였는데, 그의 가장 위대한 작품은 『자위드 나마』(Jāwīd-nāma : '영원으로의 순례')라고 할 수 있다. 그가 우르두어로 쓴 연시(連詩)와 짧은 시들은 페르시아를 모르는 무슬림 엘리트들에게 '이슬람의 역동성'을 일깨우기 위한 것이었다. 그가 영어로 하였던 강연들은 『이슬람 종교사상의 재건』(The Reconstruction of Religious Thought in Islam)이라는 제목으로 출판되었는데, 여기에는 이슬람에 대한 그 자신의 독자적인 해석이 담겨 있다.

이크발의 사상은 이슬람과 서구 모두에서 그 원천을 얻고 있다. 시인이자 철학자로서 그가 내놓은 글들은 매우 독특하였다. 그는 '서구의 공화주의와 헌법제도, 개혁, 특권과 권리' 등이 실상 '자유의 요정들'이 아니라 '착취의 악마가 공화정의 외투를 걸치고 춤추는' '카이저주의'(Kaiserism)라고 생각하였다. 많은 무슬림들은 이크발을 '이슬람적 사회주의'의 아버지로 여기고 있다. 러시아의 공산주의를 이슬람의 세속적인 등가물이라고 생각한 그의 견해는 논란을 불러일으켰고, 그후의 경과는 그의 견해를 더욱 의문시하게 하고 있다. 그러나 그의 생각은 인도 아대륙에서 이슬람의 장래에 대해서 문제를 제기한 셈이었고, 그 문제는 인도 이슬람의 천년의 역사를 연구하는 사람들에게도 피할 수 없는 것이다.

13. 근대세계와 이슬람

이스탄불의 토프카피 사라이 궁전에 조각된 19세기 문양. 오스만 제국의 군사력에 대한 자부심을 나타내면서도 동시에 유럽적인 상징을 채용하는 데에 거리낌이 없었음을 보여 준다.

이슬람이든 무슬림이든 지난 약 200년 동안 매우 거칠고 험한 역사를 경험하였다. 12/18세기 후반 이래 그들의 영역은 동시적으로 혹은 계기적으로 비무슬림 세력인 유럽의 공격을 받았다. 벵골을 근거로 한 영국의 동인도 회사는 실제로 하나의 정부나 마찬가지가 되었고, 서서히 인도 아대륙의 다른 지역으로 손을 뻗쳐 가면서 델리의 무굴 제국의 권위를 대체해 갔던 것이다. 네덜란드도 1800년에 자국의 동인도 회사의 재산과 권리를 국가로 환수시킨 뒤 13/19세기 후반에는 자바에 확고한 근거지를 건설하였다. 프랑스는 1830년 알제리를 침공하였고 그뒤 약 20년 동안 계속된 정복전쟁을 통해서 거대한 유럽 식민지를 개척하였다. 같은 시기에 러시아도 카프카스와 중앙 아시아의 이슬람 지역을 꾸준히 점령하면서 비무슬림들이 그곳에 정착하는 것을 장려하였다.

이처럼 무슬림들의 방대한 영역이 비무슬림들에 의해서 점령되고 지배되는 과정은 14/20세기에 들어와서도 계속되었다. 1865년에서 1873년 사이에 제정 러시아는 중앙 아시아의 호칸드(Khoqand) 한국의 독립을 말살시켰고, 히바와 부하라에 있던 한국들도 보호국으로 만들어 버렸다. 프랑스는 1881년에 튀니지를 속국으로 남겨 두었지만 내용상으로는 그 지배자가 되었다. 영국도 1882년 이집트를 점령한 뒤 제1차 세계대전 이후까지도 그 군주를 남겨 두었다. 영국의 이집트 점령은 결국 수단에 대한 영국과 이집트의 '공동 지배'라는 결과를 낳았지만 실제적인 지배권은 영국인들의 수중에 있었다. 13/19세기 말 네덜란드는 수

마트라에 있던 토착왕국들을 없애 버리고 인도네시아 군도를 중심으로 한 거대한 제국을 건설하였다. 1880년대가 되면 인근 말라야의 무슬림 군주들이 영국의 종주권을 인정하였다. 14/20세기 초에 이탈리아는 트리폴리타니아를 정복하고, 프랑스는 모로코의 대부분을 점령하였으며, 스페인은 샤리프(Sharīf) 왕국의 나머지 부분을 지배하였다.

뿐만 아니라 유럽의 힘은 보다 간접적인 방법으로 무슬림 국가들에게 영향을 미쳤다. 인도를 장악한 영국은 자연스럽게 페르시아 만에서의 우위를 확보하고 아덴과 하드라마우트를 통제하였으며, 남부 페르시아에서도 특권적인 지위를 차지하게 되었다. 이와 유사하게 이미 제1차 세계대전 직전에 유럽의 열강들은 오스만 제국을 몇 개의 영향권으로 분할하였는데 비록 그 방법이 비공식적이기는 하였지만 유효하였고, 그들은 거기서 경제적인 사업뿐 아니라 정치적인 권위의 우선적인 행사권을 인정받았다. 이와 같은 팽창정책, 그리고 이와 동시에 일어난 오스만 제국의 약화로 인해서 발칸 반도의 기독교도들은 정치적인 독립을 열망하게 되었다. 이러한 열망은 일부 유럽 열강의 지원을 받게 되었고 그리스, 세르비아, 루마니아, 불가리아 등이 독립을 얻었다. 그러나 이 지역에 있던 적지 않은 수의 무슬림들의 지위는 크게 동요되었고, 많은 경우 그들의 재산과 목숨은 위험에 처해지거나 박탈되었던 것이다.

장기간에 걸친 유럽 지배는 제1차 세계대전 기간중과 그 직후 절정에 이르렀다. 당시 오스만의 정권을 장악하고 있던 소위 '청년 투르크들'(Young Turks)은 제국에게 패전과 궁극적인 붕괴를 안겨다 주었고, 전쟁의 종료와 함께 메소포타미아와 레반트는 연합국의 지배를 받게 되었다. 영국군은 한번도 기독교도에 의해서 점령된 적이 없는 바그다드와 다마스쿠스에 진주하였다. 종전 이후 터진 볼셰비키 혁명은 1920년에 그전까지 보호국의 지위에 있었던 히바와 부하라를 완전히 없애 버리고 그 영토를 병합하여 결국 소연방에 편입시켜 버리고 말았다.

이슬람권으로의 이러한 유럽의 팽창을 설명할 때 가장 자주 사용되는 용어가 '제국주의' 이다. 이제 이 용어는 하나의 슬로건이나 표어 정도가 되어 버렸지만, 그 기원은 유럽의 정치 지성사에 있었으며 유럽적인 문맥에서 비로소 그 의미를 제대로 파악할 수 있는 것이다. 무슬림들은 분명히 자신들의 고난을 표현하는 용

이슬람에 대한 유럽의 태도는 도덕적, 문화적 우월감으로 차 있었다. 1843년 프랑스에서 출판된 알제리 역사에 관한 책에 삽입된 이 그림도 그러한 태도를 전형적으로 보여 준다. "정복과 문명"이라는 제목의 이 그림에서 고전주의적 인물이 한 무리의 패배하고 통회하는 아랍인들에게 축복을 내려 주고 있다.

어로 사용하였다. 그들의 눈에는 현재 정치적 군사적인 위상의 역전을 초래한 유럽과 자신들의 대결이 이슬람과 기독교의 대결, 지난 수세기 동안 계속되어 온 두 세계 혹은 두 전투적인 신앙 사이의 투쟁의 최근 양상으로 비쳐졌다.

 이슬람의 출현 때부터 시작되어 계속된 이러한 대결에서 무슬림들이 전반적으로 우세를 차지하여 왔다. 물론 스페인을 상실하기는 하였지만 기독교도들로부터 빼앗은 다른 지역들은 영구적으로 무슬림의 땅이 되었다. 모스크바 대공이 타타르의 지배로부터 벗어난 것도 사실이지만, 반면 오스만 제국은 발칸 반도와 중부 유럽에서 적지 않은 기독교 지역을 합병하였고 1680년대에는 빈을 위협하기까지 하였다. 이처럼 군사적 성공과 확고한 지배를 거듭해 온 오랜 역사는 무슬림들에게 대단히 중요한 의미를 가지는 것이었다. 즉 그것은 무하마드의 계시가 옳았고, 알라는 그를 믿고 그의 계시에 귀기울이는 자들을 번영하게 해 준다는 사실을 보여 주는 증거라고 생각하였다. 무슬림들은 이슬람의 세계를 넓히고 이교도들을 침묵시키기 위해서 싸워 왔고, 그 싸움은 성스러우며 거기에서 죽은 사람에게는 영원한 축복이 기다리고 있다고 믿었다. 이러한 믿음의 정당성은 이슬람의 역사가 의심의 여지 없이 증명하고 있는 듯하였으며, 무슬림들에게 자신감과 우월감을 불어넣어 주었다. 따라서 유럽에 의한 계속적인 패배는 무슬림들의 이러한 자긍심에 상처를 입힐 수밖에 없었고, 그 결과는 심각한 도덕적 지적인 위기감으로 나타났다. 군시적인 패배는 단지 세속적인 의미에서의 패배가 아니라 이슬람의 계시 그 자체의 정당성을 의심케 하는 것이기 때문이다.

위협과 저항

그러나 계속되는 좌절과 패배가 야기하는 자신감의 상실과 의지력의 위축이 분명히 드러나기까지는 상당 기간이 필요하였다. 그것은 비록 유럽의 군사적 기술적 역량이 무슬림권의 그것에 비해서 상대가 안 될 정도로 우월하였지만, 유럽의 침입에 대한 무슬림들의 저항 역시 강렬하고 활기가 있었으며 또 끈질겼기 때문이다. 알제리에 상륙한 프랑스 군은 토착민의 저항을 꺾는 일이 결코 쉽지 않음을 깨달았다. 이러한 저항운동을 주도하였던 인물 가운데 가장 유명한 사람이 서부 알제리 오랑 출신의 아브드 알 카디르였다. 그는 1833년에서 1847년에 이르는 동안 프랑스 군과 싸웠고 결국 패배하여 포로가 되었다. 그는 부족민들로부터 많은 지지자를 확보하여 알제리의 서부뿐 아니라 동부와 중부에서도 넓은 지역을 장악하였다. 프랑스측도 그를 단순한 게릴라 지도자 이상으로 인식하였고 그와 여러 차례 협정을 맺었는데, 그것은 마치 두 주권국가 사이의 협정과도 같은 것이었다. 아브드 알 카디르 역시 자신을 부족 수령의 역할을 하는 것으로만 생각하지는 않았다. 처음부터 그와 그의 지지자들은 저항운동이 이슬람 국가의 건설(회복)을 위한 것이라고 생각하였고, 아브드 알 카디르는 신자들로부터 동의(bay'a)를 받은 '이맘'이고, 그의 의무는 종교를 수호하고 무슬림을 보호하는 것이라고 여겨졌다. 실제로 그는 부족적인 충성과 대립을 뛰어넘는 국가를 만들고, '이맘'과 그가 건설하려고 하는 신생국가에게만 충성을 바치는 근대적 군대를 조직하려고 노력하였다. 그는 이러한 군대의 조직을 위해서 여러 계급과 그에 상응하는 제복과 봉급, 그리고 그 들이 지켜야 할 헌장을 정해 놓기까지 하였다.

이 헌장에서 그는 예언자 무하마드와 정통 칼리프들의 시대에 그러하였던 것처럼 단순한 신앙심, 정직성, 평등주의, 용맹함 등의 미덕을 회복할 것을 주장하였다. 아브드 알 카디르와 그의 추종자들은 무하마드가 이슬람 체제를 창설한 것과 아브드 알 카디르가 알제리에서 부흥운동을 벌이는 것이 서로 비슷하다고 진지하게 믿었다. 아브드 알 카디르의 아들은 자기 아버지에 관한 방대한 양의 전기를 썼는데, 거기서 아브드 알 카디르가 자신의 임무를 부여받는 장면에 대한 묘사가 나온다. 이에 의하면 아브드 알 카디르에게 처음으로 충성을 서약하고 나시르 앗 딘(Nāsir ad-Dīn), 즉 '종교의 수호자'라는 칭호를 준 사람이 바로 그의 아버지였고 그 의식은 나무 아래에서 치러졌는데, 이는 히즈라 6년 무슬림들이 나무 아래에서 무하마드에게 충성을 서약하였던 것과 흡사한 것이었다. 『코란』(제48장 18절)은 다음과 같이 적고 있다. "알라께서는 신도들이 나무 아래에서 충성을 서약하매 기뻐하시며 앞으로 있을 정복을 그들에게 보상으로 주셨도다."

이슬람권의 다른 지역인 다기스탄에서도 러시아의 카프카스 정복에 대한 끈질긴 저항운동이 일어났는데, 이것은 '무리드 운동'(Murīdism)이라고 불렸다. 이 운동의 지도자들이 낙슈반디 교단의 무리드(murīd : '門徒')들이었기 때문이다. 그들은 율법의 지고성을 천명하고 모든 무슬림들이 이를 수호하기 위해서 이교도나 이교도의 지배에 항거하여 싸워야 할 의무가 있다고 주장하였다. '무리드 운동'의 핵심에는 종교적인 형제애로 단합된 소수의 전사집단이 있었다. 이 전사집단은 많은 다기스탄 부족들에게 경외심을 불러일으켜 설득이나 강요를 통해서 그들이 러시아 정복자들에 대한 '성전'에 참여하도록 하였다. 그들은 군사적 기술적 우세를 바탕으로 한 러시아측의 공세에도 불구하고 1830-1859년까지 세력을 유지하였다. 물론 그들에게 익숙한 산간지역에서 전투를 벌였기 때문에 유리한 점도 있었지만, 그래도 저항운동이 지속된 기간이나 그 끈질김은 놀랄 만한 것이었다. 이것은 다름아닌 이슬람이 부여하는 결속력과 자부심이 있었기 때문에 가능하였다. 이러한 종교적인 열정이 있었기 때문에 저항운동은 초보적이지만 정치세력으로 조직되었고 '무리드 운동'의 지도자들은 추종자들에 의해서 '이맘'으로 인정받았던 것이다. 이 운동을 지도한 세 명의 이맘들 가운데 최후의 인물인 샤밀은 당시 유럽에서도 널리 알려지게 되었다.

  유럽의 침략에 대한 저항은 위의 예들처럼 지속적이지는 않았어도 매우 중요한 다른 의미를 지니는 형태를 띠고 나타나기도 하였다. 침략으로 야기된 혼란과 위기감은 곧 천년왕국 사상으로 나타났고 자신이 마흐디(mahdī) 혹은 사히브 앗 사아(sāhib as-sā'a), 즉 '올바로 인도된 존재' 혹은 '시간의 주인'이라고 주장하는 인물들이 출현하게 되었다. 마흐디란 이슬람의 전통에서 기적이나 초인간적인 행위에 의해서 진리와 정의가 영원히 지배하는 세상을 선포하는 존재를 의미하였다. 1838년 알제리에 카디리 교단의 창시자인 아브드 알 카디르 알 질라니의 후손이며 스스로 무하마드 이븐 아브드 알라(예언자 무하마드와 같은 이름)라고 이름한 인물이 나타났다. 그는 앞에서 언급한 아브드 알 카디르로부터 소원해진 부족들을 끌어들이고 아브드 알 카디르에 대해서 비난을 퍼붓기 시작하였다. 그는 아브드 알 카디르가 유럽인들로부터 무슬림을 구해낼 능력이 없을 뿐 아니라 유럽인들의 협조자라고 비난하였다. 아브드 알 카디르는 당연히 자신의 권위에 대한 도전을 분쇄하기 위해서 원정군을 보냈고, 소위 마흐디를 자처하는 인물과 그 추종자들을 패배시켰다. 그러나 그로부터 몇 년 뒤인 1845년 또 다른 마흐디가 출현하였다. 이 인물도 다르카와(Darqāwa)라는 교단의 일원이었으며 무하마드 이븐 아브드 알라라고 칭하였다. 이 모로코 출신의 성자는 보통 부 마자(Bū Ma'za : '염소와 함께 있는 사람')라고 불렸다. 그는 예언하기를 '시간의 주인'이 궁극적으로 동방의 모든 나라를 지배하게 될 것이고 알제리도 그에게 속하게 될 것이지만, 바눌 아스파르(banū'l-asfar : '황색인', 즉 프랑스인)가

카프카스의 지도자 샤밀. 그는 러시아의 정복에 대항한 성전을 외치며 25년(1834-1859) 동안 무슬림들을 규합하여 제정 러시아와 싸웠다.

지배한 뒤에야 그러한 시대가 올 것이라고 하였다. 그는 "너희가 만약 지금 장악한다면 그들(황색인)이 너희로부터 그것을 빼앗아 버릴 것이다. 그러나 프랑스인들이 이 나라를 먼저 지배하게 되면 너희는 그들로부터 다시 빼앗아 올 수 있을 것이다"라고 예언하였다. 그러나 프랑스는 그를 패배시키고 포로로 잡아 프랑스로 송환해 버려서 예언은 실현되지 못하였다. 14/20세기 초 모로코가 유럽 세력의 침입을 더욱 심하게 받게 되면서 다르카와 교단에 속한 또다른 인물이 천년왕국 사상을 유포하기 시작하였다. 부 하마라(Bū Hamāra : '당나귀와 함께 있는 사람')라고 불렸던 이 인물은 1900-1909년 페즈 동쪽의 타자를 근거로 활동하면서 모로코의 술탄인 아브드 알 아지즈를 배격하였다. 부 하마라는 술탄이 서구를 모방하며 나라를 기독교도들에게 넘겨 주려고 한다고 비난하였다. 그는 술탄과 형제간이며 동시에 예언자의 후손이라고 주장하였다. 그의 추종자들은 그를 '술탄'으로 추대하고 타자를 근거로 군대를 조직하고 전쟁과 선전을 통해서 권위를 높이려고 하였다. 그가 베르베르 부족민들에게 보낸 사자들은 예언자의 말을 근거로 들면서 그가 바로 이슬람을 재생시키고 마그리브로부터 기독교도를 추방할 인물, 즉 기다리고 기다리던 마흐디라고 선전하였다. 그러나 그는 술탄의 군대에 의해서 포로로 잡혀 철창에 갇힌 채 페즈의 공원에 전시되는 신세로 몰락하고 말았다.

부 하마라의 저항운동은 무슬림 정부를 비난하고 그 근거를 그들이 기독교도들과 야합하여 무슬림들을 배신하고 있다는 데에서 찾으려고 하였는데, 수단의 마흐디 운동은 이 점에서는 달랐다. 이것이 바로 이슬람 역사에서 말하는 '마흐디 운동'이다. 수단의 마흐디 운동의 공격목표는 1820년 수단을 침공하였고 당시 이슬람권의 수장이던 오스만의 술탄-칼리프에게 반기를 든 무하마드 알리 파샤의 후손들이 지배하는 이집트 정부였다. '마흐디'로 불린 인물의 이름은 무하마드 아흐마드 이븐 아브드 알라였는데, 그는 자신이 예언자의 후손이라고 자칭하였고 카디리 교단의 한 분파에 속하였다. 그는 예언자의 시대에 있었던 것과 같은 이슬람 움마(umma : 공동체)를 복구시킬 것과 아울러 이슬람에 위협적이고 이질적인 이집트의 지배를 종식시킬 것을 역설하였다. 이미 잘 알려진 바와 같이 1881년에 시작된 마흐디 운동은 부족군대의 지원을 받아서 1883년에는 엘 오베이드를 점령하였고, 1885년에는 수단의 수도인 하르툼을 함락시켜서 국가를 건설하였다. 이것은 그의 동지이자 후계자인 아브드 알라 이븐 무하마드가 지배하다가 1898년 키치너가 이끄는 원정군에게 멸망할 때까지 존속하였다. 마흐디와 그의 추종자들이 반대하였던 것은 무슬림 정부였지만, 그 정부가 서구의 이념에 깊은 영향을 받았고 또 서구의 행정기술에 크게 의존하고 있었기 때문에 무슬림 정부에 대한 마흐디 운동의 거부는 궁극적으로 유럽에 대한 거부를 의미하였던 것이다.

'필요한 개혁'

후일 튀니지에서 수상을 역임하고 콘스탄티노플에서 재상을 지내게 된 하이

이슬람의 우위는 천 년 동안 거의 도전받지 않았으나 12/18세기 말이 되면 뚜렷한 퇴조의 징조를 보이기 시작하였다. 발칸 지역에서 오스만 제국은 러시아와 오스트리아-헝가리에게 밀리고 있었고, 인도에서는 영국에게 그러하였다. 13/19세기에 유럽의 물질적인 우위에 눌려서 종속 아니면 가망 없는 저항 가운데 하나를 택할 수밖에 없었다. 모로코의 술탄인 아브드 알 라흐만(1822-1859)은 프랑스가 이웃나라인 알제리를 정복하였을 때 거기에 저항하던 반군지도자 아브드 알 카디르에 심정적으로 동조하였음에도 불구하고 그를 돕지 못한 채 수수방관할 수밖에 없었다. 1831년 그의 궁정을 방문하였던 외교사절단에는 마침 들라크루아가 포함되어 있었다. 그는 메크네스 성벽 밖에 술탄의 일행이 전통적인 장려함으로 도열한 모습을 묘사한 인상적인 그림을 남겼다.

르 앗 딘 앗 튀니시는 1867년 아랍어로 된 글을 하나 발표하였는데, 이것은 독자들에게 유럽의 문명과 정치제도를 소개하려는 목적으로 쓰여진 것이었다. 이 글은 당시 현존하던 이슬람의 제도들을 분석하는 긴 서문으로부터 시작하고 있으며, 서문은 후에 프랑스어로 번역되어 『무슬림 국가들에 필요한 개혁』(*Réformes nécessaires aux états musulmans*)이라는 제목으로 출판되었다. 이 제목 자체가 이미 하이르 앗 딘이 당시 무슬림 정치제도에 대해서 비판적이며 개혁되어야 할 필요가 있다고 생각하고 있었음을 보여 준다. 그가 생각하였던 '개혁'은 강력하고 번영하는 유럽식 모델, 즉 모든 시민이 법 앞에서 자유를 향유하는 그러한 제도를 지향하였다. 그는 '주도적인 유럽'이라는 표현을 사용하면서 '유럽 문명의 거센 물줄기'가 세계로 넘쳐 흘러 비유럽 국가들이 만약 '그것을 모방하지 않으면 이 물줄기의 위협을 받게 될 것'이라고 경고하였다. 하이르 앗 딘이 이 책을 출판하였을 때 사실 그러한 의견이 유럽 내에서는 팽배하였고 무슬림권의 지식인, 관리들 사이에서도 풍미하였다. 시간이 흐르면서 그러한 의견에 찬동하는 사람들의 숫자가 아브드 알 카디르, 샤밀, 마흐디와 같은 인물들의 견해에 동조하는 사람들보다 더 많아졌다. 무슬림 세계가 유럽이 사용하였던 똑같은 방법을 통해서 유럽이 성취한 힘과 번영을 이룩할 수 있으며, 이슬람의 근본적인 가치관을 위협하지 않고서도 그것을 이룩할 수 있다고 생각하는 것은 놀라운 것도 또 무모한 것도 아니었다.

처음에는 단순하고 무비판적인 그러한 가정에서 출발하였다. 유럽식 모델을 본받아서 변화를 주도할 힘을 가지고 있는 사람들, 즉 군주들에게는 그렇게 해서 생겨나는 변화가 이슬람과 병존할 수 있을지에 대해서 고민할 만한 여유도 없었다. 12/18세기 말 유럽 열강의 군사적 위협이 점점 더 강도를 더해 갔고, 생존을 위해서는 신속하게 유럽의 군사적 방법과 기술을 배우는 길밖에 없다고 생각하였다. 이러한 결론을 조직적으로 실천에 옮긴 최초의 무슬림 군주는 오스만의 술탄 셀림 3세(1789-1807)였다. 그는 즉위 직후 근대적인 무기공장과 군사훈련 학교를 세우려는 생각을 굳히고 이를 추진하였다. 또한 그는 유럽의 교관들을 고용하여 서구 열강의 군대에서 행해지던 훈련과 규율을 오스만 군대에 주입시킴으로써 새로운 군대대형을 만들려고 노력하였다. 술탄과 대신들은 이 방법에 깊은 인상을 받았다. 당시에 군제개혁을 주장하던 사람은 다음과 같은 메모를 남겼다. "유럽의 군대는 발과 발이 닿을 정도로 전열을 촘촘하게 만들어서 전투대형이 무너지지 않도록 하였고, 대포는 마치 마르코비치의 시계처럼 반짝반짝하게 광택이 나도록 닦아 1분에 열두 발을 쏘아대서 마치 포탄이 총알처럼 쏟아지고 있었다."

그러나 셀림의 개혁은 예니체리와 다른 전통적인 군대에게 공포와 반감을 불러일으켰다. 유럽식 방법과 교관에 의존하는 것 자체가 비천하고 비종교적으로 보였다. 더구나 술탄 자신이 군대대형을 지휘, 감독하고 콘스탄티노플 근교에 주둔시킨 것도 예니체리의 자존심을 상하게 하였고 그들의 기존 지위와 권익을 위협하는 것으로 받아들여졌다. 예니체리가 외국의 적들 앞에서는 아무리 무력하다고 하지만, 국내에서는 여전히 특권과 이익을 누리면서 반란을 통해 술탄을 견제하고 심지어 폐위시킬 잠재력도 있는 강력한 집단이었다. 사실 셀림의 '신질서'(nizām-i jadīd)는 예니체리의 지도층과 그들을 지지하는 일부 종교인사들의 극단적인 반감을 불러일으켜서 1807년 5월 '이교도 술탄'을 권좌에서 밀어냈고, 그를 계승한 무스타파 4세는 즉위 수일 만에 셀림의 개혁을 취소시켜 버리고 말았던 것이다. 그러나 무스타파도 그 다음해에는 폐위되고 뒤를 이은 그의 동생(셀림의 조카) 마흐무드 2세는 1839년 사망할 때까지 술탄으로 있었다. 그는 상당한 시간이 흐른 뒤에야 셀림의 군사개혁을 재개할 수 있었다.

한편 이집트의 실권자였던 무하마드 알리 역시 유럽식 육군과 해군을 본받으려고 노력하였으며, 상당한 성공을 거두기도 하였다. 그는 원래 카발라 출신의 알바니아인이었지만, 오스만의 장교로서 영국과 협력하여 1798년 이집트를 점령한 프랑스 세력을 구축하기 위해서 이집트에 파견된 오스만 군대에 배속되었다. 탁월한 능력과 무자비함을 동시에 가지고 있던 그는 자신의 상급자들을 차례로 밀어내고 1805년에는 술탄에 의해서 이집트 총독으로 임명받기에 이르렀다. 오스만 지배하의 이집트는 11–12/17–18세기에 콘스탄티노플로부터 사실상 독립적인 맘루크들에 의해서 좌지우지되고 있었다. 무하마드 알리가 이집트의 파샤(Pasha)가 되었을 때도 상황은 변하지 않았고, 예니체리가 술탄을 견제하였던 것처럼 이집트의 군사세력은 오스만의 총독을 견제하였다. 1811년 무하마드 알리는 은밀한 방법을 이용하여 대부분의 군사귀족들을 학살시켜 버림으로써 자신의 권위에 도전할 만한 내부세력들로부터 안전을 확보하였다. 1815년에는 휘하의 군대를 유럽식으로 훈련시키기 시작하였고, 셀림의 경우와 마찬가지로 이러한 개혁은 반대를 불러일으켜서 반란이 일어나기까지 하였다.

그는 자신의 야심을 실현시키려고 대규모의 군대를 조직하기 시작하였고, 이에 필요한 인력을 확보하기 위해서 1820-1821년에는 수단을 침략하여 많은 수의 주민들을 노예로 만들어 이집트로 끌고 온 뒤 군대에 편입시켰다. 그러나 곧 노예를 충직하고 훌륭한 군인으로 만드는 것이 어렵다는 것을 깨닫고 유럽인 교관들의 충고를 받아들여 이집트 농민들을 징발하기 시작하였다. 징병은 매우 폭력적인 방법으로 실시되었고, 농민들은 도망이나 자해행위 혹은 반항으로 이에 대응하였다. 군사개혁은 백성들에 대해서 국가가 요구하는 것이 많아짐을 의미하였고, 그 사실이 바로 국가권력의 증대를 의미하였다. 근대화주의자인 무하마드 알리는 사실상 이집트의 주인이 되었다. 그가 군사귀족들을 처형시켰을 때 그들의 토지도 몰수하였고, 모스크에 혹은 기타 구휼의 목적으로 헌납하여 수세기 동안 그렇게 사용되었던 토지들도 여러 가지 구실을 대어서 몰수해 버렸다. 그가 손을 댄 것은 맘루크나 기진지(寄進地)에만 그치지 않았다. 어떤 종류의 사유재산일지라도 소유주가 명확하지 않은 경우에는 그에게로 환수되었다. 그가 파견한 관리들은 소유주임을 입증하는 문서를 요구하였고, 그들은 아주 까다롭고 의심 많게 행동하였으며 그럴수록 무하마드 알리에게 충성하는 것이었다. 무하마드 알리는 토지조사를 실시하였는데, 이때 그가 보낸 관리들은 규격보다 더 적은 자(尺)를 사용하였다고 한다. 무하마드 알리의 중앙집권적인 행정기구는 농민들로부터 재화를 수취해내어, 늘어난 군비를 충당하는 데에 과거 이집트를 지배한 어느 군주들보다도 더 효율적이었다. '기구'나 '수취'와 같은 말은 완곡한 표현에 불과하다. 실제로 이 말들의 이면에는 무력에 의한 강제 혹은 무력 사용의 위협이 있을 뿐이었다.

무하마드 알리는 중앙집권화와 징세체제의 강화에만 만족하지는 않았고 대부분의 농작물 교역에서도 전매권을 행사하였다. 또한 1820년대에는 프랑스의 직조공인 알렉상드르 쥠멜의 도움을 받아 이집트에 우량한 토착면화가 있음을 발

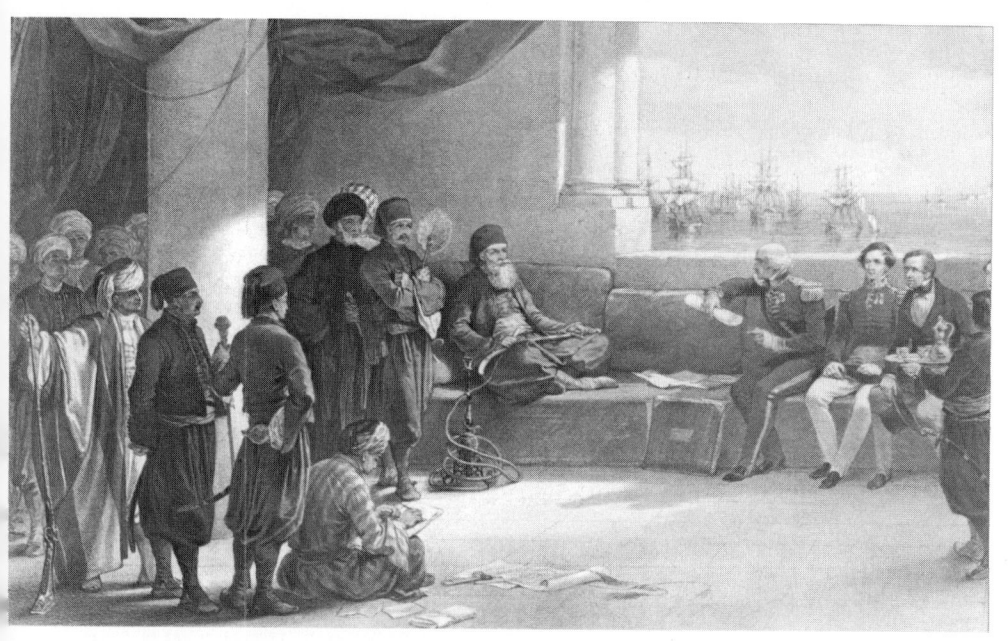

유럽적 방식에 가장 성공적으로 적응하였던 무슬림 지도자는 이집트의 무하마드 알리 파샤였다. 그러나 그가 도입한 변혁은 오로지 자신의 권력을 강화하기 위함이었다. 그는 공장을 건설하고 콜레라 퇴치를 위해서 노력하였으며, 농업을 진흥하였고 카이로와 알렉산드리아 사이를 지나는 최초의 철로를 놓았다. 이렇게 해서 그는 이집트의 근대화를 시작하였던 것이다. 이 모든 것은 외국인 전문가들의 도움을 받아서야 성취될 수 있었다. 이 석판화는 그가 페트릭 캠벨 대령과 프랑스 기술자들과 상의하고 있는 모습을 묘사하고 있다.

견하고, 이를 재배하고 수출함으로써 막대한 이익을 거두었다. 그러나 이집트 농민들은 면화 재배를 기피하였기 때문에 농업활동에 대한 엄격한 규제를 실시하지 않으면 안 되었고, 그 결과 국가가 농촌생활에 깊이 관여하게 되었다. 또한 면화 재배에 필요한 관개시설의 유지를 위해서 수로는 항상 정기적으로 준설되고 보수되어야 하였기 때문에 이 또한 농민들의 요역 부담을 가중시켰다. 따라서 상황이 어려워지면 농민들은 세금과 요역의 부담을 피해 농촌에서 도망치는 사례들이 생겨났고, 무하마드 알리는 이를 방지하기 위해서 10년 이상 고향을 떠나 있는 농민들은 사형에 처한다는 규정을 반포하였던 것이다.

무하마드 알리가 이집트에 중앙집권적으로 통제된 '계획'경제를 건설하려고 하였음은 분명하며, 그 목적은 정치력 군사력의 증대를 위해서 필요한 재원을 주민들로부터 최대한으로 확보하려는 데에 있었다. 그가 세심하게 통제하였던 분야가 농업에만 국한되지는 않았다. 그는 수공업자들에게도 원료를 제공하고 그들이 생산해낸 모든 물자를 일정한 가격으로 구매한 뒤 막대한 이익을 붙여서 팔았으며, 이 물건들을 수출할 때는 그 자신이나 그가 지명한 상인들이 독점권을 행사하였다. 그는 또한 산업화를 추진하기 위해서 공장을 설립하고 자신의 부하들에게 경영을 위탁하였다.

그러나 결국 무하마드 알리의 정권은 단명에 그치고 말았다. 그의 정치적 계획은 실패하고 의지는 꺾이고 말았다. 문자 그대로 그 일개인이 모든 것을 감찰할 수는 없었고, 엄격하게 규제되고 중앙집권화된 체제 안에서 그의 아래에 있던 사람들은 귀족이든 평민이든 자신의 생사를 가를지도 모를 결정에 대해서 책임지려고 하지 않았던 것이다. 이러한 방식의 국가 운영을 헤겔은 전통적인 동양적 전제주의라고 규정하였지만, 무하마드 알리의 경우에는 그보다 더 강력하고 더 공포스러운 것이었다. 그것은 소위 '계몽적'이라고 불렸던 18세기 유럽의 절대주의 체제와 같은 것, 즉 '사회과학'과 '행정과학'으로 무장하고 사회를 마치 하나의 기계와 같이 만들려는 욕망의 표현이었다. 그 기계의 톱니바퀴는 피지배민들이고 운전자는 군주요, 거기에서 생산되는 것은 정부에 의해서 합리적으로 정의되고 과학적으로 인정된 행복이라고 믿었던 것이다. 실제로 우리는 무하마드 알리가 이 '계몽적 전제주의'라는 표현까지 사용하고 있음을 확인할 수 있다. 농민들이 보다 자유롭게 경작할 수 있도록 하는 것이 어떻겠느냐는 한 영국인의 충고에 대해서 무하마드 알리는 "아니오. 나의 농민들은 무지라는 병을 앓고 있기 때문에 나는 의사의 역할을 담당하지 않으면 안 되오"라고 대답하였던 것이다. 아마 그는 유럽의 과학적 기술의 이점뿐만 아니라 '계몽적 전제주의'라는 유럽적인 비유의 효용성도 잘 알고 있었던 것 같다.

계속되는 폭정

무하마드 알리에 관한 기록들은 그가 소위 백성들의 '진정한 이익'을 위한다며 내건 슬로건이 사실은 속임수에 불과하고, 그의 유일한 관심사는 어떻게 하면 가장 효율적으로 그들을 착취할 수 있을까 하는 데 있었음을 확인시켜 준다. 그가 과거의 통치자들과 달랐던 점은 사회, 경제 제분야에 대한 간섭의 폭의 확대였는데, 이는 유럽의 예에서 힌트를 얻었고 또 정당화될 수 있다고 믿었다. 이슬람 근대사에서 무하마드 알리의 예는 유럽의 정복이 아니라 유럽의 이념과 방법이 무슬림들에게 어떠한 영향을 주었는가를 극명하게 보여 주는 하나의 전형을 제시한다. 물론 그가 이집트에서 실행하였던 모든 것을 똑같이 하였던 무슬림 군주는 거의 없었다. 그러나 '개혁'의 필요성, 다시 말해서 유럽적인 방식을 모방할 필요성을 절감하였던 군주들은 무하마드 알리와 유사한 정책들을 실시하였으며, 그 표면적인 목표가 무엇이든 궁극적으로는 피지배민들에게 가해지는 지배자의 권력이 엄청나게 강화되고 그들 사이의 간격은 더욱 넓어졌으며, 사회 내부에 긴장과 갈등을 야기시키는 결과를 낳았던 것이다. 우리가 이미 살펴보았듯이 오스만 군대를 근대화시키려던 셀림의 기도는 매우 강력한 반발을 불러일으켰고 결국 그의 몰락을 초래하였다. 그의 조카인 마흐무드 2세도 당연히 근대화 정책이 자신에게 어떠한 위험을 초래할지 잘 알고 있었지만, 당시의 여러 정책들이 보여 주듯이 그도 역시 개혁의 필요성을 분명히 깨닫고 있었다. 그는 시간을 기다렸고, 콘스탄티노플에서 충분한 세력을 확보하고 종교, 군사 분야의 지도자들로부터 지지를 얻어낸 뒤에야 비로소 본격적인 개혁에 착수하였다. 1826년 마흐무드는 신군을 창설하기 위해서 예니체리 병사들을 차출하여 새로운 무기와 훈련을 도입하고 군율과 봉급과 승진에 관한 새로운 규정을 준수하도록 하는 칙령을 선포하였다. 예니체리는 이 새 칙령에 따르기를 꺼려하였고 그것이 선포된 지 3주일이 지난 6월 15일 결국 반란을 일으켰다. 마흐무드는 이를 무난히 진압하였다. 그는 즉시 예니체리를 폐지하고 포로로 잡힌 병사들을 모두 처형시켰다. 그는 곧 이어 전통적인 오스만의 군사대형을 없애 버렸다. 이렇게 해서 그는 새로 징발되는 병사들로 충원되고 그의 신임을 받아서 임명된, 따라서 그에게 순종하는 장교들이 감독하기 때문에 술탄이 완전히 장악하는 신군을 창설할 수 있었던 것이다. 소위 '동방 문제'에 얽힌 역사는 1914년 이전까지는 오스만 군대의 계속적인 '개혁'에도 불구하고 그것이 서구의 군대에는 도저히 상대가 되지 않았음을 보여 준다. 서구에서 오스만 제국이 '유럽의 병자'라는 별명으로 불리던 바로 그 시기에 오스만의 군대와 제도에 개혁이 이루어졌다는 사실은 역설적이다. 그러나 오스만 군대의 그러한 근대화로 말미암아서 콘스탄티노플의 권위가 여태까지 형식적으로만 예속되어 있었을 뿐 실제로는 거의 독립적이었던 지방의 총독들을 제압할 수 있게 되었다. 또한 새로운 군대, 재정, 행정에 대한 필요성으로 인해서 중앙으로부터 강력하게 통제되는 정부기구들이 설치되었고, 이는 피지배층에 대해서 상대적으로 술탄의 권력을 더욱 증대시키는 결과를 낳았다. 이집트의 무하마드 알리의 예를 상기할 때 마흐무드가 '중세 기사들'에게 전통적으로 부여되었던 소위 '봉읍'에 대해서 손을 댔을 뿐 아니라 행정을 개선하고 합리화한다는 명목으로 수많은 아우카프(awqāf : 와크프(waqf의 복수형)), 즉 희사재산에 대해서도 간섭한 것이 이상하다고 할 수는 없다. 군대에서 시작된 '개혁'은 어쩔 수 없이 국가와 사회 전반에까지 확대된 것이다.

'계몽주의'와 전통

그러나 '개혁'이 그 자체의 운동력을 얻기 시작하고 유럽이 유일한 모델이라고 생각하며 그것을 추진하였던 사람들도 '개혁'이 효과를 거두기 위해서는 단지 군사적 기술과 행정적 방법만을 도입하는 것으로는 충분치 못하다는 사실을 깨닫게 되었다. 술탄 마흐무드의 근대화 추진작업은 여러 관리들의 보조를 받았는데, 무스타파 레시드 파샤는 오스만 제국을 유럽식의 '법치국가'로 변용시키는 데에 가장 큰 역할을 하였다. 이러한 근대화 추진과정에서 1839년에 발표된 '장미황실의 칙령'(The Noble Rescript of the Rose Chamber)[9]은 분명히 하나의 분수령을 이룬다. 이 칙령은 마흐무드 2세가 사망한 직후 그의 아들인 아브드 알 마지드에 의해서 선포되었다. 1839년 6월 오스만 군대가 네지브(아나톨리아 서남부)에서 이집트의 파샤(무하마드 알리)의 군대에 의해서 격파당하여 제국은 심

---

[9] '장미황실'이란 투르크어의 귈하네(Gülhane)를 옮긴 말이고, 이 칙령은 보통 하티 샤리프(Hatt-i Sharīf)라고 불린다.

각한 위험에 직면하게 되었다. 이 위기상황에서 오스만은 서구 열강, 특히 영국의 지원에 크게 의존하지 않을 수 없었다. 이 칙령은 개혁 추진자들의 솔직한 생각을 반영하고 있을 뿐 아니라, 당시 오스만 제국(그리고 이슬람권 모두)에 대해서 서구에서 널리 퍼져 있던 견해에 대한 대응이기도 하였다. 이 칙령은 '새로운 제도에 의해서 오스만 제국의 각 지역에 좋은 정치의 혜택을 나누어 줄 것'을 약속하였다. 이 새로운 제도는 (1)백성들에게 생명과 명예와 기회와 관련한 완전한 안전의 보장, (2)세금의 산정과 징수에 관한 정규적인 체제, (3)군대의 징발과 복무기간에 관한 정규적인 체제를 도입하는 것이었다.

개혁운동에서 또 하나의 분수령을 이룬 것도 역시 전쟁의 위기와 연관되어 있는데, 1856년의 '황제 칙령'(The Imperial Rescript)[10]은 크림 전쟁 직후에 발표되었고 이를 입안한 인물들은 레시드 파샤의 제자인 알리 파샤와 푸아드 파샤였다. 이 신칙령은 전에 발표된 것을 확인하고 확대한 것으로, 술탄의 백성이라면 그가 무슬림이든 기독교도이든 유대교도이든 모두 동등한 권리를 향유할 수 있다고 못박았다. 이것은 1839년의 칙령이 '계급과 종교의 구분 없이 나의 제국의 모든 백성들'에게 부여한 권리를 '확인'하고 '확정'지었다. 크림 전쟁은 술탄의 지배를 받고 있는 그리스 정교도들에 대해서 러시아가 종주권을 주장함으로써 발생한 것이기 때문에 이 칙령은 앞으로 그와 유사한 주장이 나오지 않도록 쐐기를 박으려는 의도를 가지고 있었다. 개혁 추진자들은 그러한 조치가 진정으로 필요하다고 믿었고, 그래서 칙령에는 술탄의 백성들에게 그 종교가 무엇이든 평등을 보장한다는 점이 특히 강조되었던 것이다.

1839년의 칙령은 1840년대에 단속적으로 법, 규정, 제도 방면에 적용되었고 1856년의 황제 칙령도 마찬가지였다. 그 효과가 기대하였던 것처럼 항상 크지는 않았다. 새로운 법률과 제도가 백성들의 안전과 자유와 번영의 증진을 목표로 하였기 때문에 그것은 사회적 경제적 종교적인 기존 질서에 대한 혁명이나 다름 없었다. 따라서 이를 달갑게 여기지 않는 사람들도 많았고, 이들에 대해서는 정부가 강제력을 동원하여 따르도록 하는 수밖에 없었다. 이것은 자동적으로 정부

---

10) 터키에서는 하티 후마윤(Hatt-i Hümāyūn)으로 알려져 있다.

의 중앙집권적 권력의 증대를 의미하였다. 이와 같은 악순환으로 말미암아 결국 통치를 하는 자와 통치를 받는 자는 서로 다른 우주에 머물 수밖에 없었다.

오스만의 법적인 개혁 가운데 특히 한 가지가 사회적 긴장을 극도로 고조시켰고 정부의 사업에 장애를 초래하였는데, 그것은 1839년의 칙령에서 암시되어 있고 1856년의 칙령에서 분명히 규정된 조항, 즉 정부가 비무슬림을 무슬림과 똑같이 취급한다는 조항이었다. 이러한 정책은 국가의 결속력을 해치지 않을 수 없었다. 따지고 보면 오스만은 이슬람에 대한 자부심과 무슬림들의 연대감에 기초한 것이고, 이러한 느낌은 무슬림들의 눈에 성스러운 율법에 의해서 그리고 이슬람의 오랜 역사를 통해서 입증된다고 믿었던 것이다. 그런데 이제 무슬림 정부가 비무슬림들에게 평등권을 양보한다는 것은 무슬림 대중에게는 사기를 떨어뜨리는 치욕으로 비쳐졌다. 1839년의 칙령이 발표되었을 때 한 오스만 관리는 "만약 유대인과 기독교도가 법 앞에서 우리와 평등하다면 우리는 어떻게 되는 것인가?"라고 말하였다.

무하마드 알리가 레반트를 침공하였을 때도 여러 가지 이유에서 기독교도에게 우호적인 태도를 보였고 사실 그 정도는 오스만의 경우보다 더 지나쳤다. 바로 이러한 그의 정책이 1834년에 터진 이집트 반란의 잠재적인 원인을 제공하였다. 당시 무슬림들의 감정은 "정부는 이제 기독교도의 정부가 되었고 이슬람의 지배는 끝났다"라고 말한 다마스쿠스의 한 관리의 말 속에 잘 반영되어 있다. 당시 영국의 관리였던 리처드 우드도 파샤의 정책이 얼마나 신랄한 비판을 초래하였는지에 대해서 증언하였다. 그로부터 30년 뒤인 1860년 레반트가 다시 오스만의 지배에 들어갔지만, 다마스쿠스를 비롯한 여러 곳에서 기독교도들이 무슬림들의 약탈과 학살의 대상이 되면서 또 혼란이 벌어졌다. 이러한 혼란이 무엇보다도 1856년 칙령의 발표와 그것이 야기한 공동체간의 긴장 고조에 의한 것임은 두말할 필요도 없다. 당시 유럽인들은 이러한 개혁정책에 나쁜 것이라고는 하나도 찾을 수 없다고 보았고, 1856년의 칙령에 대해서도 '이제 남은 것은 그것을 실행하는 일뿐이다'라고 약간 비꼬는 듯한 평가를 내렸다. 다시 말해서 이러한 평가는 칙령이 하나의 문서에 불과할 뿐이며, 만약 그것을 실행하는 데에 성공하기만 하면 제국은 평화와 만족을 향유할 것이라는 의미를 가지고 있다.

개혁은 변화를 의미하였다. 그러나 변화가 반드시 무조건적이고 보편적인 개선을 의미하는 것은 아니었다. 개혁은 현저하게 더 나은 정부를 만들지도 못하였고 또 외세의 침입에 대해서 국가를 강화시켜 주지도 못하였다. 반대로 무슬림들의 우월의식 붕괴, 그에 따른 비무슬림들의 자주의식 강화는 도리어 외세의 간섭에 더 많은 기회를 제공하였다. 개혁은 어떤 집단에게는 이익을, 다른 집단에게는 손해를 끼쳤고, 이익과 손해 가운데 어느 쪽이 더 큰가를 판단할 수는 없다. '봉건적' 토지세와 징세청부 제도의 폐지에 관한 토지법의 변화를 예로 들어 보자. 유럽식 토지법을 본뜬 새로운 법령이 1858년에 반포되었고 그 결과 관습적인 소작제, 공동의 토지 소유제 혹은 부족에 의한 토지 소유제, 국가에 등록이 된 개인적 토지 소유제 등에 변화가 일어났다. 비록 문서화되지는 않았어도 오래 전부터 제국의 대부분 지역에서 농지 소유 관계를 규율하던 관습법이 이 개혁에 의해서 무참하게 묵살된 것이다. '토지법'은 유럽과 같이 각자 조그만 농토를 소유한 소토지 소유 농민들을 만들어내지 못하였다. 반대로 정주촌락에 속하든 아니면 개인적인 소유라는 것을 알지 못하였던 부족에 속하든, 군소농민들은 관행으로 인정되어 오던 자신의 권리와 이익이 새 법령에 의해서 축소되고 파괴된다고 보았다. 더구나 거대한 중앙집권적 관료제의 자연스러운 파생물인 부패와 권력 남용을 통해서 새 법령이 집행되었기 때문에 그들의 불만은 더욱 클 수밖에 없었다.

개혁이 지니는 또다른 측면에 대해서 살펴볼 필요가 있다. 법제의 서구화와 정부기능의 증대는 지방평의회의 설치를 수반하였다. 매우 복잡한 선거인단에 의해서 선출된 각 지방의 지도층으로 구성된 이 지방평의회는 각지의 여러 공동체를 대표하는 것으로 간주되었다. 레시드 파샤가 처음으로 이것을 설치하고 법적 행정적인 기능을 부여하여 지방총독의 권한을 견제하도록 하였다. 그러나 역사가 템펄리도 지적하였듯이 지방평의회는 '절대적으로 나빴다.' 왜냐하면 실제로 그들을 선출한 사람들이 평의원들을 견제할 수 있는 방법이 전혀 없었으며, 따라서 대표라고 부를 수 없었기 때문이다. 평의원은 자신들의 이익을 위해서 복잡한 법적 행정적 규정을 교묘히 이용할 뿐만 아니라 상호간의 불신과 반목으로 인해서 평민들의 이익이나 안녕의 증진에는 거의 신경을 쓰지 않는, 말하자면 사이비 관리들의 집합체에 불과하였던 셈이다. 평의회 제도의 폐단이 곧 인정되자 1852년과 1864년 두 차례에 걸쳐서 그들의 권한을 축소하는 조치가 취해지고, 그들로 하여금 법적인 사항을 검토할 수 없도록 하였다. 그럼에도 불구하고 평의회는 결국 지방의 자치정부 혹은 지방의 대표기관으로서 효율적인 기능을 수행하는 데는 실패하고 말았다.

오스만 제국에 관한 뛰어난 묘사를 담고 있는 찰스 엘리엇 경의 『유럽 속의 터키』(*Turkey in Europe*)라는 책은 유럽의 한 기업인과 오스만의 파샤 사이에 오고 간 가공의 대화로 시작되고 있다. 파샤는 다음과 같은 비유를 들고 있다.

이 나라는 한 그릇의 수프와 같아서 모두 다 그것을 먹어 치우려는 생각밖에는 하지 않는다. 우리는 큰 숟가락으로 옛날 방식대로 점잖게 먹지만, 당신들은 수프 그릇의 바닥에 조그만 구멍을 내고는 관을 넣어서 빼내고 있다. 그러면서도 당신들은 우리가 나사 송곳을 가지고 있지 않고 관을 이용해서 먹는 기술도 모르며, 숟가락으로 수프를 먹는 방식은 미개하다고 하면서 우리의 방식이 철폐되어야 한다고 말하고 있다.

파샤의 말을 이용하자면 우리는 유럽의 영향을 받아서 설치한 지방평의회를 전통적인 방식의 숟가락이 아니라 관을 통해서 수프를 먹는 과학적인 장치에 비유할 수 있을 것이다. 물론 어느 쪽이 더 효율적인가 하는 것을 따지기란 매우 어렵지만, 어쨌든 근대적인 방식이 희생자들에게 더 큰 고통을 가져다 준 것은 분명하다. 왜냐하면 새로운 방식은 익숙하지 않을 뿐만 아니라 하나의 큰 숟가락 대신 여러 개의 조그만 관들이 동시에 삽입되기 때문이다. 우리는 오스만의 경우와 비슷한 개혁을 튀니스의 '베이'(Bey)들이 실시하였을 때 튀니스인들이 보인 반응에서도 위의 사실을 확인할 수 있다. 1857년과 1861년 사이에 튀니스의 베이들은 개인의 신변을 보호하고 법과 징세의 평등성을 보장하기 위한 목적으로 유럽식의 법제를 도입하였다. 그리고 이 개혁을 추진하기 위한 중앙집권적인 관료제와 지방법원들도 설치되었으며, 이는 1861년 헌법의 반포로 절정에 이르렀다. 헌법은 대신들과 베이들이 관할하는 대평의회를 설치할 것을 규정하였다. 관리와 귀족들로 구성된 대평의회는 조세와 법률 문제에 관한 최종적인 권한을 부여받았다. 그러나 이 개혁은 평민들에게 더 큰 부담을 강요하게 되었다. 과거의 체제 아래에서 행정적인 문제들은 총독에 의해서 결정되고 법률적인 문제들은 판관에 의해서 결정되었으며, 두 가지 결정 모두 베이의 인준을 필요로 하였다. 따라서 어떤 프랑스인이 지적하였듯이 일반 튀니스인들은 두 사람에 의해서 '먹히기만' 하면 되었고 그 이상의 착취는 없었던 것이다.

그들은 법원에 소속된 모든 사람들에게 먹히게 되었다. 과거에 그들은 지방판사의 결정이 신속하였기 때문에 보통 승복하였고 특별한 경우에만 베이에게 청원하였다. 그러나 오늘날 튀니스에서 280킬로미터 떨어진 곳에 있는 가베스의 주민들은 지방법원의 결정에 대해서 항소하기 위해서 튀니스까지 가야만 하게 되었다. 그러나 엄청난 경비를 쓰고 튀니스까지 가도 베이와 면담하여 자신의 문제를 직접 호소할 가능성은 없었다. 대신 못된 맘루크들이 이제는 항소심 재판부의 판사들로 둔갑하여 구성된 최고평의회가 지정하는 위원회로 회부되어, 결국 원래의 판결이 무효화되거나 확정될 뿐이었다.

새로운 법원이 등장하면서 튀니스의 개혁에 대한 불만은 더욱 고조되었고, 마침내 1864년 부족민들의 반란을 초래하였다. 반란의 슬로건은 '타도 맘루크! 타도 메즈바(mejba : 평의회가 증액한 세금의 명칭)! 타도 헌법!'이었다. 반란의 지도자들이 내건 요구사항들 가운데는 새로 설치된 법원을 폐지할 것과 베이 자신이 직접 율법에 따라서 판결할 것을 주장하는 내용이 포함되어 있었다. 반란은 결국 진압되었지만 헌법도 유보되었고 그후 다시 실시되지 못하게 되었다.

앞에서도 언급하였듯이 하이르 앗 딘 앗 튀니시는 서구식 개혁의 필요성을 누구보다도 절감한 관리였고, 그는 1857-1861년의 개혁을 추진하는 데에 누구보다도 중요한 역할을 하였다. 그는 1864년 반란의 가장 중요한 실마리를 제공하였던 대평의회의 대표를 지낸 적도 있었다. 이 반란이 일어난 뒤 쓰여진 『무슬림 국가에서 필요한 개혁』이라는 그의 저서에는 반란군들이 주장하였던 내용들에 대한 간접적인 언급이 들어 있다. 하이르 앗 딘은 개혁이 이슬람 사회에 적절하지 못하다고 생각한 사람들의 주장을 다음 네 가지로 정리하고 있다.

(1) 탄지마트(Tanzīmāt : '개혁')는 율법과 배치된다.
(2) 개혁이 근거하고 있는 문명을 움마(무슬림 공동체)가 받아들이지 않으려고 하기 때문에 개혁은 적절하지 못하다.
(3) 소송을 해결하는 데에 필요한 긴 시간, 그리고 마찬가지로 행정체계 전반에 걸쳐서 보이는 똑같은 지체를 생각해 볼 때, 개혁은 권리의 손상만을 가져올 뿐이다.
(4) 여러 행정기구에 필요한 정부관직의 증대는 불가피하게 징세의 증가를 초래할 것이다.

진보를 추구하는 무슬림 지식인

유럽식 개혁은 그것을 적용하는 것뿐 아니라 효용면에서도 회의적이라는 생각을 하였던 사람들이 무슬림권 변방지역에 살던 보수적인 사고방식에 젖어 있는 부족장들만은 아니었다. 개혁에 대한 실망과 환멸은 유럽적 관념을 잘 알고 있었던 사람들에게도 마찬가지였다. 그들도 새로 만든 행정적인 조치들이 억압적이고 비효율적이라고 생각하였다. 그러나 그들은 전통적 이슬람으로 돌아가야 한다는 식으로 과거 지향적이지는 않았다. 만약 개혁이 실패하였다면 그것은 그 개혁의 내용이 유럽 문명의 본질보다는 그림자에 불과하였기 때문이라고 보았던 것이다. 유럽의 힘과 번영의 비밀은 결코 기계나 행정조직에 있는 것이 아니라, 유럽인들 사이에 통용되는 정치 사회적 관습, 즉 적극성, 창조성, 기업정신을 가능케 한 관습에 있었다고 보았다. 이러한 관습의 근본은 '법 앞의 자유'라는 표현으로 총괄되었다. 그리고 이것은 제한적이고 대표성을 가지며 헌법에 기초한 정부에 의해서만 확보될 수 있으며, 그러한 정부는 독재와 미신에 의해서 물들기 이전의 초기 이슬람의 순수한 전통으로 돌아갈 때 비로소 가능하다고 믿었다. 그러나 이러한 주장에는 역사적 근거가 희박하다. 『코란』에서 어떠한 정치적 강령을 추출한다고 해도 결국 이슬람의 역사는 거의 처음부터 전제적 지배에서 시작하였으며 헌법에 기초한 대표성을 가지는 정부라는 것을 거의 알지 못하였기 때문이다. 그리고 행정과 군사적인 개혁은 그러한 군주의 권력을 더 증대시켰고 전통적으로 피지배민들을 보호해 주던 방어장치를 약화시켰다. 이렇게 근대적 군대와 고도로 중앙집권화된 행정기관을 통제하게 됨으로써 막강한 권력을 지닌 군주가 입헌군주제를 추진하고 자신의 권력이 헌법과 국민들의 대의기관에 의하여 견제될 수 있도록 체제를 바꾸려고 한 것이다.

따라서 이러한 시도가 성공을 거둘 가망성은 희박하였다. 1876년 오스만 제국이 군사적 재정적으로 위기에 봉착하였을 때 여러 명의 고위관리들이 술탄을 폐위시키고 의회정부를 건설하려는 기도를 하였고, 그 결과 자신들의 견해에 동조하는 듯이 보였던 술탄 가문의 한 청년을 추대하였다. 사실 이렇게 해서 즉위한 술탄 아브드 알 하미드 2세는 곧 헌법과 의회의 구성을 허락하였다. 그러나 이러한 조치는 권력이 한 사람의 술탄으로부터 개혁을 자신들의 이익 증대에 이용하려는 생각을 가진 여러 명의 대신과 고관들에게로 이양되는 것을 의미할 뿐이었다. 따라서 이것은 1861년 이후 튀니지에서 벌어진 상황이나, 오스만 제국 영내에 지방평의회가 도입된 이후 지방귀족들의 권력과 특권을 증대시키기만 하였던 사례와 유사한 결과를 초래하였다. 아브드 알 하미드는 자신의 권력 축소를 당연히 싫어하였고, 의회가 소집된 지 불과 일년 만에 그 기능을 정지시켜 버렸던 것이다. 1876-1909년에 이르는 그의 긴 치세 동안 근대화와 중앙집권화 경향은 결코 누그러지지 않았다.

이러한 경향은 서구식 교육을 받고 서구의 관념을 받아들이면서 현체제에 대해서 불만을 느끼는 관리들의 증대라는 결과를 낳았다. 그들은 현체제를 헌법과 의회에 의해서 규제되는 정부로 변용시키지 않으면 제국을 파멸에서 구할 수 없다고 확신하였다. '청년 투르크'로 불린 젊은 장교들의 음모가 1908년 7월 성공을 거두었고 아브드 알 하미드는 1876년의 입헌제로 돌아갈 수밖에 없었다. 그러나 의회제 정부라는 것은 전체를 이해하는 데에 한 단면에 불과하였다. 당시의 현실은 서구식 교육을 받은 관리층이 운영하는 강력한 관료제와 그 지배를 받는 전통적인 사고 속에 머물러 있던 대중과의 사이에 간격이 점점 더 넓어져 갈 뿐이었다. 겉으로는 대의제도를 취하고 있었지만 관리층은 실제로 그들이 지배하는 사람들의 요구에 무감하였고, 피지배민들은 선거나 의회와 같은 것에 익숙하지도 않았을 뿐만 아니라 습관적으로 지배자에 대한 공포심을 가지고 있었다.

그들은 유럽적인 관념들에 의해서 깊은 영향을 받고 자신들의 정치적 활동과 그 결과에 대해서 너무 큰 희망과 기대를 품었다. 이러한 종류의 기대는 무엇보다도 세속적이고 인본주의적인 성격을 가지고 있었다. 즉 세상에는 초자연적인 차원이나 미리 결정된 운명과 같은 것이 없다는 점을 강조하였기 때문에 세속적이었고, 인간이야말로 자신의 주인이라는 점을 강조하였다는 점에서 인본주의적이었다. 이슬람의 전통적인 사고와는 엄청난 거리를 지닌 이러한 사고방식은 궁극적으로 지배적인 사조가 되었고 그 충격도 컸다. 우리는 그러한 경향이 유럽 문명과 이슬람이 처음 접촉하면서부터 나타나기 시작하였음을 알 수 있다. 예를 들면 카프카스 대부분의 지역은 13/19세기 전반에 러시아에 의해서 점령되었고, 이에 따라서 그곳의 교육받은 무슬림들이 유럽의 관념과 제도와 접촉할 수 있는 기회를 가지게 되었다. 그들 중 하나가 미르자 파트흐 알리 아훈드 자다(1812-1878)였다. 전통적인 종교교육을 받기 시작하던 그는 곧 이를 포기하고 러시아의 언어와 문학을 공부하였다. 트빌리시에서 러시아 군 장교가 된 그는 당시 진보적인 정치사상으로 인해서 그곳에 유배되어 온 러시아의 지식인들과 접촉하게 되었다. 그는 극작가로 이름을 날렸는데, 그의 희곡들은 이슬람 자체에 대해서라기보다는 점쟁이, 환관, 수피와 같은 종교인들을 회의적으로 보는 세속적인 경향을 알제리아나 페르시아어 사용 지역에 확산시키는 데에 기여하였다. 그들은 마음이 비뚤어지고 부패하기 때문에 순박하고 미신적인 대중을 이용해 먹는 인물들로 묘사되었다. 그와 비견할 만한 또다른 인물로 부하라의 작가 아흐마드 마흐둠 다니시(1827-1897)를 들 수 있다. 부하라의 칸이 러시아에 패배하여 1868년 러시아의 보호국으로 전락하게 되었을 때, 다니시는 칸의 명령을 받고 성 페테르부르크에 특사로 파견되었다. 그는 러시아 문화에 깊은 감명을 받았다. 여자들은 베일을 쓰지 않고 다녔고, 책과 잡지들은 대량으로 발행되었으며, 지식인도 많았다. 러시아는 부하라와 비교해 볼 때 확실히 번영하는 국가로 보였던 것이다. 그는 이러한 문명의 혜택을 가로막고 있는 것이 탐욕과 부패로 가

터키는 1923년에 공화국이 되었고, 무스타파 케말은 그 초대 대통령이었다. 케말은 격렬한 반대에도 불구하고 일련의 급진적인 개혁책을 추진하였다. 법률과 종교 방면에서 그는 수피들을 억압하고 국가를 세속화시켰고, 사회 부문에서는 그의 아내와 함께 한 이 사진이 상징하는 것처럼 서구식 복장을 권장하고 일부다처제를 금지하였으며 남녀평등을 보장하였다(왼쪽 사진). 교육 방면에서 그는 아랍 문자를 라틴 문자로 대체하여 신식학교에서 그것을 가르치도록 하였다(오른쪽 사진은 그가 직접 시범을 보이는 장면). 이러한 정책은 불가피하게 분열을 초래할 수밖에 없었고 그런 상황은 오늘날까지 지속되고 있다.

득 찬 지배자와 종교인들이라고 보았고, 부하라인들은 압제와 몽매와 빈곤을 종식시키기 위해서 결단을 내려야 한다고 확신하였다. 다니시는 전통적인 이슬람 신앙에 대해서도 의문을 제기하였다. 그가 일식과 월식을 예측할 수 있다고 주장한 것에 대해서, 당시 무슬림 점쟁이들은 미래를 예측하는 것은 오로지 신만이 할 수 있는 일이기 때문에 자신을 신과 동일한 지위로 격상시키려는 불경한 짓이라고 하여 비난하였다.

이슬람의 제도에 대한 이와 유사한 불만은 영국의 생활방식과 사상을 알게 된 인도의 무슬림 지식인들 사이에서도 보였다. 당대 최고의 시인으로 평가받은 호자 알타프 후세인 할리(1837-1914)는 인도 이슬람의 쇠퇴에 대해서 신랄하게 비판하면서, 무슬림들이 가지고 있던 모든 창의력과 정신을 말살하고 대신 완고함과 공포심만을 조장한 신비주의자와 신학자들에게 그 책임이 있다고 주장하였다.

이슬람을 비판하고 그 대신 근대적인 이념을 확립할 것을 주장한 인물 가운데 가장 유명하고 독특한 인물은 아마 자말 앗 딘 알 아프가니(1838-1897)일 것이다. 페르시아 출신의 시아파 교도인 그의 활동범위는 페르시아, 인도, 오스만, 이집트 등 이슬람권의 중심부를 거의 포괄하였다. 아프가니는 무신론과 회의론이라는 비밀교리를 주창하였다. 그의 가르침은 그 제자이면서도 역설적으로 이집트에서 세 명의 최고 종교지도자 가운데 하나인 무프티(mufti)가 된 무하마드 아브두에 의해서 잘 정리되어 있다. 그는 아프가니에게 보낸 편지에서 "우리는 당신이 정한 올바른 규칙에 의해서 우리의 행동을 절제하고 있습니다. 우리는 오로지 종교의 칼로 종교의 머리를 자릅니다"라고 썼다. 이슬람에 관한 아프가니의 견해는 1883년 파리에서 르낭과 주고받은 대화 속에 잘 드러난다. 르낭은 소르본에서 행한 강연에서 이슬람을 독재의 기구라고 하여 맹렬하게 비판하였는데, 아프가니는 『주르날 데 데바』(*Journal des Débats*)라는 잡지에 실은 평론에서 르낭의 입장에 동의하면서 이슬람 사회가 '언젠가는 그 멍에를 부수어 버리고 서구사회를 본받아 문명의 길을 따라서 결연히 행진할 수 있을 것'이라는 희망을 표명하였던 것이다.

이슬람과 공산주의 러시아

이슬람이 유산으로 물려준 내재적 재산과 '서구사회를 본받은 문명의 길'을 어떻게 성공적으로 결합시키느냐 하는 문제를 둘러싼 무슬림 지식인들의 시도와 좌절은 여러 가지 형태로 나타났다. 정치적으로 오스만 제국과 그 계승국가들의 경우 입헌제를 성취하려는 노력은, 역설적이지만 군사 쿠데타와 대의성을 결여한 군사정권의 시대를 열어 주었다. 러시아 제국 영내와 러시아의 보호 아래 있었던 중앙 아시아에서는 무슬림 교육제도를 개혁하고 종교인들의 억압과 군주들의 학정을 제거하려는 운동이 힘차게 일어났다. 1905년 러시아 혁명 때 근대화를 추진하는 타타르 —— 12/18세기 이래 러시아 지배하에 있었던 무슬림들 —— 출신의 지도자들은 입헌민주파와 행동을 같이하였다. 1906년 의회에서 입안된 정치강령은 러시아 모든 민족의 법적인 평등성, 군사, 민간 관직에 대한 동등한 기회, 모든 종교의 평등성, 민주적으로 선출된 평의회들에 의해서 통제되는 지방 자치정부 등을 요구하였다. 그러나 그뒤의 전개과정이 보여 주듯이 입헌주의자들의 희망은 러시아의 전제적 전통과 병립될 수 없었고, 또 당시 러시아의 정치 현실과도 너무 큰 거리를 가지고 있었다. 단지 여기에서 주목할 사실은, 무슬림 공동체를 대변하는 의회가 상정되었고 무슬림들이 과거 열등한 지위에서 벗어나서 다른 종교를 믿는 민족들과 평등한 대우를 받는 사회를 지향하고 있다는 점이다. 그후 일어난 볼세비키 혁명은 러시아의 무슬림 지식인들에게 새로운 성취를 약속하는 듯하였다. '민족위원회'에서 스탈린과 처음으로 연합하였던 무슬림 지식인 물라누르 바히토프(1885-1918)에 대하여 한 작가는 다음과 같이 썼다.

전 세계적인 사회주의 재건의 결과 등장한 보편적인 문화에 대하여 고대 아랍 문화가 미칠 영향은 실로 막대할 것이다. 그는 이러한 이슬람 문화가 위대하고 아름다우며 풍부한 내용을 지니고 있다고 생각하였으며, 그 충격이 아랍 세계에서 성스러운 갠지스 강에 이르는 지역까지 미칠 것이라고 꿈꾸었다. 그는 그것이 붕괴되고 사라지리라고는 생각하지도 않았고, 대신 미래의 세계에서는 이슬람 문화가 모든 인류를 밝혀 줄 것이라고 보았다. 이 점을 그는 확신하였다.

바히토프는 자신의 꿈이 얼마나 비현실적인가를 깨닫기 전에 사망하였다. 그러나 1918-1923년에 스탈린의 동지로서 '민족위원회'에서 같이 일하였던 술탄 갈리에프(1895-1940?)는 달랐다. 그는 마르크스주의자이자 공산주의자였지만, 그의 눈에는 산업국가 내부의 자본가와 프롤레타리아 사이의 계급투쟁보다는 유럽 국가들과 그에 의해서 착취되고 식민화되고 억압받는 동방의 국가들 사이의 투쟁이 더 중요하게 비쳐졌다. 따라서 인간성의 해방은 소련의 타타르 공산주의자들이 전위를 담당하고 있는 동방에서 먼저 이루어져야 한다고 믿었다. 술탄 갈리에프는 공식적인 지위에서 해임된 뒤 1928년까지 소련의 무슬림들을 정치적 이념적으로 조직화하여 소련 공산당을 지배하는 유럽적인 요소들에 대한 저항운동에 헌신하였다. 이러한 활동으로 인하여 그는 1929년 체포되어 장기수로 복역할 수밖에 없게 되었다. 그는 1939년에 석방되었다고 하는데, 그가 언제 어떻게 죽었는지는 밝혀지지 않고 있다.

정치적인 활동을 통해서 자기 민족의 생활을 개선시켜 보려고 노력하였던 중앙 아시아의 무슬림 지식인들도 이와 똑같은 좌절과 피해를 경험하였다. 부하라의 자디드(Jadīd : '근대화주의자')들은 13/19세기 말부터 14/20세기 초에 걸쳐서 적극적인 활동을 하기 시작하였다. 근대적인 교육을 도입하고, 그래서 독재와 미신을 제거하려고 노력하던 이들은 1917년 볼셰비키 혁명으로 갑자기 지평선이 넓어졌다고 느꼈다. 이들은 '청년 부하라당'을 결성하고 부하라의 칸에게 개혁을 실시하라고 압력을 가하기 시작하였고, 이 목적을 달성하기 위해서 1920년 타슈켄트에서 부하라로 진주한 공산군과 연합까지 하였다. 칸은 축출되었고 청년 부하라인들은 독립적인 인민공화국을 선포하였다. 그러나 독립은 오래 지속될 수 없었다. 1924년 부하라가 사회주의 공화국의 자격으로 소연방에 흡수된 것이었다. 자디드들의 꿈과 야망은 실패로 끝났고 그들의 이념적인 지주였던 아브드 알 라우프 피트라트의 운명이 그것을 잘 말해 준다. 13/19세기 말에 태어난 피트라트는 제1차 세계대전 전까지 교육과 종교 방면의 개혁에 매우 적극적이었고, 1920년 인민공화국이 선포되면서 교육부장관과 외무부장관을 맡았다. 인민공화국이 소련에 흡수된 뒤 그는 사마르칸트 대학의 교수가 되었지만. 1937년에는 체포되었고 그의 말로가 어떠하였는지조차 확인할 수 없다.

인도 : 분할과 역설

인도의 무슬림 근대주의자들도 정치적인 측면에서 러시아의 무슬림들에 비해서 더 나은 결과를 얻지 못하였다. 앞에서도 언급한 할리는 무슬림의 번영이 영국 지배자들의 보호 아래 근대세계에 적응해 나가는 데에 달려 있다고 굳게 믿었다. 동료 무슬림들에게 서구의 학문이 제공하는 가능성을 인식시키는 데에 가장 많은 노력을 기울인 인물은 할리의 친구이기도 하였던 사이드 아흐마드 칸 (1817-1898)이었다. 그는 무슬림들이 부강하고 세계에서 주목받기 위해서는 근대적인 교육을 실시해야 하며, 그것은 결코 이슬람과 배치되는 것이 아니라고 주장하였다. 사이드 아흐마드 칸과 그의 동시대인들은 인도의 미래는 물론 인도 무슬림의 미래도 영국의 지배와 같은 배를 타고 있는 것이라고 확신하였다. 무슬림은 인도에서 소수집단이고 그렇기 때문에 더욱더 영국측의 보호를 바랄 수 밖에 없다고 생각하였다. 그러나 그뒤 일어나기 시작한 힌두 민족주의, 그리고 틸라크나 간디와 같은 사람들에 의한 힌두 대중의 정치적 동원 등의 사태는 무슬림 지도자들을 불안하게 하였다. 특히 무하마드 알리 진나(1876-1948)와 같은 무슬림 지도자들은 그후에 전개되는 사태에 대해서 매우 위험하고 절망적이라는 판단을 내렸다. 만약 무슬림이 자신을 보호하고 자신들의 정체성을 유지하려고 한다면 독자적인 국가를 만드는 수밖에 없다고 본 것이다. 진나는 인도에 서로 다른 두 민족이 존재한다고 말하며, 힌두교와 이슬람은 "엄격한 의미에서 종교라기보다는 상이하고 독자적인 사회체제이다. 힌두 교도와 무슬림은 상이한 종교철학, 사회관습, 문학에 속하며, 서로 결혼하지도 식사하지도 않는다"라고 하였다. 그는 나아가서 "그들은 서로 대립되는 개념과 사상에 근거한 두 개의 다른 문명에 속한다"라고 천명하였던 것이다.

진나는 1947년 영국이 인도 지배를 포기할 때 파키스탄이라는 국가를 건설하는 데에 성공하였다. 그러나 파키스탄은 두 가지의 역설을 내포하고 있었다. 첫째, 파키스탄은 인도의 무슬림들이 아대륙 안에 단 하나의 국가를 존속시키는 것에 반대하였기 때문에 생겨난 것임에도 불구하고, 파키스탄이 포용하는 인도 무슬림들은 일부에 불과하다는 사실이다. 파키스탄은 약 6천5백만 명의 무슬림으로 탄생되었지만, 힌두 교도가 지배하는 인도에는 여전히 3천5백만 명의 무슬림들이 살고 있었던 것이다. 두번째의 역설은 파키스탄의 '존재 근거'가 이슬람에 두어졌으면서도 그것을 현실로 철저하게 실천할 수 없다는 사실이다. 1956년 파키스탄의 헌법은 분명히 규정하고 있다. 즉 헌법의 제3부 가운데 '국가정책의 지도원리'라는 항목에서 "파키스탄의 무슬림의 생활이 개별적으로 또 집단적으로 성스러운 『코란』과 수나(Sunnah)에 따라서 이루어질 수 있도록 하는 조치를 취해야 한다"라고 명시하고 있는 것이다. 그러나 파키스탄의 역사는 이러한 규정이 말뿐이라는 것을 입증하였고, 파키스탄의 지도자들은 '성스러운 『코란』과 수나에 따라서' 살아가는 것이 근대국가의 특징과 상치된다는 사실을 깨달았다. 파키스탄이 출범한 지 약 6년 뒤 정통교단으로부터 이단으로 비판받는 아흐마디파를 공격하는 심각한 폭동이 라호르에서 발생하였다. 정통교단의 종교인들은 만약 파키스탄이 이슬람 국가라면 무슬림과 비무슬림을 구별해야 하고, 아흐마디파에 대해서도 근대 문명국가가 시민들에게 인정하는 동등한 권리를 부여해서는 안 된다고 주장하였다. 라호르의 학자들이 주도적인 역할을 해서 이 폭동을 조사한 법정은 소위 '무니르(Munīr) 보고서'로 알려진 유명한 보고서를 제출하였다. 이 보고서는 근대 유럽의 자극을 받은 입헌주의와 파키스탄이 지향하는 이슬람적인 국가관념이 서로 병립될 수 없음을 강조하였다.

이 보고서가 작성된 지 약 15년 뒤에, 1962-1969년 파키스탄의 대통령이던 아유브 칸의 입에서 우리는 이슬람과 근대세계가 배치된다는 지적을 듣게 되었다. 1967년에 출판한 저서에서 아유브 칸은 모든 행동이 동일한 원칙에 의해서 결정되는 일체성이 바로 무슬림의 생활의 요체라고 하였다. 그리고 그는 계속해서 "내가 보기에 우리 사회의 현실은 이러한 모습과 어긋나 있다. 실제로 우리의 생활은 독립적인 두 영역으로 분열되어 있고 각각의 영역에서 우리는 상이한 원칙을 따르고 있다"라고 주장하였다. 바로 이 문제는 파키스탄의 건설이 인도 무슬림들에게 해결해 줄 수 없는 부분이었다. 더구나 파키스탄이 건설된 지 사반세기도 채 안 되었음에도 불구하고 이슬람은 국가를 통합시켜 주는 충분한 힘을 제공해 주지 못하고 있는 듯하다. 1971년 동파키스탄의 무슬림들은 인도의 군사 개입을 구실로 파키스탄에서 분리하여 독립국가를 만들었던 것이다.

이슬람 : 신앙인가 사회체제인가

앞에서 인용한 진나의 말에서 우리는 그가 이슬람을 하나의 신앙이라기보다는 '문명'이요, '사회체제'로 인식하였음을 알 수 있다. 이러한 생각은 물론 그

혼자만 하였던 것은 아니었고 서구화된 무슬림들이 오래 전부터 가져 왔던 바이다. 즉 이슬람은 시간적인 변화와 무관하게 영원히 진실한 신의 계시라기보다는 역사적인 변화의 동력이자 결과물 혹은 사회적 결속체라는 인식으로의 전환이었다. 다시 말해서 무슬림이 무슬림인 까닭은 이슬람이 진리이기 때문이라기 보다는 이슬람이 부여하는 결속력을 매개로 사회를 결합시켜 주고 또 거기에 정치적인 힘을 가져다 주기 때문이라고 보는 것이다. 이것은 종교적으로 회의론자였던 아프가니의 정치적 신조이기도 하였다. 그는 세속적 인본주의적인 경향을 다음과 같이 극명하게 설명하고 있다.

세상에는 두 가지 종류의 철학이 있다. 하나는 세상에 우리가 가질 것이라고는 아무것도 없고 따라서 우리는 한 장의 담요와 한 입의 음식으로 만족해야 한다는 주장이다. 또 하나는 세상의 모든 것은 아름답고 소망스러우며 그것은 우리가 가져야 하고 또 가질 수 있다는 주장이다. 이 두번째의 철학이 우리의 이상이 되어야 하며 우리의 모토로 받아들여야 한다.

아름답고 소망스러운 것을 손에 넣는 것은 실현 가능한 목표이며, 동시에 그것은 인간활동, 특히 정치적 활동의 목적이기도 하다. 정치적 활동은 대중의 의사를 정치지도자의 의지에 연결시키고, 그는 대중들의 지지를 획득하기 위해서 모든 수단을 동원한다. 무슬림 대중에게 유효한 수단은 다름아닌 이슬람이었다. 아프가니가 신도들에게 지상에서의 구원과 번영, 정의의 시대를 설득하기 위해서 이슬람의 메시아 사상을 이용하였던 것도 놀라운 일이 아니다. 그러나 아프가니는 종교 이외에도 결속력을 만들어내는 신조들이 있다고 보았고, 이 신조는 특히 서구화된 무슬림 지도자들에게 매력적으로 보였다. 지상에서의 구원과 해방을 약속하는 두 가지 그러한 신조가 있었는데 민족주의와 사회주의가 바로 그것이다. 민족주의는 정치적으로 자주적이며 그 구성원이 모두 형제 동포인 '민족국가'를 떠나서는 바람직한 생활이 있을 수 없다는 신조이다. 반면 사회주의는 불의와 빈곤과 불행이 사유재산의 폐지를 통해서만 이룩될 수 있다고 보는 신조이다.

결국 정치에 대한 과도한 희망, 정치를 통해서 공공의 번영과 개인적인 행복이 성취될 수 있다는 기대, 정치적 행위와 정치적 지도자에게 부여된 종교적 신비 —— 아마 이런 것들이 약 1세기 반에 걸친 서구화가 가져온 분명한 결과들이다. 시리아의 시인 니자르 캅바니(1923년 출생)는 1974년 『정치논설』(Political Works)이라는 시집을 출판하였는데, 거기에서 허약하고 부패한 지도층으로 인한 아랍인들의 정치적 무능력을 비판하였다. 그중 한 시에서 오랫동안 신자들을 기만해 온 이맘을 살해한 사람의 고백이 나온다.

> 그를 죽이면서 나는 죽였습니다,
> 이슬람의 정원에 있는 모든 잡초를,
> 이슬람의 상점에 살려고 하는 모든 사람을.
> 존경하는 나으리. 그를 죽이면서 나는 죽였습니다,
> 천년 동안 말로 간음하였던
> 모든 사람들을.

캅바니는 또다른 시에서 이집트의 지도자 자말 아브드 안 나시르(나세르)가 죽은 직후에 종교적인 이미지를 사용하여 그를 추모하였다.

> 우리는 당신을 위해서 잔을 채웠습니다.
> 당신에 대한 사랑으로 우리는 취했습니다.
> 마치 신에 취한 수피처럼.

그는 또 다음과 같이 읊었다.

> 그대는 우리의 마흐디입니다.
> 그대는 해방자입니다.

그러나 그의 시집은 1973년 이집트 군이 수에즈 운하를 건넌 것을 축하하는 시로 끝나고 있다. 이 마지막 시는 정치에 대한 대중적인 관심과 개인적인 사랑의 세계를 결합시키고 있고, 이 결합은 세속적이면서도 동시에 열렬하게 메시아적인 사상을 표현하고 있다. "사랑과 전쟁의 시대에서 본 관찰"이라는 제목의 이 시는 시인이 애인과 함께 수에즈 운하의 점령 소식을 듣고 그녀에게 말하는 형식을 빌리고 있다.

당신은 아는가,
나의 강둑이 넘쳐서 얼마나 흘렀는지,
강물처럼 당신을 얼마나 덮었는지.
당신은 아는가,
내가 어떻게 당신에게 헌신하였는지,
당신을 처음 본 것처럼.
당신은 아는가,
우리가 어떻게 하나가 되었는지,
우리가 어떻게 헐떡이며 어떻게 땀을 흘렸는지,
우리가 어떻게 재가 되고 어떻게 부활하였는지,
마치 우리가 처음으로 사랑을 나누는 것처럼.

시인이 여기에서 매우 거칠게 노래하는 드높은 성적인 희열은 성공적인 군사작전의 소식에 의해서 유도되고 있다. 그러나 정치는 그러한 열정을 오랫동안 지속시킬 수는 없는 것이다. 전쟁에서 이기기도 하지만 때로는 지기도 하고, 정치에서 구원을 발견할 수는 없다. 정치에 대한 실망은 분명히 나타날 것이다. 과연 그러한 터무니없는 희망이 무너지면 절제하기 힘든 압력과 무서운 폭발이 터져 나올 것인가? 우리는 이러한 의문과 함께 고전적인 위용을 잃어 버리고 현재 극도의 긴장과 심각한 동요를 경험하고 있는 근대 무슬림 세계에 대한 고찰을 맺을 수밖에 없다.

에필로그

이슬람의 역사는 세 번의 거대한 침입에 의해서 굴절을 겪었다. 첫번째는 1/7-2/8세기 무슬림 아랍인들의 침입이었다. 그 결과 이슬람 문명의 고전시대가 열렸고 대서양에서 인도, 중국의 변경지대에 이르는 곳에 이슬람 세계가 자리잡게 되었다. 두번째는 5/11-8/14세기 북방 유목민들의 침입인데, 그것은 이슬람 문화와 제도를 새로운 길로 인도하였고 거대한 영역을 확보하였으며 근대 직전까지 계속된 정치구조를 만들어냈다. 세번째는 기독교권의 반격으로 9/15세기말부터 시작되어 19-20세기에 절정을 이루었다. 근대세계의 주도적인 요인이 바로 이 세번째의 침입이며, 그것은 오늘날의 무슬림들이 직면하고 있는 가장 중요한 문제이기도 하다.

이슬람권이 유럽을 장악해 오던 손길은 중세 후기에 들어와서 양쪽 끝에서부터 풀어지기 시작하였다. 스페인과 포르투갈에서 800년에 걸친 아랍과 베르베르인들의 지배가 기독교도의 재정복으로 마침내 종식되었고, 다른 쪽 끝인 러시아도 이슬람화된 투르크와 몽골인의 지배에서 벗어났던 것이다. 무어인들은 아프리카로, 타타르인들은 아시아로 돌아갔다. 그러나 이 양쪽 끝에서의 재정복은 원래의 땅을 되찾는 데에 그치지 않았다. 서쪽에서 스페인과 포르투갈은 후퇴하는 무슬림을 추격하여 바다를 건너 북아프리카에 일련의 전초기지를 만들었고, 포르투갈인들은 더 나아가 아프리카 대륙을 돌아 남아시아에 이르러서 거기에서 서구 지배의 시대를 열었던 것이다. 러시아도 과거의 지배자들을 쫓아 초원을 건너서 볼가 강 가에 있던 무슬림 한국들을 하나씩 흡수한 뒤, 카스피 해와 흑해 연안에 이르러 막강한 오스만과 사파위 제국들을 위협하기 시작하였다. 포르투갈의 뒤를 따라서 네델란드, 프랑스, 영국 등이 유럽의 상업, 문화, 군사력 팽창의 대열에 동참하였다.

상승하는 서구의 세력과 기울어 가는 이슬람권의 모습은 당시 이슬람 제국의 위용 때문에 한동안 분명히 나타나지 않았었다. 인도의 무굴 제국은 소왕국들을 병합하면서 여전히 팽창하고 있었고, 12/18세기 이란에서도 나디르 샤라는 인물이 출현하여 중앙 아시아에 거대한 영역을 장악하였으며, 오스만도 두 번씩이나 빈의 성문까지 진출하여 동남부 유럽 대부분에 대한 지배를 계속하였다.

그러나 실제적인 세력관계의 변화가 분명히 드러나기 시작하였다. 유럽은 기술적 경제적 군사적 정치적으로 훨씬 더 강하였고, 시간이 지나면서 투르크, 페르시아, 인도 무슬림 제국들은 쉼없는 유럽의 전진에 후퇴할 수밖에 없었다. 12/18세기 말 나폴레옹 전쟁의 여파로 프랑스 군은 이집트를 점령하여 버렸다. 19세기가 되면서 오스만과 페르시아 제국이 비록 명목상으로 독립을 유지하였지만 점점 서구열강의 영향 아래 들어갔고, 그나마 몇몇 무슬림 국가들이 존속할 수 있었던 것은 열강들 사이에 의견이 일치하지 않았기 때문이었다. 이슬람권 대부분의 지역은 주로 네 개의 열강에게 분할되었다. 즉 북아프리카의 프랑스, 인도와 중동 일부의 영국, 동남 아시아의 네델란드, 카프카스와 중앙 아시아의 러시아가 그것이다. 이슬람권의 중심 지역은 비록 투르크와 이란에 남아 있었지만 그것도 심각한 위협을 받게 되었다.

이슬람 세력의 후퇴는 제1차 세계대전 동안 절정에 이르렀다. 형식적으로 중립을 지키던 이란은 연합국, 동맹국 양측으로부터 모두 시달림을 받았고 이란 영내에서 벌어진 전투들은 마치 독립 이란이 없는 것처럼 느끼게 하였다. 오스만은 독일, 오스트리아와 연합하여 서구 및 러시아에 대항하였으나 패배하고 대부분의 영토를 상실하였다. 상실된 지역은 영국과 프랑스가 통치하였고 아나톨리아에는 공화국이 들어섰다. 제정 러시아의 지배를 받던 무슬림 지역도 잠시 독립을 얻는 듯해 보였지만, 내전이 끝나자 러시아는 다시 지배권을 행사하였고 결국 소연방에 편입되고 말았던 것이다.

양차 세계대전 사이에 중동에서 영국과 프랑스 양국의 우위는 안정되고 흔들림이 없어 보였으며, 중요한 불안요인은 차라리 양국끼리의 분쟁이었다. 1930년대 이후가 되면서 두 개의 새로운 도전세력, 즉 나치 독일과 파시스트 이탈리아로부터의 압력이 가중되기 시작하였다. 그러나 이미 제2차 세계대전에서 동맹국이 형성되기 전부터 중동에서의 영국, 프랑스의 지위는 심각하게 동요되고 있었다. 제1차 세계대전은 이들에게 승리와 새로운 영토를 가져다 주었지만 동시에 경제적 약화와 도덕적 위축을 유산으로 남겨 주었다. 20세기의 서구인들은 조상들이 제국을 건설하며 가졌던 강력한 의지와 확신을 잃어 버렸다. 그들은 다른 민족을 지배하고 그들을 보다 순수한 종교와 보다 높은 문명으로 인도하는 것이 야말로 신이 부여한 신성한 의무라고 하는 신념을 가질 수 없었다. 자기 확신의 분위기 대신 자기 비판과 회의가 자리잡기 시작하였다.

이러한 변화는 유럽의 지배를 받는 민족들 사이에서 터져 나온 반란에 의해서 더욱 심화되었다. 처음에는 주로 종교적인 동기에서 비롯된 반란들이 이슬람권의 동부와 서부 양쪽 변경지역에서 일어났지만 곧 진압되고 말았다. 그리고는 지적 정치적인 서구화의 시대가 뒤따랐다. 이 시기에 서구의 언어를 익히고 서구의 정치제도와 사상을 배운 새로운 엘리트들이 출현하였다. 영국과 프랑스와 네덜란드의 지배를 받던 사람들이 이제는 민주주의, 입헌정부, 민족자결 등을 배우게 되었고 자신들도 그러한 혜택을 향유할 수 있어야 한다고 생각하였다. 그러한 문제를 알고 토론할 만한 상황이 아니었던 러시아에서도 혁명운동과 이념의 열기가 점차 러시아인, 우크라이나인들을 통해서 무슬림들에게 전파되었다.

1905년 러일전쟁에서 일본의 승리는 결정적인 전기를 이루었다. 아시아의 국가가 서구의 제국주의 열강을 군사적으로 패배시켰던 것이다. 아시아의 민족들은 그 교훈을 잊을 수 없었고 기쁨과 자부심의 물결이 확산되었다. 인도, 동남아, 이집트, 심지어 터키에서도 서구열강의 지배에 대해서 불만을 터뜨리고 승전국 일본과 일체감을 느꼈다. 또한 그들은 아시아에서는 유일하게 승리를 쟁취한 나라 일본이 바로 입헌제와 의회제를 채용한 나라이며 패배한 서구의 세력이 바로 진보된 정부형태를 수용하기를 거부하던 나라였다는 또다른 교훈을 알게 되었다.

그 결과는 이슬람 세계에서 자유주의와 입헌주의 사상의 폭발적인 대두로 나타났다. 즉 1906년 페르시아에서의 입헌제 혁명, 1908년 터키에서 '청년 투르크'로 알려진 세력에 의한 입헌제 혁명이었다. 아울러 제1차 세계대전에서 연합국이 보다 덜 민주적이던 동맹국에 대해서 승리를 거둔 것도 의회민주주의야말로 국가를 건강하고 부강하게 만드는 비결이라는 확실한 증거로 받아들여졌다. 제1차 세계대전 이후 자유민주주의는 진보와 근대화를 열망하던 무슬림 국가들의 대부분이 배우려는 바였고, 그것은 마치 마른 들판의 불길처럼 번져 나갔다.

일본이 민주주의와 근대화의 장점을 입증하였다면, 이슬람권에서 세속적 민족주의의 힘을 과시한 것은 다름아닌 터키였다. 제1차 세계대전의 패전국이면서도 유일하게 승전국이 제시한 조건을 묵살하고 자기들만의 국가를 건설하는 데에 성공하였던 것이다. 그들의 승리와 터키 공화국의 건설은 그후 계속된 민족주의 혁명을 알리는 신호탄이었으며, 무슬림들에게 제국주의 지배자들을 거부하고 패배시키는 방법을 일깨워 준 새로운 희망이었다.

그러나 1930년대 말이 되면서 입헌제의 매력이 퇴색하기 시작하였다. 입헌제 민주주의는 독자적인 정치적 전통과 관습을 가지는 민족들에게는 그러한 형태의 정부를 만들 만한 토대가 결여되어 있었기 때문에 사회적인 긴장만을 가중시키는 결과를 낳았던 것이다. 따라서 파시즘과 나치즘이 대표하는 급진적 전투적인 민족주의가 또다른 대안으로 비쳐졌다. 더구나 독일과 이탈리아는 최근에야 소국들을 통합하여 정치적 통일을 이룩하였기 때문에, 이들의 사례는 민족적 종교적 통합을 성취하려는 생각을 가지고 있던 무슬림 지도자들에게 좋은 본보기가 되었다. 제2차 세계대전에서 동맹국들이 패배함으로써 파시즘은 — 적어도 그러한 이름으로는 — 폐기되었으며 새로운 이상이 대두되었다. 비록 전쟁에 승리하였지만 서구는 더 이상 활력을 불어넣는 주된 원천이 아니었다. 그 대신 다른 두 강대국, 즉 독자적인 정치이념과 제도를 가지는 소련과 미국이 따라야 할 모델이 된 것이다.

제2차 세계대전이 끝난 뒤 이 양 체제는 이슬람 세계를 움직인 주도적인 힘이 되었고 이슬람권의 역사도 양측의 대결에 의해서 크게 영향받았다. 그러나 양 체제 가운데 어느 쪽에 의존하고 영향받느냐에 따라서 무슬림 국가들의 운명은 크게 달라졌다. 러시아 제국에 속하던 무슬림 지역은 여전히 소련의 일부로 편입되어 있고 중앙으로부터의 통제가 늦추어질 전망은 아직도 보이지 않는다. 사실 유럽의 4대 열강 가운데 오로지 러시아만이 아직도 고전적인 제국주의 기법을 이용하여 전진을 멈추지 않는 듯하다.

나머지 유럽의 식민세력들은 모두 고향으로 돌아갔다. 네덜란드는 동인도 제도를 떠났고, 프랑스는 아프리카에서, 영국은 인도와 중동에서 손을 떼었다. 아직도 간접적인 방법으로 영향력을 발휘하려는 기도들이 없는 것은 아니지만 그다지 성공적이지는 못하고, 영국, 프랑스, 네덜란드의 지배를 받던 나라들은 정치적인 독립을 누리고 있다.

독립은 새로운 기회와 새로운 위험을 동시에 가져다 주었다. 이슬람권 대부분의 지역이 외국인 지배에 들어갔었지만 그 심장부만은 터키의 술탄과 페르시아의 샤라는 무슬림 군주의 지배를 받았다. 오스만 제국은 비록 쇠퇴하면서도 여전히 강대국이었고 제국의 붕괴는 공백을 만들어냈다. 비록 영국과 프랑스의 지배가 있었지만 확고하지 못하였고 또 잠정적이었기 때문에 독립적인 새 국가들을 준비하지 못하였다. 불안정과 불확실의 시대가 뒤따랐고, 그 과정에서 무슬림 국가들과 민족들은 자신들과는 무관하게 생겨난 위기와 대결에 말려들게 되었다.

경우에 따라서는 키프로스, 카슈미르, 수단, 레바논, 팔레스타인과 같이 무슬림과 비무슬림 간의 대결에, 경우에 따라서는 이슬람권 내부에서 민족과 이념과 계급 등의 이유로 생겨난 갈등에 휘말려들었다. 제국들 —— 서구와 이슬람 모두 —— 대신 이제는 취약한 신생국들이, 보편적으로 인정하던 이슬람의 정부와 법제 대신 다양한 새로운 대안들이 존재하게 된 것이다. 그러나 사회생활 분야에서 특히 두드러지게 나타나듯이 고도의 근대화와 인상적인 변화에도 불구하고, 대부분의 무슬림 세계는 기독교권의 산업국가에 비해서 여전히 취약하고 빈곤한 상태이다.

과거 주도적이던 서구와의 관계에서 한 가지 변화가 일어난 방면이 있다면 그것은 아마 근대기술에 의한 석유의 발견과 사용일 것이다. 지구에 존재하는 석유의 거의 대부분이 무슬림 세계에 매장되어 있기 때문에 기름과 그것을 통해서 벌어들인 재화는 이란과 아랍 세계에 엄청난 부와 군사력을 가져다 주었다. 이슬람권에서도 석유의 분포는 균일하지 못해서 어떤 나라는 많은 이익을 올리지만 어떤 나라는 서구보다도 더 곤혹스러운 지경에 빠졌다. 그러나 이 자원의 소유는 그것을 어떻게 사용하느냐에 따라서 일부 이슬람 국가에게는 자국 국민들의 생활 향상이나 외국과의 관계에 결정적인 기회를 제공할 것이다.

지난 몇 세기 이래 처음으로 무슬림들은 자신들의 독특한 정부형태를 선택하고 자신들의 운명을 결정할 수 있는 힘을 가지게 되었다. 그들이 내린 결정 또는 앞으로 내릴 결정은 그들 자신이나 다른 많은 사람들, 그리고 먼 미래에까지 영향을 줄 역사의 흐름을 변화시킬 것이다.

제1판 역자 후기

인류의 역사가 하나의 거대한 물줄기라고 한다면, 지구상 여러 지역에 존재하였던 민족들이 각각 일구어 왔던 역사는 그것을 형성한 수많은 지류들이라고 할 수 있을 것이다. 토인비(A. Toynbee)가 이러한 지류들을 '문명'이라고 부르고 역사상 출현하였다가 사라지거나 혹은 지금까지도 존속하고 있는 문명들로 23개를 꼽았음은 주지하는 바이다. 이렇게 독특한 특징을 가지고 있는 다양한 문명들 혹은 지류들이 어떻게 모여들고 서로를 변화시키면서 '하나의 역사'를 구성하게 되었는가, 즉 '역사의 합류(合流)'를 탐구하는 것은 매우 흥미롭고 또 긴요한 일이기도 하다.

그런데 구대륙에 존재하였던 많은 수의 '문명'들을 가만히 살펴보면 서로 유사한 측면을 공유하고 있는 몇 개의 더 큰 그룹으로 구분할 수 있고, 학자들은 이를 흔히 '문명권'이라는 이름으로 부르고 있다. 즉 중국, 한국, 일본, 베트남을 포함하는 동아시아 문명권, 인도를 중심으로 하는 남아시아 문명권, 이른바 이슬람을 공통의 종교로 가지고 있는 서아시아 문명권, 유럽과 러시아를 포함하는 서구 문명권, 그리고 마지막으로 유라시아 중앙부의 초원과 오아시스를 포함하는 중앙 아시아 문명권을 꼽을 수 있다. 인류 역사라는 물줄기가 남겨 놓은 자취와 특징을 제대로 이해하기 위해서는 적어도 이들 다섯 개 문명권에 대한 폭넓고 깊이 있는 이해가 필요하다는 점을 부인할 사람은 없을 것이다.

우리나라의 역사학계는 그간의 각박한 정치경제적 상황에도 불구하고 많은 발전을 이룩하였다. 한국사에 대한 연구는 두말할 필요도 없지만, 동아시아권에서 중국이 차지하는 비중이라든가 현대사회에서 서구 문명이 발휘하는 영향력이라는 측면이 감안되어 중국사와 서구사 분야에서 많은 연구자들이 배출되었다. 뿐만 아니라 10여 년 전부터는 중국사와 서구사를 중심으로 하던 기존의 동-서양사 연구의 폭을 넓혀야 한다는 반성과 노력이 꾸준히 이루어져 왔고 그에 상응하는 상당한 진전이 있었던 것이 사실이다. 그럼에도 불구하고 서아시아, 남아시아, 중앙 아시아를 연구하는 전문가들은 여전히 극소수에 불과할 뿐만 아니라, 그 분야를 알려고 하는 사람들에게 다양한 독서의 기회조차 제공해 주지 못하고 있는 실정이다.

이러한 상황은 비단 역사 분야뿐만 아니라 문학, 철학의 분야에서도 마찬가지일 것이며, '국제화'를 운운하는 오늘의 세태에 비추어 볼 때 그것을 뒷받침해 줄 만한 인문학적인 기반이 얼마나 허약한가를 반증하는 자료이기도 하다. 역자가 이 책을 번역하기로 결심한 것은 이러한 현실을 개선하는 데에 조금이라도 도움이 될까 하는 기대 때문이었다. 역자가 서아시아의 이슬람 문명권 자체에 대한 전공자를 자처할 수 있는 입장은 아니지만, 그동안 중앙 아시아의 무슬림 사회를 연구해 왔기 때문에 이슬람 문명에 대해서 아주 무지하다는 비난은 어느 정도 면할 수 있을 것 같기도 하였다.

이 책이 지니고 있는 몇 가지 특징을 꼽는다면 첫째, '문명사'라는 제목이 시사하듯이 서아시아 이슬람권 역사의 다양한 측면들을 종합적으로 다루고 있다는 점을 들 수 있다. 차례에서도 볼 수 있듯이 이 책은 크게 13개의 장들로 구성되어 있는데, 먼저 종교, 건축, 도시, 신비주의, 문학, 음악, 과학, 군사 등 각각의 분야를 설명한 뒤, 이어서 스페인, 이란, 터키, 인도 등지의 역사를 정치사를 중심으로 서술하고, 마지막으로 근대세계 속에서 이슬람의 운명을 다루고 있다.

둘째, 각 부분이 그 문제에 관해서 많은 업적을 낸 최고의 전문가들에 의해서 집필되었기 때문에 높은 수준을 유지하고 있으면서도, 동시에 일반 독자들을 위해서 비교적 평이하게 서술되어 있다는 점이다.

셋째, 독자들의 이해를 돕기 위해서 풍부한 도판과 삽화를 활용하고 있으며, 이중에는 전문가들의 눈에도 흥미로운 것들이 다수 포함되어 있다는 점이다.

그러나 이 책이 이러한 특징을 가지고 있는 만큼 이를 번역하여 출판한다는 것은 여러 가지 측면에서 많은 어려움을 던져 주었다.

우선 역자 자신의 한계인데, 특히 과학, 음악, 스페인 분야는 사실상 다른 분들의 도움 없이는 불가능하였을 것이다. 무슨 소리인지 모를 번역 원고를 읽어 주거나 원문과 대조하여 일일이 교정을 보아 준 서울대학교의 김동원(과학사), 신혜승(음악 이론), 김춘진(스페인 문학) 선생님들께 이 자리를 빌려서 깊은 감사를 드리고 싶다. 물론 오역으로 빚어지는 책임은 역자 자신에게 있음을 밝혀 둔다.

또다른 어려움은 수많은 도판과 삽화를 어떻게 처리할 것인가 하는 문제였는데, 현실적인 상황을 고려하여 본문의 이해에 긴요한 것들만을 추려서 선별적으로 이 책 속에 포함시키기로 하였다. 마지막으로, 원서가 출간된 것은 1976년이었기 때문에 "제13장 : 근대세계와 이슬람"에 관한 부분에는 이란 혁명, 소련 붕괴와 같은 그후의 중요한 변화들이 전혀 언급되지 않았다. 이 부분에 대한 공백을 보충하기 위해서 참고 문헌에서 원서 출간 이후 새로 나온 긴요한 업적들을 추가하였고, 이는 다른 장들의 경우에도 마찬가지이다.

마지막으로 이 책이 번역, 출판되기까지 음으로 양으로 도움을 받은 분들에게도 고마움을 표시하고 싶다. 즉 역자에게 언제나 따뜻한 심정적 후원을 아끼지 않으시는 서울대 동양사학과의 선생님들, 국사학과의 한영우 선생님 그리고 책의 시장성보다 내용을 중시하여 출판을 결정한 이론과실천사의 김태경 사장님께 감사드리고 싶다. 그리고 이슬람의 세계를 알고 싶어하는 분들이 이 책을 통해서 조금이나마 그 궁금증을 풀 수 있다면 역자의 우매함은 용서받을 수 있을지도 모르겠다. Inshallah(신의 뜻대로)……

1994년 8월 26일
역자 씀

개역판 역자 후기

 최근 주위에서 '이슬람이란 도대체 무엇인가?'라는 질문을 자주 받는다. 물론 이는 지난 9월 11일 뉴욕에서 가공할 테러가 발생한 뒤 이슬람에 대한 궁금증이 커졌기 때문이다. 여태까지 이슬람에 대해서 거의 모르거나 아니면 기초적인 상식밖에 가지고 있지 못하였던 많은 사람들이 좀더 확실한 지식을 가지기를 원하는 것은 당연한 일이라고 할 수 있다. 따라서 이런 질문을 던지는 사람들은 무엇인가 간략하면서도 종합적인 답변을 통해서 자신의 지적 호기심을 메우려고 하는 것이다. 그렇지만 세계 3대 종교의 하나인 이슬람에 대해서 간단명료한 정의를 내린다는 것이 얼마나 힘들지는 누가 보아도 자명한 일이다.
 더구나 이슬람이란 무엇인가라는 질문은 기독교 혹은 불교란 무엇인가라는 질문과는 상당히 다른 성격의 대답을 예상하지 않으면 안 된다. 왜냐하면 현재 우리가 대면하고 있는 이슬람의 문제는 단지 종교적인 차원에서 이해되고 해결될 수 있는 것이 아니기 때문이다. 정치와 종교, 혹은 성과 속이 구분되지 않고 긴밀하게 혼합되어 있는 이슬람의 경우는 설사 이 종교의 탄생과 발전 혹은 교리적인 내용을 설명한다고 해도 결코 오늘날 이슬람권을 중심으로 벌어지고 있는 현상들을 이해할 수 없을 것이다. 그 이유는 자명하다. 즉 이슬람은 이 책에서도 지적되고 있듯이 단순히 하나의 종교가 아니라 '사회체제'요 '생활방식'이기 때문이다. 『코란』은 무슬림들에게 무엇과도 비견될 수 없는 '성전'이지만 그것을 읽었다고 해서 이슬람을 안다고 말하기는 힘들 것이다.
 이슬람이 이러한 특징을 가지게 된 까닭은 부분적으로 그 교리에도 기인하겠지만 무엇보다도 그것이 처음 출현한 이후 이 종교를 믿는 집단, 즉 무슬림 공동체가 걸어 왔던 역사적인 과정의 특수성에서 비롯된다. 7세기 초 아라비아 반도의 한 구석에서 시작된 운동이 어떻게 서아시아 전역과 나아가서 아프리카와 중앙 아시아 그리고 동남 아시아를 포괄하는 거대 체제로 변신하게 되었는지, 그 과정에서 언어와 관습을 달리하는 수많은 민족들이 어떻게 하나의 종교 속으로 용해되어 갔는지, 나아가서 이러한 통합의 수레바퀴 아래에서 어떻게 다양하고 상이한 문화들이 공존하면서 이슬람의 세계를 풍부하게 만들어갔는지 하는 점들을 이해하지 않으면 안 될 것이다. 따라서 이슬람은 단지 하나의 종교적 현상에 그치는 것이 아니라 신앙과 민족, 예술과 과학이 한꺼번에 녹아들어 있는 실체이며, 그 실체가 역사라는 시간적 발전과정을 통해서 발전하고 퇴락하며 또 새로운 모습으로 부상하기도 하는 총체적인 현상인 것이다.

이 책이 이슬람이라는 실체에 대한 다양한 접근을 시도하고 있는 까닭도 바로 여기에 있다. 이슬람이라는 종교의 탄생과 그 역사적 변천을 개괄한 버나드 루이스의 서론을 필두로, 이슬람 문화의 다기한 양상을 설명한 글이 뒤를 잇고, 각 지역의 역사적 전개과정을 살펴본 뒤, 마지막으로 근대세계 속의 이슬람을 다루고 있다. 세계 정상급의 학자들 열세 명이 각자 자신의 전문 분야를 맡아서 서술하였는데, 일반인들의 이해를 위해서 복잡한 주석이나 논증과정은 생략하고 비교적 평이하게 서술하고 있지만 그 신빙성과 수준은 대단히 높다고 할 수 있다.

이 번역서는 1994년에 처음 출판되었지만 현재는 절판된 상태이고 대형서점에서조차 찾아볼 수 없게 되었다. 하지만 최근 국제정세의 격변과 함께 이슬람에 대한 이해의 필요성이 매우 강조되고 있어서, 지금의 시점에서 이 책을 다시 낸다는 것도 나름대로 의미 있는 일이라는 판단을 하게 되었다. 그러나 단순히 재판을 내는 것보다는 초판에서 미진하였던 부분들을 보충 수정하는 것이 필요하다고 생각하여, 초판에서는 빠졌던 많은 도판과 사진을 첨가하였고 번역문도 여기저기 손을 보았다. 특히 인명과 지명 표기는 교육부 표기안을 따름으로써 독자들의 편의를 도모하였다. 그러나 원서가 처음 출판된 것이 1976년이기 때문에 최근 4반세기 동안 일어난 변화, 특히 이란 혁명과 소련 붕괴 이후 벌어진 이슬람권의 변화에 대한 부분이 없는 것은 아쉬움으로 남는다. 이 책의 마지막 장인 "근대세계와 이슬람"에 서술된 내용 가운데 불필요한 디테일들에 대해서 약간의 생략을 가한 것도 이 때문이다.

상당 기간 이 책이 절판된 탓에 역자 자신의 소용이나 외부의 필요에 응할 수 없어 아쉬워하던 터에 역사서 발간에 노력하는 까치글방에서 다시 상재할 수 있게 되어 마음이 한결 가볍다. 교정과 편집에 정성을 쏟은 한승희 씨의 노고가 독자들의 즐거움이 될 수 있다면 역자로서 한결 다행스러울 것이다.

2001년 11월

역자 씀

이슬람 연표

회력	서력	아라비아·이라크·신월의 옥토	이집트와 시리아	페르시아와 중앙 아시아	스페인과 마그리브	터키	아프가니스탄과 북인도
1	600	히즈라	무함마드의 사망 우마이야 왕조 '바위 위 성전', 사원의 준공, 다마스쿠스의 대모스크				초기 무슬림들의 신드 침입
100	700	카르발라의 전투			무슬림의 스페인 정복		
200	800	칼리프 왕조 바그다드에 도움	아바스 왕조 알 만수르 하룬 알 라시드 알마문		우마이야 왕조 코르도바의 대모스크 건축 시작	기독교도 지배하의 아나톨리아	
		그리스 문헌들이 아랍어로 번역되기 시작					
300	900		툴룬 왕조	신페르시아어의 등장			
		알 파라비(철학자)	이흐시드 왕조 파티마 왕조	피르도시(시인)	마디나트 앗 자흐라 알 만수르 (알 맘 일만스르)		
400	1000	이븐 시나(아비세나: 철학자) 셀주크의 바그다드 점거		이븐 알 하이삼 (수학자)	셀주크 왕조	소왕국들로 분열	중앙 아시아의 투르크인들이 이슬람으로 개종
				알 비루니(과학자)		룸 셀주크 토그릴 알프 아르슬란	가즈나 왕조 마흐무드
500	1100	제1차 십자군 알 하리리(작가)	아이유브 왕조	셀주크 왕조(철학자)	알모라비데 왕조 이븐 루슈드(시인)		
		십자군으로부터 예루살렘 탈환	살라딘 (실라흐 앗 딘)	우마르 하이얌 (시인, 수학자)	알모아데 왕조 이븐 루슈드(일명 아베로에스: 철학자)		
600	1200	바그다드에서 '빛'에 관한 신비주의 유파의 등장 몽골 침입과 바그다드 함락 알 한탁	맘루크 왕조 십자군의 종료	니자미(시인)		코니아의 건설	구르 왕조
				파흐르 앗 딘 앗단리(시인) 나스르 앗 딘 앗 투시(수학자)	고르디나 왕국	잘릴 앗 루미(수피 시인) 몽골의 침입 왕조 오스만	쿠트브 미나르

연도					
700–1300	티무르 침입				
800–1400	**티무르 왕조** 하피즈(시인)				
900–1500			**사파위 왕조** 샤 이스마일		**티무르 왕조** 티무르
1000–1600		오스만 제국	샤 타마스프	알함브라 그라나다 함락	투르크인들이 유럽 진출 무라드 1세 바예지드 1세 메메드 2세 콘스탄티노플 함락
1100–1700			샤 아바스 1세 이스파한의 건설		**오스만 제국** 셀림 1세 술레이만 대제 레판토의 전투 메메드 코프륄루(재상)
1200–1800		나폴레옹의 침입 무히마드 알리	나디르 샤 내전 **카자르 왕조**		빈의 2차 포위 러시아의 패배 셀림 3세
1300–1900	제1차 세계대전	수에즈 운하의 개통 영국과 이집트의 지배 나세르의 혁명	러시아의 중앙 아시아 침입 이란의 신헌법 레자 샤		아타튀르크에 의한 혁명과 공화국의 성립
					무굴 제국 바부르 악바르 파테푸르 시크리 자한기르 샤 자한 타지 마할 아우랑제브 나디르 샤의 침입 플라시 전투 인도 반란 독립과 분할 바스코 다 가마의 인도 도착

참고 문헌

서론

The Encyclopaedia of Islam, 제2판(Leiden, 1960- : 아직 완간되지 못함).
Pearson, J. D. et al. *Index Islamicus*(Cambridge, 1958 : 1906년 이후 이슬람에 관해서 출판된 문헌들에 관한 가장 체계적이고 자세한 목록).
Sauvaget, J. & Cahen, C. *Introduction to the History of the Muslim East : A Bibliographical Guide*(영역본, Berkeley, 1965).
Bosworth, C. E. *The Islamic Dynasties*(London, 1967).
Robinson, F. *Atlas of the Islamic World since 1500*(Oxford, 1982).

제1장

『코란』

Andrae, Tor. *Mohammed, the Man and his Faith*(독일어판의 번역 : London, 1936).
Cahen, Claude, *L'Islam des origines au début de l'empire Ottoman*(Paris, 1970).
Gibb, H. A. R. *Mohammedanism*(New York, 1962 ; 최준식 · 이희수 역, 『이슬람』, 문덕사, 1993).
Grunebaum, G. E. von. *Classical Islam : A History 600-1258*(독일어판의 번역 : London, 1970).
_____. *Medieval Islam : A Study in Cultural Orientation*(Chicago, 1953).
Holt, P. M. et al. ed. *The Cambridge History of Islam*, 2 vols.(Cambridge, 1970).
Levy, R. *The Social Structure of Islam*(Cambridge, 1957).
Lewis, Bernard, *Islam from the Prophet Muhammad to the Capture of Constantinople*, 2 vols. (New York, 1974).
_____. *Race and Color in Islam*(New York, 1971).
Macdonald, D. B. *Development of Muslim Theology, Jurisprudence and Constitutional Theory*(New York, 1903).
Muhammad Abdul Rauf. *Islam, Creed and Worship*(Washington D. C., 1974).
De Planhol, Xavier. *The World of Islam*(프랑스어판의 번역 : Ithaca, N. Y., 1959).
Rahman, Fazlur. *Islam*(London, 1966 : 제2판, Chicago, 1979).
Schacht, J. *An Introduction to Islamic Law*(Oxford, 1964).
Schacht, J. & Bosworth, C. E. eds. *The Legacy of Islam*(Oxford, 1974).
Sourdel, D. & J. *La civilisation de l'Islam classique*(Paris, 1968).

Watt, W. Montgomery. *Muhammad : Prophet and Statesman*(London, 1961).

Goldziher, I. *Introduction to Islamic Theology and Law*(영역본 : Princeton, 1981).
Grunebaum, G. E. von. *Muhammadan Festivals*(New York, 1951).
Hodgson, M. G. S. *The Venture of Islam*, 3 vols.(Chicago, 1974).
Hourani, A. *A History of Arab Peoples*(London, 1991).
Lambton, A. K. S. *State and Government in Medieval Islam*(London, 1965).
Lapidus, I. M. *A History of Muslim Societies*(Cambridge, 1988).
金容善.『코란의 이해』(대우학술총서 : 민음사, 1990).
金定慰.『이슬람문화사』(탐구당, 1989).
_____.『이슬람사상사』(민음사, 1987).

제2장

〈일반〉
Aslanapa, Oktay. *Turkish Art and Achitecture*(London, 1971).
Pope, Arthur Upham. *A Survey of Persian Art from Pre-historic Times to the Present*, 6 vols. (London, 1938-1939).
Sourdel-Thomine, Janine & Spuler, Bertold. *Die Kunst des Islam*(Berlin, 1973).

Ettinghausen, R. & Garber, O. *The Art ans Architecture of Islam*(London, 1987).
Graber, O. *The Formation of Islamic Art*(New Haven, 1973).

〈건축〉
Creswell, K. A. C. *Early Muslim Architecture:Umayyads, early 'Abbāsids and Tūlūnids*, 2 vols. (Oxford, 1932-1940).
_____. *The Muslim Architecture of Egypt*, 2 vols. (Oxford, 1958).
Hill, Derek, *Islamic Architecture and its Decoration AD 800-1500*(London, 1964).
Marçais, Georges. *L'Architecture musulman d'Occident : Tunisie, Algérie, Maroc, Espagne*(Paris, 1954).
Sauvaget, Jean. *Alep : Essai sur le développement d'une grande ville syrienne des origines au milieu du XIXe siècle*, 2 vols.(Paris, 1941).
Wilber, D. N. *The Architecture of Islamic Iran : The Il Khānid Period*(New York, 1969).
_____. *Persian Gardens and Garden Pavilions*(Rutland, Vt, 1962).

〈장식예술〉
Barrett, Douglas. *Islamic Metalwork in the British Museum*(London, 1949).
Erdmann, Jurt. *Oriental Carpets : An Account of their History*(London, 1960).
Lane, Arthur. *Early Islamic Pottery*(London, 1947).

_____. *Later Islamic Pottery* (London, 1957).

Sarre, Friedrich. *Islamische Bucheinbände* (Berlin, 1923).

Wiebel, Adèle C. *Two Thousand Years of Textiles: The Figured Textiles of Europe and the Near East* (New York, 1952).

〈서예와 회화〉

Binyon, Lawrence & Gray, Basil. *Persian Miniature Painting* (New York, 1971).

Ettinghausen, Richard. *Arab Painting* (Geneva, 1962).

Schimmel, Annemarie. *Islamic Calligraphy* (Leiden, 1970).

제3장

Beaudouin, Eugène & Pope, A. U. "City Plans" in *A Survey of Persian Art* (ed. A. U. Pope, vol. 2, London, 1938-1939), pp. 1391-1410.

Cahen, Claude. "Zur Geschichte der st dtischen Gesellschaft im Islamischen Orient des Mittelalters" in *Speculum*, vol. 9(1958), pp. 59-76.

Von Grunebaum, Gustave. "The Structure of the Muslim Town" in *Islam: Essays in the Nature and Growth of a Cultural Tradition* (ed. G. von Grunebaum, 1955).

_____. "The Sacred Character of Islamic Cities" in *Mélanges Taha Hussein* (Cairo, 1962), pp. 25-37.

Lapidus, I. ed. *Middle Eastern Cities: Ancient, Islamic and Contemporary* (Berkeley, Calif., 1969).

Le Strange, Guy. *The Lands of the Eastern Caliphate* (Cambridge, 1930).

Le Tourneau, Roger. *Les villes musulmanes de l'Afrique du Nord* (Algiers, 1957).

Marçais, Georges. "La conception des villes dans l'Islam" in *Revue d'Alger*, vol. 2(1945), pp. 517-533.

_____. *Mélanges d'Histoire et d' Archéologie de l'Occident musulmane*, vol. 1, "Les jardins de l'Islam" (Algiers, 1957), pp. 233-244.

_____. *La Ville*, vol. 6, "Considérations sur les villes musulmanes et notamment sur le rôle du Mohtasib" (Brussels, 1955), pp. 248-262.

_____. *Comptes Rendus*, "L'Islamisme et la vie urbaine", Académie des Inscriptions et Belles Lettres (1928), pp. 86-100.

Hourani, A. H. & Stern S. M. ed. *The Islamic City* (Oxford, 1970).

Lapidus, I. *Muslim Cities in the Later Middle Ages* (Cambridge, Massachusetts, 1967).

제4장

Abun-Nasr, Jamil M. *The Tijaniyya: A Sufi Order in the Modern World* (Oxford, 1965).

Affifi, A. E. *The Mystical Philosophy of Muhyid Din-Ibnul 'Arabi* (Cambridge, 1939).
Anawati, G. -C. & Gardet, Louis. *Mystiquw musulmane* (Paris, 1961).
Arberry, Arthur. *The Doctrine of the Sūfīs* (Cambridge, 1935).
_____. *Sufism: An Account of the Mystics of Islam* (London, 1950).
Bowen, Harold. *Islamic Society and the West* (ed. H. A. R. Gibb & H. Bowen, vol. 1, part 2, Oxford, 1957), pp. 179-206.
Corbin, Henry. *L'homme de lumière dans le soufisme iranien* (Paris, 1971).
_____. *En Islam iranien: Aspects spirituels et philosophiques*, 4 vols. (Paris, 1971-1972).
Gramlich, Richard. "Die schiitischen Derwischorden Persiens" in *Abhandlung für die Kunde des Morgenlandes*, 36 (Wiesbaden, 1965).
Massignon, Louis. *La passion d'al-Hosein-ibn-Mansour al-Hallaj* (Paris, 1922).
_____. *Essai sur les origines du lexique technique de la mystique musulmane* (Paris, 1954).
_____. *Akhbar al-Hallaj* (Paris, 1957).
Michon, Jean-Louis. *Le soufi marocain Ahmad Ibn 'Ajība (1746-1809) et son Mi'rāj* (Paris, 1973).
Nicholson, Reynold Alleyne. *Studies in Islamic Mysticism* (Cambridge, 1967).
_____. *The Mathnawi of Jalalu'ddin Rumi* (Leiden and London, 1925-1940).
_____. *Rumi: Poet and Mystic 1207-1273* (London, 1964).
Nwyia, Paul. *Exégèse coranique et langage mustique* (Beirut, 1970).
Reinert, Benedikt. *Die Lehre vom tawakkul in der klassischen Sufik* (Berlin, 1968).
Trimingham, J. Spencer. *The Sufi Orders in Islam* (Oxford, 1971).
Zarrinkoob, Abdol-Hosein. "Persian Sufism in its Historical Perspective" in *Iranian Studies*, vol. 3, nos. 3-4 (1970).

Schimmel, A. M. *Mystical Dimensions of Islam* (Chapel Hill, North Carolina, 1975).

제5장

〈아랍 문학〉

Blachère, R. *Histoire de la littérature arabe des origines jusqu' à la fin du XVe siècle*, vols. 1-3 (Paris, 1952-1966).
Brockelmann, C. *Geschichte der arabischen Litteratur* (Weimar and Berlin, 1898-1902).
Gibb, H. A. R. *Arabic Literature: An Introduction* (London, 1963).
González Palencia, A. *Historia de la literatura arábigo-española* (Barcelona, 1945).
Landau, J. M. *Studies in the Arab Theater and Cinema* (Philadelphia, 1958).
Nicholson, R. A. *A Literary History of the Arabs* (Cambridge, 1930).
Pellat, Ch. *Langue et littérature arabes* (Paris, 1970).

Pérès, H. *La Poésie andalouse, en arabe classique, au XIe siècle* (Paris, 1953).
Wiet, G. *Introduction à la littérature arabe* (Paris, 1966).

〈페르시아 문학〉
Arberry, A. J. *Classical Persian Literature* (London, 1958).
Browne, E. G. *A Literary History of Persia*, 4 vols. (Cambridge, 1951-1953).
Rypka, J. et al. *History of Iranian Literature* (Dordrecht, 1968).
Storey, C. A. *Persian Literature* (London, 1927-1939).

〈기타〉
Bombacci, A. *Storia della letteratura turca* (Milan, 1956).
Graham Bailey, T. *A History of Urdu Literature* (Calcutta, 1932).

제6장

Barkechli, M. *La Musique traditionelle de l'Iran* (Tehran, 1964).
Caussin de Perceval. A. P. "Notices anecdotiques sur les principaux musiciens arabes des trois premiers siècles de l' Islamisme" in *Journal Asiatique* (1873).
Chottin, A. *Tableau de la musique marocaine* (Paris, 1939).
Collangettes, M. "Etudes sur la musique arabe" in *Journal Asiatique* (1904), pp. 365-422 : (1906), pp. 149-190.
Farmer, H. G. *A History of Arabian Music* (London, 1929).
_____. *Historical Facts for the Arabian Musical Influence* (London, 1930).
_____. *The Organ of the Ancients from Eastern Sources* (London, 1930).
_____. *The Sources of Arabian Music* (Bearsden, 1940).
Hickmann, H. & Stauder, W. *Orientalische Musik* (Leiden and Cologne, 1970).
Kiesewetter, R. G. *Die Musik der Araber* (Leipzig, 1842).
Land, J. P. N. *Actes du sixième congrès international des Orientalistes*, "Recherches sur l' histoire de la gamme arabe" (Leiden, 1883).
Lane, E. W. *An Account of the Manners and Customs of the Modern Egyptians* (5th ed., London, 1860 : repr. London, 1960).
Reinhard, Kurt & Ursula. *Les Traditions musicales : Turquie* (Paris, 1969).
Rezvani, M. *Le Théâtre et la danse en Iran* (Paris, 1962).
Rouanet, J. *Encyclopédie de la musique Lavignac*, vol. 5, "La Musique arabe" (Paris, 1913-1922), pp. 2676-2944.
Salvador-Daniel, F. *La musique arabe, ses rapports avec la musique grecque et le chant grégorien* (Algiers, 1879).
Villoteau, G. A. *Description historique, technique et littéraire des instruments de musique*

des Orientaux(Paris, 1823).

Zonis, E. *Classical Persian Music: An Introduction*(Cambridge, Mass., 1973).

Wright, O. *The Modal System of Arab and Persian Music A. D. 1250−1300*(Oxford, 1978).

제7장

Anawati, G. "Science" in *The Cambridge History of Islam*(ed. P. M. Holt et. al), vol. 2(Cambridge, 1970), pp. 741−779.

Arnaldez, R. & Massignon, L. "Arabic Science" in *History of Science*(ed. R. Taton, *Ancient and Medieval Science from the Beginning to 1450*, London, 1964), pp. 385−421.

Encyclopaedia of Islam, "Asturlāb", "al−Djabr wa' l−muqabāla", "'Ilm al−hay'a", "'Ilm al−hisab" 등.

Aydin Sayili. *The Observatory in Islam and Its Place in the General History of the Observatory*(Ankara, 1960).

Browne, E. *Arabian Medicine*(Cambridge, 1921).

Campbell, D. *Arabian Medicine and Its Influence on the Milddle Ages*, 2 vols. (London, 1926).

Eche, Youssef. *Les bibliothèques arabes publiques et semi−publique en Mésopotamie, en Syrie et en Egypte au Moyen Age*(Damascus, 1967).

Gillispie, C. C. ed. *Dictionary of Scientific Biography*(New York, 1970−).

Hartner, Willy. *Oriens−Occidens*(Hildesheim, 1968).

Juschkewitsch, A. P. *Geschichte der Mathematik im Mittelalter*(Leipzig, 1964).

kennedy, E. S. "Late Medieval Planetary Theory" in *Isis*, LVII(1966), pp. 365−378.

_____. "The Arabic Heritage in the Exact Sciences" in *al−Abhāth*, XXIII(1970), pp. 327−344.

_____. "The Exact Sciences in Medieval Iran" in *The Cambridge History of Iran*(Cambridge, 1975).

Leclerc, L. *Histoire de la médicine arabe*(Paris, 1876).

Pines, S. "What was Original in Arabic Science?" in A. C, Crombie ed., *Scientific Change* (New York, 1963), pp. 181−205.

Sarton, George. *Introduction to the History of Science*, 3 vols. (Baltimore, Md, 1927−1948).

Schacht, J. & Bosworth, C. E. *The Lagacy of Islam*, Ch. X(Oxford, 1974).

Temkin, Owsei. *Galenism: Rise and Decline of a Medical Philosophy*(Ithaca, N. Y. and London, 1973).

Ullmann, M. *Islamic Medicine*(Edinburgh, 1978).

제8장

Ayalon, D. *L'esclavage du Mamelouk*(Jerusalem, 1951).
_____. *Gunpowder and Firearms in the Mamluk Kingdom: A Challenge to a Mediaeval Society* (London, 1956).
Bosworth, C. E. "Ghaznevid Military Organisation" in *Der Islam*, XXXVI(1960).
_____. "Military Organisation under the Būyids of Persia and Iraq" in *Oriens*, XVIII-XIX(1965-1966).
_____. "The Armies of the Saffārids" in *Bulletin of the School of Oriental and African Studies*, XXXI(1968).
Boudot de la Motte, A. *Contribution à l'étude de l'archerie musulmane*(Damascus, 1968).
Cahen, Claude. "Un traité d'armurerie composé pour Saladin" in *Bulletin d'Etudes Orientales*, XII(Damascus, 1947-1948).
Huuri, K. *Zur Geschichte des mittelalterlichen Geschützwesens aus orientalischen Quellen* (Helsinki, 1941).
Latham, J. D. & Paterson, W. F. *Saracen Archery: An English Version and Exposition of a Mameluke Work on Archery*(London, 1970).
Levy, R. *The Social Structure of Islam*, "Military Organization in Islam"(Cambridge, 1962).
Mayer, L. A. *Saracenic Heraldy*(Oxford, 1933).
_____. *Islamic Armourers and Their Work*(Geneva, 1962).
Parry, V. J. & Yapp, M. E. ed. *War, Technology and Society in the Middle East*(London, 1975).
Scanlon, G. T. *A Muslim Manual of War*(Cairo, 1961).

Ayalon, D. *The Mamluk Military Society*(London, 1979).

제9장

Asín, Miguel. *Huellas del Islam*(Madrid, 1941).
Codera, Francico. *Tratado de Numismática arábigo-española*(Madrid, 1879).
Conde, José Antonio. *Historia de la dominación de los Arabes en España*.
Dozy, R. *Histoire des musulmans d'Espagne*, 3 vols. (Leiden, 1932).
García Gómez, Emilio. *Poemas arábigoandaluces*(Madrid, 1971).
_____. *Las jarchas romances de la serie árabe en su marco*(Madrid, 1965).
_____. *Todo Ben Quzmān*, 3 vols.(Madrid, 1972).
Gómez-Moreno, Manuel. *Iglesias mozárabes*(arte español de los siglos IX a XI) (Madrid, 1919).
Hoenerbach, W. *Spanisch-Islamische Urkunden aus der Zeit der Nasriden und Moriscos*

(Berkeley, Calif., 1965).
Lévi-Provençal, E. *Histoire de l'Espagne musulmane*, 3 vols.(Paris, 1950-1953).
Miles, G. C. *Coins of the Spanish Mulūk al-Tawā'if* (New York).
Nicholson, R. A. *A Literary History of the Arabs*(London, 1914).
Ribera, Julián, *Disertaciones y Opúsculos*, 2 vols.(Madrid, 1928).
Terrasse, H. *Art hispano-mauresque*(Paris, 1932).
Torres, Balbās, L. "Crónica arqueológica de la España musulmana" in *Al-Andalus*.

제10장

Arberry, A. J., ed. *The Legacy of Persia*(Oxford, 1953).
Avery, Peter. *Modern Iran*(London, 1965).
Beny, Roloff. *Bridge of Turquoise*(London, 1975).
Browne, E. G. *A Literary History of Persia*, 4 vols.(Cambridge, 1902-1924: repr. 1964).
The Cambridge History of Iran.
Frye, R. N. *Persia*(New York, 1969).
_____. *The Heritage of Persia*(London, 1962).
Holt, P. M. et al eds. *The Cambridge History of Islam*(Cambridge, 1970).
Lambton, A. K. S. *Landlord and Peasant in Persia*(London, 1953).
_____. *The Persian Land Reform 1962-1966*(Oxford, 1969).
Morris, James et al. *Persia*(London, 1969).
H. I. M. Muhammad Rizā Shāh Pahlavī. *Mission for My Country*(New York, 1961).
Nasr, Sayyid Husayn. "Ithna 'Ashari Shi'ism and Iranian Islam" in *Religion in the Middle East*(ed. A. J. Arberry, vol. 2, Cambridge, 1969), pp. 96-118.
Olmstead, A. T. *History of the Persian Empire*(Chicago & London, 1966).
Pope, A. U. *A Survery of Persian Art from Prehistoric Times to the Present*, 6 vols(London, 1939).
Wilber, D. N. *Iran, Past and Present*(Princeton, N. J., 1958).
_____. *Riza Shah Pahlavi:The Resurrection and Reconstruction of Iran 1878-1944*(Hicksville, N. Y., 1975).

Frye, R. N. *The Golden Age of Persia*(London, 1975).
Savory, R. M. *Iran under the Safavids*(London, 1980).
Algar, H. *Religion and State in Iran*(Berkeley, 1973).

제11장

〈일반〉
Holt, P. M. *The Cambridge History of Islam*, 2 vols.(Cambridge, 1970).

Vaughn, Dorothy M. *Europe and the Turk : A Pattern of Alliances* (Liverpool, 1954).

Shaw, S. J. & E. *A History of the Ottoman Empire and Turkey*, 2 vols. (Cambridge, 1976-1977).
Uzunçarsïlï, I. H. *Osmanlï Tarihi*, 4 vols. (신판 : Ankara, 1982-1983).
李熙秀. 『터어키사』(대한교과서주식회사, 1993).

⟨셀주크와 초기 오스만⟩
Cahen, Claude. *Pre-Ottoman Turkey* (New York, 1968).
Inalcik, Halil. "Ottoman Methods of Conquest" in *Studia Islamica*, Fas. 2(1954), pp. 103-129.
Wittek, Paul. *The Rise of the Ottoman Empire* (London, 1938).

⟨오스만 제국의 제도⟩
Andric, Ivo. *The Bridge on the Drina* (New York, 1967).
Gibb, H. A. R. & Bowen, H. *Islamic Society and the West*, vol. 1, parts 1 & 2 (London, 1950-1957).
Itzkowitz, Norman. *Ottoman Empire and Islamic Tradition* (New York, 1972).
Lewis, Bernard. *Istanbul and the Civilization of the Ottoman Empire* (Norman, Okla., 1963).
Wright Jr., Walter Livingston. *Ottoman Statecraft : The Book of Counsel for Vezirs and Governors* (Princeton, N. J., 1935).

⟨오스만 제국⟩
Allen, W. E. D. *Problems of Turkish Power in the Sixteenth Century* (London, 1963).
Inalcik, Halil. *The Ottoman Empire : The Classical Age* (Lonodn, 1972).
Itzkowitz, Norman & Motes, Max. *Mubadele : An Ottoman-Russian Exchange of Ambassadors* (Chicago, 1970).
Fleischer, C. *Bureaucrat and Intellectuals in the Ottoman Empire* (Princeton, 1986).
Itzkowitz, N. *The Ottoman Empire : Conquest, Organization and Economy* (London, 1976).

제12장

'Abd al-Hamid Muharrir. *Dastūr al-Albāb fī Ilm al-Hisāb* (Persian Ms., Rida Library, Rampur, India).
Abū al-Fadl. *The A'in-i Akbarī* (tr. H. Blockmann, vol. 1 ; H. S. Jarrett, vols. 2 & 3).
Ahmad-i Mi'mar. *Risalah Ahmad-i' Mimar* (Subhan Allah Mss., Persian, Aligarh University).
De Bary, W. T. ed. *Sources of Indian Tradition* (New York, 1958).
Browne, P. *Indian Architecture* (Bombay, 1956).
———. *Indian Paiting under the Mughals* (Oxford, 1924).

Faidi. *The Lilavati* (Persian, Calcutta, 1827).
Ferguson, J. *History of Indian and Eastern Architecture* (London, 1876; rev. ed. J. Burges and R. P. Spiers, 2 vols., London, 1910).
Goetz, H. *Arte dell' India Musulmana e Correnti moderne* (Rome, 1962).
Ibn Battūta. *Rihla* (English tr., H. A. R. Gibb, *The Travels of Ibn Battuta*, Cambridge Hakluyt Society, 1958-).
Jai Singh, Sawa' ī. *Zij i-Jadid i-Muhammad Shāhī* (Lucknow, 1877).
Qureshi, I. H. *The Muslim Community of the Indo-Pakistan Sub-Continent* (The Hague, 1962).
Rizvi, S. A. A. *Muslim Revivalist Movements in Northern India in the Sixteenth and Seventeenth Centuries* (Agra, 1965).
_____. *Religious and Intellectual History of the Muslims in Akbar's Reign* (Delhi, 1975).
Rizvi, S. A. A. & Flynn, V. J. A. *Fathpur-Sikri* (Bombay, 1975).

Nasīr ad-Dīn Tūsī. *Bist Bāb dar Asturlāb* (Persian, Tehran, 1859).

제13장

Avery, Peter. *Modern Iran* (London, 1965).
Eliot, Sir Charles. *Trukey in Europe* (London, 1965).
Von Grunebaum. G. E. *Modern Islam:The Search for Cultural Identity* (Cambridge, 1962).
Haim, Sylvia G. *Arab Nationalism* (Cambridge, 1962).
Hardy, P. *The Muslims of British India* (Cambridge, 1972).
Holt, P. M. et al ed. *The Cambridge History of Islam* (Cambridge, 1970).
Kedourie, Elie. *Afghani and 'Abduh: An Essay on Religious Unbelief and Political Activism in Modern Islam* (London, 1966).
_____. *Arabic Political Memoirs and Other Studies* (London, 1974).
Lewis, Bernard. *The Emergence of Modern Turkey* (Oxford, 1961).
Smith, Wilfred Cantwell. *Islam in Modern History* (Oxford, 1957).
Vatikiotis, P. J. *The Modern History of Egypt* (London, 1969).
Wheeler, Geoffrey. *The Modern History of Soviet Central Asia* (London, 1964).

Gibb, H. A. R. *Modern Trends in Islam* (Chicago, 1947).
Issawi, C. ed. *The Economic History of the Middle East 1800-1914* (Chicago, 1966).
Rahman, F. *Islam and Modernity* (Chicago, 1985).
Ruthven, M. *Islam in the World* (Oxford, 1984).
Voll, O. J. *Islam: Continuity and Change in the Modern World* (Boulder, Colorado, 1982).

인명 색인

가르실라소 Garcilaso 362
가리드 al-Gharīd 264
가마 Gama, V. da. 394
가잘리 al-Ghazālī, Muhammad 46, 66, 84, 172, 180, 256, 272-275, 292-293, 353, 359, 381, 449
가즈나비 Ghaznavī, Hajjī ʿAbd al-Hamid 468
갈레노스 Galenos 269, 275, 285
갈리에프 Galiev 503-504
고와르단 Gowardan 466
구아탱 Goitein, S. D. 78, 88, 117-118, 131
굴바단 베굼 Gulbadan Begum 451
그라바르 Grabar, Oleg 113
기야스 웃 딘 투글루크 Ghiyāth ud-Dīn Tughluq 458
나디르 샤 Nādir Shāh 373, 448, 512
나바지에로 Navagiero 362
나시르 앗 딘 마흐무드 Nāsir ad-Dīn Mahmūd 469
나시르 앗 딘 앗 투시 Nāsir ad-Dīn at-Tūsī 280, 282, 284, 468-469
나시트 Nashīt 263
나이마 Naima 436-440
나잠 an-Nazzām 285
나지브 앗 딘 아부 하미드 Najib ad-Dīn Abū Hāmid 470
나피스 이븐 이와즈 키르마니 Nafīs ibn ʿIwad kirmānī 470
누르 알라 Nūr Allāh 469
누르 앗 딘 무하마드 아브드 알라 Nūr ad-Dīn Muhammad ʿAbd allāh 471
누스라트 샤 Nusrat Shāh 459
누와이리 an-Nuwayrī 258
니자미 Nizāmī 381

니잠 알 물크 Nizām al-Mulk 229, 405
다나니르 Danānīr 264
다라 시코 Dārā Shukoh 445
다리우스 대제 Darius the Great 365
다비디즈 Davídiz, Sianando 351
다스반트 Daswanth 464
다울라트 Dawlat 466
다윗 David 35
단테 Dante, A. 217, 348
돈 라이문도 Don Raimundo 359
두샨 Dushan, Stephan 411
둔 눈 알 미스리 Dhūn-Nūn al-Misrī 168
디아스 Dias, Bartolomeu 394
디오게네스 Diogenes 406
디오스코리데스 Dioscorides 290, 337
디오판토스 Diophantos 278
라마디 Ramādi 340, 347
라비드 이븐 라비아 Labid ibn Rabīʿa 209
라이프니츠 Leibniz, G. W. 279
라잡 알 부르시 Rajab al-Bursī 186
라지 ar-Razi, Abū Bakr Muhammad 275, 387
랄 Lāl 465
레오 6세 Leo VI 308
레자 칸 Raza Khan 373, 380, 398
로 Roe, Sir Thomas 465
로페스 데 아얄라 López de Ayala 361
루미 Rūmī, Jalāl ad-Dīn 97, 113, 178, 198, 230, 232, 261, 381, 386
루이 9세 Louis IX 393
루이스 Lewis, Bernard 300, 369
루지에로 2세 Ruggiero II 271
루큰 웃 딘 물타니 Rukn ud-Dīn Multānī 458
루터 Luther, Martin 436
루트프 알라 무한디스 Lutf Allāh Muhandis

469-470
르낭 Renan, Ernest 502
리베라 Ribera, Julián 336, 340, 364
리산 앗 딘 이븐 알 하티브 Līsan ad-Dīn ibn al-Khaṭīb 169
마노엘 Manoel, Padre 470
마노하르 Manohar 466
마누엘 Manuel 408
마두 Mādhu 465
마르디 이븐 알리 앗 타르수시 Mardī ibn ʿAlī at-Tarsūsī 308, 311, 314
마르완 2세 Marwān II 302
마르완 이븐 알 하캄 Marwān ibn al-Hakam 301
마리누스 Marinus 271
마문 al-Maʾmūn 23, 90, 262, 267-270, 278-279, 282, 290, 303
마바드 Maʿbad 264
마수디 Masʿūdī 205
마울라 Mawlā 178, 198
마이모니데스 Maimonides 291
마크디시 al-Maqdisī 133, 135
마크리지 al-Maqrīzī 132
마함 아나가 Māham Anaga 451
마흐디 Mahdī 132, 484, 486
(가즈나의)마흐무드 Mahmūd of Ghazna 30, 34, 442
(술탄)마흐무드 Mahmūd 305
마흐무드 이븐 우마르 Mahmud Ibn ʿUmar 469
마흐부바 Mahbūba 264
(스페인 총독)만수르 al-Mansūr 298
(칼리프)만수르 al-Mansūr 269, 271, 340, 343-345, 347
만수르 이븐 무하마드 Mansūr ibn Muhammad 477
말리크 암바르 Malik Ambar 445
말리크 이븐 아나스 Mālik ibn Anas 337
메메드 1세 Mehmed I 414-415
메메드 2세 Mehmed II 33, 112, 415-418, 420, 428

메메드 4세 Mehmed IV 434
모세 Moses 35, 375
몽세라트 Monserrate 452, 468
무라드 1세 Murād I 111, 326, 410, 412-413
무라드 2세 Murād II 322, 414-415
무라드 4세 Murād IV 434
무사 이븐 샤키르 Mūsā ibn Shākir 270
무사디크 Musaddiq 399
무스타파 데데 Mustafā Dede 261
무스타파 레시드 파샤 Mustafā Rashīd Pasha 492-493, 495
무스타파 4세 Mustafā IV 436, 487
무스타파 이트리 Mustafā ʿItrī 261
무아잠 Muʿazzam 446
무이즈 이븐 바디스 al-Muʿizz ibn Bādīs 118
무자파르 Muzaffar, ʿAbd al-Malik 344
무자파르 앗 딘 샤 Muzaffar ad-Dīn Shāh 396
무카담 이븐 무아파 Muqaddam ibn muʿāfā 342
무타디드 al-Muʿtadid 270
무타미드 al-Muʿtamid 351-352
무타심 al-Muʿtasirm 268
무타와킬 al-Mutawwakil 269, 290
무하리크 Mukhāriq 264
무하마드 Muhammad 13-14, 16-19, 21, 26, 35, 38-39, 44, 90, 94-95, 100, 126, 129, 165, 174, 182-184, 186, 192, 209-210, 226, 256, 298-299, 336, 392, 438, 442, 453, 480-482,
무하마드 1세 Muhammad I 334-335
무하마드 5세 Muhammad V 361
무하마드 나디르 사마르칸디 Muhammad Nādir Samarqandī 468
무하마드 누르바흐쉬 Muhammad Nūrbakhsh 188, 468
무하마드 레자 샤 파흘라비 Muhammad Reza Shāh Pahlavī 398
무하마드 리다 Muhammad Ridā 471
무하마드 아브두 Muhammad ʿAbduh 502
무하마드 아흐마드 Muhammad Ahmad 189
무하마드 알 무와일리히 Muhammad al-

536

Muwaylihi 228, 235
무하마드 알리 Muhammad ʿAli 146, 303, 396, 487–492, 494
무하마드 알리 파샤 Muhammad ʿAli Pasha 484, 493
무하마드 앗 다무니 Muhammad ad-Dāmūni 258
무하마드 앗 사누시 Muhammad as-Sanūsī 191
무하마드 이븐 투글루크 Muhammad ibn Tughluq 450, 452, 454, 458
무하마드 카심 힌두샤 Muhammad Qāsim Hindūshāh 471
무하시비 al-Muhāsibī 165
문디르 Mundhir 334, 336
뭄타즈 마할 Mumtāz Mahal 116, 461
미스킨 Miskīn 465
미르 하심 Mīr Hāshim 466
미얀 부 Miyān Bhuwā 471
바드르 앗 딘 티야브지 Badr ad-Dīn Tyabjī 474
바디 앗 자만 Badiʿ az-Zamān 228
바라하 미흐라 Bārāhā-mihra 469
바부르 Bābur, Zahīr ud-Dīn Muhammad 34, 444
바사반 Basāwan 465
바슈샤르 이븐 부르드 Bashshār ibn Burd 214–217
바스바스 Basbas 264
바스카라차지야 Bhaskaracharya 468
바실리우스 Basilius 290
바예지드 1세 Bayezid I 112–113, 413–415
바예지드 2세 Bayezid II 112, 418, 429
바이람 칸 Bayram Khān 451
바이바르스 Baybars I 316, 326
바이순쿠르 Bāysunkur 390
바타니 al-Battāni 281
바하 앗 딘 낙슈반디야 Bahā' ad-Dīn Naqshbandī 182
바하 앗 딘 무하마드 이븐 후사인 알 아밀리 Bahā' ad-Dīn Muhammad ibn Husayn al-ʿĀmilī 469

바히토프 Vahitov, Mullanur 503
발라두리 al-Balādhurī 112
발반 Balban 451
부 하마라 Bū Hamāra 483–484
부시리 al-Būsīrī 183
뷔스베크 Busbecq, Ogier Ghiselin de 320
비루니 al-Bīrūnī 84, 199, 280–282, 386, 469
비슌 다스 Bushun Dās 466
비트루지 al-Bitrūjī 291, 293
빌랄 Bilāl 192, 259
사나이 Sanāʾī 198, 381
사디 saʿdī 229
사비에르 Xabier, Jerome 465
사이드 아미르 알리 Sayyid Amīr ʿAlī 474
사이드 아흐마드 칸 Sayyid Ahmad Khān 473–474, 505
사이드 알리 Sayyid ʿAlī 464
사이프 앗 다울라 Sayf ad-Dawla 216
사케리 Saccheri, Girolamo 280
사피 앗 딘 알 아르다빌리 Safī ad-Dīn al-Ardabīlī 190
살라 앗 딘 → 살라딘
살라딘 Saladin 229, 308–309, 326
살리마 술탄 베굼 Salīma sultān Begum 451
살만 파르시 Salmān Fārsī 455
샤 자한 Shān Jahān 116, 445–446, 452, 454, 461–462, 466, 470–471
샤라니 ash-Shaʿrānī 187
샤리야 Shariyya 264
샤밀 Shāmil 486
샤쿤디 ash-Shaqundī 357
샴부지 Shambhūjī 446
샴스 알 마알리 카부스 Shams al-Maʿālī Qābūs 114
섬너 Sumner, B. H. 403
세르반테스 Cervantes Saavedra, M. de 363, 442
세뷔크티긴 Sebuktigin 442
셀림 1세 Selīm I 324, 418-419, 429
셀림 2세 Selīm II 111, 432

인명 색인 537

셀림 3세 Selīm III 316, 440, 486-487, 491
셀주크 Seljuqs 404
셜리 Sherley, Robert 396
셰르 샤 Sher Shāh 444, 459
수피 as-Sūfī 282
수흐라와르디 as-Suhrawardī 172-173, 178
쉴레이만 1세 Sulayman I 319, 396, 410, 419-420, 422, 428-432, 435-436, 440
쉴레이만 이븐 쿠탈므쉬 Sulaymān ibn Qutalmish 406
쉴레이만 첼레비 Süleyman çelebi 260
슈니 ash-Shūnī 183
슈슈타리 ask-Shushtarī, Abū l-Hasan 198, 359
스탈린 Stalin, Joseph 503
스탕달 Stendhal 348
스턴 Stern, S. M. 340
스테파누스 Stephanus 290
시난 Sinān 111
시바와이 Sībawayh 292
시바지 Shivaji 446
시야트 Siyyāt 264
시칸다르 로디 Sikandar Lodī 443, 458, 460, 471
심나니 Simnānī 189
아가 칸 Āghā Khān 474
아나크레온 Anacreon 358
아누쉬르완 Anūshirwān 270
아르군 Arghūn 394
아르슬란 테긴 Arslān Tegin 470
아르키메데스 Archimedes 279, 285
아리스토텔레스 Aristoteles 204, 267, 269, 274, 285, 288, 291-293
아민 al-Amīn 23, 303
아바스 1세 ʿAbbas I 120, 372, 395-396, 445
아부 누와스 Abū Nuwās 214-216
아부 마르완 이븐 주흐르 Abū Marwān ibn Zuhr 291, 358
아부 무슬림 Abū Muslim 152
아부 바크르 Abū Bakr 19-20, 188
아부 바크르 알 와시티 Abū Bakr al-Wāsitī 168-169
아부 바크르 이븐 아심 Abū Bakr ibn ʿĀsim 361
아부 바크르 이븐 주흐르 Abū Bakr ibn zuhr 358
아부 사이드 알 하라즈 Abū saʿīd al-kharrāz 168
아부 살트 우마이야 Abū Salt Umayya 353
아부 쉴레이만 앗 다라니 Abū Sulaymān ad-Dārāni 260
아부 슈쿠르 Abū shukūr 225
아부 알 바카 이븐 샤리프 Abū l-Bāqāʾ ibn Sharīf 362
아부 알 아타히야 Abū l-ʿAtāhiya 215
아부 알 알라 Abū l-ʿAlāʾ 358
아부 알 알라 알 마아리 Abū l-ʿAlāʾ al-Maʿarrī 217, 348
아부 알 와파 알 부즈자니 Abūʾ l-Wafāʾ al-Būzjānī 276
아부 알 파즐 Abūʾ l-Fadl 465, 468, 471
아부 알 하산 Abūʾ l-Hasan 466
아부 알 하산 알 이스칸다라니 Abūʾ l-Hasan al-Iskandarānī 314
아부 알 하이르 Abūʾ l-Khayr 470
아부 야지드 알 바스타미 Abū Yazīd al-Bastāmī 168
아부 유수프 야쿠브 Abū Yūsuf Yaʿqūb 291-292
아부 이스하키 카자루니 Abū Ishāq-i Kāzarūnī 176
아부 탐맘 Abū Tammān 216
아부 투랍 안 나흐샤비 Abū Turāb an-Nakhshabī 195
아부 피라스 Abū Firās 216
아부 하얀 앗 타우히디 Abū Hayyān at-Tawhīdī 218
아부 하프스 안 니샤푸리 Abū Hafs an-Naysābūrī 168
아브드 알 가니 안 나불시 ʿAbd al-Ghanī an-Nābulsī 258
아브드 알 라흐만 1세 ʿAbd al-Rahām I 88, 334-335, 337
아브드 알 라흐만 2세 ʿAbd al-Rahām II 334,

336, 340
아브드 알 라흐만 3세 ʿAbd al-Rahām III 290, 334, 336-337, 343-344, 346
아브드 알 마지드 ʿAbd al-Majid 492
아브드 알 말리크 ʿAbd al-Malik 23, 90, 344-345
아브드 알 아지즈 앗 답바그 ʿAbd al-ʿAzīz ad-Dabbāgh 184
아브드 알 카디르 알 질라니 ʿAbd al-Qādir al-jīlānī 188, 480-482, 486
아브드 알 하미드 2세 ʿAbd al-hamid II 499
아브드 알 하미드 알 카티브 ʿAbd al-Hamid al-Kātib 204-204, 227
아브드 알라 ʿAbdallāh 129-130, 334-336, 352, 484
아브드 알 아지즈 ʿAbd al-ʿAzīz 483
아브드 알라 칸 ʿAbdallāh Khān 445
아브드 웃 사마드 ʿAbd us-Samad 464
아샤리 Ashʿarī 169
아소카 Asóka 466
아우랑제브 Auranzeb 445-446, 450, 452, 454, 466, 471
아우피 ʿAwfī 229
아우하드 앗 딘 알 키르마니 Awhad ad-Dīn al-Kirmānī 177, 197
아유브 칸 Ayyūb Khān 506
아타 알라 루쉬디 ʿAtāʾ Allāh Rushdī 468-469
아폴로니오스 Apllonios 279
아훈드 자다 Ākhund Zāda, Mīrzā Fath ʿAlī 500
아흐마드 샤 Ahmad Shāh 459
아흐마드 샤 두라니 Ahmad Shāh Durrānī 448
아흐마드 알 리파이 Ahmad ar-Rifāʿī 176, 179, 188
아흐마드 알 카티브 Ahmad al-Kātib 263
아흐마드 앗 티자니 Ahmad at-Tijānī 188
아흐마드 이븐 이드리스 Ahmad ibn Idrīs 191
아흐마드 이븐 툴룬 Ahmad ibn Tūlūn 304
아흐마드 이븐 한발 Ahmad ibn Hanbal 268
아흐탈 al-Akhtal 210-211

악바르 Akbar 116, 444-445, 450-452, 455, 461, 465, 468, 471
안사리 al-Ansārī 176, 182
안테미우스 Anthemius 285
알 왈리드 이븐 야지드 Al-Walīd ibn Yazīd 87, 211
알 하리스 이븐 힐리자 al-Hārith ibn Hilliza 209, 297
알 하산 알 바스리 al-Hasan al-Basrī 165
알 후사인 이븐 우바이드 al-Husayn ibn ʿUbayd 130
알람 2세 ʿĀlam II 449
(교황)알렉산데르 4세 Alexander IV 393
알루야 ʿAllūya 264
(칼리프)알리 ʿAlī 21-23, 195, 297, 302
알리 시라자니 ʿAlī Sirajānī 261
알리 이븐 유수프 ʿAlī ibn Yūsuf 304, 353
알부케르케 Albuquerque 394
알폰소 1세 Alfonso I 353
알폰소 6세 Alfonso VI 351-352
알폰소 10세 Alfonso X 359-360
알프 아르스란 Alp Arslan 314, 405
암르 이븐 바나 ʿAmr ibn Bānā 264
암르 이븐 쿨숨 ʿAmr ibn Kulthūm 209
암르 이븐 힌드 ʿAmr ibn Hind 297
앗 타우히디 at-Tawhīdī 227
앗 투르투시 at-Turtūshī 353
앗타르 ʿAttār, Farīd ad-Dīn 198, 229, 381, 386
야즈데게르드 3세 Yazdigird III 381
야지드 Yazd 195, 381
에드워드 1세 Edward I 394
에우독소스 Eudoxos of Cnidos 280
엘리엇 Eliot, Sir Charles 496
예수 Jusus 18, 35, 182
오르테가 이 가세트 Ortega y Gasset, José 330
오르한 Orhan 410
오비디우스 Ovidius, P. 348
오스만 Osman 410
올리버 Oliver, Isaac 465

인명 색인 539

왈라다 Wallāda 351
왈리스 Wallis, John 280
요한네스 2세 Johannes II 363
우드 Wood, Richard 494
우마르 1세 ʿUmar I 20, 300
우마르 이븐 아비 라비아 ʿUmar ibn Abī Rabīʿa 212
우마르 하이얌 ʿUmar Khayyām 278, 280-281, 386
우바이다 ʿUbayda 264
우스타드 아흐마드 미마르 라하우리 Ustād Aḥmad Miʿmār Lāhawrī 469
우준 하산 Uzun Hasan 417
우클리디시 al-Uqlīdisī, Abūʾl-Hasan 276
울루그 베그 Ulugh Beg 276, 282, 469-470
웰즐리 Wellesley, Garrett 472
위킨스 Wickens, G. M. 380
유수프 이븐 무하마드 Yūsuf ibn Muhammad 471
유수프 이븐 타슈핀 Yūsuf ibn Tāshufīn 352-353
유클리드 Euclid 269, 279-280, 285, 468
이드리시 Idrisids 271
이맘 앗 딘 리야디 이븐 루트프 알라 Imām ad-Dīn Riyāḍī ibn Lutf Allāh 469
이반 4세 Ivan IV 432
이보 Ivo, st. 393
이브라힘 Ibrāhīm 434
이브라힘 로디 Ibrāhīm Lodī 443-444
이브라힘 알 마우실리 Ibrāhīm al-Mawsilī 264
이브라힘 이븐 알 마흐디 Ibrāhīm Ibn al-Mahdī 245, 264
이븐 나우바흐트 Ibn Nawbakht 269
이븐 다라즈 알 카스탈리 Ibn Darrāj al-Qastallī 347
이븐 다우드 Ibn Dāʾud, Muhammad 468
이븐 루슈드 Ibn Rushd 275, 291-293
이븐 루윤 Ibn Luyūn 361
이븐 마다 Ibn Madāʾ 292, 358

이븐 마사라 Ibn Masarra, Muhammad 289, 359
이븐 마쉬쉬 Ibn Mashīsh 184, 192, 198
이븐 무흐리즈 Ibn Muhriz 264
이븐 미스자 Ibn Misjah 264
이븐 미스카와이 Ibn Miskawayh 131
이븐 바삼 Ibn Bassām 342, 354
이븐 바자 Ibn Bājja 291, 355-356
이븐 바키 Ibn Bāqī 354
이븐 바투타 Ibn Battūta 233, 458
이븐 사나 알 물크 Ibn Sanāʾ al-Mulk 342
이븐 사빈 Ibn Sabʿin 359
이븐 사이드 Ibn Saʿīd 360
이븐 사흘 Ibn Sahl 358, 386
이븐 사히브 앗 살라트 Ibn Sāhib as-Salāt 357
이븐 수라이즈 Ibn Surayj 264
이븐 슈하이드 Ibn Shuhayd 347-348, 350, 354
이븐 시나 Ibn Sīnā 262, 275, 285, 288, 293, 470
이븐 아바드 Ibn ʿAbbād 218
이븐 아바드 알 룬디 Ibn ʿAbbād ar-Rundī 180, 361
이븐 아브드 랍비히 Ibn ʿAbd Rabbīhi 219, 258, 337
이븐 아비 아미르 Ibn Abī ʿĀmir 363-364
이븐 아타 Ibn ʿAṭāʾ 168
이븐 아타 알라 앗 시칸다리 Ibn ʿAṭāʾ Allāh as-Sikandarī 180
이븐 안 나딤 Ibn al-Nadīm 217
이븐 알 라바나 Ibn al-Labbāna 351
이븐 알 무카파 Ibn al-Muqaffaʿ 203-204
이븐 알 바이타르 Ibn al-Baytār 358
이븐 알 반나 Ibn al-Bannāʾ 130
이븐 알 아라비 Ibn al-ʿArabī 173, 177, 180, 198, 359
이븐 알 아리프 Ibn al-ʿArīf 359
이븐 알 아미드 Ibn al-ʿAmīd 218
이븐 알 아바르 Ibn al-Abbār 360
이븐 알 아시르 Ibn al-Athīr 369
이븐 알 쿠티야 Ibn al-Qūtiyya 333
이븐 알 파리드 Ibn al-Fārid 198

이븐 알 파키흐 Ibn al-Faqīh 205
이븐 알 하이삼 Ibn al-Haytham 281, 284-286, 288-289
이븐 알 하티브 Ibn al-Khatīb 361-362
이븐 암마르 드 실베스 Ibn ʿAmmār de Silves 351
이븐 앗 샤티르 Ibn ash-Shātir 284
이븐 앗 자카크 Ibn at-Zaqqāq 355
이븐 앗 틸미드 Ibn at-Tilmīdh 386
이븐 유누스 Ibn Yūnus 282
이븐 자미 Ibn Jāmiʿ 264
이븐 자이둔 Ibn Zaydūn 350
이븐 자일라 Ibn Zayla 262
이븐 잠락 Ibn Zamrak 362
이븐 주바이르 Ibn Jubayr 233
이븐 카이임 알 자우지야 Ibn Qayyim al-Jawzīyya 180, 182
이븐 쿠즈만 Ibn Quzmān 353-354, 356-357, 359
이븐 쿠타이바 Ibn Qutayba 169, 205
이븐 타이미야 Ibn Taymiyya 180, 182, 274
이븐 투마르트 Ibn Tūmart 292
이븐 투파일 Ibn Tufayl 291, 293, 359
이븐 하니 Ibn Hānī 340
이븐 하얀 Ibn Hayyān 347, 349, 354
이븐 하우칼 Ibn Hawqal 153, 344
이븐 하즘 Ibn Hazm 227, 274, 291-292, 343, 347-348, 350, 357
이븐 하칸 Ibn Khāqān 354
이븐 하파자 Ibn Khafājā 355
이븐 하피프 Ibn Khafif 177
이븐 할둔 Ibn Khaldūn 87, 199, 258, 274, 302, 308, 361, 438
이사벨 Isabel 336, 363
이스마일 1세 Ismāʿīl I 190, 322, 336, 383, 390, 394, 418-419
(아부 알 파라지)이스파하니 al-Isfahāni, Abūʾl-Faraj 214, 241, 262
(이마드 앗 딘)이스파하니 al-Isfahāni, ʿImād ad-Dīn 229
이스학 Ishāq, Safī ad-Dīn 370
이스학 알 마우실리 Ishāq al-Mawsilī 245, 248, 264
이슬람 샤 수르 Islam Shāh Sūr 452
이야드 ʿIYād 184
이크발 Iqbāl, Sir Muhammad 474-475
이흐안 앗 사파 Ikhwān as-Safāʾ 240-241
인로 Inlow, E. Burke 373-374
일투트미시 Iltutmish, Shams ud-Dīn 443, 450, 456, 464
임루 알 카이스 Imruʾ al-Qays 209, 297
입시히 al-Ibshīhī 258
자르칼리 az-Zarqālī 291
자리르 Jarīr 210
자말 아브드 안 나시르 Jamāl ʿAbd an-Nāsir 508
자미 Jāmī 234
자밀라 Jamīla 264
자인 앗 딘 아부 이브라힘 이스마일 Zayn ad-Dīn Abū Ibrāhīm Ismāʿīl 470
자자리 al-Jazalī, Ibn ar-Razzāz 281
자줄리 al-Jazūlī 183
자카니 Zakānī 233
자한기르 Jahāngīr 116, 445, 451, 461, 465-466, 471
자히즈 al-Jāhiz 46, 135, 218, 226, 228, 306
잘랄 웃 딘 무하마드 샤 Jalāl ud-Dīn Muhammad Shāh 459
잘잘 Zalzāl 247, 264
제임스 1세 James I 465
젬 Jem 418
존스 Jones, William 472
주나이드 al-Junayd 168, 170, 195
주하이르 이븐 아비 술마 Zuhayr ibn Abī Sulmā 209, 296
줄라비 Jullābī 176
쥠멜 Jumel, Alexandre 488
지르얍 Ziryāb 264

지야드 이븐 아비히 Ziyād ibn Abīhi 301
진나 Jinnāh, Muḥammad ʿAlī 474, 505-506
차투르만 Chaturman 466
찬다를르 할릴 파샤 Chandarī, Khalīl Pasha 415-416
처칠 Churchill, Sir Winston 399
칭기즈 칸 成吉思汗 369, 444
카라 무스타파 Qara Mustafā 320, 436
카라지 al-Karajī 278, 281
카르타잔니 Qartājannī 360
카를 5세 Karl V 362, 364
카말 앗 딘 알 파리시 Kamāl ad-Dīn al-Fārisī 288
카압 이븐 주하이르 Kaʿb ibn Zuhayr 209
카시 al-Kāshī, Jamshīd ibn Masʿūd 276
카이사르 Caesar, G. J. 18
카푸단 Qapudan 326
칸사우 알 구리 Qānsawh al-Ghūrī 324
칼라사디 al-Qalasādī 278
칼라운 알 알피 Qalāʾūn al-Alfī 315
캅바니 Qabbānī, Nizār 508
커즌 Curzon, Lord 391
케수 Kēsu 465
코페르니쿠스 Copernicus, N. 284
콘윌리스 Cornwallis, Lord 472
콤네누스 Comnenus, Alexis 408
쾨셈 Kösem 434
쾨프륄뤼(마메드) Köprülü, Mehmed 435-437
쾨프륄뤼(아메드) Köprülü, Ahmed 436
쾨프륄뤼(후사인 암자자데) Köprülü, Husayn Amjazāde 436, 438
쿠트프 앗 딘 마흐무드 시라지 Quṭb ad-Dīn Mahmūd Shīrāzī 469
크세르크세스 Xerxes 391
키루스 2세 Cyrus II 376, 391
키루스 대제 Cyrus the Great 365, 373
킨디 al-Kindī, Yaʿqūb ibn Isḥāq 240-241, 275, 289
킬리치 아르슬란 2세 Qilich Arslan II 408

타누히 at-Tanūkhi 136, 155
타마스프 Tahmāsp, Shāh 372, 390
타브리지 Tabrīz 198
타슈핀 이븐 알리 Tāshufin ibn ʿAlī 353
타이부가 알 유나니 Taybughā al-Yūnānī 308, 315
타하 후세인 Tāhā Husayn 237
테귀데르 Tegüder 393
테오도르 라스카리스 Theodor Lascaris 408
템펄리 Temperley, H. W. V. 495
토그릴 Toghril 404-405
투르한 Turkhān 434
투와이스 Tuwais 263
투틸리 Tutīlī 354
티무르 Timur 32, 34, 87, 370, 394, 414, 443-444
티파시 Tīfāshī 333
티푸 Tīpū 449
파라비 al-Fārābī 261-262, 275, 280, 291, 293
파라즈다크 al-Farazdaq 210
파르마얀 Farmāyān, Hāfez 400
파리드 앗 딘 마수드 Farīd ad-Dīn Masʿūd 470
파이디 Faydī 468
파자리 al-Fazārī 269
파질 Fādil, Muḥammad 470
파키르 알라 칸 Fāqīr Allāh Khān, Muḥammad 466
파티마 Fātima 21, 113
페데리코 2세 Federico II 311
페드로 1세 Pedro I 361
페르난도 Fernando 336, 360, 363
표트르 대제 Pyotr I 396, 403, 439
푸아드 1세 Fuʾād I 303
푸아드 파샤 Fuʾād Pasha 493
프라이 Frye, Richard N. 375
프톨레마이오스 Ptolemaeos, C. 269, 271, 281-282, 284-285, 291, 293
플라톤 Platon 204, 275, 348
피루즈 샤 Fīrūz Shāh 455, 466, 469

피르도시 Firdawsī 128, 225-226
피츠제럴드 Fitzgerald, Edward 386
필로 Philo 280
필리프 4세 Philip IV 394
하룬 알 라시드 Hārūn ar-Rashīd 23, 314, 464
하리리 al-Harīrī 133, 137, 155, 228
하마다니 al-Hamadhānī, Badī' az-Zamān 227
하미다 바누 베굼 Hamīda Bānū Begum 451
하바시 알 하시브 Habash al-Hāsib 282
하산 이븐 말리크 Hasan ibn Mālik 301
하산 이븐 사비트 Hasan ibn Thābit 209
하스다이 이븐 샤프루트 Hasdāy ibn Shaprūt 290
하이르 앗 딘 Khayr ad-Dīn 498
하이르 앗 딘 앗 튀니시 Khayr ad-Dīn at-Tūnisī 486, 497
하지 베크타시 Hājjī Bektāsh 319
하캄 1세 al-Hakam I 334-335, 340
하캄 2세 al-Hakam II 290, 334-335, 340, 343-345
하킴 파트흐 알라 Hakīm Fath Allāh 468
함자 이븐 압달라 Hamza ibn 'Abdallāh 464
해스팅스 Hastings, Warren 471

헤로 Hero 280
헨리 4세 Henry IV 336
호라티우스 Horatius 345
호메로스 Homeros 363
화리즈미 al-Khwārizmī 276, 278, 386
후나인 이븐 이스학 Hunayn ibn Ishāq, Abū Zayd 269, 285, 289-290
후람 Khurram 445
후마윤 Humāyūn 88, 116, 444, 451-452, 459, 461, 469, 471
후사인 Husayn 23, 129-130, 381
후사인 이븐 바이카라 Husayn ibn Bāyqarā 390
후샤니 Khushanī 333
후세인 Husayn 237
후스라우 Khusraw 304
후스로우 Khusrow I 445
후즈위리 al-Hujwīrī 260
훌디 al-Khuldī 170
훌라구 Hulagu 232, 369-370, 393
히샴 1세 Hishām I 334-335
히샴 2세 Hishām II 334-335, 343, 345-346
히샴 3세 Hishām III 346
히포크라테스 Hippocrates 269